AF590678

LES

CODES ANNOTÉS

DE SIREY.

LES

CODES ANNOTÉS DE SIREY

CONTENANT TOUTE LA JURISPRUDENCE JUSQU'A CE JOUR, ET LA DOCTRINE DES AUTEURS,

ÉDITION ENTIÈREMENT REFONDUE

PAR P. GILBERT,

L'UN DES PRINCIPAUX RÉDACTEURS DU RECUEIL GÉNÉRAL DES LOIS ET DES ARRÊTS,

Avec le Concours, pour la Partie criminelle,

DE M. FAUSTIN HÉLIE,

Conseiller à la Cour de cassation, l'un des auteurs de la *Théorie du Code pénal*,

ET DE M. CUZON,

Avocat à la Cour d'appel de Paris.

CODE DE COMMERCE.

PARIS

IMPRIMERIE ET LIBRAIRIE GÉNÉRALE DE JURISPRUDENCE

COSSE, IMPRIMEUR-ÉDITEUR,

Libraire de l'Ordre des Avocats au Conseil d'État et à la Cour de cassation, Directeur des Journaux des Avoués, des Huissiers, du Corps du Droit français, par Galisset; éditeur des œuvres de Troplong, Carré, Pothier-Bugnet, etc., etc.

PLACE DAUPHINE, 27.

1852

IMPRIMERIE DE COSSE ET J. DUMAINE, RUE CHRISTINE, 2.

LES

CODES ANNOTÉS
DE SIREY

CONTENANT TOUTE LA JURISPRUDENCE JUSQU'A CE JOUR, ET LA DOCTRINE DES AUTEURS,

ÉDITION ENTIÈREMENT REFONDUE

PAR P. GILBERT,

L'UN DES PRINCIPAUX RÉDACTEURS DU RECUEIL GÉNÉRAL DES LOIS ET DES ARRÊTS,

Avec le Concours, pour la Partie criminelle,

DE M. FAUSTIN HÉLIE,

Conseiller à la Cour de cassation, l'un des auteurs de la *Théorie du Code pénal*,

ET DE M. CUZON,

Avocat à la Cour d'appel de Paris.

CODE DE COMMERCE.

PARIS

IMPRIMERIE ET LIBRAIRIE GÉNÉRALE DE JURISPRUDENCE

COSSE, IMPRIMEUR-ÉDITEUR,

Libraire de l'Ordre des Avocats au Conseil d'État et à la Cour de cassation, Directeur des Journaux des Avoués, des Huissiers, du Corps de Droit français, par Galisset; éditeur des œuvres de Troplong, Carré, Pothier-Bugnet, etc., etc.

PLACE DAUPHINE, 27.

1852

EXPLICATION

DES RENVOIS FAITS AUX DIVERS RECUEILS DE JURISPRUDENCE.

S. — Désigne l'ancien Recueil *Sirey*. — Ainsi, S.18.1.124, signifie *Recueil général des lois et des arrêts*, par Sirey, tome 18, 1re partie, page 124.

S.V. — Désigne la continuation périodique de ce Recueil depuis 1831, par MM. de Villeneuve et Carette. — Ainsi, S.V.36.2.368, signifie *Recueil général des lois et des arrêts*, par de Villeneuve et Carette, volume de 1836, 2e partie, page 368.

C.N. — Désigne la Collection nouvelle des mêmes auteurs, de 1789 à 1830. — Ainsi, C.N.5, signifie *Collection nouvelle*, par de Villeneuve et Carette, volume 5. (Cette Collection, divisée en deux parties comme le Recueil périodique, étant par ordre chronologique, il était inutile d'indiquer la page : la date suffit pour retrouver la décision dans la première ou la seconde partie, selon que cette décision est un arrêt de la Cour de cassation, ou un arrêt soit de Cour d'appel, soit du Conseil d'État.)

D.A. — Désigne la *Jurisprudence générale du royaume*, ou la Collection *alphabétique* de M. Dalloz, jusqu'en 1824. — Ainsi, D.A.3.566, signifie Dalloz alphabétique, tome 3, page 566.

D.P. — Désigne le Recueil *périodique* du même auteur, depuis 1825. — Ainsi, D.P.28.1.289, signifie Dalloz périodique, tome 28, 1re partie, page 289.

P. — Désigne le *Journal du Palais*, depuis 1837. — Le premier chiffre indique le millésime de l'année de publication du volume ; le deuxième chiffre, le premier ou second volume de l'année ; le troisième, la page. — Ainsi, P.39.2.532, signifie année 1839, 2e volume, page 532. — Les arrêts antérieurs à 1837 ayant été recueillis par ce journal dans leur ordre chonologique, la date suffit pour la recherche de l'arrêt.

CODE DE COMMERCE.

LIVRE PREMIER.

DU COMMERCE EN GÉNÉRAL.

(Tit. Ier-VII. Loi décrétée le 10 sept. 1807, promulguée le 20.—Tit. VIII. Loi décrétée le 11, promulguée le 21.)

TITRE PREMIER.

Des Commerçants.

ART. 1. Sont commerçants ceux qui exercent des actes de commerce, et en font leur profession habituelle. [C. comm., 632 et s.]

Observations préliminaires.

[illegible]

[1] Indication alphabétique.

[illegible]

mot principale qui se trouvait dans le projet du Cod. de comm. — Locré, Législ. civ. et comm., t. 17, p. 299; Pardessus, n° 78; Molinier, n°s 124 et 125.

9. Ainsi, bien que l'exercice du commerce soit interdit aux personnes dénommées au n° 6 ci-dessus, si, de fait cependant, et par infraction à leur devoir, ces personnes se livraient habituellement à des actes de commerce, elles acquerraient la qualité de commerçants, et seraient soumises à toutes les conséquences que cette qualité emporte. — Pardessus, n° 76; Vincens, t. 1er, p. 142; Nouguier, t. 1er, p. 282; Orillard, n° 143; Molinier, n°s 201 et 204. — V. ci-après n°s 68 et suiv., et 87.

10. Il faut aussi que les actes auxquels s'est livré celui que l'on qualifie de commerçant, aient eu lieu dans le but de se procurer un lucre; s'il ne s'y était livré que pour ses affaires personnelles, sans en faire l'objet d'un trafic, ou d'un bénéfice sur le prix de revente des choses achetées, il ne serait pas commerçant. — Pardessus, n° 79; Favard, *Répert.*, v° *Commerçant*, n° 9; Orillard, n° 144.

11. Par exemple, le propriétaire bailleur qui recevrait chaque année, en paiement de ses loyers, des marchandises dont le placement nécessiterait de sa part une multiplicité de ventes, ne devrait pas être réputé commerçant pour cela; encore même qu'il eût pris patente. — 21 mars 1810, Paris. (S.T.2.274; C.N.3.—D.A.2.668.)

12. De même, l'habitude des actes de commerce, quand elle est un devoir des fonctions que l'on remplit, n'attribue pas la qualité de commerçant. — Ainsi, les comptables de deniers publics, obligés de tirer, accepter, endosser des lettres de change, d'être en rapport de comptes courants avec des banquiers, de se livrer à des versements, à des négociations de change, le tout pour opérer leurs paiements, ne sont pas des commerçants, bien qu'ils soient justiciables du tribunal de commerce, à raison de tous ces faits. — Favard, v° *Commerçant*, n° 16; Pardessus, n° 79; Devilleneuve et Massé, *Dict. du cont. comm.*, v° *Commerçant*, n° 4; Orillard, n° 146. — V. *inf.*, n° 84.

13. Mais celui qui fait un commerce illicite n'en est pas moins réputé commerçant. — Massé, *Dr. comm.*, t. 3, n° 13.

14. En cas de contestations, c'est aux tribunaux à apprécier, d'après les circonstances et d'après le nombre et la nature des actes, si celui à qui est attribuée la qualité de commerçant, a réellement cette qualité. Ils peuvent même consulter pour s'éclairer, soit la notoriété publique, soit des témoignages particuliers. — Pardessus, n° 79; Devilleneuve et Massé, *ubi sup.*, n° 3; Orillard, n° 145.

15. Il est, dit Massé, t. 3, n° 5, certains faits qui font présumer par eux-mêmes la qualité de commerçant, et qui rendent inutile toute recherche ultérieure du nombre et de la nature des actes caractéristiques de cette profession : telle est l'ouverture d'un magasin, l'apposition d'enseignes, d'affiches; telle est encore l'autorisation obtenue pour un commerce soumis à la formalité préalable de l'autorisation, le paiement de patentes ou autres impôts spéciaux auxquels les commerçants sont soumis; telle est encore la qualification de commerçant prise dans des actes ou extraits. — V. aussi dans ce sens, Pardessus, n° 78, et Nouguier, t. 1er, p. 307.

16. Selon nous, plusieurs de ces faits seraient tout à fait insuffisants pour établir, à eux seuls, l'existence de la qualité de commerçant dans un individu : c'est aussi ce qui nous paraît résulter de l'ensemble des décisions suivantes. Seulement, les faits dont il s'agit élèvent contre celui de qui ils émanent une présomption, qu'il est tenu de détruire; à défaut de quoi, les juges sont autorisés à le regarder comme commerçant. — *Sic*, Merlin, *Rép.*, v° *Consuls des march.*, § 2, n° 2, *in fine*; Despréaux, *Compét. des trib. de comm.*, n° 524 *bis*. — V. aussi Vincens, t. 1er, p. 353; Boulay-Paty, *des Faillites*, t. 1er, n° 10; Orillard, n°s 124 et s.

17. Jugé que le seul fait que, dans l'espace de plusieurs années, un individu aurait délivré quelques factures imprimées, exprimant la qualité de marchand, ne peut être considéré comme une preuve suffisante que ce même individu est commerçant. — 19 janv. 1833, Bruxelles. (J. Brux. 1833.1.24.)

18. Pareillement, pour que le souscripteur d'un billet à ordre puisse être considéré comme commerçant, il ne suffirait pas d'établir qu'il faisait le commerce antérieurement, et même qu'il est encore porté au rôle des patentes, s'il justifie qu'il a réclamé contre cette inscription. — 4 déc. 1846, Bordeaux. (S.V.47.2.286.) — *Sic*, Goujet et Merger, v° *Commerçant*, n° 5.

19. Et quand même il n'y aurait pas eu réclamation contre l'inscription au rôle des patentes, il n'en résulterait pas que l'individu imposé dût être réputé commerçant : le citoyen patenté n'ayant pas par cela seul la qualité de commerçant, ainsi que l'a décidé la Cour de cassation par un arrêt du 5 nov. 1830, rendu en matière d'élections consulaires. (S.V.31.1.419.) — V. aussi *sup.*, n° 11; Orillard, n° 142; Laine, *des Faillites*, p. 9.

20. Mais l'individu qui, après avoir exercé longtemps la profession de commerçant, a cédé son fonds, par une simple convention verbale non rendue publique, peut être considéré comme ayant conservé la qualité de commerçant, s'il a continué depuis à faire des actes de commerce et a pris ou reçu la qualité de négociant dans divers actes. — 1er avril 1829, Rej. (S.29.1.209; C.N.9.—D.P.29.1.205.)

21. *Contra* de l'individu autrefois dans le commerce, mais qui l'a abandonné : il ne peut plus être considéré comme commerçant, notamment en ce qui touche la cessation de paiements ultérieure. — 14 mars 1818, Caen. (C.N.5.2.441.)

22. Jugé aussi qu'il ne suffit pas, pour être réputé commerçant, de se qualifier tel : il faut, en outre, en exercer réellement la profession; en conséquence, celui qui, dans son contrat de mariage et dans l'acte de célébration devant l'officier de l'état civil, a pris la qualification de commerçant, et qui a aussi reçu cette qualification dans la procédure dirigée contre lui à fin de séparation de biens, ne doit pas cependant être considéré comme commerçant en ce qui touche notamment l'hypothèque légale de sa femme, lorsqu'il est constant que jamais il n'a payé de patente, qu'il n'a jamais été prononcé contre lui de condamnation en qualité de négociant, et que les spéculations auxquelles il s'est livré ne sont point classées par la loi au nombre des actes de commerce. — 16 mars 1852, Orléans. (D.P.53.2.239.—P.53.1.646.)

23. *Id.* De ce qu'une personne s'est qualifiée de négociant dans les obligations qu'elle a souscrites, il ne s'ensuit pas nécessairement que l'exécution de ces obligations doive être poursuivie devant les tribunaux de commerce, si, dans la réalité, le débiteur n'est pas négociant. En ce cas, les tribunaux doivent au préalable vérifier la profession du défendeur. — 20 mai 1807, Turin. (S.V.7.2.872; C.N.2.—D.A.2.708.)—*Id.* 17 mars 1809, Riom. (C.N.3.2.49.)—*Id.* 15 mai 1815, Cass. (S.15.1.256; C.N.5.—D.A.2.717.)

24. Et même la circonstance que dans un procès entre deux parties, l'une de ces parties aurait été désignée comme marchande dans les actes de la procédure faits à la requête de l'autre, n'emporte pas nécessairement de la part de celle-ci une reconnaissance de cette qualité qui la rende non recevable à la dénier ensuite. — 28 juin 1832, Bruxelles. (J. de cette Cour, 1832.1.94.)—*Id.* 6 avril 1814, Cass. (C.N.4.1.321.)—*Sic*, Massé, t. 3, n° 6.

25. Jugé cependant que celui qui, dans un exploit signifié à sa requête, prend la qualité de négociant, reconnaît par cela seul la compétence des juges de commerce à son égard, et n'est plus recevable à la contester ensuite. — 11 germ. an 11, Paris. (S.V.3.2.380; C.N.1.—D.A.2.710.)

26. Spécialement, lorsqu'un individu, assigné comme commerçant, non-seulement n'a pas réclamé contre cette qualification, mais l'a prise lui-même dans son acte d'appel, il n'est plus admissible à soutenir qu'il n'est pas commerçant, et à attaquer le jugement pour incompétence. — 23 déc. 1851, Bourges. (D.P.52.2.180.)

27. De même, l'individu qui est qualifié négociant par son adversaire dans l'instance et dans les qualités de l'arrêt, sans opposition de sa part, ne peut proposer, comme moyen de cassation, l'incompétence de la juridiction commerciale fondée sur sa qualité de non-négociant. — 7 mars 1821, Rej. (S.22.1.272; C.N.6.—D.A.2.710.)

28. *Id.* Celui qui a été renvoyé devant la juridiction commerciale par un arrêt passé en force de chose jugée, qui lui attribue expressément la qualité de commerçant, ne peut se faire, contre un arrêt postérieur qui le condamne au fond et par corps, un moyen de cassation pris de ce que les définitions de la loi ne permettent pas de le réputer commerçant. — 7 août 1827, Rej. (S.28.1.140.—C.N.8.—D.P.27.1.452.)

29. Du reste, lorsqu'il s'agit de prouver qu'une personne appartient à la classe des commerçants, il n'est pas nécessaire que la preuve à faire porte sur les faits de négoce indiqués par les art. 632 et 633 du Cod. comm.; il suffit de donner la preuve qu'on se livrait habituellement aux actes de négoce. — 9 fév. 1813, Rej. (S.13.1.426; C.N.4.—D.A.9.754.)

30. Et doit être réputé suffisamment motivé l'arrêt qui décide que, *d'après les éléments de la cause*, un individu s'est livré habituellement à des opérations de commerce; il n'est pas nécessaire que l'arrêt spécifie les faits desquels il tire cette décision. — 28 nov. 1828, Rej. (S.V.24.1.268; C.N.7.—D.P.25.1.502.)

31. L'art. 1er disant que ceux-là qui font habituellement des actes de commerce sont réputés commerçants, cela suppose la connaissance de ce que la loi entend par *actes de commerce*. Or, ces expressions ne se trouvent définies qu'à la fin du Code, dans les art. 632 et 633, au titre de la Compétence. Il faut donc, pour l'application du principe posé en l'art. 1er, recourir à ces deux articles, et rapprocher les solutions qui y sont résumées de celles ci-après : on devra considérer comme commerçant, tout individu qui sera reconnu livré habituellement à l'un ou plusieurs des actes que la jurisprudence rappelée sous les articles précités aura décidé constituer des actes de commerce; et repousser cette qualification, toutes les fois qu'elle ne résulterait que d'actes auxquels ce caractère aura été refusé.

32. De cette séparation qu'a faite le législateur lui-même entre la définition du commerçant et la définition des actes de commerce, est résultée pour nous, qui suivons toujours dans le classement de nos annotations l'ordre rigoureux du texte de la loi, la nécessité de scinder des décisions, souvent identiques quant au principe qu'elles consacrent, par cela seul qu'elles ont différentes dans l'objet du litige. Ainsi, pour en citer un exemple, on s'est demandé, d'une part, si l'achat d'immeubles pour les revendre constitue un acte de commerce, soumettant l'acheteur à la juridiction commerciale; et d'autre part, si l'achat habituel d'immeubles pour les revendre attribue à l'acheteur la qualité de commerçant : en réalité, la question de droit est la même; et cependant, les décisions sur ces deux points ont dû être classées sous deux articles différents. Ici, nous ne réunirons que les seules solutions ayant directement pour objet la qualité de commerçant.

33. Nous divisons nos annotations en deux paragraphes : le 1er contenant les décisions attributives de la qualité de commerçant; le 2e, repoussant cette qualité.

§ 1er. — *Quelles personnes doivent ou peuvent* (1) *être réputées commerçantes.*

34. Sont réputés commerçants : ... les artisans ou industriels qui achètent des matières premières et les revendent après les avoir façonnées. — 3 nov. 1812, Rej. (S.13.1.187; C.N.4.—D.A.2.697.) — *Id.* 15 déc. 1850, Rej. (D.P.51.1.300.)—*Id.* 23 janv. 1850, Orléans. (S.V.51.2.15.)—*Id.* 28 mai 1850, Colmar. (S.V.51.2.487.) — *Id.* 30 juill. 1850, Douai. (S.V.50.2.181.)—*Sic*, Pardessus, n° 15, Vincens, t. 1er, p. 126; Orillard, n° 255. — *Contra*, de l'artisan qui ne façonne que son travail : *inf.*, n° 67.

35... Tel un charron. — 4 avril 1826, Amiens. (S.27.2.160; C.N.8.—D.P.27.2.103.)—*Id.* 23 janv. 1850, Orléans. (S.V.51.2.15.) — *Id.* (Bois. impl.), 8 mai 1828, Metz. (C.N.7.2.350.—D.A.9.730.)—V. *inf.*, n° 72.

36... Un serrurier. — 3 nov. 1812, Rej. (S.13.1.187; C.N.4.—D.A.2.697.)—*Id.* 28 mai 1850, Colmar. (S.V.51.2.487.)

37... Un tailleur de pierres. — 15 déc. 1850, Rej. (D.P.51.1.300.)—V. *inf.*, n° 74.

38... Sont aussi réputés commerçants : ... les aubergistes. — 19 avril 1809, Trèves. (S.9.2.409; C.N.3.—D.A.2.760.)—*Id.* 17 avril 1812, Metz. (C.N.4.2.85.)—*Id.* 25 avril 1823, Cass. (S.16.1.165; C.N.4.—D.A.2.698.)—*Id.* 19 déc. 1823, Bourges. (S.25.2.122; C.N.7.—D.A.2.698.)—*Id.* 27 févr. 1847, Caen. (S.V.49.2.192.)—*Id.* 6 mai 1848, Bordeaux. (S.V.49.2.669.) — *Contra*, n° 68.

39... Les bouchers. — 18 janv. 1825, Aix. (C.N.8.2.8.—D.P.25.2.223.)

40... Les boulangers. — 20 juill. 1814, Rennes. (C.N.4.2.399.) — *Contra*, n° 90.

(1) Nous disons *peuvent*, parce que, dans beaucoup de cas, la solution dépend des circonstances particulières de l'affaire.

2. Tout mineur émancipé de l'un et de l'autre sexe, âgé de dix-huit ans accomplis, qui voudra profiter de la faculté que lui accorde l'art. 487, Cod. civ., de faire le commerce, ne pourra en commencer les opérations, ni être réputé majeur, quant aux engagements par lui contractés pour faits de commerce, 1° s'il n'a été préalablement autorisé par son père, ou par sa mère, en cas de décès, interdiction ou absence du père, ou, à défaut du père et de la mère, par une délibération du conseil de famille, homologuée par le tribunal civil; 2° si, en outre, l'acte d'autorisation n'a été enregistré et affiché au tribunal de commerce du lieu où le mineur veut établir son domicile. [Ord. 1673, tit. 1er, art. 6. — C. c., 478, 487, 1308. C. comm., 63, 114.]

3. La disposition de l'article précédent est applicable aux mineurs même non commerçants, à l'égard de tous les faits qui sont déclarés faits de commerce par les dispositions des art. 632 et 633. [C. comm., 114.]

[illegible]

§ 2. — *Quelles personnes ne doivent pas être considérées comme commerçants.*

[illegible]

[2 et 3.] Indication alphabétique.

[illegible]

4. La femme ne peut être marchande publique sans le consentement de son mari. [C. c., 215, 217, 220.]

5. La femme, si elle est marchande publique, peut, sans l'autorisation de son mari, s'obliger pour ce qui concerne son négoce; et, audit cas, elle oblige aussi son mari, s'il y a communauté entre eux.

Elle n'est pas réputée marchande publique, si elle ne fait que détailler les marchandises du commerce de son mari; elle n'est réputée telle que lorsqu'elle fait un commerce séparé. [C. c., 217, 220, 1426, 2066.]

des immeubles pour faire honneur à ses engagements et donner plus d'extension à son commerce.—26 janv. 1828, Bourges. (D.P.29.2.32.)

4. L'autorisation du père ou de la mère peut être donnée devant le juge de paix, ou devant un notaire.—Pardessus, n° 57; Augier, *Encycl. des jug. de paix*, v° *Commerce*, n° 3; Carou, *Jurid. des jug. de paix*, t. 2, n° 1106; de Fréminville, *des Minorités*, t. 2, n° 984.

5. Elle pourrait même être donnée au greffe du tribunal de commerce.—Pardessus et de Fréminville, *loc. cit.*

6. Mais cette autorisation ne pourrait être donnée par acte sous signature privée.—Pardessus, n° 57.

7. Si le père est absent, l'autorisation de la mère suffit, sans qu'il soit nécessaire que l'absence du père soit déclarée.—*Id.*

8. Bien que l'émancipation n'ait pas eu lieu, si l'autorisation contenait une fausse énonciation à cet égard, le mineur n'en serait pas moins engagé valablement vis-à-vis des tiers, en ce qu'il y aurait dol ou quasi-délit de sa part (C. civ. 1310).—Pardessus, n° 58.—*Contrà*, Nouguier, p. 215.

9. La loi n'exige aucunement, pour la validité de l'autorisation de faire le commerce donnée au mineur émancipé, que cette autorisation détermine le genre particulier de commerce permis.—11 août 1838, Caen. (S.39.2.525; C.N.9.—D.P.31.2.19.)

10. La durée de l'affiche de l'autorisation que prescrit la disposition finale de l'art. 2, doit être d'une année.—Pardessus, n° 37.

11. L'autorisation de faire le commerce donnée au mineur ne peut être révoquée directement.—Mais s'il y avait abus, le mineur pouvant être privé du bénéfice de l'émancipation, et la qualité de commerçant ne pouvant être attribuée qu'au mineur émancipé, la révocation serait implicite.—Delvincourt, t. 1er, p. 474; Pardessus, n° 58; Devilleneuve et Massé, v° *Mineur*, n° 4.

12. Le mineur dûment autorisé à faire le commerce étant réputé majeur pour tous les actes de son commerce, il s'ensuit qu'il n'est pas restituable pour lésion ou autrement contre ces actes, comme le serait un simple mineur (C. civ. 1308).

13. Mais, pour que les actes du mineur soient valables, il faut qu'ils soient relatifs à son commerce; si donc le mineur se portait caution d'une dette, même commerciale, son engagement serait nul.—Pardessus, n° 64; de Fréminville, n° 1061; Favard, *Rép.*, v° *Commerçant*, n° 2; Orillard, n° 160.

14. S'il avait fait des acquisitions dont les unes seraient à son avantage et les autres lui seraient désavantageuses, il ne lui serait pas permis de profiter des premières et de répudier les secondes: la qualité dans laquelle il aurait contracté serait indivisible.—Pardessus, n° 61.

15. Le mineur autorisé à faire le commerce, peut valablement contracter une société commerciale avec des tiers.—11 août 1838, Caen. (S.39.2.525, C.N.9.—D.P.31.2.19.)—*Contrà*, Delangle, *Soc. comm.*, n° 37 et 38.

16. Mais il n'en peut contracter avec son père par qui il a été autorisé; il y a dans ce cas nécessité de recourir au conseil de famille. La société contractée sur la seule autorisation du père est essentiellement nulle à l'égard du mineur, même vis-à-vis des tiers. Il en est ainsi surtout, lorsqu'il apparaît que l'autorisation de faire le commerce n'avait été donnée par le père que dans la vue de passer avec le mineur l'acte de société.—21 juin 1847, Douai. (S. 48.2.33; C.N.8.—D.P.48.2.63.)

17. Du reste, le majeur qui a contracté une société commerciale avec un mineur, non légalement autorisé à faire le commerce, ne peut opposer l'incapacité du mineur et demander par ce motif la nullité de la société: le mineur seul aurait ce droit; ici, le principe écrit dans l'art. 1125, C. civ., doit recevoir son application.—9 juin 1845, Lyon. (S.V.46.2.574.—P.46.2.265.)

18. Le mineur qui a fait des opérations de commerce ne peut être poursuivi ni condamné comme banqueroutier, si les formalités exigées par le Cod. de comm. pour que le mineur soit habile à exercer le commerce, n'ont pas été observées.—2 déc. 1826, Cass. (S.27.1.208; C.N.8.—D.P.27.1.77.)—*Sic* Boulay-Paty, *Faillites*, n° 13; Orillard, n° 162.

19. Les créanciers du mineur ont le droit de saisir immobilièrement ses biens, sans au préalable discuter son mobilier (C. civ. 2206).—Pardessus, n° 60.

[4 et 5] Indication alphabétique.

Absence, 7.	Commerce indéterminé, 12.	Mineur, 1 et 4.
Abus des biens, 23.	Comm. séparé, 11, 13.	Oblig. du mari, 19 et s.
Accords de justice, 3, 5.	Communauté, 24.	Oblig. solidaire, 1.
Autoris. tacite, 6 et 8.	Contr. par corps, 12.	Présomption, 19.
Cause d'oblig., 19.	Femme mineure, 1, 2.	Révocation, 14 et s.
Commerce du mari, [illegible].	Incapacité, 3.	Sépar. de biens, 4, 5.
		Société, 17, 18.

1. Le consentement du mari ne suffit pas pour autoriser sa femme mineure à faire le commerce; il faut en outre que la femme ait l'autorisation de ses parents, conformément à l'art. 2 C. de comm.—26 mai 1821, Toulouse. (S.22.2.56; C.N.6.—D.A.10.154.)—*Sic*, Pardessus, n° 63; Delvincourt, *Inst. comm.*, t. 2, p. 9; Bravard-Veyrières, *Man. du dr. comm.*, p. 19; Nouguier, *Trib. de comm.*, t. 1er, p. 19; Chardon, *Puiss. maritale*, n° 194.

2. Jugé au contraire que le consentement du mari suffit pour autoriser sa femme mineure à faire le commerce.—17 fév. 1826, Grenoble. (S.26.2.250; C.N.8.—D.P.26.2.137.)—*Sic*, Devilleneuve et Massé, v° *Femme*, n° 5.

3. Le mari mineur ne peut autoriser sa femme, même majeure, à faire le commerce.—Duranton, t. 2, n° 479; Pardessus, n° 63; Delamarre et Lepoitvin, *Contr. de commiss.*, t. 1er, p. 92, et la note.—Suivant les deux premiers auteurs, la justice peut alors accorder l'autorisation; mais ce droit est dénié aux tribunaux par Nouguier, t. 1er, p. 267.

4. L'autorisation du mari est nécessaire à la femme séparée de biens, comme à celle mariée en communauté.—Locré, *Espr. du C. civ.*, t. 3, p. 489; Pardessus, n° 65; Nouguier, t. 1er, p. 236.

5. La femme peut être autorisée par la justice à faire le commerce, en cas de refus de la part de son mari, si ce refus repose sur d'injustes motifs.—Cette autorisation peut être accordée surtout quand il y a séparation de biens entre les époux.—24 oct. 1844, Paris. (S.V.44.2.581.—P.44.2.461.)—*Contrà*, Pardessus, n° 65; Bravard-Veyrières, p. 47; Devilleneuve et Massé, v° *Femme*, n° 3; Marcadé, sur l'art. 220, C. civ., n° 1er; Chardon, *ubi sup.*, n° 190. (Plusieurs de ces auteurs admettent l'autorisation de justice dans le cas où le mari est incapable ou absent.)

6. Au reste, la femme peut être marchande publique sans l'autorisation ou le consentement exprès de son mari; il suffit, pour la réputer telle, qu'elle fasse le commerce au vu et su de son mari, et sans qu'il s'y oppose.—14 nov. 1820, Rej. (S.21.1.312; C.N.6.—D.A.10.155.)—*Id.* 1er mars 1826, Rej. (S.26.1.325; C.N.8.—D.P.26.1.171.)—*Id.* 27 mars 1832, Rej. (S.V.32.1.365.—D.P.32.1.168.)—*Id.* 27 avril 1841, Rej. (S.V.41.1.385.—D.P.41.1.219.)—*Sic*, Toullier, t. 2, n° 646, et t. 6, n° 241; Pardessus, n° 63; Vincens, t. 1er, p. 338; Vazeille, *du Mariage*, t. 2, n° 329; Duranton, t. 2, n° 475; Devilleneuve et Massé, v° *Femme*, n° 4; Orillard, *Compét. des trib. de comm.*, p. 134; Zachariæ, *Dr. civ. fr.*, t. 3, p. 332; Marcadé, sur l'art. 220, C. civ., n° 1er; Coltres, *Modif. du C. civ.*, p. 28.

7. Le consentement tacite du mari peut aussi, selon les circonstances, s'induire de cela seul qu'il a laissé à sa femme une procuration générale à l'effet d'administrer ses biens et affaires.—5 mars 1835, Paris. (S.V.35.2.157.—D.P.35.2.88.)

8. Mais on ne pourrait l'induire du pouvoir qu'on aurait donné à la femme pour gérer et administrer la communauté, quelque étendu qu'il fût.—Pardessus, n° 63.

9. Jugé, dans le sens des solutions qui précèdent, que la femme qui tient en son nom un hôtel garni, est réputée, par cela seul, marchande publique.—21 nov. 1812, Paris. (S.13.2.269; C.N.4.—D.A.3.762.)

10. *Id.*, de la femme titulaire d'un bureau de loterie.—26 avril 1811, Paris. (S.11.2.369; C.N.3.—D.A.2.764.)

11. Il y a commerce séparé dans le sens de notre article, quoique l'objet de l'industrie de la femme soit identique par sa nature à celui du mari.—Pardessus, n° 65; Pont et Rodière, *Contr. de mariage*, t. 1er, n° 601; Demolombe, *Cours de Cod. civ.*, t. 4, n° 300; Nouguier, t. 1er, p. 263.

12. De même, une femme peut être réputée marchande publique, bien qu'elle ne fasse pas un commerce déterminé, si elle se livre habituellement à des spéculations de tout genre, mais ayant un caractère commercial.—Et dans ce cas, si elle se livre à ces opérations avec le consentement, même tacite, de son mari, elle est suffisamment autorisée pour contracter une société (inf. le n° 18), et apporter un de ses immeubles dans cette société à titre de mise de fonds.—27 avril 1841, Rej. (S.V.41.1.385.—D.P.41.1.219.)

13. Mais la femme, quelque part qu'elle prenne au commerce de son mari, ne peut être pour cela réputée marchande publique. Elle n'est marchande publique qu'autant qu'elle fait un commerce séparé; c'est dans ce cas seulement que les obligations qu'elle souscrit sont valables, bien que non revêtues d'un bon ou approuvé de sa main, portant en toutes lettres la somme ou la quantité de la chose.—1er mai 1829, Cass. (S.29.1.314; C.N.9.—D.A.[illegible].)—Conf. Pardessus, n° 63.

14. Le consentement du mari à ce que sa femme soit marchande publique peut être révoqué par lui à volonté.—Toullier, t. 12, n° 227; Pardessus, n° 63; Locré, p. 51; Chardon, n° 197; Nouguier, t. 1er, p. 237; Devilleneuve et Massé, v° *Femme*, n° 8.

15. Le mari serait même fondé à interdire le commerce à sa femme quoiqu'elle fût déjà commerçante lors de son mariage.—Toullier, t. 12, n° 228; Pardessus, n° 64.

16. Et la femme ne peut en appeler aux tribunaux pour obtenir le droit de poursuivre ses opérations malgré la révocation par le mari du consentement qu'il avait donné.—Nouguier, t. 1er, p. 237, qui cite à l'appui de son opinion un jugement du tribunal de comm. de Paris du 3 nov. 1842.

17. Mais quels seront les effets de la révocation à l'égard des tiers? Les tribunaux, dit Pardessus, n° 64, doivent les déterminer d'après les circonstances, l'équité et la bonne foi.—V. aussi Toullier, t. 12, n° 228; Locré, sur l'art. 4, C. comm.; Bravard-Veyrières, p. 25; Devilleneuve et Massé, v° *Femme*, n° 6; Nouguier, t. 1er, p. 260.

18. La femme autorisée à faire le commerce, ne peut, sans autorisation nouvelle, contracter une société avec un tiers, même pour l'exploitation de ce commerce.—Pardessus, n° 66; Malepeyre et Jourdain, *Soc. comm.*, p. 13; Vincens, t. 1er, p. 89; Delangle, *Soc. comm.*, t. 1er, n° 30; de Fréminville, t. 2, n° 1064.

19. Quand la cause de l'obligation de la femme n'est pas exprimée en l'acte, la présomption est-elle que cette obligation se rapporte au commerce de la femme, ou bien au contraire les tiers sont-ils tenus de prouver que l'affaire concernait le négoce de la femme?—Suivant Toullier, t. 12, n° 250 et 251; Duranton, t. 2, n° 485, et t. 14, n° 253; Bellot des Minières, *Contr. de mar.*, t. 1er, p. 282; Pardessus, n° 63 et 71, et Marcadé, sur l'art. 220, C. civ., n° 2, il y a présomption contre la femme, si l'obligation est sous forme de billet, et il en est autrement si l'obligation est notariée.—D'après Valette sur Proudhon, t. 1er, p. 460; Zachariæ, t. 3, p. 333; Chardon, *Puiss. marit.*, n° 188; Demolombe, t. 4, n° 301; Pont et Rodière, *Contr. de mar.*, t. 1er, n° 602, c'est toujours à la femme qu'incombe la charge de prouver que l'obligation est étrangère à son commerce.—Au contraire, selon Massé, t. 3, n° 27 et 173, c'est aux tiers à prouver, dans tous les cas, que la femme s'est engagée pour son négoce.

6. Les mineurs marchands, autorisés comme il est dit ci-dessus, peuvent engager et hypothéquer leurs immeubles.

Ils peuvent même les aliéner, mais en suivant les formalités prescrites par les art. 457 et suiv. du Cod. civ. [Ord. 1673, tit. 1er, art. 6.—C. c., 457, 487, 1125, 1308, 2126.—C. comm., 114.]

7. Les femmes marchandes publiques peuvent également engager, hypothéquer et aliéner leurs immeubles.

Toutefois leurs biens stipulés dotaux, quand elles sont mariées sous le régime dotal, ne peuvent être hypothéqués ni aliénés que dans les cas déterminés et avec les formes réglées par le Code civil. [C. c., 217, 225, 226, 1420, 1538, 1559 et s., 2073, 2124.]

TITRE II.

Des Livres de commerce.

8. Tout commerçant est tenu d'avoir un livre-journal qui *présente*, jour par jour, ses dettes actives et passives, les opérations de son commerce, ses négociations, acceptations ou endossements d'effets, *et généralement* tout ce qu'il reçoit et paie, à quelque titre que ce soit; et qui *énonce*, mois par mois, les sommes employées à la dépense de sa maison: *le tout* indépendamment des autres livres usités dans le commerce, mais qui ne sont pas indispensables.

Il est tenu de mettre en liasse les lettres missives qu'il reçoit, et de copier sur un registre celles qu'il envoie. [Ord. 1673, tit. 3, art. 1 et 7.—C. comm., 84, 96, 586.]

9. Il est tenu de faire, tous les ans, sous seing privé, un inventaire de ses effets mobiliers et immobiliers, et de ses dettes actives et passives, et de le copier, année par année, sur un registre spécial à ce destiné. [Ord. 1673, tit. 3, art. 8.—C. comm., 586.]

10. Le livre-journal et le livre des inventaires seront *paraphés* et *visés* une fois par année.

Le livre de copies de lettres ne sera pas soumis à cette formalité.

Tous seront tenus par ordre de dates, sans blancs, lacunes ni transports en marge. [Ord. 1673, tit. 3, art. 3 et 5.]

11. Les livres dont la tenue est ordonnée par les art. 8 et 9 ci-dessus seront cotés, paraphés et visés soit par un des juges des tribunaux de commerce, soit par le maire ou un adjoint, dans la forme ordinaire et sans frais. Les commerçants seront tenus de conserver ces livres pendant dix ans. [Ord. 1673, tit. 3, art. 3.—C. comm., 84.]

12. Les livres de commerce, régulièrement tenus, peuvent être admis par le juge pour faire preuve entre commerçants pour faits de commerce. [C. c., 1329, 1330.]

13. Les livres que les individus faisant le commerce sont obligés de tenir, et pour lesquels ils n'auront pas observé les formalités ci-dessus prescrites, ne pourront être représentés ni faire foi en justice, au profit de ceux qui les auront tenus; sans préjudice de ce qui sera réglé au livre *des Faillites et Banqueroutes*. [C. c., 1329; C. comm., 584 et s., 591 et s.]

14. La communication des livres et inventaires ne peut être ordonnée en justice que dans les affaires de succession, communauté, partage de société, et en cas de faillite. [Ord. 1673, tit. 3, art. 9.]

15. Dans le cours d'une contestation, la *représentation* des livres peut être ordonnée par le juge, même d'office, à l'effet d'en extraire ce qui concerne le différend. [Ord. 1673, tit. 3, art. 10.]

16. En cas que les livres dont la représentation est offerte, requise ou ordonnée, soient dans des lieux éloignés du tribunal saisi de l'affaire, les juges peuvent adresser une commission rogatoire au tribunal de commerce du lieu, ou déléguer un juge de paix pour en prendre connaissance, dresser un procès-verbal du contenu, et l'envoyer au tribunal saisi de l'affaire. [C. pr., 1035.]

17. Si la partie aux livres de laquelle on offre d'ajouter foi refuse de les représenter, le juge peut *déférer* le serment à l'autre partie. [C. c., 1366.]

—Consultez sur la question, Cass. 15 nov. 1813. [S. 14.1.74; C.n.4.—D.A.5.757.]

20. Le mari est tenu des engagements contractés par sa femme, même alors qu'il y a exclusion de communauté, mais non séparation de biens, ou que les époux sont mariés sous le régime dotal, si tous les biens de la femme sont dotaux, parce que dans ces cas le mari profite des gains faits par la femme. (V. notre *Cod. civ. annoté*, art. 1539, n° 1er, 37 et s.)—Delvincourt, t. 1er, p. 345; Duranton, t. 9, n° 490.—*Contrà*, Valette, Marcadé, sur l'art. 220, C. civ., n° 2.

21. Il en serait de même, quoique non marchande publique, la femme oblige son mari. — V., à cet égard, les nos 8 et 10 de l'art. 220 de notre *Cod. civ. annoté*.

22. Du reste, le mari n'est pas, comme sa femme elle-même, soumis à la contrainte par corps, pour raison des engagements par elle contractés.—26 juin 1823, Lyon. [S.25.2.388; C.n.7.—D.A.5.752.]—*Id.* 7 août 1832, Paris. [S.V.32.2.33.—D.P.33.2.132.]—*Sic*, Toullier, t. 2, n° 639, et t. 12, n° 245; Locré, *Espr. du C. civ.*, sur l'art. 220; Duranton, t. 2, n° 482; Vazeille, *Mariage*, t. 2, n° 358; Zachariæ, t. 3, § 510, note 5; Marcadé, sur l'art. 220, n° 2; Pont et Rodière, *Contr. de mar.*, t. 1er, n° 664; Nougier, t. 3, p. 200; Demolombe, t. 4, n° 313; Troplong, *Contr. par corps*, nos 312 et 314;—*Contrà*, Delvincourt, t. 1er, p. 348 (V. cependant le même auteur, sur l'art. 2066, t. 3, p. 650); Despréaux, *Compét. des trib. de comm.*, n° 541.

23. Notons que le droit d'administration conféré par la loi (C. civ., 1428) au mari sur les biens de sa femme, ne s'étend pas au commerce séparé que fait la femme marchande publique.—Massé, t. 3, n° 341; Pont et Rodière, t. 1er, n° 872; Troplong, t. 2, n° 978.

24. Et que la femme déjà commerçante qui se marie sous le régime de la communauté, sans stipuler que son commerce restera sous son nom, perd la qualité de marchande publique. —Toullier, t. 12, n° 249; Duranton, t. 2, n° 465; Nougier, t. 1er, p. 365.

[6]—Sur l'interprétation de cet article, voy. les notions rappelées sous les art. 2 et 7, dont plusieurs seraient applicables au mineur commerçant aussi bien qu'à la femme marchande publique. — V. aussi les nos 11 et 4 de l'art. 2.

[7]—La femme marchande publique peut, sans autorisation, vendre, même à titre [illegible], un immeuble acheté des bénéfices ou du produit de son commerce.—8 sept. 1814, Req. [S.15.1.38; C.n.4.—D.A.10.158.]—*Sic*, Pardessus, n° 66; Vincens, t. 1er, p. 229; Devilleneuve et Carette, *Collect. nouv.*, t. 1.

610.—*Contrà*, Pont et Rodière, t. 1er, n° 693, p. 561, à la note.

[8 à 11]—*Tenue des livres de commerce.*—1. Les livres d'un commerçant doivent présenter toutes ses négociations, mêmes celles qui seraient étrangères à son commerce.—25 nov. an 10, Req. [S.2.1.307; C.n.1.—D.A.10.734.]—*Sic*, Pardessus, n° 86; Favard, *Rép.*, v° *Livres de comm.*, n° 3.—V. ci-après, art. 12, nos 25 et 31.

2. Mais la loi n'exige pas que celui qui tient un magasin de détail, inscrive sur son livre-journal, article par article, tout ce qu'il reçoit; il suffit qu'il l'inscrive en bloc, à la fin de chaque jour.—Pardessus, n° 86.

3. Un négociant est tenu d'inscrire sur ses livres les opérations qu'il fait pour le compte d'un tiers, tout aussi bien que celles qu'il fait pour son propre compte. A défaut de cette inscription, il ne peut se plaindre que les juges regardent comme non justifié le résultat des opérations qu'il avoue avoir faites pour ce tiers, et qu'ils déterminent eux-mêmes ce résultat sans avoir égard aux allégations du mandataire.—24 déc. 1835, Req. [S.V.36.1.303.—D.P.36.1.16.]

4. L'obligation imposée à tout commerçant de tenir des livres qui constatent ses opérations, est applicable même au commerçant qui ne sait pas lire.—21 fév. 1820, Caen. [C.n.6.—D.A.8.118.]

5. Les négociants qui, à raison de la nature de leur commerce, sont assujettis à la tenue de livres spéciaux, n'en doivent pas moins avoir le livre prescrit par l'art. 8 Cod. comm., et se conformer aux dispositions de cet article.—Et *vice versâ*, l'exécution de ce dernier article ne les dispense pas de remplir les obligations qui leur sont imposées par les lois particulières au commerce qu'ils exercent.—Favard, v° *Livres de comm.*, n° 6; Pardessus, n° 88.

6. Aucun autre livre ne peut remplacer ceux qu'exige la loi.—Favard, v° *Livres de comm.*, n° 5.—Mais, cependant, des feuilles volantes sur lesquelles le commerçant aurait inscrit régulièrement toutes ses opérations peuvent suffire pour le mettre à l'abri d'une poursuite en banqueroute.—Merlin, *Rép.*, v° *Livres de commerce*.

7. Lorsqu'il est nécessaire de faire une rectification dans un livre de commerce, elle doit être faite à la suite ou à la date du jour où l'on s'aperçoit de l'erreur.—Pardessus, n° 87.

8. Les lettres que s'écrivent des négociants, habitant la même ville, doivent être transcrites sur leurs livres, sans quoi elles ne peuvent être opposées à des tiers, ni faire aucune foi à leur égard, quelque général que soit l'usage des négociants de ne point transcrire ces sortes de lettres.—18 mai 1830, Bordeaux. [D.P.30.2.251.]

9. Les livres de commerce sont dispensés du timbre. (L. 20 juill. 1837, art. 4.)

[12 à 17] Indication alphabétique.

§ 1er.—*Preuve résultant des livres de commerce.—Livres irréguliers.—Absence de livres.*

1. Les livres de commerce doivent encore, après dix ans, être admis pour faire preuve entre négociants, bien que la loi n'impose l'obligation de les conserver que pendant dix ans.—16 nov. 1817, Rouen. [S.18.2.68; C.n.5.—D.A.8.736.]—V. *infrà*, nos 18 et s.

2. Pour que ces livres fassent preuve entre commerçants, il n'est pas nécessaire que l'opération soit commerciale de la part des deux parties.—Bonnier, *Preuves*, n° 649; Massé, t. 6, n° 153.

3. Les livres d'un commerçant sont insuffisants, par eux seuls, pour prouver les paiements qu'il prétend avoir faits à la décharge d'un autre commerçant: les quittances des créanciers sont indispensables en ce cas.—10 août 1838, Bordeaux. [P.38.2.474.]

4. Les registres d'un commissionnaire font foi, à l'égard des tiers, d'une vente de marchandises entreposées, faite sans déplacement, c'est-à-dire sans tradition réelle et apparente.—8 déc. 1808, Paris. [S.9.2.27; C.n.2.]—*Sic*, Massé, n° 131.

5. Les livres des agents de change et des courtiers ne font pas foi, entre ceux qui ont employé leur ministère, des conventions qu'ils relatent; cependant le juge peut y puiser des présomptions propres à éclairer sa religion.—Toullier, t. 9, n° 393.—Mais ils font preuve contre l'agent de change ou le courtier, à l'égard de toutes personnes.—Devilleneuve et Massé, v° *Agent de change*, n° 27.

6. Si les registres et le carnet de ces officiers ministériels ne sont pas d'accord, il faut, en général, s'en rapporter plutôt au carnet qui est écrit à l'instant même de l'opération.—Mollot, *Bourses de comm.*, n° 182; Massé, n° 140.

7. Les livres auxiliaires ne font pas preuve en faveur du commerçant qui les a tenus.—Toullier, t. 8, n° 360; Pardessus, n° 258; Delamarre et Lepoitvin, t. 1er, n° 237.—*Contrà*, Massé, n° 147.

[illegible]

TITRE III.

Des Sociétés.

SECTION PREMIÈRE.

Des diverses sociétés, et de leurs règles.

18. Le contrat de société se règle par le droit civil, par les lois particulières au commerce, et par les conventions des parties. [C. c., 1832 à 1873; C. comm., 51 et suiv.]

19. La loi reconnaît trois espèces de sociétés commerciales :

La société en nom collectif,
La société en commandite,
La société anonyme.

[illegible]

[18 et 19] [illegible]

Indication alphabétique.

[illegible]

[illegible]

merciat.—29 nov. 1831, C. Rej. [S.V.33.1.305.—D.P. 33.1.401.]

28. Il en est de même de la convention par laquelle divers commissionnaires de transports s'engagent, dans la vue d'économiser les frais, à mettre en commun toutes les marchandises que chacun d'eux sera individuellement chargé de transporter : cette convention ne constitue pas une société de commerce, même alors que, par une clause du traité, il aurait été convenu qu'il serait fait une masse commune des amendes encourues par chacun des contractants pour infraction à leurs statuts.—5 mars 1846, Rouen. [S.V.46.2.484.]

29. Un commis intéressé n'est pas un associé.—6 avril 1811, Rennes. [S.13.2.54; C.N.3.—D.A.12.114.]—31 mai 1831, Rej. [S.V.31.1.249.—D.P.31.1.200.]—*Id.* 7 mars 1835, Paris. [S.V.35.2.234.—D.P.35.2.93.]—*Id.* 30 mai 1838, Lyon. [S.V.38.2.426.]—*Id.*, 21 févr. 1844, Lyon. [S.V.45.2.432.]—*Sic*, Duvergier, nos 45, 55; Delangle, no 3; Pardessus, no 969; Troplong, no 481; Malepeyre et Jourdain, p. 10 et s.; Bellot des Minières, *Arbitrage*, t. 1er, p. 241.

29 *bis*. Jugé en sens contraire. — 27 août 1835, Lyon. [S.V.37.2.112.]

30. Cependant, bien que le commis intéressé ne soit pas associé, il a le droit de demander la communication des livres de la maison de commerce à laquelle il est attaché, pour y vérifier la part des bénéfices qui doit lui revenir.—Arrêts de Paris du 7 mars 1835, et de Lyon du 21 fév. 1844, ci-dessus.

31. Jugé *encore* que le gérant d'une maison de commerce qui est intéressé dans les bénéfices de cette maison, n'a pas pour cela la qualité ni les droits d'un associé.—15 mai 1846, Bordeaux. [S.V.47.2.15.]

§ 2. — *Qui peut former une société commerciale.— Quand commence la société. — Conditions diverses.*

32. La femme autorisée à faire le commerce ne peut, sans une autorisation *spéciale* de son mari, former une société.—Delangle, t. 1er, no 56.—V. encore *suprà*, art. 4, no 18.

33. Il en est de même du mineur émancipé, même autorisé à faire le commerce.—Delangle, nos 57 et 58. —V. en sens contraire, *suprà*, art. 2, no 15.

34. Le prodigue, placé dans les liens d'un conseil judiciaire, ne peut, même avec l'assistance de ce conseil, valablement contracter avec un tiers une société de commerce de quelque nature qu'elle soit, par exemple, une société en nom collectif.—3 déc. 1850, Cass. [S.V.50.1.777.]—V. l'arrêt cassé rendu par la Cour de Paris le 12 août 1848. [S.V.48.2.608.]

35. L'adjonction d'un membre à une société ne peut s'opérer que du consentement de tous les associés, et non pas seulement avec l'assentiment de la majorité. —Cette règle est applicable à toute espèce de société, notamment aux associations de fromageries existantes dans le Jura.—23 avril 1845, Besançon. [S.V.46.2.485.]

36. L'acte de société dans lequel un associé a stipulé pour les autres associés absents, en se portant fort pour eux et en promettant leur ratification, ne devient parfait, et la société n'a d'existence légale, qu'à partir de cette ratification. L'existence de la société n'est donc opposable aux tiers que lorsqu'elle a été régulièrement publiée depuis cette ratification : une publication antérieure à la ratification ne produirait aucun effet.— Par suite, l'hypothèque consentie en son nom personnel sur l'immeuble apporté en société par l'associé stipulant, est opposable aux créanciers de la société, bien qu'elle ait été constituée après la ratification des autres associés, et par conséquent après la publication qui avait précédé cette ratification.—4 août 1847, Rej. [S.V.47.1.649.]

37. Une société par actions n'a d'existence légale que du moment où il a été émis une ou plusieurs actions ; jusque-là, il n'y a qu'une simple publication ou offre de constituer une société.—En conséquence, est valable, même à l'égard des actionnaires, la constitution d'hypothèque consentie par le créateur d'une société de ce genre, au profit d'un tiers, avant qu'aucune action ait été émise, sur un immeuble qui lui appartenait, et dont il avait déclaré dans l'acte social transférer la propriété à la société. — Réciproquement, est nulle à l'égard des actionnaires la constitution d'hypothèque consentie sur cet immeuble, après placement d'actions en plus ou moins grand nombre. — 27 nov. 1839, Douai. [S.V.40.2.266.]

38. Les sociétés peuvent être contractées sous conditions. [L. 1re ff. *Pro socio*; L. 6, C. *eod.*]—Pothier, *Société*, no 64 ; Malepeyre et Jourdain, p. 29 ; Troplong, no 321 ; Duvergier, nos 158–146 ; Lachapelle, *Encycl. du dr.*, de Sebire et Carteret, vo *Condition*, no 93.

39. On peut stipuler que le cessionnaire d'une part sociale n'aura pas voix délibérative.—Delangle, no 467.

39 *bis*. Et qu'en cas de vente, les associés, à prix égal, auront la préférence.—Delangle, no 468.

40. La clause des statuts d'une compagnie ou société par actions, portant qu'à défaut de versements aux époques fixées, les actions seront vendues à la Bourse, aux risques et périls des actionnaires, après un délai déterminé (par exemple, quinze jours après publication des numéros des actions en retard), n'impose pas à la compagnie l'obligation de faire vendre nécessairement à l'expiration du délai déterminé ; ce n'est là pour elle qu'une *simple* faculté, faculté dont elle est libre de n'user que plus tard, et cela sans besoin de mise en demeure nouvelle. Peu importe les cours auxquels les titres ont été réalisés, et alors même que cette réalisation aurait eu lieu à des époques de baisse remarquable, si d'ailleurs on ne prouve pas que la compagnie ait agi dans une intention nuisible.—19 fév. 1850, Paris. [S.V.50.2.72.]

41. Il peut être valablement stipulé que les administrateurs de la société seront nommés pour toute la durée de la société et non révocables. — Malepeyre et Jourdain, p. 250.

42. On peut aussi stipuler dans l'acte de société le droit de révoquer, *ad nutum*, les pouvoirs conférés à l'associé administrateur.—Duranton, t. 17, no 451 ; Duvergier, no 294 ; Troplong, t. 2, no 669 ; Delangle, t. 1er, no 176.—Mais cette règle est-elle applicable au gérant d'une société en commandite? V. à cet égard, *inf.*, art. 23, no 46 et suiv.

42 *bis*. Et même, alors qu'une telle clause n'existe pas, les pouvoirs de l'associé administrateur sont révocables à volonté, quand son mandat ne fait pas partie du contrat de société.—9 mai 1808, Bruxelles. [S.9.2.16; C.N.2.—D.A.12.140.]—V. les notes de l'art. 1856, C. civ.

43. La clause d'un acte social portant qu'en cas de renonciation de l'un des directeurs de la société, il sera pourvu à son remplacement à la pluralité des voix, par les directeurs restants, ne concerne que les retraites accidentelles et isolées, et n'est applicable pas au cas où la majorité du conseil serait démissionnaire.—10 janv. 1839, Douai. [D.P.40.2.25.]

§ 3. — *Droits des associés et des créanciers sur l'actif social.*

44. Lorsque les fonds d'une société sont divisés en actions, chaque action est une portion indivise du fonds social; par conséquent, chaque cessionnaire d'action devient copropriétaire du fonds social, et membre de la société ; il ne peut pas être considéré seulement comme simple créancier bailleur de fonds. — 1er vend. an 10, Cass. [S.7.2.776; C.N.1.—D.A.12.124.]—*Sic*, Merlin, *Quest.*, vo *Action*, § 1er; Pardessus, no 992 et suiv.

44 *bis*. Une société commerciale légalement constituée a, sur les biens meubles et immeubles composant son actif, tous les droits de la propriété, et notamment celui de les aliéner et de les hypothéquer.—7 mai 1844, Rej. [S.V.44.1.35.]

45. Le nom ou le titre d'une société fait partie de son actif, et, comme tel, il doit être compris dans les objets à partager entre les associés lors de la dissolution de la société.—Il n'est pas permis à une partie des sociétaires, formant un nouvel établissement, de s'approprier ce titre au préjudice de ceux qui restent étrangers à ce nouvel établissement.—15 mars 1847, Rouen. [S.V.47.2.184; C.N.8.—D.P.47.2.155.]

46. Un établissement commercial, en possession d'une raison commerciale et d'une enseigne quelconque, peut exiger qu'un établissement plus nouveau et de même nature change une raison commerciale et une enseigne qui feraient confondre les deux établissements ; surtout si déjà l'identité d'enseigne a produit des méprises et des discussions entre les deux établissements.—8 janv. 1821, Aix. [S.21.2.222; C.N.6.—D.A.16.420.]

46 *bis*. L'abandon fait à l'un des associés commerciaux, après sa dissolution, d'une partie de l'actif social, moyennant un certain prix, constitue une vente commerciale, qui rend l'associé passible de la contrainte par corps. — 23 déc. 1844, Rej. [S.V.46.1.558.—D.P.45.1.115.—P.45.1.516.]

47. Les créanciers de la société ont, sur l'actif social, un privilége qui leur donne le droit d'être payés avant les créanciers personnels des sociétaires.—1er juin 1831, Grenoble. [S.V.32.2.591.] — C'est là un point incontestable. V. Frémery, p. 55 ; Duvergier, no 405; Delangle, no 16 ; Troplong, no 857 et suiv.; Serrigny, *Rev. de dr. fr. et étr.*, t. 3, p. 559.

47 *bis*. Et en cas d'insuffisance de l'actif social, ils viennent en outre sur les biens personnels de chaque associé, concurremment avec ses créanciers personnels. —13 oct. 1812, Rej. [S.13.1.78; C.N.4.]—*Sic*, Favard, vo *Privilége*, sect. 1re, § 2, no 20 ; Duvergier, no 406; Troplong, no 863 ; Serrigny, *ubi sup.*—V. cependant, Duranton, t. 17, no 457.

48. Mais quid, dans le cas où la société se trouve nulle? Sur ce point fort délicat, voy. *inf.* les notes 25 et s. de l'art. 42.

48 *bis*. Du reste, si, après la dissolution de la société, l'un des sociétaires nommé liquidateur, a confondu l'actif social dans le sien propre, sans que les créanciers de la société aient demandé la séparation des actifs respectifs, le privilége de ces créanciers est éteint par confusion.—Arrêt de Grenoble ci-dessus, no 47.

49. La donation par contrat de mariage, faite par un associé, d'une somme à prendre sur son apport social, ne confère pas au donataire qui a été crédité de la somme donnée, au compte de l'associé donateur, un droit de concurrence avec les créanciers sociaux. Cette donation constitue seulement le donataire créancier du donateur, et ne lui permet, au cas de faillite de la société, d'exercer ses droits sur la part d'actif afférente au donateur, qu'après le paiement des créanciers de la société.—14 mars 1848, Rej. [S.V.48.1.708.]

50. Les créanciers d'une société commerciale peuvent user de tous les moyens de preuve admis par la loi pour déterminer le caractère de la société, et, par suite, celui des obligations des associés, et cela, alors même qu'il s'agirait d'une société en nom collectif.—23 févr. 1856, Bordeaux. [D.P.56.2.174.]

51. L'adjudicataire ou cessionnaire des actions d'une société ne peut, par aucune clause, être dispensé du paiement des dettes de la société. — 23 ventôse an 8, Cass. [S.1.1.287; C.N.1.—D.A.12.142.]

52. Après la faillite d'une société commerciale, la remise faite par les créanciers à l'un des associés personnellement ne profite point aux autres associés. — 22 avril 1818, Rej. [S.19.1.179 ; C.N.5.—D.A.8.[illegible]] *Sic*, Delangle, no 186.

§ 4. — *Administration de la société.*

53. En ce qui touche la nomination et la révocation des administrateurs, voy. *suprà*, nos 41 et s.

53 *bis*. Le gérant a le droit de faire tous les actes qui se rapportent au but pour lequel la société a été créée.—Delangle, no 137 ; Pardessus, no 1014.

54. Il peut affermer les immeubles de la société.— Troplong, no 687, et *Louage*, no 98 ; Duvergier, no 313.

55. Il ne peut faire remise des dettes contractées envers la société.—Delangle, no 138 ; Duvergier, no 315.

56. A moins que ce ne soit par son adhésion à un concordat.—Delangle, no 139.

57. Il peut emprunter pour le besoin de l'administration, mais sans que ces emprunts puissent constituer une aliénation.—Troplong, t. 2, no 684.—Suivant plusieurs auteurs, il ne peut aucunement emprunter, sans une autorisation expresse.—Duvergier, no 314 ; Malepeyre et Jourdain, p. 28 ; Delangle, t. 1er, no 144.

58. Jugé que les administrateurs d'une société ne peuvent valablement emprunter au nom de la société, si les statuts sociaux ne leur confèrent pas ce pouvoir, et à plus forte raison s'ils le leur refusent ; une délibération prise par l'assemblée générale et à la majorité des suffrages ne saurait même, en ce cas, suppléer au défaut de pouvoir, et lier la société.—13 nov. 1844, Douai. [S.V.44.2.595.]

59. Le gérant ne peut consentir une hypothèque.— Delangle, no 146 ; Troplong, no 686.—V. dans ce sens, un arrêt de rejet du 24 avril 1841, rapporté par ce dernier auteur.—V. aussi *inf.*, art. 24, no 1er.

20. *La société en nom collectif* est celle que contractent deux personnes ou un plus grand nombre, et qui a pour objet de faire le commerce sous une raison sociale.

60.... Ni vendre les immeubles de la société. —Delangle, n° 141; Pardessus, n° 1014; Troplong, n° 682.

61. Cependant la vente de machines séparées de l'usine peut, selon les circonstances, être déclarée valide.—Delangle, n° 140.

62. Il en serait de même de la vente des choses périssables et des récoltes.—Troplong, n° 682.

63. Le gérant ou administrateur peut transiger sur les intérêts relatifs à la société.—Duvergier, n° 320; Merlin, *Transact.*, n° 126; Pardessus, n° 1014; Duvergier et Massé, v° *Société*, n° 173; Malpeyre et Jourdain, p. 83 et 86.—*Contra*, Pothier, *Société*, n° 68; Delangle, n° 118.—Suivant Troplong, n° 689, la transaction ne peut porter que sur les choses dont le gérant a la disposition.

63 *bis*. Sur le droit de compromettre en matière de sociétés commerciales, voy. les notes 44 et s. de l'art. 1004 de notre *Cod. de proc. annoté*.

64. Si plusieurs gérants ont été nommés, avec condition qu'ils n'agiraient pas séparément, le refus d'un seul empêche une opération, alors même que la majorité des gérants l'aurait résolue. —Delangle, n° 179; Pardessus, n° 1015.—Suivant Duvergier, n° 305, et Delvincourt, t. 3, p. 225, notes, il en serait autrement s'il y avait urgence, et dans les cas extraordinaires.

65. L'associé exclu de la gestion peut faire des actes conservatoires.—Delangle, n° 185.

66. L'ancien gérant d'une société dissoute qui s'en est, de fait, constitué le liquidateur, doit compte à ses coassociés des bénéfices qu'il a pu obtenir par voie de transaction avec des créanciers de cette société, même alors qu'il n'aurait souscrit la transaction qu'en son nom personnel.—25 août 1835, Req. [S.V.35.1.875.—D.P.35.1.404.]

67. Le payement d'une dette à lui personnelle fait avec les fonds de la société par le gérant d'une société commerciale, est valable et ne saurait être répété contre le créancier par les autres associés ou les syndics de la société tombée en faillite, alors même que le créancier savait qu'il était payé avec les deniers de la société. — 25 févr. 1847, Rouen. [S.V.48.2.750.] — *Sic*, Delangle, t. 1er, n° 247.

67 *bis*. Sur les gérants des sociétés en commandite, V. *inf.*, art. 23, n° 42 et s.

§ 5.—*Durée, Dissolution et Liquidation des sociétés commerciales.*

68. Une société contractée pour une affaire à achever dans un certain temps, doit durer jusqu'à ce que l'affaire soit achevée, si la considération du temps n'a été que secondaire entre les associés.—15 janvier 1810, Bruxelles. [S.10.2.213; C.N.3.—D.A.12.97.]

68 *bis*. Une société contractée pour exécuter des travaux publics suivant un plan donné, n'est pas dissoute par cela seul que le Gouvernement change de plan, et passe en conséquence un nouveau marché, si les travaux sont toujours les mêmes, et s'il paraît d'ailleurs que les associés ont voulu continuer leurs travaux en commun.—Même arrêt.

69. Le décès de l'un des associés dissout de plein droit la société, aussi bien à l'égard des tiers qu'à l'égard des associés entre eux, à moins que la continuation de la société n'ait été d'avance stipulée dans l'acte social; à cet égard, les dispositions des art. 1865 et 1868, Cod. civ., s'appliquent aux sociétés commerciales comme aux sociétés civiles.—16 nov. 1847, Cass. [S.V.48.1.1.]—V. sur cet arrêt, les observations de Troplong, *Rev. de légis.*, 1848, 1er vol. p. 1re, et de Devilleneuve, S.V. *loc. cit.*

69 *bis*. Mais, dans ce même cas de décès de l'un des associés, la société peut-elle, d'après les faits et circonstances, être réputée avoir *continué* (en vertu d'une convention expresse ou tacite) entre les associés survivants et les héritiers de l'associé décédé, tellement que ces héritiers se trouvent engagés vis-à-vis des tiers par suite des opérations faites avec ceux-ci sous l'ancienne raison sociale? Arg. aff.—Toutefois, et en admettant l'affirmative, c'est-à-dire que la société puisse être déclarée avoir continué avec les héritiers de l'associé décédé, cette déclaration ne saurait avoir lieu à l'égard des héritiers *mineurs*, qui n'étaient pas capables de s'engager.—Même arrêt.

69 *ter*.—V. sur la dissolution des sociétés, les différentes décisions rappelées sous l'art. 1865 de notre *Cod. civ. annoté*.

70. Lorsqu'une société de commerce a cessé par expiration du temps pour lequel elle avait été faite, la liquidation de son avoir est une opération de société à faire dans les formes commerciales, et non un partage de la chose commune à faire dans les formes civiles. —22 juin 1808, Bruxelles.—[S.V.8.2.277; C.N.2.—D.A.12.142.]

71. Pour ester en jugement sur la liquidation d'une société de commerce, dont le défunt était membre, l'héritier bénéficiaire a qualité comme l'héritier pur et simple.—1er août 1811, Turin. [S.12.2.202; C.N.3.—D.A.3.346.]

72. Le créancier d'un associé a le droit d'intervenir à la liquidation et au partage de la société, pour que rien ne se fasse en fraude de ses droits; mais s'il n'est pas intervenu, il ne peut attaquer la liquidation et le partage consommés sans opposition de sa part.—13 juin 1807, Paris. [S.7.2.719; C.N.2.—D.A.12.564.]

73. L'acte sous seing privé portant dissolution d'une société, a une date certaine vis-à-vis des créanciers personnels de l'un des associés: les créanciers sont, dans ce cas, les ayants cause de leur débiteur.—12 juillet 1825, Req. [S.27.1.87; C.N.8.—D.P.25.1.361.]

74. Le liquidateur est nommé par la majorité des associés, sauf stipulation contraire dans l'acte social. —Delangle, n° 653; Persil, p. 350.—*Contra*, Troplong, n° 1025, qui exige l'unanimité, à moins que l'usage n'ait consacré une pratique contraire.

75. En cas de discord, le liquidateur doit être nommé par des arbitres. — Troplong, n° 1026; Malpeyre et Jourdain, n° 511.

76. Le liquidateur peut être étranger à la société.—Troplong, n° 1023; Malpeyre et Jourdain, n°s 513 et 516; Horson, t. 1er, q. 32, p. 95.

77. Il ne peut être révoqué que par voie de justice, s'il a été nommé dans l'acte social. — Troplong, n° 1031.

78. Le liquidateur qui a été désigné à l'avance dans l'acte de société, peut être tenu de donner caution avant son entrée en fonctions. — Pardessus, n° 1074. —*Contra*, Troplong, n° 1014.

79. Le liquidateur peut vendre les objets mobiliers dépendant de la société. — Troplong, n° 1017; Malpeyre et Jourdain, n° 521; Pardessus, n° 1074, 2°.

80. Mais il ne peut vendre les immeubles.—Pardessus, *loc. cit.*; Delangle, n° 691.—V. en sens contraire Troplong, n° 1017.

81. Toutefois, le gérant qui a reçu mandat de vendre les immeubles sociaux, conserve après la dissolution, s'il est nommé liquidateur, ce même pouvoir.—Delangle, n° 691.

82. Le liquidateur ne peut, sans un pouvoir exprès, hypothéquer les immeubles sociaux pour des dettes de la société. — 2 juin 1836, Req. [S.V.36.1.673.—D.P.36.1.381.]—*Sic*, Troplong, n° 1022; Delangle, n° 688; Pardessus, n° 1074, 2°.

83. Mais il peut (à moins de restriction spéciale de ses pouvoirs) donner en nantissement des marchandises appartenant à la société.—17 mars 1849, Paris. [S.V.49.2.180.]

83 *bis*. *Id.*... Et il en est ainsi, alors surtout qu'il s'agit de satisfaire à des engagements pris avant la dissolution de la société, et de réaliser un nantissement antérieurement promis.—5 mars 1850, Req. [S.V.50.1.281.—D.P.50.1.167.]

84. Le liquidateur oblige les associés par les négociations ou endossements qu'il fait à des tiers, d'effets appartenant à la société.—12 avril et 26 août 1843, Rouen. [S.V.43.2.561.]—*Sic*, Delangle, n° 690; Malpeyre et Jourdain, n° 526; Vincens, p. 362, note 2. —*Contra*, Troplong, n° 1019; Horson, p. 41; Frémery, p. 69 et s.

85. Après la liquidation d'une société commerciale dont les actions sont au porteur, la part de l'actif liquidé afférente à chacun des sociétaires ou actionnaires, n'est point valablement transmise vis-à-vis des tiers, par la seule remise des actions de la main à la main: la transmission ne peut, à leur égard, s'opérer que par un transport régulier signifié au liquidateur. —13 fév. 1851, Paris. [S.V.51.2.78.]

86. Les engagements souscrits par l'associé liquidateur obligent la société, bien qu'ils ne soient pas signés de la raison sociale, s'il est établi qu'ils ont été contractés dans l'intérêt et pour le compte de la société. — 1er nov. 1835, Req. [S.V.36.1.134.] — V. *inf.*, art. 22, n°s 5 et s.

87. En cas de dissolution d'une société commerciale, le recouvrement des créances sociales, par exemple, s'il s'agit d'une compagnie d'assurances mutuelles, le recouvrement des cotisations dues par les assurés, doit être fait non par le directeur qui, pendant l'existence de la société, avait action pour les recouvrer, mais par le liquidateur... à moins, toutefois, que le liquidateur n'ait transmis, à cet égard, ses pouvoirs au directeur, qui devient alors son mandataire.—19 nov. 1849, Req. [S.V.50.1.31.—D.P.50.1.23.]

88. Le liquidateur ne peut exécuter une commission donnée à la société avant sa dissolution.—11 vendém. an 7, Cass. [S.1.1.165; C.N.1.—D.A.12.99.]

88 *bis*. Sur le compte que doit le liquidateur quant aux opérations par lui faites, même en son nom personnel, V. *sup.*, n° 66.

89. Le liquidateur peut-il compromettre? — V. à cet égard, le n° 46 de l'art. 1004 de notre *Cod. de proc. annoté*.

90. Bien qu'en règle générale, une société formée dans le but de faire la liquidation d'une maison de commerce, puisse être réputée avoir pris à sa charge les dettes de la maison qu'il s'agit de liquider et celles qui seraient contractées pour le compte de la liquidation, cependant, il peut résulter des circonstances et des conventions des parties que cette société, ni les associés qui la composent, ne soient pas personnellement tenus de ces dettes, et qu'ils n'aient pas d'autre engagement que celui de les payer avec les valeurs dépendant de l'entreprise à liquider et les produits de cette entreprise. — 21 nov. 1848, Req. [S.V.49.1.263.]

91. En supposant que les associés soient tenus, en cette qualité, à raison des opérations faites depuis la dissolution de la société, il n'en serait ainsi qu'autant qu'il s'agirait de faits sociaux, se rattachant à une entreprise commencée avant et continuée depuis la dissolution de la société. — Ni la société, ni les associés ne sont tenus, quand il s'agit d'une affaire ayant pour objet des faits successifs et distincts, par exemple, du mandat qu'elle aurait reçu de toucher des arrérages de rentes; la société n'est responsable que des arrérages touchés avant sa dissolution; elle n'est pas responsable des arrérages touchés depuis par le liquidateur. — 8 août 1849, Req. [S.V.49.1.670.]

92. Quand les sociétés dont la nullité est prononcée, ont eu une existence de fait, le règlement des droits des associés se fait généralement d'après les stipulations mêmes de l'acte de société annulé. — V. en ce sens, Bourges, 3 juill. 1840 [S.V.43.1.10]; Lyon, 9 déc. 1850 [S.V.50.2.654.]—Cela n'a cependant rien d'absolu, et rien n'empêcherait les tribunaux de régler d'une manière différente les droits des parties, si l'équité paraissait l'exiger.—Il existe d'autres décisions analogues sur l'effet de l'acte social annulé, notamment en ce qui touche la compétence arbitrale. V. Cass., 15 juin 1832 [S.V.32.1.520]; 20 juin 1841 [S.V.41.1.580]; 31 déc. 1844 [S.V.45.1.10.]

93. V. encore sur la liquidation de la société, *inf.*, art. 22, n° 30, et art. 1404, Cod. civ., n° 31.

§ 6. — *Compétence.*

94. Sur la compétence en matière de société commerciale, voy. plus loin les annotations de l'art. 51, et les n°s 87 et s. de l'art. 59 de notre *Cod. de proc. annoté*.

[20] — 1. Une société ayant pour objet, non une ou plusieurs opérations commerciales, mais embrassant dans un genre particulier d'industrie toutes les affaires qui peuvent se présenter, constitue une société *en nom collectif*, et non une *société en participation*.—Telle une société pour le commerce d'une

21. Les noms des associés peuvent seuls faire partie de la raison sociale.

22. Les associés en nom collectif indiqués dans l'acte de société sont solidaires pour tous les engagements de la société, encore qu'un seul des associés ait signé, pourvu que ce soit sous la raison sociale. [Ord. 1673, tit. 4, art. 7.— C. c. 1862.]

23. La société en commandite se contracte entre un ou plusieurs associés responsables et solidaires, et un ou plusieurs associés simples bailleurs de fonds, que l'on nomme *commanditaires* ou *associés en commandite*.

Elle est régie sous un nom social, qui doit être nécessairement celui d'un ou plusieurs des associés responsables et solidaires.

24. Lorsqu'il y a plusieurs associés solidaires et en nom, soit que tous gèrent ensemble, soit qu'un ou plusieurs gèrent pour tous, la société est, à la fois, société en nom collectif à leur égard, et société en commandite à l'égard des simples bailleurs de fonds.

25. Le nom d'un associé commanditaire ne peut faire partie de la raison sociale.

26. L'associé commanditaire n'est passible des pertes que jusqu'à concurrence des fonds qu'il a mis ou dû mettre dans la société. [Ord. 1673, tit. 4, art. 8.]

[23 à 26] Indication alphabétique

§ 1er. — *Caractères constitutifs de la société en commandite. — Qui doit être réputé commanditaire. — Nature de l'engagement. — Propriété de l'actif. — Dissolution.*

voy. Pardessus, n° 1310; Devilleneuve et Massé, v° *Société*, n° 9; Delangle, n° 514, et nos observations sur deux arrêts de la Cour de cassation, S.V.44.1.622. —Mais la question divise les tribunaux, comme on va le voir. — Sur la même difficulté en matière de société anonyme, voy. *inf.*, art. 34, n°s 5 et 6.

15. Jugé que les associés commanditaires, même non commerçants, sont justiciables des tribunaux de commerce pour le versement de leur mise sociale : leur engagement est un acte de commerce.—27 fév. 1847, Paris. [S.V.47.2.151.]

16. Ils sont soumis aussi à la contrainte par corps. —27 fév. 1847, Paris. [S.V.47.2.151.]—*Id.* 31 déc. 1847, Paris. [S.V.49.2.219.]

17. *Id...* Du moins en est-il ainsi lorsque la mise sociale consiste en un versement de fonds dans une société en commandite ayant pour objet des opérations de banque. — 28 fév. 1844, Rej. [S.V.44.1.692.–D.P.44.1.145.–P.44.2.644.]

18. Jugé au contraire que les commanditaires ne sont pas soumis à la contrainte par corps. — 28 fév. 1842, Paris. [S.V.44.1.694, à la note.]—*Id.* 22 déc. 1849, Paris. [S.V.49.2.219.]

19. La société en commandite, être moral, est-elle seule propriétaire du capital social, et les actions constituent-elles seulement des créances et non un droit de copropriété? — Ou bien, au contraire, l'actionnaire d'une société en commandite est-il copropriétaire, avec les autres actionnaires, de l'avoir social? — V. pour l'affirmative de cette dernière question, un rapport de M. Pataille, *Rev. de législ.*, t. 1er de 1846, p. 219.

20. Le droit qui appartient à chaque associé de provoquer la dissolution de la société, par l'expression seule de sa volonté de ne pas rester associé, n'est point attribué aux simples commanditaires. — 7 fév. 1849, Lyon. [S.V.49.2.436.]

20 *bis*. V. encore sur la dissolution de la société, *inf.*, n° 49.

§ 2.—*Responsabilité des commanditaires. — Droits respectifs des commanditaires et des créanciers.*

21. En ce qui touche la responsabilité qu'encourent les commanditaires qui s'immiscent dans la gestion de la société, voy. les notes sur les art. 27 et 28.

22. Le commanditaire qui laisse inscrire son nom sur la raison sociale, peut, suivant les circonstances, être déclaré responsable au delà de sa mise. — Delangle, n° 350. — V. cependant en sens contraire, 16 janv. 1840, Aix. [D.P.40.2.151.]

22 *bis*. V. encore sur l'étendue de la responsabilité du commanditaire, *infra*, art. 43, n° 1er.

23. Lorsque, par l'une des clauses de l'acte constitutif d'une société en commandite par actions au porteur, il a été stipulé que chaque associé aurait la faculté de se retirer de la société, en perdant une partie de la somme pour laquelle il aurait souscrit, cette stipulation a effet même à l'égard des créanciers de la société, tellement qu'ils ne peuvent, au cas où cette société vient à tomber en faillite, forcer les commanditaires au paiement intégral de leurs actions.—31 mars 1832, Paris. [S.V.32.2.541.–D.P.32.2.123.]

24. La clause d'un acte de société en commandite par actions, dans laquelle il est dit que les actionnaires qui n'effectueront pas le paiement de leurs actions aux époques fixées seront déchus de leurs droits, et que les versements à-compte qu'ils auront faits seront acquis à la société à titre d'indemnité, doit être entendue dans un sens de réciprocité entre les actionnaires et la société, en telle sorte que les actionnaires peuvent, en abandonnant les versements qu'il ont déjà faits, se soustraire à l'obligation de compléter le paiement de leurs actions.—9 déc. 1840, Paris. [S.V.5.2.343.]

25. Jugé en sens contraire, du moins à l'égard des créanciers de la société tombée en faillite.—31 janv. 1840, Lyon. [S.V.40.2.243.]—V. sur la question, Troplong, n° 179; Delangle, n° 452; E. Persil, p. 155; Goujet et Merger, v° *Société anonyme*, n°s 45 et s.

26. Le commanditaire d'une société tombée en faillite, ne peut se refuser à verser le complément de ses actions, par le motif que la société, constituée d'ailleurs par actes réguliers et affichés, serait nulle au fond, comme frauduleuse, n'ayant été formée qu'au moyen d'actionnaires supposés, et ne présentant que des valeurs fictives ; la fraude peut, en ce cas, donner au commanditaire un recours contre le gérant, mais non le dégager des obligations de la société envers les tiers. —31 janv. 1840, Lyon. [D.P.40.2.118.]

27. L'associé commanditaire qui, après la dissolution d'une première société, a apporté dans une seconde, à titre de mise, sa part dans l'actif de la première, évaluée à forfait à une somme égale à celle de la mise par lui due, n'en est pas moins tenu, en cas de dissolution et de faillite de la seconde société, de parfaire sa mise, si, tout compte fait, sa part réelle dans l'actif de la première société n'était pas égale à la mise qu'il devait apporter dans la seconde.—25 juin 1846, Rej. [S.V.46.1.777.–D.P.46.1.314.–P.46.2.488.]

28. Suivant Delangle, n°s 303 et s., il faut distinguer à cet égard : si, au moment de la dissolution de la première société, les affaires étaient en bon état, les tiers n'ont rien à réclamer ; si elles étaient mauvaises, ils peuvent demander un compte, et en cas de déficit, le versement réel de la mise ou d'une somme pour parfaire.

29. Un associé commanditaire ne peut, après la faillite de la société, opposer en compensation de la mise qu'il doit pour sa commandite, les sommes qui lui sont dues par la société par suite d'opérations particulières et distinctes faites avec elle.—28 fév. 1844, Rej. [S.V.44.1.692.–D.P.44.1.145.–P.44.2.644.]

30. Les prélèvements effectués par les commanditaires sont-ils sujets à restitution, si la société se trouve définitivement en perte? La question divise les auteurs. On peut voir à ce sujet : Pardessus, n° 1035; Delvincourt, *Inst. comm.*; Frémery, *Études de dr. comm.*, p. 55; Malpeyre et Jourdain, p. 137; Duvergier, n° 398; Delangle, n° 365; Troplong, n° 846; Devilleneuve et Massé, v° *Soc. en comm.*, n° 32; Persil, p. 105; Devilleneuve et Carette, *Collect. nouv.*, 3.1.130.

31. Jugé que le commanditaire n'est pas tenu à restitution des intérêts de sa mise et des bénéfices qu'il a perçus.—14 fév. 1810, Gen. [S.14.1.115; C.N.3.] —*Id.* 28 janv. 1841, Rouen. [D.P.41.2.175.–P.41.1.475.]

32. *Id.* A l'égard du prélèvement des intérêts, alors même que la société se serait trouvée en perte, lorsque ce prélèvement a été effectué, si d'ailleurs il a eu lieu de bonne foi.—19 mai 1847, Rej. [S.V.47.1.585.–D.P.47.1.199.]

33. Jugé au contraire que l'associé commanditaire qui a, avant la dissolution de la société, retiré des sommes à titre de bénéfices, est tenu de faire compte aux créanciers des sommes ainsi retirées, bien que le prélèvement ait été effectué en vertu d'une clause de l'acte de société.—11 fév. 1811, Paris. [S.12.2.25; C.N.3.–D.A.12.157.]

34. A plus forte raison, un associé commanditaire ne peut, après la dissolution de la société et avant sa liquidation, retirer ses fonds et ses bénéfices au préjudice des créanciers sociaux ; ceux-ci, en cas d'insuffisance des valeurs restant à la masse pour acquitter les dettes de la société, sont fondés à exiger du commanditaire le rapport de ce qu'il a retiré. — 18 fév. 1845, Angers. [S.V.45.2.389.–D.P.45.2.46.–P.45.2.166.]

35. Jugé encore que le sort de la commandite doit s'établir par la liquidation régulière de la société; en sorte que le remboursement anticipé et avant toute liquidation, de la mise du commanditaire, est nul à l'égard des créanciers de la société. — 14 déc. 1843, Douai. [S.V.44.2.318.]

36. Le commanditaire d'une société nulle à défaut de publication, n'a pas le droit, comme le commanditaire d'une société légalement formée, de prélever sur l'actif social, par préférence aux créanciers personnels du gérant, le montant des sommes qu'il a fournies pour sa commandite; il ne peut que concourir avec eux au marc le franc.—24 janv. 1845, Lyon. [S.V.46.2.211.–P.46.2.515.]

37. Mais il n'a pas le droit de concourir avec les créanciers mêmes de la société, lesquels ne supportent que le concours des créanciers personnels du gérant. —Même arrêt.—V. encore sur le concours des créanciers personnels et des créanciers sociaux, *inf.*, art. 42, n°s 93 et s.

38. Quelle est la nature de l'action appartenant aux créanciers contre les commanditaires? Il existe à cet égard trois systèmes différents :—1° Les uns accordent d'une manière absolue et sans distinction l'action *directe* aux créanciers.—*Sic*, Pardessus, t. 4, n° 1034; Malpeyre et Jourdain, p. 136; Persil fils, sur l'art. 23; Massé, t. 5, n° 71; Pont, *Rev. crit. de jurisp.*, t. 1er, p. 458; doctrine soutenue aussi dans l'origine par Merlin, *Quest. de droit*, v° *Société*, § 2, mais sous l'empire et par application de l'ordonnance de 1673; plus tard, sous le C. de comm., cet auteur a modifié son opinion. — 2° D'autres ne reconnaissent aux créanciers qu'une action par subrogation au gérant de la société, action soumise dès lors à toutes les exceptions opposables à ce dernier. *Sic*, Merlin dans une consultation relative à l'affaire de la Banque de France contre Perregaux [S.V.35.2.310]; Delangle, n°s 276 et s.; Favard, *Rép.*, v° *Société*.—3° Enfin, une troisième opinion consiste à admettre l'action *directe*, mais seulement dans le cas où la société a cessé d'exister par suite de *faillite*. *Sic*, Troplong, n°s 829 et suiv.

39. Jugé dans ce dernier sens, que les créanciers ont, après la faillite de la société, une action directe contre les commanditaires pour les contraindre au versement de leurs mises.—23 fév. 1835, Paris. [S.V.35.2.303.–D.P.35.2.119.]—*Id.* 21 déc. 1841, Rouen. [S.V.42.2.180.–D.P.42.2.97.]—*Id.* 28 fév. 1844, Rej. [S.V.44.1.692.–D.P.44.1.145.–P.44.2.644.]—*Id.* 25 juin 1846, Rej. [S.V.46.1.777.–D.P.46.1.308.–P.46.2.488.]—*Id.* 6 déc. 1850, Paris. [S.V.50.2.638.–D.P.51.2.30.]—V. *suprà*, art. 24, n° 12.

39 *bis*. Et ils conservent cette action, même après avoir consenti au profit de la société un concordat par abandon d'actif, alors surtout qu'ils se la sont expressément réservée par une clause du concordat. — 6 déc. 1850, Paris. [S.V.50.2.638.]

40. Jugé au contraire que les créanciers n'ont pas d'action directe.—24 août 1835, Paris. [S.V.35.2.510.–D.P.35.2.244.]

41. *Id...* Même alors qu'il y a eu faillite de la société. — 11 juill. 1846, Douai. [S.V.46.2.463.–D.P.46.2.490.]

41 *bis*. En ce qui touche la durée de l'action des créanciers contre les commanditaires, voy. les notes de l'art. 64.

§ 3.—*Du gérant de la société.*

42. Dans une société en commandite, l'associé gérant ne peut, à moins qu'il n'y soit formellement autorisé par l'acte de société, hypothéquer les immeubles sociaux.—21 avril 1841, Rej. [S.V.41.1.385.–D.P.41.1.222.–P.41.2.381.]—V. aussi *suprà*, art. 18, n° 39.

43. Est licite la stipulation par laquelle, dans une société en commandite par actions, les intéressés s'interdisent individuellement toute action individuelle contre les gérants, en ce qui concerne les intérêts généraux de la société, et conviennent que les actions de cette nature ne pourront être exercées que par des commissaires nommés par la masse des actionnaires réunis en assemblée générale.—9 déc. 1847, Paris. [*Le Droit* du 5 janv. 1848.]

44. Le droit de vérifier les livres et l'administration du gérant, attribué par le pacte social à des commissaires nommés pour représenter les actionnaires dans l'exercice de cette surveillance, emporte le droit de vérifier aussi la caisse.—7 juin 1845, Bordeaux. [S.V.45.2.79.–D.P.45.2.85.–P.45.2.611.]

45. Le gérant d'une société en commandite n'a pas le droit de consentir, même par voie de transaction, la retraite d'un ou plusieurs associés. Ceux-ci restent obligés, malgré leur retraite consentie par le gérant, jusqu'à concurrence de leur mise sociale ou du montant de leurs actions.—12 avril 1842, Rej. [S.V.42.1.417.–D.P.42.1.246.–P.42.1.538.]—*Sic*, Delangle, n° 517.—V. aussi, *sup.*, art. 22, n° 24.

46. Est valable la clause d'un acte de société en commandite par laquelle les associés se réservent de révoquer, à leur volonté, le gérant de la société.—11 nov. 1846, Paris. [S.V.48.2.687.]—Malgré l'opinion contraire de Troplong, n° 433, à laquelle on peut joindre celle de Ballot, *Rev. de dr. fr.*, 1849, p. 565, nous pensons que cette décision doit être suivie, ainsi que nous l'avons déjà dit en rapportant l'arrêt ci-dessus.—V. sur les conséquences de la révocation, Delangle, n° 176, et Duvergier, n° 286.—V. aussi *sup.*, art. 18, n°s 42 et 42 *bis*.

47. A plus forte raison, les associés commanditaires peuvent-ils demander la révocation du gérant pour des causes légitimes, comme le peuvent les associés dans les sociétés civiles ou en nom collectif : l'art.

27. L'associé commanditaire ne peut faire aucun acte de gestion, ni être employé pour les affaires de la société, même en vertu de procuration.

28. En cas de contravention à la prohibition mentionnée dans l'article précédent, l'associé commanditaire est obligé solidairement, avec les associés en nom collectif, pour toutes les dettes et engagements de la société.

29. La *société anonyme* n'existe point sous un nom social ; elle n'est désignée par le nom d'aucun des associés.

30. Elle est qualifiée par la désignation de l'objet de son entreprise.

31. Elle est administrée par des mandataires à temps, révocables, associés ou non associés, salariés ou gratuits.

32. Les administrateurs ne sont responsables que de l'exécution du mandat qu'ils ont reçu.

Ils ne contractent, à raison de leur gestion, aucune obligation personnelle ni solidaire relativement aux engagements de la société.

[illegible]

[27 et 28]. — [illegible]

[29 et 30]. . . . .

[31 et 32]. — [illegible]

33. Les associés ne sont passibles que de la perte du montant de leur intérêt dans la société.

34. Le capital de la société anonyme se divise en actions et même en coupons d'actions d'une valeur égale.

35. L'action peut être établie sous la forme d'un titre au porteur.

Dans ce cas, la cession s'opère par la tradition du titre.

36. La propriété des actions peut être établie par une inscription sur les registres de la société.

Dans ce cas, la cession s'opère par une déclaration de transfert inscrite sur les registres, et signée de celui qui fait le transport ou d'un fondé de pouvoir.

37. La société anonyme ne peut exister qu'avec l'autorisation du roi, et avec son approbation pour l'acte qui la constitue; cette approbation doit être donnée dans la forme prescrite pour les règlements d'administration publique.

[illegible]

38. Le capital des sociétés en commandite pourra être aussi divisé en actions, sans aucune autre dérogation aux règles établies pour ce genre de société.

39. Les sociétés en nom collectif ou en commandite doivent être constatées par des actes publics ou sous signature privée, en se conformant, dans ce dernier cas, à l'art. 1325 du Code civil. [Ord. 1673, tit. 4, art. 1er.— C. c. 1325, 1341, 1834.]

40. Les sociétés anonymes ne peuvent être formées que par des actes publics.

41. Aucune preuve par témoins ne peut être admise contre et outre le contenu dans les actes de société, ni sur ce qui serait allégué avoir été dit avant l'acte, lors de l'acte ou depuis, encore qu'il s'agisse d'une somme au-dessous de cent cinquante francs. [Ord. 1673, tit. 4, art. 1er.— C. c. 1341.]

42. L'extrait des actes de société en nom collectif et en commandite doit être remis, dans la quinzaine de leur date, au greffe du tribunal de commerce de l'arrondissement dans lequel est établie la maison du commerce social, pour être transcrit sur le registre, et affiché pendant trois mois dans la salle des audiences.

Si la société a plusieurs maisons de commerce situées dans divers arrondissements, la remise, la transcription et l'affiche de cet extrait, seront faites au tribunal de commerce de chaque arrondissement.

Chaque année, dans la première quinzaine de janvier, les tribunaux de commerce désigneront, au chef-lieu de leur ressort, et, à défaut, dans la ville la plus voisine, un ou plusieurs journaux où devront être insérés, dans la quinzaine de leur date, les extraits d'actes de société en nom collectif ou en commandite, et régleront le tarif de l'impression de ces extraits (1).

Il sera justifié de cette insertion par un exemplaire du journal, certifié par l'imprimeur, légalisé par le maire et enregistré dans les trois mois de sa date (2).

Ces formalités seront observées, à peine de nullité à l'égard des intéressés; mais le défaut d'aucune d'elles ne pourra être opposé à des tiers par les associés. [Ord. 1673, tit. 4, art. 2 et 6.— C. comm. 64.]

[illegible]

(1-2) Ces deux paragraphes ont été insérés dans l'art. 42, en exécution de la loi du 31 mars 1833.

43. L'extrait doit contenir
Les noms, prénoms, qualités et demeures des associés autres que les actionnaires ou commanditaires,
La raison de commerce de la société,
La désignation de ceux des associés autorisés à gérer, administrer et signer pour la société,
Le montant des valeurs fournies ou à fournir par actions ou en commandite,
L'époque où la société doit commencer, et celle où elle doit finir. [Ord. 1673, tit. 4, art. 2.]

44. L'extrait des actes de société est signé, pour les actes publics, par les notaires, et pour les actes sous seing privé, par tous les associés, si la société est en nom collectif, et par les associés solidaires ou gérants, si la société est en commandite, soit qu'elle se divise ou ne se divise pas en actions. [Ord. 1673, tit. 4, art. 2.]

45. L'ordonnance du roi qui autorise les sociétés anonymes devra être affichée avec l'acte d'association et pendant le même temps.

46. Toute continuation de société, après son terme expiré, sera constatée par une déclaration des coassociés.

Cette déclaration, et tous actes portant dissolution de société avant le terme fixé pour sa durée par l'acte qui l'établit, tout changement ou retraite d'associés, toutes nouvelles stipulations ou clauses, tout changement à la raison de société, sont soumis aux formalités prescrites par les art. 42, 43 et 44.

En cas d'omission de ces formalités, il y aura lieu à l'application des dispositions pénales de l'art. 42, dernier (1) alinéa. [Ord. 1673, tit. 4, art. 3 et 4.]

[S.V.35.2.73.–D.P.35.2.78.] — *Id.* 22 avril 1837, Toulouse. [S.V.37.2.444.–D.P.37.2.104.–P.37.2.336.] — *Id.* 22 juin 1837, Rennes. [S.V.37.2.441.–D.P.37.2.164.–P.37.2.336.] — *Id.* 30 janv. 1839, Req. [S.V.39.1.396.–D.P.39.1.90.–P.39.1.354.] — *Id.* 8 fév. 1841, Bordeaux. [S.V.41.2.210.–D.P.41.2.183.] — *Id.* 31 déc. 1844, Cass. [S.V.45.1.16.] — *Sic*, Horson, t. 1er, q. 19; Troplong, nos 241 et s.; Delangle, no 251.

13. Décidé dans le même sens, que la nullité ne saurait être couverte, à l'égard des tiers intéressés, ni par l'existence notoire de la société, ni par sa durée de fait.—8 juill. 1847, Paris. [S.V.48.2.58.]

14. Jugé au contraire que cette nullité peut être couverte par l'exécution. — 21 juill. 1825, Grenoble. [S.25.2.35; C.N.7.–D.A.12.111.] — *Id.* 12 juill. 1825, Req. [S.26.1.425; C.N.8.–D.P.25.1.360.] — *Id.* 10 déc. 1829, Bordeaux. [S.30.2.239; C.N.9.–D.P.30.2.259.] — *Id.* 6 juin 1831, Req. [S.V.31.1.246.–D.P.31.1.316.] — *Id.* 9 juill. 1828, Aix. [S.V.32.1.544.–D.P.32.1.110.] — *Sic*, Pardessus, no 1008; Malpeyre et Jourdain, p. 115; Persil, p. 214 et s.; Molinier, no 276.

15. Et qu'elle ne peut être prononcée, si, avant qu'elle ne soit proposée, les formalités ont été remplies, quoique tardivement.—6 juin 1831, Req. [S.V.31.1.246.–D.P.31.1.316.] — *Sic*, Delangle, no 257 et s.; Pardessus, no 1008.

16. Lorsque les parties posent les bases d'une association commerciale, en s'obligeant de faire rédiger, d'après ces bases, un nouvel acte qui soit en harmonie avec la loi et qui fixe la raison sociale, l'acte renfermant ces conventions peut, sur la demande de l'un des intéressés, être annulé pour défaut de publication; en telle sorte qu'il n'ait effet ni comme acte de société, ni comme promesse de contracter société.—2 juin 1821, Bourges. [S.23.2.20; C.N.6.–D.A.12.116.]

17. La nullité de la société pour défaut de publication de l'acte social, en supposant qu'elle puisse être prononcée pour l'avenir, lorsque la société a reçu son exécution (V. ci-dessus, nos 12 et s.), ne saurait dans tous les cas être invoquée pour les faits accomplis; la société n'en reste pas moins obligée quant à ces faits.—27 nov. 1839, Douai. [S.V.40.2.206.]

18. Les associés se doivent aussi mutuellement compte des opérations faites jusqu'au jour où la nullité de l'association est demandée. — 2 juill. 1817, Req. [S.20.1.504; C.N.5.–D.A.12.109.]

19. Et chaque partie peut réclamer sa part de tout ce qui est entré dans la communauté : son droit ne se borne pas seulement à la reprise de son apport et au partage des bénéfices.—20 août 1837, Rennes. [S.V.38.2.519.]

20. V. encore au no 14 de l'art. 37, au no 2 de l'art. 41, et aux nos 33 et s. de l'art. 51, des décisions concernant le même principe. V. aussi Merlin, *Quest.*, vo *Société*, § 1er; Horson, t. 1er, p. 69; Troplong, nos 249 et s.; Pardessus, no 1007; Delangle, no 539. — V. cependant Locré, sur l'art. 42, no 1, et Molinier, no 275.

21. La nullité prononcée pour défaut de publicité d'une société formée pour l'exploitation d'un brevet d'invention apporté par l'un des associés, fait évanouir tous les droits des cosassociés sur le brevet, et en rend à l'inventeur la libre disposition.—17 fév. 1837, Paris. [S.V.38.2.119.–D.P.38.2.81.–P.37.1.333.]

22. Cette nullité entraîne la nullité de la clause de dédit stipulée dans l'acte pour le cas où l'un des associés voudrait se retirer de la société avant le terme convenu.—23 déc. 1851, Paris. [S.V.52.2.57.–D.P.51.2.249.] — *Sic*, Delangle, no 542.

23. Dans le cas de nullité prononcé sur la demande des créanciers personnels de l'un des associés, comment doivent être réglés les droits respectifs de ces créanciers et des créanciers sociaux?—Il est d'abord évident qu'alors, les créanciers sociaux n'ont plus sur l'actif social le privilége qui leur appartient quand la société est valable. (V. sur ce dernier point, *sup.*, art. 18, nos 43 et s.) —13 fév. 1821, Req. [S.22.1.330; C.N.6.–D.A.12.112.] — *Id.* 4 mars 1840, Paris. [S.V.40.2.162.] — *Id.* 8 mars 1842, Caen. [S.V.42.2.536.] — *Id.* 2 juin 1843, Limoges. [S.V.44.2.5.] — *Sic*, Pardessus, no 1010; Delangle, no 547.

24. Mais les créanciers sociaux viendront-ils sur les biens des associés par concurrence et au marc le franc avec les créanciers personnels de ceux-ci; ou bien ces créanciers personnels seront-ils payés par préférence aux créanciers sociaux? — Résolu dans ce dernier sens.—13 fév. 1821, Req. [S.22.1.330; C.N.6.–D.A.12.112.] — *Id.* 8 juill. 1847, Paris. [S.V.48.2.58.] — Notons que, dans l'espèce du premier arrêt, l'acte de société n'avait pas même de date certaine.

25. Jugé au contraire dans le sens du concours de tous les créanciers.—10 déc. 1839, Rouen. [S.V.40.2.118.] — *Id.* 24 janv. 1845, Lyon. [S.V.46.2.211.] — *Id.* 30 avril 1845, Lyon, joint à Cass. 16 mars 1846. [S.V.46.1.883.] — *Id.* 12 juin 1847, Bordeaux. [S.V.48.2.735.] — *Id.* 10 mars 1848, Limoges. [S.V.48.2.[illegible]] Telle paraît être aussi l'opinion de Troplong, no 859, et Delangle, no 547, opinion que nous avons embrassée, S.V.44.1.759.

26. Et si l'un des associés n'avait point versé sa mise sociale, cette mise est due à la société, aux termes de l'art. 1845, C. civ., et par conséquent, elle doit être confondue dans l'actif social, pour être distribuée indistinctement entre les créanciers sociaux et les créanciers personnels; elle ne peut être considérée comme due aux autres associés personnellement, et par suite être attribuée exclusivement à leurs créanciers personnels.—Arrêt de Limoges cité au no précédent.

27. Remarquons que l'arrêt de Paris cité au no 24 décide que le droit de préférence qu'il consacre en faveur des créanciers personnels, a lieu sur l'actif social distraction faite des dettes sociales, sans toutefois que cette attribution puisse excéder les sommes réellement versées dans la société par l'associé débiteur.

28. Jugé encore que les créanciers personnels d'un associé exercent leurs droits sur les biens acquis depuis la formation de la société, annulée plus tard, comme sur ceux existant alors.—14 mars 1849, Req. [S.V.49.1.633.–D.P.49.1.137.]

29. V. sur l'effet de la publication de l'acte de société, le no 36 de l'art. 18.

[43]—1. L'associé commanditaire dont la mise de fonds n'a pas été déterminée dans l'extrait publié, n'est pas, par cela seul, tenu indéfiniment des dettes sociales.—8 janv. 1814, Douai. [C.N.4.2.374.] — *Contrà*, Delangle, no 539.

2. V. le no 2 de l'article ci-après.

[44]—1. Lorsqu'un acte de société fait sous seing privé a été déposé chez un notaire par tous les intéressés, l'acte ayant acquis par ce dépôt le caractère d'acte authentique (V. les notes 20 et s. de l'art. 1317, Code civ.), il n'est pas nécessaire que l'extrait à déposer au greffe du tribunal de commerce soit, en ce cas, signé des associés, il suffit qu'il le soit par le notaire.—15 fév. 1830, Bruxelles. [S.30.2.150; C.N.9.–D.P.33.2.167.] — *Sic*, Delangle, no 562.

2. La peine de nullité, prononcée par l'art. 42, Cod. comm., s'applique à l'inobservation des formalités prescrites par les art. 43 et 44. — 15 fév. 1830, Bruxelles. [S.30.2.150; C.N.9.–D.P.33.2.167.]

[45]—1. Le défaut d'affiche de l'ordonnance royale qui autorise les sociétés anonymes et de l'acte d'association n'emporte pas nullité; à cet égard, il n'en est pas comme du défaut de publication des actes de société en nom collectif ou en commandite.—22 déc. 1842, Nancy. [S.V.45.2.381.–D.P.45.2.35.–P.45.2.328.] — Suivant Delangle, no 568, la société anonyme qui n'a pas été rendue publique conformément à la loi, dégénère en société collective.

2. En supposant d'ailleurs qu'une société anonyme fût nulle pour défaut d'affiche de l'ordonnance royale qui l'a autorisée, elle n'en conserverait pas moins ses effets à l'égard des actionnaires pour tous les faits accomplis avant la demande en nullité.—Même arrêt.— V. aussi *sup.*, art. 42, nos 17 et s.

[46]—1. L'art. 46 est applicable même aux sociétés non publiées. En d'autres termes, une société qui n'a pas reçu de publicité n'en doit pas moins être publiée, lorsqu'elle vient à être dissoute avant le terme fixé pour sa durée. — 9 juill. 1833, Req. [S.V.33.1.658.–D.P.33.1.288.] — *Sic*, Delangle, no 577.

2. La dissolution d'une société n'est pas censée publiée par des circulaires et des insertions dans les journaux. — Delangle, no 575. — *Contrà*, 22 déc. 1836, Bordeaux. [D.P.[illegible]]

3. Le *décès* de l'un des membres de la société entraîne généralement de plein droit la dissolution de la société, même à l'égard des tiers, bien que cette dissolution n'ait pas été publiée : la publication prescrite par l'art. 46, Cod. comm., n'est nécessaire que dans les cas où la dissolution de la société s'opère par le fait ou la volonté de l'homme.—10 juill. 1844, Cass. [S.V.44.1.763.–D.P.44.1.297.–P.44.2.115.] — *Id.* 5 janv. 1849, Lyon. [S.V.49.2.130.] — *Sic*, Delangle, no 580; Troplong, no 904. — V. pourtant Pardessus, nos 1088; Bravard-Veyrières, p. 61.

4. En conséquence, et à l'égard du défunt ou de ses représentants, la société ne peut être déclarée en faillite par suite d'une cessation de paiements ultérieure, bien que la société ait, malgré la dissolution, continué ses opérations sous son ancienne raison sociale.—Arrêt de Lyon ci-dessus.

5. Il en est toutefois différemment, si, malgré le décès de l'associé, la société a continué de fonctionner *avec les héritiers du défunt*. — 26 juill. 1843, Req. [S.V.43.1.891.–D.P.44.1.134.–P.44.1.84.] — *Sic*, Troplong, no 905; Delangle, no 581; Pont, *Rev. de législ.*, t. 3 de 1844, p. 513.

6. Lorsqu'une société de commerce est faite pour trois, six, ou neuf ans, si l'un des associés se retire avant l'expiration des neuf années, il doit rendre sa retraite publique, sinon, il est présumé n'avoir pas cessé d'être en état de société.—Toutefois la publicité n'est de rigueur qu'à l'égard des tiers ou du public : l'intérêt privé des contractants se règle par les clauses de leur traité surtout lorsqu'il y a eu exécution (V. *sup.*, art. 42, nos 14 et 17).—2 août 1817, Colmar. [S.19.2.163; C.N.5.–D.A.12.108.] — *Sic*, Delangle, no 583.

7. L'obligation de publier toutes nouvelles stipulations ou clauses, entre associés commerçants, ne doit pas s'entendre en ce sens que toute clause nouvelle soit assujettie à la publicité; il faut que la clause nouvelle soit du nombre de celles qui, placées dans l'acte de société, doivent être publiées par extrait.—Ainsi, l'acte par lequel les membres d'une société commerciale changent le mode de partage des bénéfices de la société n'est pas soumis aux formalités de publicité, la

---

(1) La loi du 31 mars 1833 a substitué les mots *dernier alinéa* à ceux-ci : *troisième alinéa*, qui se trouvent dans l'ancien texte du Code.

47. Indépendamment des trois espèces de sociétés ci-dessus, la loi reconnaît les *associations commerciales en participation.*

48. Ces associations sont relatives à une ou plusieurs *opérations de commerce*; elles ont lieu pour les objets, dans les formes, avec les proportions d'intérêt et aux conditions convenus entre les participants.

[47 et 48] Indication alphabétique.

§ 1er. — *Caractères généraux de la société en participation.*

§ 2. — *De la nature des engagements des participants, soit entre eux, soit par rapport aux tiers.*

49. Les associations en participation peuvent être constatées par la représentation des livres, de la correspondance, ou par la preuve testimoniale, si le tribunal juge qu'elle peut être admise. [C. c. 1341; C. comm. 12, 13, 109.]

50. Les associations commerciales en participation ne sont pas sujettes aux formalités prescrites pour les autres sociétés.

SECTION II.

Des Contestations entre Associés, et de la manière de les décider.

51. Toute contestation entre associés, et pour raison de la société, sera jugée par des arbitres. [Ord. 1673, tit. 4, art. 9.—C. pr. 429, 1003 et s.]

[illegible]

[49] [illegible]

[50] ....

[51] **Indication alphabétique.**

[illegible]

§ 1er.—*Cas dans lesquels il y a lieu à arbitrage forcé.—Compétence des arbitres.*

[illegible]

52. Il y aura lieu à l'appel du jugement arbitral ou au pourvoi en cassation, si la renonciation n'a pas été stipulée. L'appel sera porté devant la Cour royale. [C. pr. 445, 1010, 1023.]

43. Jugé en sens contraire..., alors que l'existence primitive et la validité de l'acte social ne sont pas mises en question. —1er août 1839, Rej. [S.V.39.1.965.—D.P.39.1.351.—P.39.2.420.]

44. Bien que des arbitres forcés en matière de société commerciale ne soient pas compétents pour statuer sur une demande en dissolution de la société, ils peuvent néanmoins prononcer sur la question de savoir si cette société a été dissoute à une certaine époque, du consentement respectif des parties, lorsque cette difficulté leur est soumise par les associés eux-mêmes dans le cours de l'arbitrage. —16 janv. 1851, Rej. [S.V.52.1.207.—D.P.51.1.303.]

45. Les contestations qui s'élèvent entre associés, après la dissolution de la société et un règlement provisoire, mais avant le règlement définitif de la société, sont soumises à l'arbitrage forcé. —21 juill. 1837, Douai. [S.V.39.2.217.—D.P.38.2.35.—P.38.1.196.]—Id. 26 janv. 1841, Rej. [S.V.41.1.415.—D.P.41.1.115.—P.42.1.644.]

46. Il en est différemment quand il y a eu règlement définitif: en ce cas, les arbitres ne peuvent connaître des contestations qui s'élèvent sur ce règlement. —26 fév. 1828, Lyon. [S.29.2.111; C.N.9.—D.P.28.2.227.]

47. Jugé encore que les difficultés qui s'élèvent sur le règlement à l'effet d'une société commerciale dissoute ne sont pas de la compétence d'arbitres. —5 août 1846, Lyon. [S.V.47.2.398.]

48. La demande à fin de dommages-intérêts pour refus de proroger une société après son terme expiré, n'est pas non plus de la compétence des arbitres forcés. —5 mars 1846, Rej. [S.V.46.1.653.—P.46.2.517.]

49. Mais la contestation qui s'élève entre un liquidateur, même non associé, et un associé, à raison des sommes dont celui-ci est débiteur envers la société dissoute, est de la compétence des arbitres forcés. —12 avril 1841, Rej. [S.V.41.1.721.—D.P.41.1.234.—P.41.2.350.]

50. Jugé au contraire que les contestations qui s'élèvent après la dissolution de la société, entre un associé et d'autres associés qui ont été constitués par cet associé lui-même liquidateurs amiables, avec pouvoirs de régler le compte des divers associés et de les contraindre au paiement de ce qu'ils pouvaient devoir à la société, ne sont pas de la compétence des arbitres forcés. —25 juill. 1840, Bordeaux. [S.V.41.2.15.—D.P.41.2.47.—P.40.2.714.]

51. Le tribunal de commerce est incompétent pour statuer sur une demande en révision de compte entre associés et à raison de la société: il doit renvoyer les parties devant des arbitres. —23 fév. 1829, Paris. [S.29.2.130; C.N.9.]

52. Quid, au cas d'erreurs préjudiciables commises dans la sentence des arbitres?—V., à cet égard, les notes 25 et 26 de l'art. 541, Cod. proc.

§ 2. — *Procédure. — Jugement. — Honoraires des arbitres.*

53-54. Bien qu'en général, les arbitres forcés, comme remplaçant le tribunal de commerce, soient obligés, notamment au cas d'enquête, de se conformer aux dispositions du Code de procédure sur cette matière, cependant ils peuvent se dispenser de l'observation de ces formalités, si les parties déclarent y renoncer. —Ainsi, et particulièrement, est valable l'enquête faite dans cette hypothèse, quoiqu'elle n'ait pas été ordonnée par un jugement préalable des arbitres, et qu'aucune assignation n'ait été donnée aux témoins ni à la partie... si, d'ailleurs, l'audition des témoins a eu lieu en présence des parties et avec prestation de serment. —25 janv. 1829, Riom. [S.V.51.2.195; C.N.9.—D.P.51.2.100.]

55. La disposition de l'art. 432, Cod. proc., sur l'obligation de dresser un procès-verbal de l'enquête dans les causes sujettes à appel, doit être observée par les arbitres forcés. —22 nov. 1842, Rouen. [S.V.43.2.37.—D.P.43.2.45.—P.43.1.645.]

56. Les jugements par défaut des arbitres forcés ne sont pas plus susceptibles d'opposition que ceux des arbitres volontaires. (Cod. proc., 1016.)—Pigeau, *des Jug.*, n° 173; Vatimesnil, *vo Arbitrage*, n° 280; Devilleneuve et Massé, *vo Arbitr. forcé*, n° 83; Dalloz des Matières, t. 5, n° 273. —Le contraire a été jugé sous l'ancienne législation: 24 fruct. an 9, Cass. [S.1.2.352; C.N.1.—D.A.1.720.]

57. Les arbitres nommés pour juger les contestations relatives à une société en participation, peuvent, en statuant définitivement sur le compte de l'un des associés, renvoyer à statuer sur le compte de l'autre, jusqu'à production de plus amples documents. —31 mai 1835, Aix. [S.V.34.2.203.—D.P.34.2.36.]

58. Ils peuvent aussi, par l'application de l'art. 534, Cod. proc., condamner par provision l'associé en retard de remettre ses comptes au paiement d'une somme fixe, pour le cas où il ne les rendrait pas dans le délai qui lui est imparti par la sentence. —24 janv. 1840, Rej. [S.V.40.1.105.—D.P.40.1.108.—P.40.1.331.]

59. Les arbitres forcés ne peuvent connaître de l'incident en vérification d'écriture. —Thomine-Desmazures, *Proc. civ.*, n° 1256; Carré, *Compét. civ. et comm.*, t. 2, p. 437; Dalloz des Matières, t. 5, n° 98; Vatimesnil, n° 234; Boucheau, *Contin. de Boucenne*, t. 6, p. 588. —*Contrà*, Chauveau, *Lois de la proc.*, n° 3324.]

60. Ils peuvent prononcer la contrainte par corps. —5 nov. 1811, Cass. [S.12.1.18; C.N.3.—D.A.1.706.]—*Id.* 20 mars 1812, Paris. [S.12.2.322; C.N.4.—D.A.1.708.] —*Id.* 17 mai 1825, Toulouse. [S.25.2.426; C.N.8.—D.P.26.2.213.] —*Sic*, Pardessus, n° 1406; Coin-Delisle, sur l'art. 2067, C. civ., n° 7; Carré, q. 3334. —Cela n'est plus contesté. Il a même été jugé que la contrainte par corps pouvait être prononcée par les arbitres volontaires: v. art. 1018, Cod. proc., n° 5.

61. Les arbitres forcés ont-ils droit à des honoraires?—*Oui.* —20 juill. 1812, Rennes. [C.N.4.]—*Id.* 28 nov. 1838, Bordeaux. [S.V.39.2.548.—D.P.39.2.218.]—*Id.* 29 déc. 1840, Aix. [S.V.41.2.479.—D.P.41.2.242.—P.42.1.243.]—*Id.* 5 janv. 1842, Paris. [S.V.42.2.258.—D.P.42.2.78.—P.42.1.155.]—*Sic*, Chauveau, *Comm. du tarif*, t. 2, p. 500.

62. *Non.* —17 nov. 1830, Cass. [S.V.31.1.58; C.N.9.—D.P.30.1.398.]—*Id.* 26 avril 1842, Cass. [S.V.42.1.551.—D.P.42.1.169.—P.42.1.566.]—*Id.* 30 juin 1827, Montpellier. [S.27.2.166; C.N.8.—D.P.27.2.146.]—*Id.* 2 août 1831, Lyon. [S.V.33.2.250.—D.P.33.2.443.]—*Id.* 23 août 1845, Rouen. [S.V.47.2.98.] —*Sic*, Merlin, *Rép.*, *vo Arbitrage*, n° 50; Carré, n° 3331; Mongalvy, t. 2, n° 434; Vatimesnil, *vo Arb.*, n° 275; Devilleneuve, t. 39.2.448. Ce dernier auteur, *Dict. du cont. comm.*, *vo Arbitrage*, n° 255, admet cependant la validité d'une stipulation d'honoraires faite d'avance.

63. Et il en est ainsi alors même que les arbitres ont reçu le pouvoir de juger en dernier ressort et sans appel: la renonciation aux voies de recours ne fait pas dégénérer l'arbitrage en arbitrage volontaire (V. notes 25 et s. de l'art. 1020, Cod. proc.). —Arrêt de cass. du 26 avril 1842 ci-dessus. —Quant aux arbitres volontaires, il est certain qu'ils peuvent stipuler des honoraires: voy. le n° 38 de l'art. 1016, Cod. proc.

64. La demande en paiement d'honoraires contentieux, formée par des arbitres forcés, doit être portée devant la juridiction civile et non devant la juridiction commerciale. —29 janv. 1840, Rouen. [D.P.40.2.87.]

[52] — 1. Les arbitres forcés sont juges en dernier ressort des contestations dont l'objet n'excède pas 1000 fr. (aujourd'hui 1500 fr.) —21 mars 1823, Lyon. [S.23.2.247; C.N.7.—D.A.1.768.]—*Id.* 13 févr. 1823, Metz. [C.N.7.]

2. Le consentement donné par les parties à ce que les arbitres jugent en dernier ressort, ne peut être révoqué par l'une d'elles. —14 oct. 1808, Cass. [S.6.1.432; C.N.2.—D.A.1.691.]—V. sur le dernier ressort, les notes de l'art. 453, Cod. proc.

3. On peut, dans un acte de société commerciale, en stipulant que les contestations à naître entre les associés seront soumises à des arbitres, renoncer d'avance à l'appel. —27 janv. 1845, Rej. [S.V.45.1.196.—D.P.45.1.145.—P.45.1.598.]—*Id.* 20 mars 1844, Amiens. [S.V.47.2.237.]—*Id.* 8 févr. 1845, Rouen. [S.V.47.2.239.]—*Id.* 19 août 1846, Rouen. [S.V.47.2.260.]—*Id.* 30 juin 1847, Lyon. [S.V.48.2.143.]—*Id.* 7 févr. 1848, Rej. [S.V.48.1.311.]—*Id.* 5 avril 1848, Angers. [S.V.48.2.284.]—*Id.* 10 janv. 1849, Rej. [S.V.49.1.286.]—*Contrà*, 8 déc. 1846, Rouen. [S.V.47.2.262.] —Sur la validité de la clause dite compromissoire, voy. les n°s 1er et s. de l'art. 1006, Cod. proc.

4. Et cette prorogation de juridiction s'applique aux arbitres nommés par le tribunal de commerce, tout aussi bien qu'à ceux que les parties nomment elles-mêmes. —15 juill. 1818, Cass. [S.19.1.1; C.N.5.—D.A.1.800.]—*Id.* 22 août 1843, Rej. [S.V.43.1.876.—D.P.43.1.430.—P.43.2.752.]—*Id.* 30 juin 1847, Lyon. [S.V.48.2.143.]

5. *Vice versà*, la prorogation de juridiction dont il s'agit conserve sa force, alors même que les parties, au lieu de faire nommer trois arbitres par le tribunal, en nomment elles-mêmes chacune un. —2 mai 1848, Rej. [S.V.48.1.351.]

6. La clause compromissoire en question est d'ailleurs opposable aux héritiers des parties, et fait des lors obstacle à l'appel qu'ils voudraient interjeter de la sentence arbitrale rendue par les arbitres. —7 fév. 1848, Rej. [S.V.48.1.314.]—*Quid*, au cas de minorité des héritiers? Voy. *inf.*, les n°s 2 et 3 de l'art. 62.

7. Cette clause est aussi obligatoire pour les syndics représentant l'un des associés failli, comme elle l'eût été pour l'associé lui-même. —22 juin 1817, Paris. [S.18.2.98; C.N.5.—D.A.1.819.]

7 *bis*. Jugé que les syndics provisoires d'un failli peuvent valablement consentir que les contestations élevées entre eux et un associé du failli, relativement à la société, soient jugées en dernier ressort par des arbitres. —28 avril 1813, Limoges. [S.15.2.38; C.N.4.—D.A.1.679.]

8. Pareillement, la renonciation à l'appel stipulée dans l'acte de société pour toutes les contestations qui s'élèveraient, soit pendant la société, soit pendant sa liquidation, peut être opposée par le liquidateur non associé. —12 avril 1841, Rej. [S.V.41.1.721.—D.P.41.1.234.—P.41.2.350.]

9. Et même une telle renonciation s'applique aussi bien aux contestations qui naissent après la dissolution de la société et par suite de la liquidation, qu'à celles qui naissent avant la dissolution de la société. —16 mars 1840, Rej. [S.V.40.1.781.—D.P.40.1.232.]

10. Mais la renonciation à l'appel, dans l'acte de société, n'est point applicable au cas où l'arbitrage dont il s'agit est, non celui qui avait été convenu dans l'acte de société, mais un autre arbitrage convenu, après la dissolution de la société par le décès de l'un des associés, entre le survivant et les héritiers du défunt. Si, lors de cet arbitrage, il n'a pas été renoncé à l'appel, la sentence peut être attaquée par cette voie, nonobstant la stipulation de l'acte social. —16 mars 1856, Rej. [S.V.56.1.172.—D.P.56.1.236.]

11. De même, si, sur compromis portant renonciation à l'appel, il s'élève entre les parties une contestation relative à la formation du tribunal arbitral, le jugement qui intervient sur cet incident est sujet à l'appel: ce n'est pas le cas d'appliquer la clause du compromis qui interdit la faculté d'appeler. —13 juill. 1818, Cass. [S.19.1.1; C.N.5.—D.A.1.800.]

12. Et cette renonciation à l'appel ne doit du reste s'appliquer qu'à la décision des arbitres eux-mêmes; elle ne peut l'être à la décision du tiers arbitre nommé par le tribunal de commerce pour départager les arbitres. —27 juill. 1837, Douai. [S.V.39.2.267.—D.P.38.2.35.—P.38.1.196.]—*Id.* 26 janv. 1841, Rej. [S.V.41.1.415.—D.P.41.1.101.—P.42.1.644.]

13. La clause de l'acte de société portant renonciation à l'appel est sans effet, si l'acte se trouve nul pour défaut de publication. —29 juin 1841, Cass. [S.V.41.1.580.—D.P.41.1.275.—P.41.2.204.]—*Id.* 17 févr. 1842, Angers. [S.V.42.2.173.—D.P.42.2.98.]

14. Quand il y a eu renonciation à l'appel, l'appel n'est pas recevable même pour l'un des moyens de nullité prévus par l'art. 1028, Cod. proc. —12 août 1834, Rej. [S.V.34.1.808.]

15. L'appel doit être porté devant la Cour dans le ressort de laquelle se trouve le tribunal qui a nommé les arbitres, bien que la sentence arbitrale ait été déposée au greffe d'un tribunal ressortissant à une autre

53. La nomination des arbitres se fait—Par un acte sous signature privée,—Par acte notarié,—Par acte extrajudiciaire, —Par un consentement donné en justice. [C. pr. 1005, 1006.]

54. Le délai pour le jugement est fixé par les parties, lors de la nomination des arbitres; et, s'ils ne sont pas d'accord sur le délai, il sera réglé par les juges. [C. pr. 1007, 1012.]

55. En cas de refus de l'un ou de plusieurs des associés de nommer des arbitres, les arbitres sont nommés d'office par le tribunal de commerce. [Ord. 1673, tit. 4, art. 9 et 10.]

[illegible]

56. Les parties remettent leurs pièces et mémoires aux arbitres, sans aucune formalité de justice. [Ord. 1673, tit. 4, art. 12.—C. pr. 1016.]

57. L'associé en retard de remettre les pièces et mémoires est sommé de le faire dans les dix jours.

58. Les arbitres peuvent, suivant l'exigence des cas, proroger le délai pour la production des pièces.

59. S'il n'y a renouvellement de délai, ou si le nouveau délai est expiré, les arbitres jugent sur les seules pièces et mémoires remis. [Ord. 1673, tit. 4, art. 12.]

60. En cas de partage, les arbitres nomment un sur-arbitre, s'il n'est nommé par le compromis ; si les arbitres sont discordants sur le choix, le sur-arbitre est nommé par le tribunal de commerce. [Ord. 1673, tit. 4, art. 11. — C. pr. 1017.]

61. Le jugement arbitral est motivé.

Il est déposé au greffe du tribunal de commerce.

Il est rendu exécutoire sans aucune modification, et transcrit sur les registres, en vertu d'une ordonnance du président du tribunal, lequel est tenu de la rendre pure et simple, et dans le délai de trois jours du dépôt au greffe. [Ord. 1673, tit. 4, art. 13.—C. pr. 1020.]

62. Les dispositions ci-dessus sont communes aux veuves, héritiers ou ayants cause des associés. [Ord. 1673, tit. 4, art. 14.]

63. Si des mineurs sont intéressés dans une contestation pour raison d'une société commerciale, le tuteur ne pourra renoncer à la faculté d'appeler du jugement arbitral. [C. c. 467 ; C. pr. 1010. C. comm. 2.]

64. Toutes actions contre les associés non liquidateurs et leurs veuves, héritiers ou ayants cause, sont prescrites cinq ans après la fin ou la dissolution de la société, si l'acte de société qui en énonce la durée, ou l'acte de dissolution, a été affiché et enregistré conformément aux art. 42, 43, 44 et 46, et si, depuis cette formalité remplie, la prescription n'a été interrompue à leur égard par aucune poursuite judiciaire. [C. c. 2244 et s.]

---

tiers experts, et non pour des arbitres juges. — 21 avril 1823, Lyon. [S.23.2.257; C.N.7.-D.A.1.646.] — Id. 23 nov. 1827, Bordeaux. [S.28.2.71; C.N.8.-D.P. 28.2.212.]

10. Toutefois, le moyen pris de ce que, pour procéder au jugement d'une contestation entre associés commerciaux, le tribunal a nommé trois arbitres, au lieu de deux seulement, quoiqu'il n'y eût point de partage d'opinions, ne peut être présenté comme cause de nullité de la sentence arbitrale, lorsque les parties ont comparu devant les arbitres ainsi nommés sans élever aucune contestation, et y ont défendu au fond. — 23 juill. 1833, Rej. [S.V.33.1.877.-D.P.33.1.314.]

11. Des négociants, nommés arbitres forcés par le tribunal de commerce, ne peuvent, sans motifs, refuser de remplir ces fonctions. — 22 août 1815, Bruxelles. [S.14.2.43; C.N.5.-D.A.1.620.] — Sauf Carré, n° 3313, tous les auteurs repoussent cette doctrine : voy. Malpeyre et Jourdain, p. 390 ; Pardessus, n° 1398 ; Vatimesnil, n° 191 ; Bellot des Minières, t. 2, n° 208 ; Devilleneuve et Massé, v° Arbitr. forcé, n° 21 ; Boitard, t. 3, p. 454.

12. Sur le droit des arbitres de se déporter, voy. les notes 1re et s. de l'art. 1012, Cod. proc., 1re et s. de l'art. 1014.

13. Un tribunal saisi d'une demande en nomination d'arbitres forcés ne peut au choisir ou d'office parmi ses membres prenant part au jugement, ni même donner acte de sa nomination faite par le choix de l'une des parties. — 5 fév. 1842, Angers. [S.V.42.2.217.-D.P.42.2.58.] — V. par analogie, la note 19 de l'art. 1006, Cod. proc.

14. [illegible]

[illegible]

n° 187 ; Rodière, Proc. civ., p. 93. — Contrà, Merson. — V. aussi Mongalvy, n° 201, et Carré, n° 3318.

20. Les tribunaux de commerce sont compétents pour statuer sur les causes de récusation dirigées contre les arbitres nommés par leurs jugements. — 30 fév. 1813, Paris. [S.14.2.301 ; C.N.4.-D.A.1.681.]

21. V. du reste, sur la récusation des arbitres, les règles rappelées sous l'art. 1014, Cod. proc.

22. En ce qui touche l'effet du décès de l'un des arbitres, voy. art. 1012, Cod. proc., nos 3 et s.

23. Et sur la prise à partie des arbitres, voy. art. 505, Cod. proc., n° 1er.

[56 à 59] — 1. Les livres et écritures, dont l'une des parties demande la communication hors du siège social, doivent être déposés chez l'arbitre le plus âgé, plutôt qu'au greffe du tribunal de commerce ou chez un officier public. — 17 juin 1820, Aix. [P.20.660.]

2. La sommation qui, aux termes de l'art. 57, Cod. comm., doit être faite à l'associé en retard de remettre ses pièces aux arbitres, de les produire dans un délai de dix jours, est suffisamment suppléée par la signification qui lui est faite de la requête présentée aux arbitres, et tendant à ce qu'à défaut de production de ces pièces par l'associé en retard, il soit procédé conformément à l'art. 59. — 21 janv. 1846, Rej. [S.V.46.1.185.-D.P.46.1.104.-P.46.1.331.]

3. Lorsque, après un premier jugement rendu par des arbitres forcés accordant un délai de dix jours pour produire des pièces, de nouveaux arbitres sont nommés, les parties doivent saisir les anciens errements. En conséquence, les nouveaux arbitres ne violent pas la loi, en refusant un nouveau délai de dix jours et en accordant seulement vingt-quatre heures [illegible]

[illegible]

[60] — 1. Les parties peuvent, par une convention particulière, déroger à l'art. 60, Cod. comm. [illegible]

[illegible]

exécution, à peine de nullité, s'applique aux arbitres de commerce. — 30 nov. 1811, Paris. [S.14.2.91 ; C.N.3.-D.A.1.738.]

6. Jugé en sens contraire. — 19 janv. 1823, Paris. [S.23.2.345 ; C.N.8.-D.P.23.2.138.] — Id. [illegible] 3 fév. 1823, Bordeaux. [S.23.2.320 ; C.N.7.-D.P.23.2.150.]

7. V. au surplus, quant au partage entre arbitres, à la nomination du tiers arbitre et à sa décision, les notes des art. 1017 et 1018, Cod. proc.

[61] — 1. Lorsqu'une sentence arbitrale a été rendue sur divers chefs de contestations, dont les uns rentrent par leur nature dans le domaine de l'arbitrage forcé, tandis que les autres ne pouvaient donner lieu qu'à un arbitrage volontaire, ce n'est pas au greffe du tribunal de commerce, mais au greffe du tribunal civil que doit être déposée la sentence, pour être rendue exécutoire par le président de ce tribunal. — 23 nov. 1844, Caen. [S.V.45.2.561.]

2. V. au surplus, en ce qui touche le dépôt de la sentence arbitrale au greffe, et l'ordonnance d'exequatur du président, les annotations des art. 1020 et 1021, Cod. proc., et particulièrement les nos [illegible]

3. V. aussi art. 156, n° 12 (Péremption des sentences par défaut) ; art. 1016, n° 27 bis (Refus de signer des arbitres.)

[62] — 1. Lorsque, dans un acte de société, il a été convenu que toutes contestations seraient soumises à des arbitres, cette convention doit recevoir exécution, encore bien que l'un des associés soit décédé en laissant des enfants mineurs. [illegible]

[illegible]

[63]. . . . .

[64] — 1. La prescription de cinq ans établie par l'art. 64, Cod. comm. [illegible]

[illegible]

TITRE IV.

Des Séparations de biens.

65. Toute demande en séparation de biens sera poursuivie, instruite et jugée conformément à ce qui est prescrit au Code civil, liv. III, tit. V, ch. II, sect. III, et au Code de procédure civile, 2e partie, liv. I, tit. VIII. [Ord. 1673, tit. 8, art. 2.—C. c. 1443 et s.; C. pr. 865 et s.]

66. Tout jugement qui prononcera une séparation de corps ou un divorce entre mari et femme, dont l'un serait commerçant, sera soumis aux formalités prescrites par l'art. 872 du Code de proc. civile ; à défaut de quoi, les créanciers seront toujours admis à s'y opposer, pour ce qui touche leurs intérêts, et à contredire toute liquidation qui en aurait été la suite. [Ord. de 1673, tit. 8, art. 2. — C. c. 1445; C. pr. 872.]

67. Tout contrat de mariage entre époux dont l'un sera commerçant, sera transmis par extrait, dans le mois de sa date, aux greffes et chambres désignés par l'art. 872 du Code de proc. civ., pour être exposé au tableau, conformément au même article.

Cet extrait annoncera si les époux sont mariés en communauté, s'ils sont séparés de biens, ou s'ils ont contracté sous le régime dotal. [Ord. 1673, tit. 8, art. 1.—C. pr. 872 et s.]

68. Le notaire qui aura reçu le contrat de mariage sera tenu de faire la remise ordonnée par l'article précédent, sous peine de cent francs d'amende, et même de destitution et de responsabilité envers les créanciers, s'il est prouvé que l'omission soit la suite d'une collusion.

69. L'époux séparé de biens, ou marié sous le régime dotal, qui embrasserait la profession de commerçant postérieurement à son mariage, sera tenu de faire pareille remise dans le mois du jour où il aura ouvert son commerce ; à défaut de cette remise, il pourra être, en cas de faillite, condamné comme banqueroutier simple (1). [C. comm. 586.]

70. La même remise sera faite, sous les mêmes peines, dans l'année de la publication de la présente loi, par tout époux séparé de biens, ou marié sous le régime dotal, qui, au moment de ladite publication, exercerait la profession de commerçant.

(1) L'ancien texte de l'art. 69, remplacé par celui ci-dessus, en exécution de la loi du 28 mai 1838, était ainsi conçu : « Tout époux séparé de biens, ou marié sous le régime dotal, qui embrasserait la profession de commerçant postérieurement à son mariage, sera tenu de faire pareille remise dans le mois du jour où il aura ouvert son commerce, à peine, en cas de faillite, d'être puni comme banqueroutier frauduleux. »

TITRE V.

Des Bourses de commerce, Agents de change et Courtiers.

SECTION PREMIÈRE.

Des Bourses de commerce.

71. La bourse de commerce est la réunion qui a lieu, sous l'autorité du Roi, des commerçants, capitaines de navire, agents de change et courtiers. [C. comm. 615.]

72. Le résultat des négociations et des transactions qui s'opèrent dans la bourse détermine le cours du change, des marchandises, des assurances, du fret ou nolis, du prix des transports par terre ou par eau, des effets publics et autres dont le cours est susceptible d'être coté.

73. Ces divers cours sont constatés par les agents de change et courtiers, dans la forme prescrite par les règlements de police généraux ou particuliers.

SECTION II.

Des Agents de change et Courtiers.

74. La loi reconnaît, pour les actes de commerce, des agents intermédiaires; savoir, les agents de change et les courtiers.

75. Il y en a dans toutes les villes qui ont une bourse de commerce.

Ils sont nommés par le Roi.

76. Les agents de change, constitués de la manière prescrite par la loi, ont seuls le droit de faire les négociations des effets publics et autres susceptibles d'être cotés; de faire pour le compte d'autrui les négociations des lettres de change ou billets, et de tous papiers commerçables, et d'en constater le cours.

Les agents de change pourront faire, concurremment avec les courtiers de marchandises, les négociations et le courtage des ventes ou achats des matières métalliques. Ils ont seuls le droit d'en constater le cours. [Ord. 1673, tit. 2, art. 2.]

---

tir du jour où la contravention a été commise. [L. 16 juin 1824, art. 14.]

42. Outre la peine d'amende, le notaire pourrait être déclaré personnellement responsable de l'inexécution de l'art. 67, s'il était reconnu coupable de collusion.—Pardessus, n° 93; Troplong, t. 1er, n° 180, qui cite à l'appui un arrêt de Colmar du 4 mai 1829; mais cet arrêt ne juge nullement cette question.

43. Le notaire peut exiger le remboursement des avances qu'il a faites pour l'exécution des formalités de l'art. 67, de la même manière que celui des autres frais de l'acte qu'il a reçu.—Pardessus, n° 93.

44. Les extraits des contrats de mariage sont exempts de l'enregistrement. — 12 juin 1829, Décis. minist., et 26 sept. 1829, Instr. de la régie. (V. Masson-Delongpré, *Code de l'enregistr.*, n° 68).

45. Les secrétaires de chambres des notaires doivent tenir un registre destiné à constater la remise qui leur est faite d'extraits des jugements de séparation de biens.—15 mai 1815, Circul. du minist. de la just. [S.24.2.225.]

46. L'acte du dépôt de l'extrait du contrat de mariage est soumis au droit fixe de 2 fr. — Et c'est au notaire à faire l'avance de ce droit. — 27 juin 1809, Décis. du minist. des fin. [S.8.2.312; C.N.10.] — V. toutefois Rolland de Villargues, *eod. verb.*, n° 55.

47. Le certificat ou récépissé du secrétaire de la chambre des notaires est assujetti au droit fixe de 2 francs, aux termes de l'art. 43 de la loi du 28 avril 1816.—16 fév. 1824, Cass. [S.24.1.223; C.N.7.-D.A. 7.47.]—V. les observations de Duchesne et Corette sur cet arrêt, *Collect. nouv.*, 7.1.397. Championnière et Rigaud, *Dr. d'enreg.*, t. 4, n° 3963.

48. Il a été définitivement statué, dit Masson-Delongpré, n° 1266 (qui cite à cet égard plusieurs décisions ministérielles), qu'il suffit, pour constater la remise et la publication de l'extrait, d'un certificat du secrétaire de la chambre, soumis au seul droit fixe de 1 franc.

49. Le certificat ou récépissé du secrétaire de la chambre des notaires peut être délivré sur papier de 35 cent. — 16 fév. 1824, Rej. [S.24.1.223; C.N.7.]

50. Aucun droit de rédaction ou d'expédition pour la délivrance du certificat ne peut être réclamé par le secrétaire de la chambre.—16 fév. 1835, Déc. du ministre de la justice. [D.P.36.3.126.]

51. Les greffiers ne sont pas tenus de dresser acte de dépôt; mais la publication doit être constatée par un acte en forme, sujet au droit fixe d'enregistrement de 5 fr., et au droit de greffe de 1 fr. 25 cent. — Rolland de Villargues, n° 51; Masson-Delongpré, n° 1267.

[71 à 73] Voici une indication sommaire de la législation concernant les Bourses de commerce et les Agents de change.

Edit du mois de juin 1572 (*Institution des courtiers de change et de marchandises*). — Arr. du cons. du 13 avril 1595 (*id.*).—[illegible] 1645 (*Création d'agents de change à Paris*).—Ord. du comm. de 1673, tit. 2 (*Défense aux agents de change de négocier pour leur propre compte*).—Règlem. d'août 1697 (*Statuts des agents de change de Paris*).—Arr. du cons. du 10 avril 1706 (*Répression de l'usurpation des fonctions d'agent de change*).—Déclar. du 3 sept. 1709 (*id.*).—Arr. du cons. du 24 sept. 1724 (*Établissement de la bourse de Paris;—Organisation des agents de change;—Règlement pour la négociation des lettres de change, effets publics, etc.*).—Arr. du cons. du 26 nov. 1781 (*Discipline;—Négociations*).—Règlem. du 3 sept. 1784 (*id.*).—Arr. du cons. des 7 août et 2 oct. 1785 (*Renouvellement des anciens édits;—Prohibition des marchés à terme*). — Arr. du cons. du 22 sept. 1786 (*id.*).—Arr. du cons. du 5 déc. 1786 (*Discipline*).—L. des 8-17 mars 1791 (*Suppression des offices*).—L. des 21 avril-8 mai 1791 (*Liberté d'exercice des fonctions d'agent de change;—Conditions d'exercice*). — L. des 27-28 juill. 1792 (*Exécution des règlements anciens*). — Décr. du 27 juin 1793 (*Fermeture de la bourse*). — Décr. du 6 flor. an 3 (*Réouverture de la bourse;—Numéraire en or et argent déclaré marchandise*).—L. 4 therm. an 3, art. 12 (*Défense aux agents de change et aux courtiers de faire le commerce pour leur propre compte*). — L. du 13 fructid. an 3 (*Répression de l'agiotage*). — L. du 20 vend. an 4 (*Défense de négocier en blanc des lettres de change et effets de commerce*).—L. du même jour (*Cours du change et celui de l'or et de l'argent*).—L. du 28 vend. an 4 (*Police de la bourse;—Nouvelle institution des agents de change*).—Arr. du 20 niv. an 4 (*Tenue de la bourse*). — Arr. du 15 pluv. an 4 (*Cours des effets publics*). — Arr. du 2 niv. an 4 (*Police de la bourse*). — L. du 28 flor. an 7 (*Transferts de la dette publique*). — L. du 28 vent. an 9 (*Bourses de commerce*).—Arr. du 29 germ. an 9 (*Institution des bourses de commerce, des agents de change et courtiers*). — Arr. du 26 mess. an 9 (*Droits de commission*). — Arr. du 1er therm. an 9 (*Nomination d'agents de change à Paris*).—Ord. de police du 1er therm. an 9 (*Police de la bourse*). — Arr. du 27 prair. an 10 (*Organisation de la bourse;—Règles concernant les agents de change et courtiers;—Discipline*). — Délib. de la ch. synd. du 10 fruct. an 10 (*id.*). — Déc. du 3 mess. an 12 (*Perte d'inscript.;—remplacement*). — L. du 25 niv., 2 et 6 vent. an 13 (*Cautionnem.*).—L. 24 mars 1806 (*Transfert de rentes appartenant à des mineurs ou interdits*).—Avis du cons. d'État du 17 mai 1809 (*Courtage illicite*). — L. du 28 avril 1816, art. 90 et 91 (*Cautionnement des agents de change;—Faculté de transmission d'office*).—Ord. des 1er mai 1816 (*id.*). — 29 mai 1816 (*Discipline*).—3 juill. 1816 (*Transmission de charges*). — 9 janv. 1818 (*Cautionnement*). — L. et Ord. du 14 avril 1819 (*Création de livres auxiliaires de la dette publique dans les départements*). — Ord. du préfet de police du 14 avril 1819 (*Police de la bourse*). — Arr. du min. des fin. du 26 fév. 1821 (*Transferts*). — Ord. du 30 janv. 1822 (*id.*).—Ord. du préfet de police du 25 juin 1823 (*Police de la bourse*). — Ord. du 12 nov. 1823 (*Cours des fonds étrangers*). — Ord. du 6 avril 1834, art. 2 (*Les agents de change des départements sont dans les attributions du ministre du commerce*).—L. des 21 avril 1832, art. 54, et du 25 juin 1841 (*Transmission des charges;—Droits d'enregistr.*). — L. 5 juin 1850, art. 13 (*Les bordereaux des agents de change et des courtiers sont soumis au timbre*).

En ce qui touche particulièrement les courtiers, voy. en outre déc. des 22 nov. 1811 et 17 avr. 1812 (*Ventes publiques*).—22 janv. 1813 (*Courtiers marit. et d'assur.*).—15 déc. 1813 (*Courtiers-gourmets*). — Ord. 18 déc. 1816 (*Courtiers marit.*). — 30 juill. 1817 (*Classement des courtiers*). — 1er juill. 1818, 9 avril 1819 (*Ventes publ.*).—L. 15 juin 1824, art. 11 (*Répertoires*). — Ord. 14 nov. 1835 et 18 juin 1838 (*Courtiers marit.—Droits ou salaires*).

[74 et 75] . . . .

[76] Indication alphabétique.

§ 1er.—*Exercice des fonctions d'agent de change.—Associations.*

1. De simples particuliers qui se sont immiscés dans les fonctions d'agents de change, peuvent être renvoyés des poursuites exercées à cet égard contre eux, alors que l'organisation des agents de change n'a pas encore été complète dans la ville où l'exercice illégal des fonctions d'agent de change a eu lieu, et que le nombre de ceux qui sont établis est insuffisant pour le service de la place.—12 sept. 1829, Douai. [S.29.2. 287; C.N.9.-D.P.30.2.93.] — V. *inf.*, art. 78, nos 15 et s.

2. Selon quelques auteurs, l'effet de la nullité des négociations faites par des individus sans qualité, se borne à interdire la preuve de l'opération à l'aide des registres de celui qui l'a faite; elle n'empêche pas que la négociation, prouvée d'une autre manière, ne soit parfaite entre les parties, et les engage l'une et l'autre. — Pardessus, no 125; Vincens, t. 1er, p. 582.

2 *bis*. Sont réputées *susceptibles d'être cotées* à la bourse, toutes actions industrielles; et, par suite, les agents de change seuls en opèrent la vente publique, encore que, de fait, de telles actions n'aient pas encore été cotées. — 30 nov. 11 juill. et 2 août 1851, Paris. [S.V.51.2.508.]

3. Les actes des agents de change ou des courtiers ne sont pas, dans toute l'étendue du mot, des actes authentiques. Ainsi, ils ne jouissent d'aucune exécution parée. — Toullier, t. 8, n° 590; Mollot, *Bourses de comm.*, n° 177; Masse, t. 6, n° 28.

3 *bis*. Sur la foi due aux livres et carnets des agents de change, *voy. sup.*, art. 12, nos 3 et 6.

4. Les bordereaux et arrêtés des agents de change ou courtiers doivent, sous peine d'une amende de 500 fr., être rédigés sur du papier au timbre de dimension ou timbre à l'extraordinaire. [L. 5 juin 1850, art. 13.]

5. Les bordereaux soit d'achat, soit de vente d'effets publics, doivent essentiellement contenir, pour être réputés pièces justificatives, non-seulement le nom de l'agent de change acheteur ou vendeur, mais encore le nom de celui auquel on a acheté ou auquel on a vendu. L'interdiction qui est faite aux agents de change d'enregistrer sur leur livre-journal les noms de ceux qui les chargent de négociations, ne s'entend que du nom des personnes qui les ont chargés de négociations.—17 mars 1807, Rej. [C.N.2.1.366.-D.A.6.752.]

6. La société formée pour l'exploitation d'une charge d'agent de change est-elle valable? C'est là un point fort controversé, et dont la solution se rattache à la question générale de savoir si les offices peuvent faire l'objet d'une société licite.—V. à cet égard notre *Cod. civ. annoté*, art. 1833, nos 2 et s. —Pour l'affirmative Mollot, n° 284; Dard, *des Offices*, p. 328 et s. Chauveau, *Journ. des Avoués*, année 1836, p. 90. Frémery, journal le *Droit*, des 2 et 7 févr. 1838. Horson, *Gaz. des Trib.*, du 30 oct. 1835; Malpeyre et Jourdain, *Soc. comm.*, p. 5.—Pour la négative Duvergier, *des Sociétés*, nos 58 et s.; Troplong, *eod.*, t. 1er, nos 89 et s.; Delangle, *eod.*, nos 104 et s.; Rolland de Villargues, *Jurisp. du not.*, 2e cahier de 1838; Grillard, *Comp. des trib. de comm.*, n° 363. Beaumont, *Cod. marit.*, t. 1er, n° 410.—V. aussi sur

77. Il y a des courtiers de marchandises,
Des courtiers d'assurances,
Des courtiers interprètes et conducteurs de navires,
Des courtiers de transport par terre et par eau.

78. Les courtiers de marchandises, constitués de la manière prescrite par la loi, ont seuls le droit de faire le courtage des marchandises, d'en constater le cours ; ils exercent, concurremment avec les agents de change, le courtage des matières métalliques. [Ord. 1673, tit. 2, art. 2.]

[illegible]

§ 4. — *Privilège pour faits de charge.*

[illegible]

§ 5. — *Action des agents de change contre leurs clients.*

[illegible]

[77]. . . . .

[78] — § 1er. *Attributions des courtiers de marchandises.*

[illegible]

§ 2. — *Courtage clandestin.*

[illegible]

79. Les courtiers d'assurances rédigent les contrats ou polices d'assurances, concurremment avec les notaires; ils en attestent la vérité par leur signature, certifient le taux des primes pour tous les voyages de mer ou de rivière. [C. comm. 332.]

80. Les courtiers interprètes et conducteurs de navires font le courtage des affrétements : ils ont, en outre, seuls le droit de traduire, en cas de contestations portées devant les tribunaux, les déclarations, chartes-parties, connaissements, contrats, et tous actes de commerce dont la traduction serait nécessaire ; enfin, de constater le cours du fret ou du nolis.

Dans les affaires contentieuses de commerce, et pour le service des douanes, ils serviront seuls de truchement à tous étrangers, maîtres de navire, marchands, équipages de vaisseau et autres personnes de mer. [Ord. 1681, liv. 1er, tit. 7, art. 2, 3, 4, 6.—C. comm. 273.]

81. Le même individu peut, si l'acte du Gouvernement qui l'institue l'y autorise, cumuler les fonctions d'agent de change, de courtier de marchandises ou d'assurances, et de courtier interprète et conducteur de navires.

82. Les courtiers de transport par terre et par eau, constitués selon la loi, ont seuls, dans les lieux où ils sont établis, le droit de faire le courtage des transports par terre et par eau : ils ne peuvent cumuler, dans aucun cas et sous aucun prétexte, les fonctions de courtiers de marchandises, d'assurances, ou de courtiers conducteurs de navires, désignés aux articles 78, 79 et 80.

[illegible]

[79] — [illegible]

[80] — [illegible]

[81] . . . .

[82] — [illegible]

83. Ceux qui ont fait faillite ne peuvent être agents de change ni courtiers, s'ils n'ont été réhabilités. [Ord. 1673, tit. 2, art. 5. — C. comm. 604 et s.]

84. Les agents de change et courtiers sont tenus d'avoir un livre revêtu des formes prescrites par l'article 11.

Ils sont tenus de consigner dans ce livre, jour par jour, et par ordre de dates, sans ratures, interlignes ni transpositions, et sans abréviations ni chiffres, toutes les conditions des ventes, achats, assurances, négociations, et en général de toutes les opérations faites par leur ministère. [Ord. 1673, tit. 3, art. 2, 4.]

85. Un agent de change ou courtier ne peut, dans aucun cas et sous aucun prétexte, faire des opérations de commerce ou de banque pour son compte.

Il ne peut s'intéresser directement ni indirectement, sous son nom, ou sous un nom interposé, dans aucune entreprise commerciale.

Il ne peut recevoir ni payer pour le compte de ses commettants. [Ord. 1673, tit. 2, art. 1er et 2; ord. 1681, liv. 1er, tit. 7, art. 15.]

86. Il ne peut se rendre garant de l'exécution des marchés dans lesquels il s'entremet. [Ord. 1673, tit. 2, art. 2.]

87. Toute contravention aux dispositions énoncées dans les deux articles précédents entraîne la peine de destitution, et une condamnation d'amende, qui sera prononcée par le tribunal de police correctionnelle, et qui ne peut être au-dessus de trois mille francs, sans préjudice de l'action des parties en dommages et intérêts.

88. Tout agent de change ou courtier destitué en vertu de l'article précédent ne peut être réintégré dans ses fonctions.

89. En cas de faillite, tout agent de change ou courtier est poursuivi comme banqueroutier. [C. comm. 584 et s., 591 et s.; C. pén. 404 et s.]

90. Il sera pourvu, par des règlements d'administration publique, à tout ce qui est relatif à la négociation et transmission de propriété des effets publics.

TITRE VI.

Des Commissionnaires.

SECTION PREMIÈRE.

Des Commissionnaires en général.

91. Le commissionnaire est celui qui agit en son propre nom, ou sous un nom social, pour le compte d'un commettant. [C. c., 1782, 1984.]

92. Les devoirs et les droits du commissionnaire qui agit au nom d'un commettant sont déterminés par le Code civil, livre 3, titre 13. [C. c. 1984 et s.]

---

marchandises, qu'autant qu'ils peuvent lui faire connaître positivement le voiturier auquel il les ont remises et le mettre en état de recourir contre ce voiturier. 30 therm. an 11, Poitiers. [S.3.2.493; C.N.1.]

[83] — La disposition de cet article est inapplicable à ceux qui n'ont été qu'en état de déconfiture. — Renouard, *Cod. mercat.*, t. 1er, n. 275.

[84] — 1. Les agents de change ne sont pas tenus de communiquer leurs livres et carnets aux parties ; ils doivent seulement, quand elles le demandent, leur en délivrer un extrait certifié. — Mollot, nos 166 et s.

2. Ils ne sont pas non plus obligés de délivrer à des tiers, sans le consentement de l'un des intéressés, ou du moins sans y être autorisés par justice, des extraits de leur livre-journal relatifs à une négociation à laquelle ces tiers n'ont pas participé. — Pardessus, no 126.

3. Il y a faux de la part de l'agent de change ou du courtier qui, de manière dommageable à un tiers, relate sur ses registres une vente faite ou supposée faite par son intermédiaire. — 11 fruct. an 13, Rej. [S.5.2.620; C.N.2 —D.A.8.341.]

4. Le livre que les courtiers doivent tenir, conformément à l'art. 84, est assujetti au timbre de dimension (art. 47, loi 5 juin 1850).

5. Les notaires sont tenus, comme les courtiers, d'avoir un registre spécial et timbré, sur lequel ils transcriront les polices des assurances faites par leur ministère. (*Ibid.*)

6. Le livre des courtiers et le registre des notaires sont soumis au visa des préposés de l'enregistrement, toutes les fois que ceux-ci le requerront (*Ibid.*).

[85 et 86] — 1. Les agents de change ne peuvent être intéressés dans une société dont tous les membres auraient droit à la gestion, et seraient soumis à une responsabilité indéfinie ; ni autoriser, même tacitement, leurs femmes avec lesquelles ils sont en communauté, à faire le commerce. — Pardessus, no 76.

2. Ils ne peuvent non plus se rendre garants d'aucune négociation ou opération que ce serait, quand même elles ne seraient pas du genre de commerce pour lequel ils sont intermédiaires. — Pardessus, no 74.

3. C'est la profession de commerçant et non des actes isolés qui sont interdits aux agents de change et courtiers. — Pardessus, t. 1er, no 76; Vincens, t. 1er, p. 588; Devilleneuve et Massé, vo *Agent de ch.*, no 24.

4. Ainsi, ils peuvent prendre des intérêts dans une commandite ou dans une société par actions. — Mêmes auteurs. — *Contra*, Mollot, no 283.

5. Les opérations de commerce ou de banque que les agents de change ou les courtiers font pour leur propre compte, nonobstant la prohibition de la loi, ne sont pas nulles. Les obligations de ceux qui ont contracté avec eux, à raison de ces opérations, doivent être exécutées. — 15 mars 1810, Rej. [S.10.1.240; C.N.3. —D.A.1.326. — *Id.* 24 oct. 1829, Bruxelles. (P.22.1479.)] — *Sic*, Pardessus, no 76. — V. aussi *suprà*, art. 1er, nos 9, 58 et s.

6. Jugé encore que les opérations des agents de change faites en contravention à la disposition législative qui leur défend de recevoir pour leurs commettants, ne sont pas nulles relativement aux tiers qui, notamment, auraient versé des fonds entre leurs mains pour prix de la négociation d'un effet faite à leur profit par l'agent de change; elles peuvent seulement soumettre l'agent de change à une responsabilité plus ou moins étendue envers les commettants. En un tel cas, la négociation et le paiement du prix de la négociation doivent également avoir effet. — 18 déc. 1828, Rej. [S.29.1.62; C.N.9. —D.P.29.1.575.]

7. De même, le courtier de commerce qui agit comme commissionnaire, ne peut se prévaloir de sa qualité de courtier pour s'affranchir de ses engagements personnels, sous prétexte que la loi prohibe aux courtiers toute opération de commerce, et leur défend de s'intéresser, directement ni indirectement, dans aucune opération commerciale. — 27 mai 1853, Bordeaux. [S.V.53.2.496. —D.P.55.2.161.]

8. Bien plus, les engagements de commerce qu'un agent de change contracterait, contre la prohibition de la loi, ne le soumettraient pas moins à la contrainte par corps pour l'exécution de ses engagements. — 19 avril 1836, Bordeaux. [S.V.36.2.491. —D.P.37.2.45. —P.37.1.505.]

9. Et la partie qui a sciemment traité pour une opération commerciale avec un courtier de commerce, auquel la loi interdit de se livrer pour son propre compte à des opérations de ce genre, n'a pas qualité pour demander la nullité des conventions intervenues entre elle et le courtier, à raison de l'infraction à la loi commise par celui-ci. — 15 mai 1848, Bordeaux. [S.V.47.2.45.]

10. L'acquisition faite par un agent de change, à titre de placement sérieux, d'actions commerciales qui sont restées constamment dans ses mains, ne constitue pas la contravention prévue par l'art. 85. — 30 janv. 1843, Rej. [S.V.43.1.293. —D.P.43.1.251.]

11. On ne doit pas non plus considérer comme ayant fait des négociations à terme pour son propre compte, l'agent de change qui, ayant acheté des rentes par ordre et pour le compte d'un tiers, les revend, à défaut de paiement, aux risques et pour le compte de ce tiers. L'agent de change n'est en un tel cas que le mandataire de son client, et a le droit de l'actionner à fin de règlement de compte. — 22 juin 1844, Rej. [C.N.4. —D.A.6.735.]

12. Lorsqu'un agent de change a fait, dans un marché à terme d'effets publics, des avances pour son client, celui-ci n'est pas fondé à exciper de cette circonstance pour se délier de son engagement. La disposition prohibitive de l'art. 85, qui défend à l'agent de change de se rendre garant des marchés dans lesquels il s'entremet, ne s'applique qu'aux marchés faits directement avec un tiers par le client de l'agent de change, et non aux avances que ce dernier fait à son client dans un marché qu'il conclut en son nom. — 8 juin 1836, Paris. [S.V.37.2.85. —D.P.36.2.126.] — V. *inf.*, no 17.

13. Un courtier, quoique de sa nature simple entremetteur entre l'acheteur et le vendeur d'effets, peut cependant avoir *procuration* du vendeur pour recevoir le prix des effets par lui vendus. Si donc le vendeur lui a remis ses effets avec déclaration de *valeur reçue comptant*, l'acheteur est pleinement libéré. Aucun usage contraire ne peut s'opposer à ce que cette libération soit reconnue constante. — 30 janv. 1811, Bruxelles. [S.12.2.103; C.N.3. —D.A.4.351. — *Id.* 31 juill. 1811, Bruxelles. [S.12.2.164; C.N.3. —D.A.4.352.]

14. Si la défense faite aux courtiers de recevoir aucune somme pour le compte de leurs commettants, est absolue et ne peut céder même devant un usage général du commerce, il ne s'ensuit pas que le courtier soit incapable de se charger d'un mandat spécial, et, dans ce cas, le paiement qui lui serait fait à titre de mandataire est valable. — 3 déc. 1820, Rennes. [C.N.6.]

15. La défense faite aux agents de change et courtiers de rien recevoir ni payer pour le compte de leurs commettants, est seulement relative aux opérations étrangères à celles dans lesquelles ils sont intervenus en leur qualité, ou à celles qu'ils voudraient faire pour leur compte personnel : mais on ne peut l'étendre à ce qu'ils reçoivent ou gardent comme dépositaires momentanés. — 24 oct. 1825, Bruxelles. [P.23.1479.]

16. De même, un agent de change peut recevoir une obligation pour garantie d'un crédit qu'il ouvre à un négociant : une telle obligation est valable. — 5 juin 1832, Toulouse. [D.P.32.2.165.]

17. Un agent de change peut faire des avances pour son client. La disposition de l'art. 86, qui défend à l'agent de change de se rendre garant des marchés dans lesquels il s'entremet, ne s'applique qu'aux marchés faits directement avec un tiers par le client de l'agent de change, et non aux avances que ce dernier fait pour son client dans des marchés qu'il conclut en son nom. — 15 nov. 1836, Paris. [S.V.37.2.326. —D.P.36.1.138.] — V. *sup.*, n. 12.

[87] — La juridiction correctionnelle est compétente pour prononcer la destitution d'un agent de change qui a enfreint les prohibitions de se mêler, pour son propre compte, d'opérations de banque ou de commerce. — 11 juin 1842, Paris. [S.V.42.2.339. —D.P.43.2.45. —P.43.2.30.] — V. *suprà*, art. 78, nos 24 et 25.

[88 et 89.] . . . .

[90] — V. le résumé législatif placé sous l'art. 71, et principalement les art. 15 et 16 de l'arrêté du 27 prair. an 10.

[91 et 92] **Indication alphabétique.**

§ 1er. — *Caractères du contrat de commission. — Sa formation. — Ses effets entre les contractants.*

1. Pour la définition du contrat de commission, voy.

Delamarre et Lepoitvin, *Contr. de commiss.*, t. 1er, nº 22; Troplong, *du Mandat*, nº 65.

2. Sur la différence existant entre la commission et la préposition, voy. Vincens, t. 2, p. 125; Carré, *Comp.*, t. 7, nº 500 (édit. Foucher); Pardessus, t. 2, nº 561; Troplong, nº 67; Delamarre et Lepoitvin, t. 1er, nº 18.

3. *Id.*, entre le commissionnaire et le courtier. — Troplong, nºs 66, 68 et s.; Delamarre et Lepoitvin, loc. cit.

4. *Id.*, quant à la gestion d'affaires. — Pardessus, t. 2, nº 562; Troplong, nºs 70 et s.; Delamarre et Lepoitvin, t. 1er, nºs 117 et s.

5. En ce qui touche l'assurance par commission, voy. *inf.*, les notes de l'art. 332.

6. Le commissionnaire qui a des rapports d'affaires avec un commerçant doit, lorsque celui-ci lui donne un ordre par lettre, répondre pour faire connaître son refus, faute quoi il est présumé avoir accepté. — 9 juill. 1811, Rennes. (C.N.3.2.515.-D.A.2.734.) — *Sic*, Favard, vº *Commissionnaire*, nº 1er; Troplong, nº 152; Pardessus, t. 2, nº 559; Delamarre et Lepoitvin, t. 1er, nº 104; Massé, *Dr. comm.*, t. 4, nºs 44 et s.

7. Le même principe est applicable à la ratification du commettant; en ce sens, que si le commissionnaire fait connaître par lettre l'exécution du mandat, le défaut de réponse emporte ratification, et rend le commettant non recevable à critiquer l'opération. — Émérigon, t. 1er, p. 144; Massé, t. 4, nº 45; Troplong, nºs 609, 612 et s.

8. Le commissionnaire, chargé par un correspondant de vendre des marchandises, peut accepter d'un autre la mission d'en acheter de semblables : ces deux mandats n'ont rien d'incompatible. Le dernier commettant ne peut donc se refuser à l'exécution de l'achat fait pour lui par le commissionnaire des marchandises dont celui-ci était chargé en même temps d'opérer la vente. — 18 janv. 1848, Bordeaux. (S.V.48.2.356.) — *Sic*, Pardessus, t. 2, nº 570.

9. Mais, dans ce cas, le commissionnaire peut-il prétendre à deux droits de commission, l'un de vente, l'autre d'achat? Suivant Pardessus, *loc. cit.*, l'usage seul, et à défaut, l'équité, servent à décider si le commissionnaire peut recevoir une rétribution du commettant vendeur et du commettant acheteur.

10. Le commissionnaire peut aussi cumuler cette qualité avec celle de vendeur..., sauf à examiner s'il y a lieu au droit de commission. — 4 juill. 1849, Bordeaux. (Journ. de cette Cour, p. 352.) — V. Pardessus, nºs 561-570; Persil et Croissant, p. 49.

11. Pareillement, le commerçant qui, exerçant la profession de commissionnaire, s'associe avec un autre commerçant pour une opération déterminée de compte à demi, est fondé, comme le serait tout autre commissionnaire, à réclamer un droit de commission pour l'achat et la revente de la marchandise faisant l'objet de l'opération : sa position de coïntéressé n'absorbe pas sa qualité de commissionnaire. — 1er mai 1850, Douai. (S.V.50.2.468.)

12. Le commissionnaire doit, en général, agir en son propre nom, et en ce cas il n'engage pas son commettant envers les tiers, et *vice versa*. — Savary, t. 1er, p. 506; Pardessus, t. 2, nº 558; Troplong, nº 530; Delamarre et Lepoitvin, nºs 254 et s.

13. Par suite, le commissionnaire qui a contracté en son nom, bien que ce fût en réalité pour le compte d'autrui, n'en est pas moins tenu personnellement de l'exécution de l'obligation par lui contractée, sauf son recours contre son commettant. — Ainsi, le négociant qui a chargé en son nom personnel des marchandises sur un navire, doit contribuer personnellement au paiement des avaries grosses du navire, quoique le chargement ne fût pas pour son compte et qu'il n'ait agi que comme commissionnaire. — 19 juin 1844, Bordeaux. (S.V.45.2.26.)

14. Par suite encore, comme il a été dit, les actions des tiers ne peuvent atteindre que le commissionnaire et non le commettant. — Pardessus, nº 563; Dalloz, nº 59; Troplong, nº 532; Delamarre et Lepoitvin, nº 267.

15. Et le commissionnaire qui, en contractant, n'a pas révélé le nom de son commettant, n'en reste pas moins obligé envers les tiers, quoique celui-ci leur ait fait connaître que c'est pour lui que l'affaire a été faite; les tiers ont seulement, alors, deux obligés au lieu d'un. — Troplong, nºs 532 et 533. — *Secus*, Devilleneuve, t. 44.2.194.

16. Bien plus, le commissionnaire qui a acheté de la marchandise en son nom, même en présence de son commettant, dont il fait connaître le nom, ne laisse pas que d'être seul obligé, lorsque c'est la foi du commissionnaire seul qui a été suivie. — Delamarre et Lepoitvin, t. 2, nº 267; Troplong, nº 547.

17. L'expression *pour compte de N...* n'empêche pas que le commissionnaire ne soit obligé vis-à-vis des tiers, et non le commettant, à moins qu'il ne résulte d'autres expressions plus formelles que le commettant seul est engagé. — Delamarre et Lepoitvin, t. 2, nºs 250 et 267; Troplong, nºs 545 et s.

18. Alors, si le commissionnaire s'était réservé d'introduire le commettant dans le contrat, nul doute que ce dernier ne pût se mettre en présence du tiers. — Troplong, nºs 550, 551; Delamarre, t. 2, nº 340.

19. Que si le commettant était notoirement connu, les tribunaux pourraient, en raison des circonstances, condamner ce dernier envers les tiers. — Pothier, *Mandat*, nº 88; Troplong, nº 534; Dalloz, nºs 15 et s.; Delamarre et Lepoitvin, t. 2, nºs 227 et 308.

20. Lorsque le commissionnaire déclare agir non pas seulement *d'ordre et pour compte* d'un tiers à nommer, mais aussi pour *soi ou pour un tiers* à désigner, la désignation de ce tiers délie le commissionnaire de toute obligation personnelle. — Delamarre et Lepoitvin, t. 2, nº 342; Troplong, nº 562.

21. Le commissionnaire qui accompagne un marchand étranger, pour l'aider à acheter des marchandises, peut, en certains cas, être réputé acheteur principal, et par suite, être déclaré débiteur solidaire, si ce marchand étranger ne paie pas. — 25 nov. 1829, Req. (S.V.29.1.102.-D.P.30.1.42.)

22. Le commissionnaire chargé d'acheter des marchandises en son nom pour le compte de son commettant, ne peut être considéré, dans ses rapports avec celui-ci, comme ayant eu un seul instant la propriété des choses achetées; dès lors, il est sans qualité pour former contre son commettant, comme le pourrait faire le vendeur lui-même des marchandises, une action en résolution de la vente de ces marchandises, faute d'en avoir pris livraison au temps convenu. — 8 juin 1846, Rouen. (S.V.47.2.263.-P.46.2.280.) — *Sic*, Delamarre et Lepoitvin, t. 2, nº 305.

§ 2. — *Obligations du commissionnaire vis-à-vis du commettant.*

23. Les obligations imposées au mandataire par la loi du mandat, sont les mêmes pour le commissionnaire à l'égard de son commettant, bien que, dans l'intérêt du commerce, il soit obligé envers le vendeur (V. *sup.*, nºs 12 et s.). — 23 août 1851, Lyon. (D.P.53.2.62.)

24. Quand la commission est impérative, le commissionnaire ne peut sortir des termes du mandat; si elle est *facultative*, on doit consulter l'usage. — Delamarre et Lepoitvin, t. 2, nºs 37 et s., et nºs 203 et s.; Troplong, nºs 247 et s.

25. Le commissionnaire chargé de vendre des marchandises *au comptant*, ne peut vendre à *crédit*, sans engager sa responsabilité envers le commettant. — Troplong, nº 283. — *Secus*, Delamarre et Lepoitvin, t. 2, nº 70.

26. Lorsque le commissionnaire chargé de plusieurs ordres, dépasse sur un point le prix indiqué, tandis que sur d'autres il obtient un prix meilleur, les juges peuvent, suivant les circonstances, compenser le bénéfice avec la perte. — Delamarre et Lepoitvin, t. 2, nº 147; Troplong, nº 403. — *Contrà*, Pothier, *Mandat*, nº 50; Duranton, t. 18, nº 244; Zachariæ, t. 3, p. 127.

27. Jugé que, dans le cas où le commissionnaire a été chargé d'acheter des marchandises et de convenir des frais de transport à un prix déterminé, s'il arrive que le commissionnaire ait dépassé le prix du transport, le mandat ne peut être considéré, par cela seul, comme non avenu; et le commettant est tenu de recevoir la marchandise, sauf au commissionnaire à supporter, sur le prix du transport, l'excédant de celui qui avait été déterminé. — 20 juin 1819, Bruxelles. (C.N.6.-D.A.2.751.)

28. La faute du commissionnaire qui expédie une marchandise moins bonne que celle qui lui a été demandée, n'est pas couverte par le seul fait de réception de cette marchandise sans protestation : ici est inapplicable l'art. 105, Cod. comm., relatif au voiturier. — Troplong, nº 400.

29. Le commissionnaire chargé d'acheter des marchandises doit tenir compte à son commettant des escomptes et bonifications qui lui ont été accordés par les vendeurs lors des achats qu'il a faits pour le commettant; en conséquence, il ne peut prétendre profiter de ces avantages, en sus de son droit de commission. — 17 mars 1847, Rouen. (S.V.48.2.183.) — *Id.* 23 août 1851, Lyon. (S.V.48.2.183, à la note.-D.P.53.2.62.) — *Sic*, Troplong, nº 429; Delamarre et Lepoitvin, t. 2, nº 439.

30. Cependant l'abandon par le commettant au commissionnaire, de ces escomptes et bonifications, peut s'induire du silence gardé par le commettant lors des divers règlements de comptes intervenus entre lui et le commissionnaire, alors que le commettant savait qu'il était d'usage, sur la place où agissait le commissionnaire, d'accorder aux acheteurs de tels escomptes et bonifications. — Même arrêt de Rouen que ci-dessus.

31. *Id.* L'action que le mandant a contre le commissionnaire pour avoir retiré un bénéfice autre que son droit de commission, ne peut plus être exercée après la liquidation des opérations, l'apurement de leurs comptes et le paiement du solde. — 23 août 1851, Lyon. (D.P.53.2.62.)

32. Sur le degré de responsabilité ou sur l'imputation des fautes de la part du commissionnaire, voy. Delamarre et Lepoitvin, t. 2, nºs 118 et s.; Troplong, nºs 392 et 393.

33. Un négociant qui a promis de faire accepter une lettre de change, et qui néglige d'obtenir cette acceptation, devient responsable en cas de faillite du tireur. — 23 avril 1813, Aix. (S.13.2.327; C.N.4.-D.A.9.964.)

34. Le commissionnaire salarié, qui vend en son nom les marchandises de son commettant, est responsable du prix que les acheteurs, qu'il n'a pas fait connaître à son commettant, sont en retard d'acquitter, si, de sa correspondance, et surtout du taux élevé de la commission qui lui est donnée, il résulte qu'il a dû prendre sur lui cette responsabilité. — 7 oct. 1818, Bruxelles. (D.A.2.748.)

35. Le commissionnaire peut être forcé de garder pour son compte les marchandises achetées pour son commettant, lorsqu'elles ne sont pas de la qualité désignée par ce dernier. — 5 frim. an 6, Bordeaux. (C.N.1.-D.A.2.750.) — Cela ne saurait souffrir difficulté. V. Savary, *Parf. nég.*, t. 1er, p. 367; Devilleneuve et Massé, vº *Commissionnaire*, § 5.

36. Le commissionnaire, à la différence du vendeur lui-même, est garant, vis-à-vis de son commettant, des vices apparents de la marchandise par lui achetée, même de ceux dont le vendeur n'aurait pas été tenu vis-à-vis de l'acheteur. — 19 août 1846, Caen. (S.V.47.2.390.)

37. Et le commettant est encore recevable à exercer, dans ce cas, son recours en garantie contre le commissionnaire, même après que lui, commettant, a revendu une portion de la marchandise, lorsque cette marchandise n'est pas un objet indivisible qui ne puisse être vendu ou consommé qu'en totalité. — Même arrêt.

38. Les commissionnaires sont-ils solidaires? — Oui, suivant Frémery, p. 21 et s.; Troplong, nº 497; Delamarre et Lepoitvin, t. 2, nº 258. — Non, d'après Pardessus, nº 181; Dalloz, nº 82; Massé, t. 5, nº 16.

39. La convention *del credere* rend le commissionnaire débiteur personnel et principal du commettant, et tous les risques du recouvrement sont à sa charge : il n'est plus simple fidéjusseur. — Troplong, nº 576; Delamarre et Lepoitvin, t. 2, nº 502.

40. Jugé cependant que la stipulation d'un *ducroire* ne fait pas perdre au commissionnaire sa qualité de mandataire, pour le constituer vendeur direct. — 4 juill. 1849, Bordeaux. (Journ. de cette Cour, p. 352.)

41. *Id.*... La stipulation d'un *ducroire* ne change pas la qualité du commissionnaire, et ne le constitue pas, vis-à-vis du commettant, vendeur des marchandises. — 29 déc. 1842, Lyon. (S.V.43.2.132.) — *Sic*, Delamarre et Lepoitvin, t. 2, nº 373; Troplong, nº 572.

42. *Id.* Dès lors, le commettant doit être considéré comme étant toujours créancier des acheteurs, et pouvant, par suite, au cas de faillite du commissionnaire, revendiquer le prix par eux dû. — 7 fév. 1825, Toulouse. (S.25.2.354; C.N.8.-D.P.25.2.176.)

43. *Id.*... Dès lors encore, le commettant peut revendiquer la marchandise contre la faillite du commissionnaire. — 14 juin 1824, Lyon. (C.N.7.2.379.)

93. Tout commissionnaire qui a fait des avances sur des marchandises à lui expédiées d'une autre place pour être vendues pour le compte d'un commettant a privilége, pour le remboursement de ses avances, intérêts et frais, sur la valeur des marchandises, si elles sont à sa disposition, dans ses magasins, ou dans un dépôt public, ou si, avant qu'elles soient arrivées, il peut constater, par un connaissement ou par une lettre de voiture, l'expédition qui lui en a été faite. [C. c. 2102; C. comm. 106, 576.]

94. Si les marchandises ont été vendues et livrées pour le compte du commettant, le commissionnaire se rembourse, sur le produit de la vente, du montant de ses avances, intérêts et frais, par préférence aux créanciers du commettant. [C. comm., 285.]

95. Tous prêts, avances ou paiements qui pourraient être faits sur des marchandises déposées ou consignées par un individu résidant dans le lieu du domicile du commissionnaire, ne donnent privilége au commissionnaire ou dépositaire qu'autant qu'il s'est conformé aux dispositions prescrites par le Code civil, livre III, titre XVII, pour les prêts sur gages ou nantissements. [C. c. 2074, 2102.]

SECTION II.

Des Commissionnaires pour les transports par terre et par eau.

96. Le commissionnaire qui se charge d'un transport par terre ou par eau est tenu d'inscrire sur son livre-journal la déclaration de la nature et de la quantité des marchandises, et, s'il en est requis, de leur valeur. [C. c. 1785; C. comm. 8; C. pén. 387.]

97. Il est garant de l'arrivée des marchandises et effets dans le délai déterminé par la lettre de voiture, hors les cas de la force majeure légalement constatée. [C. c. 1784; C. comm. 104, 108.]

98. Il est garant des avaries ou pertes de marchandises et effets, s'il n'y a stipulation contraire dans la lettre de voiture, ou force majeure. [C. c. 1784; C. comm. 103.]

---

48. *Id.* L'expédition faite au commissionnaire n'est pas suffisamment constatée par un récépissé adressé au commissionnaire, si ce récépissé ne renferme pas toutes les conditions essentielles aux lettres de voiture, spécialement s'il ne mentionne pas le prix et le délai du transport. — 12 fév. 1850, Req. [S.V.50.1.246. -D.P. 50.1.85.]

49. Jugé au contraire, que l'art. 96 n'est pas exclusif de tout autre genre de preuve. — 17 mai 1829, Douai. [C.N.9.2.261.] — *Id.* 3 juin 1848, Lyon. [S.V. 49.2.19.] — Ce dernier arrêt a été cassé par celui mentionné au n° 47.

50. Décidé aussi que l'expédition faite au commissionnaire est suffisamment constatée par un bulletin de chargement délivré par le voiturier à l'expéditeur et renfermant toutes les énonciations essentielles aux lettres de voiture, bien que ce bulletin n'ait pas d'ailleurs la forme extérieure d'une lettre de voiture. — 31 juill. 1844, Req. [S.V.45.1.116.-D.P.44.1.335.-P.44.2.675.]

§ 3. — *Transmission du connaissement ou de la lettre de voiture.*

51. Le privilége du commissionnaire peut être réclamé par celui qui, sans être le destinataire primitif, a fait des avances sur la remise d'un connaissement à ordre endossé à son profit par l'acheteur. — 31 juill. 1855, Paris. [S.V.55.2.310.-D.P.56.2.85.]

52. *Id.* Le privilége du commissionnaire est transmissible à un tiers par voie d'endossement régulier des connaissements à ordre des marchandises expédiées. — 16 déc. 1846, Cass. [S.V.47.1.414.-D.P.47.1.126.]

53. Mais il en est autrement si le connaissement ou la lettre de voiture n'étaient pas à ordre; alors la remise ou l'endossement de ce connaissement ou de cette lettre de voiture n'opèrent pas transport au profit des tiers qui ont fait des avances sur les marchandises. — 1er déc. 1846, Caen. [S.V.48.2.133.] — *Id.* 12 janv. 1847, Cass. [S.V.47.1.275.] — *Id.* 26 janv. 1848, Cass. [S.V.48.1.200.] — *Sic*, Troplong, n° 341; Massé, t. 6, n° 512. — V. cependant en sens contraire, 10 juin 1828, Lyon. [S.V.28.2.173; C.N.9.-D.P.28.2.170.]

54. Au surplus, et même dans le cas de connaissement à ordre, l'endossement n'opère transport qu'autant que cet endossement est régulier, et notamment, qu'il énonce la valeur fournie. — 1er mars 1843, Cass. [S.V.43.1.185.-D.P.43.1.185.-P.43.1.307.] — *Id.* 29 juill. 1843, Amiens. [S.V.44.2.6.-D.P.44.2.88.-P. 44.2.272.] — *Id.* 30 janv. 1850, Req. [S.V.50.1.241.-D.P.50.1.50.] — *Sic*, Troplong, n° 335; Devilleneuve, t. 44.2.207 et t. 50.1.241.

55. Jugé en sens contraire. — 8 janv. 1844, Douai. [S.V.44.2.257.] — *Id.* 9 déc. 1847, Rouen. [S.V.48.2. 291.] — *Sic*, Massé, t. 6, n° 508.

55 *bis*. — Toute personne qui, en vertu des décret et arrêté des 21 et 26 mars 1848, prête sur des marchandises déposées dans les magasins publics, est valablement saisie du privilége de nantissement par le transfert du récépissé à son ordre, et par la mention dudit transfert sur le registre du magasin, avec indication de la somme prêtée. — 23 août 1848, Décr. [S.V. 48.3.124.]

§ 4. — *Exercice du privilége au cas de faillite. — Droit de revendication ou de rétention.*

56. Le privilége du commissionnaire n'est pas du nombre de ceux que la loi déclare ne pouvoir s'acquérir dans les dix jours de la faillite. — 15 juin 1814, Rouen. [S.15.2.278; C.N.3.-D.A.2.761.] — *Id.* 29 nov. 1843, Douai. [S.V.44.2.145.-D.P.44.2.169.-P. 44.2.134.] — V. sur ce point, Delamarre et Lepoitvin, t. 2, n° 397; Troplong, n° 260, 347 et s.; ces auteurs établissent diverses distinctions.

57. Au surplus, le vendeur qui revendique les marchandises par suite de la faillite de l'acheteur, auquel les avances ont été faites, serait sans qualité pour arguer de l'événement de la faillite comme s'opposant à l'exercice du privilége du commissionnaire. — 29 nov. 1843, Douai. [S.V.44.2.145.-D.P.44.2.169. -P.44.2.134.] — Cela résulte aussi d'un arrêt d'Aix du 24 août 1833. [S.V.33.2.162.]

58. Le commissionnaire qui, chargé d'acheter des marchandises pour le compte de son commettant, les achète en son nom personnel et les paie de ses propres deniers, est subrogé de plein droit aux lieu et place du vendeur. — En conséquence, si le commettant fait faillite après que les marchandises lui ont été expédiées, le commissionnaire peut les revendiquer dans le cas et de la même manière que le vendeur l'aurait pu faire lui-même. — 14 nov. 1810, Cass. [S.11.1.57; C.N.3.-D.A. 2.746.] — *Id.* 4 janv. 1825, Rouen. [S.25.2.179; C.N. 8.-D.P.25.2.135.] — *Sic*, Merlin, *Rép.*, v° *Revendication*; Persil, *Rég. hyp.*, sur l'art. 2102, n° 22, et *Quest. hyp.*, t. 1er, ch. 5; Pardessus, t. 2, n° 565; Favard, v° *Faillite*, § 13, n° 2. — *Contrà*, Delamarre et Lepoitvin, t. 2, n° 393; Troplong, n° 334 et s.

59. Jugé encore que le commissionnaire qui a acheté et payé des marchandises pour le compte de son commettant est en droit, si celui-ci vient à tomber en faillite avant d'en avoir payé le prix, de les retenir, alors même qu'elles seraient déjà en route à destination du failli, si les connaissements étaient faits au nom et à l'ordre du commissionnaire, la livraison des marchandises ne peut encore être réputée avoir été faite au failli. — 18 avril 1843, Req. [S.V.43.1.524.-D.P. 43.1.251.-P.43.2.85.] — *Sic*, Troplong, n° 351; Delamarre et Lepoitvin, n° 395.

60. La revendication, au cas de faillite, ne peut être exercée par le vendeur, au préjudice du privilége du commissionnaire, à raison des avances par lui faites sur les mêmes marchandises. Le vendeur revendiquant est tenu de rembourser, au préalable, le montant de ces avances. — 8 juin 1829, Req. [S.30.1.350; C.N.9.-D.P.29.1.265.] — *Id.* 16 juill. 1827, Rouen. [S.28.2.72; C.N.8.-D.P.27.2.190.] — *Id.* 2 avril 1828, Douai. [S.29.2.87; C.N.9.-D.P.29.2.122.] — *Sic*, Delamarre et Lepoitvin, t. 2, n° 411 et 412. — V. les notes des art. 576 et s.

61. Bien que le commissionnaire ou consignataire qui a accepté des traites tirées sur lui par le consignateur, ait fait faillite, et qu'il n'ait pu, par suite, acquitter les traites à leur échéance, il a néanmoins privilége sur les marchandises consignées, à raison de ces traites, si le tiers porteur ou consignateur les ayant reçues, en a touché le montant. Le commissionnaire, accepteur des traites, est censé, dans ce cas, en avoir fait l'avance. — Dès lors, le consignateur ne peut revendiquer les marchandises au préjudice du privilége du commissionnaire. — 4 juill. 1826, Req. [S.27.1.90; C.N.8. -D.P.26.1.401.]

62. Le commissionnaire qui, lors de la faillite de l'acheteur, après avoir avancé à son commettant le montant du prix de vente, a porté au débit du compte du commettant, des billets que le commissionnaire avait reçus à son ordre de l'acheteur, ne peut être réputé avoir renoncé par cela seul à la propriété de ces billets. — 28 juin 1828, Rouen. [S.29.2.216; C.N.9. -D.P.29. 2.245.]

63. Le commissionnaire qui, en paiement de marchandises par lui vendues, sans garantie envers son commettant, a reçu de l'acheteur des billets passés à son ordre, et en a avancé le montant au commettant, a droit, au cas de faillite de l'acheteur et du commettant, de se porter à la fois créancier dans les deux masses. — 28 juin 1828, Rouen. [S.29.2.216; C.N.9.-D.P.29.2.245.]

64. Celui qui a acheté des marchandises pour un commerçant n'est pas tenu d'en faire la délivrance, si on ne lui paie pas toutes les avances qu'il a faites à l'occasion de son mandat, encore que le commerçant soit tombé en état de faillite, et que la majorité de ses créanciers lui aient accordé une remise. — Dans ce cas, si le mandataire a expédié une partie des marchandises à son commettant, et s'il a ensuite signé le concordat, il n'est présumé avoir accordé une remise que pour les marchandises expédiées. — 15 juin 1810, Bruxelles. [S.11.2.137; C.N.3.-D.A.2.761.]

[illegible] § 5. — *Compétence et enregistrement.*

65. Les règles sur la compétence relatives au contrat de commission se trouvent rappelées dans notre *Cod. de proc. annoté*, sous l'art. 420, n. 26 et s. le lecteur est prié de s'y reporter. — V. aussi le n° 157 de l'art. 59 du même Code.

66. Les actes de prêts sur dépôts ou consignations de marchandises, fonds publics français, et actions des compagnies d'industrie ou de finance, dans le cas prévu par l'art. 95, C. comm., ne sont soumis qu'au droit fixe d'enregistrement de 2 fr. (L. 8 sept. 1830.)

67. Cette loi du 8 sept. 1830, qui affranchit du droit proportionnel et ne soumet qu'au droit fixe de 2 fr. les prêts sur dépôt ou consignation, est applicable à tous les prêts faits à des commerçants, encore bien que l'emprunteur et le prêteur ne résident pas dans le même lieu. La loi précitée, en se référant à l'art. 95, Cod. comm., n'a eu en vue que la manière de constater le prêt, et n'a pas entendu limiter l'affranchissement aux prêts dont s'occupe cet article; c'est-à-dire aux prêts entre personnes résidant dans la même ville. — 26 mai 1845, Req. [S.V.45.1.558.-D.P.45.1.319.] — *Sic*, Troplong, n° 121.

68. La loi dont il s'agit s'applique aussi bien aux prêts sur dépôt d'actions dans des compagnies étrangères, qu'aux prêts sur dépôt d'actions dans des compagnies françaises. — 29 nov. 1848, Req. [S.V.49.1.59.]

69. Mais elle n'est pas applicable aux prêts faits à des non-commerçants. — 17 fév. 1834, Req. [S.V.34. 1.815.-D.P.35.1.27.] — *Id.* 5 déc. 1837, Cass. [S.V. 38.1.91.-D.P.38.1.78.-P.37.2.590.]

[96]—V. en ce qui touche le défaut d'inscription ou d'enregistrement des marchandises ou autres objets confiés aux commissionnaires ou voituriers, les décisions rapportées sous les art. 1785-1786 de notre *Cod. civ. annoté*.

[97 et 98]—1. Le commissionnaire de transports est responsable des objets qui lui sont confiés, alors même que l'insuffisance de l'adresse l'aurait mis dans l'impossibilité de découvrir le destinataire. Dans ce cas, il connaît une *faute*, des suites de laquelle il répond, si, ne trouvant pas la personne dont le nom est indiqué dans la lettre de voiture, il remet les effets à une autre personne qu'il présume être le destinataire. — 25 avril 1837, Cass. [S.V.37.1.401.-D.P.37.1.313. -P.37.2.429.]

2. De même, les directeurs de messageries sont responsables de la remise qu'ils font des objets qui leur sont confiés à une personne autre que le propriétaire. — Spécialement, un paquet dont le transport a été confié à la diligence, pour être rendu à une destination indiquée, n'a pu être remis à une personne qui s'est présentée à un bureau intermédiaire sous le nom de celle désignée dans la feuille d'envoi, mais qui n'était pas munie de la reconnaissance du bureau de départ. — 22 nov. 1814, Colmar. [S.15.2.155; C.N.4.-D.A.2.793.]

3. Jugé encore que, lorsque des caisses de marchandises ont été livrées à un commissionnaire de roulage, pour les faire parvenir à une destination convenue, le commissionnaire doit veiller lui-même à ce qu'elles soient remises à la maison de commerce indiquée dans la lettre de voiture pour les recevoir. Si elles ne sont point remises à cette maison par la faute ou la négligence du voiturier, le commissionnaire répond du défaut ou du retard de la remise. — 9 fruct. an 13, Paris. [S.7.2.1184; C.N.2.]

4. Le commissionnaire est responsable de la faute directe qu'ont pu prendre les marchandises dont il a entrepris le transport; mais l'action qui résulte de cette responsabilité n'appartient qu'au propriétaire et ne peut être exercée par le vendeur. — 18 déc. 1810, Colmar. [S.12.2.88; C.N.4.]

5. Jugé cependant qu'en cas de perte de marchandises, l'expéditeur a action contre l'entrepreneur de voitures chargé de leur transport, s'il n'est pas prouvé que les marchandises ont péri pour le compte de celui

99. Il est garant des faits du commissionnaire intermédiaire auquel il adresse les marchandises. [C. c., 1994.]

à qui elles étaient expédiées. — 16 déc. 1814, Pau. [S.16.2.62; C.N.4.-D.A.2.797.]

6. Le commissionnaire de transports est responsable envers l'expéditeur de la non-exécution des ordres de ce dernier, alors même que ces ordres ont pour but de changer la destination de la marchandise après son expédition. — Il en est de même d'un commissionnaire intermédiaire. — 15 fév. 1844, Rej. [S.V.44.1.417.-D.P.44.1.163.-P.44.1.663.]

6 *bis*. Quand le commissionnaire ne trouve pas au lieu indiqué par la lettre de voiture le destinataire des objets transportés, il n'est pas tenu de les renvoyer à l'expéditeur ; son obligation se borne, soit à les conserver par devers lui, soit à les consigner dans un dépôt public. — 21 mars 1858, Cass. [S.V.58.1.671.]

7. Le commissionnaire de roulage qui se charge du transport d'un colis, ne peut pas le faire voyager par la voie d'eau, à moins d'ordres contraires, sans être responsable des retards de navigation. — 5 août 1846, Trib. de comm. de Paris.

8. Les entrepreneurs de voitures répondent des accidents arrivés par cas fortuit, lorsque ces cas fortuits ont lieu par un défaut de précautions de leur part. — 2 therm. an 8, Rej. [S.1.1.318; C.N.1.-D.A.10.794.] — *Sic*, Duvergier, *Louage*, n° 326.

9. Décisions dans le même sens. — 31 août 1808, Paris. [S.8.2.272; C.N.2.-D.A.2.780.] — *Id.* 18 janv. 1815, Metz. [S.19.2.78; C.N.5.-D.A.2.778.] — *Id.* 5 mars 1851, Paris. [S.V.53.2.186.-D.P.53.2.17.]

10. Ainsi, le commissionnaire de roulage est responsable de l'incendie de marchandises dont le transport lui a été confié, lorsque cet incendie a été causé par des matières inflammables chargées sur la même voiture. — 1er frim. an 14, Paris. [S.7.2.1164; C.N.2.-D.A.2.773.] — *Id.* 19 avril 1820, Paris. [S.20.2.249; C.N.6.-D.A.2.778.]

11. La seule présence de troupes étrangères dans un lieu où des marchandises ont été perdues ne peut être alléguée comme cas fortuit ou force majeure, lorsqu'il n'a pas été pris de mesures pour pourvoir à la sûreté des marchandises ; dans ce cas, le commissionnaire chargé du transport n'est pas affranchi de la garantie envers le propriétaire. — 9 janv. 1816, Trib. de comm. de Paris. [S.16.2.64; C.N.5.]

12. La rupture d'une pièce d'une voiture qui a causé la chute de cette voiture, ne peut être considérée *à priori* comme un événement de force majeure, de nature à dispenser les entrepreneurs de la responsabilité ; ils demeurent sous le coup de cette responsabilité jusqu'à ce qu'ils aient prouvé que la pièce qui a manqué était en parfait état. — 22 janv. 1847, Lyon. [S.V.48.2.136.]

13. Lorsqu'un commissionnaire de transports est depuis longtemps en correspondance avec un autre commissionnaire, qu'il est même avec lui en compte courant, et que ce compte courant paraît le constituer débiteur, il peut être déclaré responsable de son refus de se charger d'un transport de marchandises qui lui est adressé par son correspondant, et, par suite, du retard en résultant d'arrivée de ces marchandises. — 21 déc. 1836, Paris. [S.V.37.2.307.-D.P.34.2.188.-P.37.1.236.]

13 *bis*. L'administration de messageries qui se charge du recouvrement d'un effet de commerce, ou d'en faire dresser protêt à défaut de paiement, commet une faute lourde dont elle est responsable, si le protêt n'a pas lieu en temps utile. — 17 janv. 1818, Douai. [S.V.49.2.456.] — V. *inf.*, art. 103, n° 5.

14. Les directeurs de messageries ont un recours contre les conducteurs, lorsque la perte vient de la faute ou de la négligence de ceux-ci. — 19 avril 1809, Paris. [S.9.2.394; C.N.3.-D.A.2.789.]

15. Le commissionnaire intermédiaire, auquel mandat avait été donné d'exercer un recours contre le voiturier dans le cas où les marchandises seraient avariées, s'il reçoit ces marchandises sans aucune protestation, est garant ou responsable, vis-à-vis du commissionnaire expéditeur, des avaries existant au moment de l'arrivée des marchandises à leur destination, soit en ce qu'à défaut de réclamation de sa part, il doit être réputé les avoir reçues en bon état, soit en ce qu'il s'est rendu coupable d'inexécution du mandat qui lui avait été donné. — 15 mai 1835, Colmar. [S.V.34.2.117.-D.P.34.2.103.]

16. L'intermédiaire désigné à un commissionnaire de transports est garant, envers celui-ci de la perte des marchandises, bien qu'il ne soit pas lui-même commissionnaire, et d'ailleurs il y a faute de sa part, et s'il n'a pas exécuté les instructions qui lui avaient été données. — 29 déc. 1845, Cass. [S.V.46.1.230.-D.P.46.1.51.-P.46.1.540.]

17. Le commissionnaire qui, après avoir effectué une partie du transport, veut exercer un recours en garantie, en cas de perte ou d'avaries, contre les commissionnaires ou voituriers qu'il s'est substitués pour achever ce transport, doit prouver que c'est par la faute de ces derniers, et non par la sienne propre, que la perte ou les avaries ont eu lieu. Il n'y a pas présomption entre les commissionnaires ou voituriers, comme entre l'expéditeur et le commissionnaire premier chargé, que les marchandises ont été remises en bon état. — 19 avril 1851, Rej. [S.V.51.1.385.-D.P.51.1.193.] — *Id.* 15 avril 1846, Rej. [S.V.46.1.528.-D.P.46.1.215.-P.46.1.694.]

18. L'indemnité d'usage, fixée par la lettre de voiture pour cause de retard, ne doit s'entendre que pour le cas d'un léger retard, qui peut même n'être pas le fait du voiturier. On ne peut considérer cette indemnité comme devant compenser les dommages-intérêts, en cas de retard et de pertes considérables, occasionnés par une négligence grossière de la part du commissionnaire. — 18 fév. 1818, Metz. [S.19.2.68; C.N.5.-D.A.2.795.] — *Id.* 6 déc. 1814, Rej. [S.15.1.177; C.N.4.-D.A.2.796.] — *Id.* 4 mai 1848, Bordeaux. [S.V.48.2.429.] — *Id.* 24 juin 1857, Douai. [S.V.58.2.60.-D.P.58.2.30.] — *Sic*, Favard, v° *Voiturier*, § 1er, n° 13; Troplong, *du Louage*, n° 910.

19. Le destinataire de marchandises qui, par suite du retard dans le transport, a été privé du droit de renvoyer, dans un délai déterminé, les marchandises à l'expéditeur, ne peut s'en prévaloir pour réclamer contre le commissionnaire de roulage des dommages-intérêts plus considérables, s'il ne lui a pas fait connaître le droit qu'il s'était réservé. Ce sont là des dommages-intérêts qui n'ont pas pu être prévus lors du contrat. — 24 juin 1857, Douai. [S.V.58.2.60.-D.P.58.2.30.-P.58.1.130.]

20. Lorsqu'il a été stipulé qu'au cas de retard dans l'arrivée de la marchandise, le destinataire retiendrait, à titre d'indemnité, une fraction du prix de voiture, cette indemnité doit être calculée sur la totalité du prix de voiture, et non pas seulement sur la portion de ce prix correspondante à la partie du voyage pendant laquelle a eu lieu le retard. — 26 avril 1849, Bordeaux. [S.V.50.2.467.]

21. Les commissionnaires de transports qui ont négligé de remettre en temps utile à leur destination les marchandises qui leur sont confiées, ne peuvent être considérés, par ce seul fait, comme s'en étant rendus acquéreurs, et tenus en cette qualité d'en payer la valeur au prix de facture. Si donc, en ce cas, les marchandises sont refusées et retournées à l'expéditeur, celui-ci n'a droit qu'à une indemnité consistant dans la différence entre le prix de la facture et la valeur vénale des marchandises au jour où la remise lui en a été faite. — 14 juill. 1853, Paris. [S.V.53.2.482.-D.P.54.2.25.] — *Id.* 25 fév. 1813, Pau. [S.14.2.298; C.N.4.-D.A.2.782.]

22. Jugé encore que le commissionnaire de transports ne peut, au cas de retard dans l'arrivée des marchandises qui lui ont été confiées, être contraint à garder les marchandises pour son compte, à titre d'indemnité ou dommages-intérêts..., à moins cependant que la réparation du préjudice ne puisse se faire autrement. — 24 juin 1857, Douai. [S.V.58.2.60.-D.P.58.2.30.-P.58.1.130.] — V. encore *infra*, art. 103, n° 15.

23. Jugé au contraire qu'un commissionnaire de transports peut, au cas de retard dans l'arrivée des marchandises qui lui ont été confiées, être condamné à garder ces marchandises pour son compte et à en payer l'entière valeur, à titre de dommages-intérêts. — Du moins, dans le silence de la loi sur le mode de fixation de l'indemnité due par les commissionnaires pour le retard dans l'expédition, les juges ont à cet égard un pouvoir souverain d'appréciation. — 5 août 1835, Rej. [S.V.35.1.817.-D.P.35.1.366.]

24. Lorsque le retard dans l'arrivée des marchandises transportées a été occasionné par des circonstances indépendantes de la volonté du commissionnaire ou du voiturier, et sans qu'il y ait de leur part fraude, dol ou négligence, ils ne peuvent être condamnés à d'autres dommages-intérêts que ceux réglés par la lettre de voiture. — 27 août 1830, Montpellier. [S.V.31.2.98; C.N.9.-D.P.31.2.98.]

25. Le commissionnaire de transports contre lequel le destinataire de la marchandise exerce son recours, à raison des objets manquants, ne peut se prévaloir de l'indemnité que le destinataire a reçue de l'assureur par lequel il a fait assurer la marchandise. — 20 avril 1849, Bordeaux. [S.V.50.2.497.]

26. Les condamnations prononcées contre les commissionnaires de roulage, emportent contrainte par corps. — 1er germ. an 13, Paris. [S.5.2.504; C.N.2.-D.A.2.771.] — *Id.* 10 avril 1809, Paris. [S.9.2.334; C.N.3.-D.A.2.789.] — *Id.* 22 nov. 1814, Colmar. [S.19.2.159; C.N.4.-D.A.2.795.]

27. En ce qui touche la compétence en cette matière, V. les notes 28 et s., 80 et s. de l'art. 420 du *Cod. proc. annoté*, et la note 12 de l'art. 1785 du *Cod. civ. annoté*.

28. V. en outre, sur la responsabilité des commissionnaires de transports et des voituriers, les annotations placées sous les art. 1783, 1786, Cod. civ., et celles des articles ci-après.

[99] — 1. Le commissionnaire de transports répond des *voituriers* intermédiaires qu'il a *choisis*. — Merlin, v° *Commissionnaire*, § 6; Delamarre et Lepoitvin, t. 2, n° 93; Troplong, *du Mandat*, n° 458.

2. Jugé en ce sens, que le commissionnaire de roulage qui s'est chargé de faire arriver des marchandises à un endroit déterminé, est responsable du fait des commissionnaires ou voituriers intermédiaires. — 5 fruct. an 8, Bordeaux. [S.1.2.682; C.N.1.-D.A.2.780.] — 8 mars 1812, Paris. [S.13.2.17; C.N.4.-D.A.2.781.]

3. Mais le voiturier qui s'est chargé de transporter des marchandises d'une ville à une autre, et de remettre dans cette dernière ville les marchandises à un second voiturier, pour les transporter au lieu de leur destination, n'est pas responsable de la perte des marchandises arrivée entre les mains du second voiturier. — 3 mai 1851, Paris. [S.V.53.2.186.-D.P.53.2.17.]

4. Tous les auteurs enseignent aussi que la responsabilité, établie par l'art. 99, Cod. comm., contre le commissionnaire de transports pour les faits du commissionnaire intermédiaire, cesse, lorsque ce dernier commissionnaire, au lieu d'être choisi par le commissionnaire primitif, a été choisi et désigné par l'expéditeur lui-même. — Pardessus, n° 578; Delamarre et Lepoitvin, t. 2, p. 65; Devilleneuve et Massé, *Diction. du content. commerc.*, v° *Commissionnaire de transports*, n° 9.

5. Cependant, le commissionnaire de transports est garant du commissionnaire intermédiaire auquel il a adressé les marchandises, alors même qu'il lui a été désigné par l'expéditeur, lorsqu'il résulte de la lettre de voiture que le premier commissionnaire s'était chargé de surveiller et de suivre les marchandises jusqu'à leur destination. — 29 déc. 1845, Rej. [S.V.46.1.230.-D.P.46.1.51.-P.46.1.540.]

6. Le commissionnaire ou le voiturier chargés d'un transport de marchandises peuvent, si la faculté ne leur en a point été interdite par une convention expresse, charger, en route, un autre commissionnaire de rendre les marchandises à leur destination ; mais toutefois sous la garantie des faits du commissionnaire intermédiaire qu'ils emploient. — 1er août 1820, Rej. [S.21.1.301; C.N.6.-D.A.2.781.]

7. Les commissionnaires de roulage ne sont affranchis de toute responsabilité envers le propriétaire, qu'autant qu'ils peuvent lui faire connaître positivement le roulier auquel ils ont confié ses marchandises, et le mettre en état de recourir directement contre ce roulier. — 30 therm. an 11, Poitiers. [S.3.2.495; C.N.1.]

8. L'expéditeur a le droit d'actionner le commissionnaire intermédiaire comme le voiturier, à son choix et directement. — 7 juill. 1814, Rej. [S.15.1.12; C.N.4.] — *Id.* 20 juin 1849, Grenoble. [S.V.50.2.399.] — *Sic*, Locré, sur l'art. 99; Pardessus, t. 2, n° 545, *in fine*; Vazeille, *du Louage appliqué aux voituriers*, n° 27.

9. Jugé encore que l'expéditeur de marchandises

100. La marchandise sortie du magasin du vendeur ou de l'expéditeur voyage, s'il n'y a convention contraire, aux risques et périls de celui à qui elle appartient, sauf son recours contre le commissionnaire et le voiturier chargés du transport.

101. La lettre de voiture forme un contrat entre l'expéditeur et le voiturier, ou entre l'expéditeur, le commissionnaire et le voiturier.

102. La lettre de voiture doit être datée.

Elle doit exprimer

La nature et le poids ou la contenance des objets à transporter,

Le délai dans lequel le transport doit être effectué.

Elle indique

Le nom et le domicile du commissionnaire par l'entremise duquel le transport s'opère, s'il y en a un,

Le nom de celui à qui la marchandise est adressée,

Le nom et le domicile du voiturier.

Elle énonce

Le prix de la voiture,

L'indemnité due pour cause de retard.

Elle est signée par l'expéditeur ou le commissionnaire.

Elle présente en marge les marques et numéros des objets à transporter.

La lettre de voiture est copiée par le commissionnaire sur un registre coté et paraphé, sans intervalle et de suite. [C. c., 1785; C. comm., 8.]

SECTION III

Du Voiturier.

103. Le voiturier est garant de la perte des objets à transporter, hors les cas de la force majeure.

Il est garant des avaries autres que celles qui proviennent du vice propre de la chose ou de la force majeure. [C. c., 1784; C. comm., 98, 326.]

104. Si, par l'effet de la force majeure, le transport n'est pas effectué dans le délai convenu, il n'y a pas lieu à indemnité contre le voiturier pour cause de retard. [C. comm., 97.]

105. La réception des objets transportés et le paiement du prix de la voiture éteignent toute action contre le voiturier.

[illegible]

[103] [illegible]

[104] — V. les notes 8 et s. de l'art. 97.

[105] [illegible]

106. En cas de refus ou contestation pour la réception des objets transportés, leur état est vérifié et constaté par des experts nommés par le président du tribunal de commerce, ou, à son défaut, par le juge de paix, et par ordonnance au pied d'une requête.

Le dépôt ou séquestre, et ensuite le transport dans un dépôt public, peut en être ordonné.

La vente peut en être ordonnée en faveur du voiturier, jusqu'à concurrence du prix de la voiture. [C. c., 1961, 2102 6°; C. comm., 93.]

107. Les dispositions contenues dans le présent titre sont communes aux maîtres de bateaux, entrepreneurs de diligences et voitures publiques. [C. c., 1785.]

108. Toutes actions contre le commissionnaire et le voiturier, à raison de la perte ou de l'avarie des marchandises, sont prescrites, après six mois, pour les expéditions faites dans l'intérieur de la France, et après un an, pour celles faites à l'étranger; le tout à compter, pour les cas de perte, du jour où le transport des marchandises aurait dû être effectué, et pour les cas d'avarie, du jour où la remise des marchandises aura été faite; sans préjudice des cas de fraude ou d'infidélité. [C. comm., 97.]

---

15. L'art. 105 n'est pas applicable entre l'acheteur et le vendeur, en ce qui concerne les actions que le premier peut avoir à exercer contre le second à raison des vices de la marchandise. — 13 août 1846, Caen. [S.V.47.2.390.]—Id. 4 nov. 1845, Rej. [S.V.46.1.125.-D.P.45.1.427.]—V. aussi 15 avr. 1846, Rej. [S.V.46.1.694.-D.P.46.1.251.-P.46.2.222.] et ci-après, art. 106, n°s 1er et 4.

16. V. art. 91, n° 28.

[106] — 1. L'article 106 n'est pas applicable à l'acheteur qui demande la résolution de la vente pour défectuosité des marchandises, ou sur le motif qu'elles ne sont pas conformes à l'échantillon; il peut prouver les avaries ou l'état des marchandises par tous les moyens admissibles, sans être assujetti à suivre les formes rigoureuses prescrites par cet art. — 21 juill. 1821, Rej. [S.22.1.311; C.N.6.] — Id. 4 nov. 1845, Rej. [S.V.46.1.125.-D.P.45.1.427.] — Id. 15 juill. 1825, Aix. [S.27.2.57; C.N.8.-D.P.26.2.48.] — Id. 20 déc. 1826, Lyon. [S.27.2.112; C.N.8.-D.P.27.2.55.] — Id. 1er mars 1834, Paris. [S.V.34.2.305.-D.P.34.2.161.] — Id. 19 août 1846, Caen. [S.V.47.2.390.] — Sic, Pardessus, n° 282; Delamarre et Lepoitvin, t. 4, n° 193. — V. aussi art. 105, n° 15, et art. 108, n°s 7 et 8.

2. Jugé dans le même sens, que lorsqu'il est d'usage sur une place que la réception, même sans réserve ni protestation, de certaines marchandises vendues sur échantillons, ne prive pas l'acheteur de la faculté de faire vérifier si les marchandises sont conformes aux échantillons, on ne peut opposer à l'acheteur la réception par lui faite des marchandises, comme le rendant non recevable à réclamer plus tard leur vérification. — 22 nov. 1852, Rej. [S.V.53.1.619.-D.P.53.1.60.]

3. De même, le destinataire d'une marchandise peut, en cas de perte ou de soustraction de partie des marchandises, exercer un recours contre le commissionnaire expéditeur, bien qu'il n'ait pas fait procéder à une expertise dans les formes prescrites par l'art. 106, Cod. comm., alors que le défaut de délivrance des objets manquants peut être régulièrement prouvé de toute autre manière, notamment par le procès-verbal d'un commissaire de police. — 21 août 1838, Lyon. [D.P.50.2.137.]

4. Toutefois, l'acheteur de marchandises qui les a reçues sans protestation, n'est plus recevable à demander la nullité de la vente pour défaut de qualité, s'il a laissé écouler entre la réception de la marchandise et sa réclamation un délai tel que toute vérification légale soit devenue impossible. Peu importe que, pour le décider ainsi, les juges se soient fondés sur ce que l'acheteur n'aurait rempli aucune des formalités prescrites par l'art. 106, Cod. comm., qui n'est relatif qu'aux droits respectifs du voiturier et du destinataire. — 15 avr. 1846, Rej. [S.V.46.1.694.-D.P.46.1.251.-P.46.2.222.]

5. Jugé encore qu'à défaut d'une acceptation expresse de la marchandise de la part de l'acheteur, qui rende celui-ci non recevable à demander la résolution de la vente pour défaut de qualité, l'acceptation tacite peut s'induire des circonstances de la cause et est entièrement abandonnée à l'appréciation des juges. — 25 janv. 1847, Douai. [S.V.47.2.389.]

6. Mais cette acceptation tacite ne résulte pas du simple fait de la réception des marchandises, joint à l'écoulement d'un temps plus ou moins long à partir de cette réception, sans réclamation de la part de l'acheteur, alors surtout qu'une partie de ce temps a été employée à la vérification de la marchandise. — Même arrêt.

7. Le commissionnaire de transports qui ne trouve pas le destinataire des objets qu'il est chargé de transporter doit, s'il veut mettre sa responsabilité à couvert, consigner ces objets dans un dépôt public, en la forme déterminée par l'art. 106, Cod. comm., pour le cas où il y a contestation sur la réception des objets transportés. — 25 avr. 1837, Cass. [S.V.37.1.401.-D.P.37.1.315.-P.37.2.120.]

8. *Id.* En cas de refus du destinataire, le commissionnaire ne peut mettre sa responsabilité à couvert qu'en consignant les marchandises, dans la forme déterminée par l'art. 106, Cod. comm. Il est responsable des objets à lui confiés si, sur le refus que fait de les recevoir le destinataire indiqué, il les remet à une autre personne sur la présentation d'une facture qui lui en attribuerait la propriété. — 15 avr. 1846, Cass. [S.V.46.1.313.-D.P.46.1.140.-P.46.2.22.]

9. L'art. 106, Cod. comm., n'impose pas une forme de vérification ou constatation tellement absolue, que cette vérification ou constatation ne puisse avoir lieu, du moins provisoirement, en une autre forme équivalente; par exemple, en faisant d'abord dresser par le maire du lieu un procès-verbal de l'état des objets transportés, et en faisant plus tard procéder à leur vérification et constatation par des experts nommés conformément à la loi. — 18 avr. 1831, Rej. [S.V.31.1.283.-D.P.31.1.195.]

10. *Id...* Ainsi encore, la vérification ou constatation peut avoir lieu, du moins provisoirement, par procès-verbal du juge de paix, sauf au tribunal saisi de l'action en responsabilité formée contre le voiturier, à ordonner lui-même une expertise. — 2 août 1842, Rej. [S.V.42.1.723.-D.P.42.1.327.-P.42.2.391.]

11. Dans tous les cas, aucun délai n'étant prescrit pour la vérification et constatation, il suffit que le procès-verbal de vérification ou constatation ait été dressé avant la demande formée par le destinataire contre le voiturier ou commissionnaire. — 18 avr. 1831, Rej. [S.V.31.1.283.-D.P.31.1.195.]

12. Jugé que des certificats ou attestations délivrés par des tiers appelés à la réception des marchandises, ne peuvent suppléer le *procès-verbal d'experts* exigé par l'art. 106. — 10 janv. 1826, Bordeaux. [S.V.26.2.207; C.N.8.-D.P.26.2.156.]

13. Un seul expert peut être nommé pour vérifier l'état des marchandises que le destinataire refuse de recevoir du voiturier. — 24 déc. 1833, Colmar. [S.V.34.2.619.-D.P.34.2.22.]

14. En cas d'absence du président du tribunal de commerce, la nomination d'experts à l'effet de vérifier l'état de marchandises peut être faite par le juge le plus ancien du tribunal, plutôt que par le juge de paix. — 24 déc. 1833, Colmar. [S.V.34.2.619.-D.P.34.2.22.]

15. Le serment des experts nommés pour procéder à la vérification des marchandises, ne peut, à peine de nullité du procès-verbal des experts, être prêté devant le greffier du tribunal; il doit l'être devant le juge commis à cet effet, ou devant le juge de paix du canton où les experts doivent procéder. — 27 août 1829, Lyon. [S.29.2.190; C.N.9.-D.P.29.2.15.] — *Sic*, Carou, *Juridict. des juges de paix*, n° 1109.

16. Le commissionnaire qui a fait des avances de fonds aux consignataires des marchandises déposées chez lui, peut, sur un jugement rendu sur requête, être autorisé à vendre ces marchandises pour se rembourser sur le prix. — 13 mars 1815, Paris. [S.16.2.57; C.N.5.-D.A.2.748.] — *Id.* 29 nov. 1816, Colmar. [S.17.2.414; C.N.5.-D.A.2.749.]

17. L'art. 106, Cod. comm., n'est pas attributif de juridiction, quant au jugement des contestations qui s'élèvent entre le voiturier et le destinataire. Ces contestations doivent être portées devant le tribunal compétent, d'après les règles établies par l'art. 420, Cod. proc., et non devant le tribunal du lieu où sont les marchandises. — 25 janv. 1850, Caen. [S.50.2.575; C.N.9.-D.P.50.1.18.] — V. les notes 80 et s. de l'art. 420, Cod. proc.

[107] . . . .

[108] — 1. La prescription de six mois établie par l'art. 108, Cod. comm., en faveur des commissionnaires de transports et des voituriers, n'est applicable qu'aux matières commerciales; elle ne peut être opposée à un particulier non commerçant qui réclame des effets par lui donnés à transporter. — 4 juill. 1816, Rej. [S.17.1.309; C.N.5.-D.A.2.801.] — *Sic*, Zachariæ, t. 3, p. 44; Troplong, *Louage*, t. 3, n° 998.

2. Jugé en sens contraire, et avec raison selon nous. — 23 juill. 1820, Rennes. [C.N.6.2.294.] — *Sic*, Pardessus, n° 554; Vazeille, *Prescript.*, t. 2, n° 742, qui cite Locré; Duvergier, *Louage*, t. 2, n° 332; Frémery et Crassous, p. 267; Foucher, *Comm. de la loi du 28 mai 1838*, n°s 97 et s.; Devilleneuve et Carette, *Collect. nouv.* 6.2.294; Vanhuffel, p. 131. V. aussi Favard, v° *Prescript.*, sect. 4, n° 3.

3. La prescription de six mois n'est pas applicable à *l'acheteur* qui réclame du vendeur une indemnité pour vices existant dans les marchandises; l'art. 108 concerne uniquement le commissionnaire et le voiturier. — 25 avril 1828, Bordeaux. [S.28.2.238; C.N.9.-D.P.28.2.155.]

4. Même solution au cas d'action intentée par l'acheteur contre l'expéditeur ou commissionnaire, pour l'obliger à reprendre les marchandises, comme n'étant pas conformes à la demande qui en avait été faite. — 15 juill. 1825, Aix. [S.27.2.57; C.N.8.-D.P.26.2.48.]

5. Les commissionnaires de roulage ou voituriers peuvent invoquer la prescription établie par l'art. 108, sans être tenus de constater la perte des marchandises; il suffit qu'il n'y ait ni fraude ni infidélité de leur part. — 8 mars 1819, Cass. [S.19.1.333; C.N.6.-D.A.2.802.] — *Sic*, Vanhuffel, p. 135.

6. Toutefois, cette prescription ne peut être invoquée par eux qu'autant qu'ils justifient de l'expédition ou mise en route des marchandises; dans le cas contraire, l'action dont ils sont passibles n'est soumise qu'à la prescription ordinaire. — 21 juin 1839, Rej. [S.V.39.1.489.-D.P.39.1.270.-P.39.1.105.] — *Sic*, Locré, t. 1er, p. 136; Vanhuffel, n° 22.

7. La prescription de six mois dont il s'agit, s'applique au cas de défaut de remise ou de fausse destination des marchandises. — 10 juill. 1832, Colmar. [S.V.33.2.20.-D.P.33.2.60.]

8. *Id...* Au cas où les marchandises seraient non perdues définitivement, mais seulement égarées par suite d'une fausse route ou d'une erreur de destination. — 18 juin 1838, Cass. [S.V.38.1.635.-D.P.38.1.351.-P.38.2.197.]

9. *Id...* Au cas où les marchandises auraient été mal à propos remises à une personne connue, qui les aurait non perdues ou avariées, mais dissipées [Arg.]. — 18 juin 1827, Rej. [S.27.1.460; C.N.8.-D.P.27.1.276.]

10. *Id...* Au cas où le commissionnaire ou voiturier a confié les marchandises à un tiers qui n'en a pas fait la remise au destinataire. — 3 août 1829, Paris. [S.29.2.254; C.N.9.-D.P.29.2.295.] — *Sic*, Vanhuffel, p. 134.

11. *Id...* Au cas où le propriétaire des marchandises aurait eu l'intention de ne faire qu'un dépôt chez le commissionnaire, si, dans le fait, le commissionnaire a reçu les marchandises d'une personne qui lui en donnait charge de les expédier pour un lieu où les marchandises ont été dissipées. — 18 juin 1827, Rej. [S.27.1.460; C.N.8.-D.P.27.1.276.]

12. *Id...* Au cas où la perte ou le déficit des marchandises provient d'un vol commis par des agents intermédiaires employés par le voiturier. Les mots, *sans préjudice des cas de fraude ou d'infidélité* qui terminent l'art. 108, ne doivent s'entendre que de la fraude ou de l'infidélité *personnelle* au voiturier. — 22 mai 1826, Cass. [S.26.1.443; C.N.8.-D.P.26.1.288.]

13. Au contraire, la prescription en question ne s'applique pas au défaut d'envoi des marchandises. — 25 juin 1821, Metz. [C.N.6.2.458.]

TITRE VII.

Des Achats et Ventes.

109. Les achats et ventes se constatent,
Par actes publics,
Par actes sous signature privée,
Par le bordereau ou arrêté d'un agent de change ou courtier, dûment signé par les parties;
Par une facture acceptée,
Par la correspondance,
Par les livres des parties,
Par la preuve testimoniale, dans le cas où le tribunal croira devoir l'admettre. [C. c., 1317, 1322, 1341; C. comm., 8, 49.]

TITRE VIII.

De la Lettre de change, du Billet à ordre et de la Prescription.

SECTION PREMIÈRE.

De la Lettre de change.

§ 1er. — *De la forme de la Lettre de change.*

110. La lettre de change est tirée d'un lieu sur un autre,

[illegible]

Elle est datée.
Elle énonce
La somme à payer,
Le nom de celui qui doit payer,
L'époque et le lieu où le paiement doit s'effectuer;
La valeur fournie en espèces, en marchandises, en compte, ou de toute autre manière.
Elle est à l'ordre d'un tiers, ou à l'ordre du tireur lui-même.
Si elle est par 1re, 2e, 3e, 4e, etc., elle l'exprime. [Ord. 1673, tit. 5, art. 1er, 28, 29 et 30. —C. comm., 137, 147, 189, 636.]

[illegible]

111. Une lettre de change peut être tirée sur un individu, et payable au domicile d'un tiers.

Elle peut être tirée par ordre et pour le compte d'un tiers.

112. Sont réputées simples promesses toutes lettres de change contenant supposition soit de nom, soit de qualité, soit de domicile, soit des lieux d'où elles *sont* tirées ou dans lesquels elles *sont* payables. [C. comm., 636.]

113. La signature des femmes et des filles non négociantes ou marchandes publiques sur lettres de change ne vaut, à leur égard, que comme simple promesse.

[illegible]

114. Les lettres de change souscrites par des mineurs non négociants sont nulles à leur égard, sauf les droits respectifs des parties, conformément à l'article 1312 du Code civil. [C. comm., 2, 3, 6.]

§ 2. — *De la Provision.*

115. La provision doit être faite par le tireur, ou par celui pour le compte de qui la lettre de change sera tirée, sans que le tireur pour compte d'autrui cesse d'être personnellement obligé envers les endosseurs et le porteur seulement (1).

116. Il y a provision, si, à l'échéance de la lettre de change, celui sur qui elle est fournie est redevable au tireur, ou à celui pour compte de qui elle est tirée, d'une somme au moins égale au montant de la lettre de change.

[illegible]

[114] . . . .

[115] — 1. [illegible]

[116] — 1. [illegible]

---

(1) Ancien article 115 (modifié par la loi du 19 mars 1817) : « La provision doit être faite par le tireur ou par celui pour le compte de qui la lettre de change sera tirée, sans que le tireur cesse d'être personnellement obligé. »

117. L'acceptation suppose la provision.

Elle en établit la preuve à l'égard des endosseurs.

Soit qu'il y ait ou non acceptation, le tireur seul est tenu de prouver, en cas de dénégation, que ceux sur qui la lettre était tirée avaient provision à l'échéance : sinon il est tenu de la garantir, quoique le protêt ait été fait après les délais fixés.

§ 3. — *De l'Acceptation.*

118. Le tireur et les endosseurs d'une lettre de change sont garants solidaires de l'acceptation et du paiement à l'échéance. [C. comm., 140.]

[illegible]

119. Le refus d'acceptation est constaté par un acte que l'on nomme *protêt faute d'acceptation*. [Ord. 1673, tit. 5, art. 4.—C. comm., 120, 163, 173.]

120. Sur la notification du protêt faute d'acceptation, les endosseurs et le tireur sont respectivement tenus de donner caution pour assurer le paiement de la lettre de change à son échéance, ou d'en effectuer le remboursement avec les frais de protêt et de rechange.

La caution, soit du tireur, soit de l'endosseur, n'est solidaire qu'avec celui qu'elle a cautionné. [C. pr., 517.]

121. Celui qui accepte une lettre de change contracte l'obligation d'en payer le montant.

L'accepteur n'est pas restituable contre son acceptation, quand même le tireur aurait failli à son insu avant qu'il eût accepté. [Ord. 1673, tit. 5, art. 11.—C. comm., 119.]

122. L'acceptation d'une lettre de change doit être signée.

L'acceptation est exprimée par le mot *accepté*.

Elle est datée, si la lettre est à un ou plusieurs jours ou mois de vue;

Et, dans ce dernier cas, le défaut de date de l'acceptation rend la lettre exigible au terme y exprimé, à compter de sa date. [Ord. 1673, tit. 5, art. 2.]

123. L'acceptation d'une lettre de change payable dans un autre lieu que celui de la résidence de l'accepteur, indique le domicile où le paiement doit être effectué ou les diligences faites.

124. L'acceptation ne peut être conditionnelle; mais elle peut être restreinte quant à la somme acceptée.

Dans ce cas, le porteur est tenu de faire protester la lettre de change pour le surplus. [Ord. 1673, tit. 5, art. 2.—C. comm., 156.]

125. Une lettre de change doit être acceptée à sa présentation, ou, au plus tard, dans les vingt-quatre heures de la présentation.

Après les vingt-quatre heures, si elle n'est pas rendue acceptée ou non acceptée, celui qui l'a retenue est passible de dommages-intérêts envers le porteur.

§ 4.—*De l'Acceptation par intervention.*

126. Lors du protêt faute d'acceptation, la lettre de change peut être acceptée par un tiers intervenant pour le tireur ou pour l'un des endosseurs.

L'intervention est mentionnée dans l'acte du protêt; elle est signée par l'intervenant. [C. comm., 119, 158, 173.]

127. L'intervenant est tenu de notifier sans délai son intervention à celui pour qui il est intervenu.

128. Le porteur de la lettre de change conserve tous ses droits contre le tireur et les endosseurs, à raison du défaut d'acceptation par celui sur qui la lettre était tirée, nonobstant toutes acceptations par intervention.

§ 5. — *De l'Échéance.*

129. Une lettre de change peut être tirée
à vue,
à un ou plusieurs jours
à un ou plusieurs mois } de vue,
à une ou plusieurs usances
à un ou plusieurs jours
à un ou plusieurs mois } de date,
à une ou plusieurs usances,
à jour fixe ou à jour déterminé,
en foire.

130. La lettre de change à vue est payable à sa présentation. [C. comm., 161.]

131. L'échéance d'une lettre de change
à un ou plusieurs jours
à un ou plusieurs mois } de vue,
à une ou plusieurs usances
est fixée par la date de l'acceptation, ou par celle du protêt faute d'acceptation.

132. L'usance est de trente jours, qui courent du lendemain de la date de la lettre de change.

Les mois sont tels qu'ils sont fixés par le calendrier grégorien. [Ord. 1673, tit. 5, art. 5.]

133. Une lettre de change payable en foire est échue la veille du jour fixé pour la clôture de la foire, ou le jour de la foire si elle ne dure qu'un jour. [C. comm., 161, 162.]

134. Si l'échéance d'une lettre de change est à un jour férié légal, elle est payable la veille. [C. pr., 63, 1037; C. comm., 162.]

135. Tous les délais de grâce, de faveur, d'usage ou d'habitude locale pour le paiement des lettres de change, sont abrogés. [C. comm., 157.]

§ 6. — *De l'Endossement.*

136. La propriété d'une lettre de change se transmet par la voie de l'endossement. [Ord. 1673, tit. 5, art. 24.—C. civ., 1690; C. comm., 181, 313.]

---

rétracter sa promesse à l'égard de celui-ci, si la provision, dont l'envoi lui avait été annoncé, ne lui a pas été expédiée en totalité.—9 août 1848, Lyon. (S.V.49.2.184.)

17. *Id.* L'autorisation donnée par un individu, dans une lettre missive, de tirer sur lui une lettre de change, n'équivaut pas, surtout vis-à-vis des tiers, à une acceptation de la lettre de change, acceptation pour laquelle la loi exige une forme déterminée : cette autorisation ne lie donc pas le tiré à l'encontre du porteur de la lettre de change.—18 juill. 1849, Paris. (S.V.49.2.537.)

18. *Id.* On ne saurait considérer comme acceptation la lettre par laquelle celui qui l'écrit autorise d'avance à tirer sur lui : cette autorisation ne lie l'auteur de la lettre que vis-à-vis du tireur ou de ses créanciers; elle ne le lie pas vis-à-vis du porteur de la lettre de change ou des endosseurs.—5 mars 1849, Caen. (S.V.49.2.403.)—*Id.* 16 mars 1849, Nancy. (S.V. *ibid.*)

19. Il avait été décidé précédemment, dans le sens de la première partie de la solution qui précède, que la promesse par lettre missive, de faire honneur à des traites ou lettres de change, si elle n'équivaut pas à une acceptation commerciale, peut du moins avoir l'effet d'obliger l'auteur de la promesse envers le tireur des lettres de change.—10 mars 1823, Rej. (S.26.1.28; C.n.8.—D.P.25.1.206.)

20. Le serment ne peut être déféré sur le fait d'acceptation d'une lettre de change.—14 mai 1810, Turin. (S.11.2.50; C.n.3.—D.A.6.615.)—*Sic*, Massé, t. 6, n° 232.—*Contrà*, Pardessus, n° 365.

21. L'accepteur n'a point à énoncer la somme à payer.—Pardessus, n° 367; Persil, p. 161.

22. Lorsqu'une lettre de change à *tant de jours de vue* a été acceptée sans mention de date, le porteur n'est pas déchu pour cela : il peut prouver quel est le jour de l'acceptation.—Nouguier, t. 1er, p. 233.

[123]—L'accepteur d'une lettre de change est valablement traduit, à fin de condamnation en paiement, devant le tribunal du lieu où il s'est obligé de payer la lettre de change, encore que ce tribunal ne soit pas celui de son domicile.—4 fév. 1808, Rej. (S.8.1.153; C.n.2.)—*Id.* 26 nov. 1808, Paris. (S.n.2.21; C.n.2.—D.A.6.818.)—V. en ce sens, les arrêts indiqués au n° 55 de l'art. 111, Cod. civ.

[124]—1. Si le tiré accepte *pour payer à lui-même*, cette restriction ne donne action au porteur que dans le cas où le tiré a cessé d'être créancier du tireur au moment de l'échéance, et n'a point, par suite, de compensation à opposer.—Nouguier, p. 236.—Suivant Persil, p. 163, cette forme d'acceptation équivaut à un refus de paiement.

2. V. art. 116, n° 52; — art. 121, n° 2.

[125]—1. Dans le délai de vingt-quatre heures, on doit avoir égard aux fractions de jour.—Pardessus, *Contrat de change*, n° 250.

2. Et le porteur qui remet pour l'acceptation a le droit d'exiger un reçu, et d'y faire mentionner l'heure de la remise.—Nouguier, t. 1er, n. 244.

3. La preuve du dépôt peut être faite par témoins.—Pardessus, n. 141.

4. Le porteur doit faire retirer la lettre de change : le tiré n'est pas tenu de la lui rapporter.—Horson, n° 70; Persil, art. 125, n° 5.

5. L'acceptation écrite sur l'effet par le tiré peut valablement être biffée par lui tant que l'effet demeure entre ses mains.—26 mars 1811, Liége. (C.n.3.2.460.)—*Id.* 9 août 1848, Lyon. (S.V.49.2.164.)—*Sic*, Pothier, n° 44; Pardessus, n° 377; Vincens, t. 2, p. 257; Nouguier, t. 1er, p. 258; Persil, sur l'art. 125, n° 4; Goujet et Merger, v° *Lettre de change*, n°s 252 et s.

6. Jugé que celui sur lequel a été tirée une lettre de change, dont la *première* lui a été envoyée pour la revêtir de son acceptation, ne peut, après avoir écrit au tireur qu'il acceptait et qu'il tenait la traite à la disposition du porteur de la *seconde*, biffer son acceptation, et refuser, à l'échéance, de payer le tiers porteur, sous prétexte qu'il n'a pas reçu provision. En un tel cas, le tiré doit être considéré comme le dépositaire de la lettre de change envers le tiers porteur, et doit en conséquence la conserver intacte.—20 avril 1857, Rej. (S.V.57.1.512.—D.P.57.1.513.—P.57.1.508.)

7. A plus forte raison, le tiré qui, après avoir apposé son acceptation sur le premier double d'une lettre de change, en a donné avis au tireur, ne peut plus rétracter cette acceptation, alors surtout qu'il s'est dessaisi de la traite, en la remettant à un tiers chargé de la tenir à la disposition du porteur de la seconde.—10 nov. 1847, Paris. (S.V.48.2.520.)

[126 à 128]. . . . .

[129 à 132]—1. L'échéance d'une lettre de change se règle d'après le calendrier en usage dans le pays où la lettre de change doit être payée.—15 brum. an 11, Rej. (S.3.1.150; C.n.1.—D.A.6.696.)—C'est l'opinion professée par tous les auteurs : V. Jousse, sur l'art. 5, tit. 5 de l'ordonn. de 1673; Bornier, sur le même article; Du Puys, *Lettre de change*, ch. 12, n° 11, et ch. 14, n° 16; Boutaric de Lacombe, art. *Protêt*, n° 3; Savary, *Parfait négociant*, part. 1re, liv. 3, ch. 5; Pothier, n° 155; Merlin, *Quest.*, v° *Protêt*, § 2; Pardessus, *Contrat de change*, n°s 323 et s.

2. Les échéances par mois se comptent de quantième à quantième, et non par révolution mensuelle.—3 mars 1819, Orléans. (S.19.2.168; C.n.6.—D.A.6.628.)—*Id.* 15 août 1847, Rej. (S.17.1.382; C.n.5.—D.A.6.627.)—*Id.* 21 juill. 1818, Cass. (S.19.1.237; C.n.5.—D.A.6.628.)—*Id.* 16 fév. 1818, Cass. (S.18.1.187; C.n.5.—D.A.6.628.)—*Sic*, Pardessus, n° 183; Vincens, t. 2, p. 172; Favard de Langlade, t. 3, p. 360; Horson, quest. 80 et 81; Locré, sur l'art. 132; Nouguier, t. 1er, p. 88; Persil, p. 162; Massé, t. 4, n° 117.—Suivant Fremery, ch. 25, p. 149, cette opinion est vraie quand la date n'est pas la fin d'un mois; mais, dans ce dernier cas, c'est à la fin du mois où tombe l'échéance que la lettre doit être payée.

[133 et 134]. . . . .

[135]—1. L'art. 135, qui abroge tous délais de grâce ou de faveur en matière de lettres de change et de billets à ordre, a été applicable même aux effets de commerce souscrits avant sa promulgation.—11 juin 1810, Bordeaux. (S.11.2.84; C.n.3.—D.A.6.706.)

2. Les juges ne peuvent, sous prétexte que l'endosseur d'une lettre de change est un officier dont le traitement n'est saisissable que par cinquièmes, et de mois en mois, ordonner, en le condamnant au paiement de la lettre de change, que ce paiement aura lieu par voie de retenue du cinquième de ses appointements, opérée tous les mois par le porteur de la lettre.—8 juillet 1851, Cass. (S.V.51.1.32.)

[136] Indication alphabétique.

[illegible]

§ 1. *Effets susceptibles d'être transmis par voie d'endossement.*

1. Un billet à ordre, souscrit par un non-commerçant, et pour cause étrangère au commerce, n'en a pas moins le caractère d'effet négociable et transmissible par voie d'endossement.—13 nov. 1821, Cass. (S.22.1.55; C.n.6.—D.A.6.632.)—*Id.* 28 nov. 1821, Rej. (S.22.1.170; C.n.6.—D.A.6.633.)

1 *bis.* De même, une lettre de change ou un billet à ordre qui n'énoncerait pas la valeur fournie, n'en sont pas moins susceptibles, s'ils ont d'ailleurs une cause réelle, d'être transmis par voie d'endossement.—3 juin 1825, Toulouse. (S.25.2.368; C.n.8.—D.P.25.2.190.)

1 *ter.* *Id.* … Et cet endossement produit effet non-seulement de l'endosseur au porteur, mais encore à l'égard du souscripteur, en ce sens que celui-ci ne peut opposer au porteur les exceptions qu'il aurait pu opposer à l'endosseur.—11 avril 1849, Rej. (S.V.49.1.505.)

2. Jugé encore que l'endossement d'un billet à ordre réduit au caractère et à l'effet de simple promesse, opère transmission de la propriété du billet, au profit du porteur, du moins à titre de cessionnaire.—18 janv. 1825, Cass. (S.25.1.161; C.n.8.—D.P.25.1.49.)—*Id.*

§ 2. — *Effets de l'endossement.*

157. L'endossement est daté.
Il exprime la valeur fournie.
Il énonce le nom de celui à l'ordre de qui il est passé. [Ord. 1673, tit. 5, art. 23. — C. comm., 110.]

158. Si l'endossement n'est pas conforme aux dispositions de l'article précédent, il n'opère pas le transport; il n'est qu'une procuration. [Ord. 1673, tit. 5, art. 23. — C. comm., 574.]

[illegible]

[157 et 158] Indication alphabétique

[illegible]

§ 1er. — *Formes de l'endossement.*

[illegible]

§ 2. — *De l'endossement en blanc ou irrégulier, et ses effets.*

[illegible]

139. Il est défendu d'antidater les ordres, à peine de faux. [Ord., 1673, tit. 5, art. 26.—C. pén., 147.]

§ 7.—*De la Solidarité.*

140. Tous ceux qui ont signé, accepté ou endossé une lettre de change, sont tenus à la garantie solidaire envers le porteur. [Ord., 1673, tit. 5, art. 33.—C. comm., 118.]

la preuve de la valeur fournie peut être opposée à tous les signataires, tireurs ou endosseurs. — 25 nov. 1807, Rej. [S.V.8.1.23; C.n.2.-D.a.6.655.] — *Id.* 3 nov. 1826, Rej. [S.27.1.19; C.n.8.-D.p.27.1.42.] — *Id.* 8 fév. 1827, Paris. [S.27.2.242; C.n.8.] — *Id.* 23 août 1827, Nîmes. [S.28.2.37; C.n.8.-D.p.28.2.33.] — *Id.* 8 juin 1831, Paris. [S.V.32.2.28.] — *Id.* 18 juill. 1839, Toulouse. [S.V.39.2.447.-D.p.39.2.100.-P.39.1.432.] — *Id.* 9 mars 1840, Amiens. [S.V.42.2.121.-D.p.42.2.147.-P.42.1.224.] — *Sic*, Fremery, chap. 20; Massé, t. 4, n° 131. — V. Horson, quest. 24 et suiv.

62. 2° Décisions en sens contraire, c'est-à-dire que la preuve de la valeur fournie est inadmissible, de la part du porteur, à l'égard de tous les signataires de la lettre de change, tireurs ou endosseurs. — 18 nov. 1812, Cass. [S.13.1.218; C.n.4.-D.a.6.179.] — *Id.* 13 juin 1831, Cass. [S.V.31.1.411.-D.p.31.1.210.] — *Id.* 29 juin 1815, Amiens. [S.15.2.74; C.n.5.] — *Id.* 26 fév. 1827, Caen. [S.V.28.2.138.-D.p.28.2.158.]

63. 3° La jurisprudence qui semble prévaloir aujourd'hui est celle qui reconnaît au porteur le droit de prouver, contre son endosseur immédiat seulement, que la valeur a été fournie ; tandis que l'endossement ne vaut toujours que comme procuration à l'égard du tireur. — 23 janv. 1832, Rej. [S.V.32.1.182.-D.p.32.1.303.] — *Id.* 31 juill. 1833, Rej. [S.V.33.1.756.-D.p.33.1.308.] — *Id.* 30 déc. 1840, Cass. [S.V.41.1.28.-D.p.41.1.61.-P.41.1.53.] — *Id.* 3 juill. 1843, Rej. [S.V.44.1.42.-D.p.43.1.465.-P.43.2.778.] — *Id.* 25 juin 1845, Cass. [S.V.45.1.829.] — *Id.* 20 août 1845, Cass. [S.V.46.1.144.-D.p.45.1.418.] — *Id.* 6 août 1844, Bordeaux. [S.V.45.2.41.-P.45.2.784.] — V. dans ce sens, Nouguier, t. 1er, p. 394 ; Persil, p. 214 ; Pardessus, n° 354.

64. Décidé même que la preuve de la fourniture des valeurs peut être faite par le porteur à l'encontre des créanciers de l'endosseur tombé en faillite. — 18 févr. 1838, Angers. [S.V.38.2.261.-D.p.38.2.176.-P.39.2.434.] — Décidé en sens contraire. — 15 déc. 1841, Caen. [S.V.42.1.125.-P.42.1.344.]

65. Dans tous les cas, la preuve est admissible..., alors que cette preuve ne tend qu'à faire figurer le porteur au passif de la faillite de l'endosseur pour le montant de la valeur qu'il a fournie, et non à le faire considérer comme propriétaire des effets qu'il a reçus en échange de cette valeur. — 16 juin 1846, Rej. [S.V.46.1.785.-D.p.46.1.278.-P.46.2.742.]

66. L'endossement en blanc peut valoir autrement que comme procuration. Il peut valoir comme titre propre et personnel au porteur, s'il est constant que l'effet endossé en blanc lui fut remis au porteur avec l'intention de le saisir d'un titre ; par exemple, pour lui servir de garantie des valeurs qu'il aurait fournies au souscripteur de l'effet. — 11 juill. 1820, Rej. [S.21.1.150; C.n.6.-D.a.6.655.]

67. Lorsque les juges du fond ont décidé que l'endossement en blanc d'un effet de commerce n'en a pas conféré la *propriété* au porteur, celui-ci ne peut se faire un moyen de cassation de ce qu'il n'a pas été examiné si, comme il le prétendait, la preuve du transport de propriété ne sort pas d'autres titres, tels que les comptes, les registres, etc. — 8 janv. 1812, Rej. [S.12.1.50; C.n.4.-D.a.6.746.]

68. La décision des juges d'appel, que le porteur d'une lettre de change en est réellement *propriétaire*, est une décision de fait plus que de droit. En conséquence, cette décision ne peut être cassée, encore qu'il apparaisse que la lettre n'est dans les mains du porteur que par suite d'un endossement en blanc. — 24 fév. 1808, Rej. [S.8.2.213; C.n.2.-D.a.6.432.]

69. Le tiers à qui une lettre de change est passée en vertu d'un endossement en blanc est passible de l'action en revendication, s'il est constant qu'il n'en a pas fourni la valeur. — 25 nov. 1807, Rej. [S.8.1.23; C.n.2.-D.a.6.655.]

70. Il ne s'opère pas de compensation entre le débiteur et le porteur d'un billet à ordre, si ce porteur n'a pour titre qu'un endossement *irrégulier*, non translatif de propriété. — 10 sept. 1812, Rej. [S.13.1.234; C.n.4.-D.a.6.661.] — *Id.* 15 déc. 1819, Liège. [S.11.2.332; C.n.3.-D.a.6.631.]

71. Le porteur d'un effet de commerce dont le titre n'est qu'un endossement *en blanc*, est réputé simple *mandataire*, non-seulement en ce sens que les créanciers de l'endosseur peuvent saisir l'effet, mais encore en ce sens que le *souscripteur* peut opposer l'exception *non numeratæ pecuniæ*. — 9 juin 1812, Rej. [S.13.1.32; C.n.4.-D.a.6.632.] — *Sic*, Nouguier, t. 1er, p. 306 ; Pardessus, n° 354 ; Locré, p. 139 ; Vincens, p. 283.

72. Le tireur peut aussi opposer au porteur la compensation qui s'est opérée entre lui et l'endosseur. — 28 avril 1826, Rej. [S.V.26.1.393; C.n.8.-D.p.26.1.248.]

73. V. art. 261. Douai, 5 janv. 1844.

[139] — 1. Il y a crime de faux de la part de celui qui, dans l'intention de porter préjudice à autrui, remplit et antidate, sur une lettre de change, des endossements en blanc, alors même qu'il ne doit pas en profiter personnellement. — 6 avril 1809, Cass. [S.9.1.429 ; C.n.3.-D.a.6.557.]

2. *Id.* De celui qui, ayant eu dépôt une lettre de change protestée faute de paiement, et que les parties intéressées étaient convenues de regarder comme nulle, en supprime le *pour acquit*, et met en place un endossement, au moyen duquel il la fait revivre. — 8 juin 1807, Cass. [S.8.1.455 ; C.n.2.-D.a.6.573.]

3. *Contrà.* Si cette antidatation ne peut nuire à personne. — 11 fév. 1808, Cass. [S.7.2.954; C.n.2.-D.a.6.576.]

4. V., du reste, les notes des art. 145 et s., Cod. pén.

[140] — 1. Celui qui s'est porté caution d'un engagement pris par un autre de souscrire des effets de commerce pour une certaine somme, et qui, en cette qualité, a promis de les endosser, est tenu solidairement au paiement de la créance, encore bien que, de fait, il n'ait endossé aucun billet. — 7 juin 1837, Rej. [S.V.38.1.78.-D.p.37.1.444.-P.37.2.291.]

2. L'associé qui a accepté une lettre de change tirée sur lui par son coassocié, et échue après la dissolution de la société, n'est pas obligé envers le coassocié d'en acquitter le montant, avant qu'il soit établi par une liquidation quel est celui des associés qui deviendra *créancier* de l'autre. — 11 brum. an 9, Rej. [S.1.2.613; C.n.1.-D.a.12.102.]

3. Une femme mariée non marchande publique, n'engage pas ses biens personnels, en acceptant, en vertu d'une procuration de son mari, des traites tirées sur elle par celui-ci. — 10 avril 1810, Paris. [C.n.3.-D.a.10.137.]

4. Il en est de même lorsque cette femme a l'habitude de faire *les affaires de son mari*. — Pothier, n° 28; Merlin, *Rép.*, v° *Lettre de change*, § 2, n° 8.

5. Lorsqu'un billet à ordre a été *souscrit* conjointement par un négociant et par sa femme, la femme est obligée solidairement avec son mari, bien que la femme ne soit pas marchande publique, et que le billet soit causé valeur reçue comptant. — 8 fév. 1820, Paris. [S.20.2.203; C.n.6.-D.a.6.661.]

6. *Id.* Du commis ou facteur. — Pardessus, *Contrat de change*, n° 142.

7. Lorsqu'une femme a signé une lettre de change immédiatement au-dessous d'une marque apposée par son mari, pour tenir lieu de sa signature, elle ne peut prétendre qu'elle n'a signé ce billet que comme *témoin de la marque*, et que, par suite, elle n'est pas obligée personnellement ; alors surtout que, sur la même lettre, la signature de deux témoins appelés pour attester l'apposition de la marque du mari se trouve sans une indication ainsi conçue : *Présents à la signature*. — 13 nov. 1830, Bruxelles. [S.V.31.2.65; C.n.9.-D.p.33.2.206.]

8. Quand une lettre de change est réputée simple promesse, il faut, pour savoir s'il y a ou non solidarité, distinguer entre le cas où elle contient supposition de nom, de qualité, de lieu et celui où elle est signée par une femme non marchande publique ; ce n'est que dans ce dernier cas qu'il y aura solidarité. — Massé, t. 5, nos 83 et s.

9. Celui qui a souscrit un billet conjointement avec un autre, ne peut être dispensé de le payer, sous prétexte qu'il n'a point reçu l'argent du préteur, et que le cosigné a pris l'entière somme prêtée. — Peu importe que le prêteur même convienne de ce fait. — 23 germ. an 10, Cass. [S.7.2.1095; C.n.1.-D.a.10.817.]

10. Les billets donnés par un endosseur au porteur d'un billet à ordre ou lettre de change, en paiement ou en renouvellement de cet effet, qui reste entre les mains du porteur, n'opèrent pas extinction par novation du titre primitif à l'égard des autres endosseurs, contre lesquels le porteur conserve son recours. — 2 mai 1848, Douai. [S.V.48.2.518.]

11. Celui qui, en recevant une lettre de change, souscrit, au profit du tireur qui la lui remet, un billet à ordre de la même valeur, est tenu au paiement du billet, alors même que la lettre de change ne serait pas payée par suite de la faillite du tireur. — En un tel cas, le paiement du billet (exigible par tout tiers porteur) peut encore être exigé par la masse des créanciers de la faillite. — Vainement le souscripteur du billet prétendrait-il n'avoir voulu contracter qu'un échange de valeurs, et demanderait-il la résolution du contrat pour défaut de paiement de la lettre de change. — Vainement aussi opposerait-il la compensation des deux dettes. Il doit subir, pour le recouvrement de sa propre créance sur le failli, le sort commun des créanciers de la faillite. — 27 fév. 1829, Rej. [S.29.1.132; C.n.9.-D.p.29.1.158.]

12. L'endosseur est obligé au paiement de l'effet, tant qu'il n'est pas prescrit, quelque temps qui se soit d'ailleurs écoulé entre l'échéance du billet et la demande formée contre lui, et cela, encore bien que, dans l'intervalle, le souscripteur fût devenu insolvable. — 21 juill. 1850, Cass. [S.V.50.1.786.]

13. Les juges ne peuvent refuser au porteur par endossement d'un billet à ordre, le droit de recours contre l'endosseur, sous prétexte que, d'après les conventions particulières des parties, ce recours ne devait pas avoir lieu, alors qu'ils ne signalent aucune présomption de dol ou de fraude reconnues par eux graves, précises et concordantes à l'appui de la réalité de ces conventions. — 19 janv. 1841, Cass. [S.V.41.1.165.-D.p.41.1.82.-P.41.1.316.]

14. La remise que le porteur d'une lettre de change consent au profit du tireur, ne profite point à l'endosseur, si le porteur a soin d'en faire la réserve expresse. — L'endosseur n'est pas fondé à soutenir qu'il n'est que caution solidaire, qu'il n'est tenu de payer que subsidiairement, par conséquent son obligation a cessé quand le tireur a cessé de devoir. — 13 fév. 1817, Rej. [S.18.1.1; C.n.5.-D.a.6.652.]

15. Tant qu'un effet de commerce n'est pas venu à échéance, et qu'il n'y a pas eu refus par le souscripteur d'en acquitter le montant, les différents endosseurs par les mains desquels il a passé, quoique tenus à la garantie solidaire envers le porteur, ne sauraient être considérés comme *débiteurs* de cet effet, lequel, jusque-là, n'est réellement dû que par le souscripteur lui-même. — 7 mars 1845, Bourges. [S.V.46.2.270.]

16. La clause de transmissibilité sans garantie, apposée par le souscripteur sur le corps d'un billet à ordre, a pour effet de décharger tous les endosseurs subséquents de toute garantie vis-à-vis du porteur, de la même manière que si la clause de non-garantie eût été écrite dans chaque endossement. — 11 déc. 1849, Cass. [S.V.50.1.131.-D.p.50.1.17.] — V. Pardessus, n° 348; Massé, t. 5, n° 91.

17. Le banquier commissionnaire qui endosse une traite pour le compte de son commettant et d'après le mandat de ce dernier, n'est tenu d'aucune garantie de la traite envers le mandant. — 12 frim. an 10, Rej. [S.2.2.451; C.n.1.-D.a.2.733.] — *Sic*, Merlin, *Rép.*, v° *Endosseur*, n° 2, et *Quest.*, eod. verb., § 4 ; Pardessus, n° 581 ; Devilleneuve et Massé, v° *Comm.*, n° 148.

18. L'endossement d'un commissionnaire au profit du commettant emporte garantie, comme tout autre endossement, s'il n'y a convention expresse de non-

§ 8.—De l'Aval.

141. Le paiement d'une lettre de change, indépendamment de l'acceptation et de l'endossement, peut être garanti par un aval. [Ord. 1673, tit. 5, art. 33. – C. comm., 118.]

142. Cette garantie est fournie, par un tiers, sur la lettre même ou par acte séparé.

Le donneur d'aval est tenu solidairement et par les mêmes voies que les tireur et endosseurs, sauf les conventions différentes des parties. [Ord. 1673, tit. 5, art. 33.]

[illegible]

[141 et 142.] Indication alphabétique.

[illegible]

§ 9. — *Du Paiement.*

145. Une lettre de change doit être payée dans la monnaie qu'elle indique.

144. Celui qui paie une lettre de change avant son échéance est responsable de la validité du paiement. [C. comm., 161.]

145. Celui qui paie une lettre de change à son échéance et sans opposition est présumé valablement libéré. [C. comm., 161.]

146. Le porteur d'une lettre de change ne peut être contraint d'en recevoir le paiement avant l'échéance. [C. c., 1187.]

147. Le paiement d'une lettre de change fait sur une seconde, troisième, quatrième, etc. est valable, lorsque la seconde, troisième, quatrième, etc. porte que ce paiement annule l'effet des autres. [C. comm., 110.]

148. Celui qui paie une lettre de change sur une seconde, troisième, quatrième, etc., sans retirer celle sur laquelle se trouve son acceptation, n'opère point sa libération à l'égard du tiers porteur de son acceptation. [C. comm., 121.]

149. Il n'est admis d'opposition au paiement qu'en cas de perte de la lettre de change, ou de la faillite du porteur.

150. En cas de perte d'une lettre de change non acceptée, celui à qui elle appartient peut en poursuivre le paiement sur une seconde, troisième, quatrième, etc. [Ord. 1673, tit. 5, art. 18. — C. comm., 175.]

151. Si la lettre de change perdue est revêtue de l'acceptation, le paiement ne peut en être exigé sur une seconde, troisième, quatrième, etc., que par ordonnance du juge, et en donnant caution.

[illegible]

comme le serait le donneur d'aval ordinaire. — 20 vent. an 12, Paris. [S.6.2.970 ; C.N.2. — D.A.6.666.]

[145] — 1. Le porteur d'une lettre de change a droit d'être payé en numéraire. — Les billets de la banque, établis pour la commodité du commerce, ne sont que de simple confiance. [illegible]

2. La monnaie de cuivre et de billon de fabrication française ne peut, si ce n'est de gré à gré, être employée dans les paiements que pour l'appoint de la pièce de cinq francs. — Décret du 18 août 1810. [illegible]

3. Mais les pièces de un franc et deux francs peuvent être données en paiement sans limitation. [illegible]

[illegible]

[144] . . . .

[145] — 1. [illegible]

[146 à 148] . . . .

[149] — 1. [illegible]

[150 à 151] — 1. [illegible]

152. Si celui qui a perdu la lettre de change, qu'elle soit acceptée ou non, ne peut représenter la seconde, troisième, quatrième, etc., il peut demander le paiement de la lettre de change perdue, et l'obtenir par l'ordonnance du juge, en justifiant de sa propriété par ses livres, et en donnant caution. [Ord. 1673, tit. 5, art. 19.]

153. En cas de refus de paiement, sur la demande formée en vertu des deux articles précédents, le propriétaire de la lettre de change perdue conserve tous ses droits par un acte de protestation.

Cet acte doit être fait le lendemain de l'échéance de la lettre de change perdue.

Il doit être notifié aux tireur et endosseurs, dans les formes et délais prescrits ci-après pour la notification du protêt [C. comm., 161 et s.].

154. Le propriétaire de la lettre de change égarée doit, pour s'en procurer la seconde, s'adresser à son endosseur immédiat, qui est tenu de lui prêter son nom et ses soins pour agir envers son propre endosseur ; et ainsi en remontant d'endosseur en endosseur jusqu'au tireur de la lettre. Le propriétaire de la lettre de change égarée supportera les frais.

155. L'engagement de la caution, mentionné dans les articles 151 et 152, est éteint après trois ans, si, pendant ce temps, il n'y a eu ni demandes ni poursuites juridiques. [Ord. 1673, tit. 5, art. 20. — C. comm. 189.]

156. Les paiements faits à compte sur le montant d'une lettre de change sont à la décharge des tireur et endosseurs.

Le porteur est tenu de faire protester la lettre de change pour le surplus. [C. comm., 124, 173.]

157. Les juges ne peuvent accorder aucun délai pour le paiement d'une lettre de change. [C. c., 1244 ; C. comm., 135.]

§ 10. — *Du paiement par intervention.*

158. Une lettre de change protestée peut être payée par tout intervenant pour le tireur ou pour l'un des endosseurs.

L'intervention et le paiement seront constatés dans l'acte de protêt ou à la suite de l'acte. [Ord. 1673, tit. 5, art. 3. — C. c., 1236 ; C. comm., 126.]

159. Celui qui paie une lettre de change par intervention est subrogé aux droits du porteur, et tenu des mêmes devoirs pour les formalités à remplir.

Si le paiement par intervention est fait pour le compte du tireur, tous les endosseurs sont libérés.

S'il est fait pour un endosseur, les endosseurs subséquents sont libérés.

S'il y a concurrence pour le paiement d'une lettre de change par intervention, celui qui opère le plus de libérations est préféré.

Si celui sur qui la lettre était originairement tirée, et sur qui a été fait le protêt faute d'acceptation, se présente pour la payer, il sera préféré à tous autres. [Ord., 1673, tit. 5, art. 3. — C. c., 1251.]

[illegible]

[156]. . . . .

[157] [illegible]

[158 et 159] — 1. Le porteur ne peut refuser l'offre de paiement faite par un intervenant. — Pardessus, n° 407.

[illegible]

§ II. — *Des droits et devoirs du porteur.*

160. Le porteur d'une lettre de change tirée du continent et des îles de l'Europe, et payable dans les possessions européennes de la France, soit à vue, soit à un ou plusieurs jours, mois ou usances de vue, doit en exiger le paiement ou l'acceptation dans les six mois de sa date, sous peine de perdre son recours sur les endosseurs, et même sur le tireur, si celui-ci a fait provision.

Le délai est de huit mois pour les lettres de change tirées des Échelles du Levant et des côtes septentrionales de l'Afrique sur les possessions européennes de la France; et réciproquement, du continent et des îles de l'Europe sur les établissements français aux Échelles du Levant et aux côtes septentrionales de l'Afrique.

Le délai est d'un an pour les lettres de change tirées des côtes occidentales de l'Afrique, jusques et y compris le cap de Bonne-Espérance.

Il est aussi d'un an pour les lettres de change tirées du continent et des îles des Indes occidentales sur les possessions européennes de la France; et réciproquement, du continent et des îles de l'Europe sur les possessions françaises ou établissements français aux côtes occidentales de l'Afrique, au continent et aux îles des Indes occidentales.

Le délai est de deux ans pour les lettres de change tirées du continent et des îles des Indes orientales sur les possessions européennes de la France; et réciproquement, du continent et des îles de l'Europe sur les possessions françaises ou établissements français au continent et aux îles des Indes orientales.

La même déchéance aura lieu contre le porteur d'une lettre de change à vue, à un ou plusieurs jours, mois ou usances de vue, tirée de la France, des possessions ou établissements français, et payable dans les pays étrangers, qui n'en exigera pas le paiement ou l'acceptation dans les délais ci-dessus prescrits pour chacune des distances respectives (1).

Les délais ci-dessus, de huit mois, d'un an ou de deux ans, sont doublés en cas de guerre maritime.

Les dispositions ci-dessus ne préjudicieront néanmoins pas aux stipulations contraires qui pourraient intervenir entre le preneur, le tireur, et même les endosseurs (2).

161. Le porteur d'une lettre de change doit en exiger le paiement le jour de son échéance. [Ord. 1673, tit. 5, art. 4 et 5. — C. comm. 130, 133, 134, 143.]

162. Le refus de paiement doit être constaté, le lendemain du jour de l'échéance, par un acte que l'on nomme *protêt faute de paiement.*

Si ce jour est un jour férié légal, le protêt est fait le jour suivant. [Ord. 1673, tit. 5, art. 4 et 5. — C. pr., 63, 1037; C. comm., 134, 184.]

[illegible]

[162] Indication alphabétique.

[illegible]

[160] [illegible]

[161] — 1. La loi du 6 therm. an 5, qui autorise le [illegible]

[illegible]

(1-2) Ces deux alinéas ont été [illegible] à l'article en vertu de l'art. 2 de la loi du 19 mars 1817.

163. Le porteur n'est dispensé du protêt faute de paiement, ni par le protêt faute d'acceptation, ni par la mort ou faillite de celui sur qui la lettre de change est tirée.

Dans le cas de faillite de l'accepteur avant l'échéance, le porteur peut faire protester, et exercer son recours. [C. comm. 119, 156, 444.

164. Le porteur d'une lettre de change protestée faute de paiement peut exercer son action en garantie,

Ou individuellement contre le tireur et chacun des endosseurs,

Ou collectivement contre les endosseurs et le tireur.

La même faculté existe pour chacun des endosseurs, à l'égard du tireur et des endosseurs qui le précèdent. [Ord. 1673, tit. 5, art. 11. — C. comm., 140.]

[illegible]

165. Si le porteur exerce le recours individuellement contre son cédant, il doit lui en faire notifier le protêt, et, à défaut de remboursement, le faire citer en jugement dans les quinze jours qui suivent la date du protêt, si celui-ci réside dans la distance de cinq myriamètres.

Ce délai, à l'égard du cédant domicilié à plus de cinq myriamètres de l'endroit où la lettre de change était payable, sera augmenté d'un jour par deux myriamètres et demi excédant les cinq myriamètres. (Ord. 1673, tit. 5, art. 13 et 14.)

166. Les lettres de change tirées de France, et payables hors du territoire continental de la France, en Europe, étant protestées, les tireurs et endosseurs résidant en France seront poursuivis dans les délais ci-après :

De deux mois pour celles qui étaient payables en Corse, dans l'île d'Elbe ou de Capraja, en Angleterre et dans les États limitrophes de la France ;

De quatre mois pour celles qui étaient payables dans les autres États de l'Europe ;

De six mois pour celles qui étaient payables aux Échelles du Levant et sur les côtes septentrionales de l'Afrique ;

D'un an pour celles qui étaient payables aux côtes occidentales de l'Afrique, jusques et compris le cap de Bonne-Espérance, et dans les Indes occidentales ;

De deux ans pour celles qui étaient payables dans les Indes orientales.

Ces délais seront observés dans les mêmes proportions pour le recours à exercer contre les tireurs et endosseurs résidant dans les possessions françaises situées hors d'Europe.

Les délais ci-dessus, de six mois, d'un an et de deux ans, seront doublés en temps de guerre maritime. [Ord. 1673, tit. 5, art. 13 et 14.]

167. Si le porteur exerce son recours collectivement contre les endosseurs et le tireur, il jouit, à l'égard de chacun d'eux, du délai déterminé par les articles précédents.

Chacun des endosseurs a le droit d'exercer le même recours, ou individuellement, ou collectivement, dans le même délai.

A leur égard, le délai court du lendemain de la date de la citation en justice.

168. Après l'expiration des délais ci-dessus,

Pour la présentation de la lettre de change à vue, ou à un ou plusieurs jours ou mois ou usances de vue,

Pour le protêt faute de paiement,

Pour l'exercice de l'action en garantie,

Le porteur de la lettre de change est déchu de tous droits contre les endosseurs. [Ord. 1673, tit. 5, art. 15.]

169. Les endosseurs sont également déchus de toute action en garantie contre leurs cédants, après les délais ci-dessus prescrits, chacun en ce qui le concerne. [Ord. 1673, tit. 5, art. 15.]

[illegible]

[166] — 1° L'art. 166 ne s'applique pas au cas de [illegible]

[167] [illegible]

[168-169] — 1. La déchéance dont il s'agit [illegible]

170. La même déchéance a lieu contre le porteur et les endosseurs, à l'égard du tireur lui-même, si ce dernier justifie qu'il y avait provision à l'échéance de la lettre de change.

Le porteur, en ce cas, ne conserve d'action que contre celui sur qui la lettre était tirée. [Ord. 1673, tit. 5, art. 16.]

171. Les effets de la déchéance prononcée par les trois articles précédents cessent en faveur du porteur, contre le tireur, ou contre celui des endosseurs qui, après l'expiration des délais fixés pour le protêt, la notification du protêt ou la citation en jugement, a reçu par compte, compensation ou autrement, les fonds destinés au paiement de la lettre de change. [Ord. 1673, tit. 5, art. 17.]

172. Indépendamment des formalités prescrites pour l'exercice de l'action en garantie, le porteur d'une lettre de change protestée faute de paiement peut, en obtenant la permission du juge, saisir conservatoirement les effets mobiliers des tireur, accepteurs et endosseurs. [Ord. 1673, tit. 5, art. 12. — C. pr., 417.]

§ 12. — *Des Protêts.*

173. Les protêts faute d'acceptation ou de paiement sont faits par deux notaires, ou par un notaire et deux témoins, ou par un huissier et deux témoins.

Le protêt doit être fait

Au domicile de celui sur qui la lettre de change était payable, ou à son dernier domicile connu,

Au domicile des personnes indiquées par la lettre de change pour la payer au besoin,

Au domicile du tiers qui a accepté par intervention;

Le tout par un seul et même acte.

En cas de fausse indication de domicile, le protêt est précédé d'un acte de perquisition. [Ord. 1673, tit. 5, art. 8. — C. comm., 119, 126, 156, 162, 187; Tar., 63.]

174. L'acte de protêt contient

La transcription littérale de la lettre de change, de l'acceptation, des endossements, et des recommandations qui y sont indiquées,

La sommation de payer le montant de la lettre de change.

Il énonce

La présence ou l'absence de celui qui doit payer,

Les motifs du refus de payer, et l'impuissance ou le refus de signer. [Ord. 1673, tit. 5, art. 9.]

---

[170] — 1. En cas de faillite du souscripteur d'un billet à ordre, le porteur n'est pas déchu de tout recours contre lui, faute d'avoir fait protester l'effet à son échéance. — 30 juill. 1840, Montpellier. [S.V.41.2.561.]

1 *bis*. De même, le porteur d'un billet à domicile, quoiqu'il n'ait point fait de protêt en temps utile, n'est pas déchu de son recours contre le souscripteur, alors même que celui-ci justifierait avoir fait provision au domicile indiqué. Il n'en est pas, à cet égard, du billet à domicile comme de la lettre de change. (V. art. 110, nos 2 et suiv.) — 21 fév. 1828, Paris. [S.28.2.114; C.N.9.-D.P.28.2.31.]

2. Le défaut de protêt n'empêche pas le recours du porteur contre le tireur, lorsqu'il est prouvé d'ailleurs qu'il n'y avait pas eu provision aux termes de la loi. — 22 août 1817, Rej. [S.18.1.131; C.N.5.-D.A.6.724.]

3. *Id.*... Et le porteur n'est déchu de ce recours qu'autant que le tireur prouve qu'il y avait provision *au moment même de l'échéance*. Il ne suffirait pas d'établir que cette provision existait *antérieurement*. — 15 juill. 1831, Bordeaux. [S.V.31.2.332.-D.P.32.2.5.]

4. La provision faite est censée ne pas exister, si le tiré est en faillite au moment de l'échéance. — 18 nov. 1813, Paris. [S.16.2.196; C.N.4.] — V. encore *sup.*, art. 116, n° 24.

5. *Id.*... Peu importe, d'ailleurs, que la faillite n'ait été déclarée que par un jugement ultérieur. — 30 juill. 1832, Cass. [S.V.32.1.637.-D.P.32.1.340.]

6. L'acceptation d'une lettre de change par le tiré, ne dispense pas le tireur, qui oppose au porteur la déchéance résultant d'un défaut de protêt, de prouver qu'il y avait provision à l'échéance. — 15 juill. 1831, Bordeaux. [S.V.31.2.332.-D.P.32.2.5.]

7. Lorsqu'une lettre de change est payable hors du domicile du tiré, et que le protêt en est fait tardivement, le tireur, pour éviter l'action en recours, doit prouver non-seulement qu'il y avait provision au pouvoir du tiré, mais encore que la provision existait dans le lieu où la lettre devait être acquittée. — 17 mai 1811, Paris. [S.12.2.13; C.N.4.] — *Id.* 11 déc. 1838, Aix. [S.V.39.2.377.-D.P.39.2.121.-P.39.1.363.] — *Sic*, Pardessus, n° 393; Nouguier, t. 1er, p. 206.

8. Jugé en sens contraire, qu'il suffit qu'il y ait provision au pouvoir du tiré. — 24 févr. 1812, Cass. [S.12.1.137; C.N.4.-D.A.6.590.] — *Id.* 31 mars 1813, Rouen. [S.13.2.237; C.N.4.] — *Sic*, Vincens, t. 2, p. 357.

9. Faute de protêt en temps utile, le porteur d'un billet à ordre payable au domicile d'un tiers est déchu de son recours contre le tireur, si celui-ci justifie qu'il y avait provision à l'échéance. — 31 juill. 1817, Rej. [S.18.1.289; C.N.5.-D.A.6.727.]

10. Les donneurs d'aval, ou cautions du tireur, sont assujettis, tout aussi bien que le tireur lui-même, à prouver qu'il y avait provision à l'échéance, pour pouvoir exciper de la tardiveté du protêt. — 15 juin 1810, Limoges. [S.12.281; C.N.3.-D.A.6.671.] — V. *sup.*, art. 142, n° 25.

11. Une rature apposée sur l'acceptation, quoiqu'elle empêche les poursuites contre l'accepteur (V. *suprà*, art. 125, nos 3 et s.), ne dispense pas du protêt, et dès lors, le porteur encourt la déchéance à l'égard du tireur, s'il y avait provision, et cela alors même qu'il obtiendrait du tiré une acceptation ultérieure. — 25 juin 1827, Lyon. [S.28.2.24; C.N.8.-D.P.28.2.29.]

12. Les dispositions du Code civil ne sont pas applicables aux matières de commerce, pour ce qui concerne les preuves de la provision. Sur ce point, la loi laisse aux juges la plus grande latitude; ils peuvent s'en rapporter à la déclaration ou affirmation de celui sur qui la lettre de change est tirée, et à plus forte raison à des écrits émanés de lui, encore que ces écrits n'aient pas une date certaine. — 3 déc. 1806, Rej. [S.7.1.15; C.N.2.-D.A.6.606.]

13. Le tireur n'est pas admis à *prouver par témoins* la provision contre le porteur négligent, surtout si le tiré a déclaré, lors du protêt, qu'il ne devait rien au porteur et n'avait pas de provision. — 19 févr. 1808, Bruxelles. [S.7.2.1150; C.N.2.-D.A.6.589.]

14. Le tireur doit garantie au porteur, quoique négligent, si, depuis le temps requis pour le protêt négligé, il a reçu du tiré tombé en faillite le paiement d'un dividende sur la créance formant provision, et la liberté du surplus. — 11 déc. 1838, Aix. [S.V.39.2.377.-D.P.39.2.121.-P.39.1.363.]

15. *Id.*... Si, dans ce cas, il a repris du tiré, tombé en faillite, une partie des marchandises qui formaient la provision. Vainement il prétendrait compenser les marchandises revendiquées ou reprises, avec d'autres sommes que le tiré lui aurait dues auparavant, aucune compensation ne pouvant se faire avec un failli. — 7 germ. an 11, Cass. [S.3.1.268; C.N.1.-D.A.6.592.]

16. V. art. 115, n° 9; — art. 117, nos 28 et 30; — art. 142, nos 25 et s.

[171] . . . .

[172] — 1. Le porteur d'un billet à ordre dont la cause n'est pas commerciale, ne peut agir par la voie de saisie conservatoire. — De Belleyme, *Ord. sur requêtes*, t. 1er, p. 49, note 2. Chauveau, *Journ. Av.*, t. 75, p. 115. — *Contrà*, Bioche et Goujet, *Dict. de proc.*, v° *Saisie conserv.*, n° 5.

2. La saisie dont parle notre article est une saisie-arrêt, non une saisie-exécution. — Locré, sur l'art. 172; Nouguier, t. 1er, p. 395.

3. Le juge dont parle cet article est le président du tribunal de commerce. — Locré, sur l'art. 172; Pardessus, t. 2, n° 412.

4. Un tribunal de commerce est incompétent pour ordonner la saisie définitive et la vente des effets mobiliers d'un débiteur pour lettres de change, sur lequel le président du même tribunal a déjà autorisé une saisie conservatoire. — 4 janv. 1810, Nîmes. [S.10.2.520; C.N.3.-D.A.3.375.]

[173 et 174] — 1. La forme du protêt, ainsi que le temps de le faire et de le dénoncer, se règlent par la loi du lieu où la lettre de change doit être payée, et non par la loi du lieu d'où elle a été tirée. — En conséquence, pour déterminer l'échéance et l'exigibilité d'une lettre de change tirée d'Amsterdam sur Paris, à deux mois de date, on a dû consulter l'annuaire républicain en usage à Paris, plutôt que l'annuaire grégorien en usage à Amsterdam. — 18 brum. an 14, Rej. [S.6.1.130; C.N.1.-D.A.6.626.]

2. Jugé encore que le protêt d'une lettre de change payable en pays étranger doit être fait dans la forme prescrite par la loi du lieu où la lettre de change est payable. — Ainsi, une lettre de change payable en Espagne est régulièrement protestée sur une copie de la lettre de change certifiée par le porteur, et sans qu'il soit nécessaire de représenter l'original. — 3 juill. 1843, Rej. [S.V.44.1.49.-D.P.43.1.453.-P.43.2.779.] — *Sic* (sur le principe), Merlin, *Répert.*, v° *Lettre de change*, § 2, n° 8, et v° *Protêt*, § 6; Vincens, t. 2, p. 182; Pardessus, n° 1485; Nouguier, t. 1er, p. 477. — V. Massé, *Droit comm.*, t. 2, n° 141.

3. En serait-il de même, quant au dernier point, d'une lettre de change protestée en France? Arg. aff. — Même arrêt.

4. Les actes de protêt seront désormais dressés sans assistance de témoins. — 23 mars 1848, Décr. [S.V.48.3.57.]

5. L'art. 68, C. proc., relatif aux formalités de la signification des exploits n'a point dérogé aux lois du commerce sur les formes à observer pour les protêts. — 3 et 25 janv. 1807. — Avis du Cons. d'État. [S.7.2.190.]

6. *Id.*... Ainsi, le protêt doit nécessairement être signifié *au domicile* du tiré; il est nul s'il est signifié à la *personne* du tiré trouvé hors de son domicile. — 18 juin 1834, Bordeaux. [S.V.34.2.457.-D.P.35.2.40.] — *Sic*, Favard, *Répert.*, v° *Lettres de change*, sect. 4, § 2, n° 1er; Pardessus, n° 421; Nouguier, t. 1er, p. 433.

7-8. Cependant le protêt, dans ce cas, n'en est pas moins valable, s'il n'est résulté d'une telle signification aucun préjudice pour les parties intéressées. — 20 janv. 1835, Rej. [S.V.35.1.9.-D.P.35.1.110.]

9. La *non-visibilité* du débiteur équivaut à son *absence*. Ainsi l'huissier à qui un domestique déclare que son maître n'est pas visible, est dispensé de se présenter de nouveau; il peut faire à l'instant le protêt en parlant au domestique, aux injonctions du droit, de même que si le débiteur était *absent*. — 25 nov. 1829, Cass. [S.30.1.118; C.N.9.-D.P.30.1.18.] — *Sic*, Pardessus, n° 419; Nouguier, t. 1er, p. 449.

10. Le protêt d'un billet à ordre, payable au domicile d'un tiers, doit, à peine de nullité, être fait à ce domicile. — 31 juill. 1817, Rej. [S.18.1.289; C.N.5.-D.A.6.727.] — *Sic*, Nouguier, t. 1, p. 454 et s. — *Contrà*, Horson, quest. 118 et s.

11. Toutefois, lorsqu'un billet à ordre est dit payable au domicile de telle personne, demeurant à tel lieu, l'indication de paiement porte sur la *personne* et non sur le lieu; si donc la personne change de domicile, le protêt est régulièrement fait en son nouveau domicile. — 19 juill. 1814, Cass. [S.15.1.9; C.N.4.-D.A.6.747.]

12. Un protêt est valablement fait au domicile indiqué dans l'effet, lors que le souscripteur en ait changé, et qu'il ait déclaré ce changement à la municipalité de son ancien domicile, s'il n'a pas fait une semblable déclaration à la municipalité du nouveau. — 1er juin 1842, Cass. [S.V.42.1.707.-D.P.42.1.283.-P.42.2.561.] — V. notes sur les art. 103-104, Cod. civ.

13. Lorsqu'une lettre de change est tirée sur un commerçant qui a son *comptoir* dans un lieu et sa *résidence* dans un autre, s'il y a eu acceptation, le protêt doit être fait au lieu indiqué pour le paiement.

175. Nul acte, de la part du porteur de la lettre de change, ne peut suppléer l'acte de protêt, hors le cas prévu par les articles 150 et suivants, touchant la perte de la lettre de change. [Ord. 1673, tit. 5, art. 10.]

176. Les notaires et les huissiers sont tenus, à peine de destitution, dépens, dommages-intérêts envers les parties, de laisser copie exacte des protêts, et de les inscrire en entier, jour par jour et par ordre de dates, dans un registre particulier, coté, paraphé, et tenu dans les formes prescrites pour les répertoires. [Ord. 1673, tit. 5, art. 9.]

§ 13. — *Du Rechange.*

177. Le rechange s'effectue par une retraite.

178. La retraite est une nouvelle lettre de change, au moyen de laquelle le porteur se rembourse sur le tireur, ou sur l'un des endosseurs, du principal de la lettre protestée, de ses frais, et du nouveau change qu'il paie.

179. Le rechange se règle, à l'égard du tireur, par le cours du change du lieu où la lettre de change était payable, sur le lieu d'où elle a été tirée.

Il se règle, à l'égard des endosseurs, par le cours du change du lieu où la lettre de change a été remise ou négociée par eux, sur le lieu où le remboursement s'effectue. [Ord. 1673, tit. 6, art. 3, 5 et 6.]

[illegible]

180. La retraite est accompagnée d'un compte de retour.

181. Le compte de retour comprend :

Le principal de la lettre de change protestée,

Les frais de protêt et autres frais légitimes, tels que commission de banque, courtage, timbre et ports de lettres.

Il énonce le nom de celui sur qui la retraite est faite, et le prix du change auquel elle est négociée.

Il est certifié par un *agent de change*.

Dans les lieux où il n'y a pas d'agent de change, il est certifié par deux commerçants.

Il est accompagné de la lettre de change protestée, du protêt, ou d'une expédition de l'acte de protêt.

Dans le cas où la retraite est faite sur l'un des endosseurs, elle est accompagnée, en outre, d'un certificat qui constate le cours du change du lieu où la lettre de change était payable, sur le lieu d'où elle a été tirée. [Ord. 1673, tit. 6, art. 1. — C. comm. 178.]

182. Il ne peut être fait plusieurs comptes de *retour* sur une même lettre de change.

Ce compte de retour est remboursé d'endosseur à endosseur respectivement, et définitivement par le tireur.

183. Les rechanges ne peuvent être cumulés. Chaque endosseur n'en supporte qu'un seul, ainsi que le tireur. [Ord. 1673, tit. 6, art. 5 et 6.]

184. L'intérêt du principal de la lettre de change protestée faute de paiement est dû à compter du jour du protêt. [Ord. 1673, tit. 6, art. 7. — C. c., 1153; C. comm., 162.]

185. L'intérêt des frais de protêt, rechange et autres frais légitimes, n'est dû qu'à compter du jour de la demande en justice. [Ord. 1673, tit. 6, art. 7. — C. c., 1153; C. comm. 164.]

186. Il n'est point dû de rechange, si le compte de retour n'est pas accompagné des certificats d'agents de change ou de commerçants, prescrits par l'article 181.

SECTION II.

Du Billet à ordre.

187. Toutes les dispositions relatives aux lettres de change, et concernant

l'échéance,

l'endossement,

la solidarité,

l'aval,

le paiement,

le paiement par intervention,

le protêt,

les devoirs et droits du porteur,

le rechange ou les intérêts,

sont applicables aux billets à ordre, sans préjudice des dispositions relatives aux cas prévus par les articles 636, 637 et 638.

188. Le billet à ordre est daté.

Il énonce

La somme à payer,

Le nom de celui à l'ordre de qui il est souscrit,

L'époque à laquelle le paiement doit s'effectuer,

La valeur qui a été fournie en espèces, en marchandises, en compte, ou de toute autre manière. [C. comm. 110.]

[illegible] — 24 mars 1848, Décr. [illegible]

[180] — 1. [illegible]

[181] — V. la note 1re de l'art. 180.

[182] . . . .

[183] — Lorsqu'une lettre de change est [illegible]

[184] — 1. [illegible]

[illegible]

[185] . . . .

[186] — V. la note 1re de l'art. 180.

[187] — 1. Un billet payable après le décès d'un tiers [illegible]

[188] — 1. Le défaut de date dans un billet à ordre [illegible]

[illegible]

SECTION III.

De la Prescription.

189. Toutes actions relatives aux lettres de change, et à ceux des billets à ordre souscrits par des négociants, marchands ou banquiers, ou pour faits de commerce, se prescrivent par cinq ans, à compter du jour du protêt, ou de la dernière poursuite juridique, s'il n'y a eu condamnation, ou si la dette n'a été reconnue par acte séparé.

Néanmoins, les prétendus débiteurs seront tenus, s'ils en sont requis, d'affirmer, sous serment, qu'ils ne sont plus redevables; et leurs veuves, héritiers ou ayants cause, qu'ils estiment de bonne foi qu'il n'est plus rien dû. (Ord. 1673, tit. 5, art. 21 et 22. — C. comm., 189, 153.)

[illegible]

[189] Indication alphabétique.

[illegible]

§ 1er. — Caractères de la prescription. — Actes sujets à la prescription. — Qui peut l'opposer.

[illegible]

mai 1830, Rej. (S.V.30.1.351.-D.P.30.1.199.-P. 30.2.337.)

17. Jugé cependant que des effets souscrits en la forme de lettres de change et causés pour valeur reçue en quittance du prix d'adjudication d'immeubles nationaux (suivant la circulaire de l'administration des domaines du 15 niv. an 13), n'ont pas le véritable caractère de lettres de change, et ne sont pas soumis à la prescription de cinq ans.—19 août 1811, Cass. (S.13.1.451; C.N.3.-D.A.10.602.)

18. Les actions relatives aux traites du caissier général du trésor public sur lui-même ne prescrivent par cinq ans; mais le délai de la prescription ne court qu'à compter de la transmission faite par le payeur du trésor à la partie prenante. (Décr. du 11 janv. 1808.)

19. La prescription de cinq ans est opposable par le tireur au tiré, alors même que celui-ci aurait acquitté la lettre de change entre les mains du porteur, sans que provision lui eût été fournie.—21 janv. 1830, Montpellier. (S.V.30.2.383.-D.P.30.2.140.-P.42.1.135.)

20. Elle n'est pas opposable par le souscripteur au tiers qui, non obligé au paiement de la lettre de change, a désintéressé le porteur. En un tel cas, le tiers doit être considéré comme un *negotiorum gestor*, et par suite son action en remboursement n'est soumise qu'à la prescription de trente ans.—10 juill. 1829, Toulouse. (S.30.2.77; C.N.9.-D.P.30.2.2.)

21. Les créanciers d'un individu qui a souscrit des effets de commerce ne peuvent opposer eux-mêmes au propriétaire de ces effets la prescription accomplie au profit de leur débiteur, lorsque celui-ci a renoncé à en invoquer le bénéfice.—5 mai 1841, Montpellier. (S.V.41.2.352.-P.41.2.115.)

22. Le défendeur à une demande en paiement d'une lettre de change, qui répond ne rien devoir, ne renonce pas par cela même à l'exception de prescription; l'arrêt qui induit de là une renonciation viole l'art. 2224, C. civ. — 10 nov. 1813, Cass. (S.15.1.265; C.N.5.-D.A.11.212.)

23. Dans le cas d'un billet à ordre souscrit solidairement par un commerçant et un non-commerçant, la prescription de cinq ans qui vient de s'accomplir au profit du débiteur commerçant constitue une exception personnelle à celui-ci, et qui, comme telle, ne peut être opposée que par lui ou ses héritiers; le coobligé non commerçant ne pourrait invoquer cette prescription, si elle n'était pas opposée par le coobligé commerçant lui-même ou ses héritiers.—14 fév. 1849, Bordeaux. (S.49.2.300.)

§ 2. — *A partir de quelle époque court la prescription.*

24. La prescription commence à courir du lendemain de l'échéance, alors même qu'il n'y a pas eu protêt.—13 avril 1818, Cass. (S.18.1.254; C.N.5.-D.A.6.737.) — *Id.* 1er juin 1842, Cass. (S.V.42.1.707.-D.P.42.1.285.-P.42.2.351.) — *Id.* 28 avril 1846, Cass. (S.V.46.1.427.-D.P.46.1.217.-P.46.1.633.) — *Id.* 4 nov. 1846, Cass. (S.V.46.1.854.-D.P.46.1.330.-P.46.2.565.) — *Id.* 18 juill. 1849, Trib. comm. de Paris. (*Gazette des tribunaux* du 29 juill. 1849.) — *Sic*, Pardessus, no 240; Vincens, t. 2, p. 564; Vazeille, t. 2, p. 237; Locré, sur l'art. 189; Persil, *cod.*, no 6; Nouguier, t. 1er, p. 358.

25. Jugé aussi que la prescription établie par l'art. 21 du titre 5 de l'ordonnance de 1673, commençait à compter de l'échéance. Il n'était pas nécessaire de protêt ni de poursuite juridique pour la faire courir. — 31 juill. 1816, Cass. (S.17.1.50; C.N.5.-D.A.6.737.)

26. En matière de lettre de change à vue, tirée de France sur France, la prescription de cinq ans commence à courir, dans le cas où il n'y a pas eu de protêt, à partir de l'expiration du délai de six mois fixé par l'art. 160, Cod. comm., pour la présentation des lettres de change à vue tirées du continent ou des îles de l'Europe et payables dans les possessions européennes de la France. — 1er juill. 1845, Cass. (S.V.45.1.561.-D.P.45.1.336.) — V. Locré, sur l'art. 160.

26 *bis.* Jugé que la prescription ne commence à courir contre une lettre de change, *payable à vue*, que du jour du protêt qui en constate la présentation. —5 juill. 1819, Nîmes. (S.19.2.254; C.N.6.-D.A.6.737.)

§ 3. — *Suspension ou interruption de la prescription.— Poursuites judiciaires. — Reconnaissance de la dette.*

27. La prescription de cinq ans établie par l'art. 189, Cod. comm., court contre les mineurs comme contre les majeurs. — 23 avril 1836, Paris. (S.V.36.2.258.-D.P.37.2.14.) — *Sic*, Pothier, *Contr. de ch.*, no 206; Jousse et Bornier, sur l'art. 22 de l'ord. de 1673; Merlin, *Répert.*, vo *Société*, § 3; Locré, sur l'art. 189, p. 281; Delvincourt, *Inst. comm.*, p. 135; Pardessus, nos 240 et 1090; Vazeille, *Prescript.*, no 258; Troplong, *Prescript.*, t. 2, no 1035; Frémery, *des Minorités*, t. 1er, no 501 *bis*; Nouguier, t. 1er, p. 535. —*Contrà*, Persil, sur l'art. 189, no 18.

27 *bis.* *Id.* contre les interdits. — Mêmes autorités qu'au no qui précède.

28. Elle court entre cohéritiers même en état d'indivision, à l'égard des lettres de change qu'ils peuvent avoir à faire valoir contre la succession. — 10 juill. 1829, Toulouse. (S.30.2.77; C.N.9.-D.P.30.2.2.)

29. Cette prescription n'est pas suspendue par la faillite du débiteur de l'effet.—8 avril 1813, Paris. (S.13.2.135; C.N.4.-D.A.11.209.) — *Id.* 23 fév. 1832, Rej. (S.V.32.1.537.-D.P.32.1.170.) — *Id.* 14 févr. 1833, Rej. (S.V.33.1.844.-D.P.33.1.285.) — *Id.* 23 fév. 1827, Toulouse. (S.27.2.161; C.N.8.-D.P.27.2.127.) —*Sic*, Vazeille, t. 2, no 633; Nouguier, t. 1er, p. 571; Persil, p. 505; Troplong, no 713.

30.... Si par le concordat qui a suivi... du moins, lorsqu'il s'agit de créanciers qui n'ont ni figuré dans cet acte, ni été admis au passif de la faillite. — 14 fév. 1833, Rej. (S.V.33.1.844.-D.P.33.1.285.) — V. art. 2251, Cod. civ., no 14.

31. Jugé en sens contraire. — 30 déc. 1809, Paris. (C.N.3.176.) — *Sic*, Pardessus, no 240.

32. Le souscripteur d'une lettre de change est non recevable à opposer la prescription de cinq ans, si avant l'expiration de ce délai il s'était fait remettre de confiance la lettre de change, sous prétexte de diriger lui-même des poursuites contre l'accepteur. — 21 mars 1828, Bordeaux. (S.28.2.259; C.N.9.-D.P.28.2.211.) — *Id.* 3 janv. 1832, Rej. (S.V.32.1.532.-D.P.32.1.71.) — V. Troplong, t. 2, no 725.

33. Jugé encore que cette prescription peut être écartée par la *preuve de non-paiement*, lorsqu'on prouve en même temps que le créancier a été mis dans l'impossibilité de réclamer son paiement, par le dol et la fraude du débiteur. — 14 janv. 1818, Rej. (S.19.1.141; C.N.5.-D.A.6.739.) — *Id.* 18 janv. 1821, Rej. (S.22.1.57; C.N.6.-D.A.6.741.) — V. *suprà*, nos 8 et s.

34. L'état de guerre peut suspendre la prescription dont il s'agit. — 9 avr. 1818, Rej. (S.19.1.189; C.N.6.-D.A.6.739.) — *Sic*, Vincens, t. 2, p. 216; Pardessus, no 426; Nouguier, t. 1er, p. 558; Persil, sur l'art. 189, no 21. — V. le no 15 de l'art. 2251, Cod. civ., et *sup.*, art. 162, no 30 et s.

35. Au surplus, aux juges du fond seuls appartient le droit de décider si tel ou tel événement de force majeure a pu suspendre la prescription: par exemple, si la difficulté des communications entre le domicile du porteur d'une lettre de change et celui du tiré a été telle qu'elle ait empêché de faire le protêt et suspendu la prescription. Leur décision à cet égard échappe à la censure de la Cour de cassation. — 8 août 1817, Rej. (S.18.1.386; C.N.5.-D.A.7.392.)

36. La prescription n'est pas interrompue par un protêt tardif. — 1er juin 1842, Cass. (S.V.42.1.707.-D.P.42.1.285.-P.42.2.351.) — *Id.* 28 avril 1846, Cass. (S.V.46.1.427.-D.P.46.1.217.-P.46.1.633.) — *Id.* 4 nov. 1846, Cass. (S.V.46.1.854.-D.P.46.1.330.-P.46.2.565.) — *Id.* 18 juill. 1849, Trib. de comm. de Paris. (*Gazette des trib.* du 29 juill. 1849.)

37. Les poursuites faites en son nom personnel par le porteur d'une lettre de change qui n'en était pas propriétaire, qui n'était que le prête-nom de l'endosseur, peuvent-elles être invoquées par cet endosseur comme interruptives de la prescription quinquennale? *Arg. neg.* — 29 juin 1846, Cass. (S.V.46.1.825.-P.46.2.101.)

38. L'assignation donnée au souscripteur d'effets de commerce interrompt la prescription contre la *caution solidaire*, en sorte qu'elle ne peut plus courir à son profit tant que la péremption de l'assignation n'a été ni demandée ni prononcée. — 15 déc. 1815, Paris. (S.16.2.98; C.N.5.-D.A.6.686.)

39. L'admission d'une lettre de change au passif de la faillite de l'un des endosseurs interrompt la prescription quinquennale des actions auxquelles elle pouvait donner lieu, non-seulement à l'égard du failli, mais même à l'égard de tous les autres débiteurs solidaires de l'effet. — 29 fév. 1848, Grenoble. (S.V.49.2.272.)

40. Une lettre de change est prescrite par cinq ans à partir du dernier acte de poursuites, lors même que cet acte se rapporte à une instance dont la péremption n'a pas été demandée avant la nouvelle poursuite. On ne serait pas fondé à voir dans l'instance, tant que la péremption n'en a pas été prononcée, un acte de poursuite permanent. — 27 nov. 1848, Rej. (S.V.49.1.283.)

41. La demande d'un délai pour payer une lettre de change est une reconnaissance de la dette, emportant interruption de la prescription de cinq ans. — 1er mars 1837, Rej. (S.V.37.1.999.-D.P.37.1.351.-P.37.2.587.)

42. Jugé encore qu'une simple reconnaissance de la dette, par exemple une lettre missive par laquelle le débiteur demande un délai, suffit pour interrompre la prescription; il n'est pas nécessaire que cette reconnaissance résulte d'un titre nouveau qui change l'obligation commerciale en obligation civile. — 29 avril 1839, Colmar. (S.V.39.2.492.-D.P.40.2.68.-P.39.2.581.) — *Id.* 17 déc. 1851, Trib. de comm. de Paris. (*Droit* du 1er janv. 1852.) — *Sic*, Pardessus, t. 1er, no 243; Merlin, *Quest.*, vo *Lettre de change*, § 5.

43. La reconnaissance par le débiteur d'une lettre de change, des à-compte par lui payés, et mentionnés par le porteur au dos de la lettre, peut être considérée comme équivalant à la *reconnaissance de la dette par acte séparé*, que l'art. 189, Cod. comm., déclare interruptive de la prescription de cinq ans. — 16 déc. 1829, Rej. (S.30.1.115; C.N.9.-D.P.30.1.65.)

44. La prescription de cinq ans cesse d'être opposable, lorsque la dette a été reconnue, lorsque par lettres missives ou autres actes privés, le tireur a renoncé à opposer la déchéance au porteur, pour défaut de protêt en temps utile. — A cet égard, l'appréciation des faits ou actes qui constituent une *reconnaissance de la dette* est entièrement dans le domaine des juges du fond, et ne peut donner ouverture à cassation. — 14 fév. 1826, Rej. (S.26.1.310; C.N.8.-D.P.26.1.132.) — *Sic*, Nouguier, t. 1er, p. 565; Persil, p. 497.

45. Elle n'a pas lieu si la dette est reconnue par un acte séparé; cet acte fût-il même antérieur à l'effet de commerce sujet à prescription. — 2 fév. 1819, Rej. (S.19.1.408; C.N.6.-D.A.6.746.) — *Contrà*, Nouguier, t. 1er, p. 564.

46. *Id.* si la dette est établie par un acte séparé, par exemple, par une ouverture de crédit, et si la lettre de change, loin de constituer la dette elle-même, n'est qu'un moyen de remboursement. — 8 mai 1850. (S.V.50.1.597.-D.P.50.1.158.)

47. *Id.* La reconnaissance de la dette par un acte séparé a pour effet de substituer la prescription trentenaire à la prescription quinquennale. — 29 avril 1839, Colmar. (S.V.39.2.492.-D.P.40.2.68.-P.39.2.581.)

48. Jugé encore que lorsque, de la part du débiteur d'une lettre de change, il y a eu reconnaissance de la dette, cette reconnaissance n'a pu avoir pour effet de substituer la prescription trentenaire à la prescription quinquennale, qui, dans l'espèce, frappait la créance. — 6 nov. 1832, Rej. (S.V.33.1.894.-D.P.33.1.12.)

49. Pour que l'*acte séparé*, dont parle l'art. 189, Cod. comm., puisse avoir cet effet, il faut que le débiteur ait entendu donner par cet acte un *titre nouveau* au créancier. — Si cette intention est déclarée par les juges du fond (ayant un pouvoir souverain d'appréciation à cet égard) n'avoir point existé, la prescription quinquennale reste seule applicable. — 28 jan. 1851, Rej. (S.V.52.1.26.-D.P.51.1.367.) — *Sic*, Merlin, *Répert.*, vo *Prescript.*, sect. 2, § 4, no 10; Locré, sur l'art. 189; Pardessus, no 240.

50. Jugé aussi que la prescription de trente ans n'est substituée à la prescription de cinq ans établie par l'art. 189, Cod. comm., qu'autant que la reconnaissance de la dette par le débiteur ou l'un des débiteurs solidaires résulte d'un titre nouveau qui change l'obligation commerciale en une obligation civile; il ne suffit pas d'une simple reconnaissance de la dette. — 14

LIVRE II.

DU COMMERCE MARITIME.

(Tit. Ier.—VIII.—IX.—X.—XI.—XIV. Lois décrétées le 15 septembre 1807, promulguées le 25.)

TITRE Ier.

Des Navires et autres bâtiments de mer (1).

190. Les navires et autres bâtiments de mer sont meubles.

Néanmoins ils sont affectés aux dettes du vendeur, et spécialement à celles que la loi déclare privilégiées. [Ord. 1681, liv. 2, tit. 10, art. 1er et 2.—C. c., 531, 2120; C. comm., 197.]

191. Sont privilégiées, et dans l'ordre où elles sont rangées, les dettes ci-après désignées :

1° Les frais de justice et autres, faits pour parvenir à la vente et à la distribution du prix ;

2° Les droits de pilotage, tonnage, cale, amarrage et bassin ou avant-bassin ;

3° Les gages du gardien, et frais de garde du bâtiment, depuis son entrée dans le port jusqu'à la vente ;

4° Le loyer des magasins où se trouvent déposés les agrès et les apparaux ;

5° Les frais d'entretien du bâtiment et de ses agrès et apparaux, depuis son dernier voyage et son entrée dans le port ;

6° Les gages et loyers du capitaine et autres gens de l'équipage employés au dernier voyage ;

7° Les sommes prêtées au capitaine pour les besoins du bâtiment pendant le dernier voyage, et le remboursement du prix des marchandises par lui vendues pour le même objet ;

8° Les sommes dues aux vendeurs, aux fournisseurs et ouvriers employés à la construction, si le navire n'a point encore fait de voyage ; et les sommes dues aux créanciers pour fournitures, travaux, main-d'œuvre, pour radoub, victuailles, armement et équipement, avant le départ du navire, s'il a déjà navigué ;

9° Les sommes prêtées à la grosse sur le corps, quille, agrès, apparaux, pour radoub, victuailles, armement, équipement, avant le départ du navire ;

10° Le montant des primes d'assurances faites sur le corps, quille, agrès, apparaux, et sur armement et équipement du navire, dues pour le dernier voyage ;

11° Les dommages-intérêts dus aux affréteurs, pour le défaut de délivrance des marchandises qu'ils ont chargées, ou pour remboursement des avaries souffertes par lesdites marchandises par la faute du capitaine ou de l'équipage.

Les créanciers compris dans chacun des numéros du présent article viendront en concurrence, et au marc le franc, en cas d'insuffisance du prix. [Ord. 1681, liv. 1er, tit. 14, art. 16, 17.—C. c., 2102; C. comm., 250, 271, 311, 315, 320.]

---

mars 1858, Rej. [S.V.38.1.748.—D.P.38.1.130.—P.38.1.562.]

51. Ainsi, lorsqu'un acte portant prolongation de l'échéance d'une lettre de change, sur la demande du débiteur, et moyennant sa promesse de payer à l'expiration du nouveau délai, est reconnu ne former qu'un titre additionnel à la lettre de change, et ne faire, bien que souscrit séparément, qu'un *seul et même acte* avec la lettre de change, cet acte ne doit pas être considéré comme une *reconnaissance* de la dette par acte séparé, dans le sens de l'art. 189, Cod. comm. ; en conséquence, l'action en paiement reste soumise à la prescription quinquennale. — 9 août 1831, Rej. [S.V.31.1.297.]

52. Ainsi encore, lorsqu'un effet de commerce est arrivé à échéance, la demande d'un *délai* pour effectuer le paiement, avec promesse d'ajouter des *intérêts*, n'est pas une *reconnaissance* de la dette, dans le sens de l'art. 189, Cod. comm. ; on ne doit voir dans cette demande qu'une addition au premier titre ; en conséquence, l'action en paiement de la dette reste soumise à la prescription quinquennale ; seulement, cette prescription ne court que de l'expiration du délai demandé. — 4 fév. 1850, Amiens. [S.50.2.606; C.N.9.—D.P.51.2.58.]

53. Jugé aussi que l'acte par lequel le souscripteur d'une lettre de change consent une hypothèque pour la garantie de cet effet, dont il se borne à reproduire la teneur, ne peut être considéré comme un acte séparé de reconnaissance de la dette de nature à interrompre ou empêcher la prescription quinquennale. — 31 août 1850, Montpellier. [S.V.50.2.584.]

54. La preuve testimoniale peut être admise pour établir le fait du paiement des intérêts d'un effet de commerce, considéré comme une reconnaissance de la dette, dans le sens de l'art. 189, Cod. comm., de nature à interrompre ou empêcher la prescription quinquennale courant contre le porteur de l'effet. — 31 août 1850, Montpellier. [S.V.50.2.584.]

55. Sur le point de savoir si la chose jugée contre un des souscripteurs solidaires d'un effet de commerce interrompt la prescription à l'égard des autres, voy. notre Cod. civ., art. 1206, n° 1er.

[190] — 1. L'expression de *navire* comprend non-seulement le *corps* du bâtiment, mais encore tous les accessoires qui s'y rattachent comme objets nécessaires à la navigation et aux manœuvres, et qui sont habituellement désignés sous le nom générique d'*agrès* ; tels sont la *chaloupe*, le *canot*, les *mâts*, les *ancres*, les *câbles*, les *vergues*, les poulies, les *voiles* et les *canons*, même ceux qui auraient été mis à terre, mais non les provisions de guerre et de bouche, et, en général ce qu'on appelle *victuailles* et *armement*. — Boulay-Paty, *Dr. comm. marit.*, t. 1er, p. 99; Pardessus, *Dr. comm.*, t. 3, n° 599; Devilleneuve et Massé, *Dict. du content. comm.*, v° Navire, n° 2.

2. L'expression *facultés* comprend, elle, l'armement et les victuailles. — Pardessus, *ubi sup.*

3. Lorsqu'un associé a employé dans la reconstruction d'un navire les débris d'un navire social, *reconnu innavigable par tous les associés et démoli à leur connaissance*, le fait seul de l'emploi des vieux matériaux ne suffit pas pour conférer à tous les associés un droit de copropriété dans le navire neuf. — 27 janv. 1826, Rennes. [P.20.109.]

4. Les marchés pour construction de navires sont soumis au droit fixe d'enregistrement de 1 fr. [L. 21 avr. 1818, art. 61.]

5. Les navires sont affectés à toutes les dettes du vendeur, même aux dettes chirographaires. — 20 août 1819, Aix. [P.N.C.] — V. cependant Caumont, *Rec. de législ.*, t. 5 de 1849, p. 275.

[191] — 1. Le gardien a privilège sur tout le navire, encore qu'il n'en garde qu'une partie, soit le corps, soit les apparaux, à moins qu'ils n'aient été vendus séparément. — Lacté, t. 1er, p. 13.

2. Le privilège du locateur des magasins s'applique à tout le navire, bien que les agrès et apparaux aient été vendus séparément. — Boulay-Paty, t. 1er, p. 113.

3. Outre ce privilège, le locateur aurait encore un droit de nantissement sur les agrès dont il serait détenteur. — Boulay-Paty, t. 1er, p. 114. — V. aussi Pardessus, n° 947.

4. Le privilège du matelot pour ses gages peut être exercé, encore que le fret sur lequel il a aussi un autre privilège, soit dû. — Valin, p. 241; Boulay-Paty, t. 1er, p. 115; Pardessus, n° 944; Vincens, t. 1er, p. 126, n° 1er.

5. Le capitaine n'a pas de privilège pour le droit de chapeau. — 21 nov. 1833, Aix. [J. Mars. 14.1.241.]

6. Il y a nouveau voyage, lorsqu'un navire parti d'un port où il doit retourner, va dans un port intermédiaire, où il est de nouveau affrété avec de nouvelles expéditions, pour un autre voyage. — Dès lors, les salaires du premier voyage cessent d'être privilégiés, lors surtout que ceux du second ont été reçus sans protestation ni réserve. — 21 nov. 1833. [J. Mars. 14.1.257.]

7. Celui qui a fait les avances des frais d'armement d'un navire a, pour le recouvrement de ces avances, un privilège sur le navire ou sur les assurances sur corps qui, en cas de perte, en représentent la valeur. — 26 janv. 1850, Bordeaux. [D.P.50.2.142.]

8. Pour la validité de son privilège, le bailleur de fonds n'a pas besoin de suivre l'emploi de la somme prêtée ; il suffit que l'acte soit causé pour *les nécessités de la navigation*. — Émérigon, t. 2, p. 568; Boulay-Paty, *Droit marit.*, t. 1er, p. 119. — Suivant Valin, p. 426, et Pothier, *Contrat à la grosse*, n° 52, cette règle serait encore applicable, bien qu'il ne fût pas exprimé que le prêt a été fait pour les nécessités du voyage ; il suffirait que le prêt fût fait sur corps et quille du vaisseau.

9. Le privilège du vendeur du navire, dès l'instant que le navire a fait un voyage pour le compte de l'acquéreur, est perdu d'une manière absolue, non-seulement à l'égard des autres créanciers privilégiés sur le navire, mais encore à l'égard des créanciers ordinaires de l'acquéreur. — 17 juill. 1828, Aix. [S.29.2.62; C.N.9.—D.P.28.2.236.] — Sic, Boulay-Paty sur Émérigon, t. 2, p. 669, et *Cours de dr. marit.*, t. 1er, p. 124. — Suivant Émérigon, au contraire, *loc. cit.*, le privilège continuerait à subsister à l'encontre des créanciers ordinaires.

10. L'acquéreur en commun d'un navire, qui a payé la totalité du prix, a privilège sur le prix de vente de ce navire, pour la part contributive de son communiste, qu'il a avancée. — 19 juill. 1839, Rouen. [D.P.40.2.106.]

11. Le privilège des fournisseurs et ouvriers n'existe que dans le cas où le navire a été construit par l'armateur ou par l'entrepreneur pour son propre compte ; mais non dans celui où le navire a été construit à forfait par l'entrepreneur pour le compte d'un armateur. — 7 nov. 1819, Rennes. [C.N.6.] — *Id.* 10 mars 1846, Trib. de Bordeaux. [*Mémorial de Bordeaux*, t. 5, p. 129]. — *Sic*, Persil, *Quest.*, t. 1er, p. 72.

12. *Id.*... Ou moins quand ils savaient que l'entrepreneur construisait le navire pour autrui, et qu'ils avaient traité avec lui, abstraction faite de toute garantie réelle sur le navire. — 21 mars 1827, Caen. [S.27.2.96; C.N.8.—D.P.28.2.57.] — *Id.* 23 avr. 1846, Poitiers. [S.V.47.2.558.]

13. *Id.*... Les fournisseurs et ouvriers n'ont d'action

(1) LÉGISLATION.

V. sur la navigation maritime : Décr. 6 juill. 1790 (*Capitaines de navires*). — 4 mars 1791 (*Navires étrangers*). — 9 août 1791 (*Police de la navigation et des ports de commerce*). — 29 déc. 1791 (*Congés*). — 22 mai 1792 (*Droits de navigation*). — 22 janv. 1793 (*Congés*). — 31 janv. 1793 (*Armements en course*). — 11 avril 1793 (*Navires neutres*). — 9 mai 1793 (*Sauveteurs*). — 27 juill. 1793 (*Neutres*). — 16 août 1793 (*Id.*). — 21 sept. 1793 (*Acte de navigation*). — 27 vend. an 2 (*Id.*). — 12 niv. an 2 (*Tonnage*). — 7 mess. an 2 (*Francisation*). — 3 frim. an 3 (*Neutres*). — 5 frim. an 3 (*Id.*). — 9 flor. an 3 (*Id.*). — 19 vent. an 8 (*Id.*). — 27 therm. an 8 (*Id.*). — 29 frim. an 8 (*Id.*). — Arr. 27 vent. an 10 (*Poudre de guerre fournie aux bâtiments du commerce*). — 27 prair. an 10 (*Passages pour le compte du Gouvernement*). — Av. du cons. d'Ét. 20 févr. 1809 (*Neutres*). — Av. du cons. d'Ét. 18 août 1811 (*Id.*). — Ord. 24 fév. 1815 (*Droits de navigation*). — Règlem. 3 déc. 1817 (*Positions des navires du commerce*). — Ord. 4 août 1819 (*Médicaments à embarquer sur les navires du commerce*). — 9 août 1821 (*Jaugeage des bâtiments à vapeur*). — 1er oct. 1826 (*Francisation de vente*). — L'ord. 22 oct. 1827 (*Armement et équipage des navires de long cours*). — Ord. 18 nov. 1832 (*Droits de navigation*). — 29 oct. 1833 (*Attributions des consuls sur la marine marchande*). — 2 juin 1834 (*Droits de navigation*). — 11 nov. 1835 (*Id. pour l'Afrique*). — L. 2 juill. 1836 (*Tonnage*). — 5 juill. 1836 (*Jaugeage ; Droits de navigation ; Changement de nom*). — Ord. 18 nov. 1837 (*Jaugeage et tonnage ; Nouv. mode de le calculer*). — 2 sept. 1838 (*Jaugeage des bâtiments à vapeur*). — 20 fév. 1839 (*Jaugeage des bâtiments taillés*). — 12 août 1839 (*Id. des bateaux à vapeur*). — L. 6 mai 1841, art. 20 et 21 (*Congé, durée. Acte de francisation. Noms du navire et du port*). — L. 14 juin 1841 (*Responsabilité des propriétaires*). — Ord. 7 déc. 1841 (*Transports pour l'Algérie*). — L. 9 juin 1845 (*Francisation ; Abrogation de l'art. 2 de la loi du 21 sept. 1793. Modification de celle du 27 vend. an 2*). — Ord. 18 janv. 1846 (*Bâtiments à vapeur*). — Ord. 12 juill. 1847 (*Armement des bâtiments de commerce*).

192. Le privilége accordé aux dettes énoncées dans le précédent article ne peut être exercé qu'autant qu'elles seront justifiées dans les formes suivantes :

1° Les frais de justice seront constatés par les états de frais arrêtés par les tribunaux compétents ;

2° Les droits de tonnage et autres, par les quittances légales des receveurs ;

3° Les dettes désignées par les nos 1, 3, 4 et 5 de l'article 191 seront constatées par des états arrêtés par le président du tribunal de commerce ;

4° Les gages et loyers de l'équipage, par les rôles d'armement et désarmement arrêtés dans les bureaux de l'inscription maritime ;

5° Les sommes prêtées et la valeur des marchandises vendues pour les besoins du navire pendant le dernier voyage, par des états arrêtés par le capitaine, appuyés de procès-verbaux signés par le capitaine et les principaux de l'équipage, constatant la nécessité des emprunts ;

6° La vente du navire par un acte ayant date certaine, et les fournitures pour l'armement, équipement et victuailles du navire, seront constatées par les mémoires, factures ou états visés par le capitaine et arrêtés par l'armateur, dont un double sera déposé au greffe du tribunal de commerce avant le départ du navire, ou, au plus tard, dans les dix jours après son départ ;

7° Les sommes prêtées à la grosse sur le corps, quille, agrès, apparaux, armement et équipement, avant le départ du navire, seront constatées par des contrats passés devant notaires, ou sous signature privée, dont les expéditions ou doubles seront déposés au greffe du tribunal de commerce dans les dix jours de leur date ;

8° Les primes d'assurances seront constatées par les polices ou par les extraits des livres des courtiers d'assurances ;

9° Les dommages-intérêts dus aux affréteurs seront constatés par les jugements, ou par les décisions arbitrales qui seront intervenues. [C. comm., 250.]

193. Les priviléges des créanciers seront éteints,

Indépendamment des moyens généraux d'extinction des obligations,

Par la vente en justice faite dans les formes établies par le titre suivant ;

Ou lorsqu'après une vente volontaire, le navire aura fait un voyage en mer sous le nom et aux risques de l'acquéreur, et sans opposition de la part des créanciers du vendeur. [Ord. 1681, liv. 2, tit. 10, art. 2.]

194. Un navire est censé avoir fait un voyage en mer,

Lorsque son départ et son arrivée auront été constatés dans deux ports différents et trente jours après le départ;

Lorsque, sans être arrivé dans un autre port, il s'est écoulé plus de soixante jours entre le départ et le retour dans le même port, ou lorsque le navire, parti pour un voyage de long cours, a été plus de soixante jours en voyage, sans réclamation de la part des créanciers du vendeur.

195. La vente volontaire d'un navire doit être faite par écrit, et peut avoir lieu par acte public, ou par acte sous signature privée.

Elle peut être faite pour le navire entier, ou pour une portion du navire,

Le navire étant dans le port ou en voyage. [Ord. 1681, liv. 2, tit. 10, art. 3.—C. comm., 633.]

196. La vente volontaire d'un navire en voyage ne préjudicie pas aux créanciers du vendeur.

En conséquence, nonobstant la vente, le navire ou son prix continue d'être le gage desdits créanciers, qui peuvent même, s'ils le jugent convenable, attaquer la vente pour cause de fraude. [Ord. 1681, liv. 2, tit. 10, art. 3.—C. c., 1167.]

TITRE II.

De la Saisie et Vente des navires.

197. Tous bâtiments de mer peuvent être saisis et vendus par autorité de justice; et le privilége des créanciers sera purgé par les formalités suivantes. [Ord. 1681, liv. 1er, tit. 14, art. 1er.—C. c., 2120.]

198. Il ne pourra être procédé à la saisie que vingt-quatre heures après le commandement de payer. [Ord. 1681, liv. 1er, tit. 14, art. 2.—C. pr., 583.]

199. Le commandement devra être fait à la personne du propriétaire ou à son domicile, s'il s'agit d'une action générale à exercer contre lui.

Le commandement pourra être fait au capitaine du navire, si la créance est du nombre de celles qui sont susceptibles de privilége sur le navire, aux termes de l'article 191. [C. pr., 583.]

200. L'huissier énonce dans le procès-verbal,

Les nom, profession et demeure du créancier pour qui il agit;

Le titre en vertu duquel il procède;

La somme dont il poursuit le paiement;

L'élection de domicile faite par le créancier dans le lieu où siége le tribunal devant lequel la vente doit être poursuivie, et dans le lieu où le navire saisi est amarré;

Les noms du propriétaire et du capitaine;

Le nom, l'espèce et le tonnage du bâtiment.

Il fait l'énonciation et la description des chaloupes, canots, agrès, ustensiles, armes, munitions et provisions.

Il établit un gardien. [Ord. 1681, liv. 1er, tit. 14, art. 2.—C. pr., 588 et s.]

201. Si le propriétaire du navire saisi demeure dans l'arrondissement du tribunal, le saisissant doit lui faire notifier, dans le délai de trois jours, copie du procès-verbal de saisie, et le faire citer devant le tribunal, pour voir procéder à la vente des choses saisies.

Si le propriétaire n'est point domicilié dans l'arrondissement du tribunal, les significations et citations lui sont données à la personne du capitaine du bâtiment saisi, ou, en son absence, à celui qui représente le propriétaire ou le capitaine; et le délai de trois jours est augmenté d'un jour à raison de deux myriamètres et demi de la distance de son domicile.

S'il est étranger et hors de France, les citations et significations sont données ainsi qu'il est prescrit par le Code de procédure civile, article 69. [Ord. 1681, liv. 1er, tit. 14, art. 3.—C. pr., 69, dét., 1033.]

---

10. Si un navire est vendu pendant qu'il est en voyage, ce voyage ne compte pas pour l'extinction des priviléges; il faut un autre voyage ultérieur. — Boulay-Paty, t. 1er, p. 168 et 174.

11. Le bénéfice de l'art. 193 n'appartient qu'à l'acquéreur seul; il ne peut être invoqué par les créanciers entre eux. Ainsi, lorsque sur l'opposition d'un ou de plusieurs seulement des créanciers privilégiés, l'acquéreur délaisse le navire qui doit être vendu judiciairement, tous les créanciers, même non opposants, reprennent l'exercice de leur privilége. — Boulay-Paty, t. 1er, p. 141.

12. Le défaut d'opposition de la part des créanciers n'éteint que le privilége, mais non la créance. — Boulay-Paty, t. 1er, p. 139; Locré, t. 2, p. 18.

[194] — Quelque courte que soit la durée du trajet, le navire est censé avoir fait un voyage dès que son départ et son arrivée ont été constatés dans deux ports différents, et qu'il s'est écoulé trente jours après son départ. — 16 mars 1836, Marseille. (J. Mars., t. 16, 1, 210.)

[195] — 1. L'écriture est indispensable pour la vente. — Delamarre et Lepoitvin, t. 4, n° 88.

2. La vente d'un navire peut avoir lieu par correspondance. — 20 juill. 1840, Rouen. (P.41.1.118.) — Contrà, Locré, t. 3, p. 30; Delamarre et Lepoitvin, t. 4, n° 90.

3. La mention faite sur le livre-journal de celui qui se prétend propriétaire d'un navire que la propriété lui en a été cédée, s'il n'y a aucune mention sur l'acte de francisation, ne peut équivaloir à un titre écrit. — 22 juin 1841, Rennes. (P.41.1.112.)

4. La vente d'un navire ne peut être établie au moyen de la preuve testimoniale. — Boulay-Paty, t. 1er, p. 67; Pardessus, n° 597; Dageville, t. 2, p. 25; Massé, t. 4, n° 199.

5. [illegible] — 22 nov. 1831, Trib. de Marseille. (J. Mars., 5.1.333.)

6. L'acte de vente d'un navire doit être fait en double original et signé par toutes les parties. — 25 sept. 1833, Trib. de Marseille. (J. Mars., 11.1.27.) — Id. 31 déc. 1842, Trib. de Marseille. (J. Mars., 22.1.217.)

7. La règle qu'en fait de meubles la possession vaut titre, n'est pas applicable aux navires; — mais bien les règles de la prescription relative aux immeubles. — Pardessus, t. 3, n° 617; Boulay-Paty, t. 1er, p. 166.

8. L'acte de vente d'un navire peut être apposé contre, [illegible] — Pardessus, t. 3, n° 607; Coutat, Rev. de législ., t. 3 de 1849, p. 271, note. — Contrà, Boulay-Paty, t. 1er, p. 165, 168 et 175, où cet auteur applique [illegible] aux marchandises chargées sur le navire. — V. aussi C. civ., art. 1138, n° 25 et s.

9. La vente d'un navire appartenant à un mineur, doit, indépendamment des autres formalités prescrites par la loi, être précédée d'un avis du conseil de famille, comme s'il s'agissait de l'aliénation d'un immeuble. — Pardessus, t. 3, n° 616.

10. Le propriétaire des matériaux employés sciemment à la construction d'un navire, n'a plus le droit d'exiger le délaissement de ce navire, en remboursant le prix du travail, lorsqu'il a été livré à un tiers de bonne foi. — Pardessus, t. 3, n° 602.

11. La disposition de l'art. 1601 du Cod. civ., relative au cas où la chose vendue est périe en tout ou en partie, est applicable à la vente d'un vaisseau en mer, surtout lorsque les conditions de la vente ne sont pas définitivement arrêtées. — [illegible] — V. la note 6 de l'art. 1601, C. civ.

12. D'après l'art. 17 de la loi du 27 vend. an 2, les ventes de parties de bâtiments doivent être inscrites au dos de l'acte de francisation.

13. A défaut de cette inscription, le navire est, quant aux tiers, réputé appartenir à celui ou à ceux dont les noms seuls sont mentionnés. — Pardessus, n° 620; Devilleneuve et Massé, v° Francisation, n° 21. — V. aussi Beaussant, t. 1er, n° 124.

14. Notez que le droit de 6 francs qu'établissait l'art. 17 de la loi du 27 vend. an 2, pour l'inscription dont il s'agit, ne doit plus être perçu aujourd'hui, aux termes de l'art. 20 de la loi du 6 mai 1841.

15. Dans le cas où la vente d'un navire n'est que partielle, mais lorsqu'elle [illegible] — V. Vincens, t. 3, p. 414; Beaussant, t. 1er, n° 124; Devilleneuve et Massé, v° Francisation, n° 23.

16. Il n'est pas nécessaire [illegible] l'art. 17 de la loi du 27 vend. an 2, [illegible] — Coutat, Rev. de législ., t. 3 de 1849, p. 268.

17. La loi des 9-13 août 1791, portant que les actes de propriété des navires seront enregistrés au greffe du tribunal de commerce, est aujourd'hui abrogée. — Beaussant, t. 1er, n° 452; Coutat, Rev. de législ., t. 3 de 1849, p. 262.

18. Les ventes totales ou partielles de navire ne sont soumises qu'au droit fixe d'un franc. (L. 21 avril 1818, art. 61.)

19. Mais cela n'est applicable aux débris de navires que pour la première vente; les ventes subséquentes de ces débris sont réputées ventes d'objets mobiliers, et assujetties dès lors au droit proportionnel de 2 pour 100. — 31 mars 1847, Cass. (S.V.47.1.419.)

20. L'action rédhibitoire est accordée à l'acheteur d'un navire, aussi bien qu'à l'acheteur de tout autre objet susceptible de vente. — Mais cette action n'est plus admissible lorsque l'acheteur a déclaré avoir parfaite connaissance du navire vendu, et que le bon état de ce navire a été reconnu par rapport contradictoire, si d'ailleurs il n'y a point eu dol et fraude de la part du vendeur. — L'exercice de l'action rédhibitoire en cette matière n'est pas restreinte dans un délai fatal. — 7 août 1843, Rennes. (P.s.d.)

[196] . . . .

[197] — Sur la procédure à suivre pour la saisie et la vente de navires, voy. une dissertation de Chauveau, Journ. des av., vol. 1848, p. 257.

[198] — 1. Il n'est pas nécessaire que le commandement porte mention de l'heure à laquelle il a été remis. — Boulay-Paty, t. 1er, p. 184.

2. Mais s'il était prétendu que moins de vingt-quatre heures se sont écoulées entre le commandement et la saisie, la preuve par témoins de l'heure serait en ce cas admissible. — Boulay-Paty, t. 1er, p. 181.

3. Le commandement qui n'est pas suivi de saisie dans le délai d'un an et jour, doit être renouvelé. — Boulay-Paty, t. 1er, p. 183.

[199] — 1. Le commandement doit être fait à personne ou à domicile, alors même que le propriétaire demeure hors du ressort du tribunal devant lequel doit se poursuivre la saisie. — Boulay-Paty, t. 1er, p. 188. — V. Delvincourt, Inst., t. 2, p. 197.

2. Le commandement peut être fait au domicile élu par le débiteur. — Pardessus, t. 3, n° 609; Boulay-Paty, t. 1er, p. 182.

3. L'itératif commandement exigé par l'art. 586, C. proc., n'est pas nécessaire en matière de saisie de navire. — Pardessus, t. 3, n° 611.

[200] — 1. La saisie d'un navire doit être faite en présence de deux témoins, qui doivent signer le procès-verbal à peine de nullité. — Boulay-Paty, t. 1er, p. 187.

2. Il n'est pas nécessaire d'insérer dans le procès-verbal de saisie un inventaire exact des agrès qui font partie du navire. — Valin, p. 223; Boulay-Paty, t. 1er, p. 189; Delvincourt, t. 2, p. 198; Devilleneuve et Massé, v° Navire, n° 119.

3. Mais il en est autrement de la cargaison, sans quoi l'adjudicataire ne pourrait y prétendre. — Valin, p. 223. — Contrà, Émérigon, t. 1er, p. 180; Boulay-Paty, t. 1er, p. 191.

4. Il faut aussi y mentionner l'artillerie. — Boulay-Paty, t. 1er, p. 193.

[201] — 1. Si le navire n'a ni capitaine ni représen-

202. Si la saisie a pour objet un bâtiment dont le tonnage soit au-dessus de dix tonneaux,

Il sera fait trois criées et publications des objets en vente.

Les criées et publications seront faites consécutivement, de huitaine en huitaine, à la bourse et dans la principale place publique du lieu où le bâtiment est amarré.

L'avis en sera inséré dans un des papiers publics imprimés dans le lieu où siége le tribunal devant lequel la saisie se poursuit; et s'il n'y en a pas, dans l'un de ceux qui seraient imprimés dans le département. [Ord. 1681, liv. 1er, tit. 14, art. 4.—C. pr., 617, 620.]

203. Dans les deux jours qui suivent chaque criée et publication, il est apposé des affiches,

Au grand mât du bâtiment saisi,

A la porte principale du tribunal devant lequel on procède,

Dans la place publique et sur le quai du port où le bâtiment est amarré, ainsi qu'à la bourse de commerce. [Ord. 1681, liv. 1er, tit. 14, art. 4.—C. pr., 620.]

204. Les criées, publications et affiches doivent désigner,

Les nom, profession et demeure du poursuivant,

Les titres en vertu desquels il agit,

Le montant de la somme qui lui est due,

L'élection de domicile par lui faite dans le lieu où siége le tribunal, et dans le lieu où le bâtiment est amarré,

Les nom et domicile du propriétaire du navire saisi,

Le nom du bâtiment, et, s'il est armé ou en armement, celui du capitaine,

Le tonnage du navire,

Le lieu où il est gissant ou flottant,

Le nom de l'avoué du poursuivant,

La première mise à prix,

Les jours des audiences auxquelles les enchères seront reçues. [Ord. 1681, liv. 1er, tit. 14, art. 5.—C. pr., 618.]

205. Après la première criée, les enchères seront reçues le jour indiqué par l'affiche.

Le juge commis d'office pour la vente continue de recevoir les enchères après chaque criée, de huitaine en huitaine, à jour certain fixé par son ordonnance. [Ord. 1681, liv. 1er, tit. 14, art. 6.—C. pr., 613, 614.]

206. Après la troisième criée, l'adjudication est faite au plus offrant et dernier enchérisseur, à l'extinction des feux, sans autre formalité.

Le juge commis d'office peut accorder une ou deux remises, de huitaine chacune.

Elles sont publiées et affichées. [Ord. 1681, liv. 1er, tit. 14, art. 7 et 8.—C. pr., 621.]

207. Si la saisie porte sur des barques, chaloupes et autres bâtiments du port de dix tonneaux et au-dessous, l'adjudication sera faite à l'audience, après la publication sur le quai pendant trois jours consécutifs, avec affiche au mât, ou, à défaut, en autre lieu apparent du bâtiment, et à la porte du tribunal.

Il sera observé un délai de huit jours francs entre la signification de la saisie et la vente. [Ord. 1681, liv. 1er, tit. 14, art. 9.—C. pr., 620, 1033.]

208. L'adjudication du navire fait cesser les fonctions du capitaine; sauf à lui à se pourvoir en dédommagement contre qui de droit. [Ord. 1681, liv. 1er, tit. 14, art. 13.—C. comm., 218, 219.]

209. Les adjudicataires des navires de tout tonnage seront tenus de payer le prix de leur adjudication dans le délai de vingt-quatre heures, ou de le consigner, sans frais, au greffe du tribunal de commerce, à peine d'y être contraints par corps.

A défaut de paiement ou de consignation, le bâtiment sera remis en vente, et adjugé trois jours après une nouvelle publication et affiche unique, à la folle enchère des adjudicataires, qui seront également contraints par corps pour le paiement du déficit, des dommages, des intérêts et des frais. [Ord. 1681, liv. 1er, tit. 14, art. 10.—C. pr., 624.]

210. Les demandes en distraction seront formées et notifiées au greffe du tribunal avant l'adjudication.

Si les demandes en distraction ne sont formées qu'après l'adjudication, elles seront converties, de plein droit, en oppositions à la délivrance des sommes provenant de la vente. [Ord. 1681, liv. 1er, tit. 14, art. 11.—C. pr., 357 et s., 608.]

211. Le demandeur ou l'opposant aura trois jours pour fournir ses moyens.

Le défendeur aura trois jours pour contredire.

La cause sera portée à l'audience sur une simple citation. [Ord. 1681, liv. 1er, tit. 14, art. 12.—C. pr., 82, 608.]

212. Pendant trois jours après celui de l'adjudication, les oppositions à la délivrance du prix seront reçues; passé ce temps, elles ne seront plus admises. [Ord. 1681, liv. 1er, tit. 14, art. 14.—C. pr., 659.]

213. Les créanciers opposants sont tenus de produire au greffe leurs titres de créance, dans les trois jours qui suivent la sommation qui leur en est faite par le créancier poursuivant ou par le tiers saisi; faute de quoi il sera procédé à la distribution du prix de la vente, sans qu'ils y soient compris. [Ord. 1681, liv. 1er, tit. 14, art. 15.—C. pr., 660.]

214. La collocation des créanciers et la distribution de deniers sont faites entre les créanciers privilégiés, dans l'ordre prescrit par l'article 191; et entre les autres créanciers, au marc le franc de leurs créances.

Tout créancier colloqué l'est tant pour son principal que pour les intérêts et frais. [C. c., 2151.]

215. Le bâtiment prêt à faire voile n'est pas

---

tant, la saisie doit être notifiée au saisi, quoique demeurant hors du ressort du tribunal. — Boulay-Paty, t. 1er, p. 129.

2. La vente des navires saisis en exécution des jugements des tribunaux de commerce, doit avoir lieu devant les tribunaux ordinaires. — 17 mai 1809, Avis du cons. d'État. (S.10.2.33; C.n.3.)

3. La citation doit contenir constitution d'avoué, à peine de nullité. — Pardessus, t. 3, n° 612.

4. L'art. 201, C. comm., 2e alinéa, doit être entendu en ce sens, que les délais ordinaires pour comparaître, accordés au saisi, sont prorogés d'autant de jours qu'il y a de fois deux myriamètres et demi de distance entre son domicile réel et le lieu où la saisie est effectuée. — Pardessus, t. 3, n° 611.

[202] . . . .

[203] — Il doit être apposé trois affiches, chaque fois après la criée. — Boulay-Paty, t. 1er, p. 201. — Suivant Delvincourt, t. 2, p. 209, il suffit d'une seule affiche.

[204] — Les formalités énumérées dans cet article ne sont pas prescrites à peine de nullité. — Boulay-Paty, t. 1er, p. 207.

[205] . . . .

[206] — 1. Le juge commis ne peut accorder plus de deux remises. — Boulay-Paty, t. 1er, p. 215. — *Contra*, Valin, p. 229.

2. Lorsqu'il accorde une des deux remises, l'enchère précédente lie celui qui l'a faite, de manière que si la remise ne produit aucune autre enchère, il reste adjudicataire. — Valin, p. 230; Dageville, t. 2, p. 28; Pardessus, t. 3, n° 612; Devilleneuve et Massé, v° *Navire*, n° 157; Boulay-Paty, t. 1er, p. 213. — V. cependant Carré, t. 2, p. 267.

3. Les actes ou procès-verbaux constatant les ventes de navires ne sont soumis qu'au droit fixe d'un franc. (L. 21 avril 1818, art. 64.)

[207] — 1. Dans le cas de saisie d'un navire de dix tonneaux et au-dessous, le juge-commissaire pourrait, d'après les circonstances, accorder une ou deux remises, chacune d'un jour. — Valin, p. 152; Devilleneuve et Massé, v° *Navire*, n° 159; Pardessus, t. 3, n° 612; Boulay-Paty, t. 1er, p. 217.

2. L'art. 207, Cod. comm., déroge à l'art. 620, Cod. proc. — En conséquence, la vente des bâtiments de mer après saisie, dont s'occupe l'art. 207, doit être faite à l'audience, et non sur les ports, gares ou quais où ils se trouvent. — Boulay-Paty, t. 1er, p. 216; Carré et Chauveau, t. 2, n° 2091; Pigeau, t. 2, p. 620; Demiau, p. 409; Favard, t. 5, p. 55, n° 3; Thomine, t. 2, p. 136.

3. Lorsqu'il y a saisie de deux navires, l'un de dix tonneaux, l'autre de plus, la vente intégrale est assujettie aux formalités prescrites pour les plus grands navires, sans qu'il ait lieu à division. — Boulay-Paty, t. 1er, p. 217.

[208] . . . .

[209] — 1. Le greffier qui a reçu le montant du prix doit le verser à la caisse des consignations. — Pardessus, t. 3, n° 614.

2. La consignation ordonnée par cet article doit avoir lieu à la caisse des dépôts et consignations. (Ordonn. 3 juill. 1816, art. 2, n° 6.)

[210 et 211] — Les délais accordés pour former les demandes en distraction ne sont pas susceptibles d'être augmentés en raison des distances. — Pardessus, t. 3, n° 615; Boulay-Paty, t. 1er, p. 231.

[212] — 1. L'opposition à la délivrance du prix d'un navire vendu judiciairement est valablement formée au greffe du tribunal de commerce, où les deniers ont été consignés conformément à la loi par l'adjudicataire. Il n'est pas nécessaire qu'elle soit formée au greffe du tribunal civil où a eu lieu la vente. — 9 mai 1848, Poitiers. (S.V.48.2.662.)

2. La disposition de l'art. 212 n'est applicable qu'entre créanciers: l'acquéreur ne pourrait l'invoquer contre eux. — Boulay-Paty, t. 1er, p. 234.

[213] — L'inobservation du délai de trois jours dont il s'agit emporte déchéance. Toute production ultérieure, eût-elle lieu avant la clôture de la distribution provisoire par le juge-commissaire, est entièrement inefficace. — 17 juill. 1828, Aix. (S.29.2.63; C.n.9. — D.P.29.2.236.) — Ste Vincens, t. 3, p. 128. — *Contra*, Boulay-Paty, t. 1er, p. 235.

[214] — 1. L'adjudicataire d'un navire étranger saisi et vendu en France aux enchères publiques, peut, même après la clôture provisoire de l'ordre, réclamer, dans la distribution du prix une somme non mentionnée au cahier des charges, qu'il a été obligé de payer pour droit d'inscription au consul de la nation de laquelle ressortait le navire vendu, afin d'obtenir les expéditions nécessaires pour le faire naviguer. — 21 nov. 1833, Aix. (*J. Mars.* 14.1.267.)

2. Si un créancier prétend avoir un privilége résultant d'un jugement, les autres créanciers, étrangers à ce jugement, peuvent l'attaquer par voie de tierce opposition, devant le tribunal saisi de la distribution, et lui contester le privilége. — 21 nov. 1833, Aix. (*J. Mars.* 14.1.257.)

[215] — 1. L'art. 215, C. comm., s'applique à tout navire, quelle qu'en soit la grandeur. — Pardessus, t. 3, n° 610.

2. Il est applicable aux bateaux sur rivière, comme aux bâtiments de mer. — 21 mars 1812, Rouen. (S.13.1.407; C.n.4.1.621.) — *Sic*, Boulay-Paty, t. 1er, p. 243.

saisissable, si ce n'est à raison de dettes contractées pour le voyage qu'il va faire; et, même dans ce dernier cas, le cautionnement de ces dettes empêche la saisie.

Le bâtiment est censé prêt à faire voile lorsque le capitaine est muni de ses expéditions pour son voyage. [Ord. 1681, liv. 1er, tit. 14, art. 18. — C. comm., 231.]

TITRE III.

Des Propriétaires de navires.

216. Tout propriétaire de navire est civilement responsable des faits du capitaine, et tenu des engagements contractés par ce dernier, pour ce qui est relatif au navire et à l'expédition.

Il peut, dans tous les cas, s'affranchir des obligations ci-dessus par l'abandon du navire et du fret.

Toutefois, la faculté de faire abandon n'est point accordée à celui qui est en même temps capitaine et propriétaire ou copropriétaire du navire. Lorsque le capitaine ne sera que copropriétaire, il ne sera responsable des engagements contractés par lui, pour ce qui est relatif au navire et à l'expédition, que dans la proportion de son intérêt (1). [Ord. 1681, liv. 2, tit. 8, art. 2. — C. c., 1384; C. comm., 221, 298, 353, 405, 407.]

3. [illegible]

[illegible]

[216] — 1. [illegible]

[illegible]

(1) Le texte ci-dessus remplace, en exécution de la loi du 14 juin 1841, l'ancien article 216 qui était ainsi conçu : « Tout propriétaire de navire est civilement responsable des faits du capitaine, pour ce qui est relatif au navire et à l'expédition. — La responsabilité cesse par l'abandon du navire et du fret. »

217. Les propriétaires des navires équipés en guerre ne seront toutefois responsables des délits et déprédations commis en mer par les gens de guerre qui sont sur leurs navires, ou par les équipages, que jusqu'à concurrence de la somme pour laquelle ils auront donné caution, à moins qu'ils n'en soient participants ou complices. [Ord. 1681, liv. 2, tit. 8, art. 3.]

218. Le propriétaire peut congédier le capitaine.

Il n'y a pas lieu à indemnité, s'il n'y a convention par écrit. [Ord. 1681, liv. 2, tit. 8, art. 4.—C. comm., 208.]

219. Si capitaine congédié est copropriétaire du navire, il peut renoncer à la copropriété, et exiger le remboursement du capital qui la représente.

Le montant de ce capital est déterminé par des experts convenus, ou nommés d'office. [Ord. 1681, liv. 2, tit. 8, art. 4.]

220. En tout ce qui concerne l'intérêt commun des propriétaires d'un navire, l'avis de la majorité est suivi.

La majorité se détermine par une portion d'intérêt dans le navire, excédant la moitié de sa valeur.

La licitation du navire ne peut être accordée que sur la demande des propriétaires, formant ensemble la moitié de l'intérêt total dans le navire, s'il n'y a, par écrit, convention contraire. [Ord. 1681, liv. 2, tit. 8, art. 5 et 6.—C. c., 1686.]

TITRE IV.

Du Capitaine.

221. Tout capitaine, maître ou patron, chargé de la conduite d'un navire ou autre bâtiment, est garant de ses fautes, même légères, dans l'exercice de ses fonctions. [C. comm., 216, 235, 405, 407, 435, 436.]

---

dan a été fait.—8 fév. 1831, Aix. (J. Mars. 12.1.169.)—*Sic*, Boulay-Paty, t. 1er, p. 287.

[217]—1. La caution fournie par un armateur en course n'est tenue que des dommages-intérêts et de l'amende; elle ne répond point de la restitution de ce qui a été pris illégalement.—18 niv. an 13, Rej. (S.7.2.818; C.N.2.—D.A.5.2.85.)

2. Elle n'est pas, de plein droit et sans stipulation expresse, responsable envers la caisse des invalides marins de ce qui lui revient du produit des prises faites par le corsaire. A cet égard, les dispositions de l'ordonnance de 1681 et de la loi du 23 thermidor an 3, ne peuvent être entendues que dans le sens de l'art. 7 de la déclaration du 1er février 1650.—26 août 1807, Rej. (S.7.2.818; C.N.2.)

3. Les armateurs en course ne sont pas responsables de l'insolvabilité des consignataires survenue depuis le choix qui en a été fait.—18 oct. Rej. (S.9.1.27; C.N.3.—D.A.11.380.)

4. V. sur les armement et course, l'arrêté du 2 prair. an 11, et le décret du 12 avril 1811.

[218]—1. Celui qui n'est qu'armateur d'un navire sans en être propriétaire, ne peut congédier le capitaine sans le consentement du propriétaire qui l'a proposé.—2 août 1843, Trib. de Marseille. (J. Mars. 23.1.13.)

1 *bis*. Le capitaine peut être congédié, à la volonté du propriétaire ou armateur, alors même qu'il a un intérêt dans le navire, et que le commandement lui en a été confié pour un espace de temps déterminé.—16 mai 1858, Rouen. (S.V.59.2.41.—D.P.59.2.90.—P.59.1.125.)

2. La faculté de congédier le capitaine, est d'ordre public: l'armateur ne peut valablement y renoncer. Dès lors, un capitaine peut toujours, alors même qu'il a un intérêt dans le navire, et nonobstant une pareille renonciation de la part de l'armateur, être congédié à la volonté de celui-ci.—Mais, dans ce cas, il a droit à une indemnité, si l'on n'a aucun reproche à lui faire.—29 janv. 1844, Rouen. (S.V.44.2.298.—D.P.44.2.164.—P.44.2.125.)

3. L'affréteur ne peut s'opposer au renvoi du capitaine, quoique désigné dans la charte-partie.—12 mai 1826, Trib. de Marseille. (J. Mars. 7.1.135.)—*Contra*, 26 juin 1840, Aix. (J. Mars. 19.1.211.)

4. Le capitaine congédié n'a droit à une indemnité qu'autant qu'il y a eu stipulation expresse à cet égard.—L'inscription du capitaine, en cette qualité, sur le rôle d'équipage arrêté par le maître, n'est pas réputée convention d'indemnité, dans le sens de l'art. 218, Cod. comm.—Toutefois, le capitaine congédié a droit à ses *frais de retour*, encore qu'à cet égard il n'y ait pas eu de stipulation expresse.—10 août 1826, Aix. (S.27.2.32; C.N.8.—D.P.27.2.37.)—*Id*. 20 oct. 1830, Trib. de Marseille. (J. Mars. 11.1.247.)—*Id*. 16 mai 1831, Trib. de Marseille. (J. Mars. 12.1.217.)

5. Jugé au contraire que lorsqu'une convention écrite constate l'engagement du capitaine, il y a lieu à indemnité, lors même qu'elle ne serait pas stipulée.—19 sept. 1828, Trib. de Marseille. (J. Mars. 10.1.83.)—*Id*. 22 août 1822, Trib. de Marseille. (J. Mars. 3.1.97.)

6. Le capitaine congédié après le voyage commencé, droit à ses appointements jusqu'au jour du congé, aux préjudice des dispositions de l'arrêté du 5 germ. an 12.—Devilleneuve et Massé, *vo Capitaine*, no 21; Pardessus, t. 3, no 626; Boulay-Paty, t. 1er, p. 331.

7. Le capitaine d'un navire, congédié ou privé de son commandement en pays étranger, par le consul français, en vertu de la faculté accordée à cet égard par l'arrêté du 5 germinal an 12 aux agents du Gouvernement établis dans les pays étrangers, a droit à ses frais de retour ou de conduite, lorsque le renvoi l'a ainsi ordonné par sa décision; l'art. 218, C. comm., ne déroge nullement à l'arrêté du 5 germ. an 12.—8 mars 1852, Rej. (S.V.52.1.256.—D.P.52.1.167.)

8. V. sur la conduite accordée aux gens de mer, outre l'arr. du 5 germ. an 12, une ord. du 12 mai 1836.

[219]—1. Lorsque après avoir été congédié, le capitaine copropriétaire du navire a opté, comme il en avait le droit, pour la conservation de sa copropriété, et a même obtenu un jugement acte de sa déclaration à cet égard, il ne peut plus, revenant contre cette déclaration, réclamer le remboursement du capital représentatif de sa copropriété: l'option par lui faite est irrévocable.—16 janv. 1832, Bordeaux. (S.V.32.2.608.—D.P.32.2.166.)

2. Lorsque le capitaine copropriétaire d'un navire est congédié, de l'avis de la majorité des propriétaires, s'il exige le remboursement de son droit de copropriété, les propriétaires qui n'ont pas été d'avis du congédiement ne peuvent pas être forcés de contribuer au remboursement.—Pardessus, no 626; Delvincourt, t. 2, p. 205, no 7.—*Contrà*, Boulay-Paty, t. 1er, p. 337; Dageville, t. 2, p. 250; Favard, vo *Capitaine*, § 2, no 4; Devilleneuve et Massé, vo *Capitaine*, no 23.

3. La valeur de la part de propriété qui appartient au capitaine doit lui être remboursée avant qu'il se démette de son commandement; il est tenu de quitter le bord.—16 sept. 1835, Trib. de Mars. (J. Mars. 17.1.65.)

4. Et cette valeur ne doit pas être calculée d'après le prix d'achat du navire, mais d'après la valeur actuelle du navire déterminée par experts.—Même jugement.

5. Le capitaine, copropriétaire du navire, qui s'est volontairement démis, ne peut exiger le remboursement du capital représentant son droit à la propriété.—1er fév. 1844, Trib. de Marseille. (J. Mars. 23.1.206.)

[220]—1. La minorité ne peut faire naviguer le navire, lorsque la majorité décide qu'il ne naviguera pas.—Valin, p. 507 et s.; Boulay-Paty, t. 1er, p. 347.

2. La majorité n'a pas le droit de forcer la minorité de contribuer pour sa portion à la cargaison du navire.—Valin, p. 582 et s.; Boulay-Paty, t. 1er, p. 341.

3. L'assurance d'un navire ne doit pas être considérée comme un objet d'intérêt commun; en conséquence, l'avis de la majorité des propriétaires pour assurer le navire ne serait pas, dans ce cas, obligatoire pour la minorité.—Pardessus, t. 3, no 621.

4. Il en est de même de l'aliénation volontaire du navire.—Pardessus, t. 3, no 625; Favard, *Répert.*, vo *Navire*, § 1er, no 8; Boulay-Paty, t. 1er, p. 347.

5. La majorité des propriétaires d'un navire a le droit de décider en principe que le navire sera réparé, mais non de fixer arbitrairement la nature et l'importance des réparations.—25 fév. 1837, Aix. (S.V.37.2.270.—D.P.38.2.112.—P.40.2.387.)

6. L'article 220 est applicable, quoique parmi les intéressés, il y ait des femmes et des mineurs.—Boulay-Paty, t. 1er, p. 336.—*Contrà*, Pardessus, no 625.

7. Il s'applique aussi au cas où il y a plusieurs navires en commun.—Valin, p. 510; Boulay-Paty, t. 1er, p. 365.

8. L'armateur chargé de la gestion et administration du navire est tenu, sous toute responsabilité, de prévenir les copropriétaires du navire de tout changement dans le voyage projeté, afin que ces derniers puissent faire assurer leur part de propriété pour le nouveau voyage.—10 déc. 1858, Montpellier. (S.V.59.2.118.—D.P.58.2.195.)

9. Le copropriétaire d'un navire peut vendre sa part à un tiers: les autres copropriétaires ne sauraient pas admis à s'y opposer, ni à exercer un droit de préemption ou de retrait, lorsqu'il n'y a point de stipulation spéciale à cet égard.—Pardessus, t. 3, no 625; Devilleneuve et Massé, vo *Navire*, no 43.—V. cependant Valin, p. 511.

10. Le copropriétaire qui est assigné par ses copropriétaires devant le tribunal de commerce pour une difficulté relative à l'armement du navire commun, ne peut décliner la compétence de ce tribunal, et demander son renvoi devant des arbitres.—31 mai 1833, Trib. de Marseille. (J. Mars. 14.1.97.)—*Id*. 23 fév. 1840, Trib. de Marseille. (J. Mars. 19.1.222.)

[221]—1. Sur les droits et les devoirs des capitaines de navires, il faut consulter une ordonnance du 29 octobre 1833, relative aux fonctions des consuls dans leurs rapports avec la marine commerciale. Cette ordonnance renferme nombre de dispositions concernant l'arrivée des navires, leur séjour, leur départ et leur naufrage; quelques-unes de ces dispositions se rapportent à l'exécution des art. 224, 225, 234, 237, 242, 243, 244, 245, 270 et 345, Cod. comm.

2. Le capitaine est responsable dans les cas suivants: ...S'il charge son navire outre mesure.—Boulay-Paty, t. 1er, p. 581.

2 *bis*. ...Si le navire n'est pas suffisamment consigné.—Boulay-Paty, *ibid*.

3. ...S'il ne compose pas bien l'équipage.—Boulay-Paty, t. 1er, p. 582.

4. ...S'il met à la voile par un temps de risque.—Boulay-Paty, t. 1er, p. 583.

5. ...S'il a pu éviter l'ennemi, et qu'il ne l'ait pas fait.—Boulay-Paty, t. 1er, p. 585.

6. ...S'il donne par sa faute sur un écueil.—Boulay-Paty, t. 1er, p. 586.

7. ...S'il donne sur les filets d'une madrague, signalée par des bouées, et cela nonobstant la présence d'un pilote à bord.—5 mai 1831, Trib. de Marseille. (J. Mars. 14.1.201.)

8. ...Si, pendant le cours du voyage, il ne fait pas au navire les réparations nécessaires.—2 juin 1834, Trib. de Marseille. (J. Mars. 5.1.122.)

9. ...Ou bien si ces réparations égalent ou excèdent la valeur du navire réparé.—27 avril 1820, Aix. (J. Mars. 14.1.248.)

10. ...Si plusieurs navires ayant convenu d'aller de conserve, pour se protéger, le capitaine de l'un d'eux se sépare volontairement des autres; ce capitaine doit payer par contribution la perte occasionnée par la prise des autres navires.—Boulay-Paty, t. 1er, p. 587.

11. Le capitaine n'est pas responsable des faits des hommes de son bord, lorsque ces faits sont étrangers au service du navire.—8 fév. 1834, Trib. de Marseille. (J. Mars. 15.1.62.)

12. Il n'est pas non plus responsable du sinistre causé par une erreur existant dans la carte qu'il a consultée.—21 déc. 1832, Trib. de Marseille. (J. Mars. 13.1.53.)

13. Mais il en serait autrement s'il avait manqué de prévoyance en la consultant.—Stracha, *de Naut.*, part. 4, no 26.

222. Il est responsable des marchandises dont il se charge.

Il en fournit une reconnaissance.

Cette reconnaissance se nomme *connaissement*. [Ord. 1681, liv. 2, tit. 1er, art. 9. — C. c., 1782, 1785; C. comm., 281, 295, 420.]

223. Il appartient au capitaine de former l'équipage du vaisseau, et de choisir et louer les matelots et autres gens de l'équipage; ce qu'il fera néanmoins de concert avec les propriétaires, lorsqu'il sera dans le lieu de leur demeure. [Ord. 1681, liv. 2, tit. 1er, art. 5. — C. comm., 217.]

224. Le capitaine tient un registre coté et paraphé par l'un des juges du tribunal de commerce, ou par le maire ou son adjoint, dans les lieux où il n'y a pas de tribunal de commerce.

Ce registre contient

Les résolutions prises pendant le voyage,

La recette et la dépense concernant le navire, et généralement tout ce qui concerne le fait de sa charge, et tout ce qui peut donner lieu à un compte à rendre, à une demande à former. [Ord. 1681, liv. 2, tit. 1er, art. 10.]

225. Le capitaine est tenu, avant de prendre charge, de faire visiter son navire, aux termes et dans les formes prescrits par les règlements.

Le procès-verbal de visite est déposé au greffe du tribunal de commerce; il en est délivré extrait au capitaine. [Ord. 1681, liv. 1er, tit. 5, art. 7, et liv. 2, tit. 1er, art. 8. — C. comm., 297.]

---

14. Il n'y a point faute emportant responsabilité de la part d'un capitaine de remorque qui, même dans le but de gagner de vitesse un concurrent, a donné au convoi qu'il conduisait un changement de direction, d'où est résulté un abordage avec avaries entre deux navires du convoi. — 15 juin 1846, Rouen. (S.V.47.2.347.)

15. Le capitaine n'est pas responsable envers les [illegible] de l'incendie qui, pendant qu'il était à terre pour ses fonctions, s'est déclaré à bord par le fait d'un matelot en état d'ivresse; c'est là un cas fortuit ou de force majeure qu'il n'a pu prévoir ni empêcher, et dont il ne doit pas répondre, bien qu'il soit émané d'un de ses préposés. — 13 juin 1845, Rouen. (S.V.42.2.209.)

16. L'article 221 est applicable au capitaine à la part. — 14 juill. 1816, Rouen. (C.N.5.)

[222] — 1. [illegible]

[illegible]

[224] — 1. [illegible]

[225] — 1. [illegible]

[illegible]

226. Le capitaine est tenu d'avoir à bord
L'acte de propriété du navire,
L'acte de francisation,
Le rôle d'équipage,
Les connaissements et chartes-parties,
Les procès-verbaux de visite,
Les acquits de paiement ou à caution des douanes. [C. comm., 230, 231.]

227. Le capitaine est tenu d'être en personne dans son navire, à l'entrée et à la sortie des ports, havres ou rivières. [Ord. 1681, liv. 2, tit. 1er, art. 13.]

228. En cas de contravention aux obligations imposées par les quatre articles précédents, le capitaine est responsable de tous les événements envers les intéressés au navire et au chargement. [C. comm., 237.]

229. Le capitaine répond également de tout le dommage qui peut arriver aux marchandises qu'il aurait chargées sur le tillac de son vaisseau sans le consentement par écrit du chargeur.

Cette disposition n'est point applicable au petit cabotage. [Ord. 1681, liv. 2, tit. 1er, art. 12. — C. comm., 421.]

230. La responsabilité du capitaine ne cesse que par la preuve d'obstacles de force majeure.

231. Le capitaine et les gens de l'équipage qui sont à bord, ou qui sur les chaloupes se rendent à bord pour faire voile, ne peuvent être arrêtés pour dettes civiles, si ce n'est à raison de celles qu'ils auront contractées pour le voyage; et même, dans ce dernier cas, ils ne peuvent être arrêtés s'ils donnent caution. [Ord. 1681, liv. 2, tit. 1er, art. 14. — C. c., 2063, 2070; C. comm., 215.]

232. Le capitaine, dans le lieu de la demeure des propriétaires ou de leurs fondés de pouvoir, ne peut, sans leur autorisation spéciale, faire travailler au radoub du bâtiment, acheter des voiles, cordages et autres choses pour le bâtiment, prendre à cet effet de l'argent sur le corps du navire, ni fréter le navire. [Ord. 1681, liv. 2, tit. 1er, art. 17; liv. 3, tit. 1er, art. 2. — C. comm., 321.]

233. Si le bâtiment était frété du consentement des propriétaires, et que quelques-uns d'eux fissent refus de contribuer aux frais nécessaires pour l'expédier, le capitaine pourra, en ce cas, vingt-quatre heures après sommation faite aux refusants de fournir leur contingent, emprunter à la grosse pour leur compte sur leur portion d'intérêt dans le navire, avec autorisation du juge. [Ord. 1681, liv. 2, tit. 1er, art. 18. — C. comm., 322.]

234. Si, pendant le cours du voyage, il y a nécessité de radoub, ou d'achat de victuailles, le capitaine, après l'avoir constaté par un procès-

---

rapporter un certificat de visite [illegible] que l'exige le Code de commerce français, au moins doit-il prouver, dans les formes prescrites par les lois du pays où se trouvait le navire, que ce navire était en bon état de navigation au moment du départ. — 29 janv. 1834, Bordeaux. [S.V.35.2.18. — D.P.34.2.[illegible]]

9. L'assuré qui veut délaisser pour cause d'innavigabilité par fortune de mer, n'est pas tenu, aujourd'hui, de rapporter un procès-verbal de visite du bâtiment fait avant son départ, à l'effet de constater l'état dans lequel le bâtiment se trouvait. Les dispositions de la déclaration de 1779, qui prescrivaient cette formalité, ont été abrogées par le Code de commerce et la loi du 13 septembre 1807. — 27 févr. 1826, Bordeaux. [S.26.2.261; C.N.8. — D.P.26.2.[illegible]]

10. Voy. sur la visite des navires, lettres patentes du 10 janv. 1770; déclaration du 17 août 1779; arrêt du conseil du 2 mars 1792; lois des 9-13 août 1791, tit. 3, art. 2 et suiv.

[226] — 1. L'art. 2 de la loi du 21 sept. 1793 est abrogé dans la disposition qui porte qu'aucun bâtiment ne sera réputé français s'il n'appartient entièrement à des Français. — Toutefois, la moitié au moins de la propriété devra appartenir à des Français. — Les articles 12 et 13 de la loi du 27 vendém. an II sont modifiés conformément aux dispositions des paragraphes précédents. [L. 9 juin 1845, art. 11.]

2. Les bâtiments dits de *plaisance* (servant à des courses de pur agrément) sont soumis, comme tous autres, à l'obligation du rôle d'équipage. — 17 janv. 1830, Cass. [S.V.30.1.352. — D.P.30.1.74.]

3. Le rôle d'équipage est obligatoire pour tous bâtiments ou embarcations exerçant une navigation maritime. — Dispositions diverses à ce sujet. — 19 mars 1852, Décr. [S.V.52.2.[illegible]]

4. Des objets destinés à la réparation d'un navire pendant le voyage, notamment des caisses de clous, peuvent être considérés comme *provision de bord*, et, par suite, le capitaine n'est pas tenu de les porter sur son manifeste comme les autres marchandises composant la cargaison. — 10 déc. 1821, Cass. [S.22.1.267; C.N.6. — D.A.6.[illegible]]

[227 et 228.] . . . .

[229] — 1. Les marchandises peuvent être placées sur le franc-tillac, sans que le capitaine encoure aucune responsabilité, en cas de détérioration de ces marchandises. — Boulay-Paty, t. 2, p. 33. — Sur ce qu'on entend par *franc-tillac*, voy. Bonnie, *Dict. de navigation*.

2. Il en est de même à l'égard des marchandises placées dans la dunette du navire. — 6 déc. 1834, Bordeaux. [S.V.41.2.172. — D.P.41.2.150. — P.41.1.[illegible]]

3. Jugé cependant que le capitaine est responsable si les marchandises ont été placées sur la dunette. — 13 mai 1829, Trib. de Marseille. [*J. Mars.* 10.1.108.]

4. Même lorsque les chargeurs ont consenti à ce que leurs marchandises fussent placées sur le tillac, le capitaine est responsable de la détérioration qu'elles y ont éprouvée, lorsque cette place offrait du danger pour les marchandises, et que le capitaine n'en a point averti les chargeurs. — [illegible] 1829, Bruxelles. [*J. Brux.* 1829, 1.188.] — V. *infrà* art. 421. [2 févr. 1846, Bordeaux.]

5. Le consentement verbal de placer des marchandises sur le tillac peut être prouvé par l'aveu des chargeurs. — Boulay-Paty, t. 2, p. 229.

6. Mais non par la preuve testimoniale. — Boulay-Paty, t. 2, p. 31.

7. Le capitaine n'est pas responsable lorsque les marchandises ont été placées sur le tillac, sous consentement, mais avec la présence du chargeur ou de son représentant. — 11 août 1840, Aix. [*J. Mars.* 20.1.[illegible]]

8. Mais, dans ce dernier cas, le chargeur aurait recours contre le capitaine s'il était établi que les marchandises ne seraient pas chargées sur le tillac. — 24 janv. 1822, Rennes. [C.N.7.]

9. Sur le petit cabotage, voy. *suprà*, règlem. 23 janv. 1727; ordonn. 18 oct. 1740; lois 18 oct. 1793, art. 5 et 6; arr. 14 vent. an 11; décr. 25 nov. 1810; ordonn. 12 fév. 1815.

[230] — 1. Le capitaine privé, par l'entreprise et la mise à bord d'un pilote, de la conduite de son navire, n'est pas, lui ou celui qu'il représente, responsable du naufrage. — 31 janv. 1833, Bordeaux. [S.V.34.2.53. — D.P.34.2.62.]

2. Le capitaine n'est pas recevable à la preuve des faits de force majeure, lorsqu'il ne les a pas mentionnés dans son consulat. — 8 août 1818, Aix. [C.N.5. — *J. Mars.* 5.1.65.] — Dans ce sens, Boulay-Paty, t. 2, p. 38.

3. Le capitaine ou les affréteurs d'un navire ne peuvent être tenus responsables de la perte de ce navire pris par l'ennemi, sous prétexte que cette perte n'a pas été constatée dans les formes voulues par la loi, lorsque d'ailleurs le fait de prise est reconnu constant. — Dans le même cas, les propriétaires du navire et les propriétaires des marchandises chargées ne peuvent réclamer le fret du navire, ni le prix des marchandises. — 11 fév. 1834, Req. [S.V.37.1.74. — D.P.34.1.277.]

4. Le capitaine qui a des chargements pour deux destinations, et qui, après s'être rendu à la première, se trouve dans l'impossibilité de se rendre à la seconde par suite d'une interdiction prononcée contre les bâtiments qui ont touché le premier port, n'est soumis à aucune action de la part des chargeurs pour le second port, lorsque, en se rendant dans le premier, il n'a fait que remplir ses obligations, et qu'il ignorait d'ailleurs l'interdiction à laquelle il s'exposait. — 27 fév. 1847, Rouen. [S.V.47.2.152.]

5. Dans ce cas, le capitaine, à moins de conventions spéciales, n'est pas tenu de rapporter les marchandises au port de chargement; il peut les décharger dans un port voisin, bien que dépendant d'une autre puissance, et, en prenant cette mesure, il peut être considéré comme ayant agi dans le sens le plus favorable aux intérêts des chargeurs. — Même arrêt.

[231] — 1. Les mots *dettes civiles* de cet article comprennent les *dettes commerciales*: ces mots sont employés par opposition aux dettes résultant d'une condamnation criminelle ou correctionnelle. — Delvincourt, t. 2, p. 206; Locré, v° *Capitaine*, § 2, n° 6; Dageville, t. 2, p. 209; Massé, t. 6, n° 416.

2. La caution dont parle notre article ne s'oblige qu'à la représentation de la personne du débiteur à l'époque à laquelle le voyage sera terminé, et à payer s'il déserte ou si, par tout autre fait volontaire, il ne revient pas à la fin de son engagement. — Pardessus, t. 3, n° 879. — V. cependant Boulay-Paty, t. 2, p. 49.

3. Les étrangers peuvent, dans tous les cas, être contraints par corps; mais ils peuvent s'y soustraire en donnant caution. — Boulay-Paty, t. 2, p. 48.

[232] — 1. Le capitaine peut faire faire les réparations nécessaires et urgentes, même dans le lieu de la demeure du propriétaire et sans son consentement. — Boulay-Paty, t. 2, p. 52.

2. Les fournisseurs de bonne foi ont, dans tous les cas, un recours contre le propriétaire ou armateur. — Boulay-Paty, *ibid.*

3. Quid, si le navire a été frété par le capitaine dans le lieu de la demeure des propriétaires, sans leur consentement? — Le contrat est valable par rapport aux tiers. — Émérigon, t. 2, p. 431; Pardessus, t. 3, n° 636; Dageville, t. 2, p. 208. — Le contrat n'est pas valable par rapport à l'armateur, sauf l'action en dommage de la part des affréteurs contre le capitaine. — Valin, p. 352; Pothier, *Charte-partie*, n° 48. — Tout doit dépendre des circonstances de fait. — Boulay-Paty, t. 2, p. 58.

4. Mais, en supposant que l'affrètement soit nul quant au propriétaire, il serait valable par rapport au chargeur, si le propriétaire le ratifiait. — Boulay-Paty, t. 2, p. 36.

5. Le capitaine d'un navire, hors du lieu de la demeure du propriétaire ou de son fondé de pouvoirs, peut affréter le navire, encore bien que, par des conventions particulières intervenues entre lui et les propriétaires, ce droit lui ait été interdit. Dans ce cas, le contrat d'affrètement est valable, en ce sens que les affréteurs qui ont contracté de bonne foi avec le capitaine, doivent en obtenir l'exécution nonobstant l'opposition des propriétaires. — 12 fév. 1840, Req. [S.V.40.1.233. — D.P.40.1.150. — P.40.1.345.]

6. Le capitaine, agissant en cette qualité hors du lieu de la demeure des propriétaires du navire, représente ces derniers dans toutes les contestations qui concernent l'armement et l'expédition du navire. Par suite de ce mandat judiciaire (dérogatoire au principe que Nul en France ne plaide par procureur), le capitaine, plaidant en son nom, lie, par le jugement rendu contre lui, les propriétaires du navire. — Clairet, *Rev. de législ.*, t. 1er de 1851, p. 494.

[233] — Les copropriétaires d'un navire ont, comme le capitaine, le droit d'emprunter à la grosse pour le compte de ceux d'entre eux qui refusent de contribuer aux frais d'expédition, sur leur portion d'intérêt dans le navire. — Boulay-Paty sur Émérigon, t. 2, p. 406, et *Droit marit.*, t. 2, p. 66.

[234] — 1. Le capitaine peut valablement contracter un emprunt à la grosse pour empêcher la saisie du navire et l'interruption du voyage, tout aussi bien que pour la réparation d'avaries ou l'achat de victuailles. — 4 janv. 1844, Rouen. [S.V.44.2.484.]

2. Le capitaine peut emprunter à la grosse, même après que le navire, déclaré innavigable, a été vendu, si l'innavigabilité et la vente du navire n'empêchent pas que le capitaine ne soit tenu de veiller à la conserva-

verbal signé des principaux de l'équipage, pourra, en se faisant autoriser en France par le tribunal de commerce, ou, à défaut, par le juge de paix, chez l'étranger par le consul français, ou, à défaut, par le magistrat des lieux, emprunter sur le corps et quille du vaisseau, mettre en gage ou vendre des marchandises jusqu'à concurrence de la somme que les besoins constatés exigent.

Les propriétaires, ou le capitaine qui les représente, tiendront compte des marchandises vendues, d'après le cours des marchandises de même nature et qualité dans le lieu de la décharge du navire, à l'époque de son arrivée.

L'affréteur unique ou les chargeurs divers, qui seront tous d'accord, pourront s'opposer à la vente ou à la mise en gage de leurs marchandises, en les déchargeant et en payant le fret en proportion de ce que le voyage est avancé. A défaut du consentement d'une partie des chargeurs, celui qui voudra user de la faculté de déchargement sera tenu du fret entier sur ses marchandises (1). [Ord. 1681, liv. 2, tit. 1er, art. 19. — C. comm., 298, 312, 405.]

235. Le capitaine, avant son départ d'un port étranger ou des colonies françaises pour revenir en France, sera tenu d'envoyer à ses propriétaires ou à leurs fondés de pouvoir, un compte signé de lui, contenant l'état de son chargement, le prix des marchandises de sa cargaison, les sommes par lui empruntées, les noms et demeures des prêteurs. [Ord. 1681, liv. 2, tit. 1er, art. 30.]

236. Le capitaine qui aura, sans nécessité, pris de l'argent sur le corps, avitaillement ou équipement du navire, engagé ou vendu des marchandises ou des victuailles, ou qui aura employé dans ses comptes des avaries et des dépenses supposées, sera responsable envers l'armement, et personnellement tenu du remboursement de l'argent ou du paiement des objets, sans préjudice de la poursuite criminelle, s'il y a lieu. [Ord. 1681, liv. 2, tit. 1er, art. 20. — C. comm., 298.]

237. Hors le cas d'innavigabilité légalement constatée, le capitaine ne peut, à peine de nullité de la vente, vendre le navire sans un pouvoir spécial des propriétaires. [Ord. 1681, liv. 2, tit. 1er, art. 19. — C. comm., 297, 390 et s.]

238. Tout capitaine de navire, engagé pour un voyage, est tenu de l'achever, à peine de tous dépens, dommages et intérêts envers les propriétaires et les affréteurs. [Ord. 1681, liv. 2, tit. 1er, art. 21. — C. comm., 252.]

239. Le capitaine qui navigue à profit commun sur le chargement ne peut faire aucun trafic ni commerce pour son compte particulier, s'il n'y a convention contraire. [Ord. 1681, liv. 2, tit. 1er, art. 28. — C. comm., 251.]

240. En cas de contravention aux dispositions mentionnées dans l'article précédent, les marchandises embarquées par le capitaine pour son compte particulier sont confisquées au profit des autres intéressés. [Ord. 1681, liv. 2, tit. 1er, art. 28.]

241. Le capitaine ne peut abandonner son navire pendant le voyage, pour quelque danger que ce soit, sans l'avis des officiers et principaux de l'équipage; et, en ce cas, il est tenu de sauver avec lui l'argent et ce qu'il pourra des marchandises les plus précieuses de son chargement, sous peine d'en répondre en son propre nom.

Si les objets ainsi tirés du navire sont perdus par quelque cas fortuit, le capitaine en demeurera déchargé. [Ord. 1681, liv. 2, tit. 1er, art. 26 et 27. — C. comm., 410.]

242. Le capitaine est tenu, dans les vingt-

[illegible]

46. Le capitaine qui emprunte à la grosse pour l'expédition, peut bien grever le navire, mais non les autres biens du propriétaire. — 21 mai 1835, Trib. de Marseille. (J. Mars. 15.1.180.)

[235.] — Le capitaine est déchargé du compte, lorsque le versement du retour est fait par le représentant des armateurs. — Boulay-Paty, t. 2, p. 81.

[236 et 237] . . . .

[238] — Le capitaine engagé au profit, qui se retire après le profit opéré, et lorsque le navire effectue son retour, ne peut être assimilé à celui qui déserte, et être, comme déserteur, privé de sa part du profit. (L. 20 avril-13 mai 1791, art. 4, § 1.) — Mais il est responsable, lui ou ses héritiers pour lui, des dommages causés par son retraite aux armateurs. — 8 déc. 1841, Rouen. (S.V.42.2.35. — D.P.42.2.95.)

[239] — 1. Dans les engagements à la part, les gens de mer doivent payer le fret de leurs pacotilles. — Boulay-Paty, t. 2, p. 100.

2. Lorsque le capitaine navigue à profit commun, le chapeau ne lui appartient pas exclusivement; il doit entrer dans la répartition des bénéfices. — Boulay-Paty, t. 1er, p. 98; Dalloz, t. 2, p. 434.

3. [illegible]

[240] . . . .

[241] [illegible]

[242] [illegible]

(1) Le dernier alinéa ci-dessus a été ajouté à l'article par la loi du 14 juin 1841.

quatre heures de son arrivée, de faire viser son registre, et de faire son rapport.

Le rapport doit énoncer

Le lieu et le temps de son départ,

La route qu'il a tenue,

Les hasards qu'il a courus,

Les désordres arrivés dans le navire, et toutes les circonstances remarquables de son voyage. [Ord. 1681, liv. 1er, tit. 10, art. 4 et 5.]

243. Le rapport est fait au greffe, devant le président du tribunal de commerce.

Dans les lieux où il n'y a pas de tribunal de commerce, le rapport est fait au juge de paix de l'arrondissement.

Le juge de paix qui a reçu le rapport est tenu de l'envoyer, sans délai, au président du tribunal de commerce le plus voisin.

Dans l'un et l'autre cas, le dépôt en est fait au greffe du tribunal de commerce. [Ord. 1681, liv. 1er, tit. 10, art. 4.]

244. Si le capitaine aborde dans un port étranger, il est tenu de se présenter au consul de France, de lui faire un rapport, et de prendre un certificat constatant l'époque de son arrivée et de son départ, l'état et la nature de son chargement. [Ord. 1681, liv. 1er, tit. 9, art. 27.]

245. Si, pendant le cours du voyage, le capitaine est obligé de relâcher dans un port français, il est tenu de déclarer au président du tribunal de commerce du lieu les causes de sa relâche.

Dans les lieux où il n'y a pas de tribunal de commerce, la déclaration est faite au juge de paix du canton.

Si la relâche forcée a lieu dans un port étranger, la déclaration est faite au consul de France, ou, à son défaut, au magistrat du lieu. [Ord. 1681, liv. 1er, tit. 10, art. 6.]

246. Le capitaine qui a fait naufrage, et qui s'est sauvé seul ou avec partie de son équipage, est tenu de se présenter devant le juge du lieu, ou, à défaut de juge, devant toute autre autorité civile, d'y faire son rapport, de le faire vérifier par ceux de son équipage qui se seraient sauvés et se trouveraient avec lui, et d'en lever expédition. [C. comm., 238, 293, 302.]

247. Pour vérifier le rapport du capitaine, le juge reçoit l'interrogatoire des gens de l'équipage, et, s'il est possible, des passagers, sans préjudice des autres preuves.

Les rapports non vérifiés ne sont point admis à la décharge du capitaine, et ne font point foi en justice, excepté dans le cas où le capitaine naufragé s'est sauvé seul dans le lieu où il a fait son rapport.

La preuve des faits contraires est réservée aux parties. [Ord. 1681, liv. 1er, tit. 10, art. 7 et 8.]

248. Hors les cas de péril imminent, le capitaine ne peut décharger aucune marchandise avant d'avoir fait son rapport, à peine de poursuites extraordinaires contre lui. [Ord. 1681, liv. 1er, tit. 10, art. 9.]

249. Si les victuailles du bâtiment manquent pendant le voyage, le capitaine, en prenant l'avis des principaux de l'équipage, pourra contraindre ceux qui auront des vivres en particulier de les mettre en commun, à la charge de leur en payer la valeur. [Ord. 1681, liv. 2, tit. 1er, art. 31.]

TITRE V.

De l'Engagement et des Loyers des matelots et gens de l'équipage.

250. Les conditions d'engagement du capitaine et des hommes d'équipage d'un navire sont constatées par le rôle d'équipage, ou par les conventions des parties. [Ord. 1681, liv. 3, tit. 4, art. 1er.—C. comm., 191, 6°, 238, 319, 433, 633.]

---

2. Le rapport ne peut être un moyen de preuve, lorsque le registre du bord n'est pas représenté. — 21 juill. 1821, Aix. (*J. Mars.* 20.1.371.)

3. Les avaries donnant lieu à la réduction proportionnelle des droits de douanes sont valablement constatées par la déclaration du capitaine, faite dans les formes et délais prescrits prescrits par les lois spéciales des 6-22 août 1791 (tit. 2, art. 5 et 24), et du 4 germinal an 2 (tit. 3). — Il n'y a pas lieu d'appliquer les art. 242, 243 et 247, Cod. comm., qui règlent d'une manière générale les formes et délais de la déclaration du capitaine à son arrivée. — 10 juin 1823, Rej. (D. 23.1.138 ; C.n.7.—D.a.5.406.)

4. Les rapports des capitaines prescrits par les art. 242, 245, 245, 246 et 412, sont assujettis aux droits de timbre et d'enregistrement de 2 fr. (L. 28 avril 1816, art. 43) ; mais les relevés de ces actes, remis aux préfets pour être adressés au ministre de l'intérieur, en sont exempts, pourvu qu'il soit fait mention de cette destination. (15 juill. 1808, Décis. minist., et 12 oct. 1808, Inst. de la régie, n° 404.)

5. Les rapports des capitaines des navires capturés peuvent être visés pour timbre et enregistrés en débet, comme les rapports des capitaines des navires neufragés. (1 juill. 1809, Décis. minist., S.9.2.312.)

[243] — 1. Dans un port où il n'y a point de tribunal de commerce, mais où il existe un tribunal de première instance qui fait les fonctions de tribunal de commerce, le rapport du capitaine de navire doit être fait devant le président de ce tribunal, et non devant le juge de paix des lieux. — Boulay-Paty sur Émérigon, t. 2, p. 152, et *Dr. marit.*, t. 2, p. 125.

2. Le capitaine étranger qui aborde dans un port de France n'est pas tenu de faire son rapport devant les autorités françaises (le président du tribunal de commerce, ou, à son défaut, le juge de paix) ; ce rapport est valablement fait par le capitaine devant le consul de sa nation. — Par suite, les tribunaux français ne peuvent mettre à la charge du capitaine les avaries souffertes par les marchandises, sous prétexte que les accidents de mer qui les auraient occasionnées, ne seraient pas constatés par un rapport fait devant le président du tribunal de commerce, mais par un rapport fait devant le consul. — 25 nov. 1847, Cass. et rej. [S.V.48.1.66.] — Cela résulte aussi d'une circulaire ministérielle de 1853 (V. *Ibid.*, et d'un jugement de Marseille du 28 fév. 1857. — *Contrà*, Delvincourt, t. 1er, p. 144, et t. 2, p. 210 ; Pardessus, t. 3, n° 643.

[244] — 1. La constatation des avaries à la charge des assureurs, qui ont été éprouvées dans des mers lointaines et réparées dans un port étranger où il n'y a pas de consul français, n'est soumise à aucune forme rigoureuse : elle peut être valablement faite suivant les usages de ce port. — Et l'observation de ces usages [illegible] valablement constatée par un certificat émané de négociants de ce port, dont la signature a été légalisée par les autorités locales. — 22 fév. 1844, Bordeaux. [S.V.45.2.669.]

2. Suivant Émérigon, t. 2, p. 123 ; Valin, p. 173, et Boulay-Paty, *Dr. marit.*, t. 2, p. 125, le rapport doit être fait devant le magistrat du lieu, quoique sujet d'une puissance étrangère.

[245] — Sur les relâches forcées, voy. le tit. 6 de la loi des 6-22 août 1791, et l'art. 6, tit. 2 de celle du 4 germ. an 2.

[246] — 1. Le délai de vingt-quatre heures imposé au capitaine de vaisseau pour faire à l'autorité civile du lieu de son arrivée un rapport des faits détaillés en l'art. 242, C. comm., suppose que le vaisseau est entré spontanément dans un port ou dans une rade. L'obligation n'est pas également rigoureuse au cas de naufrage ou de relâche forcée. — 1er sept. 1813, Cass. (S.13.1.439 ; C.n.4.—D.a.2.40.)

2. Mais il faut dans ce cas que le délai soit aussi bref que possible. — Pardessus, t. 3, n° 569.

3. Suivant Boulay-Paty sur Émérigon, t. 2, p. 155, et *Dr. marit.*, t. 1er, p. 136, le rapport doit être fait dans les vingt-quatre heures, même au cas de naufrage.

4. La fausse déclaration faite sous la foi du serment, par les gens de l'équipage d'un navire naufragé, devant le juge auquel le capitaine fait son rapport sur le naufrage du navire et ses causes, constitue le crime de faux témoignage en matière civile. — 17 sept. 1836, Rej. [S.V.36.1.817.—D.p.37.1.159.]

[247] — 1. Le rapport du capitaine doit être vérifié devant le magistrat même qui l'a reçu. — Émérigon, p. 150 ; Boulay-Paty sur Émérigon, t. 2, p. 155 ; Pardessus, t. 3, n° 649.

2. Mais dans le cas de naufrage et autres événements où l'équipage d'un navire peut se trouver dispersé, le rapport du capitaine peut être vérifié par une autorité autre que celle qui l'a reçu. — Pardessus, t. 3, n° 642.

3. Le rapport non vérifié qui ne fait pas foi pour le capitaine peut lui être opposé. — Boulay-Paty, t. 2, p. 152 ; Locré, t. 2, p. 95.

4. Le capitaine qui a omis de faire mention d'un événement de force majeure dans son rapport, n'est admissible à l'établir par aucune autre preuve. — 3 août 1818, Aix. [C.n.5.]

5. Le rapport du capitaine, quoique non vérifié, peut néanmoins être pris en grande considération, lorsqu'on ne l'invoque pas pour la décharge du capitaine ; — notamment au cas où il s'agit d'établir, entre l'assuré et l'assureur, la vérité de l'avarie. — 11 juill. 1826, Bordeaux. [S.26.2.234 ; C.n.8.]

6. Quand un navire a péri corps et biens, et que tous les papiers du bord ont été perdus, le rapport du capitaine, qui a seul échappé au naufrage, fait foi en l'absence de toute autre pièce justificative, spécialement en l'absence du connaissement, de la réalité du chargement qu'il énonce. — 10 déc. 1849, Rej. [S.V.50.1.295.—D.p.50.1.76.] — Sic, Valin, sur l'art. 25, liv. 3, tit. 3 de l'ordonn. de 1681 ; Dageville, t. 3, p. 401.

7. La règle des art. 247 et 385, C. comm., d'après laquelle les armateurs, chargeurs, assureurs ou autres parties intéressées, sont admissibles à la preuve contraire aux faits contenus dans le rapport du capitaine, n'est applicable qu'au cas où la contestation s'élève entre les intéressés au navire ou au chargement et le capitaine, ou entre les assureurs et les assurés ; elle n'est pas applicable au cas où la contestation s'élève entre les intéressés au navire ou au chargement, et un tiers auquel ces derniers imputent quelque dommage arrivé au navire. Dans ce cas, si le rapport du capitaine établit que le tiers est resté étranger à la perte du navire, les juges peuvent, sans violer aucune loi, refuser d'admettre les armateurs ou assureurs à la preuve contraire. — 2 juill. 1858, Rej. [S.V.58.1.676.—D.p.58.1.322.—P.58.2.352.]

8. Pour que l'administration des douanes ne puisse pas réclamer les droits qui lui sont dus, sans acquit à caution, sur les marchandises d'un navire, il n'est pas nécessaire que l'échouement de ce navire soit constaté par la déclaration du capitaine, dûment vérifiée. — Cette déclaration peut être remplacée par des procès-verbaux dressés par des experts assermentés, et par des agents de l'administration des douanes. — 2 avril 1817, Rej. [C.n.5.]

[248 et 249]. . . . .

[250] — 1. Les engagements des matelots peuvent être prouvés par témoins. — Devilleneuve et Massé, v° Gens de l'équipage, n° 11 ; Boulay-Paty, t. 2, p. 167.

2. Tous changements et modifications apportés aux engagements des matelots, par exemple la réduction du salaire, doivent avoir lieu en présence du commissaire des classes. — 17 mars 1830, Trib. de Marseille. [*J. Mars.* 11.1.194.]

3. Le matelot est tenu de ses engagements, quoique le capitaine soit changé ou bien le navire. — Pothier, *Louage des matelots*, n° 176 ; Boulay-Paty, t. 2, p. 182.

4. Le matelot qui ne peut partir parce qu'il est détenu en raison d'un délit, est passible de dommages-intérêts s'il est condamné, mais non s'il est acquitté. — Pothier, n° 174 ; Boulay-Paty, t. 2, p. 181.

5. Le matelot qui s'engage pour le voyage d'aller, est présumé s'engager pour le voyage de retour. — 15 juin 1818, Trib. de Marseille. [*J. Mars.* 17.1.]

6. Mais si au lieu de faire son retour, le navire est frété pour aller ailleurs, le matelot peut alors quitter le navire. — Boulay-Paty, t. 2, p. 175.

7. Et dans ce cas, les matelots quoiqu'ils quittent,

251. Le capitaine et les gens de l'équipage ne peuvent, sous aucun prétexte, charger dans le navire aucune marchandise pour leur compte, sans la permission des propriétaires et sans en payer le fret, s'ils n'y sont autorisés par l'engagement. [Ord. 1681, liv. 3, tit. 4, art. 2. — C. comm., 239.]

252. Si le voyage est rompu par le fait des propriétaires, capitaine ou affréteurs, avant le départ du navire, les matelots loués au voyage ou au mois sont payés des journées par eux employées à l'équipement du navire. Ils retiennent pour indemnité les avances reçues.

Si les avances ne sont pas encore payées, ils reçoivent pour indemnité un mois de leurs gages convenus.

Si la rupture arrive après le voyage commencé, les matelots loués au voyage sont payés en entier aux termes de leur convention.

Les matelots loués au mois reçoivent leurs loyers stipulés pour le temps qu'ils ont servi, et en outre, pour indemnité, la moitié de leurs gages pour le reste de la durée présumée du voyage pour lequel ils étaient engagés.

Les matelots loués au voyage ou au mois reçoivent, en outre, leur conduite de retour jusqu'au lieu du départ du navire, à moins que le capitaine, les propriétaires ou affréteurs, ou l'officier d'administration, ne leur procurent leur embarquement sur un autre navire revenant audit lieu de leur départ. [Ord. 1681, liv. 3, tit. 4, art. 3. — C. comm., 238, 349.]

253. S'il y a interdiction de commerce avec le lieu de la destination du navire, ou si le navire est arrêté par ordre du Gouvernement avant le voyage commencé,

Il n'est dû aux matelots que les journées employées à équiper le bâtiment. [Ord. 1681, liv. 3, tit. 4, art. 4 et 5. — C. comm., 276, 299, 350.]

254. Si l'interdiction de commerce ou l'arrêt du navire arrive pendant le cours du voyage,

Dans le cas d'interdiction, les matelots sont payés à proportion du temps qu'ils auront servi;

Dans le cas de l'arrêt, le loyer des matelots engagés au mois court pour moitié pendant le temps de l'arrêt;

Le loyer des matelots engagés au voyage est payé aux termes de leur engagement. [Ord. 1681, liv. 3, tit. 4, art. 4 et 5.]

255. Si le voyage est prolongé, le prix des loyers des matelots engagés au voyage est augmenté à proportion de la prolongation. [Ord. 1681, liv. 3, tit. 4, art. 6.]

256. Si la décharge du navire se fait volontairement dans un lieu plus rapproché que celui qui est désigné par l'affrètement, il ne leur est fait aucune diminution. [Ord. 1681, liv. 3, tit. 4, art. 6.]

257. Si les matelots sont engagés au profit ou au fret, il ne leur est dû aucun dédommagement ni journées pour la rupture, le retardement ou la prolongation de voyage occasionnés par force majeure.

Si la rupture, le retardement ou la prolongation arrivent par le fait des chargeurs, les gens de l'équipage ont part aux indemnités qui sont adjugées au navire.

Ces indemnités sont partagées entre les propriétaires du navire et les gens de l'équipage, dans la même proportion que l'aurait été le fret.

Si l'empêchement arrive par le fait du capitaine ou des propriétaires, ils sont tenus des indemnités dues aux gens de l'équipage. [Ord. 1681, liv. 3, tit. 4, art. 7. — C. comm., 228.]

258. En cas de prise, de bris et naufrage, avec perte entière du navire et des marchandises, les matelots ne peuvent prétendre aucun loyer.

Ils ne sont point tenus de restituer ce qui leur a été avancé sur leurs loyers. [Ord. 1681, liv. 3, tit. 4, art. 8. — C. comm., 246, 300, 304, 327.]

259. Si quelque partie du navire est sauvée, les matelots engagés au voyage ou au mois sont payés de leurs loyers échus sur les débris du navire qu'ils ont sauvés.

Si les débris ne suffisent pas, ou s'il n'y a que des marchandises sauvées, ils sont payés de leurs loyers subsidiairement sur le fret. [Ord. 1681, liv. 3, tit. 4, art. 9. — C. comm., 327, 428.]

260. Les matelots engagés au fret sont payés de leurs loyers seulement sur le fret, à proportion de celui que reçoit le capitaine. — [Ord. 1681, liv. 3, tit. 4, art. 9.]

---

ont le droit de demander l'entier salaire, même les frais de séjour et de retour. — Boulay-Paty, *loc. cit.*

8. Les gages et salaires des capitaines de navires sont saisissables : le privilége d'insaisissabilité établi par l'ordonn. du 1er nov. 1745 en faveur des matelots, doit être limité aux simples matelots proprement dits. — 3 juin 1839, Aix. [S.20.2.303; C.n.6. — D.p.20.2.181.] — *Id.* 24 juin 1834, Aix. (*J. Mars.*, 14.1.178.) — *Sic*, Boulay-Paty, t. 2, p. 183; Massé, t. 6, no 518. V. aussi Pardessus, t. 3, p. 160 (2e édit.); Roger, *Saisie-arrêt*, no 205.

9. Une ordonnance du 1er nov. 1745 défend aux officiers de prêter, pendant le cours des voyages, aux matelots. — D'après un décret du 4 mars 1852, les dispositions de cette ordonnance sont applicables à tout marin faisant partie de l'équipage d'un navire de commerce.

10. Les rôles d'équipage et les engagements des matelots et des gens de mer sont exempts de la formalité de l'enregistrement. (L. 22 frim. an 7, art. 70, § 3, no 13.)

[251] — 1. Le *port permis*, c'est-à-dire la faculté de charger une pacotille sans fret, ne peut être cédé à un tiers. — Boulay-Paty, t. 2, p. 186.

2. Le donneur d'une pacotille à moitié, doit payer le fret sur la marchandise, si le matelot lui a fait connaître qu'il n'avait pas de *port permis*; s'il la lui a laissé ignorer, ce dernier doit payer le fret, soit sur sa part dans les bénéfices, soit sur ses biens personnels. — Valin, p. 393; Boulay-Paty, t. 2, p. 192.

[252] — 1. Le voyage est censé commencé dans le sens de l'art. 252, lorsque le vaisseau a mis à la voile et a fait route au moins pendant vingt-quatre heures. — Boulay-Paty, t. 2, p. 198.

2. Le droit de conduite appartient aux matelots, quoiqu'ils se soient embarqués sur un autre navire, et qu'ils y aient gagné des salaires. — Trib. de Marseille. (*J. Mars.* 7.1.171.)

3. Lorsque le voyage entrepris au port de l'armement principal est suivi de voyages successivement entrepris dans d'autres ports, ces derniers ne sont considérés que comme des échelles, et par suite les matelots ont toujours droit à la conduite dans leurs quartiers. — 16 nov. 1826, Trib. de Marseille. (*J. Mars.* 7.1.325.)

4. Les matelots ne sont pas censés avoir renoncé au droit de conduite dans leurs quartiers par cela seul que leur engagement porte la clause que le navire pourra être désarmé ailleurs à la volonté de l'armateur. — 16 nov. 1826, Trib. de Marseille. (*J. Mars.* 7.1.333.)

5. Le droit de conduite ne peut être compensé avec ce que les matelots doivent à l'armateur. — 15 juill. 1833, Trib. de Marseille. (*J. Mars.* 13.1.287.)

6. Il est interdit de déroger, par des conventions particulières, à la disposition du § 5 de l'art. 252. (Décret du 4 mars 1852.)

[253 et 254] . . . .

[255] — 1. Les gens de l'équipage qui voyagent *à la part* n'ont droit contre leur capitaine à aucune indemnité pour les jours de séjour qu'ils ont été obligés de faire. — 22 mai 1829, Trib. de Marseille. (*J. Mars.* 11.1.247.)

2. Il n'y a lieu à augmentation de salaire qu'autant que la prolongation du voyage est volontaire; il en serait autrement si elle était forcée. — Delvincourt, t. 2, p. 212; Boulay-Paty, t. 2, p. 213. — V. cependant Devilleneuve et Massé, vo *Gens de l'équipage*, no 54.

[256] — 1. Si le voyage est raccourci par un fait de force majeure, il y a lieu de diminuer à proportion le salaire du matelot. — Valin, p. 399; Locré, t. 3, p. 111; Delvincourt, t. 2, p. 212, no 4; Boulay-Paty, t. 2, p. 215; Devilleneuve et Massé, vo *Gens de l'équipage*, no 55.

2. Même dans le cas où le voyage est volontairement raccourci, les matelots au mois ne doivent être payés que pendant le temps qu'ils ont servi. — Devilleneuve et Massé, vo *Gens de l'équipage*, no 56. — Suivant Boulay-Paty, t. 2, p. 216, on devrait leur payer en sus la moitié des salaires qu'ils auraient gagnés si le voyage avait eu la durée présumée.

[257] — Si l'empêchement arrive par le fait du capitaine, l'armateur est responsable, à moins que le capitaine ait été choisi par l'équipage. — Boulay-Paty, t. 2, p. 219; Boucher, sur l'art. 257.

[258] — 1. *Quid*, si le navire, qui a fait heureusement le voyage *d'aller*, périt au *retour*? — Décidé que dans ce cas les matelots ne peuvent prétendre aucun loyer sur le fret gagné par le navire dans le voyage d'aller. — 24 juillet 1834, Bordeaux. (S.V.34.2.419. — D.p.34.2.223.) — *Sic*, Valin, p. 402, Bécane sur Valin, p. 400; Delaporte, sur l'art. 258.

2. La question a été ainsi décidée par un jugement de Marseille, du 15 février 1831, mais dans une espèce où les matelots avaient reçu, lors du départ, des avances excédant le taux des salaires dus pour le voyage d'aller. (*J. Mars.* 13.1.72.)

3. Suivant Émérigon, t. 2, p. 263, les matelots peuvent prendre dans ce cas leur salaire d'aller et de retour sur le fret d'aller.

4. Une troisième opinion consiste à dire que les gens de l'équipage peuvent prélever sur le fret acquis du voyage de l'aller les loyers qui leur sont dus pour ce voyage, mais non pas ceux dus pour le voyage de retour. — 29 déc. 1831, Rouen. (S.V.32.2.160. — D.p.32.2.114.) — *Id.* 1er avril 1841, Rennes. (S.V.41.2.351. — D.p.41.2.228.) — *Id.* 5 janv. 1839, Trib. de Marseille. (*J. Mars.* 11.1.223.) — *Sic*, Boulay-Paty, sur Émérigon, t. 2, p. 266, et *Droit maritime*, t. 2, p. 222 et s.; Devilleneuve et Massé, vo *Gens de l'équipage*, no 66; Dageville, t. 2, p. 312; Pardessus, t. 3, no 681; Locré, t. 2, p. 113.

5. Enfin, suivant Delvincourt, t. 2, p. 212 et 213, le fret de l'aller répondrait de la moitié des loyers, soit de l'aller, soit de retour.

[259] — 1. Le privilége résultant de cet article s'exerce même sur le fret acquis et encaissé antérieurement. — 8 avril 1830; Marseille. (*J. de Mars.* 11.1.253.)

2. Jugé encore que les matelots engagés pour plusieurs voyages peuvent, indépendamment des droits que leur donne l'art. 258, se faire payer de leur loyer sur le fret acquis par l'armateur dans un voyage auquel ils ont concouru antérieurement à celui pendant lequel le navire a péri. — 27 juin 1831, Trib. de Bordeaux. (*Jur. comm. de Bordeaux*, 8.1.242.)

3. L'action en paiement des salaires dus aux matelots après le naufrage du navire, doit être dirigée contre celui qui détient le prix provenant de la vente des objets sauvés, et non contre l'armateur ou le capitaine. — 15 fév. 1831, Trib. de Marseille. (*J. Mars.* 12.1.73.)

4. Faut-il, pour que les matelots soient payés de leurs loyers sur les débris du navire, qu'ils aient travaillé à les sauver? — Oui, suivant Boulay-Paty, t. 2, p. 224; Boucher, sur l'art. 259; Delvincourt, t. 2, p. 243, no 4. — Non, suivant Valin, p. 404. — D'après Pothier, *Louage des matelots*, no 187, ceux qui ont travaillé à sauver quelques effets ont privilége avant tous les autres sur les effets qu'ils ont sauvés.

5. Lorsque les gens de mer sont payés sur les débris du navire, par préférence à des créanciers qui les auraient primés s'il se fût agi de la distribution du prix du navire entier, ces derniers ne sont pas subrogés aux gens de mer pour réclamer le fret sur lequel ils auraient pu être payés par privilége. — Pardessus, t. 3, no 936.

[260] — Le matelot qui est à la part ne peut exiger, outre sa part dans les bénéfices, le paiement de

261. De quelque manière que les matelots soient loués, ils sont payés des journées par eux employées à sauver les débris et les effets naufragés. [Ord. 1681, liv. 3, tit. 4, art. 9.]

262. Le matelot est payé de ses loyers, traité et pansé aux dépens du navire, s'il tombe malade pendant le voyage, ou s'il est blessé au service du navire. [Ord. 1681, liv. 3, tit. 4, art. 11. — C. comm., 400, 6°.]

263. Le matelot est traité et pansé aux dépens du navire et du chargement, s'il est blessé en combattant contre les ennemis et les pirates. [Ord. 1681, liv. 3, tit. 4, art. 11. — C. comm., 400, 6°.]

264. Si le matelot, sorti du navire sans autorisation, est blessé à terre, les frais de ses pansement et traitement sont à sa charge : il pourra même être congédié par le capitaine.

Ses loyers, en ce cas, ne lui seront payés qu'à proportion du temps qu'il aura servi. [Ord. 1681, liv. 3, tit. 4, art. 12.]

265. En cas de mort d'un matelot pendant le voyage, si le matelot est engagé au mois, ses loyers sont dus à sa succession jusqu'au jour de son décès.

Si le matelot est engagé au voyage, la moitié de ses loyers est due s'il meurt en allant ou au port d'arrivée.

Le total de ses loyers est dû s'il meurt en revenant.

Si le matelot est engagé au profit ou au fret, sa part entière est due s'il meurt le voyage commencé.

Les loyers du matelot tué en défendant le navire sont dus en entier pour tout le voyage, si le navire arrive à bon port. [Ord. 1681, liv. 3, tit. 4, art. 13, 14 et 15.]

266. Le matelot pris dans le navire et fait esclave ne peut rien prétendre contre le capitaine, les propriétaires ni les affréteurs, pour le paiement de son rachat.

Il est payé de ses loyers jusqu'au jour où il est pris et fait esclave. [Ord. 1681, liv. 3, tit. 4, art. 16.]

267. Le matelot pris et fait esclave, s'il a été envoyé en mer ou à terre pour le service du navire, a droit à l'entier paiement de ses loyers.

Il a droit au paiement d'une indemnité pour son rachat, si le navire arrive à bon port. [Ord. 1681, liv. 3, tit. 4, art. 17.]

268. L'indemnité est due par les propriétaires du navire, si le matelot a été envoyé en mer ou à terre pour le service du navire.

L'indemnité est due par les propriétaires du navire et du chargement, si le matelot a été envoyé en mer ou à terre pour le service du navire et du chargement. [Ord. 1681, liv. 3, tit. 4, art. 17.]

269. Le montant de l'indemnité est fixé à six cents francs.

Le recouvrement et l'emploi en seront faits suivant les formes déterminées par le Gouvernement, dans un règlement relatif au rachat des captifs. [Ord. 1681, liv. 3, tit. 4, art. 18.]

270. Tout matelot qui justifie qu'il est congédié sans cause valable a droit à une indemnité contre le capitaine.

L'indemnité est fixée au tiers des loyers, si le congé a lieu avant le voyage commencé.

L'indemnité est fixée à la totalité des loyers et aux frais du retour, si le congé a lieu pendant le cours du voyage.

Le capitaine ne peut, dans aucun des cas ci-dessus, répéter le montant de l'indemnité contre les propriétaires du navire.

Il n'y a pas lieu à indemnité, si le matelot est congédié avant la clôture du rôle d'équipage.

Dans aucun cas le capitaine ne peut congédier un matelot dans les pays étrangers. [Ord. 1681, liv. 3, tit. 4, art. 10.]

271. Le navire et le fret sont spécialement affectés aux loyers des matelots. [Ord. 1681, liv. 3, tit. 4, art. 19. — C. comm., 191, 280, 307, 428.]

272. Toutes les dispositions concernant les loyers, pansement et rachat des matelots, sont communes aux officiers et à tous autres gens de l'équipage. [Ord. 1681, liv. 3, tit. 4, art. 21.]

TITRE VI.

Des Chartes-Parties, Affrétements ou Nolissements.

273. Toute convention pour louage d'un vaisseau, appelée *charte-partie, affrètement* ou *nolissement*, doit être rédigée par écrit.

Elle énonce

Le nom et le tonnage du navire,

Le nom du capitaine,

Les noms du fréteur et de l'affréteur,

Le lieu et le temps convenus pour la charge et pour la décharge,

Le prix du fret ou nolis,

Si l'affrètement est total ou partiel,

L'indemnité convenue pour les cas de retard. [Ord. 1681, liv. 3, tit. 1er, art. 1 et 3. — C. comm., 226, 280, 633.]

---

son travail. — 31 octobre 1845, Trib. de Marseille. (*J. Mars.* 25.1.76.)

[261] . . . .

[262] — 1. Cet article est applicable non-seulement au cas où le matelot est traité à bord du navire, mais aussi à celui où il est traité à terre, dans un hospice, et où ensuite il a été rapatrié aux frais du navire. Dans ce cas, il a droit à ses loyers pour toute la durée du voyage, et non pas seulement en proportion du temps pendant lequel il a servi à bord du navire. — 4 juin 1850, Cass. (S.V.50.1.807.)

2. Cette décision est conforme à l'avis de Valin, sur l'art. 11, tit. 4, liv. 3, de l'ordonnance de 1681. D'après cet auteur, si, dans une relâche, un matelot tombe malade, le maître n'est pas obligé de l'attendre et de retarder son voyage pour lui, mais ses gages ne lui sont pas moins dus en entier, quoiqu'il n'ait pas servi à la navigation. — Émérigon, ch. 12, sect. 41, § 14, se prononce dans le même sens. V. aussi Dageville, sur l'art. 262, et Boulay-Paty, t. 2, p. 231.

3. Si le matelot, auquel le capitaine, après la rupture volontaire du voyage en pays étranger, a procuré le passage sur un autre navire, tombe malade, l'armateur doit supporter, outre les frais de passage, ceux de maladie. — 27 juin 1833, Trib. de Marseille. (*J. Mars.* 13.1.263.)

4. L'obligation des armateurs de pourvoir aux frais de maladie des matelots mis à terre pendant tout le temps de leur séjour dans les hôpitaux, ne saurait être limitée par des usages contraires. — 27 août 1839, Cons. d'État. (S.V.40.2.130. D.P.40.3.80.)

5. Il est interdit de déroger par des conventions particulières à l'art. 262, Cod. comm. (Décret, 4 mars 1852.)

6. Toutefois, le bénéfice de l'art. 262 n'est point acquis à tout marin débarqué, à compter du jour où il embarque avec salaire sur un autre bâtiment. (Même décret.)

[263] — 1. L'art. 263 est applicable au passager qui, ayant pris les armes à la réquisition du capitaine, a été blessé. — Pothier, *des Assurances*, nº 145; Boulay-Paty, t. 2, p. 236.

2. Les chargeurs ne sont tenus de contribuer que lorsque le combat dans lequel le matelot a été blessé a procuré la conservation des marchandises. — Pothier, *Louage des matelots*, nº 191; Boulay-Paty, t. 2, p. 236.

3. L'art. 263 serait également applicable si le matelot avait été blessé en faisant la manœuvre pendant le combat. — Pothier et Boulay-Paty, *loc. cit.*

4. On ne peut déroger à cet article par des conventions particulières. (Décret, 4 mars 1852.)

5. Toutefois, le bénéfice de cet article n'est point acquis à tout marin débarqué, à compter du jour où il embarque avec salaire sur un autre navire. (Même décr.)

[264] — Il en serait de même, suivant Valin, p. 437, dans le cas où le matelot serait sorti du navire avec congé. — Mais cette opinion est combattue, avec raison, par Boulay-Paty, t. 2, p. 237, et Locré, t. 2, p. 118.

[265] — 1. Cet article est applicable au cas où le matelot s'est tué en faisant la manœuvre durant le combat. — Valin, p. 441; Boulay-Paty, t. 2, p. 245.

2. Les loyers du matelot tué doivent être payés sur le navire, comme sur la cargaison, si elle a été sauvée. — Pothier, *Louage des matelots*, nº 197; Boulay-Paty, t. 2, p. 245.

3. Nulle convention particulière ne peut déroger aux dispositions de l'art. 265. (Décret, 4 mars 1852.)

[266 et 267] . . . .

[268] — Si le matelot avait été envoyé à terre pour le service de la cargaison seule, l'indemnité devrait être supportée en entier par la cargaison. — Delvincourt, t. 2, p. 246; Boulay-Paty, t. 2, p. 250. — V. Valin, p. 412.

[269] — Le règlement auquel se réfère cet article n'a pas encore, que nous sachions, été publié.

[270] — 1. Les frais de retour de l'équipage, au cas de naufrage en pays étranger, sont à la charge de l'armateur. L'emprunt à la grosse contracté par un [illegible] pour assurer ce retour est donc obligatoire pour l'armateur. — 29 déc. 1851, Rouen. (S.V.52.2.160. — D.P.52.2.114.)

2. Il est interdit de déroger par des conventions particulières aux dispositions de l'art. 270. (Décret, 4 mars 1852.)

[271] — Les matelots engagés pour un voyage à la part doivent être payés sur le fret, nonobstant toute saisie-arrêt formée par les créanciers du capitaine. — 17 mai 1848, Trib. de Marseille. (*J. Mars.* 27.1.337.) — V. dans ce sens, Boulay-Paty, t. 2, p. 258.

[272] . . . .

[273] — 1. Pour les actes dont il s'agit dans cet article, l'écriture est prescrite à peine de nullité. — 28 oct. 1843, Trib. de Bordeaux. (*Mémor. de Bordeaux*, 1843.1.31.) — Sic, Pardessus, nº 708; Massé, t. 6, nº 200.

2. *Id.*, Même lorsque le chargement est fait à cueillette. — 4 oct. 1837, Tribunal de Marseille. (*J. Mars.* 17.1.135.)

3. *Contrà*, Valin, p. 324; Pothier, *Charte-partie*, nº 15; Pardessus, t. 3, nº 708; Boulay-Paty, t. 2, p. 268; Locré, t. 2, p. 132.

4. *Id.*, Surtout lorsqu'il s'agit du transport d'une marchandise dans un port voisin, par un navire voyageant au petit cabotage. — 2 avril 1846, Aix. (*Journ. Mars.* 25.1.237.)

5. D'ailleurs, le capitaine ne pourrait se prévaloir du défaut d'écriture, après avoir exécuté en partie le contrat verbal, en chargeant une partie des marchandises et en recevant une note détaillée de toutes. — 8 juin 1838, Trib. de Marseille. (*J. Mars.* 15.1.157.)

6. L'obligation de remplir une certaine quantité de marchandises pour le chargement d'un navire résulte suffisamment de la promesse qui en a été faite par correspondance. — En conséquence, quoiqu'il n'existe pas de charte-partie, et quoique le fret n'ait pas été fixé entre les contractants, celui qui a promis de charger est tenu, en cas d'inexécution de sa part, de payer le demi-fret de la quantité de marchandises qu'il avait annoncée. — 24 juin 1839, Ile-Bourbon. (P.25.2.1.177.)

7. En absence d'une charte-partie [illegible] par écrit [illegible] au moyen de la preuve testimoniale. — Pardessus, t. 3, nº 708. — V. Boulay-Paty, t. 2, p. 268; Goujet et Merger, vº *Charte-partie*, nº 7.

8-9. Il peut être établi au moyen du serment décisoire. — 27 juin 1845, Trib. de Marseille. (*J. Mars.* 24.1.237.) — Sic, Favard, vº *Charte-Partie*, nº 3;

274. Si le temps de la charge et de la décharge du navire n'est point fixé par les conventions des parties, il est réglé suivant l'usage des lieux. [Ord. 1681, liv. 3, tit. 1er, art. 4.]

275. Si le navire est frété au mois, et s'il n'y a convention contraire, le fret court du jour où le navire a fait voile. [Ord. 1681, liv. 3, tit. 1er, art. 5. — C. comm., 300.]

276. Si, avant le départ du navire, il y a interdiction de commerce avec le pays pour lequel il est destiné, les conventions sont résolues sans dommages-intérêts de part ni d'autre.

Le chargeur est tenu des frais de la charge et de la décharge de ses marchandises. [Ord. 1681, liv. 3, tit. 1er, art. 7. — C. comm., 253, 299.]

[illegible]

277. S'il existe une force majeure qui n'empêche que pour un temps la sortie du navire, les conventions subsistent, et il n'y a pas lieu à dommages-intérêts à raison du retard.

Elles subsistent également, et il n'y a lieu à aucune augmentation de fret, si la force majeure arrive pendant le voyage. [Ord. 1681, liv. 3, tit. 1er, art. 8.—C. c., 1148.]

278. Le chargeur peut, pendant l'arrêt du navire, faire décharger ses marchandises à ses frais, à condition de les recharger ou d'indemniser le capitaine. [Ord. 1681, liv. 3, tit. 1er, art. 9.]

279. Dans le cas de blocus du port pour lequel le navire est destiné, le capitaine est tenu, s'il n'a des ordres contraires, de se rendre dans un des ports voisins de la même puissance où il lui sera permis d'aborder.

280. Le navire, les agrès et apparaux, le fret et les marchandises chargées, sont respectivement affectés à l'exécution des conventions des parties. [Ord. 1681, liv. 3, tit. 1er, art. 11.—C. comm., 271, 315, 334.]

TITRE VII.

Du Connaissement.

281. Le connaissement doit exprimer la nature et la quantité ainsi que les espèces ou qualités des objets à transporter.

Il indique

Le nom du chargeur,

Le nom et l'adresse de celui à qui l'expédition est faite,

Le nom et le domicile du capitaine,

Le nom et le tonnage du navire,

Le lieu du départ et celui de la destination.

Il énonce le prix du fret.

Il présente en marge les marques et numéros des objets à transporter.

Le connaissement peut être à ordre, ou au porteur, ou à personne dénommée. [Ord. 1681, liv. 3, tit. 2, art. 2.—C. comm., 136 et s., 222, 226, 313, 344, 426.]

282. Chaque connaissement est fait en quatre originaux au moins :

Un pour le chargeur,

Un pour celui à qui les marchandises sont adressées,

Un pour le capitaine,

Un pour l'armateur du bâtiment.

Les quatre originaux sont signés par le chargeur et par le capitaine, dans les vingt-quatre heures après le chargement.

Le chargeur est tenu de fournir au capitaine, dans le même délai, les acquits des marchandises chargées. [Ord. 1681, liv. 3, tit. 2, art. 1, 3 et 4.—C. c., 1325; C. comm., 344.]

---

4. Mais on ne doit pas considérer comme une interdiction de commerce les hostilités entre deux nations dont ne fait point partie celle dont l'affréteur du navire est sujet, quoique ces hostilités puissent exposer les neutres à des saisies ou à des formalités extraordinaires, et faire craindre des prises ou détentions injustes.—Pardessus, *loc. cit.*

5. Il en serait de même de l'état de guerre avec un pays autre que celui pour lequel le navire est destiné. —Pothier, *Charte-partie*, n° 99; Boulay-Paty, t. 2, p. 386.

6. L'arrestation d'un navire étranger par suite d'une mesure de police, sans limitation de durée, donne aux affréteurs le droit de demander la résolution de la charte-partie, sans indemnité réciproque. — 30 sept. 1835, Trib. de Marseille. [*J. Mars.* 1.31.333.]

7. Il y a encore lieu à résolution de la charte-partie, lorsqu'un capitaine étranger a nolisé son navire dans un port français pour un port étranger, et que l'agent diplomatique de sa nation lui fait défense, avant le départ, de se rendre au port de la destination. — 8 août 1821, Trib. de Marseille. [*J. Mars.* 3.1.261.]

8. L'interdiction de ses ports faite par une puissance aux navires neutres qui auraient touché les ports d'une puissance avec laquelle elle est en guerre, rentre dans les cas de *restriction de puissance* prévus par notre article, et donne, par conséquent, lieu au paiement des indemnités stipulées. — Cette interdiction ne peut être assimilée à une interdiction absolue de commerce, dans le sens de l'art. 276, Cod. comm., et dès lors, elle ne donne pas lieu à la résolution, sans dommages-intérêts, des conventions intervenues entre le chargeur et le propriétaire du navire. — 27 nov. 1847, Paris. [S.V.48.2.233.]

9. Lorsqu'un navire a été affrété pour aller dans un lieu prendre une certaine espèce de marchandise et la transporter dans un autre, il y a lieu de déclarer résilié le contrat de charte-partie si, à l'arrivée du navire dans le lieu de chargement, l'exportation de la marchandise qu'il doit transporter se trouve défendue. — 1er mai 1848, Rej. [S.V.48.1.396.] — V. sur ce point, Massé, t. 5, n° 140.

[277] — 1. Les retards occasionnés par les visites de la douane sont un événement de force majeure dans le sens de cet article. — 16 déc. 1830, Bruxelles. [*J. Brux.* 1831.1.8.]

2. Si un navire est frété avec un délai déterminé de livraison, l'affréteur à qui il n'est pas livré après ce délai a droit à des dommages-intérêts, alors même que le retard serait fondé sur la nécessité des réparations. — 12 mai 1828, Trib. de Marseille. [*J. Mars.* 9.1.233.]

[278] — 1. *Quid* si le capitaine ayant déchargé les marchandises, l'affréteur ne les recharge pas? — Dans ce cas, le capitaine a droit à une indemnité, à compter du jour de la mise en demeure, ou au demi-fret, si l'affréteur déclare ne pas vouloir recharger, ou enfin au fret entier, si celui-ci, sans faire cette déclaration aux personnes du capitaine, laisse partir le navire.—Valin, p. 338; Boulay-Paty, t. 2, p. 294.

2. Cependant l'affréteur est dispensé de recharger les marchandises si elles se sont gâtées, malgré ses soins, à moins qu'il ne pût les remplacer.—Valin et Boulay-Paty, *loc. cit.*; Pothier, *Charte-partie*, n° 102.

[279 et 280.] . . . .

[281] — 1. Il n'est pas nécessaire que le nom du véritable propriétaire de la marchandise soit énoncé dans le connaissement.—Boulay-Paty, t. 2, p. 310.

2. Une erreur dans les noms ne serait d'aucune importance, pourvu que les personnes fussent suffisamment désignées. — Pothier, *Charte-partie*, n° 17; Boulay-Paty, t. 2, p. 311.

3. Un connaissement portant qu'*une somme de* ... (le chiffre de la somme sans autre désignation) est chargée sur le navire, peut être considéré comme exprimant suffisamment la nature, la quantité et les espèces ou qualités des objets à transporter : on doit entendre que la somme chargée est une somme d'argent de France, et cela, encore bien que le connaissement ait été souscrit aux colonies [illegible]. L'arrêt qui le décide ainsi ne renferme qu'une appréciation d'acte et de faits à l'abri de la censure de la Cour de cassation. — 8 nov. 1832, Rej. [S.V.32.1.806.—D.P.33.1.44.]

4. Le défaut de détermination du fret dans le connaissement, et même l'absence de toute stipulation à cet égard, n'entraînent pas la nullité du connaissement. En ce cas, il y a lieu à fixation d'un fret d'après le taux du commerce. — 8 nov. 1832, Rej. [S.V.32.1.806.—D.P.33.1.44.] — V. *supra*, sur l'art. 273, n° 16.

5. A défaut de connaissement ou en cas de connaissement irrégulier, il peut être suppléé par des actes probatoires, tels que les acquits des droits, les manifestes. —De Luca, *Dec.* 106, n° 17; Boulay-Paty, t. 2, p. 307; Dageville, t. 2, p. 285.

6. Toutefois, la charte-partie ne peut suppléer le connaissement, bien que le connaissement puisse, lui, tenir lieu de la charte-partie. — Boulay-Paty, t. 2, p. 300. —V. *supra*, art. 273, n° 19.

7. La propriété du chargement d'un navire est valablement transmise, même à l'égard du véritable propriétaire, par la remise d'un connaissement faite par le capitaine à celui que cet acte désigne comme chargeur. —Peu importe que le chargement ait ensuite été expédié à la consignation du véritable propriétaire et par son propre navire. — 11 juill. 1837, Rej. [S.V.37.1.785.—P.37.2.354.]

8. Le connaissement n'est point attributif de propriété au profit du chargeur, et ne lui donne que le droit de disposer de la consignation.—4 oct. 1839, Trib. de Marseille. [*J. Mars.* 18.1.245.] —V. aussi le n° 18.

9. La négociation des connaissements, par la voie de l'endossement, était permise sous l'empire des ordonnances de 1673 et 1681, comme elle l'a été depuis la législation nouvelle; l'art. 281, Cod. comm., n'est pas en cela introductif d'un droit nouveau. —15 juill. 1819, Rej. [S.20.1.3; C.N.6.—D.A.9.934.]

10. Quand le connaissement est à personne désignée, il n'appartient pas à celui-ci de le rendre, de son chef, négociable par la voie de l'endos.—Troplong, *Nantissement*, n° 337.

11. L'endossement d'un connaissement à ordre n'opère transport qu'autant qu'il est régulier, et notamment, qu'il énonce la valeur fournie; s'il est irrégulier, il ne vaut que comme procuration.—1er mars 1843, Cass. [S.V.43.1.185.—D.P.43.1.155.—P.43.1.567.] — *Id.* 30 juill. 1843, Amiens. [S.V.44.2.6.—D.P.44.2.98.—P.44.2.272.] — *Id.* 30 janv. 1850, Rej. [S.V.50.1.241.—D.P.50.1.50.] — *Sic*, Boulay-Paty, t. 2, p. 314; Troplong, n° 333; Devilleneuve, t. 41.2.257 et t. 50.1.241.

12. Jugé en sens contraire. — 5 janv. 1844, Douai. [S.V.44.2.187.] — *Id.* (motifs) 9 déc. 1847, Rouen. [S.V.48.2.201.] — *Sic*, Massé, t. 6, n° 408.

13. La propriété de la marchandise désignée dans un connaissement qui n'est ni *à ordre* ni *au porteur*, mais à personne dénommée, ne peut être transmise par voie d'endossement. —15 mai 1843, Trib. de Bordeaux. [*Mém. de Bordeaux*, 8.1.138.] — *Contrà*, 13 mai 1842. [*J. Mars.* 23.2.137.]

14. Lorsque le connaissement est à ordre, le capitaine ne doit remettre les marchandises qu'à celui qui est porteur de l'original revêtu de l'ordre du chargeur. Il ne pourrait pas les remettre, à peine de dommages, à celui qui a obtenu le permis de déchargement de la douane, s'il n'est pas muni du connaissement. — 1er mai 1852, Bruxelles. [*J. Brux.* 1852.1.302.]

15. La circonstance que le premier endosseur d'un connaissement à ordre, ne l'aurait reçu qu'à titre de gage, ne peut préjudicier à un tiers auquel il a été endossé régulièrement, s'il n'est pas prouvé que son endossement a eu lieu frauduleusement et qu'il a lui-même participé à la fraude. — 22 juill. 1830, Bruxelles. [*J. Brux.* 1830.2.264.]

16. Le porteur d'un connaissement n'est passible d'aucune des exceptions d'erreur, de violence ou de dol qui pourraient être opposées aux porteurs qui le précèdent.—Massé, t. 4, n° 57.

17. Sous l'empire de l'ancienne législation, le connaissement n'était pas un titre suffisant entre les mains du consignataire ou commissionnaire, pour opérer nantissement et lui donner privilège sur les effets du chargement, à raison des avances par lui faites à son commettant. — 8 fruct. an 12, Rej. [S.16.1.314; C.N.1.]

18. Le porteur d'un connaissement, transmis par la voie de l'ordre n'a pas privilège sur les marchandises mentionnées au connaissement. — Il n'a que le droit d'en poursuivre la vente. — 28 juin 1826, Rej. [S.27.1.263; C.N.8.—D.P.26.1.314.] —V. encore le n° 8.

19. Les connaissements sont soumis au timbre, et en cas de contravention, il y a lieu à une amende de 30 fr., payable solidairement par le chargeur et le capitaine. (L. 11 juin 1842, art. 7.) — Ils sont aussi assujettis au droit fixe d'enregistrement de 2 fr. (L. 28 avril 1816, art. 44, n° 6.) — Il est dû un droit par chaque personne à qui les envois sont faits. (L. 22 frim. an 7, art. 68, § 1er, n° 20.)

[282] — 1. Il n'est pas nécessaire que la mention du nombre d'originaux d'un connaissement soit faite sur chacun d'eux, ni que le capitaine écrive lui-même ceux qu'il délivre ; mais il doit remplir de sa main les quantités des objets dont il se charge, et son exemplaire doit être signé des chargeurs. — Pardessus, t. 3, n° 725.

2. L'énonciation que l'acte a été dressé en quatre originaux fait pleine foi contre l'armateur, et ne peut être détruite par l'allégation de ce dernier qu'il n'a pas reçu l'original qui lui était destiné... peu importe d'ailleurs que cet acte ne se trouvât pas énoncé parmi les pièces de bord. — 8 nov. 1832, Rej. [S.V.32.1.806.—D.P.33.1.44.]

283. Le connaissement rédigé dans la forme ci-dessus prescrite fait foi entre toutes les parties intéressées au chargement, et entre elles et les assureurs.

284. En cas de diversité entre les connaissements d'un même chargement, celui qui sera entre les mains du capitaine fera foi, s'il est rempli de la main du chargeur, ou de celle de son commissionnaire; et celui qui est présenté par le chargeur ou le consignataire sera suivi, s'il est rempli de la main du capitaine. [Ord. 1681, liv. 3, tit. 2, art. 6.]

285. Tout commissionnaire ou consignataire qui aura reçu les marchandises mentionnées dans les connaissements ou chartes-parties sera tenu d'en donner reçu au capitaine qui le demandera, à peine de tous dépens, dommages-intérêts, même de ceux de retardement. [Ord. 1681, liv. 3, tit. 2, art. 5. — C. comm., 305.]

TITRE VIII.

Du Fret ou Nolis.

286. Le prix du loyer d'un navire ou autre bâtiment de mer est appelé *fret* ou *nolis*.

Il est réglé par les conventions des parties.

Il est constaté par la charte-partie ou par le connaissement.

Il a lieu pour la totalité ou pour partie du bâtiment, pour un voyage entier ou pour un temps limité, au tonneau, au quintal, à forfait, ou à cueillette, avec désignation du tonnage du vaisseau. [Ord. 1681, liv. 3, tit. 3, art. 1er. — C. comm., 273, 281, 286, 433, 576, 633.]

[illegible]

[284]. . . . .

[285] — 1. [illegible]

[286] — 1. [illegible]

287. Si le navire est loué en totalité, et que l'affréteur ne lui donne pas toute sa charge, le capitaine ne peut prendre d'autres marchandises sans le consentement de l'affréteur.

L'affréteur profite du fret des marchandises qui complètent le chargement du navire qu'il a entièrement affrété. [Ord. 1681, liv. 3, tit. 3, art. 2.]

288. L'affréteur qui n'a pas chargé la quantité de marchandises portée par la charte-partie est tenu de payer le fret en entier, et pour le chargement complet auquel il s'est engagé.

S'il en charge davantage, il paie le fret de l'excédant sur le prix réglé par la charte-partie.

Si cependant l'affréteur, sans avoir rien chargé, rompt le voyage avant le départ, il paiera en indemnité, au capitaine, la moitié du fret convenu par la charte-partie pour la totalité du chargement qu'il devait faire.

Si le navire a reçu une partie de son chargement, et qu'il parte à non-charge, le fret entier sera dû au capitaine. [Ord. 1681, liv. 3, tit. 3, art. 3.—C. comm., 252, 349.]

289. Le capitaine qui a déclaré le navire d'un plus grand port qu'il n'est, est tenu des dommages-intérêts envers l'affréteur. [Ord. 1681, liv. 3, tit. 3, art. 4.]

290. N'est réputé y avoir erreur en la déclaration du tonnage d'un navire, si l'erreur n'excède un quarantième, ou si la déclaration est conforme au certificat de jauge. [Ord. 1681, liv. 3, tit. 3, art. 5.]

291. Si le navire est chargé à cueillette, soit au quintal, au tonneau ou à forfait, le chargeur peut retirer ses marchandises, avant le départ du navire, en payant le demi-fret.

Il supportera les frais de charge, ainsi que ceux de décharge et de rechargement des autres marchandises qu'il faudrait déplacer, et ceux du retardement. [Ord. 1681, liv. 3, tit. 3, art. 6.]

292. Le capitaine peut faire mettre à terre, dans le lieu du chargement, les marchandises trouvées dans son navire, si elles ne lui ont point été déclarées, ou en prendre le fret au plus haut prix qui sera payé dans le même lieu pour les marchandises de même nature. [Ord. 1681, liv. 3, tit. 3, art. 7.]

293. Le chargeur qui retire ses marchandises pendant le voyage est tenu de payer le fret en entier et tous les frais de déplacement occasionnés par le déchargement : si les marchandises sont retirées pour cause des faits ou des fautes du capitaine, celui-ci est responsable de tous les frais. [Ord. 1681, liv. 3, tit. 3, art. 8.—C. comm., 216, 221, 222.]

294. Si le navire est arrêté au départ, pendant la route, ou au lieu de sa décharge, par le fait de l'affréteur, les frais du retardement sont dus par l'affréteur.

Si ayant été frété pour l'aller et le retour, le navire fait son retour sans chargement ou avec un chargement incomplet, le fret entier est dû au capitaine, ainsi que l'intérêt du retardement. [Ord. 1681, liv. 3, tit. 3, art. 9.]

295. Le capitaine est tenu des dommages-intérêts envers l'affréteur, si, par son fait, le navire a été arrêté ou retardé au départ, pendant sa route, ou au lieu de sa décharge.

Ces dommages-intérêts sont réglés par des experts. [Ord. 1681, liv. 3, tit. 3, art. 10.—C. comm., 414.]

296. Si le capitaine est contraint de faire radouber le navire pendant le voyage, l'affréteur est tenu d'attendre, ou de payer le fret en entier.

Dans le cas où le navire ne pourrait être radoubé, le capitaine est tenu d'en louer un autre.

Si le capitaine n'a pu louer un autre navire, le fret n'est dû qu'à proportion de ce que le voyage est avancé. [Ord. 1681, liv. 3, tit. 3, art. 11 et 22.—C. comm., 391.]

297. Le capitaine perd son fret, et répond des dommages-intérêts de l'affréteur, si celui-ci prouve que, lorsque le navire a fait voile, il était hors d'état de naviguer.

La preuve est admissible nonobstant et contre les certificats de visite au départ. [Ord. 1681, liv. 3, tit. 3, art. 12.—C. comm., 225, 226, 237, 389.]

---

doit considéré comme fait au propriétaire lui-même. — 24 oct. 1849, Bruxelles. [P.22.1479.]

10. L'ordonnance de 1681 (tit. 3, liv. 3, art. 27), faisait défense de sous-fréter les navires à un plus haut prix que celui porté dans le premier contrat, à peine de cent livres d'amende, etc. — Suivant Boulay-Paty, t. 2, p. 279; Dageville, t. 2, p. 345, et Boinssant, t. 1er, n° 464, cette disposition est encore en vigueur. — Suivant Sebire et Carteret, v° *Charte-partie*, n° 9, elle est abrogée. — Mais si l'amende peut être encore prononcée, le contrat n'est pas nul, sauf le cas de collusion.

11. Dans le cas où un navire a été loué en totalité à l'effet par l'affréteur, de le sous-louer lui-même par partie, les frais d'arrimage des marchandises qui y sont chargées sont, d'après les usages maritimes et à défaut de convention, à la charge de l'affréteur. — 8 avril 1850, Bruxelles. [P.25.387.]

[287] — 1. Le capitaine qui a frété la totalité de son navire à un seul chargeur, ne peut profiter, au détriment de ce dernier, du vide produit par l'affaissement survenu dans la marchandise depuis le départ. — 16 oct. 1832, Trib. de Marseille. (*J. Mars.* 5.1.331.)

2. Si le navire est loué en totalité, avec réserve de la chambre du logement de l'équipage, etc., le capitaine peut charger des marchandises dans des lieux ainsi conservés et en percevoir le fret. — 15 mai 1827, Trib. de Marseille. (*J. Mars.* 8.1.156.) — 5 juin 1822, Trib. de Marseille. (*J. Mars.* 4.1.38.) — V. Valin, p. 551.

3. Lorsqu'un navire est nolisé avec la clause que le vide sera payé pour plein, le nolis relatif au vide doit être calculé sur le taux particulier convenu pour chaque espèce de marchandise, si le taux en est différent, à l'aide d'une division proportionnelle, calculée d'après le tonnage que comporte chacune d'elles. — 12 oct. 1827, Trib. de Marseille. (*J. Mars.* 9.1.318.)

[288] — 1. Les dispositions de l'art. 288 sont applicables au cas où l'affréteur s'est obligé à faire embarquer des passagers; s'il ne satisfait pas à cette obligation, il doit au capitaine la moitié du prix convenu pour le passage. — 23 février 1827, Trib. de Bordeaux. (Jurisp. comm. de Bordeaux. 4.1.46.)

2. Pour que l'affréteur soit obligé au paiement entier du fret, quoiqu'il n'ait pas complété le chargement, il faut une mise en demeure par une sommation. — Delaborde et Massé, n° 32. — Il faut une condamnation. Boulay-Paty, t. 3, p. 363.

3. Suivant Pothier, n° 78, faute de mise en demeure, le capitaine pourrait même être condamné à des dommages-intérêts.

[289] — 1. Si le navire est loué en totalité, et que la charte-partie porte un tonnage moindre que la portée réelle, le capitaine ne peut exiger de l'affréteur qu'il lui fournisse un chargement excédant la capacité déclarée. — 23 sept. 1836, Trib. de Marseille. (*J. Mars.* 16.1.99.)

2. Dans ce cas, si le vide devait être payé comme plein, ce ne serait que pour la contenance déclarée, et non pour le surplus. — 3 oct. 1825, Trib. de Marseille. (*J. Mars.* 6.1.291.)

3. Suivant Pothier, *Charte-partie*, n° 14, et Boulay-Paty, t. 2, p. 351, on devrait distinguer, en un tel cas, si le navire est loué en totalité comme corps, ou à tant par tonneaux. — Dans la première hypothèse, le prix du fret ne saurait être changé; dans la seconde, le fret serait proportionné au nombre de tonneaux que les marchandises de l'affréteur occuperaient.

4. Si le capitaine, qui d'ailleurs aurait fait une déclaration exacte, ayant loué son navire à cueillette et s'était engagé à prendre plus de marchandises que le bâtiment n'en peut porter, les affréteurs qui ont chargé les premiers doivent rester en possession. — Boulay-Paty, t. 3, p. 395.

5. Si aucun n'a chargé, ceux qui ont passé les premières chartes-parties doivent avoir la préférence. — Delvincourt, t. 2, p. 883; Boulay-Paty, *loc. cit.*

6. Le capitaine qui s'est engagé à recevoir une quantité déterminée de marchandises excédant la capacité du navire, est tenu à des dommages-intérêts envers l'affréteur. — 29 oct. 1827, Trib. de Marseille. (*J. Mars.* 8.1.341.)

[290]. . . . .

[291] — La disposition de cet article ne peut plus être invoquée du moment où le navire est arrimé, expédié en douane et attendant la marée. — 27 nov. 1847, Paris. (S.V.48.1.225.)

[292]. . . . .

[293] — 1. Lorsqu'un capitaine de navire a été obligé de vendre en cours de voyage des marchandises avariées, afin de prévenir une détérioration plus grande, le chargeur des marchandises n'en doit pas moins payer le fret entier pour tout le voyage. — 30 nov. 1844, Bordeaux. (S.V.50.2.332.) — V. Pothier, *Charte-partie*, nos 70 et 71.

2. Il en est ainsi, même au cas où l'avarie des marchandises aurait été reconnue par le capitaine à la suite d'un déchargement opéré dans l'unique intérêt du navire. — Même arrêt.

3. Jugé au contraire que le capitaine qui, par suite d'avaries, s'est trouvé forcé de vendre des marchandises en cours de voyage, afin de prévenir une détérioration plus grande, n'a droit au fret que proportionnellement à la distance parcourue. — 30 juill. 1841, Rennes. (S.V.42.2.157. — D.P.42.2.24. — P.42.2.424.)

4. Mais si, par suite du vice propre de la marchandise, il est nécessaire de la vendre en cours de voyage, le fret entier est dû au capitaine. — 12 fév. 1846, Aix. (*J. Mars.* 25.1.263.)

5. Quand le départ d'un navire chargé à cueillette est retardé par la faute du capitaine, l'affréteur peut retirer sa marchandise en franchise de tout fret. — 22 fév. 1830, Trib. de Marseille. (*J. Mars.* 11.1.97.) — *Sic*, Boulay-Paty, t. 3, p. 385.

[294 et 295]. . . . .

[296] — 1. La disposition de cet article d'après laquelle *le fret, au cas d'avaries irrémédiables, est dû à proportion de ce que le voyage est avancé*, ne reçoit son application que tout autant que le transport partiel a été de quelque *utilité à l'affréteur*. — En conséquence, aucune partie du fret n'est due, si le navire ayant été affrété pour le transport de passagers, ces passagers ont été obligés de revenir au lieu du départ, et que dès lors ni eux ni l'affréteur n'ont en réalité profité du transport partiel. — 19 fév. 1830, Paris. (S.V.30.2.324; C.N.9. — D.P.30.2.265.)

2. L'obligation de louer un autre navire dans le cas où celui qui navigue ne peut être radoubé est obligatoire et absolue, sauf le cas d'impossibilité. — Émérigon, t. 1er, p. 435; Boulay-Paty, sur Émérigon, p. 427, et *Dr. marit.*, t. 4, p. 453. — Suivant Pothier, n° 68, Valin, p. 561, et Bécane, sur Valin, cette obligation est facultative; c'est une voie ouverte au capitaine pour gagner le fret entier, s'il le juge convenable.

[297] — 1. L'affréteur est affranchi du paiement de tout fret, lorsque, par suite du mauvais état du navire au moment de son départ, il y a eu nécessité de relâche pour réparer les avaries; peu importe que

298. Le fret est dû pour les marchandises que le capitaine a été contraint de vendre pour subvenir aux victuailles, radoub et autres nécessités pressantes du navire, en tenant par lui compte de leur valeur au prix que le reste ou autre pareille marchandise de même qualité sera vendu au lieu de la décharge, si le navire arrive à bon port.

Si le navire se perd, le capitaine tiendra compte des marchandises sur le pied qu'il les aura vendues, en retenant également le fret porté aux connaissements.

Sauf, dans ces deux cas, le droit réservé aux propriétaires de navire par le paragraphe 2 de l'art. 216.

Lorsque de l'exercice de ce droit résultera une perte pour ceux dont les marchandises auront été vendues ou mises en gage, elle sera répartie au marc le franc sur la valeur de ces marchandises et de toutes celles qui sont arrivées à leur destination ou qui ont été sauvées du naufrage postérieurement aux événements de mer qui ont nécessité la vente ou la mise en gage (1). [Ord. 1681, liv. 3, tit. 3, art. 14.—C. comm., 216, 234, 298, 240.]

299. S'il arrive interdiction de commerce avec le pays pour lequel le navire est en route, et qu'il soit obligé de revenir avec son chargement, il n'est dû au capitaine que le fret de l'aller, quoique le vaisseau ait été affrété pour l'aller et le retour. [Ord. 1681, liv. 3, tit. 3, art. 15.—C. comm., 253, 276.]

300. Si le vaisseau est arrêté dans le cours de son voyage par l'ordre d'une puissance,

Il n'est dû aucun fret pour le temps de sa détention, si le navire est affrété au mois; ni augmentation de fret, s'il est loué au voyage.

La nourriture et les loyers de l'équipage pendant la détention du navire sont réputés avaries. [Ord. 1681, liv. 3, tit. 3, art. 16.—C. comm., 258, 275, 397.]

301. Le capitaine est payé du fret des marchandises jetées à la mer pour le salut commun, à la charge de contribution. [Ord. 1681, liv. 3, tit. 3, art. 13.—C. comm., 410.]

302. Il n'est dû aucun fret pour les marchandises perdues par naufrage ou échouement, pillées par des pirates ou prises par les ennemis.

Le capitaine est tenu de restituer le fret qui lui aura été avancé, s'il n'y a convention contraire. [Ord. 1681, liv. 3, tit. 3, art. 18.—C. comm., 246, 258.]

303. Si le navire et les marchandises sont rachetés, ou si les marchandises sont sauvées du naufrage, le capitaine est payé du fret jusqu'au lieu de la prise ou du naufrage.

Il est payé du fret entier en contribuant au rachat, s'il conduit les marchandises au lieu de leur destination. [Ord. 1681, liv. 3, tit. 3, art. 19, 21, 22.]

304. La contribution pour le rachat se fait sur le prix courant des marchandises au lieu de leur décharge, déduction faite des frais, et sur la moitié du navire et du fret.

Les loyers des matelots n'entrent point en contribution. [Ord. 1681, liv. 3, tit. 3, art. 20, et tit. 4, art. 20.—C. comm., 258.]

305. Si le consignataire refuse de recevoir les marchandises, le capitaine peut, par autorité de justice, en faire vendre pour le paiement de son fret, et faire ordonner le dépôt du surplus.

S'il y a insuffisance, il conserve son recours contre le chargeur. [Ord. 1681, liv. 3, tit. 3, art. 17.—C. comm., 283.]

306. Le capitaine ne peut retenir les marchandises dans son navire faute de paiement de son fret.

Il peut, dans le temps de la décharge, demander le dépôt en mains tierces jusqu'au paiement de son fret. [Ord. 1681, liv. 3, tit. 3, art. 23.—C. c., 2102, 6°.]

307. Le capitaine est préféré, pour son fret, sur les marchandises de son chargement, pendant quinzaine après leur délivrance, si elles n'ont passé en mains tierces. [Ord. 1681, liv. 3, tit. 3, art. 24.—C. c., 2102 n° 4; C. comm., 271.]

308. En cas de faillite des chargeurs ou réclamateurs avant l'expiration de la quinzaine, le capitaine est privilégié sur tous les créanciers pour le paiement de son fret et des avaries qui lui sont dues. [C. comm., 397.]

309. En aucun cas le chargeur ne peut demander de diminution sur le prix du fret.

310. Le chargeur ne peut abandonner pour le fret les marchandises diminuées de prix, ou détériorées par leur vice propre ou par cas fortuit.

Si toutefois des futailles contenant vin, huile, miel et autres liquides, ont tellement coulé qu'elles soient vides ou presque vides, lesdites futailles pourront être abandonnées pour le fret. [Ord. 1681, liv. 3, tit. 3, art. 25 et 26.]

TITRE IX.

Des Contrats à la grosse.

311. Le contrat à la grosse est fait devant notaire, ou sous signature privée.

Il énonce

Le capital prêté et la somme convenue pour le profit maritime,

Les objets sur lesquels le prêt est affecté,

Les noms du navire et du capitaine,

Ceux du prêteur et de l'emprunteur;

Si le prêt a lieu pour un voyage,

Pour quel voyage, et pour quel temps;

L'époque du remboursement. [Ord. 1681, liv. 3, tit. 5, art. 1er.—C. c., 1964; C. comm., 191, 7°, 432, 633.]

(1) Les deux derniers alinéas de cet article ont été ajoutés à l'ancien article 298 par la loi du 14 juin 1841.

---

le navire ait pu ensuite continuer son voyage, et qu'il n'y ait eu ainsi qu'un temps de relâchement, le droit de l'affréteur ne se borne pas, en ce cas, à des dommages-intérêts pour le préjudice que le retard a pu lui causer. — 9 avril 1833, Req. (S.V.33.1.648.-D.p.33.1.190.)

2. Le capitaine ne serait pas responsable si l'affréteur avait connu l'état d'innavigabilité du navire. — Boulay-Paty, t. 3, p. 416.

[298] — Cet article est applicable lorsque les marchandises, au lieu d'être vendues, ont été mises en gage. — Boulay-Paty, t. 3, p. 422.

[299] — Cet article n'est point applicable au cas où le capitaine, de concert avec le correspondant chargé de recevoir les marchandises, a conduit le navire dans un port voisin, y a vendu son chargement et est revenu avec une nouvelle cargaison. — 16 déc. 1818, Req. (S. 19.1.331; C.n.5.-D.a.9.934.) — *V.* Pardessus, t. 3, n° 718; Boulay-Paty, sur Émérigon, t. 1er, p. 438, et *Dr. marit.*, t. 3, p. 427.

[300 à 305] . . . .

[306] — Les mesures conservatoires autorisées par cet article peuvent être appliquées, même lorsqu'il y a terme pour le paiement du fret. — 15 déc. 1826, Trib. de Marseille (*J. Mars.* 8.1.46.)

[307] — 1. Le capitaine doit être payé de son fret, avant le commissionnaire de ses avances, et le vendeur des marchandises ne peut les revendiquer qu'en payant les sommes dues. — Pardessus, n° 961; Massé, t. 8, n° 604.

2. Le capitaine n'a privilége que pour le fret. — Il n'a pas privilége pour le prix dû par le passager, en raison du passage, sur la marchandise qui a été chargée par celui-ci. — 29 déc. 1824, Trib. de Bordeaux (*Mars.* 9.1.115.)

3. Il n'a pas non plus de privilége pour le demi-fret qui est dû par le chargeur à contretemps, lorsque celui-ci retire ses marchandises avant le départ. — Boulay-Paty, t. 4, p. 386; Dageville, t. 2, p. 392; Delvincourt, t. 2, p. 392; Devilleneuve et Massé, v° *Fret*, n° 130.

4. Quid pour le fret entier, dans le cas où les marchandises sont retirées pendant le voyage? — Il n'y aurait de privilége que pour la partie du fret correspondante à la partie du voyage qui aurait eu lieu. — Boulay-Paty, *loc. cit.*; Devilleneuve et Massé, *ibid.*, n° 137.

5. Le privilége du capitaine n'est pas éteint par l'effet seul d'une revente des marchandises à un tiers; il continue de subsister jusqu'à la livraison à l'acheteur. — 12 mars 1829, Bruxelles (P.22.794; *J. Bruxelles*, 1829.1.165.) — *V.* Boulay-Paty, t. 3, p. 478.

6. Des marchandises sont réputées passées en mains tierces, dans le sens de notre article, par cela seul qu'après avoir été délivrées par celui-ci au consignataire au vu de qui est le connaissement, elles ont été expédiées par ce dernier pour le compte d'un tiers auquel elles appartiennent déjà, et dont ce consignataire n'était que le représentant : à l'égard du capitaine, le consignataire à l'ordre de qui était le connaissement, doit être considéré comme étant le véritable destinataire de la marchandise. — 6 juin 1845, Req. (S.V. 45.1.55.-D.p.45.1.412.)

7. Quoique le capitaine ait accepté la désignation d'un tiers chargé de lui payer le fret, il n'est pas pour cela non recevable, s'il n'est pas payé, à exercer son privilége contre le consignataire. — 16 avril 1841, Trib. de Marseille (*J. Mars.* 20.1.303.)

8. Si le fret s'applique à plusieurs espèces de marchandises, dont les unes sont sorties des mains du consignataire, et les autres s'y trouvent encore, il faut distinguer : — Ou le fret comprend toutes les marchandises *en globo*, par un seul et même connaissement, et alors le privilége porte sur toutes indistinctement. — Dans le cas contraire, le privilége ne s'exerce que pour la partie du fret afférente à chaque marchandise. — Boulay-Paty, t. 3, p. 480; Pardessus, t. 3, n° 962.

9. Le capitaine qui a délivré la marchandise au consignataire, sans exiger le paiement du fret, ni exercer son privilége, n'a pas de recours contre le chargeur. — 8 juill. 1841, Trib. de Marseille (*J. Mars.* 20.1.362.)

[308 et 309] . . . .

[310] — 1. Le chargeur ne peut abandonner pour le fret, les marchandises même non détériorées et non diminuées de prix. — Boulay-Paty, t. 2, p. 490; Devilleneuve et Massé, v° *Fret*, n° 132. — *Contrà*, Favard, v° *Charte-partie*, n° 12; Locré, t. 2, p. 318.

2. Lorsque certaines futailles ont coulé, d'autres non, l'affréteur peut abandonner les premières pour se libérer d'une partie du fret correspondant à la valeur de cet abandon, et retenir les autres, en payant le surplus du fret, suivant la convention. — Pothier, n° 60; Boulay-Paty, t. 3, p. 453; Devilleneuve et Massé, *ubi sup.*, n° 142. — *Contrà*, Dageville, t. 2, p. 167.

3. Si les futailles ont coulé par suite de leur mauvais état, elles ne peuvent être abandonnées pour le fret. — Pothier, n° 60; Boulay-Paty, t. 3, p. 498; Favard, v° *Charte-partie*, n° 12. — *Contrà*, Valin, p. 583; Delvincourt, t. 2, p. 293.

4. Si les futailles ont coulé par la faute du capitaine, il ne lui est pas dû de fret; il pourrait même être passible de dommages-intérêts. — Pothier et Boulay-Paty, *loc. cit.*

[311] **Indication alphabétique.**

1. L'omission de quelques-unes des énonciations

312. Tout prêteur à la grosse, en France, est tenu de faire enregistrer son contrat au greffe du tribunal de commerce, dans les dix jours de la date, à peine de perdre son privilége ;

Et si le contrat est fait à l'étranger, il est soumis aux formalités prescrites à l'article 234. [C. comm., 191, 234.]

313. Tout acte de prêt à la grosse peut être négocié par la voie de l'endossement, s'il est à ordre.

En ce cas, la négociation de cet acte a les mêmes effets et produit les mêmes actions en garantie que celle des autres effets de commerce. [C. comm., 136 et s., 384.]

314. La garantie de paiement ne s'étend pas au profit maritime, à moins que le contraire n'ait été expressément stipulé.

315. Les emprunts à la grosse peuvent être affectés,

Sur le corps et quille du navire,

Sur les agrès et apparaux,

Sur l'armement et les victuailles,

Sur le chargement,

Sur la totalité de ces objets conjointement, ou sur une partie déterminée de chacun d'eux. [Ord. 1681, liv. 3, tit. 5, art. 2.—C. comm., 191, 280, 334.]

316. Tout emprunt à la grosse, fait pour une somme excédant la valeur des objets sur lesquels il est affecté, peut être déclaré nul, à la demande du prêteur, s'il est prouvé qu'il y a fraude de la part de l'emprunteur. [Ord. 1681, liv. 3, tit. 5, art. 3.—C. comm., 336.]

317. S'il n'y a fraude, le contrat est valable jusqu'à la concurrence de la valeur des effets affectés à l'emprunt, d'après l'estimation qui en est faite ou convenue.

Le surplus de la somme empruntée est remboursé avec intérêt au cours de la place. [Ord. 1681, liv. 3, tit. 5, art. 15.]

318. Tous emprunts sur le fret à faire du navire et sur le profit espéré des marchandises sont prohibés.

Le prêteur, dans ce cas, n'a droit qu'au remboursement du capital, sans aucun intérêt. [Ord. 1681, liv. 3, tit. 5, art. 4.]

319. Nul prêt à la grosse ne peut être fait aux matelots ou gens de mer sur leurs loyers ou voyages. [Ord. 1681, liv. 3, tit. 5, art. 4, 5 et 6. —C. comm., 259.]

320. Le navire, les agrès et les apparaux, l'armement et les victuailles, même le fret acquis, sont affectés par privilége au capital et intérêts de l'argent donné à la grosse sur le corps et quille du vaisseau.

Le chargement est également affecté au capital et intérêts de l'argent donné à la grosse sur le chargement.

Si l'emprunt a été fait sur un objet particulier du navire ou du chargement, le privilége n'a lieu que sur l'objet, et dans la proportion de la quotité affectée à l'emprunt. [Ord. 1681, liv. 3, tit. 5, art. 7.—C. comm., 191.]

321. Un emprunt à la grosse fait par le capitaine dans le lieu de la demeure des propriétaires du navire, sans leur autorisation authentique ou leur intervention dans l'acte, ne donne action et privilége que sur la portion que le capitaine peut avoir au navire et au fret. [Ord. 1681, liv. 3, tit. 5, art. 8.—C. comm., 232.]

322. Sont affectées aux sommes empruntées, même dans le lieu de la demeure des intéressés, pour radoub et victuailles, les parts et portions des propriétaires qui n'auraient pas fourni leur contingent pour mettre le bâtiment en état, dans les vingt-quatre heures de la sommation qui leur en sera faite. [Ord. 1681, liv. 3, tit. 5, art. 9.—C. comm., 233.]

323. Les emprunts faits pour le dernier voyage du navire sont remboursés par préférence aux sommes prêtées pour un précédent voyage, quand même il serait déclaré qu'elles sont laissées par continuation ou renouvellement.

Les sommes empruntées pendant le voyage sont préférées à celles qui auraient été empruntées avant le départ du navire; et s'il y a plusieurs emprunts faits pendant le même voyage, le dernier emprunt sera toujours préféré à celui qui l'aura précédé. [Ord. 1681, liv. 3, tit. 5, art. 10.]

324. Le prêteur à la grosse sur marchandises chargées dans un navire désigné au contrat ne supporte pas la perte des marchandises, même par fortune de mer, si elles ont été chargées sur un autre navire, à moins qu'il ne soit légalement constaté que ce chargement a eu lieu par force majeure.

---

marit., t. 3, p. 86; Locré, t. 4, p. 239; Bruxelles, n° 83.

9. Celui qui est porteur à la fois d'un billet de grosse à l'égard duquel ont été remplies les formalités prescrites par l'art. 312, Cod. comm., et d'un autre billet non transcrit dans les termes de cet article, ne peut imputer, sur le billet irrégulier, la somme qu'il aurait touchée en cours de voyage, alors même que ce billet contiendrait stipulation de paiement au lieu où la somme a été reçue. L'imputation doit, au contraire, avoir lieu, à l'égard des tiers, sur le billet de grosse enregistré et jouissant des lois du privilége. —19 août 1859. Aix. (D.P.59.2.146.)

[313] — 1. Un acte de prêt à la grosse peut être négocié par la voie de l'endossement, s'il est dit payable au porteur; c'est, en réalité, comme s'il était littéralement à ordre. — 22 déc. 1810. Req. (S.10.1. 185; C.N.3.—D.A.4.6.) — Sic, Boulay-Paty sur Émérigon, t. 2, p. 534, et Droit marit., t. 3, p. 93; Pardessus, n° 889; Devilleneuve et Carette, Collect. nouv., 3.1.185.

2. Si l'ordre n'est pas conçu valeur reçue comptant ou en marchandises, l'endossement n'est qu'un simple mandat de recouvrer, et le porteur ne peut être considéré que comme étant aux droits de son cédant. — Boulay-Paty sur Émérigon, t. 2, p. 534, et Droit marit., t. 3, p. 93.

3. Celui à qui un contrat à la grosse a été transmis par endossement conçu valeur en compte, est mandataire de celui qui le lui a ainsi transmis, et si, à ce titre, il négocie ce contrat, le tiers porteur peut en exiger le paiement, sans que le prétendu endosseur, auteur de l'endossement valeur en compte, puisse lui demander la restitution du montant à lui payé par le preneur. —28 fév. 1836. Aix. (J. Mars.16.1.325.)

4. Lorsqu'un billet à la grosse a été cédé par voie d'endossement, il doit être protesté dans les vingt-quatre heures de son échéance. — A défaut de protêt, les demandes en garantie contre les endosseurs précédents sont non recevables. — 19 avril 1820. Trib. de Marseille. (J. Mars. 1.1.185.) — Sic, Boulay-Paty. Droit marit., t. 3, p. 99 et 101.

5. Les intérêts de terre ne courent, dans ce cas, qu'à partir du jour du protêt. —18 mai 1832. Trib. de Marseille. (J. Mars.13.1.177.)

6. Néanmoins, les solutions ci-dessus reçoivent des exceptions suivant les circonstances. — Ainsi, si le contrat est fait pour un voyage jusqu'à telle hauteur en mer, le délai du protêt ne court, pour le porteur, que lorsqu'il est instruit de l'arrivée du navire au lieu désigné. — Boulay-Paty, t. 3, p. 104.

7. Le porteur d'un contrat à la grosse à ordre n'est passible d'aucune des exceptions de dol, de violence ou d'erreur qui pourraient être opposées, soit au débiteur, soit aux endosseurs qui le précèdent. — Massé, Droit comm., t. 4, n° 97.

[314 et 315.] . . . .

[316] — 1. Dans le cas où le contrat à la grosse a été fait à ordre, le porteur peut, comme tiers, au préteur, faire valoir l'exception de fraude contre l'emprunteur. — Boulay-Paty sur Émérigon, t. 2, p. 523; Massé, Droit comm., t. 4, n° 92.

2. La caution est responsable de la fraude du preneur. — Émérigon, t. 2, p. 540; Boulay-Paty sur Émérigon, t. 2, p. 563.

3. Si le contrat à la grosse est déclaré nul comme frauduleux, la caution du preneur n'en est pas moins obligée de payer au prêteur le capital et les intérêts de terre. — Casaregis, disc. 62, n° 57; Émérigon, t. 2, p. 563; Boulay-Paty sur Émérigon, t. 2, p. 563.

4. Quand le contrat est annulé par application de l'art. 316, le prêteur a droit à l'intérêt terrestre à partir du jour du prêt. — Émérigon, t. 2, p. 542; Bruxelles, Contr. à la grosse, n° 27; Massé, Droit comm., t. 4, n° 92; Bosquet sur Valin, p. 422; Boulay-Paty, t. 3, p. 176 et suiv. — Contra, Valin, p. 422.

[317 et 318.] . . . .

[319] — 1. Le fret acquis, c'est-à-dire stipulé payable à tout événement, peut faire l'objet d'un contrat à la grosse. — Émérigon, t. 2, p. 506; Boulay-Paty, sur Émérigon, t. 2, p. 508, et Droit marit., t. 3, p. 185.

2. L'armateur ne peut prendre des deniers à la grosse sur le fret acquis à lui-même. — Émérigon et Boulay-Paty, loc. cit. — Contra, Delvincourt, t. 2, p. 315.

3. Le salaire acquis, c'est-à-dire gagné et réalisé par le capitaine, peut être affecté au paiement d'un billet à la grosse souscrit par celui-ci pendant le voyage, lorsqu'en raison de ce billet, il a été condamné personnellement. — 24 janv. 1834. Aix. (J. Mars.14.1.178.) — Sic, Bruxelles, ubi sup., n° 23.

[320] — 1. L'emprunt sur corps et facultés donne au prêteur le droit d'exercer son privilége sur l'un ou sur l'autre, ou sur les deux pris ensemble. — Émérigon, t. 2, p. 552; Boulay-Paty, t. 3, p. 116; Alauzet, Encycl. du dr., v° Contrat à la grosse, n° 24.

2. L'emprunt sur facultés comprend, à moins de convention contraire, la cargaison et les pacotilles. — Émérigon, t. 2, p. 501; Boulay-Paty sur Émérigon, t. 2, p. 505, et Droit marit., t. 3, p. 112.

3. Si l'emprunteur qui n'est propriétaire que du chargement a affecté le navire, le privilége peut être exercé sur le chargement. — Casaregis, disc. 63, n° 11; Valin, p. 420; Émérigon, t. 2, p. 505; Boulay-Paty, t. 3, p. 117; Alauzet, ubi sup., n° 26.

4. Le sinistre majeur existe relativement au contrat à la grosse, comme il existe relativement au contrat d'assurance, par la perte ou détérioration des trois quarts. En conséquence, bien que le navire sur lequel est affecté le prêt à la grosse n'ait pas matériellement péri, néanmoins, si les réparations auxquelles il a donné lieu en cours de navigation et par suite des fortunes de mer qu'il a éprouvées, ont absorbé plus des trois quarts des valeurs qu'il avait au moment du départ, il y a lieu au délaissement. — 3 déc. 1851. Aix. (D.P.52.2.70.)

5. Lorsqu'en vertu d'une stipulation d'un contrat à la grosse, le capitaine du navire remet au prêteur des lettres de change pour le montant du prêt et du profit maritime, cette remise n'opère pas novation; elle n'est qu'un mode de réalisation du prêt; de telle sorte qu'en cas de non-paiement des effets, l'action en remboursement du prêt à la grosse reste dans son entier. — 3 janv. 1824. Bruxelles. (D.A.4.7.)

[321] — 1. La nullité d'un emprunt à la grosse, dérivant de ce que le capitaine a agi sans autorisation des propriétaires, et de ce qu'il y a insuffisance dans l'énonciation des valeurs fournies, ne peut être invoquée par le capitaine qui s'est personnellement obligé; en ce cas, l'emprunt est nul à l'égard du propriétaire, mais le capitaine est tenu personnellement envers le prêteur. — 17 fév. 1823. Cass. (S.23.1.243; C.N.7.—D.A.4.19.) — Sic, Pardessus, n° 911.

2. Si le propriétaire d'un navire est en faillite, le capitaine ne peut emprunter à la grosse sur ce navire sans l'autorisation des agents ou syndics. — Pardessus, t. 3, n° 910.

3. V. les notes de l'art. 234.

[322.] . . . .

[323] — 1. Si les emprunts, quoiqu'à des dates différentes, n'avaient pour objet qu'une réparation unique qui, exigeant des dépenses considérables, nécessitait l'intervention de plusieurs prêteurs, tous les emprunts concourraient ensemble. — Pardessus, n. 923; Massé, t. 6, n° 394.

2. L'emprunteur à la grosse ne peut, à l'encontre du prêteur qui réclame d'être payé sur le reliquat des profits du navire, faire venir en concours, sur ce reliquat, les autres billets de grosse affectés sur le même navire, qu'il a antérieurement acquittés. — 8 avr. 1850. Trib. de Marseille. (D.P.51.2.147.)

[324] — 1. Le changement volontaire de route et

325. Si les effets sur lesquels le prêt à la grosse a eu lieu sont entièrement perdus, et que la perte soit arrivée par cas fortuit, dans le temps et dans le lieu des risques, la somme prêtée ne peut être réclamée. [Ord. 1681, liv. 3, tit. 5, art. 11.]

326. Les déchets, diminutions et pertes qui arrivent par le vice propre de la chose, et les dommages causés par le fait de l'emprunteur, ne sont point à la charge du prêteur. [Ord. 1681, liv. 3, tit. 5, art. 12.—C. comm., 103.]

327. En cas de naufrage, le paiement des sommes empruntées à la grosse est réduit à la valeur des effets sauvés et affectés au contrat, déduction faite des frais de sauvetage. [Ord. 1681, liv. 3, tit. 5, art. 17.—C. comm., 258, 259, 386, 417.]

328. Si le temps des risques n'est point déterminé par le contrat, il court, à l'égard du navire, des agrès, apparaux, armement et victuailles, du jour que le navire a fait voile, jusqu'au jour où il est ancré ou amarré au port ou lieu de sa destination.

A l'égard des marchandises, le temps des risques court du jour qu'elles ont été chargées dans le navire, ou dans les gabares pour les y porter, jusqu'au jour où elles sont délivrées à terre. [Ord. 1673, liv. 3, tit. 5, art. 13. — C. comm., 341, 330.]

329. Celui qui emprunte à la grosse sur des marchandises n'est point libéré par la perte du navire et du chargement, s'il ne justifie qu'il y avait, pour son compte, des effets jusqu'à la concurrence de la somme empruntée. [Ord. 1681, liv. 3, tit. 5, art. 14.]

330. Les prêteurs à la grosse contribuent, à la décharge des emprunteurs, aux avaries communes.

Les avaries simples sont aussi à la charge des prêteurs, s'il n'y a convention contraire. [Ord. 1681, liv. 3, tit. 5, art. 16.—C. comm. 397 et s.]

331. S'il y a contrat à la grosse et assurance sur le même navire ou sur le même chargement, le produit des effets sauvés du naufrage est partagé entre le prêteur à la grosse, *pour son capital seulement*, et l'assureur, pour les sommes assurées, au marc le franc de leur intérêt respectif, sans préjudice des privilèges établis à l'article 191. [Ord. 1681, liv. 3, tit. 5, art. 18.—C. comm., 417.]

---

de voyage décharge le prêteur à la grosse de tout risque ultérieur, quoique le navire reprenne depuis la voie [illegible] : il en est ici comme pour les assurances. — Targa, cap. 55, note 5, p. 142 ; Pothier, n° 18, Émérigon, t. 2, p. 550 ; Boulay-Paty, sur Émérigon, t. 2, p. 550.

2. Le montant d'un prêt à la grosse stipulé payable après l'arrivée du navire à sa destination est dû, encore bien que le navire ne soit pas arrivé à sa destination, si le voyage a été rompu par le fait de l'emprunteur qui, dans un port de relâche, a désarmé le navire et congédié l'équipage.—31 mai 1843, Rej. [S.V.43.1.930.—D.P.43.1.489.—P.43.2.796.]

[325] — 1.-2. *Le prêteur à qui l'emprunteur a cédé à titre de garantie ses assurances faites sur le navire affecté au prêt à la grosse, jusqu'à concurrence de la somme prêtée et du change maritime, ne peut, au cas de perte de ce navire, demander aux assureurs le montant du prêt.*—14 janvier 1845, Trib. de Paris. [*Mém. comm.* 43.2.95.]

3. N'est pas valable la convention suivante : « Je vous donne à la grosse la somme de... à condition que si votre navire périt, vous me rendrez la moitié de cette somme ; mais si le navire arrive à bon port, vous me paierez mon entier capital, avec 20 pour cent de change maritime. » Une telle convention serait usuraire au profit du donneur.—Émérigon, t. 1er, p. 243.—*Contrà*, Bacens, not. 40.

4. On ne peut convenir que le prêteur ne sera tenu que de certains risques. — Targa, cap. 32, p. 137 ; Émérigon, t. 2, p. 539 ; Boulay-Paty, sur Émérigon, t. 2, p. 534; Pardessus, t. 3, n° 928 ; Alauzet, *Encycl. du dr.*, v° *Contr. à la grosse*, n° 42.—V. cependant Pothier, n° 24.

5. Le contrat à la grosse serait nul, s'il était déjà fait sur des objets perdus ou heureusement arrivés, bien que la cessation du risque fût ignorée par les parties.—Massé, t. 4, n° 124.

6. Il serait même nul, s'il était fait après le commencement des risques. — Émérigon, t. 2, p. 511 ; Boulay-Paty, sur Émérigon, t. 2, p. 512. — *Contrà*, Valin, p. 243.

7. Lorsque le contrat à la grosse porte à la fois sur le navire et sur le chargement, la perte de l'un, si l'autre est sauvé, n'empêche pas l'exercice entier de l'action compétant au prêteur.—18 fév. 1831, Bordeaux. [*Mémorial*, t. 8, p. 41.]

8. Si la chose affectée au contrat à la grosse est supérieure en valeur à la somme prêtée, le prêteur et l'emprunteur, au cas de perte partielle, doivent concourir sur la partie sauvée, proportionnellement à la valeur comparative, soit de la somme prêtée, soit de la différence entre l'objet affecté et la somme prêtée.—Valin, dans une lettre adressée à Émérigon, et rapportée dans son commentaire, p. 446 et 451 ; Casaregis d'Boulogne, ch. 11, p. 416 et s. ; Frémery, *Études de dr. comm.*, p. 233 et s., 260 et 261 ; Bressolles, *loc. cit.*, n. 22. — V. cependant ce même auteur, n° 61.

9. Suivant Pothier, n° 43, et Pardessus, t. 3, n° 924, il ne peut y avoir concours entre le prêteur et l'emprunteur que lorsque le prêt est fait sur une partie du chargement.

10. Suivant Émérigon, t. 2, p. 508 ; Locré, t. 2, p. 208, et Boulay-Paty, t. 3, p. 185, il ne peut jamais y avoir concours entre le prêteur et l'emprunteur. — V. encore lettre d'Émérigon adressée à Valin, et rapportée par celui-ci, ainsi cité ci-dessus, n° 8.

11. Quoi qu'il en soit, il est toujours certain que lorsque le prêt a été fait en cours de voyage, pour les besoins de la navigation, l'emprunteur ne peut jamais entrer en concours avec le prêteur. — Frémery, p. 260.

12. Si l'objet affecté est jeté à la mer pour le salut commun, le prêteur à la grosse ne perd pas ses droits sur la valeur de l'objet jeté, comme au cas de perte.—Seulement, il ne prendra cette valeur qu'à déduction faite de sa contribution en raison de cette avarie commune.—Frémery, p. 265.

13. On entend par cas fortuit, dans le sens de l'article 325, tous les accidents de force majeure, et de ce nombre est la prise du bâtiment, soit qu'elle ait eu lieu de bonne guerre ou par brigandage.—Mais l'accident qui aurait occasionné la perte des objets qui ont fait la matière d'un contrat à la grosse, doit être légalement justifié. — 12 mai 1818, Rouen. [P.14.802.]

[326] — 1. On peut convenir que le prêteur à la grosse répondra des avaries provenant du vice propre de la chose qui n'existait pas déjà avant le départ du navire. — Émérigon, t. 2, p. 535 ; Boulay-Paty, sur Émérigon, t. 2, p. 538; Bressolles, *Contrat à la grosse*, n° 56.

2. Le prêteur à la grosse ne répond pas de plein droit des dommages causés par le fait du capitaine.—Boulay-Paty, sur Émérigon, t. 2, p. 538, et *Dr. marit.*, t. 3, p. 173.

3. Mais on pourrait convenir qu'il en répondra.—Pardessus, n° 924; Boulay-Paty, t. 3, p. 178.

4. Le prêteur n'est pas responsable de la saisie pratiquée pour cause de contrebande sur certains effets affectés au contrat. — Émérigon, t. 2, p. 536; Boulay-Paty, sur Émérigon, t. 2, p. 533 ; Alauzet, *ubi sup.*, n° 44.

5. Il en serait autrement s'il avait été instruit du dessein où l'on était d'user de contrebande.—Émérigon, *ibid.*

[327] — 1. L'art. 327, bien qu'il ne parle que du cas de naufrage, est applicable lorsque, par quelque cas de force majeure que ce soit, une partie des effets affectés au prêt à la grosse a été perdue. — Émérigon, t. 2, p. 572; Pothier, n° 47; Boulay-Paty, sur Émérigon, t. 2, p. 577 ; Frémery, p. 265; Bressolles, n° 58.

2. Si la somme prêtée est réduite à la valeur des effets sauvés, l'emprunteur est obligé de payer proportionnellement le profit maritime.—Locré, t. 2, p. 266; Boulay-Paty, sur Émérigon, t. 2, p. 577, et *Dr. marit.*, t. 3, p. 181; Bressolles, n° 60. — *Contrà*, Pothier, n° 48.

[328] — 1. Dans un contrat à la grosse, les deniers sont présumés avoir été donnés pour l'aller et le retour, à moins que le temps des risques n'ait été réglé par le contrat. — Pothier, n° 32 ; Boulay-Paty, sur Émérigon, t. 2, p. 541, et *Dr. marit.*, t. 3, p. 196.

2. Au cas de contrat à la grosse fait pour un temps limité, les jours de relâche volontaire ou forcée doivent être comptés dans le temps limité, à moins de stipulation contraire. — Émérigon, t. 2, p. 543 ; Boulay-Paty, sur Émérigon, *ibid.*, et *Dr. marit.*, t. 3, p. 201.

3. Il en serait de même du déradement. — Émérigon, *loc. cit.*

4. Le navire dont on n'a pas de nouvelles est présumé avoir péri dans le temps des risques. — Émérigon, t. 2, p. 542.

5. Si le temps des risques est illimité, il dépend de l'une ou de l'autre des parties de rompre le contrat, pourvu que ce soit en temps opportun.—Targa, ch. 33, n°s 11 et s., p. 145; Émérigon, t. 2, p. 545.

6. On peut stipuler une augmentation de change maritime déjà acquis dans le cas où le navire ne reviendrait pas au temps fixé.—Émérigon, t. 2, p. 548. — *Contrà*, Boulay-Paty, sur Émérigon, t. 2, p. 548.

7. *Quid*, si le contrat a été fait pour un temps limité, avec désignation de voyage ? — Suivant Émérigon, t. 2, p. 544, et Boulay-Paty, *Dr. marit.*, t. 3, p. 193, il faudrait s'en tenir au temps limité pour la durée des risques.—Suivant Targa, p. 140, le prêteur doit courir les risques du voyage ; seulement, s'il excède le temps limité, il y aura augmentation proportionnelle du profit maritime.

8. La rupture du voyage par l'effet de la saisie ou du séquestre du navire dans un port de relâche, ne rend pas exigible le billet de grosse qui ne doit être remboursé qu'au lieu de destination du navire, et ne fait pas cesser les risques qui courent contre les assureurs du contrat à la grosse.—Par suite, la perte du navire, bien que survenue depuis la rupture du voyage, autorise le prêteur à la grosse à faire le délaissement aux assureurs.—29 mai 1850, Cass. [S.V.50.1.430.]

[329] — Les justifications exigées par cet article peuvent être faites, non-seulement par le connaissement, mais encore par tout autre genre de preuve.—Boulay-Paty, t. 3, p. 218, Pardessus, t. 3, n° 929.

[330] — 1. La contribution aux avaries communes se règle, pour le prêteur à la grosse, eu égard à la somme prêtée.—Frémery, p. 301, n° 1er; Bressolles, n° 51.—Suivant Pardessus, t. 3, n° 926, cette contribution doit se régler d'après la valeur de l'objet affecté.

2. Le prêteur à la grosse peut, par une convention spéciale, s'affranchir de la contribution aux avaries grosses, aussi bien que de celle aux avaries particulières. —Ainsi décidé par une sentence arbitrale. [S.V. 60.2.252.]—*Contrà*, Émérigon, t. 2, p. 503, Favard, v° *Prêt à la grosse*, § 6, n° 1er; Devilleneuve et Massé, v° *Contrat à la grosse*, n° 63.

[331]. . . . .

TITRE X.

Des Assurances.

SECTION PREMIÈRE.

Du Contrat d'Assurance, de sa forme et de son objet.

332. Le contrat d'assurance est rédigé par écrit.

Il est daté du jour auquel il est souscrit.

Il y est énoncé si c'est avant ou après midi.

Il peut être fait sous signature privée.

Il ne peut contenir aucun blanc.

Il exprime

Le nom et le domicile de celui qui fait assurer, sa qualité de propriétaire ou de commissionnaire,

Le nom et la désignation du navire,

Le nom du capitaine,

Le lieu où les marchandises ont été ou doivent être chargées,

Le port d'où ce navire a dû ou doit partir,

Les ports ou rades dans lesquels il doit charger ou décharger,

Ceux dans lesquels il doit entrer,

La nature et la valeur ou l'estimation des marchandises ou objets que l'on fait assurer,

Les temps auxquels les risques doivent commencer et finir,

La somme assurée,

La prime ou le coût de l'assurance,

La soumission des parties à des arbitres, en cas de contestation, si elle a été convenue,

Et généralement toutes les autres conditions dont les parties sont convenues. [Ord. 1681, liv. 3, tit. 6, art. 2, 3, 68.]

[332] Indication alphabétique.

332. La même police peut contenir plusieurs assurances, soit à raison des marchandises, soit à raison du taux de la prime, soit à raison de différents assureurs.

334. L'assurance peut avoir pour objet :

Le corps et quille du vaisseau, vide ou chargé, armé ou non armé, seul ou accompagné ;

Les agrès et apparaux,

Les armements,

Les victuailles,

Les sommes prêtées à la grosse,

Les marchandises du chargement, et toutes autres choses ou valeurs estimables à prix d'argent, sujettes aux risques de la navigation. [Ord. 1681, liv. 3, tit. 6, art. 7 et 8. — C. comm., 280, 315.]

335. L'assurance peut être faite sur le tout ou sur une partie desdits objets, conjointement ou séparément.

Elle peut être faite en temps de paix ou en temps de guerre, avant ou pendant le voyage du vaisseau.

Elle peut être faite pour l'aller et le retour, ou seulement pour l'un des deux, pour le voyage entier ou pour un temps limité ;

Pour tous voyages et transports par mer, rivières et canaux navigables. [Ord. 1681, liv. 3, tit. 6, art. 7.]

336. En cas de fraude dans l'estimation des effets assurés, en cas de supposition ou de falsification, l'assureur peut faire procéder à la vérification et estimation des objets, sans préjudice de toutes autres poursuites, soit civiles, soit criminelles. [Ord. 1681, liv. 3, tit. 6, art. 8 et 22. — C. comm., 318, 357, 359.]

[illegible] en son nom personnel. — 17 juill. 1829, Aix. (S. [illegible] — D. P. [illegible].)

78. L'assureur *pour compte de qui il appartiendra* est réputé contracter non-seulement avec le mandataire qui lui présente la police d'assurance, mais encore avec le propriétaire des objets assurés. — En conséquence, il est justiciable des tribunaux à raison de l'exécution de l'assurance, bien qu'il soit étranger ainsi que l'assuré mandataire, si le commettant est français. — 5 juill. 1833, Aix. (S.V. 34.2.[illegible] — D. P. 34. [illegible].) — V. dans ce sens, Emérigon, t. 1er, p. 142 ; Boulay-Paty, t. 1er, p. 142.

79. Le commissionnaire peut insérer dans la police la clause *franc d'avarie*. Il ne le pourrait pas, s'il avait reçu mandat de *faire assurer à tout événement*. Casaregis, [illegible] ; Emérigon, t. 1er, p. 146 ; Boulay-Paty sur Emérigon, t. 1er, p. 147.

80. Le créancier peut faire assurer en son nom le sort débiteur. — Lemonnier, t. 2, nº 270 ; Alauzet, t. 1er, nºs 124 et suiv. — *Contra*, Boulay-Paty, t. 1er, p. 135. — V. aussi Pardessus, nº 588, et Vincens, t. 3, p. 218. — Suivant Lemonnier, *loc. cit.*, dans ce cas, le créancier ne pourrait offrir le délaissement.

81. Jugé que des assureurs peuvent être admis à prouver que celui au nom de qui est faite l'assurance n'est pas propriétaire des objets assurés, et ne peuvent opposer à la demande en délaissement, formée par l'assuré en son nom, toutes les exceptions proposables contre le propriétaire. — 2 janv. 1825, Aix. (S. [illegible] — D. P. [illegible].)

82. L'associé peut faire assurer, sans le concours de ses consorts, un objet dépendant de la société. — Alauzet, nº 133. — Suivant Pardessus, t. 3, nº 593, l'assurance devrait être valable à la part qu'avait l'associé assuré.

83. *Timbre.* — Les contrats d'assurances maritimes doivent être rédigés sur papier d'un timbre de dimension. Il en est de même de toute convention postérieure contenant prolongation de l'assurance, augmentation dans la prime ou le capital assuré, etc. Le tout sous peine de 50 fr. d'amende contre chacun des assureurs et assurés ; et d'une amende de 500 f. et de 1,000 f. en cas de récidive, contre le courtier ou notaire. (L. 5 juin 1850, art. 33-[illegible].)

84. *Enregistrement.* — Les polices d'assurances maritimes ne sont assujetties qu'au droit fixe de 1 fr. pour enregistrement. — Mais lorsqu'il en est fait usage en justice, elles sont passibles du droit proportionnel de 50 pour cent. Le droit est perçu sur la valeur de la prime. En temps de guerre, il n'y a lieu qu'au demi-droit. (L. 28 avril 1816, art. 51, nº 2. L. 16 juin 1824, art. 5.)

[333] — Les assureurs sont censés se rapporter aux conditions imposées par celui qui les précède dans l'ordre des signatures, toutes les fois qu'ils n'en changent le bout d'aucune stipulation. — 26 avril 1825, Aix. (D. P. 25.2.[illegible].)

[334] — 1. V. sur le sens qu'il faut donner au mot *navire*, suprà, art. 190, nº 1er.

2. L'assurance sur le *corps* comprend la chaloupe. — Emérigon, t. 1er, p. 384 ; Boulay-Paty, *Dr. marit.*, p. 386 ; Pardessus, nºs 599 et 758.

3. Celle du *chargement* ou *sur marchandises* comprend la pacotille ; mais la réciproque n'a pas lieu. — Emérigon, t. 1er, p. 293 ; Boulay-Paty, t. 3, p. 390 ; Pardessus, t. 3, nº 758 ; Devilleneuve et Massé, vº *Assurance*, nº 9.

4. L'assurance indéfinie des *facultés* comprend les effets chargés dans le navire pendant le voyage pour le compte de l'assuré. — Celle indéfinie du corps embrasse les dépenses faites pour le besoin du navire au cours du voyage par l'armateur assuré. — Emérigon, t. 1er, p. 296.

5. Un navire, déjà présumé péri, peut être assuré, pourvu qu'on déclare, dans la police, qu'on n'en a aucune nouvelle depuis tel temps. Emérigon, t. 2, p. 143.

6. Une prise faite par un corsaire peut être aussi assurée. — Emérigon, t. 1er, p. 257 ; Boulay-Paty sur Emérigon, t. 1er, p. 259.

7. Les matelots peuvent faire assurer les marchandises qu'ils ont achetées. — Emérigon, t. 1er, p. 230 ; Boulay-Paty sur Emérigon, t. 1er, p. 240.

8. L'armateur peut faire assurer le surcroît de dépenses extraordinaires pour le navire. — Boulay-Paty, t. 3, p. 365.

9. L'assurance des vivres et provisions d'un navire peut être annexée à l'assurance sur corps ; par conséquent, leur existence à bord peut être valablement constatée, sans autre preuve que celle de la police d'assurance. — 12 janv. 1835, Bordeaux. (D. P. 35.2.73.)

10. Quand l'assurance porte à la fois sur des choses susceptibles d'être assurées, et sur des choses qui n'en sont pas susceptibles, le contrat n'est nul que sous ce dernier rapport. — Pothier, nº 35 ; Bugnet sur Pothier, t. 5, p. 282, note 1re ; Emérigon, t. 1er, p. 190 ; Boulay-Paty sur Emérigon, *ibid.*

11. Il a été jugé, en conséquence, que l'assurance qui comprend tout à la fois la valeur réelle de marchandises et le profit espéré de ces marchandises, n'est pas absolument nulle, elle est seulement réductible à la valeur réelle des marchandises. — 22 août 1833, Bordeaux. (S.V. 34.2.111. — D. P. 34.2.[illegible].) — V. *inf.*, sur l'art. 347, nº 8.

12. La contrebande est-elle susceptible d'être assurée ? A cet égard, les auteurs font une distinction. L'assurance serait nulle, s'il s'agissait de la contrebande à faire en France, en fraude du Trésor français ; mais elle serait valable s'il s'agissait de contrebande à l'étranger, pourvu que l'assureur sût que les marchandises qu'il assurait étaient destinées à la contrebande. — Emérigon, t. 1er, p. 217 ; Boulay-Paty sur Emérigon, t. 1er, p. 219 ; Lemonnier, t. 1er, nº 221 ; Pardessus, nº 771 ; Alauzet, t. 1er, nº 162. — Rej. implicit. en ce sens : 30 août 1833, Aix. (S.V. 34.2.[illegible].) — *Contrà*, en ce qui concerne la contrebande à l'étranger, Pothier, nº 58 ; du moins chez les puissances amies. Bugnet sur Pothier, t. 5, p. 287. — V. *inf.*, art. 348, nºs 20 et 21.

13. L'assurance sur la vie des hommes est-elle permise ? Dans la pratique, l'affirmative ne souffre pas de difficulté, et il existe aujourd'hui nombre de sociétés anonymes, autorisées par le conseil d'État, qui ont pour unique objet l'assurance sur la vie. Mais les jurisconsultes sont divisés sur la légalité de telles assurances. — V. Pothier, t. 5, nº 182 ; Boulay-Paty sur Emérigon, t. 1er, p. 101 ; Pardessus, nºs 589 et s. ; [illegible], p. 36 ; Bravard-Veyrières, p. 435 ; Bugnet sur Pothier, t. 5, p. 435 ; Alauzet, t. 2, nºs 574 et s. ; Lemonnier, t. 1er, nº 112 ; Devilleneuve et Massé, vº *Assur. sur la vie* ; Massé, *Dr. comm.*, t. 4, nº 106 ; [illegible], *Assur. terr.*, nºs 374 et s. ; [illegible], *ibid.*, nºs 258 etc. — V. [illegible], sur ces sortes d'assurances, les notes [illegible] de l'art. 1965 de notre *Cod. civ. annoté.*

14. V. *encore infrà*, art. 347 et les notes.

[335] — 1. Une assurance sur corps et une assurance sur facultés, faites dans une seule police et pour le même voyage, ne sont pas indivisibles ; dès lors, la cause qui fait annuler l'une ne doit pas nécessairement faire annuler l'autre. — 25 janv. 1826, Bordeaux. (P. 20.83.)

2. Lorsqu'il y a stipulation de faire échelle, les marchandises chargées au lieu de relâche sont subrogées à celles qu'on y décharge ; les assureurs en courent les risques comme de celles qui sont restées dans le navire. — Valin, art. 27, tit. *des Assurances* ; Pothier, nº 65 ; Emérigon, t. 2, p. 72 ; Boulay-Paty sur Emérigon, t. 2, p. 78, et *Droit marit.*, t. 4, p. 145.

3. L'assurance pour l'aller ne comprend pas les marchandises chargées au port de destination, ou dans un port auquel le navire a touché dans sa traversée de retour. C'est le contraire quand il est dit dans la police d'assurance qu'on assure pour l'aller et le retour, ou pour le voyage entier, ou qu'on assure les marchandises d'entrée et de sortie. — Pardessus, nº 780.

4. Faute d'une clause expresse, l'assurance n'est censée faite que pour l'aller, et non pour le retour. — Emérigon, t. 2, p. 61 ; Pothier, nº 68 ; Valin, sur l'art. 7, tit. *des Assurances* ; Boulay-Paty, t. 3, p. 390.

5. Lorsqu'un navire a été assuré, par une première assurance, pour le *voyage d'aller*, une seconde assurance sur ce navire, faite *sur l'aller et le retour*, est nulle, même pour le voyage de retour. — Boulay-Paty sur Emérigon, t. 2, p. 664.

6. Dans un voyage d'aller et de retour d'un navire, s'il y a eu assurance distincte et séparée pour le retour, les loyers et gages des gens de l'équipage pour l'aller restent à la charge de l'armateur assuré, bien que ces loyers, au cas de naufrage suivi de délaissement, doivent, comme les loyers du retour, être préférés par privilége sur les débris et le fret du navire appartenant aux assureurs. — Dans ce cas, les assureurs ont action récursoire contre l'armateur pour se faire rembourser des loyers de l'aller, dont ils doivent subir le prélèvement sur les débris et le fret du navire. — Du moins, l'arrêt qui le décide ainsi, par interprétation de la police d'assurance, est, sous ce rapport, à l'abri de la cassation. — 5 juin 1828, Rej. (S. 28.1.[illegible] ; C. n. 9. — D. P. 28.1.267.)

7. L'assurance prise sur corps, pour le voyage de retour, est frappée de nullité, lorsque les risques devant commencer à la fin du voyage d'aller, le navire, après être arrivé au lieu de destination, a dérouté, c'est-à-dire a effectué un voyage intermédiaire non prévu par la police. Mais cette nullité n'affecte pas l'assurance de retour faite par la même police, sur facultés chargées ou à charger à bord du même navire. — 25 janv. 1826, Bordeaux. (P. 20.83.)

[336] — 1. En général, l'estimation faite dans la police est présumée exacte, jusqu'à preuve contraire à la charge de l'assureur. — 12 janv. 1831, Bordeaux. (D. P. 32.2.[illegible].) — *Id.* 11 fév. 1845, Aix. (*J. Mars* 13.1.108.) — *Sic*, Valin, p. 366 ; Emérigon, t. 1er, p. 277 ; Boulay-Paty, t. 3, p. 397 ; Alauzet, t. 1er, nº 224. — V. *infrà*, art. 357, nºs 2 et s.

2. La clause *dite de valeur agréée*, constitue à l'égard de l'assuré une preuve à laquelle il ne peut se soustraire ; au contraire, à l'égard de l'assureur, ce n'est qu'une simple présomption qui peut être détruite par la preuve contraire. — [illegible] ; [illegible] Lemonnier, t. 1er, nº 183, cette clause dispense l'assuré de justifier la valeur mise en risque, en laissant à l'assureur le droit de prouver même l'erreur commise de bonne foi dans l'évaluation des objets assurés.

3. Si l'estimation est seulement exagérée, elle ne doit pas être maintenue. — Du reste, cette exagération, à moins qu'il n'y ait eu dol ou fraude de la part des assurés, ne donne pas lieu à l'annulation totale de l'assurance ; il y a lieu seulement de la réduire à de justes bornes. — 24 mars 1830, Aix. (S. 30.2.115 ; C. n. 9. — D. P. 34.2.175.) — V. *infrà*, art. 358 et les notes.

4. En un tel cas, le juge doit ordonner d'office une estimation nouvelle. — [illegible], t. 2, p. 163 ; Boulay-Paty, t. 3, p. 401.

337. Les chargements faits aux Échelles du Levant, aux côtes d'Afrique et autres parties du monde, pour l'Europe, peuvent être assurés, sur quelque navire qu'ils aient lieu, sans désignation du navire ni du capitaine.

Les marchandises elles-mêmes peuvent, en ce cas, être assurées sans désignation de leur nature et espèce.

Mais la police doit indiquer celui à qui l'expédition est faite ou doit être consignée, s'il n'y a convention contraire dans la police d'assurance. [Ord. 1681, liv. 3, tit. 6, art. 4.]

338. Tout effet dont le prix est stipulé dans le contrat en monnaie étrangère, est évalué au prix que la monnaie stipulée vaut en monnaie de France, suivant le cours à l'époque de la signature de la police. [C. comm., 143.]

339. Si la valeur des marchandises n'est point fixée par le contrat, elle peut être justifiée par les factures ou par les livres : à défaut, l'estimation en est faite suivant le prix courant au temps et au lieu du chargement, y compris tous les droits payés et les frais faits jusqu'à bord. [Ord. 1681, liv. 3, tit. 6, art. 8, 64.—Décl. 17 août 1779, art. 11.]

340. Si l'assurance est faite sur le retour d'un pays où le commerce ne se fait que par troc, et que l'estimation des marchandises ne soit pas faite par la police, elle sera réglée sur le pied de la valeur de celles qui ont été données en échange, en y joignant les frais de transport. [Ord. 1681, liv. 3, tit. 6, art. 65.]

341. Si le contrat d'assurance ne règle point le temps des risques, les risques commencent et finissent dans le temps réglé par l'article 328 pour les contrats à la grosse. [Ord. 1681, liv. 3, tit. 6, art. 5.—C. comm., 328.]

342. L'assureur peut faire réassurer par d'autres les effets qu'il a assurés.

L'assuré peut faire assurer le coût de l'assurance.

La prime de réassurance peut être moindre ou plus forte que celle de l'assurance. [Ord. 1681, liv. 3, tit. 6, art. 20 et 21.]

343. L'augmentation de prime qui aura été stipulée en temps de paix pour le temps de guerre qui pourrait survenir, et dont la quotité n'aura pas été déterminée par les contrats d'assurance, est réglée par les tribunaux, en ayant égard aux risques, aux circonstances et aux stipulations de chaque police d'assurance.

344. En cas de perte des marchandises assurées et chargées pour le compte du capitaine sur le vaisseau qu'il commande, le capitaine est tenu de justifier aux assureurs l'achat des marchandises, et d'en fournir un connaissement signé par deux des principaux de l'équipage. [Ord. 1681, liv. 3, tit. 6, art. 62.—C. comm., 281.]

---

5. ...Et cela, alors même que l'assureur aurait renoncé à demander une estimation autre que celle portée dans la police.—21 janv. 1825, Trib. de Marseille. (*J. Mars.* 6.1.106.)—6 sept. 1824, Trib. de Marseille. (*J. Mars.* 5.1.212.)—9 janv. 1843, Trib. de Bordeaux. (*Mém. de Bordeaux*, 19.1.5.)—6 janv. 1841, Aix (*J. Mars.* 19.1.11.) — *Sic*, Pothier, n° 150. — *Contrà*, Émérigon, t. 1er, p. 179; Boulay-Paty, t. 3, p. 406; Estrangin, p. 243; Dageville, t. 3, p. 73, 293 et suiv.; Lemonnier, t. 1er, n° 135, et t. 2, n° 376, *ad notam*.

[337 à 338] . . . .

[339]—1. L'assureur qui a assuré une somme sur marchandises, sans aucune indication de la quantité de cette marchandise, est toujours en droit de réclamer la justification de la valeur couverte par l'assurance.—21 juill. 1830, Bordeaux. (D.P.31.2.141.)

2. En général, la clause par laquelle l'assureur dispense l'assuré de prouver le chargé, est nulle.—Pothier, n° 144; Valin, sur l'art. 57; Delaborde, n° 151.—Cette clause est valable; seulement elle dispense l'assuré de justifier sa demande par la représentation des pièces ordinairement produites; mais elle laisse à l'assureur le droit de faire la preuve contraire.—Émérigon, t. 1er, p. 334; Boulay-Paty, t. 340; Pardessus, t. 3, n° 832; Dageville, t. 3, p. 408; Alauzet, t. 1er, n° 189.

3. S'il paraît aux juges qu'il y a évidemment erreur dans une police d'assurance, en ce que la valeur des marchandises qui s'y trouve énoncée est moindre que celle que l'assuré avait l'intention d'énoncer, ils peuvent, comme au cas où la valeur n'est pas fixée dans la police, ordonner que le prix sera déterminé par la représentation des factures.—3 août 1825 Rej. (S.26.1.136; C.N.8.—D.P.25.1.402.) — V. cependant 17 août 1823, Rennes. (P.19.815.) — V. aussi sup., notes de l'art. 336.

4. Dans une assurance faite pour compte de qui il appartiendra sur navire et sur facultés indéterminées, l'assureur peut exiger, outre les pièces justificatives, la preuve des droits de propriété.—Dageville, t. 3, p. 47; Estrangin, p. 334; Lemonnier, t. 2, n° 382.

5. Même dans ce cas, l'assuré ne peut exiger l'indemnité, s'il ne justifie pas qu'un mandat lui avait été donné à l'époque de la souscription de la police.—Estrangin, p. 346; Dageville, t. 3, p. 47.—*Contrà*, Lemonnier, t. 2, n° 384.

6. L'assuré n'est assujetti à aucune preuve spéciale du dommage souffert par l'objet assuré : tout moyen de preuve est admissible.—Émérigon, t. 1er, p. 334; Dageville, t. 3, p. 406; Pardessus, t. 3, n° 832; Lemonnier, t. 2, n° 373; Delaborde, n° 134; Alauzet, t. 2, n° 309.

[340] . . . .

[341]—1. En règle générale, l'arrivée au port de destination détermine le terme du voyage et la cessation des risques.—Lemonnier, t. 1er, n° 237.

2. Mais si, au lieu de nommer un port, la convention désigne une île, une côte ou même un archipel, le premier port de l'île, de la côte ou de l'archipel auquel aborde le navire devient le lieu de destination.—Lemonnier, *loc. cit.*

3. Les assureurs sont responsables des dommages que peuvent éprouver les facultés pendant leur séjour en lazaret.—23 juill. 1837, Trib. de Marseille. (*J. Mars* 17.1.97.)—*Sic*, Émérigon, t. 2, p. 107; Lemonnier, t. 1er, n° 240.

4. Il peut y avoir perte d'entrée et de sortie en même temps sur des marchandises, mais non sur un navire.—Émérigon, t. 2, p. 115; Boulay-Paty, t. 3, p. 425; Lemonnier, t. 1er, n° 238.

5. Lorsque deux assurances ont été prises sur le corps du même navire, l'une d'entrée, l'autre de sortie, l'innavigabilité survenue après le déchargement et avant que le navire ait remis à la voile, c'est-à-dire pendant le temps nécessaire pour disposer le navire à recevoir, et pour recevoir en effet le chargement de retour, est à la charge des assureurs de sortie, lorsque d'ailleurs il est constant qu'elle provient de *fortunes de mer*, telles que le long séjour dans une rade, l'exposition aux vents, aux orages et aux ardeurs du soleil, en attendant le second chargement. — 3 août 1830, Aix. (D.P.31.2.67.)

6. Lorsqu'un navire assuré est obligé, après avoir mouillé au port de sa destination, de se rendre dans un autre port pour la réparation d'avaries éprouvées pendant le voyage assuré, les assureurs sur corps sont tenus des avaries qui surviennent pendant ce second voyage, lequel doit être réputé fait pour leur compte. — Ils sont même tenus des avaries qui surviennent après le retour effectué de ce second voyage, et avant le déchargement des marchandises prises à fret par le capitaine, lors du retour du navire, dans l'intérêt des assureurs.—Même arrêt que le n° suivant.

7. S'il a été stipulé que le temps du risque continuerait pendant un certain nombre de jours après l'arrivée du navire, ce temps du risque est suspendu pendant la durée d'un voyage que le navire, après son arrivée au port de sa destination, est obligé de faire pour réparer des avaries éprouvées pendant le premier voyage. Il ne reprend son cours qu'à compter du retour du navire au lieu de sa destination.—6 déc. 1830, Bordeaux. (S.V.31.2.362; C.N.9.—D.P.31.2.61.)

8. Quand un navire armé en course est assuré pour le temps et terme de *tant* de jours effectifs, s'il vient à périr par fortune de mer dans un lieu de relâche, les assureurs répondent de la perte, car la station, pendant la croisière, suspend le temps fixé par la police, sans suspendre ni altérer en rien l'assurance même.—Émérigon, t. 2, p. 44; Pardessus, t. 3, n° 777.

9. Lorsque l'assurance d'un navire a été faite sur les dernières nouvelles qui en avaient été reçues, et qui apprenaient qu'à cette époque le navire était encore dans le lieu du départ, prêt à appareiller, si le navire ne reparaît plus, il y a présomption qu'il a péri depuis son départ, et, par conséquent, après le commencement des risques, et non dans le lieu même où les dernières nouvelles ont constaté sa présence. Par suite, la perte du navire est à la charge des assureurs.—20 mai 1818, Paris. (S.V.18.2.630.)

10. V. art. 332, n° 50.

[342]—1. L'assureur, qui fait réassurer, peut-il comprendre dans cette réassurance la prime du premier assuré? La question divise les auteurs.—Émérigon, t. 1er, p. 253; Delvincourt, t. 2, p. 356; Pardessus, t. 3, n° 802; Dageville, t. 3, p. 160; Alauzet, t. 1er, n° 153, se prononcent pour l'affirmative, par cette raison qu'ils voient un risque dans le paiement de prime qu'aurait à faire le premier assureur au réassureur pour la prime assurée, au cas d'heureuse arrivée.—Valin, p. 435; Pothier, n° 33; Boulay-Paty, t. 3, p. 286, et sur Émérigon, t. 1er, p. 258; Delvincourt et Massé, v° *Assur.*, n° 23; Lemonnier, t. 1er, n° 118, se décident pour la négative, par le motif que la prime due au premier assureur, au cas d'heureuse arrivée, ne peut être pour celui-ci qu'un profit espéré, qui n'est pas susceptible d'assurance.

2. L'assureur principal peut assurer la prime des primes.—Pardessus, t. 3, n° 765; Locré, sur l'article 342; Favard, v° *Assurance*, § 1er, n° 5; Alauzet, t. 1er, n° 151.

3. L'assureur est soumis, à l'égard du réassureur, aux règles et aux déchéances auxquelles l'assuré est soumis à l'égard de l'assureur.—7 déc. 1822, Rouen. 1er juin 1824, Rej. (S.24.2.190; C.N.7.—D.A.2.47.) — V. encore *infrà*, sur l'art. 373, nos 8 et 9.

4. Il est obligé de fournir au réassureur les mêmes justifications que les autres assurés.—Émérigon, t. 1er, p. 342; Pothier, n° 153; Boulay-Paty, t. 3, p. 349; Dageville, t. 3, p. 501; Estrangin, p. 214; Lemonnier, t. 2, n° 377.—Suivant Pardessus, t. 3, n° 854, le réassuré n'a qu'à prouver au réassureur le paiement par lui fait à l'assuré primitif.

5. La clause par laquelle l'assureur convient, en se faisant réassurer, qu'il sera dispensé de toute justification, est illicite.—Pothier, *loc. cit.*—Tous les auteurs ci-dessus expriment une opinion contraire.

6. Lorsque l'assuré fait assurer la solvabilité de l'assureur, le second assureur n'est obligé que comme caution, et peut opposer le bénéfice de discussion.—Pothier, n° 33; Valin, p. 485.—*Contrà*, Émérigon, t. 1er, p. 258; Alauzet, t. 1er, n° 150; Boulay-Paty, t. 3, p. 419.

[343]—1. La prime d'assurance, stipulée en temps de paix pour le cas éventuel de guerre pendant la navigation du navire assuré, est due par le fait seul de la déclaration de guerre pendant cette navigation, encore que le navire serait parvenu à sa destination avant que la déclaration de guerre ait pu y arriver.—28 janv. 1807, Rej. (S.7.1.152; C.N.2.—D.A.2.56.)

2. Des actes d'hostilités doivent être considérés comme constituant l'état de guerre, quoiqu'ils aient eu lieu avant la déclaration, tout aussi bien que la déclaration elle-même.—En conséquence, la condition de survenance de la guerre doit être regardée comme accomplie et la surprime acquise à l'assureur par le premier acte d'hostilité de la puissance ennemie, commis même sans déclaration préalable de guerre.—28 mars 1821, Rennes. (C.N.6.)

3. L'assuré qui a raccourci son voyage avant toute hostilité ou déclaration de guerre, ne doit pas l'augmentation de prime stipulée pour le cas de guerre.—Même arrêt que ci-dessus.

[344]—1. Cet article n'est pas applicable au cas où la marchandise, quoique achetée par le capitaine, a été chargée et assurée pour le compte d'une autre personne.—12 oct. 1839, Trib. de Marseille. (*J. Mars.* 19.1.1.)

2. Jugé en sens contraire. — 30 janv. 1840, Aix. (*J. Mars.* 19.1.80.)

545. Tout homme de l'équipage et tout passager qui apportent des pays étrangers des marchandises assurées en France sont tenus d'en laisser un connaissement dans les lieux où le chargement s'effectue, entre les mains du consul de France, et, à défaut, entre les mains d'un Français notable négociant, ou du magistrat du lieu. [Ord. 1681, liv. 3, tit. 6, art. 63.]

546. Si l'assureur tombe en faillite lorsque le risque n'est pas encore fini, l'assuré peut demander caution, ou la résiliation du contrat.

L'assureur a le même droit en cas de faillite de l'assuré.

547. Le contrat d'assurance est nul, s'il a pour objet

Le fret des marchandises existant à bord du navire,

Le profit espéré des marchandises,

Les loyers des gens de mer,

Les sommes empruntées à la grosse,

Les profits maritimes des sommes prêtées à la grosse. [Ord. 1681, liv. 3, tit. 6, art. 15 et s.]

548. Toute réticence, toute fausse déclaration de la part de l'assuré, toute différence entre le contrat d'assurance et le connaissement, qui diminueraient l'opinion du risque ou en changeraient le sujet, annulent l'assurance.

L'assurance est nulle, même dans le cas où la réticence, la fausse déclaration ou la différence, n'auraient pas influé sur le dommage ou la perte de l'objet assuré. [C. comm., 365, 380.]

---

[545] — [illegible]

[546] — 1. La mise en liquidation d'une société ou compagnie d'assurance n'autorise pas les assurés à se refuser au paiement des primes par eux dues, et à résoudre ainsi leurs contrats, tant que la compagnie fait honneur à ses engagements, et que son insolvabilité n'est pas établie. — 7 fév. 1848, Rennes. [illegible]

[illegible]

[547] — [illegible]

[548] — [illegible]

SECTION II.

Des Obligations de l'Assureur et de l'Assuré.

349. Si le voyage est rompu avant le départ du vaisseau, même par le fait de l'assuré, l'assurance est annulée; l'assureur reçoit, à titre d'indemnité, demi pour cent de la somme assurée. [Ord. 1681, liv. 3, tit. 6, art. 37. — C. comm., 252, 288.]

350. Sont aux risques des assureurs, toutes pertes et dommages qui arrivent aux objets assurés, par tempête, naufrage, échouement, abordage fortuit, changements forcés de route, de voyage ou de vaisseau, par jet, feu, prise, pillage, arrêt par ordre de puissance, déclaration de guerre, représailles, et généralement par toutes les autres fortunes de mer. [Ord. 1681, liv. 3, tit. 6, art. 26. — C. comm., 255, 328, 405, 407.]

[illegible]

351. Tout changement de route, de voyage ou de vaisseau, et toutes pertes et dommages provenant du fait de l'assuré, ne sont point à la charge de l'assureur; et même la prime lui est acquise, s'il a commencé à courir des risques. [Ord. 1681, liv. 3, tit. 6, art. 27.—C. comm., 364.]

352. Les déchets, diminutions et pertes qui arrivent *par le vice propre de la chose*, et les dommages causés par le fait et faute des propriétaires, affréteurs ou chargeurs, ne sont point à la charge des assureurs. [Ord. 1681, liv. 3, tit. 6, art. 29.—C. comm. 350.]

[illegible]

353. L'assureur n'est point tenu des prévarications et fautes du capitaine et de l'équipage, connues sous le nom de *baraterie de patron*, s'il n'y a convention contraire. [Ord. 1681, liv. 3, tit. 6, art. 28. — C. comm., 216.]

354. L'assureur n'est point tenu du pilotage, touage et lamanage, ni d'aucune espèce de droits imposés sur le navire et les marchandises. [Ord. 1681, liv. 3, tit. 6, art. 30.]

355. Il sera fait désignation dans la police, des marchandises sujettes, par leur nature, à détérioration particulière ou diminution, comme blés ou sels, ou marchandises susceptibles de coulage; sinon les assureurs ne répondront point des dommages ou pertes qui pourraient arriver à ces mêmes denrées, si ce n'est toutefois que l'assuré eût ignoré la nature du chargement lors de la signature de la police. [Ord. 1681, liv. 3, tit. 6, art. 31. — C. comm., 352.]

356. Si l'assurance a pour objet des marchandises pour l'aller et le retour, et si, le vaisseau étant parvenu à sa première destination, il ne se fait point de chargement en retour, ou si le chargement en retour n'est pas complet, l'assureur reçoit seulement les deux tiers proportionnels de la prime convenue, s'il n'y a stipulation contraire. [Ord. 1681, liv. 3, tit. 6, art. 6.]

357. Un contrat d'assurance ou de réassurance consenti pour une somme excédant la valeur des effets chargés est nul à l'égard de l'assuré seulement, s'il est prouvé qu'il y a dol ou fraude de sa part. [Ord. 1681, liv. 3, tit. 6, art. 22. — C. comm., 336, 380.]

358. S'il n'y a ni dol ni fraude, le contrat est valable jusqu'à concurrence de la valeur des effets chargés, d'après l'estimation qui en est faite ou convenue.

En cas de pertes, les assureurs sont tenus d'y contribuer chacun à proportion des sommes par eux assurées.

Ils ne reçoivent pas la prime de cet excédant de valeur, mais seulement l'indemnité de demi pour cent. [Ord. 1681, liv. 3, tit. 6, art. 23 et 56. — C. comm., 401.]

---

2. Dès qu'un accident maritime fortuit a ajouté aux causes de détérioration inhérentes à la nature de la chose assurée, l'assureur doit réparer le dommage, dont la mesure est la fortune de mer l'a causé. — 7 juin 1841, Trib. de Bordeaux (*Mém.* 8.1.204.) — *Id.* 16 juin 1850, Aix. (*J. Mars.* 19.1.203.)

3. Il doit payer tout le dommage, quoique la marchandise soit susceptible de détérioration, si le vice de cette marchandise n'a dû son existence qu'à des fortunes de mer. — 13 août 1839, Trib. de Marseille. (*J. Mars.* 18.1.340.)

4. Lorsque, par suite du séjour prolongé d'un navire dans un port de relâche, une marchandise, susceptible par sa nature de se détériorer elle-même, a éprouvé une détérioration, le dommage doit être considéré comme provenant non point d'une fortune de mer, mais du vice propre de la chose, lors que la relâche du navire ait été forcée par des événements de mer. En conséquence, le propriétaire de la marchandise n'est pas fondé à réclamer de l'assureur le paiement de l'assurance. — 10 janv. 1842, Bordeaux. (S.V. 42.2.150. — D.P. 42.2.61.) — *Id.* 9 fév. 1847, Rouen. (S.V. 49.2.441.) — *Sic*, Pardessus, t. 3, n° 856; Delamarre, *Inst. comm.*, p. 395; Lemonnier, t. 1er, n° 161.

5. La clause *franc de coulage*, stipulée dans une assurance de liquides, doit s'entendre non-seulement du coulage provenant, soit du vice des futailles, soit du vice propre de la chose, dont les assureurs sont d'ailleurs affranchis par le droit commun, mais encore du coulage résultant d'un événement de mer et de force majeure. — 3 mai 1818, Trib. de Marseille. (*J. Mars.* 3.1.127.) — *Id.* 25 nov. 1818, Aix. (*J. Mars.* 3.1.250.) — *Id.* 14 mars 1825, Aix. (C.n.7.) — *Sic*, Boulay-Paty, t. 4, p. 92; Pardessus, t. 3, n° 774; Alauzet, t. 2, n° 330.

6. Par ces mots d'une police d'assurance faite sur *facultés non désignées, en quoi que le tout consiste ou puisse consister*, les parties sont censées avoir dérogé au droit commun, et avoir mis, par cette clause générale, au risque des assureurs, même les marchandises susceptibles de détérioration. — 28 avr. 1830, Trib. de comm. de Marseille. (D.P. 33.3.109.) — *Sic*, Delaborde, n° 65.

7. Le défaut de certificat de visite n'emporte pas présomption que la perte du navire provient de ce qu'il était innavigable. — 28 janv. 1822, Aix. (P. 17.76.)

8. Dans l'état de doute et d'incertitude sur la cause de détérioration éprouvée par des marchandises susceptibles par leur nature de se détériorer, c'est à l'assuré qu'il incombe de prouver que c'est une autre cause que celle résultant de la nature de la marchandise qui a déterminé l'avarie: la présomption est en faveur de l'assureur. — 9 fév. 1847, Rouen. (S.V. 49.2.448.) — *Sic*, Émérigon, t. 1er, p. 391; Pardessus, t. 3, n° 773; Lemonnier, t. 1er, n° 310.

9. V. encore sur les avaries à la charge des assureurs, *suprà*, art. 350.

[353] — 1. L'omission des formalités prescrites pour constater les causes d'abandon du navire comme innavigable constitue une baraterie, quand elle cause un préjudice certain. — Lemonnier, t. 1er, n° 178. — V. cependant Dageville, t. 3, p. 282.

2. Dans le cas où le dommage résultant d'un abordage entre deux navires doit être réparé à frais communs, aux termes de l'article 407, cette contribution reposant sur une présomption de faute des deux capitaines, n'est pas à la charge des assureurs respectifs de chaque navire. — Lemonnier, t. 1er, n° 181. — *Contrà*, Boulay-Paty, t. 4, p. 15; Estrangin, p. 74.

3. L'incendie d'un navire arrivé par la faute du capitaine qui, ayant reconnu des symptômes de feu à bord, n'en a pas moins continué de naviguer, bien qu'il se trouvât dans des parages où il eût pu relâcher, constitue non une fortune de mer, mais une baraterie de patron; dès lors, les assureurs qui n'ont pas garanti les baraterie de patron, ne sont pas responsables de la perte du navire. — 27 mars 1844, Paris. (S.V. 44.2.204. — D.P. 44.2.125. — P. 44.1.573.)

4. A défaut par le capitaine d'un navire assuré, détruit en mer par un incendie, d'avoir fait constater la cause de l'incendie, cette cause doit être réputée provenir de la faute du capitaine; il n'y a point présomption, en ce cas, que le sinistre soit arrivé par fortune de mer. Par suite, la perte du navire et des objets assurés n'est point à la charge des assureurs. — 4 janv. 1853, Rej. (S.V. 53.1.209. — D.P. 53.1.25.) — *Sic*, Dageville, t. 3, p. 269. — *Contrà*, Lemonnier, t. 1er, n° 171; Alauzet, t. 2, n° 269.

5. C'est à l'assureur à prouver que la perte ou dommage provient de la baraterie du patron. — Savary, parère 60; Boulay-Paty, t. 4, p. 60.

6. Pour que l'assureur puisse n'être pas responsable du naufrage des objets assurés, cause par le fait de l'une des personnes qui étaient sur le navire, il faudrait que l'assureur prouvât que cette personne faisait partie de l'équipage et était par conséquent placée sous la surveillance du capitaine. — 23 nov. 1850, Bordeaux. (S.V. 51.2.50. C.n.9. — D.P. 51.2.7.)

7. L'assureur qui a pris à sa charge la baraterie de patron et les avaries qui en résultent, est tenu d'indemniser l'assuré de la rupture du voyage résultant d'un fait de baraterie, bien que les objets assurés n'en aient éprouvé aucun dommage matériel, et que le dommage consiste seulement dans la différence existante entre la valeur des marchandises au jour du chargement, et le produit de la vente qui en a été faite par suite de la baraterie. — 14 mai 1844, Rej. (S.V. 44.1.388.)

8. Dans le même cas où l'assureur se trouve tenu de la baraterie du patron, il est responsable de la perte des marchandises arrivée faute d'un bon arrimage, bien que le capitaine se soit servi d'un arrimeur juré. — Boulay-Paty, t. 1er, p. 377, qui cite Rouen, 14 déc. 1830. (C.n.7.) — V. *sup.*, art. 222, nos 9 et s.

9. L'assureur n'est pas responsable si le capitaine, rendu à sa destination, distrait les objets chargés à sa consignation, parce qu'alors c'est un risque de terre. — Boulay-Paty, sur Émérigon, t. 2, p. 23, et *Dr. marit.*, t. 4, p. 76.

10. Lorsque les assureurs de la somme prêtée à la grosse ont pris à leur charge la baraterie du patron, le prêteur assuré est fondé à faire délaissement, quoique le capitaine, par le fait d'une déviation de route, ait mis fin aux risques de l'emprunteur, et que par suite celui-ci ait une action personnelle contre le capitaine. — 15 juill. 1845, Trib. du Havre. (*J. du Havre*, 1845, 1.168.)

11. L'assureur tenu de la baraterie de patron est responsable de la baraterie du capitaine choisi par l'assuré, armateur. — Boulay-Paty, sur Émérigon, t. 1er, p. 371, et *Droit marit.*, t. 4, p. 74. — *Contrà*, Émérigon, t. 1er, p. 367; Favard, v° *Baraterie*, n° 2.

12. Jugé cependant que l'armateur assuré ne peut agir contre l'assureur en raison de la baraterie du patron, s'il a été choisi par lui. — 20 juin 1838, Trib. de Marseille. (*J. Mars.* 18.1.83.)

13. Lorsque l'assureur est tenu de la baraterie du patron, l'assuré armateur est tenu comme responsable, et ne peut se décharger que par l'abandon du navire et du fret. — Émérigon, t. 1er, p. 369; Dageville, t. 3, p. 281. — *Contrà*, Boulay-Paty, t. 4, p. 74; Lemonnier, t. 1er, n° 182.

14. L'assureur responsable des fautes du capitaine, est subrogé aux droits de l'assuré par le paiement qu'il lui fait. — Valin, sur l'art. 28, tit. *des Assur.*; Boulay-Paty, sur Émérigon, t. 1er, p. 371; Devilleneuve et Massé, v° *Assur.*, n° 147.

15. V. *Sup.*, art. 352, n° 18. — V. aussi la loi du 10 avril 1825, qui prononce des peines contre plusieurs crimes de baraterie.

[354] — Cet article est applicable lors même que les frais dont il parle ont été nécessités par quelque accident extraordinaire. — Valin sur l'art. 30, tit. *des Assur.*; Pothier, n° 67; Dageville, t. 3, p. 292.

[355] — V. *suprà*, les notes de l'art. 352.

[356] — 1. Si le navire vient à périr dans le voyage d'aller, il n'y a pas lieu de diminuer la prime. — Pothier, n° 187; Boulay-Paty, sur Émérigon, t. 2, et *Droit marit.*, t. 4, p. 168.

2. Quoique l'assurance soit faite à prime liée, lors de retour, il y a lieu à diminution de la prime. — Boulay-Paty, *loc. cit.*

[357 et 358] — 1. Les dispositions de ces articles ne s'appliquent pas seulement aux assurances sur marchandises, mais aux assurances sur corps. — Lemonnier, t. 1er, n° 156. — *Contrà*, Locré, t. 2, p. 405 et 407. — V. Dageville, t. 3, p. 75, et Alauzet, t. 2, n° 368.

2. L'évaluation exagérée de marchandises assurées ne suffit pas pour établir qu'il y a eu dol et fraude de la part de l'assuré, ayant pour effet d'annuler le contrat d'assurance à son égard. — 26 août 1835, Bordeaux. (S.V. 36.2.111. — D.P. 38.2.3.)

3. *Id.* Surtout si, dans le cours de l'instance introduite par suite du délaissement fait par l'assuré, celui-ci réduit sa demande à la valeur réelle des marchandises. — 2 juill. 1826, Aix. (S. 27.2.171; C.n.8. — D.P. 28.2.7.)

4. L'évaluation portée dans la police peut n'être pas exagérée, quoique excédant la valeur justifiée par factures, lorsqu'il a été fait pour cette marchandise des dépenses pour le transport, le conditionnement et l'embarquement. — Lemonnier, t. 1er, n° 139; Alauzet, t. 1er, n° 224. — V. *sup.*, art. 336, nos 1er et s.

5. S'il y a fausse évaluation, dans le dessein de nuire, l'assuré paie la prime à l'assureur quelque chose qui arrive, et si les objets assurés périssent ou sont endommagés, il ne peut réclamer de l'assureur la somme par lui assurée. — Vincens, t. 3, p. 248; Favard, v° *Assurance*, § 8, n° 3; Boulay-Paty, t. 3, p. 110.

6. Quand un navire a péri corps et biens et que tous les papiers de bord ont été perdus, la valeur du chargement peut être déterminée d'après l'évaluation qui en aura été faite de gré à gré dans la police d'assurance, si cette évaluation n'est pas d'ailleurs attaquée comme frauduleuse. — 10 déc. 1849, Rej. (S.V. 50.1.293. — D.P. 50.1.76.)

7. Dans les assurances mutuelles contre l'incendie, l'estimation faite au moment de l'assurance et portée dans la police doit (hors le cas de dol et de fraude) servir de base à l'indemnité due à l'assuré, en cas de sinistre, sans que la compagnie puisse arguer cette estimation d'exagération, ni se prévaloir d'une diminution dans la valeur des objets incendiés, si cette diminution n'a pas été constatée au cours de l'assurance. — En est-il de même dans les assurances à prime? — *Arg. nég.* — 16 mars 1850, Douai. (S.V. 50.2.323.)

359. S'il existe plusieurs contrats d'assurance faits sans fraude sur le même chargement, et que le premier contrat assure l'entière valeur des effets chargés, il subsistera seul.

Les assureurs qui ont signé les contrats subséquents sont libérés; ils ne reçoivent que demi pour cent de la somme assurée.

Si l'entière valeur des effets chargés n'est pas assurée par le premier contrat, les assureurs qui ont signé les contrats subséquents répondent de l'excédant, en suivant l'ordre de la date des contrats. [Ord. 1681, liv. 3, tit. 6, art. 24 et 25.—C. comm., 379.]

360. S'il y a des effets chargés pour le montant des sommes assurées, en cas de perte d'une partie, elle sera payée par tous les assureurs de ces effets, au marc le franc de leur intérêt. [Ord. 1681, liv. 3, tit. 6, art. 24 et 25.—C. comm., 401.]

361. Si l'assurance a lieu divisément pour des marchandises qui doivent être chargées sur plusieurs vaisseaux désignés, avec énonciation de la somme assurée sur chacun, et si le chargement entier est mis sur un seul vaisseau, ou sur un moindre nombre qu'il n'en est désigné dans le contrat, l'assureur n'est tenu que de la somme qu'il a assurée sur le vaisseau ou sur les vaisseaux qui ont reçu le chargement, nonobstant la perte de tous les vaisseaux désignés; et il recevra néanmoins demi pour cent des sommes dont les assurances se trouvent annulées. [Ord. 1681, liv. 3, tit. 6, art. 32.]

362. Si le capitaine a la liberté d'entrer dans différents ports pour compléter ou échanger son chargement, l'assureur ne court les risques des effets assurés que lorsqu'ils sont à bord, s'il n'y a convention contraire. [Ord. 1681, liv. 3, tit. 6, art. 33.]

363. Si l'assurance est faite pour un temps limité, l'assureur est libre après l'expiration du temps, et l'assuré peut faire assurer les nouveaux risques. [Ord. 1681, liv. 3, tit. 6, art. 34.]

364. L'assureur est déchargé des risques, et la prime lui est acquise, si l'assuré envoie le vaisseau en un lieu plus éloigné que celui qui est désigné par le contrat, quoique sur la même route.

L'assurance a son entier effet, si le voyage est raccourci. [Ord. 1681, liv. 3, tit. 6, art. 35 et 36.—C. comm., 351.]

365. Toute assurance faite après la perte ou l'arrivée des objets assurés est nulle, s'il y a présomption qu'avant la signature du contrat l'assuré a pu être informé de la perte, ou l'assureur de l'arrivée des objets assurés. [Ord. 1681, liv. 3, tit. 6, art. 38.—C. comm., 348.]

366. La présomption existe, si, en comptant trois quarts de myriamètre par heure, sans préjudice des autres preuves, il est établi que de l'endroit de l'arrivée ou de la perte du vaisseau, ou du lieu où la première nouvelle en est arrivée, elle a pu être portée dans le lieu où le contrat d'assurance a été passé, avant la signature du contrat. [Ord. 1681, liv. 3, tit. 6, art. 39.]

---

8. Jugé toutefois, même quant aux assurances à prime, que l'estimation de la police est irrévocable. — 19 mars 1855, Paris, et 12 juill. 1827, Req. (S.V.28.1.129.)—*Contrà*, 15 fév. 1854, Paris (S.V.54.2.145.)—V. Boudousquié, *Assur. contre l'incendie*, nos 141 et 146; Grün et Joliat, *Assur. terrest.*, nos 240 et 260; Alauzet, t. 2, nos 408 et 382.

[359]—1. Lorsque dans l'ignorance d'une première assurance existante sur des marchandises, une seconde assurance a été consentie par des assureurs différents, si la première est ultérieurement résiliée de bonne foi de la part des parties et avant la nouvelle du sinistre éprouvé par la marchandise, la seconde est valable et doit seule répondre de ce sinistre. — 18 avril 1839, Bordeaux (S.V.41.2.138.–D.P.39.2.194.–P.39.2.157.)

2. La résolution de l'assurance *à prorata*, de même que la résolution de l'assurance *à temps fixe*, ne peut avoir lieu que par le concours de la volonté de l'assuré et de l'assureur. On ne peut donc la faire résulter de cette circonstance que l'assuré a pris une nouvelle assurance.—En ce cas, la nouvelle assurance est sans effet, et les premiers assureurs doivent seuls supporter la perte des objets assurés.—9 janv. 1827, Aix. (S.27.2.219; C.n.8.—D.P.33.2.165.)

3. En cas d'assurances successives sur les mêmes marchandises, l'estimation donnée à ces marchandises par une première police ne peut influer sur la valeur assurée par une police subséquente. — Ainsi, lorsque deux assurances ont été successivement faites sur la totalité d'un chargement auquel la seconde police reconnaît une valeur supérieure à celle qui lui est donnée par la première, il suffit, pour que le second assureur soit, en cas de sinistre, tenu du montant intégral de son assurance, qu'après avoir retranché le montant de la somme assurée par le premier assureur de la valeur totale donnée aux marchandises par la seconde police, il reste à découvert une somme au moins égale à la seconde assurance.—Le second assureur ne serait pas fondé à prétendre que le découvert formant l'aliment de son assurance doit être calculé d'après les bases d'évaluation stipulées dans la première assurance, en se fondant sur ce que le découvert doit se prendre au surplus, absorbant une quotité de marchandises proportionnelle à la somme assurée, d'après les évaluations de la première police, la seconde police n'a d'aliment que ce qui reste alors à découvert sur la valeur que la première police a donnée à la marchandise...; il en est ainsi, du moins, alors que, n'y ayant pas eu de sauvetage après le sinistre, le délaissement aux assureurs n'est pas lieu. — 8 mai 1850, Cass. (S.V.50.1.538.–D.P.50.1.89.–P.52.1.581.)—*Contrà*, Frémery, *Études de droit comm.*, p. 359.—V., dans le sens de l'arrêt, et sur une question analogue, Williams Benecke, *Traité des principes d'indemnité en matière d'assur. marit.*, t. 1er, p. 409, traduct. de Dubernad.

4. L'assuré qui, après avoir assuré la valeur de son navire, fait de nouveaux contrats d'assurances sur bonne arrivée, viole la police originaire et s'expose à en voir prononcer la nullité sur la demande des premiers assureurs. — 23 juill. 1849, Trib. de comm. de Paris. (*Le Droit*, du 24, et la *Gazette*, du 25.)

5. Lorsqu'une somme déterminée sur marchandises à charger a été assurée, et que postérieurement, sur l'avis d'augmentation de chargement donné par les assurés, une nouvelle compagnie s'est adjointe aux premières pour assurer une somme par augmentation, il y a lieu, en cas de sinistre, d'appliquer au dernier assureur, non l'art. 359, mais bien les art. 358 ou 360, Cod. comm., alors surtout que toutes les compagnies ont déclaré contracter aux mêmes primes, clauses et conditions.—Par conséquent, la compagnie d'assurance qui est intervenue la dernière est tenue, en cas de perte, de contribuer avec les premières, en proportion des sommes assurées par chacune d'elles. — 14 déc. 1847, Paris. (*Le Droit*, du 7 janv. 1848.)

6. L'art. 359 est applicable aux assurances terrestres.—14 déc. 1848, Colmar (*Cie la France*).

[360 et 361]. . . . .

[362] — Le chargement entier peut être fait dans un port de relâche.—Boulay-Paty, t. 4, p. 145.

[363]—1. L'assurance prise *in quovis* sur facultés chargées ou à charger, depuis une époque déterminée jusqu'à une autre époque, ne peut s'étendre sur des objets chargés antérieurement au premier terme ou postérieurement au second. Une telle assurance n'a, au contraire, d'aliment que dans les objets chargés pendant le temps qui s'est écoulé entre les deux termes fixés. —3 déc. 1825, Trib. de Marseille. (*J. Mars* 4.1.332.)

2. Dans le cas où l'assurance est faite avec limitation de temps et avec désignation de voyage, si la durée du voyage excède le temps limité par la police, l'assurance doit être maintenue, sauf à augmenter le taux de la prime à proportion. Boulay-Paty, t. 4, p. 175 et suiv.; Lemonnier, t. 1er, nos 90 et 91.—Suiv. Alauzet, t. 1er, no 257, et Pardessus, t. 3, no 809, il n'y a point de règle absolue dans ce cas: on doit interpréter la volonté des parties.

3. Lorsqu'une assurance est prise à temps limité et avec la clause *franc d'avaries*, les assureurs sont responsables d'un sinistre majeur constaté postérieurement au terme de l'assurance, mais dérivant d'une cause antérieure à ce terme.—1er fév. 1822, Trib. de Marseille. (*J. Mars*.3.1.310.)

[364]—1. Lorsqu'une assurance maritime pour un voyage de retour a été faite avec indication d'un point de départ et faculté de faire escale, il ne résulte *pas* de cette stipulation que, pour commencer le voyage de retour, le navire doive nécessairement partir de l'endroit désigné.—Le voyage de retour doit être considéré comme commencé, bien que le navire, n'ayant pas atteint sa destination première, soit reparti d'un port intermédiaire, alors même que de ce port intermédiaire il serait remonté faire escale dans un des lieux indiqués par la police. — En un tel cas, le voyage est, non pas rompu, mais raccourci: par suite, l'assureur est responsable du sinistre arrivé au navire dans le cours du voyage de retour. — 29 janv. 1833, Bordeaux. (S.V.33.2.318.–D.P.33.2.137.)—*Sic*, Lemonnier, t. 1er, no 165.

2. Le voyage entrepris pour parvenir à un autre lieu que celui déterminé dans la police d'assurance, est un voyage *changé*, et non pas simplement un voyage *raccourci*, si ce nouveau lieu est situé hors la ligne des risques, bien qu'il soit plus rapproché du point de départ.—3 fév. 1829, Bordeaux. (S.29.2.120; C.n.9. —D.P.29.2.147.)

3. Le voyage assuré n'est pas censé avoir jamais été entrepris ou *avoir été rompu dès le principe*, au cas où l'assurance étant à prime liée pour l'aller et le retour, les expéditions auraient été prises pour un port plus éloigné que celui désigné comme terme du voyage d'aller. —25 juill. 1825, Trib. de Marseille. (*J. Mars*.4.1.225.)

4. V. encore *sup.*, art. 351 et les notes.

[365] — 1. Si l'une des parties avait reçu la nouvelle fausse d'un événement de nature à mettre fin aux risques, et que néanmoins elle souscrivît la police, la convention devrait être annulée pour cause de fraude, de même que si l'événement eût été véritable.—Pardessus, t. 3, no 783.

2. L'assurance est nulle, si, lors de la signature de la police, le commissionnaire qui fait faire l'assurance pour le compte d'autrui, est instruit du sinistre, quoique le commettant l'ignorât.—Casaregis, disc. 9; Valin, sur l'art. 40; Pothier, no 18 et s.; Émérigon, t. 2, p. 181; Boulay-Paty, t. 2, p. 185.

3. Elle est pareillement nulle dans le cas inverse, où le commettant était instruit du sinistre lorsqu'il a donné l'ordre de faire l'assurance, quoique le commissionnaire ait été de bonne foi.—13 fév. 1826, Trib. de Marseille. (*J. Mars*.7.1.89.)—*Id.* 25 mars 1830, Trib. de Marseille. (*J. Mars* 11.1.201.)—*Sic*, Bugnet sur Pothier, t. 5, p. 273, et mêmes auteurs que ci-dessus, moins Pothier, qui est d'un avis opposé.

4. Elle l'est encore, si le commettant, instruit à temps du sinistre pour révoquer l'ordre qu'il a donné à son commissionnaire de faire faire l'assurance, ne l'a pas révoqué.—Mêmes auteurs.

5. Mais en pareil cas, si l'assurance a été conclue avant l'arrivée du contre-ordre, elle est valable.—24 nov. 1826, Trib. de Marseille. (*J. Mars*.7.1.99.)—*Sic*, Pardessus, t. 3, no 784; Dageville, t. 3, p. 348; Estrangin, p. 424; Lemonnier, t. 2, no 401.

6. L'assurance est nulle, bien que le sinistre ne fût connu ni de l'assuré ni des assureurs, si d'ailleurs ce sinistre était de notoriété publique à cette époque dans le lieu même de l'assurance.—7 janv. 1829, Trib. de Marseille. (*J. Mars*.11.1.146.)

7. L'assurance faite par un tuteur, au nom de son pupille, est nulle, si le tuteur était instruit du sinistre en signant la police; et le mineur doit restituer la somme assurée, quand même il ne pourrait pas la recouvrer par l'insolvabilité de son tuteur qui l'aurait reçue pour lui.—Boulay-Paty, t. 2, p. 183.

8. À défaut de preuves, l'assureur peut obliger l'assuré à affirmer par serment que, lors de la signature de la police, l'événement de la perte lui était inconnu.—Loccenius, lib. 2, cap. 5, no 8; Casaregis, disc. 6, nos 2, 4 et 41; Valin, sur l'art. 40; Pothier, no 15; Émérigon, t. 2, p. 177; Boulay-Paty sur Émérigon, t. 2, p. 178; Dageville, t. 3, p. 347.

9. Mais le refus de l'assuré de prêter serment dans ce cas, qui doit faire prononcer la nullité de l'assurance, ne peut cependant le faire condamner à payer la double prime en vertu de l'art. 368. — Émérigon, t. 2, p. 177; Estrangin sur Pothier, no 16; Boulay-Paty, t. 2, p. 178, et *Dr. marit.*, t. 4, p. 306; Lemonnier, t. 2, no 397.—*Contrà*, Pothier, no 16.—V. Alauzet, t. 2, no 285, qui semble adopter cette dernière opinion.

[366] — 1. La présomption établie par cet ar-

367. Si cependant l'assurance est faite sur bonnes ou mauvaises nouvelles, la présomption mentionnée dans les articles précédents n'est point admise.

Le contrat n'est annulé que sur la preuve que l'assuré savait la perte, ou l'assureur l'arrivée du navire, avant la signature du contrat. [Ord. 1681, liv. 3, tit. 6, art. 40.]

368. En cas de preuve contre l'assuré, celui-ci paie à l'assureur une double prime.

En cas de preuve contre l'assureur, celui-ci paie à l'assuré une somme double de la prime convenue.

Celui d'entre eux contre qui la preuve est faite est poursuivi correctionnellement. [Ord. 1681, liv. 3, tit. 6, art. 41.]

SECTION III.

Du Délaissement.

369. Le délaissement des objets assurés peut être fait,

En cas de prise,

De naufrage,

D'échouement avec bris,

D'innavigabilité par fortune de mer,

En cas d'arrêt d'une puissance étrangère,

En cas de perte ou détérioration des effets assurés, si la détérioration ou la perte va au moins à trois quarts.

Il peut être fait, en cas d'arrêt de la part du Gouvernement, après le voyage commencé. [Ord. 1681, liv. 3, tit. 6, art. 46 et 52.]

[illegible]

370. Il ne peut être fait avant le voyage commencé. [Ord. 1681, liv. 3, tit. 6, art. 52.]

371. Tous autres dommages sont réputés avaries, et se règlent, entre les assureurs et les assurés, à raison de leurs intérêts. [Ord. 1681, liv. 3, tit. 6, art. 46.—C. comm., 397, 401, 409.]

372. Le délaissement des objets assurés ne peut être partiel ni conditionnel.

Il ne s'étend qu'aux effets qui sont l'objet de l'assurance et du risque. [Ord. 1681, liv. 3, tit. 6, art. 47.]

373. Le délaissement doit être fait aux assureurs dans le terme de six mois, à partir du jour de la réception de la nouvelle de la perte arrivée aux ports ou côtes de l'Europe, ou sur celles d'Asie et d'Afrique, dans la Méditerranée, ou bien, en cas de prise, de la réception de celle de la conduite du navire dans l'un des ports ou lieux situés aux côtes ci-dessus mentionnées;

Dans le délai d'un an après la réception de la nouvelle ou de la perte arrivée, ou de la prise conduite aux colonies des Indes occidentales, aux îles Açores, Canaries, Madère et autres îles et côtes occidentales d'Afrique et orientales d'Amérique;

Dans le délai de deux ans après la nouvelle des pertes arrivées ou des prises conduites dans toutes les autres parties du monde.

Et ces délais passés, les assurés ne seront plus recevables à faire le délaissement. [Ord. 1681, liv. 3, tit. 6, art. 48 et 49.—C. comm., 431.]

des marchandises portées dans la police d'assurance. —10 mai 1840, Paris. [S.V.40.2.195.]

54. Le défaut d'arrivée de la marchandise, indépendamment de la perte pour le chargeur, ne donne pas ouverture au délaissement.—Émérigon, t. 2, p. 220; Boulay-Paty sur Émérigon, *ibid.*; Lemonnier, t. 2, n° 286.—*Contrà*, Vincens, t. 3, p. 268.

55. Jugé que la privation qu'éprouve l'assuré de sa marchandise, par la non-arrivée au lieu de destination à la suite d'événements de mer qui ont obligé de la vendre en cours de voyage pour prévenir une détérioration totale, est une perte donnant ouverture au délaissement, quoique la perte ou détérioration de la marchandise ne s'élève pas aux trois quarts de sa valeur. — 1er mars 1850, Trib. de Marseille. [*J. Mars.* 18.1.171.]

56. Lorsque, pendant le voyage d'un navire portant des marchandises assurées, un emprunt à la grosse a été contracté pour la réparation d'avaries éprouvées par le navire, l'assuré est tenu d'avancer, lors de l'arrivée du navire à sa destination, les sommes nécessaires pour rembourser l'emprunt; il ne peut obliger l'assureur à intervenir pour ce remboursement : ce dernier n'est tenu que du paiement des avaries lorsqu'elles auront été liquidées.—Que si, faute par l'assuré de faire cette avance, les marchandises assurées sont vendues à la requête du prêteur à la grosse, pour un prix dont les trois quarts au moins se trouvent absorbés par le remboursement de sa créance, on ne peut dire que ce soit là une perte dans le sens de l'art. 369, C. comm., donnant lieu au délaissement.—27 mars 1838, Paris. [S.V.38.2.175.–D.P.38.2.94.–P.38.1.556.]—*Contrà*, Lemonnier, t. 2, n° 297.

57. Le délaissement des marchandises assurées séparément du navire ne peut être admis, quelque dommage qu'elles aient pu éprouver, qu'autant qu'il y aurait lieu au délaissement du navire lui-même. (*Rés. impl.*)—1er avr. 1844, Bordeaux. [S.V.44.2.529.]—V. observ. de Devilleneuve sur cette décision, *loc. cit.*

58. Jugé cependant que le délaissement doit être admis pour perte des trois quarts de la somme assurée sur un navire, encore qu'il ait pu arriver à destination. — 28 fév. 1821, Trib. de Marseille. [*J. Mars.* 2.1.83.]

59. Le délaissement d'un navire a pu être valablement fait, bien que la vente ultérieure du navire ait produit un prix supérieur au *quart* de sa valeur assurée.—Vainement prétendrait-on induire de cette circonstance que la détérioration du navire ne s'élevant pas aux *trois quarts* de sa valeur, le délaissement aurait été accordé hors du cas où il est autorisé par le n° 8 de l'art. 369, C. comm.—C'est moins d'après le prix de la vente du navire que d'après la dépense estimée nécessaire pour le réparer, que doit être calculée sa détérioration. (*Rés. impl.*) — 14 juin 1832, Req. [S.V.32.1.757.–D.P.32.1.221.]—Sic, Lemonnier, t. 2, n° 285.—*Contrà*, Alauzet, t. 2, n° 328.

60. Jugé dans ce sens, que lorsqu'une assurance porte sur un navire évalué de gré à gré dans la police, et que le délaissement est motivé sur la perte ou la détérioration des trois quarts, la quotité de la perte ou de la détérioration ne doit pas être déterminée par la comparaison de la valeur estimative portée dans la police, avec la valeur estimative du navire après le sinistre. Cette perte ou cette détérioration doit être déterminée par la comparaison de la valeur portée dans la police avec le montant de la dépense jugée nécessaire pour réparer le navire.—4 déc. 1835, Paris. [S.V.36. 2.137.]—En sens contraire.—1er fév. 1822, Trib. de Marseille. [*J. Mars.* 3.1.310.]

61. Il importe peu que la perte des trois quarts soit occasionnée par un accident ou par plusieurs.—Lemonnier, t. 2, n° 288; Dageville, t. 3, p. 488.

62. Lorsque par suite du séjour prolongé d'un navire dans un port de relâche, une marchandise susceptible, par sa nature, de se détériorer d'elle-même, a éprouvé une détérioration, le dommage doit être considéré comme provenant, non point d'une fortune de mer, mais du vice propre de la chose, bien que la relâche du navire ait été forcée par les événements de mer.—En conséquence, le propriétaire de la marchandise n'est pas fondé, soit à réclamer de l'assureur le paiement du montant de l'assurance, soit à faire le délaissement dans le cas où la détérioration de la marchandise excéderait les trois quarts de sa valeur. — 10 janv. 1842, Bordeaux. [S.V.42.2.150.–D.P.42.2. 61.] — V. *aussi suprà*, art. 352, n° 4.

63. Lorsqu'il a été stipulé dans une police d'assurance que *chaque espèce de marchandises* formerait un *capital distinct et séparé*, il n'y a lieu au délaissement que de l'espèce de marchandises dont la perte s'élève aux trois quarts.—Le délaissement ne peut avoir lieu pour l'espèce de marchandises dont la perte ou détérioration est moindre; peu importe qu'en résultat la perte ou détérioration s'élève à plus des trois quarts de la *totalité* des marchandises assurées.—16 déc. 1828, Bordeaux. [S.29.2.152; C.N.9.–D.P.29.2.165.]—Sic, Alauzet, t. 2, n° 336.

64. Bien qu'une certaine quantité de marchandises assurées soit divisée en séries indiquées dans la police d'assurance comme formant chacune un capital distinct, si, par suite d'avaries éprouvées en mer, le capitaine fait vendre dans un port de relâche plus des trois quarts de la totalité de ces marchandises, sans prendre soin de constater à quelles séries elles appartiennent, cette vente ainsi faite en bloc n'en constitue pas moins une perte de plus des trois quarts autorisant le délaissement de la part de l'assuré.—Dans tous les cas, ce défaut de constatation serait une négligence imputable au capitaine, et constituerait un fait de baraterie de patron, dont par suite seraient responsables les assureurs qui ont pris ces sortes de dommages à leur charge. —4 déc. 1843, Bordeaux. [S.V.44.2.201.]

65. Lorsqu'une assurance maritime porte tant sur la valeur même du navire que sur les frais d'armement, il y a lieu à délaissement, par cela seul que la détérioration est des trois quarts de la valeur du navire, alors même qu'elle n'atteint pas le montant total de l'assurance, comprenant, outre la valeur du navire, celle des frais d'armement. — 1er oct. 1844, Trib. de Marseille. [S.V.49.1.707.–D.P.49.1.717.]

66. Il ne suffit pas que le capitaine d'un navire incendié ait constaté l'incendie de marchandises assurées, pour qu'il y ait lieu à délaissement de la part des assurés; il faut que la cause de l'incendie soit exprimée dans le rapport du capitaine.—Si le procès-verbal ne constate pas la cause de l'incendie, c'est aux assurés à prouver que le feu a été le résultat d'un cas fortuit, et qu'il n'y a eu ni faute ni négligence de la part du capitaine.—10 déc. 1821, Aix. [S.22.2.271; C.N.6.–D.A.2.81.]—V. *encore suprà*, art. 352, n° 4.

67. Le rapport des experts homologué et non attaqué doit être la seule base d'évaluation de la détérioration des trois quarts des marchandises assurées; peu importe que la conclusion de ce rapport se trouve ultérieurement contredite en fait par le résultat de la vente des marchandises restantes.—10 déc. 1844, Nîmes. [S.V.45.2.329.]

68. PAIEMENT DU MONTANT DE L'ASSURANCE.—L'assureur n'est pas tenu envers l'assuré de la somme totale portée en la police d'assurance, lorsqu'au moment de l'assurance le navire était grevé de créances privilégiées qui en diminuaient la valeur : si donc il a été fait un emprunt à la grosse pour payer ces créances privilégiées, l'assureur a droit, au cas de délaissement, de défalquer sur la somme portée dans la police le montant de la somme empruntée à la grosse.—Il importe peu, dans ce cas, que l'emprunt soit postérieur à l'assurance; il suffit que les causes de l'emprunt soient antérieures.—14 mai 1824, Rouen. [S.24.2. 372; C.N.7.–D.A.2.53.]

69. Lorsque, dans un contrat d'assurance sur vivres et avances d'un équipage, il a été convenu *que les risques seraient assimilés à ceux du corps, sans que, en cas de sinistre, il puisse être fait distinction pour vivres consommés, avances gagnées, ou pour quelque cause que ce puisse être*, s'il arrive qu'à raison d'un sinistre majeur, l'abandon du navire ait été admis, l'assuré a également le droit de faire à l'assureur l'abandon des vivres et avances, et d'exiger de lui le montant de la somme assurée; et cela, encore bien que les vivres aient été consommés pendant le voyage, et que les avances aient été gagnées.—8 fév. 1839, Bordeaux. [S.V.40.2.177.–D.P.40.2.177.–P. 40.2.389.]

70. ENREGISTREMENT. — Les abandonnements ou délaissements pour fait d'assurance sont sujets au droit d'enregistrement d'un fr. par cent fr., sur la valeur des objets abandonnés.—En temps de guerre il n'est dû qu'un demi-droit. [L. 28 avr. 1816, art. 51, n° 1er.]

71. Ce droit n'est exigible que sur l'acte d'acceptation ou sur le jugement qui déclare le délaissement valable.—4 janv. 1819, Décis. minist. [Inst. gén., n° 876.]

[370]. . . . .

[371] — V. les notes des art. 350 et s., 401 et s.

[372] — 1. La division du capital assuré en séries, ne donne pas à l'assuré la faculté de délaisser chaque partie du chargement représentative des séries stipulées: le délaissement doit porter sur le chargement entier.—6 juin 1845, Trib. de Marseille. [*J. Mars.* 24.1.259.]

2. Si une partie des marchandises assurées a été déchargée dans le cours de la navigation, le risque se consolide sur celles laissées à bord, et il n'y a pas délaissement *partiel* en abandonnant celles-là seulement.—Alauzet, t. 2, n° 335.

3. Les prises faites par le corsaire assuré ne doivent pas être comprises dans le délaissement.—Émérigon, t. 2, p. 261; Boulay-Paty, t. 4, p. 289; Alauzet, t. 2, n° 335.

4. V. art. 383, n° 4.

[373] — 1. Le délaissement de la marchandise assurée, vendue au lieu de la relâche, par suite de son mauvais état, n'est recevable qu'autant qu'il est signifié dans les délais prescrits par cet article.—4 juill. 1837, Trib. de Marseille. [*J. Mars.* 18.1.292.]

2. Le délai accordé, soit pour faire le délaissement, soit pour intenter action contre les assureurs, se compte, à dater du jour seulement où la nouvelle du sinistre est *parvenue aux assurés*. Il ne suffit pas que la nouvelle soit parvenue dans la province, qu'elle ait été connue de nombre de personnes; il faut qu'elle ait été connue des assurés personnellement.—6 janv. 1813, Cass. [S.13.1.99; C.N.4.]—V. Valin, sur l'art. 46, tit. 6, liv. 3; Émérigon, ch. 19, sect. 4; Pothier, n° 153; Merlin, *Rép.*, v° *Police d'assur.*, § 1er, à la note; Pardessus, t. 3, n° 848; Boulay-Paty, t. 4, p. 297; Alauzet, t. 2, n° 373.

3. Et la nouvelle de la perte du navire assuré, à partir de laquelle court le délai pour faire le délaissement, doit s'entendre d'une nouvelle présentant tous les caractères de la certitude. Ce délai ne court donc pas du jour où l'assuré a reçu une première lettre lui annonçant l'existence de bruits sinistres sur le sort de son navire; il ne court que du jour où l'assuré a reçu la confirmation de ces bruits.—23 déc. 1842, Aix. [S.V. 43.2.138.–D.P.43.2.206.–P.43.2.790.]—*Id.*, 4 mars 1845, Req. [S.V.45.1.683.–D.P.45.2.214.–P.45.2. 144.]—Dans ce sens : 10 fév. 1830, Trib. de Marseille. [*J. Mars.* 11.1.112.]; Boulay-Paty, t. 4, p. 303; Dageville, t. 3, p. 454; Pardessus, t. 3, n° 846.

4. Au cas de perte des *trois quarts*, le délai de six mois pour former le délaissement, court, non à partir

374. Dans le cas où le délaissement peut être fait, et dans le cas de tous autres accidents au risque des assureurs, l'assuré est tenu de signifier à l'assureur les avis qu'il a reçus.

La signification doit être faite dans les trois jours de la réception de l'avis. [Ord. 1681, liv. 3, tit. 6, art. 42.]

375. Si, après un an expiré, à compter du jour du départ du navire, ou du jour auquel se rapportent les dernières nouvelles reçues, pour les voyages ordinaires;

Après deux ans pour les voyages de long cours,

L'assuré déclare n'avoir reçu aucune nouvelle de son navire, il peut faire le délaissement à l'assureur, et demander le paiement de l'assurance, sans qu'il soit besoin d'attestation de la perte.

Après l'expiration de l'an ou de deux ans, l'assuré a, pour agir, les délais établis par l'article 373. [Ord. 1681, liv. 3, tit. 6, art. 58.]

376. Dans le cas d'une assurance pour temps limité, après l'expiration des délais établis, comme ci-dessus, pour les voyages ordinaires et pour ceux de long cours, la perte du navire est présumée arrivée dans le temps de l'assurance.

377. Sont réputés voyages de long cours ceux qui se font aux Indes orientales et occidentales, à la mer Pacifique, au Canada, à Terre-Neuve, au Groenland, et aux autres côtes et îles de l'Amérique méridionale et septentrionale, aux Açores, Canaries, à Madère, et dans toutes les côtes et pays situés sur l'Océan, au delà des détroits de Gibraltar et du Sund. [Ord. 1681, liv. 3, tit. 6, art. 59.]

378. L'assuré peut, par la signification mentionnée en l'article 374, ou faire le délaissement avec sommation à l'assureur de payer la somme assurée dans le délai fixé par le contrat, ou se réserver de faire le délaissement dans les délais fixés par la loi. [Ord. 1681, liv. 3, tit. 6, art. 42 et 43.]

379. L'assuré est tenu, en faisant le délaissement, de déclarer toutes les assurances qu'il a faites ou fait faire, même celles qu'il a ordonnées, et l'argent qu'il a pris à la grosse, soit sur le navire, soit sur les marchandises; faute de quoi, le délai du paiement, qui doit commencer à courir du jour du délaissement, sera suspendu jusqu'au jour où il fera notifier ladite déclaration, sans qu'il en résulte aucune prorogation du délai établi pour former l'action en délaissement. [Ord. 1681, liv. 3, tit. 6, art. 53. — C. comm., 380.]

380. En cas de déclaration frauduleuse, l'assuré est privé des effets de l'assurance; il est tenu de payer les sommes empruntées, nonobstant la perte ou la prise du navire. [Ord. 1681, liv. 3, tit. 6, art. 54 et 55.—C. comm., 336, 348, 357.]

381. En cas de naufrage ou d'échouement avec bris, l'assuré doit, sans préjudice du délaissement à faire en temps et lieu, travailler au recouvrement des effets naufragés.

Sur son affirmation, les frais de recouvrement lui sont alloués jusqu'à concurrence de la valeur des effets recouvrés. [Ord. 1681, liv. 3, tit. 6, art. 45.]

382. Si l'époque du paiement n'est point fixée par le contrat, l'assureur est tenu de payer l'assurance trois mois après la signification du délaissement. [Ord. 1681, liv. 3, tit. 6, art. 44.]

---

de la réception de la nouvelle du sinistre qui donne lieu à la perte, mais du jour de la clôture du procès-verbal d'experts qui fait connaître le montant des pertes ou des détériorations.—23 juin 1847, Rej. (S.V.47.1.595.—D.P.47.1.218.)—V. cependant Pardessus, t. 3, nº 847; Alauzet, t. 2, nº 380.

5. Décidé encore que le délai ne court que du jour de la connaissance donnée aux assurés du procès-verbal d'expertise.—19 déc. 1844, Nîmes. (S.V.45.2.529.)

6. L'assuré est tenu de former sa demande en délaissement par *action en justice* intentée dans les six mois de la réception de la nouvelle du sinistre, à peine de déchéance; il ne suffirait pas qu'il y eût, dans ce délai, déclaration de délaissement faite par acte extrajudiciaire.—29 avr. 1835, Req. (S.V.35.1.346.—D.P.35.1.220.)

7. Des pourparlers qui ont eu lieu entre l'assuré et les assureurs, à la suite de la nouvelle du sinistre, et même après déclaration extrajudiciaire de délaissement, ne peuvent être considérés comme faits interruptifs de la prescription de l'action en délaissement.—Même arrêt que ci-dessus.

8. L'assureur est tenu de faire le délaissement au réassureur dans les délais imposés à l'assuré primitif par l'art. 373.—4 mai 1836, Aix. (S.V.37.2.186.—D.P.37.2.111.)—*Sic*, Boulay-Paty, sur Émérigon, t. 2, p. 222. — *Contrà*, Émérigon, ch. 12, sect. 16, § 5; Pardessus, t. 3, nº 843.—V. *sup.*, art. 342, nºs 3 et 4, et *inf.* art. 432, nº 6.

9. Ainsi, le délai du délaissement de l'assureur au réassureur court du jour de la réception de la nouvelle de la perte, et non pas seulement du jour où l'assuré a fait le délaissement à l'assureur.—17 déc. 1823, Rouen. (S.24.2.108; C.N.7.—D.A.2.47.)

10. La clause d'une police de réassurance portant *qu'en cas de sinistre ou de perte, il en sera justifié par l'exhibition pure et simple de la quittance du porteur de la police d'assurance*, ne dispense pas le réassuré de faire le délaissement au réassureur; elle ne le dispense que de la preuve de la perte et du chargement.—4 mai 1836, Aix. (S.V.37.2.186.—D.P.37.2.111.)

11. L'assuré n'est tenu de donner connaissance à l'assureur que des événements qui peuvent être à sa charge.—Lors donc que l'assureur est franc d'avaries, l'assuré n'est pas obligé de lui donner connaissance des avaries qui ont eu lieu.—Et dans ce cas, s'il arrive que, par suite des avaries, le navire soit déclaré innavigable, le délaissement est valablement fait s'il est signifié dans le délai légal, à partir du jugement qui a déclaré l'innavigabilité, bien que ce délai fût écoulé entre l'époque où l'assuré a reçu la nouvelle du sinistre et l'époque du délaissement.—18 févr. 1828, Aix. (S.29.2.245; C.N.9.—D.P.28.2.109.)

12. La décision des juges du fond, que le délaissement a été formé dans les six mois du jour où l'assuré a pu connaître la perte des effets assurés, échappe à la censure de la Cour de cassation.—19 févr. 1844, Cass. (S.V.44.1.193.—D.P.44.1.105.)

[374] — 1. L'assuré qui n'a appris que par le retour de l'équipage de son navire la vente qui en a été faite pour cause d'innavigabilité, n'a aucun avis à signifier aux assureurs en conformité de l'art. 374, C. comm. —Il lui suffit de leur faire notifier le délaissement dans les délais fixés par l'art. 373.—3 juill. 1839, Req. (S.V.39.1.842.—D.P.39.1.285.—P.39.2.371.)

2. L'assuré qui omet de signifier un avis n'est pas déchu du droit de faire le délaissement, mais seulement soumis à des dommages-intérêts pour le cas où cette omission aurait causé un préjudice aux assureurs. — 24 juill. 1846, Trib. de Marseille. (J. Mars. 25.1.252.)—*Id.* 20 janv. 1847, Aix. (J. Mars. 26.1.55.)—*Sic*, Boulay-Paty, t. 4, p. 297 et 300; Pardessus, nº 836; Favard, *Rép.*, vº *Délaissement*, § 2, nº 1er; Devilleneuve et Massé, vº *Délaissement*, nº 71; Alauzet, t. 2, nº 301.

3. La signification dont parle cet article ne peut être faite aux préposés de l'assureur. — Bugnet sur Pothier, t. 3, p. 518.

4. Le délai de trois jours doit être augmenté en raison des distances.—Pardessus, t. 3, nº 846.

5. V. art. 375, nº 10.

[375 et 376] — 1. Le droit au délaissement étant ouvert faute de nouvelles dans le délai fixé par la loi, l'arrivée postérieure du navire n'empêche pas de l'exercer s'il ne l'a pas été. — Émérigon, t. 2, p. 231; Lemonnier, t. 2, nº 259; Dageville, t. 3, p. 463; Alauzet, t. 2, nº 334; Pardessus, t. 3, nº 834; Boulay-Paty, t. 4, p. 379.

2. Il en est ainsi dans le cas d'une assurance à temps limité.—Lemonnier, t. 2, nº 261.—*Contrà*, Dageville, t. 3, p. 467.

3. Le délai doit être calculé du lieu d'où le navire est parti, ou d'où il a envoyé ses dernières nouvelles, lors même que l'assurance n'a été faite qu'après le départ du navire. — Émérigon, t. 2, p. 185.

4. *Id.*, Pour une assurance à temps limité.—Lemonnier, t. 2, nº 262; Estrangin, p. 190 et suiv.

5. Le délaissement pour défaut de nouvelles est admissible, bien qu'aucune pièce légale n'établisse le départ du navire; des présomptions peuvent suffire pour la justification de ce fait,... notamment au cas où l'expédition était d'une nature interlope, et où il importait par suite de la tenir cachée. — 20 août 1834, Aix. (S.V.34.2.461.)

[577 et 578.] . . . .

[379] — 1. La peine de nullité n'est pas attachée à l'inobservation de l'art. 379, Cod. comm.—L'omission de la déclaration prescrite ne produit d'autre effet que de suspendre le délai du paiement des sommes assurées, jusqu'à la régularité du délaissement par la notification de la déclaration.—24 août 1824, Rennes. (S.27.2.245; C.N.7.—D.P.27.2.81.)— *Id.* 11 août 1826, Trib. de Marseille. (J. Mars. 8.1.1.)—*Sic*, Pardessus, t. 3, nº 847; Boulay-Paty, t. 4, p. 303.

2. La déclaration doit comprendre les contrats à la grosse et les assurances effectuées par le commissionnaire de l'assuré.—13 août 1824, Trib. de Marseille. (J. Mars. 5.1.241.)

3. S'il n'a pas été pris d'assurance, l'assuré doit faire, à cet égard, une déclaration négative, à laquelle le défaut de déclaration ne peut équivaloir. — 12 nov. 1820, Trib. de Marseille. (J. Mars. 2.1.31.) — *Id.* 12 nov. 1824, Trib. de Marseille. (J. Mars. 5.1.333.)—*Id.* 2 mars 1830, Trib. de Marseille. (J. Mars. 11.1.312.)

4. La déclaration ne doit porter que sur l'aliment spécial du risque, non sur d'autres *facultés*, quoiqu'énoncées dans les mêmes connaissements et factures que les objets assurés.—11 août 1825, Trib. de Marseille. (J. Mars., 8.1.1.)

5. Le tiers porteur d'une police d'assurance est tenu, en cas d'abandon, de déclarer les assurances et l'argent à la grosse pris par l'assuré dénommé dans la police.—11 avril 1823, Trib. de Marseille. (J. Mars. 4.1.228.)

[380] — 1. Une déclaration inexacte, mais non frauduleuse, n'emporte pas la peine portée par cet article, sauf à ristourne.—Boulay-Paty, t. 4, p. 308; Pardessus, t. 3, nº 847; Dageville, t. 3, p. 486.

2. Mais dès qu'il y a déclaration inexacte, c'est à l'assuré à prouver qu'il n'y a pas fraude.— Boulay-Paty, t. 4, p. 306; Pardessus, t. 3, nº 847.—*Contrà*, Dageville, t. 3, p. 486.

3. Une déclaration frauduleuse entraînerait déchéance de l'assurance, alors même que le montant des assurances et des contrats à la grosse déclarés n'excéderait pas la valeur des objets assurés.—Locré, t. 2, p. 478.

[381] — 1. L'assuré est passible de dommages-intérêts s'il ne travaille pas au sauvetage. — Et même si les débris ne suffisent pas pour payer les frais de sauvetage, il ne peut les répéter contre l'assureur. — Valin, sur l'art. 45, tit. *des Assur.*; Émérigon, t. 2, p. 236; Boulay-Paty, t. 4, p. 310.—Suivant Estrangin, p. 178, l'assuré est dispensé d'entreprendre le sauvetage quand les frais doivent dépasser le produit présumé.—V. Alauzet, t. 2, nº 393.

2. En cas d'échouement d'un navire, le privilège de celui qui a fourni au maître du navire des fonds pour le sauvetage est restreint aux marchandises mêmes qui ont été sauvées. — Il ne s'étend pas aux créances que le maître du navire a lui-même à raison du sauvetage contre les propriétaires des marchandises sauvées.—17 juin 1809, Bruxelles. (S.14.2.145; C.N.3.—D.A.2.47.)

3. Lorsque sur la demande de l'assureur contre l'assuré en représentation du produit du sauvetage du navire, il est prétendu par l'assuré qu'une partie de ce produit a été employée à acquitter les frais de recouvrement des effets naufragés, si l'assureur prétend, de son côté, que les dettes acquittées par l'assuré étaient étrangères au recouvrement des effets, qu'elles étaient personnelles à l'assuré; en un tel cas, c'est à l'assuré, quoique défendeur, à justifier, comme comptable, l'emploi par lui allégué. — 8 avril 1830, Bordeaux. (S.30.2.211; C.N.9.—D.P.31.2.63.)

[382] — 1. Les assureurs ne peuvent retarder le paiement de la somme assurée, sous prétexte qu'il n'y

383. Les actes justificatifs du chargement et de la perte sont signifiés à l'assureur avant qu'il puisse être poursuivi pour le paiement des sommes assurées. [Ord. 1681, liv. 3, tit. 6, art. 57.]

384. L'assureur est admis à la preuve des faits contraires à ceux qui sont consignés dans les attestations.

L'admission à la preuve ne suspend pas les condamnations de l'assureur au paiement provisoire de la somme assurée, à la charge par l'assuré de donner caution.

L'engagement de la caution est éteint après quatre années révolues, s'il n'y a pas eu de poursuite. [Ord. 1681, liv. 3, tit. 6, art. 61.]

385. Le délaissement signifié et accepté ou jugé valable, les effets assurés appartiennent à l'assureur, à partir de l'époque du délaissement.

L'assureur ne peut, sous prétexte du retour du navire, se dispenser de payer la somme assurée. [Ord. 1681, liv. 3, tit. 6, art. 60.]

386. Le fret des marchandises sauvées, quand même il aurait été payé d'avance, fait partie du délaissement du navire, et appartient également à l'assureur, sans préjudice des droits des prêteurs à la grosse, de ceux des matelots pour leur loyer, et des frais et dépenses pendant le voyage. [Décl. 17 août 1779, art. 5. — C. comm., 258, 327.]

387. En cas d'arrêt de la part d'une puissance, l'assuré est tenu de faire la signification à l'assureur, dans les trois jours de la réception de la nouvelle.

Le délaissement des objets arrêtés ne peut être fait qu'après un délai de six mois de la signification, si l'arrêt a eu lieu dans les mers d'Europe, dans la Méditerranée, ou dans la Baltique;

Qu'après le délai d'un an, si l'arrêt a eu lieu en pays plus éloigné.

Ces délais ne courent que du jour de la signification de l'arrêt.

Dans le cas où les marchandises arrêtées seraient périssables, les délais ci-dessus mentionnés sont réduits à un mois et demi pour le premier cas, et à trois mois pour le second cas. [Ord. 1681, liv. 3, tit. 6, art. 49 et 50.]

388. Pendant les délais portés par l'article précédent, les assurés sont tenus de faire toutes diligences qui peuvent dépendre d'eux, à l'effet d'obtenir la mainlevée des effets arrêtés.

Pourront, de leur côté, les assureurs, ou de concert avec les assurés, ou séparément, faire toutes démarches à même fin. [Ord. 1681, liv. 3, tit. 6, art. 51.]

389. Le délaissement à titre d'innavigabilité ne peut être fait, si le navire échoué peut être relevé, réparé, et mis en état de continuer sa route pour le lieu de sa destination.

Dans ce cas, l'assuré conserve son recours sur les assureurs, pour les frais et avaries occasionnés par l'échouement. [Décl. 17 août 1779, art. 5. — C. comm., 237, 297, 409.]

390. Si le navire a été déclaré innavigable, l'assuré sur le chargement est tenu d'en faire la notification dans le délai de trois jours de la réception de la nouvelle. [Décl. 17 août 1779, art. 7. — C. comm., 237.]

391. Le capitaine est tenu, dans ce cas, de faire toutes diligences pour se procurer un autre navire à l'effet de transporter les marchandises au lieu de leur destination. [Décl. 17 août 1779, art. 7. — C. comm., 237, 296.]

---

a pas eu encore règlement des avaries grosses, sauf à eux, comme ayant aux droits de l'assuré, à recourir contre qui de droit pour obtenir ce règlement. — 15 déc. 1828, Bordeaux. (S.29.2.151; C.n.7. — D.p.29.2.165.)

2. Lorsqu'il a été stipulé qu'en cas de délaissement, les assureurs ne seraient tenus de payer la somme assurée que six mois après la signification du délaissement, c'est-à-dire trois mois plus tard que le délai accordé par l'art. 382, les assureurs peuvent être condamnés au paiement des intérêts de la somme assurée, à compter de l'expiration du délai légal. — 19 nov. 1841, Req. (C.n.7. — D.p.42.1.71.)

3. Ce n'est que du jour de la signification des pièces justificatives de la perte que l'assureur a droit à l'intérêt des sommes assurées. — 8 août 1830, Aix. (D.p.31.2.67.)

[383] — 1. Il n'est pas nécessaire que la signification des pièces justificatives du chargement et de la perte, et la demande en paiement des sommes assurées, aient lieu en même temps que le délaissement; elles peuvent être faites postérieurement. — 26 mars 1823, Req. (S.24.1.55; C.n.7. — D.a.2.39.)

2. Le connaissement fait foi, sauf le cas de fraude, entre l'assureur et l'assuré, de la quantité et de la qualité des marchandises assurées. — Émérigon, t. 1er, p. 320; Boulay-Paty, t. 4, p. 343 et suiv.; Vincens, t. 3, p. 283; Lemonnier, t. 2, no 370.

3. Il ne fait foi que jusqu'à preuve contraire. — Alauzet, t. 2, no 398; Dageville, t. 3, p. 502; Pardessus, t. 3, no 834. — V. sup., art. 283, no 2.

4. Dans tous les cas, si le connaissement porte la clause que dit être, l'assureur a le droit d'exiger, outre le connaissement, les factures d'achat. — Lemonnier, t. 2, no 371; Pardessus, loc. cit.

5. Faute de connaissement, tous les moyens de justification sont admissibles. — Émérigon, t. 1er, p. 312; Boulay-Paty, t. 4, p. 343 et suiv.; Dageville, t. 3, p. 190; Vincens, t. 3, p. 499; Pardessus, t. 3, no 839; Lemonnier, t. 2, no 360; Alauzet, t. 2, no 397.

6. La preuve de la perte des objets naufragés n'est soumise à aucune forme particulière et de rigueur. — Ainsi, encore que, d'après l'art. 246, Cod. comm., le capitaine naufragé soit tenu de faire son rapport devant l'autorité locale, cet acte n'est pas indispensable pour prouver le sinistre. — La preuve peut en être établie, notamment au moyen d'une déclaration faite dans un autre lieu que celui du naufrage, et certifiée par les gens de l'équipage. — 24 août 1824, Rennes. (S.27.2.215; C.n.7. — D.p.27.2.51.)

7. Les procès-verbaux et les ordres des autorités sont des preuves que l'assureur ne peut contester, lors même qu'ils seraient évidemment arbitraires. — Pardessus, t. 3, no 840.

8. Il ne suffit pas que le capitaine d'un navire incendié ait constaté l'incendie des marchandises assurées, pour qu'il y ait lieu à délaissement de la part des assurés; il faut que la cause de l'incendie soit exprimée dans le rapport du capitaine. — Si le procès-verbal ne constate pas la cause de l'incendie, c'est aux assurés de prouver que le feu a été le résultat d'un cas fortuit, et qu'il n'y a eu ni faute ni négligence de la part du capitaine. — 10 déc. 1823, Aix. (S.23.2.271; C.n.6. — D.a.2.81.) — Sic, Boulay-Paty, t. 4, p. 368. — V. aussi sup., art. 350, no 4.

9. La clause qui dispenserait de prouver le chargement serait illicite. — Pothier, no 143; Valin, p. 337. — Contra, Émérigon, t. 1er, p. 359; Delvincourt, t. 2, p. 422; Boulay-Paty, t. 4, p. 345; Dageville, t. 3, p. 489; Lemonnier, t. 2, no 373.

[384] — 1. Les assureurs ne peuvent, sans articuler aucun fait positif, et par cela seul qu'ils offrent le paiement provisoire sous caution, demander et obtenir un délai pour administrer la preuve contraire aux actes justificatifs du chargement et de la perte. — 24 nov. 1845, Req. (S.V.46.1.134.) — Id. 4 mars 1823, Aix. (J. Mars. 6.1.128.) — Sic, Alauzet, t. 2, no 390.

2. La disposition de l'art. 384, § 2, suivant laquelle provision est due aux actes justificatifs de perte, n'est applicable qu'autant que les faits articulés contre ces pièces sont de nature à modifier la demande de l'assuré. — 1er fév. 1841, Douai. (D.p.41.2.249.)

3. V. les nos 2 et 4, de l'art. précédent. — V. aussi le no 7 de l'art. 247.

[385] — 1. Le délaissement signifié et accepté est irrévocable, à moins que l'événement qui y donne ouverture se trouve faux. — Pardessus, t. 3, no 834; Boulay-Paty, t. 4, p. 379; Alauzet, t. 2, no 371; Goujet et Merger, no 162.

2. Mais tant que la signification du délaissement n'a été ni acceptée ni validée par jugement, l'assuré peut y renoncer, pour exercer l'action en paiement d'avaries. — Dageville, t. 4, p. 361; Lemonnier, t. 2, no 256. — Contra, Boulay-Paty, t. 4, p. 377. — V. aussi Pardessus, loc. cit.

3. L'assuré qui a signifié le délaissement avant les délais fixés par la loi, au cas de défaut de nouvelles, d'innavigabilité, etc., ne peut rétracter cette signification. — Savary, parère 54, q. 3; Boulay-Paty, t. 4, p. 379.

4. Il ne pourrait rétracter le délaissement signifié, sous le prétexte qu'il ne serait pas dû total (art. 372). — Boulay-Paty, t. 4, p. 378.

5. L'assureur qui a accepté le délaissement ne peut revenir contre cette acceptation, sous le prétexte que l'action en règlement d'avaries était seule recevable. — 21 mai 1852, Trib. de Marseille. (J. Mars. 17.1.183.)

6. Le délaissement d'un navire par l'assuré, au cas de prise et confiscation par un Gouvernement étranger, opère transport de la propriété du navire au profit des assureurs, comme aussi de l'indemnité qui peut ultérieurement être accordée à raison de cette prise, sans qu'il soit besoin, pour que les assureurs se trouvent saisis à l'égard des tiers, qu'il y ait eu notification du transport au Gouvernement qui doit payer l'indemnité; les art. 1690 et 1691, C. civ. ne s'appliquent pas. — 4 mai 1836, Req. (S.V.36.1.353. — D.p.36.1.257.) — Sic, Alauzet, t. 2, no 503; Pardessus, t. 3, no 814, in fine.

7. Les assureurs qui, sur l'abandon du navire capturé, ont payé la perte, acquièrent, par cela seul, une subrogation à tous les droits de l'ancien propriétaire. — Si donc l'ancien propriétaire est un Français qui puisse, aux termes de la déclaration de 1828, revendiquer les marchandises capturées, lorsque le capteur ou ses ayants cause les introduisent en France, les assureurs ont le même droit, et peuvent, tout aussi bien que le capturé, exercer l'action en revendication. — 26 août 1808, Aix. (S.14.2.301; C.n.3. — D.a.11.516.)

8. V. art. 375, nos 1er et 2.

[386] — 1. Le droit des assureurs, dans le cas du délaissement du navire après naufrage, ne s'étend point aux frets acquis et gagnés dans le cours de la navigation. L'art. 386, Cod. comm., ne leur accorde que le fret des marchandises qui ont été exposées au sinistre, et qui en ont été sauvées. — 14 déc. 1825, Req. (S.26.1.277; C.n.8. — D.p.26.1.42.) — Id. 10 juin 1823, Trib. de Bordeaux. (Mémorial 35.1.165.) — Sic, Alauzet, t. 2, no 386; Boulay-Paty, t. 4, p. 390 et s., et sur Émérigon, t. 2, p. 260; Pardessus, t. 3, no 853. — Suivant Lemonnier, t. 2, no 331 bis, on doit suivre la doctrine de la Cour de cassation, mais en faisant payer les dépenses de l'expédition, dans la proportion du fret touché. — Voy. comme professant contraire à cette doctrine, Frémery, p. 367.

2. Mais quant au fret des marchandises sauvées, il importe peu qu'il soit acquis ou non : dans l'un et l'autre cas il fait partie du délaissement. — Alauzet, t. 2, no 387. — Contra, Boulay-Paty, sur Émérigon, t. 1er, p. 285.

3. Sous l'empire de la déclaration du 17 août 1779 (art. 5), le fret déclaré acquis dans la police d'assurance par le motif que le chargement appartenait au propriétaire du navire, ne faisait pas partie du délaissement, même alors que ce fret concernait des marchandises sauvées; en un tel cas, le fret de ces marchandises n'a pas dû être considéré comme un fret à faire, appartenant aux assureurs. — 28 sept. 1792, Cass. (C.n.1.)

4. Dans un voyage d'aller et de retour d'un navire, s'il y a eu assurance distincte et séparée pour le retour, les loyers et gages des gens de l'équipage pour l'aller restent à la charge de l'armateur assuré, tandis que ces loyers, au cas de naufrage suivi de délaissement, doivent, comme les loyers du retour, être prélevés par privilège sur les débris et le fret du retour appartenant aux assureurs. — Dans ce cas, les assureurs ont action récursoire contre l'armateur pour se faire rembourser des loyers de l'aller, dont ils doivent subir le prélèvement sur les débris et le fret du navire. Du moins, l'arrêt qui le décide ainsi par interprétation de la police d'assurance, est, sous ce rapport, à l'abri de la cassation. — 7 juin 1838, Req. (S.38.1.948; C.n.9. — D.p.38.1.297.)

5. La convention par laquelle l'assuré serait dispensé, en cas de délaissement, de rapporter le fret payé d'avance des marchandises, est nulle comme contraire à l'ordre public. — Alauzet, t. 2, no 359; Delvincourt sur Boucher, chap. 8; Estrangin sur Pothier, no 36; Boulay-Paty, t. 4, p. 417.

[387] — Aucune sanction n'est attachée à la disposition du § 1er de cet article. — Alauzet, t. 2, no 390.

[388]. . . . .

[389] — Cet article n'est applicable qu'au cas

392. L'assureur court les risques des marchandises chargées sur un autre navire, dans le cas prévu par l'article précédent, jusqu'à leur arrivée et leur déchargement. [Décl. 17 août 1779, art. 9.—C. comm., 351, 361.]

393. L'assureur est tenu, en outre, des avaries, frais de déchargement, magasinage, rembarquement, de l'excédant du fret, et de tous autres frais qui auront été faits pour sauver les marchandises, jusqu'à concurrence de la somme assurée. [Décl. 17 août 1779, art. 9.]

394. Si, dans les délais prescrits par l'article 387, le capitaine n'a pu trouver de navire pour recharger les marchandises et les conduire au lieu de leur destination, l'assuré peut en faire le délaissement. [Décl. 17 août 1779, art. 8.]

395. En cas de prise, si l'assuré n'a pu en donner avis à l'assureur, il peut racheter les effets sans attendre son ordre.

L'assuré est tenu de signifier à l'assureur la composition qu'il aura faite, aussitôt qu'il en aura les moyens. [Ord. 1681, liv. 3, tit. 6, art. 66.—C. comm., 160.]

396. L'assureur a le choix de prendre la composition à son compte, ou d'y renoncer : il est tenu de notifier son choix à l'assuré, dans les vingt-quatre heures qui suivent la signification de la composition.

S'il déclare prendre la composition à son profit, il est tenu de contribuer, sans délai, au paiement du rachat dans les termes de la convention, et à proportion de son intérêt ; et il continue de courir les risques du voyage, conformément au contrat d'assurance.

S'il déclare renoncer au profit de la composition, il est tenu au paiement de la somme assurée, sans pouvoir rien prétendre aux effets rachetés.

Lorsque l'assureur n'a pas notifié son choix dans le délai susdit, il est censé avoir renoncé au profit de la composition. [Ord. 1681, liv. 3, tit. 6, art. 67.]

TITRE XI.

Des Avaries.

397. Toutes dépenses extraordinaires faites pour le navire et les marchandises, conjointement ou séparément,

Tout dommage qui arrive au navire et aux marchandises, depuis leur chargement et départ jusqu'à leur retour et déchargement,

Sont réputés avaries. [*Ord. 1681*, liv. 3, tit. 7, art. 1er.—C. comm. 350, 398, 350, 356 et s., 395, 435.]

398. A défaut de conventions spéciales entre toutes les parties, les avaries sont réglées conformément aux dispositions ci-après.

399. Les avaries sont de deux classes, avaries grosses ou communes, et avaries simples ou particulières. [Ord. 1681, liv. 3, tit. 7, art. 2.]

400. Sont avaries communes,

1° Les choses données par composition et à titre de rachat du navire et des marchandises;

2° Celles qui sont jetées à la mer;

3° Les câbles ou mâts rompus ou coupés;

4° Les ancres et autres effets abandonnés pour le salut commun;

5° Les dommages occasionnés par le jet aux marchandises restées dans le navire;

6° Les pansement et nourriture des matelots blessés en défendant le navire, les loyer et nourriture des matelots pendant la détention, quand le navire est arrêté en voyage par ordre d'une puissance, et pendant les réparations des dommages volontairement soufferts pour le salut commun, si le navire est affrété au mois;

7° Les frais du déchargement pour alléger le navire et entrer dans un havre ou dans une rivière, quand le navire est contraint de le faire par tempête ou par la poursuite de l'ennemi;

8° Les frais faits pour remettre à flot le navire échoué dans l'intention d'éviter la perte totale ou la prise;

Et, en général, les dommages soufferts volontairement et les dépenses faites d'après délibérations motivées, pour le bien et salut commun du navire et des marchandises, depuis leur chargement et départ jusqu'à leur retour et déchargement. [Ord. 1681, liv. 3, tit. 7, art. 2, 6, 7.]

[illegible] —V. *supra*, sur l'art. 368, n° 12.

[390 à 392]. . . . .

[393] — 1. Lorsque la chose assurée a éprouvé d'abord des avaries partielles, réparées par l'assuré, puis un sinistre donnant lieu au délaissement, l'assuré ne peut réclamer de l'assureur, outre la somme assurée, le montant des avaries, peu importe que la police ne contienne pas la clause *franc d'avaries*. [illegible] [illegible] 1838, Cass. (S.38.1.[illegible]—C.n.7.—D.p.38.1.[illegible].)—Sic, Delaborde, *des Avaries*, n° 306; Boulay-Paty, t. 4, p. 272 [illegible]; Pardessus, t. 3, n° 852.

2. Jugé en sens contraire, alors du moins que l'assureur a pris à sa charge *tous les périls généralement quelconques*. —8 déc. 1827, Bordeaux. (S.28.2.60; C.n.8.—D.p.28.2.[illegible].)—*Id.* 19 déc. 1830, Rej. (S.V.31.1.[illegible]; C.n.9.—D.p.31.1.17.)—Sic, Alauzet, t. 2, n° 392 et s.

[394]. . . . .

[395] — L'assuré qui n'a pas signifié la composition à l'assureur ne peut lui demander la somme assurée.—Boulay-Paty, t. 4, p. 424.

[396 à 399]. . . . .

[400] — 1. Il y a composition quand il y a traité avec un bâtiment capteur afin qu'il laisse aller le navire, pour qu'il y ait avarie commune, il faut nécessairement que la chose donnée l'ait été par voie de cette *composition*. Pardessus, n° 735; Boulay-Paty, t. 4, p. 441; Dageville, t. 4, p. 21. —On comprend encore dans les avaries par composition, les dépenses de l'escorte qui accompagne le navire en danger de prise. Pardessus, t. 3, n° 741. — En tout cas, il faut que la composition et le fait qui en a été la suite aient eu pour résultat le rachètement, ou le salut du navire. Pardessus, t. 3, n° 735; Favard, v° *Assurance*, § 2. Dageville, t. 4, p. 22.

2. Le dommage souffert par le navire ou les marchandises dans un combat pour éviter la prise, n'est avarie grosse que si le dommage provient d'un fait volontaire, tel qu'un jet; s'il provient du feu de l'ennemi, il y a avarie particulière.—Émérigon, t. 1er, p. 619.—*Contra*, Valin, p. 388; Pothier, n° 144; Boulay-Paty, sur *Émérigon*, t. 1er, p. 619, et t. 4, p. 441, qui voient, dans l'un et l'autre cas, une avarie grosse.—V. cependant Pardessus, t. 3, n° 737.

3. Sont avaries communes les frais de séjour et des dépenses faites pour obtenir la relaxation d'une prise. —2 janv. [illegible], Rouen. (S.V.[illegible]; C.n.1.)—*Id.* 6 germ. an [illegible], Rouen. (C.n.1.—D.[illegible].)—En ce sens, Émérigon, t. 1er, p. 619; Pardessus, t. 3, n° 741; Devilleneuve et Massé, v° *Avaries*, n° 40; *Encyclop. de Sebire et Carteret*, *eod. verb.*; Boulay-Paty, t. 4, p. 441.

4. Il en est de même des dépenses faites pour obtenir la mainlevée du navire arrêté par une puissance étrangère, sous le faux prétexte de violation de blocus; même des sommes payées aux juges ou commissaires chargés de prononcer sur la validité de la capture, afin d'en obtenir une décision favorable.—Vainement dirait-on qu'une telle dépense, motivée sur une cause illicite (la corruption des juges) ne peut être mise à la charge des assureurs.—2 août 1827, Rej. (S.28.1.92; C.n.2.—D.p.27.1.459.)

5. Le jet à la mer du mât, de ses agrès et voiles, fait volontairement pour le salut commun du navire et des marchandises, après délibération de l'équipage, est avarie commune, bien que cette mesure ait été rendue nécessaire par la rupture de ce mât, causée par un dommage fortuit et qui constitue, dans ces circonstances, une avarie particulière; mais ces objets ne doivent être comptés dans le règlement des avaries communes que pour la valeur qu'ils avaient après la rupture.—8 janv. 1844, Rennes. (S.V.44.2.490.—D.p.44.2.156.—P.44.2.567.)

6. *Id.*, de la perte des voiles, d'abord déchirées par la tempête, lorsque, pour le salut commun, on a été réduit à couper ce qui en restait et à le jeter à la mer, ainsi que les cordages qui en dépendaient, et la perte des mâts et des [illegible] [illegible]. —Dans ce cas, il est juste d'en allouer la valeur par contribution, déduction néanmoins faite du tiers du neuf.—22 août 1826, Rennes. (P.20.[illegible].)

7. On doit réputer avaries communes les dommages qui sont la suite immédiate, directe et nécessaire d'une avarie de même nature. — Ainsi, lorsqu'un mât et des vergues, coupés pour le salut commun, sont tombés dans la mer et avant qu'on ait pu s'en dégager, ont occasionné une voie d'eau par les secousses données au navire, la voie d'eau et les dommages qu'elle a produits sur la marchandise, sont avaries communes.—11 mai 1833, Trib. de Marseille. (*J. Mars.*2.1.116.)—V. aussi, sous l'art. 407, n° 5.

8. De même, on doit réputer avaries communes les sacrifices faits pour éviter un abordage; par exemple, l'abandon d'ancres, câbles et chaînes, lorsque d'ailleurs aucune faute ou négligence ne peut être imputée au capitaine.—31 déc. 1824, Aix. (S.26.2.115; C.n.7.—D.p.25.2.171.)

9. La nourriture et le loyer de l'équipage pendant la réparation du navire, sont avaries particulières ou avaries communes, suivant que le dommage constitue les unes ou les autres.—31 déc. 1844, Aix. (S.26.2.115; C.n.7.—D.p.25.2.171.)

10. Les frais de loyers et de nourriture des matelots pendant le temps de la relâche dans un port, déterminée (après délibération de l'équipage) dans la crainte d'être capturé par des corsaires qui infestaient les mers voisines depuis la survenance d'une guerre, ne doivent être considérés [illegible] comme de simples frais de navigation, ni comme des avaries particulières; ils doivent être réputés avaries communes, alors même que le navire a été affrété au voyage et non au mois.—15 fév. 1825, Aix. (S.26.2.115; C.n.9.—D.p.25.2.187.)

11. Les frais de déchargement, d'emmagasinage et de rechargement des marchandises, dans un port où le navire a relâché pour réparer des avaries particulières, doivent, lorsqu'ils ont été nécessités par les réparations, être considérés eux-mêmes comme une avarie particulière au navire, laquelle doit par conséquent tomber à la charge des propriétaires du navire ou des assureurs sur corps.—2 déc. 1840, Rej. (S.V.41.1.220.—D.p.41.1.48.—P.41.1.136.)—*Id.*, 4 fév. 1845, Rouen. (S.V.45.2.[illegible].—D.p.45.2.[illegible].—P.45.[illegible].)—*Id.* 19 nov. 1839, Bordeaux. (S.V.46.2.[illegible].—D.p.46.2.[illegible].)—Sic, Lemonnier, t. 2, n° 303; Frémery, p. 216.

12. Jugé au sens contraire.—5 sept. 1833, Trib. de Marseille. (*J. Mars.*13.1.[illegible].)—23 oct. 1824, Trib. de Marseille. (*J. Mars.*6.1.72.) — 10 déc. 1823, Aix. (*J. Mars.*5.1.[illegible].)—29 nov. 1828, Caen. (S.V.31.2.17.—D.p.30.2.[illegible].)—Sic, Pardessus, t. 3, n° 740.—Émérigon, t. 1er, p. 605, regarde comme avaries particulières les frais de radoub, et comme avaries communes les frais de décharge et de recharge.—Boulay-Paty, *Droit marit.*, t. 1, p. 436, se range à la première opinion sans restriction. Mais, dans ses annotations sur Émérigon, t. 1er, p. 620, il admet que les frais de radoub sont à la charge du navire, et les frais de décharge et de recharge à la charge de la cargaison.

13. Sont avaries communes les objets jetés, les frais de relâche, ceux de déchargement et de rechargement de la cargaison et de magasinage, lorsqu'après le jet à la mer, une relâche a été effectuée dans le but d'éviter la tempête, et de faire au navire les réparations dont il avait besoin pour continuer son voyage.—24 fév. 1834, Trib. de Marseille. (*J. Mars.*15.1.[illegible].)—En ce sens, Bédarride, t. 2, p. 240, [illegible] 114.

14. Si le déchargement avait pour but, non-seulement de réparer le navire, mais encore de conserver les marchandises et d'en enlever les parties avariées, les frais de déchargement constitueraient des avaries particulières.—24 déc. 1833, Trib. de Marseille. (*J. Mars.*13.1.307.)

15. Bien que l'art. 403, n° 2, C. comm., range parmi les avaries particulières les réparations à faire au navire par suite de voie d'eau, il n'en résulte pas une dérogation au principe général, contenu

401. Les avaries communes sont supportées par les marchandises et par la moitié du navire et du fret, au marc le franc de la valeur. [Ord. 1681, liv. 3, tit. 7, art. 3. — C. comm., 358, 360, 371.]

---

dans l'art. 400 du même Code, lequel déclare avaries communes les dommages soufferts volontairement et les dépenses faites, d'après délibérations motivées, pour le salut commun du navire et des marchandises. — Si donc les réparations de la voie d'eau ou les dépenses de déchargement et autres qu'elles ont nécessitées, n'ont été faites qu'après délibération, en conformité de l'art. 400, ces réparations et dépenses doivent être réputées avaries communes. — 19 fév. 1834, Req. [S.V.34.1.748.-D.P.34.1.129.] — *Id.* 27 mai 1841, Rouen. [S.V.41.2.420.-D.P.41.2.215.-P.41.2.116.] — *Id.* 10 avr. 1837, Trib. de Marseille. [*J. Mars.* 17.1.14.]

16. *Id.*, Ainsi, les frais de la relâche d'un navire nécessitée par une voie d'eau qui s'était déclarée à la suite d'une tempête, doivent, lorsque cette relâche a été effectuée, non pas seulement dans le but de réparer les avaries du navire, mais bien d'éviter une perte totale du navire et de la cargaison, être réputés avaries communes. — Peu importe qu'il y ait eu ensuite, au port de relâche, déclaration d'innavigabilité du navire, surtout si cette innavigabilité était purement relative. — Il importerait peu aussi que la relâche n'eût pas été précédée d'une délibération motivée de l'équipage, si d'ailleurs les véritables causes des avaries sont établies. — 12 janv. 1849, Rouen. [S.V.50.2.111.] — *Sic*, Dubernad sur Benecke, t. 1er, p. 328; Devilleneuve et Massé, v° *Avaries*, n° 8.

17. Jugé aussi que les frais de la relâche d'un navire, effectuée à la suite d'une tempête, dans l'intérêt tout à la fois du navire et de la marchandise, sont au nombre des avaries communes, alors même que la relâche n'a point été précédée d'une délibération motivée de l'équipage. — 6 fév. 1843, Rouen. [S.V.43.2.329.-D.P.45.2.195.-P.43.1.637.]

18. *Id.* des frais de déchargement d'un navire, afin de réparer une voie d'eau. — 20 nov. 1828, Caen. [S.V.31.2.47; C.N.9.-D.P.30.2.275.] — *Id.* 11 mai 1831, Trib. de Marseille. [*J. Mars.* 17.1.1.]

19. *Id.* des frais de débarquement et de rembarquement, quoique l'on n'ait débarqué que par mesure de précaution, afin de visiter le navire pour constater s'il n'avait pas besoin d'être réparé. — 23 juin 1837, Trib. de Marseille. [*J. Mars.* 17.1.16.]

20. Lorsqu'après une tempête un navire a éprouvé des avaries qui nécessitent sa relâche dans un port voisin, et que cette relâche a lieu après délibération motivée et pour le salut commun du navire et de la cargaison, les avaries éprouvées par le navire par suite d'une seconde tempête pendant qu'il fait route pour le port de relâche, et l'échouement qui en est la conséquence, constituent des avaries particulières au navire, et non pas des avaries communes au navire et à la cargaison. — Du moins l'arrêt qui le décide ainsi, en attribuant l'échouement à un accident de mer fortuit et non prévu, ne renferme qu'une appréciation de faits et circonstances, et échappe à la censure de la Cour de cassation. — 2 août 1841, Req. [S.V.41.1.673.-D.P.41.1.314.-P.41.2.194.] — V. [illegible], t. 2, p. 240 et suiv., n°s 144 et suiv.

21. De même, lorsque l'équipage a délibéré, dans l'intérêt commun, de relâcher dans un port, pour mettre le navire déjà avarié à l'abri de la tempête, et qu'au moment où il effectue cette relâche, un grain violent survient et fait échouer le navire sur un écueil placé près du port, cet échouement doit être considéré comme un cas fortuit et de force majeure qui n'a pu faire l'objet de la délibération. — Par suite, les dommages causés au navire par cet échouement sont des avaries particulières, qui doivent être supportées exclusivement par le navire. — 28 déc. 1837, Montpellier. [S.V.39.2.112.-D.P.39.2.74.-P.38.2.581.] — *Id.* 31 déc. 1841, Trib. de Marseille. [*J. Mars.* 22.1.224.]

22. De même encore, lorsque le navire, après avoir relâché, de l'avis de l'équipage, pour se mettre à l'abri du mauvais temps, éprouve, dans le mouillage où il est placé, un coup de vent qui le fait échouer, les dommages provenant de cet échouement ne sont point avaries communes. — 4 avril 1839, Trib. de Marseille. [*J. Mars.* 18.1.273.]

23. Sont avaries communes les dépenses faites, en cas de relâche forcée, pour retirer de l'eau le navire et la cargaison. — 28 août 1828, Trib. de Marseille. [*J. Mars.* 10.1.51.]

24. *Id.* de l'échouement du navire, lorsque cet échouement est l'effet d'un sacrifice volontaire pour le salut commun. — 5 avril 1841, Rennes. [S.V.41.2.435.-D.P.41.2.186.] — *Id.* 31 déc. 1822, Aix. [S.26.2.113; C.N.7.-D.P.25.2.171.] — *Id.* 2 avril 1834, Trib. de Marseille. [*J. Mars.* 15.1.11.] — *Id.* 2 juill. 1838, Trib. de Marseille. [*J. Mars.* 18.1.170.] — *Sic*, Émérigon, t. 1er, p. 405; Pothier, *Avaries*, n° 150; Boulay-Paty, t. 4, p. 458; Pardessus, t. 3, n° 738.

25. *Id.*, Et il en est ainsi, encore bien que, par les accidents déjà éprouvés, la perte du navire ait été imminente au moment où l'échouement a été résolu. — 23 fév. 1829, Bordeaux. [D.P.29.2.295.]

26. *Id.* des avaries éprouvées par un navire que le capitaine a fait échouer pour le soustraire aux poursuites de l'ennemi. — 2 therm. an 10, Poitiers. [S.2.2.234; C.N.1.-D.A.2.201.]

27. L'échouement peut être réputé volontaire, lors que le navire ait éprouvé de fortes avaries par fortune de mer, s'il était encore en état de manœuvrer; il suffit que le fait de l'homme ait concouru avec le cas fortuit, pour que l'échouement doive être considéré comme volontaire. — 5 avril 1841, Rennes. [S.V.41.2.435.-D.P.41.2.186.]

28. Sont aussi avaries communes les frais d'échouement et de remorque du navire échoué, opérés avant le débarquement de la cargaison. — 26 nov. 1833, Trib. de Marseille. [*J. Mars.* 14.1.41.]

29. L'ouverture d'un navire, par suite du sacrifice volontaire qui en a été délibéré préalablement par l'équipage, pour le bien et le salut commun du navire et des marchandises, doit être considérée comme avarie commune, alors même que cette ouverture a été précédée d'un autre sinistre, dans lequel la quille endommagée mettait le navire hors d'état de continuer sa route. — 9 mars 1815, Rennes. [C.N.5.]

30. Le forcement des voiles, exécuté volontairement pour le salut commun, et après délibération motivée de l'équipage, rentre dans la catégorie des cas prévus par l'art. 400, Cod. comm.; dès lors les dommages en résultant doivent être réputés avaries communes. — 3 mai 1827, Rouen. [S.29.2.113; C.N.8.-D.P.28.2.230.] — *Id.* 20 févr. 1840, Trib. de Marseille. [*J. Mars.* 19.1.273.] — *Id.* 25 nov. 1842, Trib. de Marseille. [*J. Mars.* 21.1.69.]

31. Jugé cependant que le forcement de voiles, exécuté même après délibération de l'équipage, constitue non une avarie grosse, mais une avarie particulière, qui doit être supportée exclusivement par le navire, lorsque cette manœuvre, faite sans altération de la coque du navire, était la seule raisonnablement praticable pour continuer le voyage et entrer au port de destination. — 11 mai 1843, Douai. [S.V.43.2.466.-D.P.44.2.87.-P.44.2.203.]

32. En disposant que les frais de pilotages sont de simples frais à la charge du navire, et non point des avaries, la loi entend parler seulement des pilotages qui sont la suite ordinaire de la navigation. Il n'en est pas de même des frais de pilotages extraordinaires, tels que ceux nécessités par la crainte d'un naufrage; en ce cas, les dépenses sont avaries grosses, et doivent dès lors être supportées par tous les intéressés. — 20 nov. 1828, Caen. [S.V.31.2.47; C.N.9.-D.P.30.2.275.]

33. *Id.* pour les frais de pilotage qui doivent être payés à la suite d'une relâche nécessitée par le salut commun. — 25 août 1828, Trib. de Marseille. [*J. Mars.* 10.1.51.] — *Sic*, Pothier, n° 149; Boulay-Paty, t. 4, p. 447.

33 *bis*. *Id.* des droits dus à des pilotes, dont les efforts réunis ont été employés à sauver le bâtiment et le chargement, ne sont point, comme dans le cas de pilotage ordinaire, des frais à la charge du bâtiment. — 23 févr. 1829, Bordeaux. [D.P.29.2.295.]

34. La délibération motivée, dont parle l'art. 400, C. comm., n'étant ordonnée que pour établir la nécessité du sacrifice fait pour le salut commun, n'est pas une condition essentielle de l'avarie grosse ou commune, et peut être suppléée par des pièces telles que procès-verbaux de pilotes établissant la nécessité de ce sacrifice. — 23 fév. 1829, Bordeaux. [D.P.29.2.295.]

35. Les décisions rendues au lieu de reste, entre les capitaines et les consignataires, et qui règlent les avaries, ont, à l'égard des assureurs, l'autorité de la chose jugée. — Ainsi, si par ces décisions les avaries ont été déclarées particulières, les assureurs ne peuvent, au lieu de départ, agir en justice contre l'assuré pour les faire déclarer communes. — 8 juill. 1846, Trib. de Bordeaux. [*Mém. de Bordeaux*, 1846.1.160.] — *Id.* 20 janv. 1847, Aix. [*J. Mars.* 26.1.55.]

[401] — 1. La contribution au paiement des avaries grosses ou communes se règle, à l'égard de la moitié du navire et du fret, d'après le prix et l'estimation déterminés par la convention, et non, comme à l'égard des marchandises (art. 402), d'après la valeur de cette moitié au lieu du déchargement. Ici on ne peut d'ailleurs appliquer l'art. 417, C. comm., relatif au cas de jet à la mer. — 20 mai 1833, Bordeaux. [S.V.34.2.141.-D.P.33.2.230.]

2. Jugé au contraire que le navire doit être estimé (de même que les marchandises) suivant sa valeur au lieu du déchargement, et non suivant sa valeur au lieu du départ. — Peu importe qu'il s'agisse d'un navire étranger ou d'un navire français. — 4 nov. 1843, Caen. [S.V.44.2.209.-D.P.44.2.129.]

3. Le navire ne doit contribuer que pour la moitié de la valeur qu'il avait dans l'état où il se trouvait à la suite du sinistre, et pour la moitié du fret, sans addition du montant des réparations que le navire a reçues au port de salut. — 20 nov. 1828, Caen. [P.22.564.]

4. Pour déterminer la part contributive du navire au paiement des avaries communes, il faut rejoindre fictivement au navire la valeur des parties manquantes. — 6 fév. 1843, Rouen. [S.V.43.2.329.-D.P.45.2.195.-P.43.1.637.]

5. Il n'y a pas lieu de faire à forfait la déduction du tiers pour la différence du *neuf au vieux*, et la mettre en tiers à la charge du propriétaire ou armateur, comme avarie particulière au navire. — Mais comme le propriétaire ou armateur ne peut bénéficier de la différence qui existe réellement entre des objets neufs et des objets vieux, il y a lieu par les tribunaux d'arbitrer, selon les circonstances de chaque espèce, la déduction qu'il doit subir à cet égard. — 2 fév. 1849, Rouen. [S.V.50.2.252.]

6. Jugé encore qu'il n'y a pas lieu à faire une déduction sur le montant des avaries pour la différence du neuf au vieux des objets remplacés, lorsqu'il n'y a pas de base certaine d'évaluation de cette différence, et que l'âge du navire n'est pas une base certaine pour cette évaluation. — 6 fév. 1843, Rouen. [S.V.43.2.329.-D.P.45.2.195.-P.43.1.637.]

V. en outre, sur la déduction pour différence du *neuf au vieux*, les notes 25 et s. de l'art. 350.

7. L'assureur, *sur corps, quille, agrès, apparaux et toutes dépendances du navire*, est tenu de toute la portion qui doit être supportée par la moitié du navire et du fret. — En ce cas, l'assureur est tenu de la partie d'avaries mise à la charge du fret, quoique le fret ne soit pas assuré, en ce que la moitié du fret jointe à la moitié du navire n'est que représentative de la valeur du navire entier. — 7 mai 1823, Rennes. [S.23.2.343; C.N.7.-D.A.2.28.] — *Id.* 24 juin 1829, Aix. [S.29.2.313; C.N.9.-D.P.29.2.219.] — *Sic*, Lemonnier, t. 2, n° 311; Alauzet, t. 4, n° 321; Boulay-Paty, t. 4, p. 461.

8. Lorsque le fret n'a pas été déterminé d'avance, il faut, pour fixer sa contribution à l'avarie commune, l'établir fictivement en prenant pour base le prix ordinaire de la navigation effectuée. — 24 déc. 1832, Trib. de Marseille. [*J. Mars.* 13.1.337.] — *Id.* 22 juill. 1830, Trib. de Marseille. [*J. Mars.* 11.1.174.]

9. Lorsque l'affrètement du navire a été convenu moyennant une somme fixe pour l'aller et le retour, et que l'avarie a eu lieu dans le voyage de retour, la contribution du fret doit porter seulement sur le montant présumé afférent au voyage de retour. — 28 avril 1834, Trib. de Marseille. [*J. Mars.* 15.1.1.]

10. Les marchandises débarquées ainsi que le fret qui en provient ne doivent pas contribuer aux avaries grosses survenues après leur débarquement. — 1er avril 1822, Trib. de Marseille. [*J. Mars.* 13.1.181.]

402. Le prix des marchandises est établi par leur valeur au lieu du déchargement. [Ord. 1681, liv. 3, tit. 8, art. 6.]

403. Sont avaries particulières,

1° Le dommage arrivé aux marchandises par leur vice propre, par tempête, prise, naufrage ou échouement;

2° Les frais faits pour les sauver;

3° La perte des câbles, ancres, voiles, mâts, cordages, causée par tempête ou autre accident de mer;

Les dépenses résultant de toutes relâches occasionnées, soit par la perte fortuite de ces objets, soit par le besoin d'avitaillement, soit par voie d'eau à réparer;

4° La nourriture et le loyer des matelots pendant la détention, quand le navire est arrêté en voyage par ordre d'une puissance, et pendant les réparations qu'on est obligé d'y faire, si le navire est affrété au voyage;

5° La nourriture et le loyer des matelots pendant la quarantaine, que le navire soit loué au voyage ou au mois;

Et, en général, les dépenses faites et le dommage souffert pour le navire seul, ou pour les marchandises seules, depuis leur chargement et départ jusqu'à leur retour et déchargement. [Ord. 1681, liv. 3, tit. 7, art. 4, 5, 7. — C. comm. 350.]

404. Les avaries particulières sont supportées et payées par le propriétaire de la chose qui a essuyé le dommage ou occasionné la dépense. [Ord. 1681, liv. 3, tit. 7, art. 5.]

405. Les dommages arrivés aux marchandises, faute par le capitaine d'avoir bien fermé les écoutilles, amarré le navire, fourni de bons guindages, et par tous les autres accidents provenant de la négligence du capitaine ou de l'équipage, sont également des avaries particulières supportées par le propriétaire des marchandises, mais pour lesquelles il a son recours contre le capitaine, le navire et le fret. [Ord. 1681, liv. 3, tit. 7, art. 4. C. comm., 216, 221.]

406. Les lamanages, touages, pilotages, pour entrer dans les havres ou rivières, ou pour en sortir, les droits de congés, visites, rapports, tonnes, balises, ancrages et autres droits de navigation, ne sont point avaries; mais ils sont de simples frais à la charge du navire. [Ord. 1681, liv. 3, tit. 7, art. 8 et 9.]

407. En cas d'abordage de navires, si l'événement a été purement fortuit, le dommage est supporté, sans répétition, par celui des navires qui l'a éprouvé.

Si l'abordage a été fait par la faute de l'un des capitaines, le dommage est payé par celui qui l'a causé.

S'il y a doute dans les causes de l'abordage, le dommage est réparé à frais communs, et par égale portion, par les navires qui l'ont fait et souffert.

Dans ces deux derniers cas, l'estimation du dommage est faite par experts. [Ord. 1681, liv. 3, tit. 7, art. 10 et 11.—C. comm., 216, 221, 350, 435.]

408. Une demande pour avaries n'est point recevable, si l'avarie commune n'excède pas un pour cent de la valeur cumulée du navire et des marchandises, et si l'avarie particulière n'excède pas aussi un pour cent de la valeur de la chose endommagée. [Ord. 1681, liv. 3, tit. 8, art. 47.]

---

[402]—1. Les marchandises doivent contribuer aux avaries communes, non d'après leur valeur, suivant les factures ou leur estimation dans le lieu de la destination, mais d'après l'estimation au lieu où le déchargement s'opère et se réalise.—2 mars 1814, Rennes. [C.N.4.]

2. Dans l'évaluation des marchandises pour leur contribution aux avaries communes, on ne doit pas déduire le fret de ces marchandises.—10 sept. 1842, Trib. de Cherbourg. [S.V.44.2.405.—D.P.44.2.129.]—Mais l'opinion contraire des auteurs est contraire à cette solution. V. Valin, t. 2, p. 194 et suiv.; Émérigon, ch. 12, sect. 45; Pothier, *Avaries*, n° 121, 143 et suiv.; le nouveau Denisart, v° *Avaries*, § 5, n° 1er; Pardessus, t. 3, p. 74; Boulay-Paty, t. 3, p. 132; Merlin, *Rép.*, v° *Contrib. au jet*.

3. L'art. 402 n'est pas applicable entre l'assureur et l'assuré.—A leur égard, l'estimation de l'avarie doit être faite selon le prix donné aux marchandises dans la police d'assurance, ou, à défaut, d'après leur valeur au temps et au lieu du chargement. — 11 juill. 1828, Bordeaux. [S.26.2.904; C.N.8.]—*Id.* 10 sept. 1821, Trib. de Marseille. [*J. Mars.* 3.1.17.]—*Id.* 30 août 1822, Aix. [*J. Mars.* 4.1.305.]—*Sic*, Lemonnier, t. 2, n° 302; Alauzet, t. 2, n° 319; Boulay-Paty, t. 4, p. 471, et sur Émérigon, t. 2, p. 7; Frémery, p. 316. —*Contrà*, Émérigon, t. 2, p. 8.—V. aussi sur cette question, Pardessus, t. 3, n° 850; Beaussant, t. 2, p. 143, et Delaborde, tit. 41.1.177.

[403]—1. Sont avaries particulières … Le retardement du voyage causé par les vents contraires, le calme, la tempête, parce que ce sont des accidents ordinaires à la navigation, auxquels chacun doit s'attendre. — Valin, sur l'art. 15, tit. du Fret; Émérigon, t. 1er, p. 542; Boulay-Paty, sur Émérigon, t. 1er, p. 548.

2. … Les dommages soufferts par le navire ou les marchandises, par suite du long séjour du navire dans un port où il a été conduit après sa prise.—4 germ. an 10, Rennes. [C.N.1.—D.A.2.290.]

3. … Les accidents survenus au guindeau et aux câbles, lorsqu'ils ont été occasionnés par la tempête. —22 août 1820, Rennes. [P.30.504.]

4. … Les dommages résultant de l'échouement du navire [illegible] par un grain survenu au moment de l'entrée du navire dans le port de sa destination.— 11 mai 1813, Douai. [S.V.43.2.456.—D.P.43.2.87.— P.43.2.505.]

5. … Les dépenses nécessitées pour la réparation de dommages éprouvés par le navire dans son corps et gréement, en effectuant une relâche destinée pour le salut commun.—28 août 1828, Trib. de Marseille. [*J. Mars.* 10.1.31.]—*Id.* 11 oct. 1837, Trib. de Marseille. [*J. Mars.* 17.1.231.]

6. … Les dépenses extraordinaires faites par suite d'une relâche en quarantaine à laquelle le capitaine a été contraint par l'administration sanitaire. — 29 oct. 1819, Trib. de Marseille. [*J. Mars.* 1.1.13.]—*Id.* 7 avril 1824, Trib. de Marseille. [*J. Mars.* 5.1.249.] —*Sic*, Boulay-Paty, t. 4, p. 481.

7. … Le droit de commission payé à un consignataire par un capitaine français, qui est obligé de relâcher dans un port.—10 déc. 1823, Aix. [*J. Mars.* 5.1.49.]

8. … La nourriture et les loyers des matelots *pendant le voyage* qu'un navire, parvenu à sa destination, est obligé de faire dans un autre port pour la réparation d'avaries qu'il a éprouvées, aussi bien que la nourriture et les loyers *pendant* la durée des réparations; le § 4 de l'art. 403, C. comm., n'est pas limitatif.—4 déc. 1850, Bordeaux. [S.V.51.2.262; C.N. 9.—D.P.51.2.61.]—*Id.* 11 oct. 1837, Trib. de Marseille. [*J. Mars.* 17.1.231.]

9. … Les frais de traitement et de sépulture d'un matelot décédé à terre, à la suite de la maladie qui avait nécessité son débarquement.—11 juin 1834, Trib. de Marseille. [*J. Mars.* 14.1.195.]

10. V. au surplus sur les caractères des avaries particulières, les décisions placées sous l'art. 400 ci-dessus.

[404 et 405] . . . .

[406]— V. art. 400, n°s 32 et s.

[407]—1. L'usage a introduit quelques règles qui peuvent servir à déterminer, dans le doute, si l'abordage doit être considéré comme fortuit, ou peut être imputé à l'un des capitaines. — 1° Lorsque deux navires se présentent pour entrer dans le même port, le plus éloigné doit attendre que le plus proche soit entré, et s'ils s'abordent, le dommage est imputé au dernier venu, tant qu'il ne prouve pas qu'il n'y a aucune faute de sa part (*Consulat de la mer*, ch. 177 et 199; Targa, sur ces chap.); — 2° En cas de rencontre de deux navires, le plus petit doit céder au plus gros (Targa, *ib.*); — 3° Le navire qui sort du port doit faire place à celui qui entre (*ib.*); — 4° Celui qui sort le second est censé avoir abordé celui qui est sorti le premier, et celui qui est derrière doit faire attention à celui qui est devant; — 5° La présomption d'abordage est contre le navire qui met à la voile pendant la nuit (Ord. 1681, tit. des Rades); — 6° Le navire qui navigue à voiles déployées est présumé avoir, par faute de son capitaine, abordé celui qui était à la cape ou amarré, ne peut se mettre à l'écart, quand même l'équipage de ce navire aurait été averti de lever l'ancre et de le déplacer, s'il en a été empêché par défaut de temps, par crainte d'un plus grand danger, ou autre motif légitime (Arr. du parl. de Provence, du 30 juin 1750); — 7° Celui qui est mal placé dans le port, ou qui ne garde pas la distance prescrite, est réputé en faute; — 8° Le navire amarré dans un lieu qui n'est pas destiné à cet effet, ou mal amarré, ou dont les câbles sont insuffisants, ou qu'on a laissé sans gardien, est également réputé en faute (*Consulat de la mer*, ch. 194 et 198; Ord. 1681, tit., des Ports); — 9° Il en est de même de celui qui a ses ancres sans gavitaux ou bouées servant de signes pour en faire reconnaître la place et prévenir du danger de s'en approcher (*Jugements d'Oléron*, art. 15; *Ord. de Wisbuy*; Ord. de 1681, tit., des Ports).

2. Jugé que lorsque deux navires ayant, l'un le vent *arrière* et l'autre le *vent au plus près*, se trouvent naviguant dans une direction telle qu'ils peuvent se rencontrer en un point d'intersection, c'est à celui de ces navires qui a le vent arrière à prendre toutes les précautions nécessaires pour éviter l'abordage; à défaut de quoi, et si l'abordage a lieu, il est responsable du dommage résultant de cet accident.—9 juin 1833, Rennes. [S.V.34.2.113.]

3. *Id.*… Alors même que l'autre navire aurait pu, par une manœuvre prompte, empêcher la rencontre des deux bâtiments; cette circonstance ne suffit pas pour qu'il y ait lieu de faire supporter nécessairement le dommage par moitié.—7 juill. 1855, Req. [S.V.56. 1.340.—D.P.55.1.385.]

4. Le dommage souffert par la marchandise dans un abordage est, en cas de doute, à la charge du maître de la marchandise; le partage admis par le § 3 de l'art. 407 ne s'applique qu'aux navires. — Valin, p. 598; Émérigon, t. 1er, p. 413; Boulay-Paty, t. 4, p. 502; Vincens, t. 3, p. 197.—*Contrà*, Lemonnier, t. 1er, n° 183.

5. Lorsque le navire a éprouvé divers dommages dans un abordage qu'on n'a pu faire cesser qu'en coupant des manœuvres, il faut distinguer les dommages résultant de cette opération de ceux qui ont été la suite de l'abordage.—Les premiers sont avaries communes, les seconds avaries particulières. — 24 déc. 1829, Trib. de Marseille. [*J. Mars.* 11.1.310.]

6. L'action en indemnité du dommage causé par l'abordage, est compétemment portée devant le tribunal de commerce du lieu où le navire endommagé s'est réfugié, ce lieu devant être considéré comme celui du paiement. — 24 nov. 1840, Rouen. [S.V.41.2.80.— D.P.41.2.118.—P.41.1.275.] — *Id.* 1er oct. 1848, Caen. [S.V.49.2.57.]

7. C'est au tribunal civil à en connaître quand l'abordage a eu lieu sur un canal de l'intérieur.—Bruxelles, 6 avril 1816. [*J. de Brux.* 1816.1.331.]

8. *Id.*… Quand l'abordage a eu lieu sur un fleuve ou une rivière. — 16 juin 1841, Aix. [S.V.42.2.143. —D.P.42.2.161.—P.41.2.503.]—V. cependant en sens contraire, Orillard, n° 209.

9. V. du reste sur l'abordage, les notes 13 et s. de l'art. 435, et la note 2 de l'art. 533.

[408]—1. Le un pour cent nécessaire pour que la demande en avarie soit recevable, doit être déterminé relativement à la masse commune, s'il y a plusieurs intéressés à l'assurance.—Émérigon, t. 2, p. 3; Boulay-Paty, t. 4, p. 510, et sur Émérigon, t. 2, p. 7; Pardessus, t. 3, n° 460. — *Contrà*, Lemonnier, t. 2, n° 220; Delaborde, n° 219.

2. On ne peut comprendre dans le calcul de l'avarie les frais de la réclamation, à l'effet de prouver l'objet pour qu'il excède un pour cent.—Émérigon, t. 2, p. 3; Boulay-Paty, t. 4, p. 510, et sur Émérigon, t. 2, p. 7; Dageville, t. 4, p. 66.—Suivant Pardessus, t. 3, n° 880, cette règle vraie quand il s'agit d'avaries particulières, doit être contraire quand il s'agit d'avaries communes,

409. La clause *franc d'avaries* affranchit les assureurs de toutes avaries, soit communes, soit particulières, excepté dans les cas qui donnent ouverture au délaissement; et, dans ces cas, les assurés ont l'option entre le délaissement et l'exercice d'action d'avarie. [C. comm., 371.]

TITRE XII.

Du Jet et de la Contribution.

410. Si, par tempête ou par la chasse de l'ennemi, le capitaine se croit obligé, pour le salut du navire, de jeter en mer une partie de son chargement, de couper ses mâts ou d'abandonner ses ancres, il prend l'avis des intéressés au chargement qui se trouvent dans le vaisseau, et des principaux de l'équipage.

S'il y a diversité d'avis, celui du capitaine et des principaux de l'équipage est suivi. [Ord. 1681, liv. 3, tit. 8, art. 1 et 2.—C. comm., 220, 241 et 301.]

411. Les choses les moins nécessaires, les plus pesantes et de moindre prix, sont jetées les premières, et ensuite les marchandises du premier pont au choix du capitaine, et par l'avis des principaux de l'équipage. [Ord. 1681, liv. 3, tit. 8, art. 3.]

412. Le capitaine est tenu de rédiger par écrit la délibération, aussitôt qu'il en a les moyens.

La délibération exprime,

Les motifs qui ont déterminé le jet,

Les objets jetés ou endommagés.

Elle présente la signature des délibérants, ou les motifs de leur refus de signer.

Elle est transcrite sur le registre. [Ord. 1681, liv. 3, tit. 8, art. 4.—C. comm. 246.]

413. Au premier port où le navire abordera, le capitaine est tenu, dans les vingt-quatre heures de son arrivée, d'affirmer les faits contenus dans la délibération transcrite sur le registre. [Ord. 1681, liv. 3, tit. 8, art. 5.—C. comm., 246.]

414. L'état des pertes et dommages est fait dans le lieu du déchargement du navire, à la diligence du capitaine et par experts.

Les experts sont nommés par le tribunal de commerce, si le déchargement se fait dans un port français.

Dans les lieux où il n'y a pas de tribunal de commerce, les experts sont nommés par le juge de paix.

Ils sont nommés par le consul de France, et, à son défaut, par le magistrat du lieu, si la décharge se fait dans un port étranger.

Les experts prêtent serment avant d'opérer. [Ord. 1681, liv. 3, tit. 8, art. 6.]

415. Les marchandises jetées sont estimées suivant le prix courant du lieu du déchargement; leur qualité est constatée par la production des connaissements, et des factures s'il y en a. [Ord. 1681, liv. 3, tit. 8, art. 6 et 8.]

416. Les experts nommés en vertu de l'article précédent font la répartition des pertes et dommages.

La répartition est rendue exécutoire par l'homologation du tribunal.

Dans les ports étrangers, la répartition est rendue exécutoire par le consul de France, ou, à son défaut, par tout tribunal compétent sur les lieux.

417. La répartition pour le paiement des pertes et dommages est faite sur les effets jetés et sauvés, et sur moitié du navire et du fret, à proportion de leur valeur au lieu du déchargement. [Ord. 1681, liv. 3, tit. 8, art. 7. — C. comm., 327, 331, 401.]

418. Si la qualité des marchandises a été déguisée par le connaissement, et qu'elles se trouvent d'une plus grande valeur, elles contribuent sur le pied de leur estimation, si elles sont sauvées;

Elles sont payées d'après la qualité désignée par le connaissement, si elles sont perdues.

Si les marchandises déclarées sont d'une qualité inférieure à celle qui est indiquée par le connaissement, elles contribuent d'après la qualité indiquée par le connaissement, si elles sont sauvées;

Elles sont payées sur le pied de leur valeur, si elles sont jetées ou endommagées. [Ord. 1681, liv. 3, tit. 8, art. 8, 9 et 10.]

419. Les munitions de guerre et de bouche, et les hardes des gens de l'équipage, ne contribuent point au jet; la valeur de celles qui auront été jetées sera payée par contribution sur tous les autres effets. [Ord. 1681, liv. 3, tit. 8, art. 11.]

—V. aussi 17 juin 1825, Trib. de Marseille, (J. Marc. 6.1.131), et Delaborde, n° 221.

3. Quand l'avarie excède un pour cent, celui qui la doit ne peut se prétendre affranchi jusqu'à concurrence de un pour cent, et offrir de payer seulement le surplus. — Émérigon, t. 2, p. 3; Locré, t. 2, n° 318; Alauzet, t. 2, n° 326; Pardessus, t. 3, n° 860; Boulay-Paty t. 4, p. 516.—V. cependant Delaborde, n° 211.

4. Les franchises ne s'appliquent pas aux frais et dépenses qui ont eu lieu pour la conservation des marchandises.—Delaborde, n° 212.

5. Une demande formée par un capitaine contre les propriétaires du chargement est recevable, quoique l'avarie n'excède pas un pour cent. — 1er déc. 1824, Trib. de Marseille. (J. Marc. 5.1.305.)

6. En général, l'assureur qui est en même temps affréteur du navire, ne peut se prévaloir de la franchise d'avaries pour les dommages qui proviennent de son fait.—17 janv. 1831, Trib. de Marseille. (J. Marc. 12. 1.187.)

7. Lorsqu'il existe une franchise et que l'on est convenu en outre que le règlement des avaries s'opérera par séries, les frais de vente publique ou d'expertise doivent être divisés en raison de portions qu'il y a de séries, de sorte que la portion des frais afférente à une série ne doive être payée qu'autant qu'il y aura à payer un excédant de l'avarie sur la franchise dans cette série.—Delaborde, n° 221.

[409] — La disposition de cet article portant que la clause *franc d'avaries* est sans effet dans les cas qui donnent ouverture à délaissement, est applicable aussi bien lorsque la franchise d'avaries est *partielle*, que lorsqu'elle est *totale*; il s'applique notamment au cas où il a été stipulé que l'assureur ne paierait que la portion des avaries qui excéderait un certain taux fixé. — Une telle clause ne peut être considérée comme renfermant, de la part de l'assuré, une renonciation au bénéfice de l'art. 409. — 3 fév. 1831, Rej. (S.V.31.1.276.—D.P.31.1.59.) — Sic, Lemonnier, t. 2, n° 332. — *Contrà*, Alauzet, t. 2, n° 328.

[410] — 1. S'il y a diversité d'avis, celui des principaux de l'équipage doit être suivi, quand même les intéressés au chargement se trouveraient en majorité et s'opposeraient au jet. — Pardessus, t. 3, n° 734; Boulay-Paty, t. 4, p. 537.

2. S'il y a partage d'opinions entre les gens de l'équipage, la voix du capitaine doit l'emporter.—Favard, v° *Jet*, § 1er, n° 1er; Pardessus, n° 734; Boulay-Paty, t. 4, p. 538.

3. Et même quoique la majorité s'oppose au jet, le capitaine peut y faire procéder sous sa responsabilité, qui sera appréciée par les tribunaux. — Pardessus, t. 3, n° 734; Boulay-Paty, t. 4, p. 538.

[411]. . . . .

[412 et 413] — 1. La rédaction d'une délibération de l'équipage et la transcription de cet acte sur le livre de bord sont, pour le mode et le temps de leur accomplissement, subordonnées aux circonstances de la navigation et à la position plus ou moins critique dans laquelle le capitaine a pu se trouver.—Spécialement, le capitaine peut comprendre, parmi les avaries communes, la valeur des marchandises jetées à la mer, quoiqu'il ne justifie de la nécessité du jet que par un procès-verbal de délibération de l'équipage dressé quelque temps après le jet, et non transcrit sur le registre de bord, si d'ailleurs le procès-verbal est mentionné sur ce registre, et s'il est reconnu que le capitaine l'a rédigé aussitôt que les soins qu'il devait donner à la direction du navire, lui en ont laissé la possibilité.—8 janv. 1828, Rouen. (C.N.8.)

2. Jugé encore qu'il n'est pas nécessaire que la délibération soit transcrite sur le registre du bord au moment même de l'événement. Il suffit que, dès son arrivée au lieu de relâche, immédiatement après les événements, le capitaine fasse viser son livre de bord, qu'il fasse son rapport dans lequel se trouve relaté tout ce qu'aurait contenu la délibération, et que ce rapport soit affirmé conformément à l'art. 413 du Cod. comm.—25 avr. 1841, Aix. (J. Marc. 20.1.237.)

3. Lorsque la délibération a été empêchée par force majeure, le dommage volontairement souffert peut être prouvé par toutes autres pièces ou témoignages que le registre du bord.—Favard, v° *Jet*, § 1er, n° 3; Pardessus, t. 3, n° 736; Boulay-Paty, t. 4, p. 539; Alauzet, t. 2, n° 366.

4. En matière de petit cabotage, il n'est pas nécessaire que le capitaine (qui souvent est très-peu lettré) rédige un procès-verbal de la délibération prise pour le jet des marchandises; il suffit qu'il fasse sa déclaration dans le premier port, et l'affirme devant les officiers désignés, conformément à l'art. 413.—Boulay-Paty sur Émérigon, t. 1er, p. 607.

[414] — 1. L'attribution de compétence faite aux juges du lieu du déchargement, pour la constatation des avaries, leur règlement et la contribution aux pertes, cesse dans le cas où il y a eu impossibilité de faire procéder à ces opérations dans le lieu du déchargement. Et il y a impossibilité, lorsque le capitaine n'a pu conduire son navire jusqu'à sa destination, que les marchandises y ont été amenées par un autre navire, et qu'on n'a pu se procurer dans ce lieu les pièces justificatives des avaries.—En un tel cas, la constatation des avaries et leur règlement peuvent être faits au lieu du chargement.—13 août 1846, Rej. (S.V.46.1.827.—D.P.46.1.334.—P.46.1.101.)

2. De ce que le tribunal du lieu du déchargement d'un navire est compétent pour connaître du règlement et de la répartition des avaries communes entre les différents propriétaires du navire et des marchandises, il ne s'ensuit pas qu'il soit également compétent pour connaître, entre les assureurs et les assurés, de l'action en paiement des avaries particulières arrivées aux marchandises. A cet égard, l'action de l'assuré contre l'assureur doit, comme action pure personnelle, être portée devant le tribunal du domicile de l'assureur. — 9 fév. 1829, Rennes. (S.30.2.250; C.N.9.—D.P.31.2.7.)—Sic, Alauzet, t. 2, n° 398.

3. Jugé encore que, dans ce cas, la demande contre les assureurs des marchandises peut être portée devant le tribunal de leur domicile, et le règlement des avaries être fait par des experts nommés par ce tribunal. — 16 fév. 1841, Rej. (S.V.41.1.177.—D.P.41.1.137.—P.41.1.531.)

4. L'art. 414, C. comm., ne s'applique qu'aux navires français. En conséquence, le capitaine d'un navire étranger peut s'adresser au consul de sa nation. Ce ne serait qu'à défaut de consul qu'il y aurait obligation de recourir au juge du lieu.—8 mai 1828, Aix. (S.29.2.172; C.N.9.—D.P.29.2.33.)

5. Le lieu du déchargement, dans le sens de cet article, est le lieu du déchargement de la partie la plus importante de la cargaison; dès lors, le règlement des pertes et dommages soufferts par le navire, effectué dans ce lieu, lie tous les consignataires, même ceux dont les marchandises auraient une destination différente. — 21 mai 1845, Trib. de Marseille. (J. Marc. 24.1.278.)

6. V. art. 440, n° 55.

[415]. . . . .

[416] — En matière de contribution aux avaries, l'appel est suspensif. Cependant, on pourrait exiger une caution avant la délivrance des marchandises. —Émérigon, t. 1er, p. 639, chap. 12, sect. 43; Boulay-Paty, t. 1er, p. 540.

[417 et 418]. . . . .

[419] — 1. Les munitions de guerre ou les

420. Les effets dont il n'y a pas de connaissement ou déclaration du capitaine ne sont pas payés s'ils sont jetés ; ils contribuent s'ils sont sauvés. [Ord. 1681, liv. 3, tit. 8, art. 12.—C. comm., 222, 281.]

421. Les effets chargés sur le tillac du navire contribuent s'ils sont sauvés.

S'ils sont jetés, ou endommagés par le jet, le propriétaire n'est point admis à former une demande en contribution : il ne peut exercer son recours que contre le capitaine. [Ord. 1681, liv. 3, tit. 8, art. 13.—C. comm., 229.]

422. Il n'y a lieu à contribution pour raison du dommage arrivé au navire que dans le cas où le dommage a été fait pour faciliter le jet. [Ord. 1681, liv. 3, tit. 8, art. 14.]

423. Si le jet ne sauve le navire, il n'y a lieu à aucune contribution.

Les marchandises sauvées ne sont point tenues du paiement ni du dédommagement de celles qui ont été jetées ou endommagées. [Ord. 1681, liv. 3, tit. 8, art. 15.]

424. Si le jet sauve le navire, et si le navire, en continuant sa route, vient à se perdre,

Les effets sauvés contribuent au jet sur le pied de leur valeur en l'état où ils se trouvent, déduction faite des frais de sauvetage. [Ord. 1681, liv. 3, tit. 8, art. 16.]

425. Les effets jetés ne contribuent en aucun cas au paiement des dommages arrivés depuis le jet aux marchandises sauvées.

Les marchandises ne contribuent point au paiement du navire perdu, ou réduit à l'état d'innavigabilité. [Ord. 1681, liv. 3, tit. 8, art. 17.]

426. Si, en vertu d'une délibération, le navire a été ouvert pour en extraire les marchandises, elles contribuent à la réparation du dommage causé au navire. [Ord. 1681, liv. 3, tit. 8, art. 18.]

427. En cas de perte des marchandises mises dans les barques pour alléger le navire entrant dans un port ou une rivière, la répartition en est faite sur le navire et son chargement en entier.

Si le navire périt avec le reste de son chargement, il n'est fait aucune répartition sur les marchandises mises dans les allèges, quoiqu'elles arrivent à bon port. [Ord. 1681, liv. 3, tit. 8, art. 19 et 20.]

428. Dans tous les cas ci-dessus exprimés, le capitaine et l'équipage sont privilégiés sur les marchandises ou le prix en provenant pour le montant de la contribution. [Ord. 1681, liv. 3, tit. 8, art. 21.—C. comm., 259, 271.]

429. Si, depuis la répartition, les effets jetés sont recouvrés par les propriétaires, ils sont tenus de rapporter au capitaine et aux intéressés ce qu'ils ont reçu dans la contribution, déduction faite des dommages causés par le jet et des frais de recouvrement. [Ord. 1681, liv. 3, tit. 8, art. 22.]

TITRE XIII.

Des Prescriptions.

430. Le capitaine ne peut acquérir la propriété du navire par voie de prescription. [Ord. 1681, liv. 1er, tit. 12, art. 1er.—C. c., 2236.]

431. L'action en délaissement est prescrite dans les délais exprimés par l'article 373.

432. Toute action dérivant d'un contrat à la grosse, ou d'une police d'assurance, est prescrite après cinq ans, à compter de la date du contrat. [C. comm., 311 et s., 332 et s.]

433. Sont prescrites :

Toutes actions en paiement pour fret de navire, gages et loyers des officiers, matelots et autres gens de l'équipage, un an après le voyage fini ;

Pour nourriture fournie aux matelots par l'ordre du capitaine, un an après la livraison ;

Pour fournitures de bois et autres choses nécessaires aux constructions, équipement et avitaillement du navire, un an après ces fournitures faites ;

Pour salaires d'ouvriers, et pour ouvrages faits, un an après la réception des ouvrages ;

Toute demande en délivrance de marchandises, un an après l'arrivée du navire. [Ord. 1681, liv. 1er, tit. 12, art. 2, 3, 4 et 9. — C. comm., 108, 250, 272, 280.]

---

provisions de bouche qui ne sont pas affectées à l'usage du navire, mais sont seulement destinées à être transportées, doivent entrer en contribution.—Boulay-Paty, t. 4, p. 529.

2. Les provisions des passagers n'entrent pas en contribution.—Boulay-Paty, 563.

3. Les hardes des passagers doivent contribuer. — Pothier, n° 128.

4. Cependant, les hardes et bijoux qu'ils portent habituellement ne doivent pas contribuer.—Boulay-Paty, t. 4, p. 563.

5. Le port permis du matelot est sujet à contribution.—Boulay-Paty, t. 4, p. 564.

[430]. . . . .

[421] — 1. En cas de jet des effets chargés sur le tillac, les assureurs ne sont pas responsables de la perte résultant du jet, lorsque la police ne contient pas la clause permis de charger sur le tillac.—19 juin 1820, Trib. de Marseille. (J. Mars. 1.1.323.)

2. Les marchandises placées dans la chaloupe d'un navire ne peuvent être assimilées aux marchandises chargées sur le tillac. [illegible]

[illegible]

[430 à 431]. . . . .

[432] — 1. [illegible]

[illegible]

[433] — 1. [illegible]

[illegible]

434. La prescription ne peut avoir lieu s'il y a cédule, obligation, arrêté de compte ou interpellation judiciaire. [Ord. 1681, liv. 1er, tit. 12, art. 10.—C. c., 2274.]

TITRE XIV.

Fins de non-recevoir.

435. Sont non recevables

Toutes actions contre le capitaine et les assureurs, pour dommage arrivé à la marchandise, si elle a été reçue sans protestation ;

Toutes actions contre l'affréteur, pour avaries, si le capitaine a livré les marchandises et reçu son fret sans avoir protesté ;

Toutes actions en indemnité pour dommages causés par l'abordage dans un lieu où le capitaine a pu agir, s'il n'a point fait de réclamation. [Ord. 1681, liv. 1er, tit. 12, art. 5, 7, 8.—C. comm., 106, 221, 352, 397, 407.]

436. Ces protestations et réclamations sont nulles si elles ne sont faites et signifiées dans les vingt-quatre heures, et si, dans le mois de leur date, elles ne sont suivies d'une demande en justice. [Ord. 1681, liv. 1er, tit. 12, art. 6, 8.]

---

[434] — Les dispositions de cet article sont indépendantes de l'art. 2248, Cod. civ. — Alauzet, t. 2, n° 390.

[435 et 436] — 1. La fin de non-recevoir établie par l'art. 435 est applicable lorsqu'il s'agit de déficit, comme lorsqu'il s'agit de dommage matériel.—2 juin 1830, Trib. de Marseille. (*J. Mars.* 11.1.284.)—25 mai 1838, Trib. de Marseille. (*J. Mars.* 17.1.58.)—*Contrà*, 20 juill. 1839, Trib. de Marseille. (*J. Mars.* 19.1.129.)—7 oct. 1830, Trib. de Marseille. (*J. Mars.* 19.1.152.)

2. Elle est applicable même au cas où la demande, dirigée contre le capitaine, est formée par voie d'exception.—13 nov. 1844, Trib. de Bordeaux. (*Mémor. de Bordeaux*.1844.1.254.)

3. La protestation faite par le consignataire est nulle, quoique signifiée dans les vingt-quatre heures du débarquement, si elle a été précédée d'une prise de possession de sa part, constatée par un récépissé délivré par lui sans réserves.—12 sept. 1844, Trib. de Marseille. (*J. Mars.* 23.1.334.)

4. Le consignataire, qui a reçu sa marchandise sans protester, ne peut être admis à prouver par témoins que le capitaine s'était engagé à payer le dommage d'après le règlement qui en serait fait.—25 juin 1820, Trib. de Marseille. (*J. Mars.* 2.1.190.)

5. L'affréteur assuré qui, en dispensant le capitaine de l'observation des formalités prescrites par les art. 435 et 436, C. comm., pour la conservation de l'action en contribution, et qui, en renonçant à se prévaloir de l'inobservation de ces formalités, s'est mis dans l'impossibilité de résister à la demande en paiement de sa part contributoire dans une avarie commune, n'a aucun recours contre l'assureur qui n'a ni pris part ni acquiescé à ces renonciations. — 10 févr. 1840, Rej. (S.V.40.1.384.-D.P.40.1.120.-P.40.1.809.)—*Sic*, Alauzet, t. 2, n° 381.

6. Les art. 435 et 436, Cod. comm., doivent être entendus dans ce sens que la réception des marchandises ait été telle qu'elle ait mis l'assuré ou le réclamateur dans la possibilité d'acquérir la connaissance des avaries, et, à cet égard, il appartient aux juges d'apprécier les circonstances de cette réception pour décider si la déchéance est encourue. — 30 janv. 1845 et 29 nov. 1844, Rouen. (S.V.45.2.325 et 326.) — *Sensu*, Alauzet, t. 2, n°s 379 et s.—V. n° 23.

7. Ainsi, les juges peuvent refuser de voir une réception des marchandises faisant courir les délais de la protestation et de la demande en paiement d'avaries, dans le fait du déchargement et de la mise à quai de ces marchandises, suivi de leur dépôt en douane en présence des réclamateurs, lorsque l'état extérieur des caisses ou balles ne présentait aucune trace d'avaries, et décider que les délais de la protestation et demande n'ont commencé à courir qu'à partir de l'ouverture des caisses ou balles par les employés de la douane. —30 janv. 1845, Rouen. (S.V.45.2.326.)

7 *bis*. Ils peuvent pareillement décider que l'introduction des marchandises dans les magasins du destinataire ou de son commissionnaire ne constitue pas par elle-même une réception qui fasse courir les délais, et qu'il suffit, pour la conservation des droits de l'assuré, qu'il ait protesté dans les vingt-quatre heures. — 29 nov. 1844, Rouen. (S.V.45.2.326.)

8. Le défaut de signification de l'acte de protestation au capitaine ne peut être opposé aux assurés, lorsque le capitaine est lui-même à l'abri de toute responsabilité à raison de la nature des avaries.—30 janv. 1823, Rouen. (S.V.15.2.327.)

9. La fin de non-recevoir n'est pas applicable, lorsqu'il s'agit de l'action de l'assuré contre son assureur, à raison de la contribution dans l'avarie commune. — 21 avril 1821, Trib. de Marseille. (*J. Mars.* 3.1.73.)—*Id.* 15 nov. 1828, Trib. de Marseille. (*J. Mars.* 10.1.66.) — Jugé en sens contraire, 21 nov. 1830, Aix. (*J. Mars.* 11.1.304.)—*Sic*, Alauzet, t. 2, n° 389.

10. Elle ne peut être invoquée par les assureurs sur le corps du navire, mais seulement par les assureurs sur marchandises.—Dans tous les cas, cette fin de non-recevoir ne saurait être admise lorsque le capitaine, en remettant les marchandises, a fait réserve de réclamer ses droits pour les frais occasionnés par suite de l'avarie, et que les marchandises ont été acceptées à la charge de cette réserve. — 18 nov. 1839, Bordeaux. (S.V.40.2.172.-D.P.40.2.182.) — *Sic*, Alauzet, t. 2, n° 383.

11. Les fins de non-recevoir établies par les art. 435 et 436, Cod. comm., s'appliquent à l'action en délaissement aussi bien qu'à l'action d'avaries.—Ainsi, l'action en délaissement est non recevable, lorsqu'il n'y a pas eu protestation en recevant la marchandise, signification de la protestation dans les vingt-quatre heures, et demande en justice dans le mois.—Peu importe d'ailleurs que la réception des marchandises ait eu lieu, par l'assuré lui-même ou par son consignataire, en France ou en pays étranger.—12 janv. 1825, Rej. (S.V.25.1.75 ; C.N.7.)—*Sic*, Alauzet, t. 2, n° 385.

12. Les dispositions des art. 435 et 436, C. comm., ne sont pas applicables au cas où, étant accord fait par écrit entre l'affréteur et le capitaine aussitôt après l'arrivée du navire et avant la livraison de la marchandise, des arrangements ont été pris pour le règlement des avaries : dans ce cas, l'affréteur est présumé avoir renoncé à se prévaloir de l'inobservation des formalités prescrites par la loi. — 10 fév. 1840, Rej. (S.V.40.1.384.-D.P.40.1.120.-P.40.1.809.)

13. L'abordage, dans le sens de la loi, ne doit pas s'entendre du choc d'un navire contre tout objet quelconque, mais seulement du choc de deux navires. — En conséquence, l'action en indemnité pour dommages éprouvés par un bateau qui a échoué contre un pieu placé dans une rivière, n'est pas soumise aux règles et délais prescrits par les art. 435 et 436, C. comm. — 17 mars 1850, Bordeaux. (S.V.51.2.309.C.N.9.-D.P.51.2.240.) — *Sic*, Daviel, *des Cours d'eau*, t. 1er, n° 298.

14. Toute demande en indemnité à raison d'abordage, doit être formée dans les vingt-quatre heures du dommage reçu, si l'accident arrive dans un port, rade et autre lieu où le maître du navire puisse agir. — A cet égard, il n'y a pas à distinguer entre le cas où l'abordage a entraîné la perte entière du navire, et celui où il n'a causé qu'un simple dommage. — 5 mess. an 13, Rej. (S.V.7.2.761 et 16.1.215 ; C.N.2.-D.A.2.201.)

15-16. En cas d'abordage par un navire alors frappé d'embargo, et à bord duquel l'administration de la marine avait, par suite, placé un pilote pour la conduite du navire, l'action en indemnité à raison des dommages résultant de l'abordage, formée de bonne foi contre le capitaine du navire dans les délais prescrits par les art. 435 et 436, C. comm., est valablement dirigée, et conserve les droits du demandeur contre l'administration de la marine, responsable des dommages.—31 juill. 1833, Bordeaux. (S.V.34.2.35.-D.P.34.2.62.)—*Id.* 19 mars 1834, Rej. (S.V.34.1.797.-D.P.34.1.209.)

17. La fin de non-recevoir contre l'action pour abordage n'est pas applicable au cas où un capitaine s'est permis, sans nécessité, de couper le câble d'un autre navire voisin du sien. — 14 sept. 1840, Trib. de Marseille. (*J. Mars.* 20.1.49.)

18. En cas de dommages causés par l'abordage, les protestations faites par l'armateur profitent aux consignataires des marchandises : à cet égard, l'armateur doit être réputé le mandataire des consignataires. Il n'est pas indispensable que les protestations soient faites par le capitaine ou patron du navire. — 7 août 1834, Rennes. (S.V.35.2.547.-D.P.35.2.19.)

19. On ne peut opposer la fin de non-recevoir pour défaut de protestation au cas d'abordage, lorsque l'intéressé au chargement a fait nommer judiciairement des experts dans les vingt-quatre heures, et a provoqué la nomination d'un curateur pour représenter le capitaine absent. — 17 août 1840, Trib. de Marseille. (*J. Mars.* 20.1.1.)

20. Cette fin de non-recevoir n'est pas non plus applicable lorsque le dommage est le fait de la négligence du mécanicien d'un bateau à vapeur.—16 août 1842, Trib. de Marseille. (*J. Mars.* 21.1.280.)

21-22. Le délai de vingt-quatre heures pour réclamer l'indemnité en cas d'abordage, est de rigueur, soit que le navire ait péri en entier, soit qu'il n'ait éprouvé qu'un simple dommage. — 5 mess. an 13, Rej.—Poitiers. (S.V.7.2.761 ; C.N.2.-D.A.2.201.) — *Sic*, Boulay-Paty sur Émérigon, t. 2, p. 340. — *Contrà*, Émérigon, t. 2, p. 338, suivant lequel la fin de non-recevoir n'est applicable qu'au cas de simple dommage. — V. au surplus sur l'abordage, les notes de l'art. 407.

23. Le délai de vingt-quatre heures pour les protestations doit s'entendre des vingt-quatre heures qui suivent la fin de la livraison. — 21 août 1845, Aix. (*J. Mars.* 24.1.305.)—*Id.* 20 mai 1845, Trib. de Marseille. (*J. Mars.* 24.1.318.)

24. La fin de non-recevoir, faute de protestation dans le délai de vingt-quatre heures, est inapplicable si le capitaine qui a souffert le dommage n'a pu, par suite de l'encombrement du port, faire citer son adversaire dans ce délai.—21 janv. 1841, Trib. de Marseille. (*J. Mars.* 20.1.61.)

25. Le délai pour protester ne commence à courir que du moment où, par l'inspection de la marchandise, l'assuré a pu s'apercevoir de l'avarie. — 28 août 1844, Trib. de Marseille. (*J. Mars.* 23.1.325.) — V. n° 6.

26. La fin de non-recevoir ne peut être opposée par le capitaine lorsque la protestation et l'assignation n'ont été différées que parce qu'il y avait projet d'arrangement ou promesse de payer le dommage. — 16 janv. 1830, Bruxelles. (*J. Brux.* 1830.1.223.)

27. On doit regarder comme un acte de protestation valable, lorsque le déchargement a lieu en pays étranger, une requête présentée au consul de France afin de nomination d'experts pour la vérification des avaries,—et lorsque le déchargement a lieu dans un port français, la requête présentée aux mêmes fins au président du tribunal de commerce. — 29 nov. 1844, Rouen. (S.V.45.2.326.)—*Sic*, Alauzet, n° 381.

28. Jugé cependant que le défaut de protestation dans le délai voulu par la loi peut être opposé par le capitaine au consignataire, quoique celui-ci ait présenté requête en nomination d'experts pour constater les avaries, et qu'il soit constant que le capitaine a eu connaissance de l'expertise faite à son bord. — 15 nov. 1844, Trib. de Bordeaux. (*Mém. de Bordeaux*.1844.1.251.)

29. La fin de non-recevoir établie par les art. 435 et 436, C. comm., au profit des assureurs, n'est pas applicable, soit au cas où le dommage a été judiciairement constaté sur la demande même des assureurs, lors de l'arrivée des marchandises au lieu de leur destination, soit au cas où les marchandises ayant été vendues à la requête d'un créancier de l'assuré, celui-ci n'en a pas pris livraison réelle. — 4 juill. 1828, Paris. (S.29.2.262 ; C.N.9.-D.P.28.2.255.)

30. La fin de non-recevoir est suspendue par l'occurrence d'un jour de dimanche ou de fête légale, si le capitaine n'a pu se faire autoriser par le président du tribunal, conformément à l'art. 63, C. proc.—Boulay-Paty, t. 4, p. 609.

31. Le vœu de l'art. 436, C. comm., qui oblige l'assuré à former une demande en justice dans le mois de sa protestation, à peine de déchéance, n'est pas rempli par une demande formée devant le tribunal de commerce, et tendante à faire nommer un expert pour évaluer les avaries. — On doit entendre par demande en justice, dans le sens de l'art. 436, une demande formée par l'assuré contre l'assureur, avec ajournement devant un tribunal, et conclusions à une condamnation. — 27 oct. 1813, Cass. (S.13.1.192 ; C.N.7.-D.A.2.81.)—*Sic*, Alauzet, t. 2, n° 381.

LIVRE III (1).

DES FAILLITES ET BANQUEROUTES

(Loi du 28 mai 1838, promulguée le 8 juin suivant.)

« Le livre III du Code de commerce, sur les faillites et banqueroutes, ainsi que les articles 69 et 635 du même Code, seront remplacés par les dispositions suivantes.

» Néanmoins les faillites déclarées antérieurement à la promulgation de la présente loi continueront à être régies par les anciennes dispositions du Code de commerce, sauf en ce qui concerne la réhabilitation et l'application des articles 527 et 528. »

TITRE Ier.

De la Faillite.

DISPOSITIONS GÉNÉRALES.

437. Tout commerçant qui cesse ses paiements est en état de faillite.

La faillite d'un commerçant peut être déclarée après son décès, lorsqu'il est mort en état de cessation de paiements.

La déclaration de la faillite ne pourra être, soit prononcée d'office, soit demandée par les créanciers, que dans l'année qui suivra le décès. [Ord. 1673, tit. XI, art. 1er. — C. comm., 478, 481, 614.]

Observations préliminaires.

1. La loi du 28 mai 1838 contient, comme on le voit ci-dessus, un article préliminaire ou transitoire portant que « les faillites *déclarées* antérieurement à sa promulgation (8 juin 1838) continueront à être régies par les anciennes dispositions du Code de commerce, sauf en ce qui concerne la réhabilitation et l'application des art. 527 et 528. » — Ces anciennes dispositions ont en effet reçu leur application dans beaucoup de faillites qui, déclarées sous le Code, ne se trouvaient pas terminées au moment de la publication de la loi nouvelle. Mais pour le plus grand nombre de ces faillites, la clôture en a été seulement prononcée pour insuffisance de l'actif, par application du nouvel art. 527; les opérations peuvent donc toujours en être reprises jusqu'à fin, en vertu et aux conditions de l'art. 528; ce qui nous détermine à rapporter en note l'ancien texte du Code, qu'il sera d'ailleurs souvent utile de consulter pour l'appréciation des décisions rendues sous son empire, que nous aurons occasion de rappeler dans le cours de nos annotations.

2. La disposition préliminaire de la loi du 28 mai 1838, rappelée au numéro précédent, a fait naître la question de savoir quelle législation devait être appliquée aux faillites judiciairement *déclarées* depuis cette loi, *mais ouvertes* sous le Code.

3. Décidé d'une manière générale et absolue que ces faillites sont soumises aux dispositions de la loi nouvelle, bien que le jugement déclaratif de la faillite en ait reporté l'ouverture à une époque antérieure à sa promulgation. — 30 nov. 1847, Cass. [S.V.48.1.345.] — *Id.* 12 janv. 1849, Colmar. [S.V.51.2.311.] — *Id.* 10 [illegible] 1850, Req. [S.V.50.1.[illegible]-D.P.50.1.[illegible]] — *Sic*, Lainné, *Comm. de la loi du* 28 *mai* 1838, p. 5 et s. — V. pour l'application du principe, l'art. 449, n° 72, et les n° 1 et 4, de l'art. 583.

4. Toutefois, Bédarride, *Tr. des faillites*, t. 1er, n° 6 et s., distingue à cet égard la *forme* du *fond* du droit. Pour les formes de la liquidation, dit cet auteur, que les faillites déclarées sous la loi nouvelle ne soient exclusivement régies par les dispositions de cette loi, bien que l'ouverture en soit reportée antérieurement à sa publication. Mais il en doit être autrement quand il s'agit de questions touchant le *fond* même du droit, en vertu du principe de la non-rétroactivité des lois.

5. Jugé en ce sens, que dans le cas où un commerçant se trouvait en état de faillite, quoique *non déclarée*, antérieurement à la loi du 28 mai 1838, les conséquences légales de cet état de faillite doivent être déterminées, non point d'après cette loi, mais d'après les dispositions anciennes du Code de commerce, sous l'empire desquelles le fait de faillite s'est produit. — 6 mai 1849, Bordeaux. [S.V.49.2.609.]

6. Nous préférons cette dernière doctrine: la loi nouvelle ne peut en effet jamais nuire aux droits acquis antérieurement. — V. du reste, sur le principe de la non-rétroactivité des lois en général, les n° 1er et s. de l'art. 2 de notre *Code civ. annoté*, et pour des applications de ce principe particulièrement à la matière qui nous occupe, le n° 11 de l'art. 550.

7. Un décret du 22 août 1848 (*Lois annotées*, p. 142) avait modifié certaines dispositions du livre III du Code de commerce, relativement aux suspensions ou cessations de paiement survenues depuis le 24 février jusqu'au jour de sa promulgation; mais ce décret, nécessité par les circonstances, a été depuis abrogé par la loi du 12 nov. 1849. (*Lois annotées*, p. 135.)

8. Jugé sous l'empire de cette législation temporaire, que le commerçant qui a *cessé* ses paiements dans l'intervalle du 24 février 1848 au 22 août (date du décret précité) a dû, non pas être déclaré en état de faillite provisoire, sauf à être relevé plus tard des effets de cette faillite déclarée, dans le cas où il se trouverait remplir les conditions du décret, mais seulement être constitué provisoirement en état de liquidation judiciaire, état qui lui conserve l'intégrité de ses droits. — 24 janv. 1849, Rouen. [S.V.49.2.93.]

9. Et que les dispositions de la loi des faillites qui interdisent toute inscription hypothécaire sur les biens du failli, et toute poursuite personnelle en saisie immobilière de la part de ses créanciers, ont été pareillement applicables au cas de déclaration d'un commerçant en état de liquidation judiciaire en vertu du décret précité du 22 août 1848: les dispositions dont il s'agit n'étaient pas au nombre de celles dont ce décret impliquait l'affranchissement. — 31 mai 1850, Montpellier. [S.V.51.2.247.]

[437] Indication alphabétique.

§ 1er. — *Caractères de la faillite. — Cessation de paiements du commerçant.*

1. La faillite existe par le fait seul de la cessation de paiements du commerçant, indépendamment de toute déclaration judiciaire. — 18 mars 1826, Cass. [S.26.1.420; C.N.8.-D.P.26.1.252.] — *Id.* 15 nov. 1838, Req. [S.V.39.1.421.-D.P.39.1.400.-P.39.1.25.] — *Id.* 3 janv. 1842, Grenoble. [S.V.42.2.178.-D.P.42.2.176.-P.42.2.499.] — *Id.* 5 mai 1845, Aix. [S.V.46.2.160.-D.P.45.2.150.] — *Id.* 5 avril 1846, Req. [S.V.46.1.596.-D.P.46.1.165.] — *Id.* 6 mai 1848, Bordeaux. [S.V.49.2.609.] — *Sic*, Locré, *Espr. du Cod. de comm.*, t. 5, p. 23; Boulay-Paty, *Faillite et banq.*, t. 1er, n° 23 et s.; Vincens, *Législ. comm.*, t. 1er, p. 410; Pardessus, *Droit comm.*, t. 5, n° 1100; Troplong, *Hypoth.*, t. 3, n° 656; Frémery, *Études de dr. comm.*, p. 352; Bioche, *Dict. de proc.*, v° *Faillite*, n° 9; Renouard, *Tr. des faill.*, art. 437, n° 1er et 2; Esnault, *ibid.*, n° 70 et s.; Bédarride, *ibid.*, n° 8 et 12; de St-Nexent, *ibid.*, n° 2 et 10; Goujet et Merger, *Dict. du dr. comm.*, v° *Faillite*, n° 16. — Voy. *infrà*, art. 440, n° 14 et s.

2. *Id.*, quelle qu'en soit d'ailleurs la cause, et quand même cette cause serait étrangère à son commerce, comme par exemple son arrestation par mesure administrative. — 18 mars 1826, Cass. [S.26.1.420; C.N.8.-D.P.26.1.252.]

3. Jugé au contraire que, bien que la cessation de paiements soit le signe principal de la faillite, celle-ci n'existe cependant légalement que lorsqu'elle a *été déclarée* judiciairement. — 26 août 1828, Toulouse. [S.29.2.145; C.N.5.-D.P.29.2.173.] — *Id.* 13 nov. 1840, Douai. [D.P.40.2.193.-P.41.1.724.] — *Sic*, Massé, *Dr. comm.*, t. 3, n° 214.

4. Dans quels cas le commerçant est-il réputé avoir cessé ses paiements, à quels signes et indices reconnaîtra-t-on qu'il est en état de cessation de paiements? La solution de cette question n'est pas sans difficulté, car il s'agit d'apprécier un point de fait, abandonné du reste à la prudence des tribunaux, et sur la décision duquel

(1) *Ancien texte du livre III. Des Faillites et des Banqueroutes.*

(Loi décrétée le 12 septembre 1807, promulguée le 22.)

DISPOSITIONS GÉNÉRALES.

437. Tout commerçant qui cesse ses paiements est en état de faillite.

438. Tout commerçant failli qui se trouve dans l'un des cas de faute grave ou de fraude prévus par la présente loi est en état de banqueroute.

439. Il y a deux espèces de banqueroute: — La banqueroute simple; elle sera jugée par les tribunaux correctionnels; — La banqueroute frauduleuse; elle sera jugée par les Cours d'assises.

TITRE Ier.

De la Faillite.

CHAPITRE Ier.

DE L'OUVERTURE DE LA FAILLITE.

440. Tout failli sera tenu, dans les trois jours de la cessation de paiements, d'en faire la déclaration au greffe du tribunal de commerce; le jour où il aura cessé ses paiements sera compris dans ces trois jours. — En cas de faillite d'une société en nom collectif, la déclaration du failli contiendra le nom et l'indication du domicile de chacun des associés solidaires.

441. L'ouverture de la faillite est déclarée par le tribunal de commerce; son époque est fixée, soit par la retraite du débiteur, soit par la clôture de ses magasins, soit par la date de tous actes constatant le refus d'acquitter ou de payer des engagements de commerce. — Tous les actes ci-dessus mentionnés ne constateront néanmoins l'ouverture de la faillite que lorsqu'il y aura cessation de paiements ou déclaration du failli.

442. Le failli, à compter du jour de la faillite, est dessaisi, de plein droit, de l'administration de tous ses biens.

443. Nul ne peut acquérir privilége ni hypothèque sur les biens du failli, dans les dix jours qui précèdent l'ouverture de la faillite.

444. Tous actes translatifs de propriétés immobilières, faits par le failli, à titre gratuit, dans les dix jours qui précèdent l'ouverture de la faillite, sont nuls et sans effet relativement à la masse des créanciers; tous actes du même genre, à titre onéreux, sont susceptibles d'être annulés, sur la demande des créanciers, s'ils paraissent aux juges porter des caractères de fraude.

445. Tous actes ou engagements pour faits de commerce, contractés par le débiteur dans les dix jours qui précèdent l'ouverture de la faillite, sont présumés frauduleux, quant au failli; ils sont nuls, lorsqu'il est prouvé qu'il y a fraude de la part des autres contractants.

446. Toutes sommes payées, dans les dix jours qui précèdent l'ouverture de la faillite, pour dettes commerciales non échues, sont rapportées.

447. Tous actes ou paiements faits en fraude des créanciers sont nuls.

448. L'ouverture de la faillite rend exigibles les dettes passives non échues: à l'égard des effets de commerce par lesquels le failli se trouvera être l'un des obligés, les autres obligés ne seront tenus que de donner caution pour le paiement à l'échéance, s'ils n'aiment mieux payer immédiatement.

CHAPITRE Ier.

De la déclaration de Faillite et de ses effets.

438. Tout failli sera tenu, dans les trois jours de la cessation de ses paiements, d'en faire la déclaration au greffe du tribunal de commerce de son domicile. Le jour de la cessation de paiements sera compris dans les trois jours.

En cas de faillite d'une société en nom collectif, la déclaration contiendra le nom et l'indication du domicile de chacun des associés solidaires. Elle sera faite au greffe du tribunal dans le ressort duquel se trouve le siège du principal établissement de la société. [C. comm., 458, 531, 586.]

[illegible]

439. La déclaration du failli devra être accompagnée du dépôt du bilan, ou contenir l'indication des motifs qui empêcheraient le failli de le déposer. Le bilan contiendra l'énumération et l'évaluation de tous les biens mobiliers et immobiliers du débiteur, l'état des dettes actives et passives, le tableau des profits et pertes, le tableau des dépenses; il devra être certifié véritable, daté et signé par le débiteur. [Ord. 1673, tit. XI, art. 2 et 3.—C. pr. 898; C. comm., 476, 477, 591.]

440. La faillite est déclarée par jugement du tribunal de commerce, rendu, soit sur la déclaration du failli, soit à la requête d'un ou de plusieurs créanciers, soit d'office. Ce jugement sera exécutoire provisoirement. [C. comm., 462, 491, 580.]

anonymes. — Lainné, p. 24 et s.; Esnault, t. 1er, n° 95; de Saint-Nexent, t. 2, n° 158. — Contrà, du moins quant aux sociétés anonymes, Renouard, t. 1er, p. 231; Massé, t. 3, n° 217.

2. Dans ce cas, la déclaration doit être faite par les gérants ou administrateurs, et on ne doit y énoncer que le domicile des associés solidaires; quant aux commanditaires ou actionnaires qui ne sont engagés que jusqu'à concurrence de leur mise, il n'est pas nécessaire de les signaler dans la déclaration. — Boulay-Paty, t. 1er, n° 52; Pardessus, n° 1096; Esnault, *loc. cit.*; de Saint-Nexent, *ibid.*; Goujet et Merger, v° *Faillite*, n°s 53 et 54.

3. *En règle générale*, c'est le tribunal du domicile qu'avait le négociant au moment de la cessation de ses paiements, et non le tribunal du domicile qu'il a au moment de la demande en déclaration de sa faillite, qui est compétent pour statuer sur cette demande. — 19 déc. 1842, Rouen. [S.V.43.2.401.-D.P.43.2.203.-P.43.2.274.] — *Sic*, Renouard, t. 1er, p. 230; Bédarride, t. 1er, n° 52.

4. Et la faillite d'un commerçant doit ou peut *être* déclarée par le tribunal du lieu de son domicile actuel, encore bien que ce domicile ne soit pas celui où il exerçait son commerce. — 19 juin 1839, Bourges. [S.V.39.2.525.] — *Sic*, Goujet et Merger, n° 56.

5. De ce qu'une société en nom collectif ayant pour objet l'exploitation d'une manufacture, est connue sous le nom de l'un des associés seulement; que ses magasins, son débit, ses livres, sa caisse, sont établis au domicile de cet associé, il ne s'ensuit pas nécessairement que le siége de la société soit précisément au lieu de ce même domicile. Le siége de la société peut être considéré, relativement aux tiers, comme existant au lieu de la situation de la manufacture, et, en conséquence, la demande en déclaration de faillite de la société peut être portée devant le tribunal de ce lieu. — 14 janv. 1829, C. régl. de jug. [S.29.1.60.-C.N.9.-D.P.29.1.103.]

6. *Le tribunal* du lieu de l'établissement unique d'une société est seul compétent à cet égard, alors même que, par un acte modificatif du contrat de société, le siége social aurait été transféré dans un autre arrondissement, cet acte, passé sans le concours et hors la présence des créanciers, ne peut leur être opposé pour attribuer compétence au tribunal de cet arrondissement. — 26 nov. 1842, Req. [S.V.43.1.42.-P.43.1.173.]

7. La connaissance de la faillite d'un commerçant qui a plusieurs établissements, appartient au tribunal du lieu où se trouve le siége principal de ses affaires, encore bien que des poursuites aient été, dans d'autres circonstances, dirigées contre lui, sans réclamation, devant le tribunal d'un autre lieu. — 3 mai 1841, Douai. [S.V.42.2.67.-D.P.42.2.73.] — *Sic*, de Saint-Nexent, t. 2, n° 157.

8. *Id.*... Encore bien que la déclaration de faillite eût été précédemment faite au greffe d'un autre tribunal, et que ce tribunal eût déjà ordonné des actes conservatoires. — 16 mars 1809, C. régl. de jug. [S.10.1.276.-C.N.3.-D.A.8.316.]

9. De même, au cas de faillite d'une société ayant plusieurs établissements situés dans des arrondissements différents, la connaissance en appartient, non au tribunal qui le premier a déclaré la faillite, mais au tribunal dans le ressort duquel se trouve le principal établissement et le siége de la société. — 6 avr. 1840, C. régl. de jug. [S.V.40.1.769.-D.P.40.1.193.-P.40.2.95.] — *Id.* 7 déc. 1841, C. régl. de juges. [S.V.42.1.561.-D.P.42.1.56.] — *Sic*, Esnault, t. 1er, n° 92.

10. Jugé encore que c'est au tribunal du lieu où une société commerciale a son principal établissement, qu'appartient la connaissance de la faillite de cette société, à l'exclusion du tribunal d'une ville où elle avait établi une maison de dépôt de marchandises. — 19 juill. 1838, C. régl. de jug. [S.V.38.1.925.-D.P.38.1.301.-P.38.2.137.] — *Sic*, Goujet et Merger, n° 55.

11. *Id.*... À l'égard d'une société qui a formé des établissements dans un autre lieu que celui qui est indiqué pour siége de la société par l'acte social : la compétence appartient non au tribunal du lieu dans lequel se trouvent ces établissements, mais à celui du lieu où est le siége de la société, alors que le gérant n'a pas cessé de résider dans ce lieu et d'y avoir le centre de ses opérations. — 30 déc. 1840, C. régl. de jug. [S.V.41.1.123.-D.P.41.1.87.-P.41.1.496.]

12. Peu importe que cette société compte, parmi ses membres, le gérant d'une autre société précédemment déclarée en faillite, et dont le siége est au lieu où la première société avait fait des établissements : cette circonstance ne suffit pas, soit pour confondre les deux sociétés en une seule, soit pour établir entre les deux faillites une connexité qui doive faire attribuer la connaissance de la seconde au tribunal saisi de la première. — Même arrêt.

13. La règle ci-dessus est applicable au cas où le principal établissement se trouve aux colonies françaises, et l'autre sur le territoire continental de la France, aussi bien qu'à celui où les deux établissements sont situés sur ce territoire. — Peu importe que le tribunal saisi en France ait le premier déclaré la faillite. — 18 août 1841, C. régl. de jug. [S.V.41.1.707.-D.P.42.1.52.] — *Sic*, Renouard, t. 1er, p. 249.

14. Une société de commerce établie à l'étranger, qui a une succursale en France, patentée sous la même raison sociale, et tenue par un gérant investi du droit de faire usage de cette raison sociale, peut *être traduite* devant les tribunaux français à raison des engagements qu'elle a contractés envers des Français, et être, par ces mêmes tribunaux, déclarée en état de faillite. — 25 déc. 1847, Paris. [S.V.48.2.335.]

15. V. encore sur la compétence en matière de faillite et de société, nos annotations de l'art. 635, ainsi que celles de l'art. 59, Cod. proc., n°s 87 et s., 153 et s.

[439] — 1. Le tableau des profits et pertes et celui des dépenses, dans le bilan, doivent, autant que possible, remonter jusqu'à l'époque où le failli a commencé le commerce, quelque reculée qu'elle soit, et encore bien que le commerçant ne soit tenu de garder ses livres que pendant dix ans. — Pardessus, n° 1155; Esnault, t. 1er, n° 112; Goujet et Merger, v° *Faillite*, n° 58. — *Contrà*, Locré, sur l'art. 470, t. 6, p. 28; Boulay-Paty, t. 1er, n° 160; Sebire et Carteret, *Encycl.*, v° *Bilan*, n° 7. — V. au surplus, en ce qui touche l'obligation du commerçant de représenter ses livres, *suprà*, l'art. 11 et les notes, et en ce qui touche la pénalité qu'il encourt au cas de leur tenue irrégulière, de leur soustraction ou destruction, *infr.*, les art. 586 et 591, et les notes.

2. Les déclarations faites par le failli dans son bilan ne lient nullement les créanciers, dont chaque créance est d'ailleurs soumise à une vérification ultérieure. — Locré, t. 6, p. 23; Boulay-Paty, n° 137; Renouard, t. 1er, p. 267; Esnault, n° 116; Sebire et Carteret, *ubi suprà*, n° 5, *in fine*; Bédarride, n° 41; Goujet et Merger, n° 62.

3. Mais elles lient le failli et constituent un aveu judiciaire qui fait preuve contre lui, à moins qu'il ne justifie qu'elles sont la suite d'une erreur de fait. — Locré, *loc. cit.*; Boulay-Paty, *ibid.*; Sebire et Carteret, *ubi suprà*; Esnault, n° 119; de Saint-Nexent, t. 3, n° 176; Goujet et Merger, *ubi suprà*. — *Contrà*, Renouard, t. 1er, p. 268. — V. au surplus, sur les caractères de l'aveu judiciaire, notre *Code civil annoté*, art. 1356, et les notes.

4. Jugé, par application de ce principe, que lorsqu'un failli a compris dans le passif de son bilan une dette à laquelle il a été condamné en première instance, il est censé, par cela seul, avoir acquiescé au jugement de condamnation. Il est, par suite, non recevable à en interjeter appel. — 27 frim. an 12, Paris. [S.7.2.762.-C.N.1.-D.A.8.165.]

5. Jugé de même que la mention d'une dette faite par le failli dans son bilan (bilan dont les éléments ont été plus tard adoptés par le concordat), constitue de la part du débiteur une reconnaissance de la dette qui interrompt la prescription. — 24 fév. 1843, Bordeaux. [S.V.43.2.258.] — *Sic*, Renouard, t. 1er, p. 268.

6. Un bilan peut être rectifié par des additions supplémentaires, sans qu'il y ait lieu pour cela de le réputer frauduleux. — 6 niv. an 13, Paris. [S.5.2.560.-C.N.2.-D.A.8.131.] — *Sic*, Pardessus, n° 1155; Esnault, t. 1er, n° 115; Bédarride, t. 1er, n° 41.

7. Quant aux conséquences des fraudes qui pourraient être commises par le failli dans son bilan, voy. les art. 586 et 591, et les notes.

8. Sur la formation du bilan par les syndics dans le cas où il n'aurait pas été déposé par le failli, voy. ci-après les art. 476 et 477. — ... Au cas de faillite après décès, voy. l'art. 478.

9. Du reste, le défaut de dépôt de bilan priverait le failli du bénéfice de l'art. 456 qui, dans les cas qu'il prévoit, permet de l'affranchir du dépôt ou de la garde de sa personne pendant les premières opérations de la faillite, et l'exposerait même à être, par ce seul fait, déclaré banqueroutier simple. — V. art. 456 et 586.

10. Le bilan ainsi que la déclaration au greffe peuvent être faits et signés par un fondé de pouvoir spécial. — Pardessus, n°s 1090 et 1150; Renouard, t. 1er, p. 267; Esnault, t. 1er, n° 115; Sebire et Carteret, *ubi suprà*, n° 15.

11. Le bilan est soumis au droit fixe d'un franc. — L. 22 frim. an 7, art. 68, § 1er, n° 15.

[440] — 1. En ce qui touche la déclaration du failli, comme provoquant le jugement déclaratif de la faillite, voy. les art. 438 et 439, et les notes.

2. Le créancier civil d'un commerçant a qualité pour le faire déclarer en faillite, en cas de cessation de paiement de ses dettes commerciales. — 27 nov. 1841, Paris. [S.V.42.2.50.-D.P.42.2.73.-P.42.2.475.] — *Id.* 9 août 1849, Req. [S.V.49.1.617.-D.P.49.1.287.] — *Sic*, Pardessus, n° 1099; Boulay-Paty, n° 54, *in fine*; Renouard, t. 1er, sur l'art. 440, n° 7; Massé, t. 3, n° 207, et Goujet et Merger, v° *Faillite*, n° 24; Bédarride, n° 49. — V. *suprà*, art. 437, n°s 11 et s.

3. Dans tous les cas, une créance dont la cause est commerciale ne devient pas purement civile, parce qu'elle aurait été contractée par acte notarié, et qu'on y aurait affecté un gage ou une hypothèque (voy. notre Cod. civ., art. 1271, n°s 20 et s.) : celui à qui appartient cette créance est donc, au moins comme créancier commercial, recevable à demander la déclaration de faillite de son débiteur. — 27 nov. 1841, Paris. [S.V.42.2.50.-D.P.42.2.73.-P.42.2.475.]

4. Ce droit appartient même au créancier porteur d'un titre non échu. — Pardessus, n° 1095; Boulay-Paty, n° 54; Bédarride, n° 50; Goujet et Merger, n° 64.

5. Il appartient aussi au créancier privilégié, hypothécaire, ou nanti d'un gage. — Renouard, t. 1er, p. 280; Goujet et Merger, *loc. cit.*

6. De même, l'administration des douanes a, comme tout autre créancier, le droit de faire déclarer la faillite de l'un de ses redevables. — 27 nov. 1835, Arr. [S.V.36.2.16.-D.P.36.2.37.]

7. Le créancier qui a renoncé à exercer la contrainte par corps contre son débiteur, néanmoins, n'en est pas moins recevable à provoquer la déclaration de faillite de ce dernier. — 30 mai 1840, Orléans. [S.V.40.2.363.-D.P.40.2.171.-P.40.2.273.] — *Sic*, Goujet et Merger, v° *Faillite*, n° 68; Renouard, t. 1er, p. 273.

8. Mais des raisons de convenance ne permettent pas d'admettre la femme ou les enfants d'un commerçant à provoquer sa mise en faillite. — Pardessus, n° 1095; Boulay-Paty, n° 55. — V. cependant Goujet et Merger, n° 60.

9. Un commanditaire est créancier non de la société mais des associés; par suite, il ne peut provoquer la déclaration de faillite de la société. — Renouard, t. 1er, p. 205; Goujet et Merger, n° 41; Bédarride, n°s 45 et 46.

10-11. Et cette solution serait également applicable aux actionnaires d'une société anonyme. — Bédarride, n° 46; Goujet et Merger, *ubi suprà*.

441. Par le jugement déclaratif de la faillite, ou par jugement ultérieur rendu sur le rapport du juge-commissaire, le tribunal déterminera, soit d'office, soit sur la poursuite de toute partie intéressée, l'époque à laquelle a eu lieu la cessation de paiements. A défaut de détermination spéciale, la cessation de paiements sera réputée avoir eu lieu à partir du jugement déclaratif de la faillite. [Ord. 1673, tit. XI, art. 1er. — C. comm., 580, 581.]

12. Lorsqu'après la dissolution d'une société commerciale, les créanciers renoncent à la solidarité contre les associés, et reçoivent de chacun sa part personnelle dans les dettes, un associé ne peut provoquer la déclaration de faillite de la société, au préjudice de ses coassociés, qui ont payé leur part. En ce cas, chaque associé est poursuivi pour une dette personnelle, et non pour une dette sociale. — 3 août 1820, Rej. [illegible]

13. L'agent (ou syndic) provisoire d'une faillite a qualité pour provoquer la déclaration de faillite d'un associé du failli : c'est là un acte conservatoire. — 6 janv. 1836, Paris. [illegible] — V. l'art. 490.

14. Du principe que la faillite existe par le fait seul de la cessation de paiements, indépendamment du jugement déclaratif, (voy. suprà, art. 437, no 1er), il suit que, bien que la faillite n'ait pas été déclarée, il appartient aux tribunaux civils qui sont investis de la plénitude de la juridiction de reconnaître, en jugeant les contestations qui leur sont soumises, si le fait caractéristique de la faillite (la cessation de paiements) a eu ou n'a pas existé, et d'en appliquer les effets légaux aux parties en cause. Ce n'empiétant pas en cela sur les attributions des tribunaux de commerce, seuls compétents pour déclarer la faillite et en fixer l'époque. — [illegible] 1836, Rej. [illegible] — Id. [illegible] 1837, Rej. [illegible] — Id. [illegible] 1848, Bordeaux. [illegible] — Sic, Pardessus, no 1108; Troplong, Hypoth., t. 3, no 656; Renouard, sur l'art. 437, no 2; Esnault, t. 1er, no 85; Orillard, no 99, note. — Contrà, Massé, t. 3, nos 214 et 215.

15. Ainsi, un tribunal civil appelé à prononcer sur la distribution du prix des biens d'un commerçant, peut, sans empiéter sur la juridiction commerciale, décider que ce commerçant est en état de faillite, et fixer l'époque de l'ouverture de la faillite. — 7 juin 1854, Grenoble. [illegible]

16. Il en est de même des tribunaux criminels appelés à statuer sur les crimes et délits commis dans les faillites; ils peuvent, quant à la prévention ou à l'accusation dont ils sont saisis, déterminer l'époque de la faillite du commerçant prévenu ou accusé. — Pardessus, no 1094; Boulay-Paty, t. 1er, no 38. — V. au surplus sur ce point, infrà, art. 585, no 1er, et art. 587, nos 2 et 4.

17. La demande en déclaration de faillite par les créanciers est valablement introduite par voie de simple requête, sans qu'il soit besoin d'assigner le débiteur, sauf à celui-ci à former plus tard opposition au jugement rendu par défaut contre lui. — 13 mai 1808, Besançon. [illegible] — Sic, Goujet et Merger, no 67; Bédarride, no 33. — V. l'art. 580 et les notes.

18. La faillite d'un négociant ne peut être déclarée par une simple ordonnance du président du tribunal de commerce : c'est au tribunal réuni qu'il appartient de déclarer la faillite. — 10 mai 1813, Rouen. [illegible] — Cela est incontestable.

19. Quant au tribunal de commerce compétent pour déclarer la faillite, voy. nos annotations sur l'art. 438.

20. Le jugement de déclaration de faillite doit, à peine de nullité, être prononcé en audience publique. — 24 avril 1856, Angers. [illegible] — Sic, Goujet et Merger, no 70.

21. Le jugement par défaut déclaratif d'une faillite est, comme tout autre jugement par défaut, susceptible de tomber en péremption pour inexécution dans les six mois. — 26 fév. 1854, Rej. [illegible] — Id. 6 déc. 1858, Paris. [illegible] — Id. [illegible] 1850, Orléans. [illegible] — Sic, Pardessus, no 1110; Bioche, Dict. de proc., vo Faillite, no [illegible]; Goujet et Merger, no 78; Renouard, sur l'art. 580, t. 2, p. 416; Esnault, t. 1er, no 118. — V. aussi l'art. 443, no 20.

22. Jugé en sens contraire. — 30 mars 1835, Metz. [illegible]

23. Le failli n'est pas réputé acquiescer à un jugement déclaratif de faillite par cela seul qu'il laisse passer outre à la nomination des syndics, alors surtout que ce jugement est exécutoire par provision, et que le failli y a préalablement formé opposition. — Dans ce cas, cette exécution du jugement ne lui fait pas acquérir force de chose jugée qui puisse empêcher l'exercice ultérieur du recours en rapport de jugés. — 3 mai 1841, Douai. [illegible]

24. Le silence de l'un ou plusieurs des associés, ou leur adhésion au jugement qui déclare la société en faillite, ne peut nuire aux droits des autres associés, et ne saurait être un obstacle à la rétractation de ce jugement sur la demande de ceux-ci. — 3 janv. 1849, Lyon. [illegible]

25. Sur la publicité qui doit être donnée au jugement déclaratif de la faillite, voy. l'art. 442. — Et sur les voies de recours dont ce jugement est susceptible, voy. les art. 580, 582, 583, et nos annotations sur ces divers articles.

26. Le jugement déclaratif de la faillite d'un négociant peut-il être rétracté sur le motif que le failli s'est entièrement libéré envers ses créanciers pendant les opérations préliminaires de la faillite, et avant que ce jugement n'ait acquis l'autorité de la chose jugée? — V. sur cette question, les notes de l'art. 580. — Et quant aux effets en général du jugement déclaratif de la faillite, voy. l'art. 443 et les notes.

27. Un jugement rendu en pays étranger qui déclare un individu en état de faillite, fait foi, en France, du fait qu'il constate, sans qu'il soit besoin de le faire préalablement revêtir du pareatis. — 21 juin 1820, Bruxelles. [illegible] — Id. [illegible] 1840, Aix. [illegible] — Id. 15 déc. 1847, Bordeaux. [illegible] — Sic, Merlin, Rép. [illegible], vo Faillite, sect. 2, § 2, art. 10; Bioche, vo Exécution des jug., no 37; Goujet et Merger, vo Jug. et actes étr., no 12.

28. Id., au moins jusqu'à preuve contraire. — 10 fév. 1824, Bordeaux. [illegible] — Sic, Nouguier, Trib. de comm., t. 2, p. 482.

29. Jugé toutefois en sens contraire. — 29 août 1826, Rej. [illegible] — V. aussi 11 mars 1829, Colmar. [illegible] — Sic, Pardessus, no 1488; Massé, t. 2, no 314. — V. encore dans un sens analogue le no 98 de l'art. 443.

30. V. au surplus sur l'effet ou la force exécutoire, en France, des jugements et actes en général passés en pays étrangers, nos annotations sur l'art. 2123 de notre Code civil annoté, nos 49 et s., et sur l'art. 546 de notre Code de procéd. civ.

[441] — 1. La cessation de paiements n'est pas seulement exigée pour autoriser la déclaration de faillite; elle est aussi nécessaire pour en déterminer l'époque. — 7 mai 1829, Paris. [illegible]

2. Ainsi, quelque mauvais que soit l'état des affaires pécuniaires d'un commerçant, et quelque onéreux que soient les moyens qu'il emploie pour continuer ses paiements, sa faillite venant à être déclarée, l'époque ne peut en être fixée qu'au temps même où il a réellement cessé ses paiements. — 7 mai 1829, Paris. [illegible]

3. Elle ne peut être fixée à un temps antérieur. — [illegible] 1805, Paris. [illegible]

4. Id. Bien que le commerçant, endosseur de billets à ordre payables hors de son domicile, n'ait pas remboursé ces billets immédiatement après le protêt ou notification du protêt. — 6 janv. 1813, Rej. [illegible]

5. De même, quand un négociant, bien qu'insolvable en réalité, est resté cependant à la tête de ses affaires, et que, travaillant sur son crédit ou la confiance que sa fortune présumée inspirait, il a continué ses opérations commerciales, sa faillite venant à être déclarée par la suite ne peut être reportée à une époque antérieure à la cessation réelle de ses paiements : la position de fortune du failli, découverte après déclaration de la faillite, ne doit aucunement être prise en considération pour la fixation de l'ouverture de cette faillite. — 1er juin 1851, Grenoble. [illegible] — Sic, Esnault, t. 1er, no 135.

6. L'ouverture de la faillite ne doit pas non plus être reportée à une époque antérieure à la cessation effective de paiements, par cela seul que le négociant failli ne soutenait son crédit qu'à l'aide d'emprunts et de renouvellements de billets. — 15 mai 1844, Orléans. [illegible] — Id. 10 avr. 1843, Douai. [illegible] — Id. 30 mars 1848, Paris. [illegible] — Sic, Pardessus, no 1107.

7. Id. Quand même il serait constaté qu'il ne faisait ses paiements qu'au moyen de billets de complaisance et même de billets faux. — 18 août 1846, Bourges. [illegible] — Sic, Bédarride, loc. cit.

8. ..... Ou encore, au moyen de transactions frauduleuses, concertées entre le failli et l'un de ses créanciers, à son profit personnel et au préjudice des autres créanciers. — 15 déc. 1846, Paris. [illegible]

9. Jugé au contraire que par cessation de paiements, la loi entend des paiements réels et non fictifs, tels que le renouvellement d'effets échus. En conséquence l'ouverture de la faillite doit, sans égard à ces renouvellements, être reportée au jour où il y a eu cessation de paiements effectifs. — 11 juin 1836, Bordeaux. [illegible] — Id. [illegible] avril 1841, Cass. [illegible] — Sic, Goujet et Merger, vo Faillite, no 21.

10. Dès lors, elle peut être reportée à la date de la première échéance d'un effet renouvelé et non payé à l'époque de sa nouvelle échéance, alors qu'à l'époque du renouvellement l'insolvabilité du débiteur était déjà notoire malgré le paiement de quelques billets peu importants. — 26 avril 1841, Rej. [illegible]

11. L'époque de la disparition du débiteur commerçant de son domicile, n'est pas toujours celle de la cessation de ses paiements. En conséquence, c'est à cette dernière époque et non à celle de la disparition que doit être reportée la faillite. — 30 déc. 1846, Trib. de comm. de la Seine. (Droit, 31 déc.) — Sic, Pardessus, no 1182.

12. Décidé de même (sous l'ancien Code) que l'époque de l'ouverture d'une faillite n'est constatée ni par la retraite du débiteur, ni par la clôture de ses magasins, ni même par la vente de son fonds de commerce, tant qu'il n'y a ni cessation réelle de paiements, ni déclaration du failli, et tant qu'il soit établi qu'au temps de la vente le failli n'avait pas les moyens d'acquitter ses obligations. — 24 mars 1810, Bruxelles. [illegible] — Id. [illegible] 1812, Paris. [illegible] — Sic, Pardessus, loc. cit.

13. Jugé toutefois en sens contraire, que l'ouverture de la faillite peut être fixée au jour de la retraite du débiteur, bien que la cessation de paiements n'ait eu lieu que postérieurement : il n'est pas nécessaire que les deux circonstances de retraite et de cessation de paiements soient simultanées. — 4 fév. 1853, Poitiers. [illegible]

14. Le protêt de quelques effets, s'il est resté inconnu au public, et n'a pas eu de suites judiciaires, n'est pas un refus d'acquitter ses engagements, dans le sens de la loi; en conséquence, on ne doit pas nécessairement faire remonter la faillite à l'époque de ce protêt. — 6 janv. 1812, Paris. [illegible]

15. L'ouverture de la faillite ne doit pas non plus nécessairement être reportée à la date de protêts et de jugements, même nombreux, lorsque le négociant, au préjudice duquel ces actes ont eu lieu, a payé, depuis, ceux qui l'avaient poursuivi, ou a obtenu d'eux de nouveaux délais, et est resté à la tête de ses affaires. — [illegible] août 1832, Lyon. [illegible]

16. Id., Surtout s'il paraît que la suspension de paiements provenait non de l'insolvabilité réelle du commerçant, mais de circonstances extraordinaires et difficiles. — 19 avril 1815, Rouen. [illegible] — Id. 27 août 1824, Angers. [illegible]

17. Le refus fait par un négociant d'exécuter un traité, sous prétexte que ce traité est nul, et les procès qui ont été la suite de ce refus, ne sauraient être considérés comme une cessation de paiements, de nature à déterminer l'époque de l'ouverture de la faillite du négociant, alors même que le refus du négociant aurait été ultérieurement déclaré mal fondé par les tribunaux; ce n'est qu'au jour de cette décision que l'ouverture de la faillite doit être reportée. — 1er juin 1831, Grenoble. [illegible]

442. Les jugements rendus en vertu des deux articles précédents seront affichés et insérés par extrait dans les journaux, tant du lieu où la faillite aura été déclarée que de tous les lieux où le failli aura des établissements commerciaux, suivant le mode établi par l'art. 42 du présent Code. [C. comm., 504, 600.]

443. Le jugement déclaratif de la faillite emporte de plein droit, à partir de sa date, dessaisissement pour le failli de l'administration de tous ses biens, même de ceux qui peuvent lui échoir tant qu'il est en état de faillite.

A partir de ce jugement, toute action mobilière ou immobilière ne pourra être suivie ou intentée que contre les syndics.

Il en sera de même de toute voie d'exécution tant sur les meubles que sur les immeubles.

Le tribunal, lorsqu'il le jugera convenable, pourra recevoir le failli partie intervenante. [C. comm., 484, 487, 527 et s.]

[illegible]

[443] Indication alphabétique.

[illegible]

§ 1er. — *Effet du jugement déclaratif de la faillite. — Dessaisissement et incapacité du failli.*

[illegible]

40-41. Deuxième, le failli n'est pas dépouillé de l'autorité maritale à sa qualité d'époux, et, par conséquent il reste habile à autoriser sa femme pour les actes qui peuvent exiger cette autorisation. — 18 mars 1825, Bordeaux. (D.P.28.2.125.) — *Id.* 21 déc. 1840, Bordeaux. (P.41.1.331.) — *Sic*, Bioche, v° *Femme mariée* n° 47; Renouard, t. 2, p. 482; Goujet et Merger, n° 96; Dalloz, n° 175.

42. D'après l'art. 5 de la constitution de l'an 8, « L'exercice de la qualité de citoyen était *suspendu* par l'état de débiteur failli, ou d'héritier immédiat détenteur à titre gratuit de la succession totale ou partielle d'un failli. » — Sous l'empire des chartes de 1814 et de 1830, la jurisprudence et les auteurs étaient unanimes pour reconnaître que cette disposition n'avait été abrogée par aucune loi postérieure, et qu'elle avait conservé toute sa force.—V. à cet égard, les n° 8 et s. de l'art. 7 de notre *Code civ. annoté*.—*Junge*, Duranton, t. 1er, n° 157; Renouard, t. 2, p. 478; de Saint-Nexent, t. 2, n° 245; Esnault, t. 1er, n° 151; Bédarride, t. 2, n° 1509; Massé, t. 3, n° 254.

43. Mais depuis est survenue la loi du 15 mars 1849, concernant les élections politiques et législatives, portant : art. 3. « Ne seront pas inscrits sur la liste électorale : ... 8° Les faillis qui n'ayant point obtenu de concordat, ou n'ayant point été déclarés excusables, conformément à l'art. 538, Cod. comm., n'ont pas, d'ailleurs, été réhabilités. » Et art. 79. « Ne peuvent être élus représentants du peuple : ... 10°. Les faillis non réhabilités dont la faillite a été déclarée, soit par les tribunaux français, soit par jugement rendu à l'étranger, mais exécutoire en France. » — Une loi du 31 mai 1850 modificative de celle ci-dessus, n'a plus admis parmi les *électeurs* et les *éligibles* que les *faillis réhabilités*. Cette dernière loi a été, il est vrai, abrogée par décret du 2 décembre 1851; mais, depuis, le décret organique du 2 fév. 1852 en a reproduit à cet égard les dispositions par ses art. 15 et 26.

44-45. Décidé aussi sous l'ancienne législation, que le failli non réhabilité et son héritier immédiat étaient dépouillés du droit de concourir aux élections municipales. — 9 juill. 1832, Rej. (S.V.32.1.524.-D.P.32.1.304.) — *Id.* 6 août 1838, Rej. (S.V.39.1.150.-D.P.38.1.407.-P.39.1.59.) — *Sic*, Pardessus, tom. 4, n° 1313; Favard, *Rép.*, v° *Droits politiques*, sect. 2, § 8; Foucart, *Droit adm.*, t. 1er, n° 171; Goujet et Merger, n° 95; Renouard, t. 2, p. 479; Esnault, t. 1er, n° 152; Bédarride, t. 2, n° 1509.

46. Et que le commerçant déclaré en état de faillite, cesse par cela même de faire partie du conseil municipal, et qu'il doit être procédé à son remplacement, sans qu'il soit besoin de faire prononcer sa démission. — 2 mars 1839, Cons. d'Etat. (S.V.40.2.344.-D.P.40.3.53.) — *Sic*, Esnault, t. 1er, n° 152.

47. Le failli non réhabilité ne peut être témoin dans un acte authentique. — 15 mai 1839, Rouen. (S.V.39.2.348.-D.P.39.2.166.-P.39.2.58.) — *Sic*, Merlin, *Quest.*, v° *Témoins instrum.*, § 6, n° 4 (add.); Coin-Delisle, *Comm. du Cod. civ.*, art. 7, n° 17; Renouard, t. 2, p. 480; Goujet et Merger, n° 97; Esnault, t. 1er, n° 153; Bédarride, t. 2, n° 1509.

48. Jugé en sens contraire. — 10 juin 1824, Rej. (S.24.1.294; C.N.7.) — *Sic*, Rolland de Villargues, v° *Témoins instrum.*, n° 16; Pardessus, n° 1313; Massé, t. 3, n° 255.

49. Au moins, il peut être témoin testamentaire.—10 mars 1829, Rej. (S.29.1.252; C.N.9.-D.P.29.1.173.) — *Sic*, Merlin, *Quest.*, v° *Témoins instrum.*, § 6, n° 3; Coin-Delisle, *Donat. et test.*, art. 980, n° 18; Pardessus, n° 1313; Renouard, t. 2, p. 480; Dalloz, n° 171. — *Secus*, Bédarride, *loc. cit.* — V. les n° 8 et 9 de l'art. 980 de notre *Cod. civ. annoté*.

50. Les faillis non réhabilités sont incapables d'être jurés. — (Décret, 7 août 1848, art. 3.) — Décidé ainsi sous la précédente législation. — 11 brum. an 5 et 6 brum. an 8, Cass. (C.N.1.) — *Id.* 16 fruct. an. 8 Cass. (C.N.1.-D.A.4.284.) — *Id.* 12 nov. 1841, Cass. (S.V.42.1.945.) — *Sic*, Renouard, t. 2, p. 480; Esnault, n° 153; Goujet et Merger, n° 95; Bédarride, t. 2, n° 1509; Massé, t. 3, n° 251. — V. au surplus sur ce point, nos annotations de l'art. 381 Cod. d'inst. crim.

51. Ils ne peuvent faire partie de la garde nationale. (L. 13 juin 1851, art. 8.)

52. Jugé en sens contraire sous l'empire de la loi du 22 mars 1831. — 25 juill. 1839, Rej. (S.V.39.1.968.-D.P.39.1.325.-P.39.2.491.) — *Sic*, Renouard, t. 2, p. 482; Massé, *loc. cit.* — Esnault, n° 154, était d'un sentiment opposé.

53. Le failli non réhabilité ne peut être les membres des conseils des prud'hommes, ni être élu à ces fonctions.—Décret 20 fév. 1810, art. 14; Décret 27 mai 1848, art. 11.

54. Il en est de même à l'égard des membres des tribunaux de commerce. — V. *infrà*, l'art. 613.

55. Il ne peut non plus être agent de change, ni courtier de commerce. (Cod. comm., art. 83.)

56. Et l'entrée de la Bourse lui est interdite. (*Ibid.*, art. 613.)

57. D'après un décret du 8 juin 1806 (art. 13), tout entrepreneur qui a fait faillite, ne peut plus ouvrir de théâtres.

58. Enfin, le failli non réhabilité ne peut être admis à l'escompte par la banque de France. (Décr. 16 janv. 1808, art. 50.)

59. La déconfiture n'opère pas, comme la faillite, le dessaisissement, dans la personne du débiteur, de l'administration de ses biens : l'art. 443, C. comm., n'est pas applicable au cas de déconfiture. — 12 fruct. an 11, Paris. (S.V.2.808; C.N.1.-D.A.2.690.)—*Id.* 21 mars 1810, Paris. (S.7.2.971; C.N.3.-D.A.2.688.)—*Id.* 5 déc. 1811, Nancy. (S.12.2.382; C.N.3.-D.P.22.2.142.) — *Id.* 24 mars 1812, Rennes. (S.12.2.515; C.N.4.-D.A.8.515.) — *Id.* 18 août 1812, Paris. (S.12.2.14; C.N.4.-D.A.9.215.) — *Id.* 2 sept. 1812, Rej. (S.13.1.131; C.N.4.-D.A.8.315.) — *Id.* 11 fév. 1813, Rej. (S.13.1.124; C.N.4.-D.A.9.244.) — *Id.* 9 juin 1811, Paris. (S.15.2.237; C.N.4.-D.A.9.307.) — *Id.* 12 avril 1832, Pau. (S.V.33.1.228.-D.P.34.1.177.) — *Id.* 17 août 1848, Bordeaux. (S.V.49.2.48.) — *Sic*, Locré, t. 5, p. 2; Delvincourt, t. 3, p. 384; Persil, *Rég. hyp.*, sur l'art. 2146, n° 11; Boulay-Paty, n° 19; Troplong, *Priv. et Hypoth.*, t. 3, n° 661; Duranton, t. 20, n° 80; Zachariæ et ses annotateurs, t. 4, § 382, p. 123; Pardessus, n° 1522; Devilleneuve et Massé, v° *Déconfiture*, n° 6; Esnault, t. 3, n° 745; Bioche, v° *Déconfiture*, n° 8; Goujet et Merger, *eod. verb.*, n° 9. — V. *suprà*, art. 437, n° 35 et 54; et *infrà*, art. 446, n° 76 et 77.

60. Jugé cependant en sens contraire. — 23 mars 1811, Bruxelles. (S.11.2.280; C.N.3.-D.A.8.312.)

§ 2. — *Dessaisissement du failli quant à l'exercice de ses actions. — Contre qui et par qui elles doivent être suivies ou intentées. — Exception quant aux droits et actions exclusivement attachés à la personne du failli.*

61. La règle que toute action mobilière intentée après la faillite doit être dirigée contre les syndics, reçoit son application même au cas où l'action résulte de l'obligation *personnelle* de l'un des membres d'une société tombée en faillite.—9 fév. 1825, Douai. (S.26.2.134; C.N.8.-D.P.25.2.195.) — V. *suprà*, art. 437, n° 37 et s.

62. L'héritier bénéficiaire d'un failli doit intenter contre les syndics les actions qu'il a à exercer contre la succession; ce n'est pas le cas de provoquer la nomination d'un curateur au bénéfice d'inventaire, conformément à l'art. 996, Cod. proc. civ. — 14 mars 1820, Amiens. (S.23.2.209; C.N.6.-D.A.8.179.)

63. Lorsqu'un commerçant en état de faillite se livre à de nouvelles opérations commerciales avant la clôture définitive de sa faillite, ses créanciers nouveaux ne peuvent agir directement contre lui en paiement de leurs créances; ils doivent s'adresser aux syndics de sa faillite. — 19 mai 1845, Rouen. (D.P.45.4.266.-P.45.2.247.)

64. Jugé au contraire que celui qui est devenu créancier d'un failli postérieurement à la faillite, peut agir contre le failli personnellement, sans être tenu d'appeler en cause les syndics, par exemple former opposition sur des valeurs acquises par le failli depuis sa faillite, et en demander la validité.—2 fév. 1835, Paris. (S.V.35.2.347.-D.P.35.2.116.)—*Sic*, Esnault, t. 1er, n° 163.—V. cependant *suprà*, n° 31.

65. Décidé de même que les nouveaux créanciers d'un failli, en état d'union, ont action sur l'actif que leur débiteur s'est procuré depuis la faillite; ils peuvent, à défaut de diligences antérieures de la part des syndics sur le *nouvel* actif, poursuivre directement le failli par voie de saisie de cet actif; surtout, les poursuites sont valables si elles sont exercées dans l'ignorance de l'état de faillite.—26 juin 1851, Paris. (S.V.51.2.573.)

66. L'opposition au jugement déclaratif de la faillite ne peut être formée contre les créanciers du failli sur la poursuite desquels ce jugement a été rendu; elle ne peut être formée que contre le syndic de la faillite. — 6 déc. 1849, Metz. (S.V.50.2.390.) — V. l'art. 580.

67. Il y a cependant exception à la règle générale posée par le deuxième paragraphe de l'art. 443, lorsque le failli est poursuivi pour crimes, délits ou contraventions. Dans ce cas, le failli reste soumis *personnellement* à l'exercice de l'action publique pour l'application des peines, sans qu'il soit besoin d'appeler le syndic de la faillite.—9 mai 1846, Rej. (S.V.46.1.844.-D.P.46.1.316.)—*Sic*, Pardessus, n° 1174; Lainné, p. 47; Goujet et Merger, n° 115.

68. Jugé même que l'action en dommages-intérêts formée en pareil cas devant la juridiction criminelle contre un accusé en état de faillite, est valablement dirigée contre le failli, sans l'assistance du syndic.—9 mai 1846, Rej. (S.V.46.1.844.-D.P.46.1.316.)

69. Du principe que les syndics représentent à la fois la masse des créanciers et le failli, il suit qu'ils peuvent exercer activement, dans l'intérêt de la masse, toutes les actions qui appartiennent au failli.—Pardessus, n° 1178; Goujet et Merger, n° 139; Lainné, p. 511; Renouard, t. 1er, p. 305; Massé, t. 3, n° 251. — V. au surplus l'art. 532.

70. Par exemple, ils peuvent attaquer pour cause de nullité ou de lésion les contrats qui auraient été surpris au failli par erreur, dol ou violence.—Pardessus, n° 1180; Proudhon, *Usufr.*, t. 5, p. 284.

71. Mais, par suite du même principe, ils ne peuvent exercer, dans l'intérêt de la masse, des actions que le failli lui-même n'aurait pas le droit d'exercer; ainsi, ils ne pourraient pas attaquer par tierce opposition au nom des créanciers des jugements rendus contre le failli.—15 fév. 1808, Rej. (S.8.1.196; C.N.2.-D.A.1.618.) — *Id.* 21 mai 1819, Bruxelles. (D.A.8.105.) — *Id.* 26 mai 1829, Angers. (S.V.9.2.900; C.N.9.-D.P.30.2.137.) — *Id.* 21 déc. 1849, Paris. (D.P.50.2.195.) — *Sic*, Pardessus, n° 1179; Proudhon, *ubi supr.*; Massé, *loc. cit.*

72. Bien qu'un arrêt ait à tort déclaré des syndics non recevables à appeler, conjointement avec le failli, d'un jugement qui condamnait ce dernier comme stellionataire, néanmoins, leur pourvoi en cassation doit être rejeté comme dénué d'intérêt si, de fait, les syndics n'ont pris en appel d'autres conclusions que celles prises par le failli lui-même, et sur lesquelles il a été statué.—15 oct. 1836, Rej. (S.V.36.1.829.-D.P.36.1.340.)

73. Les créanciers d'un failli ou leurs syndics, bien qu'ils soient les *ayants cause* du failli, comme substitués à ses droits, n'en sont pas moins des *tiers*, comme représentant la masse de la faillite, en tant qu'elle a des droits à défendre contre les actes du failli, et notamment à conserver dans son actif les valeurs qu'il en aurait fait sortir.—4 janv. 1847, Cass. (S.V.47.1.161.-D.P.47.1.130.-P.47.1.251.)—*Id.* 15 mars 1847, Rej. (S.V.47.1.817.-D.P.47.1.182.) — *Id.* 15 mai 1850, Rej. (S.V.50.1.609.)—V. sur ce point, Devilleneuve et Carette, *Collect. nouv.* 1.1.529; Massé, t. 3, n° 261, et notre *Code de proc. annoté*, art. 474, n° 40 et s.

74. En conséquence, les syndics peuvent demander la nullité d'un transport consenti par le failli, sur le motif que le transport n'a pas été notifié au débiteur cédé avant la faillite.—29 août 1844, Nancy. (S.V.45.2.53.)—*Id.* 8 mars 1845, Riom. (S.V.46.2.118.)—*Id.* 4 janv. 1847, Cass. (S.V.47.1.161.-D.P.47.1.130.-P.47.1.251.)—*Sic*, Pothier, *Vente*, n° 557; Duranton, t. 16, n° 500; Duvergier, *Vente*, t. 2, n° 190 et s.; Troplong, *eod.*, t. 2, n° 895 et s.; Zachariæ, *Dr. civ.*, § 359.—V. encore sur la nullité du transport à défaut de notification en temps utile, l'art. 446, n° 69 et s.

75. Ils peuvent également demander la nullité d'un nantissement consenti par leur débiteur sans l'observation des formalités légales.—6 juill. 1820, Cass. (S.21.1.14; C.N.6.-D.A.10.528.)—*Id.* 2 août 1847, Nîmes. (S.V.48.1.669.)—V. *infrà*, art. 446.

76. *Id.*... d'une contre-lettre souscrite par le failli

444. Le jugement déclaratif de faillite rend exigibles, à l'égard du failli, les dettes passives non échues.

En cas de faillite du souscripteur d'un billet à ordre, de l'accepteur d'une lettre de change ou du tireur à défaut d'acceptation, les autres obligés seront tenus de donner caution pour le paiement à l'échéance, s'ils n'aiment mieux payer immédiatement. [C.civ., 1188; C.comm., 471,542.]

[illegible] surtout que cette contre-lettre, sans date, n'a été enregistrée qu'après la faillite, et ne présente aucune apparence de sincérité.—10 mars 1847, Rej. [S.V.47.1.467.-D.P.47.1.132.]

77. ...Ou attaquer les conventions fausses ou frauduleuses qui se trouvent dans les actes du failli, par exemple, une fausse date, sans être tenus de prendre la voie de l'inscription de faux.—13 mai 1850, Rej. [S.V.50.1.[illegible].]

78. Les syndics ont mission de représenter la masse dans toute action, tant en demandant qu'en défendant, sans que des autorisations spéciales du juge-commissaire soient nécessaires.—Pardessus, n° 1178; Boulay-Paty, t. 1er, n° 321.—V. au surplus *infra*, art. 452, nos 2 et 3.

79. V. encore sur l'exercice des actions des syndics comme représentant la masse, l'art. 532 et les notes.—Et sur le point de savoir si un créancier a qualité pour intenter personnellement une action dans l'intérêt de la masse, voy. *ibid.*

80. Les syndics peuvent-ils se désister d'une action par eux intentée en leur qualité?—V., sur cette question, l'art. 487, nos 2 et 3.

81. Le failli, quoique dessaisi de l'administration de ses biens, n'est cependant pas frappé d'incapacité absolue pour intenter action et ester en jugement.—29 janv. 1829, Poitiers. [S.29.2.154; C.N.9.]

82. *Id.*—Ainsi, il a qualité pour revendiquer ou passer toutes créances ou droits quelconques qui peuvent lui compéter.—28 fév. 1853, Aix. [S.V.55.2.517.-D.P.55.2.[illegible].]—*Id.* 8 avril 1834, Paris. [S.V.34.2.278.-D.P.35.2.[illegible].]—*Sic*, Esnault, t. 1er, n° 161.

83. Le failli peut notamment exercer les droits et actions exclusivement attachés à sa personne.—13 mars 1810, Bruxelles. [S.11.2.321; C.N.3.-D.A.[illegible].]—*Sic*, Pardessus, 1117; Boulay-Paty, v° *Faillite*, n° 61; Renouard, t. 1er, p. 304; Goujet et Merger, n° 111; Dalloz, n° 254.—V. aussi à cet égard, les nos 1er et 2 de l'art. 1166 de notre *Cod. civ. annoté*.

84. *Id.*—Par exemple, réclamer la remise des vêtements, hardes et effets qui lui sont nécessaires.—29 avril 1812, Paris. [S.13.2.147; C.N.4.-D.A.8.[illegible].]—*Sic*, Vincens, t. 1er, p. 415; Boulay-Paty, n° [illegible].—V. *inf.*, l'art. 469 et l'art. 474, n° 11.

85. V. encore sur l'exercice d'autres droits personnels expressément réservés au failli, les art. 473, 474, 487, 484, 515, 552 et 589.—Et quant au droit d'intervention, voy. ci-après, nos 110 et s.

86. Le failli peut même revendiquer, comme lui appartenant, des biens détenus par un tiers.—29 janv. 1829, Poitiers. [S.29.2.154; C.N.9.]—*Sic*, Esnault, t. 1er, n° 162.

87. ...Ou former une surenchère sur les biens vendus par un débiteur de la faillite.—2 août 1827, Toulouse. [S.28.2.168; C.N.8.-D.P.28.2.80.]

88. Et son action ne saurait être repoussée par les tiers, sous prétexte qu'aux syndics seuls appartient d'agir dans l'intérêt de la masse.—29 janv. 1829, Poitiers. [S.29.2.154; C.N.9.]

89. Jugé encore que le failli, quoique privé de l'exercice de ses actions, peut faire tous actes conservatoires pour empêcher une péremption d'instance.—14 avril 1840, Bordeaux. [D.P.40.2.243.]—*Sic*, Esnault, t. 1er, n° 161.

90. ...Ou pour interrompre une prescription.—29 janv. 1829, Poitiers. [S.29.2.154; C.N.9.]—*Sic*, Goujet et Merger, n° 141; Massé, t. 3, n° 246.

91. Il peut même interjeter appel d'un jugement qui porte préjudice à ses droits.—13 mars 1810, Bruxelles. [S.11.2.321; C.N.3.-D.A.1.145.]—*Id.* 14 avril 1840, Bordeaux. [D.P.40.2.243.]—*Sic*, Esnault, t. 1er, n° 163; Massé, t. 4, n° 248.—V. *inf.*, p. 1[illegible].—V. aussi le n° 80 de l'art. 443 de notre *Cod. proc. annoté*.

92. Décidé au contraire que le jugement déclaratif de la faillite, dessaisissant complètement le failli de l'administration de ses biens, le droit d'appel ne peut plus être exercé par lui personnellement.—Peu importe que l'instance ait été originairement introduite contre le failli lui-même, qu'il ait figuré devant les premiers juges comme partie concurremment avec les syndics, enfin, que l'affaire lui soit toute personnelle et concerne des intérêts immobiliers comme des droits mobiliers; j'admets même que les syndics donnassent ensuite à l'audience à l'appel interjeté par le failli, ne saurait couvrir le vice dont cet acte est entaché, et saisir régulièrement la Cour d'appel.—18 janv. 1843, Nîmes. [P.43.1.568.]

93. Le failli est recevable à se pourvoir en cassation contre un arrêt rendu entre les syndics et des tiers, lorsque les syndics ne se sont pas pourvus eux-mêmes.—7 avril 1830, Cass. [S.30.1.296; C.N.9.-D.P.30.1.204.]—*Sic*, Goujet et Merger, n° 141.

94. Mais, il est non recevable à proposer des moyens de nullité du chef des syndics, lorsque la masse de la faillite est désintéressée par des offres satisfactoires, non contestées par les syndics.—18 juill. 1833, Rej. [S.V.33.1.628.-D.P.34.1.65.]—*Sic*, Esnault, t. 1er, n° 164.

95. Du reste, la nullité, ou fin de non-recevoir, prise de ce que l'action intentée par un défendeur failli, l'a été pendant la faillite, est couverte si elle n'est pas opposée avant toute défense au fond.—26 nov. 1836, Paris. [S.V.37.2.145.-D.P.37.2.41.]

96. Le failli est valablement assigné s'il a été, par concordat, chargé de l'administration de l'avoir de la faillite, sous la direction de commissaires.—Ainsi, et dans le cas d'assignation au failli seul, le jugement n'est nul ou annulable qu'en ce qui touche l'intérêt de la masse des créanciers, vu le défaut d'assignation aux représentants de la masse. L'action intentée contre le failli lui-même a été valable pour moitié.—21 juin 1825, Rej. [S.26.1.301; C.N.8.-D.P.25.1.325.]

97. Quant à la demande en séparation de biens formée par la femme du failli, elle doit, après la faillite, être suivie, en matière, à peine de nullité, tout à la fois contre le mari et contre les syndics de la faillite.—24 mai 1826, Bourges. [S.27.2.142; C.N.8.-D.P.27.2.39.]—*Id.* 11 mars 1842, Angers (*Droit* 30 avril).—*Sic*, Boulay-Paty, t. 1er, n° 147, *in fine*; Rauter, v° *Séparation de biens*, n° 78; Pardessus, n° 1177; Goujet et Merger, v° *Faillite*, n° 116.

98. L'étranger déclaré en faillite dans son pays, n'étant pas réputé en faillite en France (V. *supra*, art. 440, n° 27 et s.), peut être personnellement assigné devant un tribunal français par un Français, sans que les syndics de sa faillite, dans son pays, puissent opposer son incapacité.—Ces syndics sont eux-mêmes sans qualité pour représenter l'étranger en France.—11 mars 1829, Colmar. [C.N.9.-D.A.8.502.]

98 *bis*. Sur la compétence, quant à l'exercice des actions en matière de faillite, voy. l'art. 59 de notre *Cod. proc. annot.*, nos 155 et s.—V. aussi *infra*, art. 635.

§ 3. — *Voies d'exécution contre le failli.*

99. Le troisième § de l'art. 443 n'est applicable qu'aux créanciers qui ont privilége ou hypothèque sur les biens du failli et qui, n'ayant aucun droit distinct de celui de la masse, peuvent en poursuivre la réalisation par des mesures d'exécution ou de conservation.—Devilleneuve et Carette, t. 12.2.14.

100. Jugé, par suite, que les créanciers ordinaires n'ont pas le droit de continuer, contre les syndics, les poursuites de saisie commencées avant la faillite.—6 mars 1837, Paris. [S.V.38.2.13.-D.P.38.2.164.]—*Id.* 1er déc. 1840, Amiens. [S.V.40.2.[illegible] et la note.]—*Id.* 6 janv. 1845, Rouen. [S.V.45.2.120.-D.P.45.2.100.-P.45.1.[illegible].]—*Id.* 2 juill. 1846, Paris. [S.V.46.2.351.-D.P.46.2.[illegible].-P.46.2.[illegible].]—*Sic*, Pardessus, n° 1173; Renouard, t. 1er, p. 512; Esnault, n° 156.

101. Jugé toutefois en sens contraire.—25 déc. 1811, Paris. [S.V.14.2.144; C.N.3.-D.A.8.[illegible].]—*Id.* 21 juill. 1840, Aix. [S.V.42.2.14.-D.P.42.2.[illegible].]—*Sic*, Bédarride, n° 87.

102. *Id.*—Sauf aux juges à ordonner la suspension des poursuites pendant un certain délai durant lequel les syndics pourront eux-mêmes procéder à la vente des objets saisis.—21 juill. 1837, Paris. [S.V.38.2.13.-D.P.37.2.149.-P.37.2.150.]—*Id.* 26 juill. 1837, Paris. [S.V.38.2.13.-D.P.37.2.149.-P.37.2.156.]

103. En ce qui touche les poursuites de saisie immobilière, voy. l'art. 572 et les notes,—et quant aux voies d'exécution pour parvenir au paiement des loyers, voy. l'art. 450.

104. Les ouvriers privilégiés, aux termes des art. 3 et 4 du décret du 26 pluv. an 2, sur les sommes dues par l'État à l'entrepreneur de travaux publics qui les a employés, ne peuvent, en cas de faillite de cet entrepreneur, saisir ces sommes en leur nom personnel, entre les mains de l'État, pour se les attribuer en dehors de la faillite: le recouvrement de ces sommes doit être poursuivi par les syndics; et les ouvriers ne peuvent, comme tous autres créanciers, que se faire admettre au passif de la faillite, pour y faire valoir leur privilége.—10 mars 1838, Poitiers. [S.V.40.2.485.]—V. *infra*, art. 501 et les notes.

105. Il y a néanmoins exception à la règle générale de l'art. 443, pour l'exercice des droits du trésor, régis par des lois spéciales (*Cod. civ.*, 2098); les percepteurs de ces droits peuvent décerner des contraintes contre un redevable failli, et les faire exécuter sur ses biens, comme s'il n'était pas en faillite.—Pardessus, n° 1209.

106. Ainsi jugé que, lorsque le trésor a fait saisir les meubles d'un débiteur après sa faillite, la vente doit être poursuivie à la requête des agents du trésor, et non des syndics de la faillite.—9 janv. 1815, Cass. [S.15.1.234; C.N.5.-D.A.8.184.]—*Sic*, Pardessus, *loc. cit.*

107. ...Qu'une saisie immobilière faite par un agent du trésor sur les biens d'un percepteur comptable en état de faillite, est valable, encore qu'elle n'ait pas été dirigée contre les syndics de la faillite, mais seulement contre le failli.—8 mai 1811, Bordeaux. [S.11.2.441; C.N.3.-D.A.11.669.]

108. De même, la régie des douanes, créancière d'un failli, peut poursuivre le paiement de ce qui lui est dû par la voie de la contrainte contre les syndics, comme contre le débiteur lui-même. Elle n'est pas tenue de se conformer aux règles prescrites par le Code de commerce pour les créanciers ordinaires.—14 août 1811, Bruxelles. [S.12.2.270; C.N.3.-D.A.8.184.]

109. En ce qui touche les voies d'exécution contre la personne du failli, voy. l'art. 455 et les notes.—V. aussi les art. 452 et 539.

§ 4. — *Droit d'intervention du failli.*

110. Le principe de l'intervention du failli dans les instances suivies ou intentées contre les syndics de sa faillite, consacré aujourd'hui par la dernière disposition de l'art. 443, était généralement admis par la jurisprudence sous l'ancienne loi.—V. 19 avr. 1826, Rej. [S.27.1.198; C.N.8.-D.P.26.1.351.]—7 juill. 1826, Orléans. [S.V.31.2.96.-D.P.31.2.8.]—21 oct. 1847, Cass. [S.25.1.9; C.N.8.-D.P.25.1.87.]—8 mai 1858, Cass. [S.V.58.1.522.-D.P.58.1.119.-P.58.2.128.]—La règle nouvelle a au surplus mis fin à la divergence qui existait dans la doctrine, entre ceux qui voulaient que le failli ne pût intervenir qu'autant que ses droits étaient compromis par les syndics, ou lorsqu'il avait à présenter des moyens autres que ceux employés par les syndics, et ceux qui accordaient au failli dans tous les cas un droit absolu d'intervention.—Devilleneuve et Massé, v° *Faillite*, n° 120; Boulay-Paty, t. 1er, n° 147; de Saint-Nexent, t. 2, nos 208 et 209.

111. Le failli peut intervenir même pour la première fois en appel: à cet égard, l'art. 443 déroge à la généralité de la règle posée par l'art. 466 du *Cod. de procéd. civ.*—Renouard, t. 1er, p. 518; Goujet et Merger, n° 118.—V. *supra*, nos 91 et 92.

112. Bien que le quatrième paragraphe de notre article ne prévoie que l'hypothèse où les syndics sont *défendeurs*, la règle est néanmoins également applicable au cas où ils sont *demandeurs*.—Renouard, t. 5, p. 308; Dalloz, n° 258.

113. Un créancier peut-il individuellement intervenir dans une instance engagée par les syndics? V. sur cette question, l'art. 532, nos 112 et s.

[444]—1. L'exigibilité qui résulte du jugement

445. Le jugement déclaratif de faillite arrête, à l'égard de la masse seulement, le cours des intérêts de toute créance non garantie par un privilége, par un nantissement ou par une hypothèque.

Les intérêts des créances garanties ne pourront être réclamés que sur les sommes provenant des biens affectés au privilége, à l'hypothèque ou au nantissement. [C. comm., 546.]

446. Sont nuls et sans effet, relativement à la masse, lorsqu'ils auront été faits par le débiteur depuis l'époque déterminée par le tribunal comme étant celle de la cessation de ses paiements, ou dans les dix jours qui auront précédé cette époque :

Tous actes translatifs de propriétés mobilières ou immobilières à titre gratuit ;

Tous paiements, soit en espèces, soit par transport, vente, compensation ou autrement, pour dettes non échues, et pour dettes échues tous paiements faits autrement qu'en espèces ou effets de commerce ;

Toute hypothèque conventionnelle ou judiciaire, et tous droits d'antichrèse ou de nantissement constitués sur les biens du débiteur pour dettes antérieurement contractées. [Ord. 1673, tit. XI, art. 4. — C. civ., 1339, 2121, 2146.]

447. Tous autres paiements faits par le débiteur pour dettes échues, et tous autres actes à titre onéreux par lui passés après la cessation de ses paiements et avant le jugement déclaratif de faillite, pourront être annulés si, de la part de ceux qui ont reçu du débiteur ou qui ont traité avec lui, ils ont eu lieu avec connaissance de la cessation de ses paiements. [Ord. 1673, tit. XI, art. 4. — C. civ., 1167.]

23. La délégation d'une créance consentie par le failli dans les dix jours qui ont précédé la faillite, même dans le but d'éteindre par compensation une dette échue dont il se trouvait tenu envers le délégataire, est nulle, encore bien qu'elle ait eu lieu par compte courant : une telle délégation ne peut être assimilée à un paiement en espèces, dans le sens de l'art. 446, C. comm.—3 janv. 1841, Rouen. (S.V.41.2.163.—D.P.41.2.133.—P.41.1.292.)—Sic, Renouard, t. 1er, p. 360; Esnault, t. 1er, n° 193.)

24. Mais la délivrance d'un bordereau de collocation dans une procédure de distribution par contribution, en vertu d'une ordonnance passée en force de chose jugée, équivaut à un paiement en espèces; en conséquence, la faillite ultérieure du débiteur n'empêche pas le créancier porteur d'un semblable bordereau, d'en toucher le montant, alors même que l'ouverture de la faillite aurait été reportée à une époque antérieure à la délivrance du bordereau. —10 nov. 1841, Bordeaux. (S.V.42.2.512.—D.P.42.2.166.—P.42.1.365.)—Sic, Esnault, n° 206; Goujet et Merger, n° 203; Dalloz, n° 291. — Contrà, Bédarride, n° 116.

25. De même, le créancier qui, en vertu d'un jugement déclarant valable une saisie-arrêt par lui formée sur son débiteur, depuis déclaré en faillite, a touché les deniers sur lesquels portait la saisie, n'est pas tenu de rapporter ces deniers à la masse, encore que l'ouverture de la faillite soit reportée à une époque antérieure au paiement. — 23 juin 1828, Rouen. (S.29.2.335; C.N.9.—D.P.30.2.45.)—Sic, Esnault, n° 207; Bédarride, t. 2, nos 222 et s.

26. Décidé même qu'une ordonnance de référé, qui ordonne le versement d'une somme saisie-arrêtée à la caisse des consignations avec affectation spéciale à l'acquit de la créance du saisissant, opère, au profit de celui-ci, une délégation privilégiée, de telle sorte que, même au cas de faillite postérieure du saisi, les autres créanciers n'ont aucun droit sur cette somme, qui est définitivement sortie de l'actif de leur débiteur. — 23 juin 1841, Paris. (S.V.41.2.569.—D.P.42.2.161.—P.41.2.330.)—Sic, Bédarride, n° 924.

27. Il en est de même de la consignation faite par le débiteur incarcéré pour dettes, entre les mains du greffier de la maison d'arrêt, des sommes pour lesquelles il a été écroué : le montant de cette consignation, quoique faite après la cessation de paiements, mais avant le jugement déclaratif de la faillite, appartient exclusivement au créancier incarcérateur..... à moins de fraude ou mauvaise foi de sa part.—Esnault, t. 1er, nos 208 et 210.

28. Décidé en sens contraire sous l'ancien Code. — 25 juill. 1837, Caen. (S.38.2.251; C.N.8.—D.P.30.2.258.)

29. La remise de traites et autres effets ultérieurement acquittés est considérée comme un véritable paiement. — Lors donc que le créancier d'une dette exigible a reçu du débiteur des traites tirées sur un tiers, il s'est opéré compensation en sa faveur du montant de la remise; de telle sorte que la survenance de la faillite du débiteur avant l'échéance des traites ne rend pas nul le paiement fait plus tard au créancier, et n'oblige point celui-ci à rapporter à la masse.—22 av. 1826.Rej. (S.26.1.441; C.N.8.—D.P.26.1.262.)

30. De même, la remise des traites faite à un tiers, pour le compte d'un négociant failli, afin de l'acquitter d'une dette envers ce tiers, est valable, si elle n'a été que l'accomplissement d'une convention antérieure à la faillite; dans ce cas, on ne peut opposer au tiers, qui a reçu les traites en paiement, que ce paiement est nul comme ayant été fait à une époque où le débiteur était en faillite.—11 juill. 1837, Rej. (S.V.37.1.783.—D.P.37.2.334.)

31. Les paiements faits en effets de commerce par le failli dans les dix jours qui ont précédé la faillite, ne sont néanmoins valables qu'autant qu'ils ont été réalisés par la remise effective de ces effets dans les mains du créancier. Ces paiements sont nuls, bien que les effets aient été endossés au profit du créancier, lorsqu'ils ont été déposés entre les mains d'un tiers en attendant l'accomplissement d'une condition.—24 mars 1841, Lyon. (S.V.41.2.345.)

32. Le paiement d'une dette échue, fait par le failli le jour même ou postérieurement au jour où l'ouverture de la faillite a été reportée, mais antérieurement au jugement déclaratif de la faillite, c'est-à-dire à une époque où le failli avait encore, de fait, l'administration de ses biens, est valable, si le créancier a reçu de bonne foi.— 16 mai 1813, Rej. (S.13.1.315; C.N.3.—D.A.8.76.)—Id.25 mai 1823, Rej.(S.24.1.7; C.N.7.—D.A.8.80.)—Id. 22 juill.1823, Cass.(S.24.1.53; C.N.7.—D.A.8.81.)—Id. 17 mars 1829, Rej. (S.29.1.212; C.N.9.—D.P.29.1.181.)—Id. 28 mai 1833, Rej. (S.V.33.1.650.—D.P.33.1.265.)—V. infrà, nos 66 et s., 96 et suivants.

33. Id.... Encore bien que le créancier ait eu connaissance de la cessation de paiements du débiteur. — 12 fév. 1844, Rej.(S.V.44.1.319.—P.44.1.277.)—Sur ce point, voy. Bravard-Veyrières, p. 572; Esnault, t. 1er, nos 199 et 200; Goujet et Merger, n° 229; Devilleneuve, vol. 44.1.319; Massé, t. 3, n° 273. Ces auteurs pensent que la présomption de bonne foi continue de protéger le créancier, malgré la connaissance acquise de la cessation de paiements. — Au contraire, selon Lainné, p. 69; Bédarride, t. 1er, nos 106 et 112, et de Saint-Nexent, t. 1er, nos 48 et s., cette connaissance suffit pour constituer la fraude et faire annuler le paiement.

34. Jugé dans ce dernier sens, sous l'empire des anciennes dispositions du Code. — 2 juill. 1834, Rej. (S.V.34.1.719.—D.P.34.1.289.)

35. Du reste, les tribunaux ont un pouvoir discrétionnaire pour annuler les paiements pour dettes échues, reçus depuis la cessation de paiements du débiteur failli, par cela seul qu'ils constatent, en fait, que le créancier avait connaissance de la cessation de paiements; il n'est pas nécessaire qu'ils constatent de plus que le créancier était de mauvaise foi.—30 juill. 1850, Rej. (S.V.50.1.641.—D.P.50.1.254.)

36. En tout cas, la disposition de l'art. 447 à cet égard, est limitative; elle n'est point applicable aux paiements de dettes échues faits dans les dix jours précédant l'époque de la cessation de paiements.—16 mai 1849, Lyon. (S.V.50.2.171.)

37. Néanmoins, s'il était établi que ces paiements ont été faits en fraude des droits des créanciers, ceux-ci, quelle que fût la date de ces paiements, pourraient en demander la nullité en vertu du principe général posé par l'art. 1167, Cod. civ., auquel il n'est nullement dérogé par les dispositions du Code de commerce. — Pardessus, nos 1150 et 1151; Bioche, v° Faillite, n° 196; Goujet et Merger, nos 177 et 230; Massé, t. 3, n° 174.—V. Renouard, t. 1er, p. 371.

38. Les art. 446 et 447, C. comm., qui déclarent valables les paiements pour dettes échues, effectués de bonne foi par le failli dans l'intervalle de la cessation de paiements au jugement déclaratif, s'appliquent non-seulement aux dettes échues avant la cessation de paiements, mais encore aux dettes échues après la cessation de paiements et avant le jugement déclaratif.— 17 fév. 1845, Cass. (S.V.45.1.404.—D.P.45.1.166.—P.45.2.542.)

39. Lorsque, par suite d'un atermoiement fait entre un débiteur et ses créanciers, ceux-ci ont reçu des à-compte sur ce qui leur est dû, ils ne peuvent, si plus tard leur débiteur est déclaré en faillite, et que l'ouverture en soit reportée à la date de l'atermoiement, être admis dans les états de répartition des biens du failli, qu'en rapportant à la masse, fictivement ou réellement, les sommes qu'ils ont reçues. — 25 juill. 1807, Paris. (S.10.2.523; C.N.2.—D.A.8.59.)

40. La règle de l'art. 447 n'est applicable qu'au cas où la nullité du paiement est demandée par la masse et dans son intérêt, et non lorsqu'elle n'est demandée que par un tiers auquel ce paiement aurait causé un préjudice personnel.—16 nov. 1840, Cass. (S.V.40.1.944.—D.P.41.1.13.—P.41.1.168.)—Sic, Devilleneuve et Carette, loc. cit.; Goujet et Merger, n° 184; Esnault, t. 1er, n° 198.—V. infrà, n° 95.

41. Ainsi, celui auquel le failli a escompté par fraude des billets à ordre avec lesquels il a payé un de ses créanciers dans le temps qui s'est écoulé entre le jugement déclaratif et l'époque à laquelle l'ouverture de la faillite a été reportée, n'est fondé à agir contre ce créancier, en restitution des billets ou de leur valeur, qu'autant qu'il prouve, non-seulement que ce créancier a eu connaissance, au moment du paiement, de l'état d'insolvabilité du failli, mais de plus qu'il a participé à la fraude dont le failli s'est rendu coupable pour se procurer les billets.—Même arrêt.

42. Le failli lui-même ne peut exiger la restitution des sommes touchées par l'un de ses créanciers postérieurement à l'ouverture de la faillite, bien que ces sommes excèdent le dividende fixé par le concordat; la masse des créanciers seule aurait le droit de demander le rapport des sommes ainsi touchées. — 9 mai 1834, Rej. (S.V.34.1.385.—D.P.34.1.241.)

43. Les intérêts des sommes payées par un failli depuis sa faillite, en fraude de ses créanciers, et dont la restitution est ordonnée, sont dus du jour du paiement, et non pas seulement du jour de la demande en restitution.—2 juill. 1834, Rej. (S.V.34.1.719.—D.P.34.1.289.—Sic, Renouard, t. 1er, p. 372.

§ 3. — ...Paiement par voie de compensation. — ...Compte courant.

44. A partir du jour de la faillite, aucune compensation ne peut valablement s'opérer au préjudice de la masse; peu importe que la faillite n'ait été déclarée que postérieurement à l'échéance des deux dettes prétendues compensées, s'il est reconnu qu'elle était notoire au moment de cette échéance. — ... fév. 1831, Orléans. (S.V.31.2.176.)—Id. 10 juill. 1832, Rej. (S.V.32.1.429.—D.P.32.1.318.)—V. art. 444, nos 9 et s.

45. Ainsi, un associé commanditaire ne peut, après la faillite de la société, opposer en compensation de la mise sociale qu'il doit pour sa commandite, les sommes qui lui sont dues par la société par suite d'opérations particulières distinctes faites avec elle.—28 fév. 1844, Rej. (S.V.44.1.692.—D.P.44.1.145.—P.44.2.544.)—Sic, Bédarride, t. 1er, n° 92.

46. Id.... Au cas de simple cessation de paiements de la société, et alors même qu'il n'y a pas eu déclaration de faillite. — 8 avr. 1845, Rej. (S.V.45.1.359.—D.P.45.1.248.—P.45.2.645.)

47. Les remises d'effets de commerce par compte courant sont toujours et essentiellement censées faites sauf encaissement (à moins de stipulation formelle contraire), et ne deviennent, pour celui qui les a opérées, des articles définitifs de crédit, que par leur paiement effectif : cette condition, inhérente à la négociation elle-même, n'est, du reste, nullement altérée par l'événement de la faillite de l'envoyeur des effets. —10 déc. 1842, Nancy. (S.V.43.2.5.—D.P.43.2.46.—P.43.2.324.) — Id. 12 nov. 1844, Paris. (S.V.45.2.268.—P.44.2.517.)—Id. 3 mars 1845, Rouen. (S.V.45.2.268.—P.45.1.590.)—Id. 2 mai 1849, Paris. (S.V.49.2.300.)—Sic, Pardessus, nos 476, 1280 et s.; Delamarre et Lepoitvin, Contr. de comm., t. 2, n° 409; Devilleneuve et Massé, v° Compte courant, nos 7 et s.; Goujet et Merger, eod. verb., n° 22; Esnault, t. 2, n° 315; Massé, Dr. comm., t. 5, n° 391 bis, et Revue de législ., t. 3, de 1840; Noblet, Compte courant, n° 21; voy. aussi en ce sens, Devilleneuve, 45.1.395.

48. En conséquence, la masse créancière, pas plus que l'envoyeur lui-même, ne peut exiger la valeur des effets demeurés impayés, et si celui qui les avait reçus en compte courant était alors créancier du failli, il est fondé à se présenter à la masse pour réclamer le paiement de sa créance, cette créance n'ayant point été éteinte par compensation résultant de la remise des effets non payés. — 3 mars 1845, Rouen. (S.V.45.2.268.—P.45.1.590.) — Id. 12 nov. 1844, Paris. (S.V.45.2.268.—P.44.2.517.)

49. Par suite aussi, les syndics ne sont pas fondés à prétendre que celui qui a reçu les effets doit tenir compte de leur montant à la faillite, sauf à lui à venir ensuite, comme créancier de cette même valeur, prendre dans la masse les dividendes y afférents : ces effets doivent être rayés du crédit du failli.—10 déc. 1842, Nancy. (S.V.43.2.5.—D.P.43.2.46.—P.43.2.324.) — Id. 2 mai 1849, Paris. (S.V.49.2.300.)

50. A plus forte raison, les effets portés en compte courant, avec la condition expresse du sauf encaissement, ne deviennent la propriété définitive du banquier qui les a reçus, que lorsque la condition du paiement est accomplie. Si donc cette condition ne se réalise pas, les effets restent la propriété du remettant, qui est fondé à en exiger la restitution.—21 avr. 1849, Paris. (S.V.49.2.300.)

51. Jugé au contraire que les effets de commerce transmis en compte courant deviennent immédiatement la propriété de celui qui les accepte; dès lors, ils doivent être portés réellement et activement au crédit de celui qui les a transmis, et la validité de cet article de crédit n'est pas subordonnée au paiement ultérieur des effets par le souscripteur. — 9 janv. 1838, Rej. (S.V.38.1.518.—D.P.38.1.50.—P.38.1.104.)—Id. 13 déc. 1841, Rouen. (S.V.42.2.58.) — Id. 18 juin 1845. (S.V.46.2.70.)—Id. 29 avr. 1847, Dijon. (S.V.48.2.187.)

52. Jugé par suite qu'en cas de faillite de celui qui

448. Les droits d'hypothèque et de privilége valablement acquis pourront être inscrits jusqu'au jour du jugement déclaratif de la faillite.

Néanmoins les inscriptions prises après l'époque de la cessation de paiements, ou dans les dix jours qui précèdent, pourront être déclarées nulles, s'il s'est écoulé plus de quinze jours entre la date de l'acte constitutif de l'hypothèque ou du privilége et celle de l'inscription.

Ce délai sera augmenté d'un jour à raison de cinq myriamètres de distance entre le lieu où le droit d'hypothèque aura été acquis et le lieu où l'inscription sera prise. [Ord. 1673, tit. XI, art. 8.— C. c., 2093; C. pr., 1033.]

449. Dans le cas où des lettres de change auraient été payées après l'époque fixée comme étant celle de la cessation de paiements et avant le jugement déclaratif de faillite, l'action en rapport ne pourra être intentée que contre celui pour compte duquel la lettre de change aura été fournie.

S'il s'agit d'un billet à ordre, l'action ne pourra être exercée que contre le premier endosseur.

Dans l'un et l'autre cas, la preuve que celui à qui on demande le rapport avait connaissance de la cessation de paiements à l'époque de l'émission du titre devra être fournie.

---

tion qui domine la loi nouvelle, c'est-à-dire que si les obligations contractées par le failli sont de nature à être annulées, l'hypothèque qui y est jointe conventionnellement ou légalement devient sans effet; mais, au contraire, l'hypothèque a effet, si l'obligation est maintenue. — V. aussi en ce sens, Bioche, v° *Faillite*, n° 116; Esnault, t. 1er, nos 221 et 222; Dalloz, t. 22, v° *Faillite*, n° 209.

84. Jugé que la femme qui, après la cessation de paiements de son mari, mais avant la déclaration de faillite, a garanti solidairement avec lui une dette antérieure à la cessation de paiements, a une hypothèque légale pour sûreté de l'indemnité qui lui est due à raison de ce cautionnement. — 7 nov. 1848, Req. [S.V.49.1.131.] — *Sic*, Devilleneuve, observ. sur cet arrêt.

85. Mais l'annulation, pour cause de fraude, d'une obligation souscrite par le mari et par la femme, comme caution, dans les dix jours qui ont précédé la faillite du mari, bien qu'elle n'ait d'effet que contre le mari, et que la femme ne cesse pas d'être obligée comme caution, empêche cependant la femme de pouvoir prétendre à une hypothèque légale pour sûreté de l'indemnité qui lui est due à raison de ce cautionnement, alors du moins que la femme a participé à la fraude commise par son mari. — 15 mai 1850, Req. [S.V.50.1.609.]

86. Du reste, la nullité de l'hypothèque consentie par le failli, postérieurement à l'époque de l'ouverture de la faillite, entraîne, par voie de conséquence, la nullité des paiements faits en vertu de cette hypothèque. — 30 mai 1848, Cass. [S.V.49.1.501.]

87. Les syndics qui, dans un ordre ouvert pour la distribution du prix des biens du failli, ne contestent pas la collocation d'un créancier dont l'hypothèque serait nulle pour avoir été constituée après la cessation de paiements, ne sont pas recevables à demander cette nullité après la clôture définitive de l'ordre. Ils ne peuvent prétendre que, dans la poursuite d'ordre, ils ne représentaient que le failli et non les créanciers chirographaires. — 7 nov. 1848, Req. [S.V.49.1.165.] — V. l'art. 552.

88. Avant comme depuis le Code de commerce, le failli ne pouvait faire un dépôt à titre de nantissement, de même qu'il ne peut vendre ou hypothéquer. — 16 flor. an 13, Turin. [S.5.2.546; C.N.2.—D.A.8.203.]

89. Le nantissement en créances mobilières, par exemple, en actions de société, consenti par un commerçant qui, plus tard, est tombé en faillite, est nul et sans effet vis-à-vis des tiers, s'il n'a été signifié aux débiteurs des créances données en gage, qu'après l'ouverture de la faillite ou dans les dix jours qui l'ont précédée. — 13 janv. 1845, Montpellier. [S.V.45.2.405.]

90. Jugé au contraire qu'un nantissement consenti par un négociant, depuis tombé en faillite, est valable à l'égard des créanciers de la faillite, alors même qu'il n'a été signifié que depuis la cessation de paiements, mais toutefois avant le jugement déclaratif de la faillite. — 4 janv. 1847, Cass. [S.V.47.1.161.—D.P.47.1.135.—P.47.1.227.] — *Id.* 22 juin 1847, Nîmes. [S.V.48.2.76.] — *Id.* 19 juin 1848, Req. [S.V.48.1.465.] — *Sic*, Devilleneuve, observ. sur ce dernier arrêt. — *Contra*, Troplong, *Nantiss.*, nos 279 et s.; Massé, t. 6, n° 318. — V. aussi Renouard, t. 1er, p. 362, et *sup.*, nos 68 et s.

91. Le privilége du commissionnaire n'est pas du nombre de ceux que la loi déclare ne pouvoir s'acquérir valablement dans les dix jours qui précèdent la faillite. — 13 juin 1818, Rennes. [S.18.2.278; C.N.5.—D.A.2.764.] — *Id.* 25 août 1851, Aix. [S.V.52.2.162.—D.P.51.2.215.] — *Id.* 29 nov. 1843, Douai. [S.V.44.2.145.—D.P.44.2.109.—P.44.2.134.] — *Sic*, Pardessus, *Consultat. dans la 1re affaire*; Delamarre et Lepoitvin, *Contr. de comm.*, t. 2, n° 367; Troplong, *Hypoth.*, t. 3, n° 651, et *Nantiss.*, n° 266. — V. les art. 95 et 576.

92. Décidé, par suite, que les agents ou syndics provisoires d'une faillite qui arrêtent des marchandises expédiées sans fraude dans les dix jours à un commissionnaire, pour le couvrir de ses avances, commettent une voie de fait qui les rend passibles de dommages-intérêts. — 13 juin 1818, Rennes. [S.18.2.278; C.N.5.—D.A.2.764.]

93. Le failli ne peut lui-même se prévaloir de la nullité prononcée par les art. 446 et 447, établie par ces articles dans l'intérêt exclusif de la masse des créanciers. — 24 déc. 1853, Paris (le *Droit*, 2 fév. 1854). — *Sic*, Bioche, v° *Faillite*, n° 95; Lainné, p. 66; Renouard, t. 1er, n° 120; Goujet et Merger, v° *Faillite*, n° 184. — V. *supra*, nos 40 et 41.

[448] — 1. — Sous l'empire de l'ancien art. 443, l'inscription prise par un créancier dans l'intervalle de temps écoulé entre l'époque à laquelle la faillite avait été déclarée remonter, et le jugement déclaratif de la faillite, était essentiellement nulle, quelle que fût la bonne foi du créancier. — 9 mars 1829, Bordeaux. [S.30.2.119; C.N.9.—D.P.30.2.167.]

2-3. *Id.*..., Soit que cette ouverture eût été reportée à une époque antérieure au jugement déclaratif de la faillite, soit qu'elle n'eût été fixée qu'au jour de ce jugement : à cet égard, point de distinction. — 8 août 1834, Req. [S.V.34.1.556.—D.P.34.1.333.] — *Id.* 26 fév. 1835, Paris. [S.V.35.2.245.—D.P.35.2.103.]

4. *Id.*..., Et bien que le titre en vertu duquel l'inscription avait été prise fût antérieur aux dix jours. — 27 déc. 1806, Turin. [S.6.2.746; C.N.2.—D.A.9.242.] — *Id.* 11 juin 1817, Req. [S.18.1.41; C.N.5.—D.A.9.242.] — *Id.* 25 fév. 1845, Req. [S.V.45.1.417.—D.P.45.1.175.]

5. Un privilége (celui du vendeur) pouvait être utilement inscrit après la faillite de l'acquéreur. — 25 juin 1835, Metz. [S.V.38.1.97.—D.P.38.1.51.] — *Sic*, Tarrible, *Rép.*, v° *Inscript. hypoth.*, § 5, n° 10; Persil, *Rég. hypoth.*, art. 2146, n° 5; Grenier, *Hypoth.*, t. 1er, n° 125; Zachariæ, t. 2, § 272, note 14. — V. Esnault, t. 1er, n° 220.

6. Jugé en sens contraire. — 16 juill. 1818, Req. [S.19.1.27; C.N.5.—D.A.9.245.] — *Id.* 12 juill. 1824, Cass. [S.V.25.2.102; C.N.7.—D.A.9.195.] — *Id.* 22 mars 1826, Toulouse. [C.N.8.—D.P.26.2.186.] — *Sic*, Pardessus, n° 1136; Troplong, *Hypoth.*, t. 3, n° 650; Duranton, t. 20, n° 78.

7. Le privilége du constructeur doit, pour être conservé, avoir été inscrit avant le jour du jugement déclaratif de la faillite du débiteur. — 12 juin 1841, Rouen. [D.P.41.2.204.]

8. L'entrepreneur de constructions qui, pour la conservation de son privilége, a fait dresser un procès-verbal de l'état des lieux et des travaux à faire, conformément à l'art. 2103, mais qui ne l'a pas fait inscrire en conformité de l'art. 2110, C. civ., ne peut plus utilement inscrire le procès-verbal de réception de ses travaux, et perd par suite son privilége, si, dans l'intervalle, le propriétaire débiteur du prix des travaux est tombé en faillite. Vainement prétendrait-il qu'il ne pouvait être tenu d'inscrire tant que les travaux n'étaient pas achevés et reçus. — 1er mars 1847, Limoges. [S.V.47.2.537.]

9. L'art. 448 ne s'applique qu'aux créances principales, et non aux intérêts d'une créance antérieurement inscrite. Par suite, le créancier hypothécaire, inscrit avant la faillite, peut prendre après la déclaration de faillite une inscription pour les intérêts de sa créance, non conservés par l'inscription première. — 20 fév. 1850, Req. [S.V.50.1.185.]

10. Les dispositions de notre article ne sont point applicables au renouvellement d'inscription d'une hypothèque ou d'un privilége précédemment inscrit. — Pardessus, n° 1136; Boulay-Paty, n° 74; Esnault, t. 1er, n° 224; Bédarride, t. 1er, n° 151; Goujet et Merger, v° *Faillite*, 246.

11. Sur le point de savoir si la faillite du débiteur dispense les créanciers de renouveler leurs inscriptions, — V. notre *Cod. civ. annoté*, art. 2154, nos 2 et s.

12. L'art. 448 qui, tout en permettant de prendre inscription sur les biens du failli jusqu'au jour du jugement déclaratif de la faillite, ajoute que, lorsque plus de quinze jours se seront écoulés entre la date du titre hypothécaire et celle de l'inscription, cette inscription pourra être annulée par les juges, doit être entendu en ce sens, que la nullité de l'inscription dans ce cas est subordonnée à la preuve que le retard d'inscrire provient d'un empêchement de force majeure ou tout au moins sérieux ; à défaut de cette preuve par le créancier, son inscription doit être annulée. — 9 août 1848, Bourges. [S.V.49.2.327.] — *Sic*, Bédarride, t. 1er, n° 128.

13. Du reste, à cet égard, l'art. 448 laisse aux juges du fond la faculté d'annuler l'inscription tardive, suivant les circonstances qu'ils ont le pouvoir souverain d'apprécier. Ainsi, l'arrêt qui, pour annuler une inscription tardive, se fonde sur ce qu'aucun empêchement de force majeure, ou tout au moins sérieux, n'a fait obstacle à l'inscription, échappe à la censure de la Cour de cassation. — 17 avril 1849, Req. [S.V.49.1.678.—D.P.49.1.130.]

14. Une donation d'immeubles ne peut être déclarée nulle par cela seul qu'elle a été transcrite dans les dix jours qui précèdent l'ouverture de la faillite du donateur. — 17 juin 1822, Grenoble. [S.23.2.275; C.N.7.—D.A.5.361.] — *Sic*, Locré, p. 43; Coin-Delisle, *Donat.*, art. 941, n° 14; Bioche, *Dict. de proc.*, v° *Faillite*, n° 99; Bédarride, t. 1er, n° 104; Goujet et Merger, v° *Faillite*, n° 191.

15. De même, une donation faite par une personne depuis tombée en faillite peut être valablement transcrite après l'ouverture de la faillite, ou dans les dix jours qui l'ont précédée, alors qu'elle a été faite et acceptée antérieurement de bonne foi. — 26 nov. 1845, Req. [S.V.46.1.226.—D.P.46.1.33.—P.46.1.121.]

16. *Id.*..., Même alors que plus de quinze jours se seraient écoulés entre la donation et la transcription. — 9 août 1847, Bourges. [S.V.47.2.485.]

17. *Id.*..., Surtout lorsque la bonne foi des donataires, au moment de la transcription, n'est pas mise en doute. — 3 juin 1844, Montpellier. [S.V.45.2.101.] — *Id.* 24 mai 1848, Req. [S.V.48.1.457.]

18. Jugé au contraire que la donation d'un immeuble faite par un individu qui plus tard a été déclaré en état de faillite, est sans effet à l'égard des créanciers, lorsqu'elle n'a été transcrite qu'après l'époque à laquelle a été fixée l'ouverture de la faillite. — 27 avril 1840, Montpellier. [S.V.40.2.449.—D.P.40.2.211.—P.41.1.501.]

19. La nullité des inscriptions hypothécaires prises dans les dix jours qui précèdent la faillite ne peut être invoquée que par les autres créanciers, et non par le tiers détenteur. — Persil, *Rég. hyp.*, art. 2146, n° 12.

20. Sur la validité des inscriptions prises sur un débiteur en déconfiture, V. notre *Cod. civ. annoté*, art. 2146, n° 13.

[449] — 1. L'art. 449 est applicable, non-seulement en cas de faillite du tiré, mais encore au cas où le tireur, qui est en même temps celui pour le compte duquel la lettre a été fournie et contre lequel le porteur exerce son recours en garantie, est en état de faillite. La faillite du tireur, qui a payé après la cessation de paiements, n'a aucune action en rapport contre le tiers porteur. — 16 juin 1846, Req. [S.V.46.1.525.]

2. V. art. 446, nos 12 et suiv.

450. Toutes voies d'exécution pour parvenir au paiement des loyers sur les effets mobiliers servant à l'exploitation du commerce du failli seront suspendues pendant trente jours, à partir du jugement déclaratif de faillite, sans préjudice de toutes mesures conservatoires, et du droit qui serait acquis au propriétaire de reprendre possession des lieux loués.

Dans ce cas, la suspension des voies d'exécution établie au présent article cessera de plein droit.

CHAPITRE II.

De la Nomination du Juge-Commissaire (1).

451. Par le jugement qui déclarera la faillite, le tribunal de commerce désignera l'un de ses membres pour juge-commissaire. [C. comm., 519, 522, 485.]

[450] — 1. [illegible]

[451] — 1. [illegible]

(1) [illegible]

452. Le juge-commissaire sera chargé spécialement d'accélérer et de surveiller les opérations et la gestion de la faillite.

Il fera au tribunal de commerce le rapport de toutes les contestations que la faillite pourra faire naître, et qui seront de la compétence de ce tribunal. [C. comm., 514, 558.]

453. Les ordonnances du juge-commissaire ne seront susceptibles de recours que dans les cas prévus par la loi. Ces recours seront portés devant le tribunal de commerce. [C. comm., 466, 474, 530, 567.]

454. Le tribunal de commerce pourra, à toutes les époques, remplacer le juge-commissaire de la faillite par un autre de ses membres.

CHAPITRE III.

De l'apposition des Scellés, et des premières dispositions à l'égard de la Personne du failli.

455. Par le jugement qui déclarera la faillite, le tribunal ordonnera l'apposition des scellés et le dépôt de la personne du failli dans la maison d'arrêt pour dettes, ou la garde de sa personne par un officier de police ou de justice, ou par un gendarme.

Néanmoins, si le juge-commissaire estime que l'actif du failli peut être inventorié en un seul jour, il ne sera point apposé de scellés, et il devra être immédiatement procédé à l'inventaire.

Il ne pourra, en cet état, être reçu, contre le failli, d'écrou ou recommandation pour aucune espèce de dettes. [C. pr., 907 et s. — C. comm., 468.]

Goujet et Merger, v° *Faillite*, n° 248. — V. *infrà*, art. 454, 519 et 527.

2. Le jugement qui déclare un commerçant en état de faillite (ou de liquidation judiciaire) obéit suffisamment à la loi qui veut que ce jugement fixe l'époque de la cessation des payements, et nomme un juge-commissaire et des syndics, en s'en référant sur ce point aux énonciations d'un jugement antérieur, alors même que ce jugement a été annulé : ce n'est pas là faire revivre ce jugement, c'est lui faire un emprunt purement matériel. — 29 janv. 1850. Rej. [S.V.50.1.373.]

[452] — 1. Le juge-commissaire surveille, mais n'administre pas. — Pardessus, n° 1142; Boulay-Paty, t. 1er, n° 118; Lainné, p. 83; Renouard, art. 452; Bédarride, t. 1er, n° 150.

2. Ce droit de surveillance du juge-commissaire n'oblige pas les syndics à prendre son autorisation pour intenter les actions de la faillite. — 1er fév. 1830, Rej. [S.30.1.42; C.N.9.—D.P.30.1.102.] — Sic, Pardessus, n° 1143; Bédarride, n° 150; Goujet et Merger, n° 233. — Contrà, Esnault, n° 232, qui reconnaît néanmoins que l'autorisation, dans ce cas, n'a pas besoin d'être donnée par écrit. — V. sup., art. 443, n° 78, et infrà, art. 485.

3. Spécialement, il n'est pas besoin de l'autorisation du juge-commissaire pour l'appel à interjeter, par les syndics, d'un jugement rendu contre la masse de la faillite. — 25 avr. 1842. Paris. [S.14.2.31; C.N.4.—D.A.1.487.]

4. Le juge-commissaire peut concourir au jugement des contestations relatives à la faillite. — 16 nov. 1829, Rouen. [S.30.2.344; C.N.9.—D.P.31.2.26.] — Sic, Pardessus, n° 1142; Boche, *Dict. de proc.*, v° *Faillite*, n° 119; Renouard, t. 1er, p. 532; Bédarride, t. 1er, n° 153; Esnault, t. 1er, n° 248, et 249, qui excepte cependant le cas où le tribunal aurait à se prononcer sur les propres ordonnances de ce magistrat. — V. sur ce dernier point, *infrà*, art. 455, n° 3.

5. Le juge-commissaire a voix délibérative, même lorsque l'affaire est portée à une section du tribunal autre que celle à laquelle il siège habituellement. — Pardessus, Bédarride et Boche, *ubi suprà*; Goujet et Merger, n° 231.

6. Les suppléants des tribunaux de commerce, nommés juges-commissaires dans les faillites, ont aussi, comme tous juges-commissaires, à peine de nullité, voix délibérative au jugement, quand même le tribunal se trouverait déjà composé de trois juges titulaires. — 28 juin 1850. Montpellier. [S.V.50.2.413.] — V. toutefois les observations de Devilleneuve sur cet arrêt, *loc. cit.*

7. En présidant aux débats qui s'élèvent sur la vérification des créances, le juge-commissaire n'exerce pas un pouvoir de juridiction : il se borne à constater, préciser les difficultés qui divisent les parties; — les discussions devant ce juge sont donc en dehors de l'action qui doit être ultérieurement portée devant le tribunal, et ne sauraient avoir pour effet d'attribuer au tribunal de commerce la connaissance de la difficulté au sujet de laquelle la contestation s'est élevée devant le juge-commissaire. — 17 juin 1848. Rouen. [*Jurisp. de Rouen*, t. 11, p. 121.] — V. *infrà*, art. 498 et s.

8. Le juge-commissaire à une faillite n'a aucun caractère pour ordonner ou faire la recherche des objets prétendus recélés par le failli, pour l'interroger et ordonner sa mise en arrestation; ce droit n'appartient qu'aux officiers de police judiciaire et au juge d'instruction. — 15 novembre 1825. Cass. [S.24.1.136; C.N.7.—D.A.8.102.] — Sic, Pardessus, n° 1142; Boulay-Paty, v° *Faillite*, n° 125; Esnault, t. 1er, n° 246; Goujet et Merger, n° 253. — V. *infrà*, art. 477 et 499.

[453] — 1. Les cas de recours dont parle l'art. 453 sont ceux prévus par les art. 466, 474, 530 et 567. — V. ces articles et les notes.

2. Le recours est recevable jusqu'à l'exécution des ordonnances ou jusqu'à leur notification, qui n'est pas obligatoire. — Renouard, t. 1er, p. 395; de Saint-Nexent, t. 2, n° 294; Dalloz, t. 24, v° *Faillite*, n° 555.

3. Le juge-commissaire peut-il siéger parmi les juges chargés de prononcer sur les recours formés contre ses ordonnances? — Oui, selon Renouard, t. 1er, p. 395, sur l'art. 445. — *Contrà*, Esnault, n° 252; Goujet et Merger, v° *Faillite*, n° 232; Dalloz, n° 554. — V. *suprà*, art. 452, n° 4.

4. Sous l'ancien Code, on admettait la voie de l'appel contre les ordonnances du juge-commissaire. — 13 mars 1810, Bruxelles. [S.11.2.291; C.N.3.—D.A.1.445.]

5. Il a été jugé toutefois, en sens contraire que les ordonnances du juge-commissaire, quelles qu'elles puissent être, étant provisoires, et, comme telles, nécessairement dépendantes de l'appréciation ou de l'improbation du tribunal qu'il assiste, elles ne pourraient avoir le caractère de jugement, ni conséquemment donner ouverture à l'appel. — 26 mai 1815, Bruxelles. [D.A.8.134.] — V. à cet égard, Bédarride, t. 2, n° 160; Dalloz, n° 555.

6. Quant aux jugements qui statuent sur les recours formés contre les ordonnances rendues par le juge-commissaire dans les limites de ses attributions, ils ne sont aujourd'hui susceptibles ni d'opposition, ni d'appel, ni de pourvoi en cassation. — V. l'art. 583.

[454] — 1. La décision qui prononce le remplacement du juge-commissaire étant plutôt un acte d'administration qu'une décision judiciaire, n'a pas besoin d'être motivée. — Pardessus, n° 1149; Lainné, p. 86; Renouard, t. 1er, p. 396; de Saint-Nexent, t. 2, p. 295; Bédarride, t. 1er, n° 166.

2. Et par cette raison, elle n'est susceptible d'aucun recours. — V. l'art. 583, § 1er.

3. Le juge-commissaire peut être, de la part des parties intéressées, l'objet d'une récusation, s'il se trouve dans l'un des cas de récusation prévus par les art. 378 et s. du Cod. de procéd., reconnus applicables aux membres des tribunaux de commerce. La récusation serait jugée par le tribunal qui l'a nommé. — Esnault, t. 1er, n° 257 et s. — V. art. 378, Cod. proc. et les notes.

4. Il peut aussi être pris à partie. — Esnault, n° 244. — V. art. 505 et 509, Cod. proc. civ.

[455] — 1. L'apposition des scellés sur les biens d'un commerçant, demandée par ses créanciers, ne peut, à peine de nullité absolue, être ordonnée par un seul juge : elle doit l'être par le tribunal en corps. — 2 juill. 1809, Riom. [S.14.2.185; C.N.3.—D.A.8.27.]

2-3. Selon Bédarride, t. 1er, n° 172, le juge-commissaire peut dispenser de l'apposition des scellés et même de l'inventaire, lorsque, avant la déclaration de faillite, le mobilier et les marchandises du failli ont été saisis à la requête de l'un de ses créanciers; dans ce cas, le procès-verbal de l'huissier tient lieu de l'inventaire. — V. aussi Dalloz, t. 24, v° *Faillite*, n° 560 [Nouv. édit.].

4. Quand le juge-commissaire estime qu'il n'y a pas lieu à apposition de scellés, l'inventaire se fait sans l'assistance du juge de paix. — 8 août 1838 et 5 août 1839, Ord. du présid. du Trib. de la Seine [*J. de proc.*, art. 1347.] — Sic, Renouard, t. 1er, p. 406; Esnault, t. 2, n° 530; Lainné, p. 144. — *Contrà*, Carou, *Juridict. des juges de paix*, t. 2, n° 1067; Bressol-Veyrières, *Gaz. des trib.* du 24 juin 1852; Esnault, *Comm. des lois* de 1838, n° 510; Goujet et Merger, v° *Faillite*, n° 355; Dalloz, *ubi suprà*, n° 561. — V. au surplus sur les formes de l'inventaire, *infrà*, article 480.

5. Il n'est dû, pour le procès-verbal d'apposition des scellés, et pour l'inventaire, qu'un droit fixe d'enregistrement de 2 fr., quel que soit le nombre des vacations. [L. 24 mai 1834, art. 11.]

6. Tant que dure l'état de faillite, la contrainte par corps ne peut être exercée contre le failli. — 31 juill. 1825, Angers. [S.25.2.319; C.N.7.—D.A.8.23.] — Sic, Pardessus, n° 1152; Renouard, t. 1er, p. 311; Esnault, t. 1er, n° 158; Bédarride, t. 1er, n° 172; Dalloz, *ubi suprà*, n° 421 et 578. — V. *infrà*, art. 472 et les notes.

7. *Id.* Même par un créancier postérieur à la faillite. — 16 mai 1851, Lyon. [S.V.51.2.373.] — V. toutefois décision contraire rendue sous l'ancien Code, 6 juin 1831; Rej. [S.V.31.1.258.—D.P.31.1.211.]

8. *Id.* Sur même pour cause de stellionat. — 1857, Metz. [D.P.57.2.22.] — Sic, Renouard, *loc. cit.* — V. cependant, *infrà*, art. 586, n° 5.

9. *Id.* Soit aussi pour dommages-intérêts et frais alloués en matière criminelle ou correctionnelle. — 12 oct. 1837. Paris. [S.V.38.2.420.] — *Id.* 28 nov. 1837. Paris. [S.V. *loc. cit.*, note.] — *Id.* 21 nov. 1855. Nancy. [S.V.56.2.417.] — Sic, Renouard, *loc. cit.*; Boileux, n° 581. — *Contrà*, Pardessus, n° 1145; Esnault, t. 2, n° 512.

10. Jugé encore que l'exécution de la contrainte par corps, prononcée dans ce cas contre le failli, doit se concilier avec les dispositions du Code de commerce qui déterminent les cas où, dans l'intérêt de la masse des créanciers, le failli peut être privé ou admis à jouir de la liberté de sa personne. — 6 mai 1846, Rej. [S.V.46.1.844.—D.P.46.1.316.]

11. Le failli qui est emprisonné comme banqueroutier simple, par suite d'une condamnation intervenue contre lui, ne peut être valablement recommandé, s'il est en même temps sous le poids du dépôt ordonné par l'art. 455. — 23 mai 1829, Rej. [S.30.1.364; C.N.9.—D.P.30.1.259.]

12. Décidé même que, dans ce cas, il doit être mis en liberté aussitôt qu'il a subi sa peine; ses créanciers ne peuvent pas le retenir en prison, par le motif qu'ils ne sont pas entièrement payés, lorsque d'ailleurs ils n'ont obtenu avant la faillite aucun jugement qui prononce la contrainte par corps contre lui. — 6 mai 1814. Cass. [S.14.1.253; C.N.4.—D.A.8.91.]

13. Jugé toutefois que le dépôt du failli dans la maison d'arrêt peut être effectué, bien que le failli ait été condamné à l'emprisonnement comme banqueroutier, et ait subi sa peine; le dépôt n'intéresse pas seulement la vindicte publique... sauf au failli à demander, s'il y avait lieu, à être mis en liberté, son sauf-conduit, en la forme prescrite. — 9 nov. 1824, Rej. [S.25.1.251; C.N.7.—D.A.8.92.] — V. sur ce dernier point, *infrà*, art. 472 et 473.

14. *Id.* Au cas où il y a eu contrat d'union entre les créanciers. — 2 nov. 1824, Rej. [S.25.1.251; C.N.7.—D.A.8.92.] — *Id.* 28 juin 1829, Paris. [S.28.2.330; C.N.9.—D.P.29.2.15.]

15. Le dépôt du failli dans la maison d'arrêt peut être ordonné quoique le failli soit septuagénaire. Il en est ainsi de la contrainte par corps. — 25 déc. 1847. Paris. [S.V.48.2.288.] — *Id.* 30 août 1853, Nancy; 10 juin 1857

456. Lorsque le failli se sera conformé aux articles 438 et 439, et ne sera point, au moment de la déclaration, incarcéré pour dettes ou pour autre cause, le tribunal pourra l'affranchir du dépôt ou de la garde de sa personne.

La disposition du jugement qui affranchirait le failli du dépôt ou de la garde de sa personne pourra toujours, suivant les circonstances, être ultérieurement rapportée par le tribunal de commerce, même d'office.

457. Le greffier du tribunal de commerce adressera, sur-le-champ, au juge de paix, avis de la disposition du jugement qui aura ordonné l'apposition des scellés.

Le juge de paix pourra, même avant ce jugement, apposer les scellés, soit d'office, soit sur la réquisition d'un ou plusieurs créanciers, mais seulement dans le cas de disparition du débiteur ou de détournement de tout ou partie de son actif.

458. Les scellés seront apposés sur les magasins, comptoirs, caisses, portefeuilles, livres, papiers, meubles et effets du failli.

En cas de faillite d'une société en nom collectif, les scellés seront apposés, non-seulement dans le siége principal de la société, mais encore dans le domicile séparé de chacun des associés solidaires.

Dans tous les cas, le juge de paix donnera, sans délai, au président du tribunal de commerce, avis de l'apposition des scellés. [C. comm., 458, 471, 480.]

459. Le greffier du tribunal de commerce adressera, dans les vingt-quatre heures, au procureur du Roi du ressort, extrait des jugements déclaratifs de faillite, mentionnant les principales indications et dispositions qu'ils contiennent. [C. comm., 482, 483.]

460. Les dispositions qui ordonneront le dépôt de la personne du failli dans une maison d'arrêt pour dettes, ou la garde de sa personne, seront exécutées à la diligence, soit du ministère public, soit des syndics de la faillite.

461. Lorsque les deniers appartenant à la faillite ne pourront suffire immédiatement aux frais du jugement de déclaration de la faillite, d'affiche et d'insertion de ce jugement dans les journaux, d'apposition des scellés, d'arrestation et d'incarcération du failli, l'avance de ces frais sera faite, sur ordonnance du juge-commissaire, par le trésor public, qui en sera remboursé par privilége sur les premiers recouvrements, sans préjudice du privilége du propriétaire. [C. comm., 587.]

CHAPITRE IV (1).

De la nomination et du remplacement des Syndics provisoires.

462. Par le jugement qui déclarera la faillite, le tribunal de commerce nommera un ou plusieurs syndics provisoires.

Le juge-commissaire convoquera immédiatement les créanciers présumés à se réunir dans un délai qui n'excédera pas quinze jours. Il consultera les créanciers présents à cette réunion, tant sur la composition de l'état des créanciers présumés que sur la nomination de nouveaux syndics. Il sera dressé procès-verbal de leurs dires et observations, lequel sera représenté au tribunal.

Sur le vu de ce procès-verbal et de l'état des créanciers présumés, et sur le rapport du juge-commissaire, le tribunal nommera de nouveaux syndics, ou continuera les premiers dans leurs fonctions.

Les syndics ainsi institués sont définitifs; cependant ils peuvent être remplacés par le tribunal de commerce, dans les cas et suivant les formes qui seront déterminés.

Le nombre des syndics pourra être, à toute époque, porté jusqu'à trois; ils pourront être choisis parmi les personnes étrangères à la masse, et recevoir, quelle que soit leur qualité, après avoir rendu compte de leur gestion, une indemnité que le tribunal arbitrera sur le rapport du juge-commissaire. [C. comm., 462, 519, 529, 536, 560.]

Trib. de Toulouse, et Troplong, *Contr. par corps*, n°s 36 et 37.

(6. A Paris, les gardes du commerce peuvent être commis à la garde des faillis. — Décr. 14 mars 1808, art. 7. [S.8.2.137, C.3.19.])

[456] — L'art. 456, qui ne permet pas d'affranchir le failli du dépôt ou de la garde de sa personne, alors qu'au moment de la déclaration de faillite il se trouve incarcéré pour dettes, ne fait point obstacle à ce que, postérieurement, le tribunal de commerce, d'après l'état apparent des affaires du failli, lui accorde un sauf-conduit, aux termes des art. 472 et 473. — 31 août 1840, Paris. [S.V.40.2.[illegible]] — V. ces articles et les notes.

[457] . . . .

[458] — 1. Au cas de faillite d'une société en commandite ou anonyme, il n'y a pas lieu d'apposer les scellés au domicile personnel, soit des commanditaires, soit des membres de la société anonyme, à moins qu'ils ne fussent détenteurs de valeurs, livres ou papiers appartenant à la société, sur lesquels seuls les scellés devraient être apposés. — Pardessus, n° 1146; Boulay-Paty, t. 1er, n° 43; Renouard, t. 1er, p. 402; Esnault, t. 1er, n°s 274 et 275; Bédarride, t. 1er, n°s 198 et 197.

2. Il en serait différemment au cas où l'un ou plusieurs des associés commanditaires se seraient immiscés dans la gestion. — Esnault, n° 274; Lainné, p. 93. — Toutefois, dans ce cas, les scellés ne pourraient être apposés à leurs domiciles personnels, qu'après que la question d'immixtion aurait été définitivement jugée. — *Sic*, Pardessus et Boulay-Paty, *loc. cit.*; Bédarride, n° 198; Goujet et Merger, v° *Faillite*, n° 263.

[459] . . . .

[460] — 1. Cet article doit être entendu en ce sens, que le ministère public n'est pas tenu de requérir, dans tous les cas, l'incarcération du failli, mais qu'il en a le droit suivant les circonstances, lors même que les syndics ne le demandent pas. — 5 août 1840. Av. du comité de législ. du cons. d'État, et circul. du garde des sceaux du 1er oct. suivant. (Gilbert, *Man. des jug. de comm.*, p. 260.)

2. Cette incarcération ne doit pas être précédée d'une consignation d'aliments; l'État doit faire l'avance des aliments pour le temps durant lequel le détenu sera maintenu, sauf son recours contre la faillite, lesquels aura des fonds disponibles, conformément à l'art. 461. — Même avis.

[461] — 1. Pour le mode d'exécution de cet article, voy. circul. du minist. de la justice, du 8 juin 1838.

2. Sous la dénomination de *frais d'incarcération*, sont compris les aliments dont la consignation est indispensable. — V. même circulaire. — V. aussi, instr. minist. du 30 avril 1837 [S.38.2.314]; Renouard, t. 1er, p. 488; Esnault, t. 1er, n° 280; Bédarride, t. 1er, n° 203; Goujet et Merger, v° *Faillite*, n°s 266 et suiv.

[462] — 1. Sous l'ancien Code, les agents étant nommés directement par le tribunal de commerce, les syndics provisoires qui devaient les remplacer étaient nommés par le tribunal, mais sur une liste triple présentée par les créanciers. La loi du 28 mai 1838 ayant supprimé les agents et n'ayant pas maintenu ce dernier mode de nomination des syndics provisoires, il

---

(1) Suite de l'ancien texte :

CHAPITRE V.

DU BILAN.

470. Le failli qui aura, avant la déclaration de sa faillite, préparé son bilan, ou état passif et actif de ses affaires, et qui l'aura gardé par devers lui, le remettra aux agents, dans les vingt-quatre heures de leur entrée en fonctions.

471. Le bilan devra contenir l'énumération et l'évaluation de tous les effets mobiliers et immobiliers du débiteur, l'état des dettes actives et passives, le tableau des profits et des pertes, le tableau des dépenses; le bilan devra être certifié véritable, daté et signé par le débiteur.

472. Si, à l'époque de l'entrée en fonctions des agents, le failli n'avait pas préparé le bilan, il sera tenu, par lui ou par son fondé de pouvoir, suivant les cas prévus par les articles 468 et 469, de procéder à la rédaction du bilan, en présence des agents ou de la personne qu'ils auront préposée. — Les livres et papiers du failli lui seront, à cet effet, communiqués sans déplacement.

473. Dans tous les cas où le bilan n'aurait pas été rédigé, soit par le failli, soit par un fondé de pouvoir, les agents procéderont eux-mêmes à la formation du bilan, au moyen des livres et papiers du failli, et au moyen des informations et renseignements qu'ils pourront se procurer auprès de la femme du failli, de ses enfants, de ses commis et autres employés.

474. Le juge-commissaire pourra aussi, soit d'office, soit sur la demande d'un ou plusieurs créanciers, ou même de l'agent, interroger les individus désignés dans l'article précédent, à l'exception de la femme et des enfants du failli, tant sur ce qui concerne la formation du bilan que sur les causes et les circonstances de sa faillite.

475. Si le failli vient à décéder après l'ouverture de sa faillite, sa veuve ou ses enfants pourront se présenter pour suppléer leur auteur dans la formation du bilan, et pour toutes les autres obligations imposées au failli par la présente loi; à leur défaut, les agents procéderont.

CHAPITRE VI.

DES SYNDICS PROVISOIRES.

SECTION 1re

De la nomination des Syndics provisoires.

476. Dès que le bilan aura été remis par les agents au commissaire, celui-ci dressera, dans trois jours pour tout délai, la liste des créanciers, qui sera remise au tribunal de commerce, et il les fera convoquer par lettres, affiches et insertion dans les journaux.

477. Même avant la rédaction du bilan, le commissaire délégué pourra convoquer les créanciers, suivant l'exigence des cas.

478. Les créanciers convoqués se réuniront, en présence du commissaire, aux jour et lieu indiqués par lui.

479. Toute personne qui se présenterait comme créancière à cette assemblée, et dont le titre serait postérieurement reconnu supposé de concert entre elle et le failli, encourra les peines portées contre les complices de banqueroutiers frauduleux.

480. Les créanciers réunis présenteront au juge-commissaire une liste triple du nombre des syndics provisoires qu'ils estimeront devoir être nommés; sur cette liste, le tribunal de commerce nommera.

SECTION II.

De la cessation des fonctions des Agents.

481. Dans les vingt-quatre heures qui suivront la nomination des syndics provisoires, les agents cesseront leurs fonctions, et rendront compte aux syndics, en présence du commissaire, de toutes leurs opérations et de l'état de la faillite.

482. Après ce compte rendu, les syndics continueront les opérations commencées par les agents, et seront chargés provisoirement de toute l'administration de la faillite, sous la surveillance du juge-commissaire.

SECTION III.

Des Indemnités pour les Agents.

483. Les agents, après la reddition de leur compte, auront droit à une indemnité, qui leur sera payée par les syndics provisoires.

484. Cette indemnité sera réglée selon les lieux et suivant la nature de la faillite, d'après les bases qui seront établies par un règlement d'administration publique.

485. Si les agents ont été pris parmi les créanciers, ils ne recevront aucune indemnité.

463. Aucun parent ou allié du failli, jusqu'au quatrième degré inclusivement, ne pourra être nommé syndic.

464. Lorsqu'il y aura lieu de procéder à l'adjonction ou au remplacement d'un ou plusieurs syndics, il en sera référé par le juge-commissaire au tribunal de commerce, qui procédera à la nomination suivant les formes établies par l'article 462.

465. S'il a été nommé plusieurs syndics, ils ne pourront agir que collectivement; néanmoins le juge-commissaire peut donner à un ou plusieurs d'entre eux des autorisations spéciales à l'effet de faire séparément certains actes d'administration. Dans ce dernier cas, les syndics autorisés seront seuls responsables.

466. S'il s'élève des réclamations contre quelqu'une des opérations des syndics, le juge-commissaire statuera dans le délai de trois jours, sauf recours devant le tribunal de commerce.

Les décisions du juge-commissaire sont exécutoires par provision. [C. comm., 530, 453, 583.]

467. Le juge-commissaire pourra, soit sur les réclamations à lui adressées par le failli ou par des créanciers, soit même d'office, proposer la révocation d'un ou plusieurs des syndics.

Si, dans les huit jours, le juge-commissaire n'a pas fait droit aux réclamations qui lui ont été adressées, ces réclamations pourront être portées devant le tribunal.

Le tribunal, en chambre du conseil, entendra le rapport du juge-commissaire et les explications des syndics, et prononcera à l'audience sur la révocation.

CHAPITRE V.

Des fonctions des Syndics.

SECTION PREMIÈRE.

Dispositions générales.

468. Si l'apposition des scellés n'avait point

[illegible]

[463] [illegible]

[464] [illegible]

[465] [illegible]

[466] [illegible]

[467] [illegible]

[468] . . . .

eu lieu avant la nomination des syndics, ils requerront le juge de paix d'y procéder. [C. comm., 455, 458.]

469. Le juge-commissaire pourra également, sur la demande des syndics, les dispenser de faire placer sous les scellés, ou les autoriser à en faire extraire :

1° Les vêtements, hardes, meubles et effets nécessaires au failli et à sa famille, et dont la délivrance sera autorisée par le juge-commissaire, sur l'état que lui en soumettront les syndics ;

2° Les objets sujets à dépérissement prochain ou à dépréciation imminente ;

3° Les objets servant à l'exploitation du fonds de commerce, lorsque cette exploitation ne pourrait être interrompue sans préjudice pour les créanciers.

Les objets compris dans les deux paragraphes précédents seront de suite inventoriés avec prisée par les syndics, en présence du juge de paix, qui signera le procès-verbal. [C. comm., 458, 479.]

470. La vente des objets sujets à dépérissement ou à dépréciation imminente, ou dispendieux à conserver, et l'exploitation du fonds de commerce, auront lieu à la diligence des syndics, sur l'autorisation du juge-commissaire.

471. Les livres seront extraits des scellés et remis par le juge de paix aux syndics, après avoir été arrêtés par lui ; il constatera sommairement, par son procès-verbal, l'état dans lequel ils se trouveront.

Les effets de portefeuille à courte échéance ou susceptibles d'acceptation, ou pour lesquels il faudra faire des actes conservatoires, seront aussi extraits des scellés par le juge de paix, décrits et remis aux syndics pour en faire le recouvrement. Le bordereau en sera remis au juge-commissaire.

Les autres créances seront recouvrées par les syndics sur leurs quittances. Les lettres adressées au failli seront remises aux syndics, qui les ouvriront ; il pourra, s'il est présent, assister à l'ouverture. [C. comm., 444, 458, 496.]

472. Le juge-commissaire, d'après l'état apparent des affaires du failli, pourra proposer sa mise en liberté avec sauf-conduit provisoire de sa personne. Si le tribunal accorde le sauf-conduit, il pourra obliger le failli à fournir caution de se représenter, sous peine de paiement d'une somme que le tribunal arbitrera, et qui sera dévolue à la masse. [C. comm., 455, 488, 505, 586, 883.]

473. A défaut, par le juge-commissaire, de proposer un sauf-conduit pour le failli, ce dernier pourra présenter sa demande au tribunal de commerce, qui statuera, en audience publique, après avoir entendu le juge-commissaire. [C. comm., 585.]

474. Le failli pourra obtenir pour lui et sa famille, sur l'actif de sa faillite, des secours alimentaires, qui seront fixés, sur la proposition des syndics, par le juge-commissaire, sauf appel au tribunal en cas de contestation. [C. comm., 530, 583.]

475. Les syndics appelleront le failli auprès d'eux pour clore et arrêter les livres en sa présence.

S'il ne se rend pas à l'invitation, il sera sommé de comparaître dans les quarante-huit heures au plus tard.

Soit qu'il ait ou non obtenu un sauf-conduit, il pourra comparaître par fondé de pouvoirs, s'il justifie de causes d'empêchement reconnues valables par le juge-commissaire.

476. Dans le cas où le bilan n'aurait pas été déposé par le failli, les syndics le dresseront immédiatement à l'aide des livres et papiers du failli, et des renseignements qu'ils se procureront, et ils le déposeront au greffe du tribunal de commerce. [C. comm., 439, 522.]

---

[469] — 1. L'épouse du failli peut [illegible]

2. Le failli ne peut, [illegible]

3. Dans tous les cas, les syndics ne peuvent, [illegible]

4. V. art. 486, n° 11.

[470] — 1. Par objets dispendieux à conserver, [illegible]

2. [illegible]

3. [illegible]

4. [illegible]

[471] — 1. L'opération exprimée par le mot [illegible]

2. [illegible]

3. [illegible]

4. V. au surplus une instruction générale sur le service des postes, [illegible]

[472 et 473] — 1. L'effet de la contrainte par corps [illegible]

2. De même, le sauf-conduit accordé au failli [illegible]

3. [illegible]

4. [illegible]

5. [illegible]

6. [illegible]

7. [illegible]

8. [illegible]

9. Un sauf-conduit délivré à un failli doit subsister [illegible]

10. Le tribunal de commerce peut, [illegible]

11. [illegible]

12. [illegible]

[474] . . . .

[475] — 1. L'opération imposée aux syndics par cet article [illegible]

2. [illegible]

3. A défaut de comparution, [illegible]

[476] — Des syndics qui, par complaisance pour le failli, [illegible]

477. Le juge-commissaire est autorisé à entendre le failli, ses commis et employés, et toute autre personne, tant sur ce qui concerne la formation du bilan que sur les causes et les circonstances de la faillite. [C. comm., 459.]

478. Lorsqu'un commerçant aura été déclaré en faillite après son décès, ou lorsque le failli viendra à décéder après la déclaration de la faillite, sa veuve, ses enfants, ses héritiers, pourront se présenter ou se faire représenter pour le suppléer dans la formation du bilan, ainsi que dans toutes les autres opérations de la faillite. [C. comm., 437, 581, 614.]

SECTION II.

De la Levée des Scellés, et de l'Inventaire (1).

479. Dans les trois jours, les syndics requerront la levée des scellés et procéderont à l'inventaire des biens du failli, lequel sera présent ou dûment appelé. [Cod. proc., 928 et s., 941 et s.; C. comm., 455, 468.]

480. L'inventaire sera dressé en double minute par les syndics, à mesure que les scellés seront levés, et en présence du juge de paix, qui le signera à chaque vacation. L'une de ces minutes sera déposée au greffe du tribunal de commerce, dans les vingt-quatre heures; l'autre restera entre les mains des syndics.

Les syndics seront libres de se faire aider, pour sa rédaction comme pour l'estimation des objets, par qui ils jugeront convenable.

Il sera fait récolement des objets qui, conformément à l'article 469, n'auraient pas été mis sous les scellés, et auraient déjà été inventoriés et prisés. [C. proc., 937, 943.]

481. En cas de déclaration de faillite après décès, lorsqu'il n'aura point été fait d'inventaire antérieurement à cette déclaration, ou en cas de décès du failli avant l'ouverture de l'inventaire, il y sera procédé immédiatement, dans les formes du précédent article et en présence des héritiers, ou eux dûment appelés. [C. comm., 478.]

482. En toute faillite, les syndics, dans la quinzaine de leur entrée ou de leur maintien en fonctions, seront tenus de remettre au juge-commissaire un mémoire ou compte sommaire de l'état apparent de la faillite, de ses principales causes et circonstances, et des caractères qu'elle paraît avoir.

Le juge-commissaire transmettra immédiatement les mémoires, avec ses observations, au procureur du Roi. S'ils ne lui ont pas été remis dans les délais prescrits, il devra en prévenir le procureur du Roi et lui indiquer les causes du retard. [C. comm., 459.]

483. Les officiers du ministère public pourront se transporter au domicile du failli et assister à l'inventaire.

Ils auront, à toute époque, le droit de requérir communication de tous les actes, livres ou papiers relatifs à la faillite. [C. comm., 459, 603, 605.]

SECTION III.

De la Vente des Marchandises et Meubles, et des Recouvrements (2).

484. L'inventaire terminé, les marchandises, l'argent, les titres actifs, les livres et papiers, meubles et effets du débiteur, seront remis aux syndics, qui s'en chargeront au bas dudit inventaire. [Ord. 1673, tit. XI, art. 9.]

485. Les syndics continueront de procéder, sous la surveillance du juge-commissaire, au recouvrement des dettes actives. [C. comm., 490.]

486. Le juge-commissaire pourra, le failli entendu ou dûment appelé, autoriser les syndics

---

précitées. — 11 fév. 1815, Paris. (S.16.2.164.-C. N.5.)

[477] — Ces mots de l'article, *et toutes autres personnes*, comprennent la femme et les enfants du failli. En ce point, il y a innovation à l'ancien art. 474. Cod. comm.—Duvergier, *Collect. des lois*, t. 1838, p. 523.—V. aussi Lainné, p. 137; Renouard, t. 1er, p. 467; Bédarride, t. 1er, n° 338; Dalloz, t. 24, v° *Faillite*, n° 451.—V. *suprà*, art. 452, n° 8.

[478] . . . .

[479] — 1. Le délai de trois jours, dans lequel les syndics doivent requérir la levée des scellés et procéder à l'inventaire, court du jour de leur nomination, si les scellés ont été apposés auparavant. — Renouard, t. 1er, p. 470; Lainné, p. 141; Esnault, t. 2, n° 321.—... Ou de l'apposition des scellés, si elle a eu lieu depuis, conformément à l'art. 468. — Renouard, loc. cit. V. aussi Goujet et Merger, v° *Faillite*, n° 330; Dalloz, t. 24, *eod. verb.*, n° 457. — V. cependant Bédarride, t. 1er, n° 356, qui ne fait courir le délai que du moment où les syndics ont accepté les fonctions qui leur sont conférées par le tribunal.

2. Le procès-verbal de levée des scellés et l'inventaire ne sont soumis qu'à un seul droit fixe d'enregistrement de deux francs, quel que soit le nombre des vacations. (L. 24 mai 1834, art. 11.)

[480] — Le récolement prescrit par cet article ne s'applique pas aux vêtements, hardes, meubles et effets délivrés au failli et à sa famille, comme objets de nécessité, et qui, conformément à l'art. 469, n'ont dû être ni inventoriés ni prisés. — Renouard, t. 1er, p. 475; Lainné, p. 145; Dalloz, t. 24, v° *Faillite*, n° 460.

[481] — 1. La disposition de cet article doit recevoir son application, encore bien qu'il se trouve des mineurs parmi les héritiers du failli.—V. Duvergier, *Collect. des Lois*, t. 1838, p. 530.

2. L'inventaire fait commercialement, conformément à l'article 481, dispense les héritiers, même pour régler leurs droits, soit entre eux, soit avec les tiers, et encore qu'il s'agisse d'une succession bénéficiaire, de recourir aux formalités prescrites pour les inventaires après décès par les art. 942 et s. du Cod. de proc. civ. — Renouard, t. 1er, p. 475.

[482] — L'art. 482 doit être interprété en ce sens qu'il ne doit être fourni par les syndics qu'un seul rapport ou mémoire, après la première nomination du syndicat définitif par nomination nouvelle ou par maintien des syndics provisoires, conformément à l'art. 462. — Renouard, t. 1er, p. 480. — *Contrà*, Esnault, t. 2, n° 331. Selon cet auteur, il doit être fait deux rapports: l'un, par les syndics *provisoires*, dans la quinzaine de leur entrée en fonctions; le second, par les syndics *définitifs*; et cette opinion est partagée par Dalloz, t. 24, v° *Faillite*, n° 447. — A Paris, il n'est fourni qu'un seul mémoire, soit par les syndics provisoires, soit par les syndics *définitifs*, dans la quinzaine de leur entrée ou de leur maintien en fonctions. — Telle paraît être aussi l'opinion de Goujet et Merger, v° *Faillite*, n° 373.

[483 et 484] . . . .

[485] — Le syndic peut poursuivre un débiteur du failli, sans se faire autoriser par le juge-commissaire; du moins, cette autorisation ne serait requise que dans l'intérêt de la masse, le débiteur ne peut se plaindre qu'elle n'ait pas été demandée. — 14 août 1811, Besançon. (*Journ. des av.*, t. 18, p. 237). — *Sic*, Chauveau sur Carré, *L. de la proc.*, q. 2186. — V. art. 453, n°s 2 et 3. — V. *suprà*, art. 458, n°s 2 et 3.

[486] — 1. Le juge-commissaire est seul investi du droit d'autoriser les syndics à procéder à la vente du mobilier et des marchandises du failli, et de celui de régler le mode de vente; le juge des référés ne peut s'immiscer dans ses opérations, et cela, alors même que, par des ordonnances antérieures à la faillite, il aurait prescrit des mesures provisoires qui n'ont pas

---

(1) *Suite de l'ancien texte:*

CHAPITRE VII.

DES OPÉRATIONS DES SYNDICS PROVISOIRES.

SECTION Ire.

De la Levée des Scellés et de l'Inventaire.

486. Aussitôt après leur nomination, les syndics provisoires requerront la levée des scellés, et procéderont à l'inventaire des biens du failli. Ils seront libres de se faire aider, pour l'estimation, par qui ils jugeront convenable. Conformément à l'article 937 du Code de procédure civile, cet inventaire se fera par les syndics à mesure que les scellés seront levés, et le juge de paix y assistera et le signera à chaque vacation.

487. Le failli sera présent ou dûment appelé à la levée des scellés et aux opérations de l'inventaire.

488. En toute faillite, les agents, syndics provisoires et définitifs, seront tenus de remettre, dans la huitaine de leur entrée en fonctions, au magistrat de sûreté de l'arrondissement, un mémoire ou compte sommaire de l'état apparent de la faillite, de ses principales causes et circonstances, et des caractères qu'elle paraît avoir.

489. Le magistrat de sûreté pourra, s'il le juge convenable, se transporter au domicile du failli ou des faillis, assister à la rédaction du bilan, de l'inventaire et des autres actes de la faillite, se faire donner tous les renseignements qui en résulteront, et faire en conséquence les actes ou poursuites nécessaires, le tout d'office et sans frais.

490. S'il présume qu'il y a banqueroute simple ou frauduleuse, s'il y a mandat d'amener, de dépôt ou d'arrêt décerné contre le failli, il en donnera connaissance, sans délai, au juge-commissaire du tribunal de commerce; en ce cas, ce commissaire ne pourra proposer, ni le tribunal accorder de sauf-conduit au failli.

(2) SECTION II.

De la Vente des Marchandises et Meubles, et des Recouvrements.

491. L'inventaire terminé, les marchandises, l'argent, les titres actifs, meubles et effets du débiteur, seront remis aux syndics, qui s'en chargeront au pied dudit inventaire.

492. Les syndics pourront, sous l'autorisation du commissaire, procéder au recouvrement des dettes actives du failli. Ils pourront aussi procéder à la vente de ses effets et marchandises, soit par la voie des enchères publiques, par l'entremise des courtiers et à la bourse, soit à l'amiable, à leur choix.

493. Si le failli a obtenu un sauf-conduit, les syndics pourront l'employer pour faciliter et éclairer leur gestion; ils fixeront les conditions de son travail.

494. A compter de l'entrée en fonctions des agents et ensuite des syndics, toute action civile intentée, avant la faillite, contre la personne et les biens mobiliers du failli, par un créancier privé, ne pourra être suivie que contre les agents et les syndics; et toute action qui serait intentée après la faillite, ne pourra l'être que contre les agents et les syndics.

495. Si les créanciers ont quelque motif de se plaindre des opérations des syndics, ils en référeront au commissaire, qui statuera, s'il y a lieu, ou fera son rapport au tribunal de commerce.

496. Les deniers provenant des ventes et des recouvrements seront versés, sous la déduction des dépenses et frais, dans une caisse à double serrure. Une des clefs sera remise au plus âgé des agents ou syndics, et l'autre à celui d'entre les créanciers que le commissaire aura préposé à cet effet.

497. Toutes les semaines, le bordereau de situation de la caisse de la faillite sera remis au commissaire, qui pourra, sur la demande des syndics, et à raison des circonstances, ordonner le versement de tout ou partie des fonds à la caisse d'amortissement, ou entre les mains du délégué de cette caisse dans les départements, à la charge de faire courir, au profit de la masse, les intérêts accordés aux sommes consignées à cette même caisse.

498. Le retirement des fonds versés à la caisse d'amortissement se fera en vertu d'une ordonnance du commissaire.

à procéder à la vente des effets mobiliers ou marchandises.

Il décidera si la vente se fera soit à l'amiable, soit aux enchères publiques, par l'entremise de courtiers ou de tous autres officiers publics préposés à cet effet.

Les syndics choisiront dans la classe d'officiers publics déterminée par le juge-commissaire celui dont ils voudront employer le ministère. [C. comm., 351, 500, 533, 585.]

487. Les syndics pourront, avec l'autorisation du juge-commissaire, et le failli dûment appelé, transiger sur toutes contestations qui intéressent la masse, même sur celles qui sont relatives à des droits et actions immobiliers.

Si l'objet de la transaction est d'une valeur indéterminée ou qui excède trois cents francs, la transaction ne sera obligatoire qu'après avoir été homologuée, savoir : par le tribunal de commerce pour les transactions relatives à des droits mobiliers, et par le tribunal civil pour les transactions relatives à des droits immobiliers.

Le failli sera appelé à l'homologation ; il aura, dans tous les cas, la faculté de s'y opposer. Son opposition suffira pour empêcher la transaction, si elle a pour objet des biens immobiliers. [C. c., 2044 ; C. comm., 535, 585.]

488. Si le failli a été affranchi du dépôt, ou s'il a obtenu un sauf-conduit, les syndics pourront l'employer pour faciliter et éclairer leur gestion ; le juge-commissaire fixera les conditions de son travail. [C. comm., 472, 585.]

489. Les deniers provenant des ventes et des recouvrements seront, sous la déduction des sommes arbitrées par le juge-commissaire, pour le montant des dépenses et frais, versés immédiatement à la caisse des dépôts et consignations. Dans les trois jours des recettes, il sera justifié au juge-commissaire desdits versements ; en cas de retard, les syndics devront les intérêts des sommes qu'ils n'auront point versées.

Les deniers versés par les syndics, et tous autres consignés par des tiers, pour compte de la faillite, ne pourront être retirés qu'en vertu d'une ordonnance du juge-commissaire. S'il existe des oppositions, les syndics devront préalablement en obtenir la mainlevée.

Le juge-commissaire pourra ordonner que le versement sera fait par la caisse directement entre les mains des créanciers de la faillite, sur un état de répartition dressé par les syndics et ordonnancé par lui. [C. comm., 566, 569.]

SECTION VI.

Des Actes conservatoires (1).

490. A compter de leur entrée en fonctions, les syndics seront tenus de faire tous actes pour

---

[illegible]

[487] — 1. Les transactions faites conformément aux règles prescrites par cet article, sont obligatoires pour la masse, [illegible]

[488]. . . . .

[489] — 1. [illegible]

[illegible] — 14 déc. 1825, Req. [illegible]

3. Les intérêts de retard dus par les syndics sont les intérêts légaux, et non pas seulement ceux qu'aurait payés la caisse des dépôts et consignations. — Ils sont dus du jour du retard. — Renouard, t. 1er, p. 494.

4. Les sommes versées à cette caisse en exécution de notre article, portent intérêt à trois pour cent, à partir du 61e jour de la date de la consignation jusques et y compris celui du remboursement. — Si elles sont retirées avant ce temps, la caisse ne doit aucun intérêt. — Ordonn. du 3 juill. 1816, art. 14. [illegible]

[490] — 1. L'inscription prise par le syndic

---

(1) Texte de l'ancien Code :

SECTION III.

Des Actes conservatoires.

499. A compter de leur entrée en fonctions, les agents, et ensuite les syndics, seront tenus de faire tous actes pour la conservation des droits du failli sur ses débiteurs. — Ils seront aussi tenus de requérir l'inscription aux hypothèques sur les immeubles des débiteurs du failli, si elle n'a été requise par ce dernier, et s'il a des titres hypothécaires. L'inscription sera reçue au nom des agents et des syndics, qui joindront à leurs bordereaux un extrait des jugements qui les auront nommés.

500. Ils seront tenus de prendre inscription, au nom de la masse des créanciers, sur les immeubles du failli, dont ils connaîtront l'existence. L'inscription sera reçue sur un simple bordereau énonçant qu'il y a faillite, et relatant la date du jugement par lequel ils auront été nommés.

la conservation des droits du failli contre ses débiteurs.

Ils seront aussi tenus de requérir l'inscription aux hypothèques sur les immeubles des débiteurs du failli, si elle n'a pas été requise par lui ; l'inscription sera prise au nom de la masse par les syndics, qui joindront à leurs bordereaux un certificat constatant leur nomination.

Ils seront tenus aussi de prendre inscription, au nom de la masse des créanciers, sur les immeubles du failli dont ils connaîtront l'existence. L'inscription sera reçue sur un simple bordereau énonçant qu'il y a faillite, et relatant la date du jugement par lequel ils auront été nommés. [C. civ., 1166, 2146, 2148 ; C. comm., 471, 465, 517.]

SECTION V (1).

De la Vérification des Créances.

491. A partir du jugement déclaratif de la faillite, les créanciers pourront remettre au greffier leurs titres, avec un bordereau indicatif des sommes par eux réclamées. Le greffier devra en tenir état et en donner récépissé.

Il ne sera responsable des titres que pendant cinq années, à partir du jour de l'ouverture du procès-verbal de vérification. [C. comm., 501, 525, 568, 863.]

492. Les créanciers qui, à l'époque du maintien ou du remplacement des syndics, en exécution du troisième paragraphe de l'article 462, n'auront pas remis leurs titres, seront immédiatement avertis, par des insertions dans les journaux et par lettres du greffier, qu'ils doivent se présenter en personne ou par fondés de pouvoirs, dans le délai de vingt jours, à partir desdites insertions, aux syndics de la faillite, et leur remettre leurs titres accompagnés d'un bordereau indicatif des sommes par eux réclamées, si mieux ils n'aiment en faire le dépôt au greffe du tribunal de commerce ; il leur en sera donné récépissé.

A l'égard des créanciers domiciliés en France, hors du lieu où siége le tribunal saisi de l'instruction de la faillite, ce délai sera augmenté d'un jour par cinq myriamètres de distance entre le lieu où siége le tribunal et le domicile du créancier.

A l'égard des créanciers domiciliés hors du territoire continental de la France, ce délai sera augmenté conformément aux règles de l'article 73 du Code de procédure civile. [C. comm., 462, 502, 568, 592.]

[illegible]

[491 et 492] [illegible]

(1) Suite de l'ancien texte.

SECTION IV.

De la vérification des créances.

[illegible]

493. La vérification des créances commencera dans les trois jours de l'expiration des délais déterminés par les premier et deuxième paragraphes de l'article 492. Elle sera continuée sans interruption. Elle se fera aux lieu, jour et heure indiqués par le juge-commissaire. L'avertissement aux créanciers ordonné par l'article précédent contiendra mention de cette indication. Néanmoins les créanciers seront de nouveau convoqués à cet effet, tant par lettres du greffier que par insertions dans les journaux.

Les créances des syndics seront vérifiées par le juge-commissaire; les autres le seront contradictoirement entre le créancier ou son fondé de pouvoirs et les syndics, en présence du juge-commissaire, qui en dressera procès-verbal.

494. Tout créancier vérifié ou porté au bilan pourra assister à la vérification des créances, et fournir des contredits aux vérifications faites et à faire. Le failli aura le même droit.

495. Le procès-verbal de vérification indiquera le domicile des créanciers et de leurs fondés de pouvoirs.

Il contiendra la description sommaire des titres, mentionnera les surcharges, ratures et interlignes, et exprimera si la créance est admise ou contestée.

496. Dans tous les cas, le juge-commissaire pourra, même d'office, ordonner la représentation des livres du créancier, ou demander, en vertu d'un compulsoire, qu'il en soit rapporté un extrait fait par les juges du lieu.

497. Si la créance est admise, les syndics signeront, sur chacun des titres, la déclaration suivante:

Admis au passif de la faillite de . . . . . *pour la somme de* . . . . *le* . . . .

Le juge-commissaire visera la déclaration.

Chaque créancier, dans la huitaine au plus tard, après que sa créance aura été vérifiée, sera tenu d'affirmer, entre les mains du juge-commissaire, que ladite créance est sincère et véritable. [C. comm., 382, 381, 595.]

498. Si la créance est contestée, le juge-commissaire pourra, sans qu'il soit besoin de citation, renvoyer à bref délai devant le tribunal de commerce, qui jugera sur son rapport.

Le tribunal de commerce pourra ordonner qu'il soit fait, devant le juge-commissaire, enquête sur les faits, et que les personnes qui pourront fournir des renseignements soient, à cet effet, citées par-devant lui. [Cod. pr., 254 et s., 407 et s., 432.]

499. Lorsque la contestation sur l'admission d'une créance aura été portée devant le tribunal de commerce, ce tribunal, si la cause n'est point en état de recevoir jugement définitif avant l'expiration des délais fixés, à l'égard des personnes domiciliées en France, par les articles 492 et 497, ordonnera, selon les circonstances, qu'il sera sursis ou passé outre à la convocation de l'assemblée pour la formation du concordat.

Si le tribunal ordonne qu'il sera passé outre, il pourra décider par provision que le créancier contesté sera admis dans les délibérations pour une somme que le même jugement déterminera. [C. comm., 504, 505.]

500. Lorsque la contestation sera portée de-

[493] — 1. La convocation ordonnée par cet article [illegible] — Lainné, p. 172.

[494 à 497] — 1. [illegible]

[498] — 1. En matière de faillite, les juges peuvent [illegible]

[499] — 1. [illegible]

[500] — 1. [illegible]

vant un tribunal civil, le tribunal de commerce décidera s'il sera sursis ou passé outre; dans ce dernier cas, le tribunal civil saisi de la contestation jugera, à bref délai, sur requête des syndics, signifiée au créancier contesté, et sans autre procédure, si la créance sera admise par provision, et pour quelle somme.

Dans le cas où une créance serait l'objet d'une instruction criminelle ou correctionnelle, le tribunal de commerce pourra également prononcer le sursis; s'il ordonne de passer outre, il ne pourra accorder l'admission par provision, et le créancier contesté ne pourra prendre part aux opérations de la faillite, tant que les tribunaux compétents n'auront pas statué. [C. comm., 512, 583.]

501. Le créancier dont le privilége ou l'hypothèque seulement serait contesté, sera admis dans les délibérations de la faillite comme créancier ordinaire. [C. comm., 508.]

502. A l'expiration des délais déterminés par les articles 492 et 497, à l'égard des personnes domiciliées en France, il sera passé outre à la formation du concordat et à toutes les opérations de la faillite, sous l'exception portée aux articles 567 et 568 en faveur des créanciers domiciliés hors du territoire continental de la France.

503. A défaut de comparution et affirmation dans les délais qui leur sont applicables, les défaillants connus ou inconnus ne seront pas compris dans les répartitions à faire : toutefois la voie de l'opposition leur sera ouverte jusqu'à la distribution des deniers inclusivement; les frais de l'opposition demeureront toujours à leur charge.

Leur opposition ne pourra suspendre l'exécution des répartitions ordonnancées par le juge-commissaire; mais s'il est procédé à des répartitions nouvelles avant qu'il ait été statué sur leur opposition, ils seront compris pour la somme qui sera provisoirement déterminée par le tribunal, et qui sera tenue en réserve jusqu'au jugement de leur opposition.

S'ils se font ultérieurement reconnaître créanciers, ils ne pourront rien réclamer sur les répartitions ordonnancées par le juge-commissaire, mais ils auront le droit de prélever, sur l'actif non encore réparti, les dividendes afférents à leurs créances dans les premières répartitions. [C. proc., 664; C. comm., 542, 545, 565.]

CHAPITRE VI (1).

Du Concordat et de l'Union.

SECTION PREMIÈRE.

De la Convocation et de l'Assemblée des Créanciers.

504. Dans les trois jours qui suivront les délais prescrits pour l'affirmation, le juge-commissaire fera convoquer par le greffier, à l'effet de délibérer sur la formation du concordat, les créanciers dont les créances auront été vérifiées et affirmées, ou admises par provision. Les insertions dans les journaux et les lettres de convocation indiqueront l'objet de l'assemblée. [C. comm., 442, 497, 499, 500.]

505. Aux lieu, jour et heure qui seront fixés par le juge-commissaire, l'assemblée se formera sous sa présidence; les créanciers vérifiés et affirmés, ou admis par provision, s'y présenteront en personne ou par fondés de pouvoirs.

Le failli sera appelé à cette assemblée; il devra s'y présenter en personne, s'il a été dispensé de la mise en dépôt, ou s'il a obtenu un sauf-conduit, et il ne pourra s'y faire représenter que pour des motifs valables, et approuvés par le juge-commissaire. [C. comm., 472.]

506. Les syndics feront à l'assemblée un rapport sur l'état de la faillite, sur les formalités qui auront été remplies et les opérations qui auront eu lieu; le failli sera entendu.

Le rapport des syndics sera remis, signé d'eux, au juge-commissaire, qui dressera procès-verbal de ce qui aura été dit et décidé dans l'assemblée. [C. comm., 452.]

SECTION II.

Du Concordat (2).

§ 1er. — *De la Formation du Concordat.*

507. Il ne pourra être consenti de traité entre les créanciers délibérants et le débiteur failli qu'après l'accomplissement des formalités ci-dessus prescrites.

Ce traité ne s'établira que par le concours d'un nombre de créanciers formant la majorité, et représentant, en outre, les trois quarts de la totalité des créances vérifiées et affirmées, ou admi-

selon Lainné, *loc. cit.*, le créancier ne peut s'opposer à ce qu'il soit passé outre aux opérations de la faillite jusqu'à ce que la qualité de sa créance ait été fixée, sauf à provoquer la révocation des syndics s'ils persistaient dans leur refus [illegible]. Mais Bédarride, *ubi sup.*, pense qu'il pourrait s'opposer à toute réunion.

2. Rien n'empêcherait le tribunal civil, avant même que le tribunal de commerce ait rendu une décision, de prononcer hypothétiquement une admission provisionnelle pour le cas où ce tribunal ordonnerait de passer outre. — Renouard, t. 1er, p. 532.

3. V. art. 499, n° 2.

[501] — Ces mots de l'art. 501, *le privilége ou l'hypothèque*, ne sont pas exclusifs; ils embrassent aussi les nantissements et les gages. — Duvergier, *Collect. de lois*, t. 1838, p. 393.

[502] . . . .

[503] — 1. La déchéance, prononcée par l'ancien art. 513 contre les créanciers défaillants, n'était applicable qu'aux créanciers qui n'avaient ni comparu ni affirmé; elle n'était pas applicable aux créanciers reconnus et vérifiés à qui on ne pouvait opposer qu'un défaut d'affirmation; ceux-ci donc devaient être compris dans les répartitions à faire. — 29 déc. 1830, Paris. [S.V.31.2.85; C.n.9.-D.p.31.2.54.] — V. *sup.*, art. 497, n° 17.

2. La même déchéance n'était pas non plus applicable aux créanciers retardataires, à l'égard desquels toutes les formalités prescrites pour les mettre en demeure n'avaient point été observées. — Spécialement, si le jugement qui accordait un dernier délai à ces créanciers ne leur avait pas été notifié dans la forme voulue par l'art. 512, les créanciers non comparants pouvaient, même après l'expiration du délai, demander non-seulement à être admis aux répartitions à faire, mais encore revenir sur celles qui avaient été consommées en leur absence. — 28 août 1829, Bordeaux. [S.30.2.71; C.n.9.-D.p.30.2.58.]

3. La déchéance ne peut, du reste, être invoquée que par les autres créanciers de la faillite, et non par le failli lui-même. — 6 déc. 1837, Bordeaux. [S.V.39.2.191.-D.p.39.2.103.] — *Sic*, Pardessus, t. 4, n° 1239.

4. Au cas de distribution par contribution de deniers saisis-arrêtés sur un débiteur failli, les créanciers même non opposants, sont recevables à se présenter tant que la distribution n'est pas consommée, fût-ce après le règlement provisoire. La forclusion prononcée par le Code de procédure, pour défaut de production dans les délais déterminés, n'est pas applicable en cas de faillite. — 18 avril 1828, Rouen. [S.28.2.177; C.n.9.-D.p.29.2.85.]

5. L'opposition du créancier défaillant doit être faite par acte extrajudiciaire, signifié aux syndics de la faillite. — Lainné, p. 190. — Bravard-Veyrières, *Manuel de droit comm.*, p. 484 et Esnault, t. 2, n° 385, pensent que l'opposition doit être formée par requête entre les mains du juge-commissaire qui la soumet au tribunal. — V. aussi Bédarride, n° 505. — Mais la voie indiquée par Lainné est celle que l'on suit généralement, du moins à Paris.

6. L'opposition doit en même temps contenir assignation devant le tribunal de commerce pour en voir prononcer la validité. — Lainné, *loc. cit.*

[504] . . . .

[505] — 1. Lorsqu'une société anonyme a été déclarée en faillite, elle doit être appelée, dans la personne de ses gérants ou de son liquidateur (si elle a été antérieurement dissoute), à l'assemblée des créanciers; il ne peut être passé outre à un contrat d'union, avant que le liquidateur ait été appelé et entendu dans ses explications : vainement on dirait que la faillite a dépouillé le liquidateur de ses pouvoirs. — 20 déc. 1838, Paris. [S.V.39.2.347.-D.p.39.2.57.-P.39.1.79.]

2. Le failli qui n'a pas obtenu de sauf-conduit peut [illegible], si, après l'assemblée des créanciers, il y comparaît : la sommation qui lui a été faite de comparaître à cette assemblée ne saurait équivaloir à un sauf-conduit. — 20 août 1840, Amiens. [S.V.40.2.498.-D.p.41.2.34.-P.40.2.652.] — V. article 472.

[506] — Les procès-verbaux du juge-commissaire, lorsqu'ils contiennent des conventions passées par les créanciers, soit entre eux, soit avec le failli, doivent être revêtus des formalités substantielles exigées pour les actes authentiques. — En conséquence, est nul le procès-verbal du juge-commissaire portant contrat d'union entre les créanciers, s'il a été rédigé hors de leur présence et s'il n'a pas été signé par eux. — 15 janv. 1834, Bordeaux. [S.V.34.2.311.-D.p.34.2.105.]

[507] — 1. Est nul le concordat passé avec le failli, sans qu'au préalable les formalités prescrites aient été observées. — 11 fév. 1815, Paris. [S.16.2.104; C.n.5.-D.a.8.214.] — *Id.* 23 fév. 1820, Paris. [S.21.2.15; C.n.6.-D.a.8.141.] — V. *infra*, art. 516.

2. Décidé cependant que l'art. 507, qui ne permet de passer un traité ou concordat avec le failli qu'après l'accomplissement des formalités prescrites par la loi des faillites, ne fait pas obstacle à ce qu'un pareil traité ne puisse être passé avec le failli, lorsque la faillite a reçu une publicité légale, et que tous les créanciers sans distinction y ont donné leur adhésion, encore bien que la formalité de la vérification des créances n'ait pas été remplie. — 2 fév. 1849, Angers. [S.V.49.2.225.] — V. art. 498, n° 3.

3. Le concordat n'est pas nul, par cela seul que

(1) Suite de l'ancien texte :

CHAPITRE VIII.

DES SYNDICS DÉFINITIFS ET DE LEURS FONCTIONS.

SECTION Ire.

De l'Assemblée des Créanciers dont les créances sont vérifiées et affirmées.

514. Dans les trois jours après l'expiration des délais prescrits pour l'affirmation des créanciers connus, les créanciers dont les créances ont été admises seront convoqués par les syndics provisoires.

515. Aux lieu, jour et heure qui seront fixés par le commissaire, l'assemblée se formera sous sa présidence; il n'y sera admis que des créanciers reconnus, ou leurs fondés de pouvoir.

516. Le failli sera appelé à cette assemblée; il devra s'y présenter en personne, s'il a obtenu un sauf-conduit; et il ne pourra s'y faire représenter que pour des motifs valables, et approuvés par le commissaire.

517. Le commissaire vérifiera les pouvoirs de ceux qui s'y présenteront comme fondés de procuration; il fera rendre compte en sa présence, par les syndics provisoires, de l'état de la faillite, des formalités qui auront été remplies et des opérations qui auront eu lieu; le failli sera entendu.

518. Le commissaire tiendra procès-verbal de ce qui aura été dit et décidé dans cette assemblée.

(2) SECTION II.

Du Concordat.

519. Il ne pourra être consenti de traité entre les créanciers délibérants et le débiteur failli qu'après l'accomplissement des formalités ci-dessus prescrites. — Ce traité ne

ses par provision, conformément à la section v du chap. V, le tout à peine de nullité. [Ord. 1673, tit. XI, art. 6. — C. comm., 532.]

508. Les créanciers hypothécaires inscrits ou dispensés d'inscription, et les créanciers privilégiés ou nantis d'un gage, n'auront pas voix dans les opérations relatives au concordat pour lesdites créances, et elles n'y seront comptées que s'ils renoncent à leurs hypothèques, gages ou priviléges.

Le vote au concordat emportera de plein droit cette renonciation.

509. Le concordat sera, à peine de nullité, signé séance tenante. S'il est consenti seulement par la majorité en nombre, ou par la majorité des trois quarts en somme, la délibération sera remise à huitaine pour tout délai ; dans ce cas, les résolutions prises et les adhésions données lors de la première assemblée demeureront sans effet.

[illegible]

12. Sous l'empire de l'ordonnance de 1673, il était nécessaire, à peine de nullité, que le concordat réunît les trois quarts des créanciers en somme ; à cet égard, il ne suffisait pas de la majorité [illegible]. — 29 janv. 1807, Rouen. [illegible]

13. Quelle que soit la somme que le failli s'oblige à payer par le concordat, il n'est dû à l'enregistrement que le droit fixe de 5 fr. [Loi 24 mai 1834, art. 14.]

14. Mais l'acte d'atermoiement par lequel un débiteur abandonne à ses créanciers des objets mobiliers qui lui appartiennent, et par lequel ceux-ci lui font remise pure et simple du surplus de leur créance, est soumis pour l'enregistrement à un droit proportionnel de deux pour cent. — [illegible]

[**508**] — 1. Sous l'ancien Code, comme sous le nouveau, encore bien que les créanciers hypothécaires n'eussent pas voix délibérative au concordat, ils pouvaient néanmoins y prendre part, en renonçant au bénéfice de leurs hypothèques. — 18 mai 1815, Nîmes. [illegible]

[illegible]

[**509**] — 1. [illegible]

[illegible]

510. Si le failli a été condamné comme banqueroutier frauduleux, le concordat ne pourra être formé.

Lorsqu'une instruction en banqueroute frauduleuse aura été commencée, les créanciers seront convoqués à l'effet de décider s'ils se réservent de délibérer sur un concordat, en cas d'acquittement, et si, en conséquence, ils sursoient à statuer jusqu'après l'issue des poursuites.

Ce sursis ne pourra être prononcé qu'à la majorité en nombre et en somme déterminée par l'article 507. Si, à l'expiration du sursis, il y a lieu à délibérer sur le concordat, les règles établies par le précédent article seront applicables aux nouvelles délibérations. [C. comm. 585 591.]

511. Si le failli a été condamné comme banqueroutier simple, le concordat pourra être formé. Néanmoins, en cas de poursuites commencées, les créanciers pourront surseoir à délibérer jusqu'après l'issue des poursuites, en se conformant aux dispositions de l'article précédent. [C. comm., 584.]

512. Tous les créanciers ayant eu droit de concourir au concordat, ou dont les droits auront été reconnus depuis, pourront y former opposition.

L'opposition sera motivée, et devra être signifiée aux syndics et au failli, à peine de nullité, dans les huit jours qui suivront le concordat; elle contiendra assignation à la première audience du tribunal de commerce.

S'il n'a été nommé qu'un seul syndic, et s'il se rend opposant au concordat, il devra provoquer la nomination d'un nouveau syndic, vis-à-vis duquel il sera tenu de remplir les formes prescrites au présent article.

Si le jugement de l'opposition est subordonné à la solution de questions étrangères, à raison de la matière, à la compétence du tribunal de commerce, ce tribunal sursoira à prononcer jusqu'après la décision de ces questions.

Il fixera un bref délai dans lequel le créancier opposant devra saisir les juges compétents et justifier de ses diligences. [Ord. 1673, tit. XI, art. 7.]

513. L'homologation du concordat sera poursuivie devant le tribunal de commerce, à la requête de la partie la plus diligente; le tribunal ne pourra statuer avant l'expiration du délai de huitaine, fixé par l'article précédent.

Si, pendant ce délai, il a été formé des oppositions, le tribunal statuera sur ces oppositions et sur l'homologation par un seul et même jugement.

Si l'opposition est admise, l'annulation du concordat sera prononcée à l'égard de tous les intéressés. [Ord. 1673, tit. XI, art. 7.]

[illegible]

514. Dans tous les cas, avant qu'il soit statué sur l'homologation, le juge-commissaire fera au tribunal de commerce un rapport sur les caractères de la faillite, et sur l'admissibilité du concordat. [C. comm., 452, 538.]

515. En cas d'inobservation des règles ci-dessus prescrites, ou lorsque des motifs tirés, soit de l'intérêt public, soit de l'intérêt des créanciers, paraîtront de nature à empêcher le concordat, le tribunal en refusera l'homologation.

§ 2.—*Des Effets du Concordat.*

516. L'homologation du concordat le rendra obligatoire pour tous les créanciers portés ou non portés au bilan, vérifiés ou non vérifiés, et même pour les créanciers domiciliés hors du territoire continental de la France, ainsi que pour ceux qui, en vertu des articles 499 et 500, auraient été admis par provision à délibérer, quelle que soit la somme que le jugement définitif leur attribuerait ultérieurement. [Ord. 1673, tit. 5, art. 7.—C. comm., 439, 491 et s.]

[illegible]

[514]. . . . .

[515] [illegible]

[516] [illegible]

517. L'homologation conservera à chacun des créanciers, sur les immeubles du failli, l'hypothèque inscrite en vertu du troisième paragraphe de l'article 490. A cet effet, les syndics feront inscrire aux hypothèques le jugement d'homologation, à moins qu'il n'en ait été décidé autrement par le concordat. [C. comm., 490, 508.]

518. Aucune action en nullité du concordat ne sera recevable, après l'homologation, que pour cause de dol découvert depuis cette homologation, et résultant, soit de la dissimulation de l'actif, soit de l'exagération du passif.

519. Aussitôt après que le jugement d'homologation sera passé en force de chose jugée, les fonctions des syndics cesseront.

Les syndics rendront au failli leur compte définitif, en présence du juge-commissaire; ce compte sera débattu et arrêté. Ils remettront au failli l'universalité de ses biens, livres, papiers et effets. Le failli en donnera décharge.

Il sera dressé du tout procès-verbal par le juge-commissaire, dont les fonctions cesseront.

En cas de contestation, le tribunal de commerce prononcera. [C. comm., 451, 462, 536, 537, 635.]

[illegible]

§ 2. — *De l'Annulation ou de la Résolution du Concordat.*

520. L'annulation du concordat, soit pour dol, soit par suite de condamnation pour banqueroute frauduleuse intervenue après son homologation, libère de plein droit les cautions.

En cas d'inexécution, par le failli, des conditions de son concordat, la résolution de ce traité pourra être poursuivie contre lui devant le tribunal de commerce, en présence des cautions, s'il en existe, ou elles dûment appelées.

La résolution du concordat ne libérera pas les cautions qui y seront intervenues pour en garantir l'exécution totale ou partielle. [C. comm., 518, 635.]

521. Lorsque, après l'homologation du concordat, le failli sera poursuivi pour banqueroute frauduleuse, et placé sous mandat de dépôt ou d'arrêt, le tribunal de commerce pourra prescrire telles mesures conservatoires qu'il appartiendra. Ces mesures cesseront de plein droit du jour de la déclaration qu'il n'y a lieu à suivre, de l'ordonnance d'acquittement ou de l'arrêt d'absolution. [C. comm., 516.]

522. Sur le vu de l'arrêt de condamnation pour banqueroute frauduleuse, ou par le jugement qui prononcera, soit l'annulation, soit la résolution du concordat, le tribunal de commerce nommera un juge-commissaire et un ou plusieurs syndics.

Ces syndics pourront faire apposer les scellés.

Ils procéderont, sans retard, avec l'assistance du juge de paix, sur l'ancien inventaire, au récolement des valeurs, actions et des papiers, et procéderont, s'il y a lieu, à un supplément d'inventaire.

Ils dresseront un bilan supplémentaire.

Ils feront immédiatement afficher et insérer dans les journaux à ce destinés, avec un extrait du jugement qui les nomme, invitation aux créanciers nouveaux, s'il en existe, de produire, dans le délai de vingt jours, leurs titres de créances à la vérification. Cette invitation sera faite aussi par lettres du greffier, conformément aux articles 492 et 493. [C. comm., 450, 451, 476, 492, 493.]

523. Il sera procédé, sans retard, à la vérification des titres de créances produits en vertu de l'article précédent.

Il n'y aura pas lieu à nouvelle vérification des créances antérieurement admises et affirmées, sans préjudice néanmoins du rejet ou de la réduction de celles qui depuis auraient été payées en tout ou en partie. [C. comm., 491 et s.]

524. Ces opérations mises à fin, s'il n'intervient pas de nouveau concordat, les créanciers seront convoqués à l'effet de donner leur avis sur le maintien ou le remplacement des syndics.

Il ne sera procédé aux répartitions qu'après l'expiration, à l'égard des créanciers nouveaux, des délais accordés aux personnes domiciliées en France, par les articles 492 et 497. [C. comm., 455, 565.]

525. Les actes faits par le failli postérieurement au jugement d'homologation, et antérieurement à l'annulation ou à la résolution du concordat, ne seront annulés qu'en cas de fraude aux droits des créanciers. [C. c., 1167.]

526. Les créanciers antérieurs au concordat rentreront dans l'intégralité de leurs droits à l'égard du failli seulement; mais ils ne pourront figurer dans la masse que pour les proportions suivantes, savoir:

S'ils n'ont touché aucune part du dividende, pour l'intégralité de leurs créances; s'ils ont reçu une partie du dividende, pour la portion de leurs créances primitives correspondante à la portion du dividende promis qu'ils n'auront pas touchée.

Les dispositions du présent article seront applicables au cas où une seconde faillite viendra à s'ouvrir sans qu'il y ait eu préalablement annulation ou résolution du concordat.

SECTION III.

De la Clôture en cas d'insuffisance de l'actif.

527. Si, à quelque époque que ce soit, avant

---

8. Le failli, par l'effet du concordat dûment homologué, est réintégré dans la plénitude de ses droits et actions. — 12 févr. an 11, Cass. (S.3.2.312; C.N.1.-D.A.8.164.) — Sic, Pardessus, n° 1246; Renouard, t. 2, p. 99; Esnault, t. 2, n° 451; Bédarride, t. 2, n° 616; Dalloz, t. 21, v° *Faillite*, n° 819.

9. Ainsi, il a droit et qualité pour défendre aux actions directement intentées contre lui. — 24 juin 1825, Req. (S.26.1.301; C.N.8.-D.P.25.1.325.)

10. Il peut poursuivre personnellement l'exécution du jugement obtenu par les syndics contre un des débiteurs de la faillite; et la signification qu'il a faite de ce jugement fait courir les délais de l'appel. — 18 juill. 1840, Bordeaux. (D.P.41.2.3.) — Sic, Esnault, n° 451; Bédarride, n° 620.

11. Il a aussi capacité pour aliéner ou hypothéquer ses immeubles, encore bien qu'il n'ait pas rempli les conditions du concordat. — 12 févr. an 11, Cass. (S.3.2.312; C.N.1.-D.A.8.164.) — *Id.* 10 févr. 1815, Paris. (S.15.2.217; C.N.4.-D.A.8.164.)

12. Mais le failli, replacé à la tête de ses affaires, les prend dans l'état où elles se trouvent au moment où il est réintégré dans ses droits; il n'est pas recevable à critiquer le compte fait, sans opposition de sa part, des syndics, à l'expéditeur qui les a revendiquées, de marchandises vendues avant la faillite, surtout si la réclamation n'a été élevée par le failli que par suite d'un concert établi entre son syndic et lui, dans son intérêt personnel, après l'expiration des fonctions de ce dernier. — 7 mars 1848, Req. (S.V.48.1.449.)

[520] — 1. Le concordat cesse d'être obligatoire pour les créanciers si le failli vient à être condamné, même par contumace, comme banqueroutier frauduleux. — 5 août 1836, Montpellier. (S.V.37.2.230. — D.P.37.2.133. — P.37.2.459.)

2. Mais lorsque le failli a été déchargé, au criminel, de la prévention de banqueroute, il en résulte chose jugée à l'égard de toute demande en nullité du concordat (antérieure ou ultérieure), fondée sur le dol et la fraude. — 18 mai 1813, Nîmes. (S.15.2.119; C.N.4.-D.A.8.133.) — *Sic*, Esnault, t. 2, n° 456, mais seulement dans le cas où la masse des créanciers s'est portée partie civile.

3. L'annulation du concordat, en cas de condamnation pour banqueroute frauduleuse, a lieu de plein droit. — Pardessus, n° 1250; Renouard, t. 2, p. 98; Bédarride, n° 638. — *Contrà*, Lainné, p. 161, qui pense qu'elle doit être prononcée en justice. — V. l'art. 522.

4. L'inexécution par le failli des conditions de son concordat à l'égard d'un de ses créanciers seulement, ne fait pas revivre de plein droit la faillite. Dès lors, ce créancier peut valablement poursuivre son débiteur, même par la voie de la contrainte par corps, en vertu tant du concordat que du titre originaire. — 11 août 1843, Paris. (S.V.43.2.550. — D.P.43.4.222. — P.43.2.496.) — V. en ce sens Lainné, p. 270; Renouard, t. 2, p. 99. Ce dernier auteur pense, néanmoins, que le créancier ne peut poursuivre la contrainte par corps, en vertu du titre originaire, qu'autant qu'il y a résolution du concordat judiciairement prononcée, et c'est aussi en ce dernier sens que se prononcent Goujet et Merger, v° *Concordat*, n° 174. — V. *suprà*, art. 516, n° 14 et s.

5. La résolution du concordat pour cause d'inexécution peut être poursuivie par tout créancier à l'égard duquel le concordat n'aura pas été exécuté. — Lainné, p. 267; Renouard, t. 2, p. 79; Esnault, t. 2, n° 460; Bédarride, t. 2, n° 633.

6. Mais cette résolution ne profite pas uniquement à celui qui l'a demandée; elle produit son effet même vis-à-vis des autres créanciers de la faillite. — Pardessus, n° 1251; Esnault, *loc. cit.*; Bédarride, n° 638. — V. art. 522.

7. Le délai pour intenter l'action en résolution est de trente ans à compter de l'échéance des engagements pris par le concordat. — Duvergier, *Collect. des lois*, p. 509, t. 1838; Bédarride, n° 636; Goujet et Merger, v° *Concordat*, n° 169. — Suivant Renouard, t. 2, p. 103, la prescription commencerait à courir de l'homologation du concordat.

8. L'appel du jugement d'homologation ne suspend pas l'exécution du concordat, et particulièrement le cours des délais accordés au failli pour payer. — 26 juill. 1845, Paris. (S.V.53.2.439.)

9. Néanmoins, lorsque ces délais ont dû courir à compter du jugement d'homologation, et ce jugement est frappé d'appel, le failli ayant pu penser que les délais ne couraient plus que du jour de l'arrêt confirmatif, il n'y a pas lieu de le déclarer déchu du bénéfice du concordat, pour n'avoir pas payé dans les délais courus depuis le jugement de première instance. — Même arrêt.

10. Le créancier au profit de qui avaient été consenties des obligations en dehors du concordat ne peut, en cas d'annulation de ces obligations, demander par cela seul la nullité du concordat auquel il a consenti en vue des avantages qui lui étaient faits. — 11 juill. 1837, Paris. (S.V.37.2.387. — D.P.37.2.148. — P.37.2.128.) — V. l'art. 598.

[521] — 1. Lors de la discussion de cet article, on [illegible] M. Gaillard avait fait observer que le prévenu de banqueroute, surtout s'il est fugitif ou absent, demeure un certain temps en état de mandat d'amener, et qu'il ne faudrait pas interdire au tribunal le droit de prendre en ce cas les mesures conservatoires qui peuvent être nécessaires; et, d'après le *Moniteur*, cette observation aurait entraîné la suppression des mots: *et placé sous mandat de dépôt ou d'arrêt*. — L'omission commise dans le *Moniteur*, dit [illegible], *Man. des juges de comm.*, p. 151, était inexacte; il paraît qu'une erreur n'a été commise dans l'expédition de la loi. — V. Duvergier, *Collect. des lois*, t. de 1838, p. 59, et la *Rev. de législ.*, t. 17, p. 615.

2. Tous les auteurs sont d'accord pour enseigner que l'article n'est pas limitatif; qu'il est également applicable au cas où le failli poursuivi, étant en fuite, se trouverait en état de *mandat d'amener*. — Lainné, p. 273; Renouard, t. 2, p. 104; Bédarride, t. 2, p. 650 et 651.

[522] — 1. La nomination des syndics, dans le cas prévu par cet article, n'est pas assujettie aux formalités de l'art. 462. — Renouard, t. 2, p. 106.

2. V. pour les formes de l'inventaire supplémentaire, l'art. 480; et pour la confection du nouveau bilan, les art. 476 et s.

[523 à 525] . . . .

[526] — 1. Au cas de seconde faillite, l'inscription prise en faveur des premiers créanciers, conformément à l'art. 490, et celle résultant du jugement d'homologation du concordat, aux termes de l'art. 517, continuent de subsister; l'existence de la faillite nouvelle ne peut nuire aux droits acquis. — Lainné, p. 37 et 285; Renouard, t. 2, p. 111. — Mais si c'est l'ancienne faillite qui est *rouverte*, les effets du jugement d'homologation et de son inscription tombent nécessairement avec le concordat annulé ou résolu; l'inscription prise en vertu de l'art. 490 continue seule de subsister. — Renouard, *ibid.*

2. L'homologation du concordat qui, aux termes de l'art. 517, conserve à chacun des créanciers, sur les immeubles du failli, l'hypothèque inscrite en vertu de l'art. 490, n'a d'autre objet que la garantie des obligations prises par le failli dans son concordat. — De là, il suit que, dans le cas d'une seconde faillite, les créanciers antérieurs au concordat de la première et qui viennent en concours avec les créanciers de la seconde, ne peuvent être colloqués sur le prix des immeubles que pour ce qui leur est dû aux termes du concordat, et non pour la valeur nominale de leurs créances primitives. — 22 juin 1850, Paris. (S.V.51.2.512.) — V. en ce sens, Esnault, t. 2, n° 475; Bédarride, t. 2, n° 695.

[527 et 528] — Les dispositions de ces deux articles sont applicables même aux faillites ouvertes antérieurement à la loi nouvelle des faillites. (L. 28 mai 1838, 2e dispos.)

l'homologation du concordat ou la formation de l'union, le cours des opérations de la faillite se trouve arrêté par insuffisance de l'actif, le tribunal de commerce pourra, sur le rapport du juge-commissaire, prononcer, même d'office, la clôture des opérations de la faillite.

Ce jugement fera rentrer chaque créancier dans l'exercice de ses actions individuelles, tant contre les biens que contre la personne du failli.

Pendant un mois, à partir de sa date, l'exécution de ce jugement sera suspendue. [C. comm., 455, 461, 462, 530.]

528. Le failli, ou tout autre intéressé, pourra, à toute époque, le faire rapporter par le tribunal, en justifiant qu'il existe des fonds pour faire face aux frais des opérations de la faillite, ou en faisant consigner entre les mains des syndics somme suffisante pour y pourvoir.

Dans tous les cas, les frais des poursuites exercées en vertu de l'article précédent devront être préalablement acquittés.

SECTION IV (1).

De l'Union des Créanciers.

529. S'il n'intervient point de concordat, les créanciers seront de plein droit en état d'union.

Le juge-commissaire les consultera immédiatement, tant sur les faits de la gestion que sur l'utilité du maintien ou du remplacement des syndics. Les créanciers privilégiés, hypothécaires ou nantis d'un gage, seront admis à cette délibération.

Il sera dressé procès-verbal des dires et observations des créanciers, et, sur le vu de cette pièce, le tribunal de commerce statuera comme il est dit à l'article 462.

Les syndics qui ne seraient pas maintenus devront rendre leur compte aux nouveaux syndics, en présence du juge-commissaire, le failli dûment appelé. [C. comm., 462, 530.]

530. Les créanciers seront consultés sur la question de savoir si un secours pourra être accordé au failli sur l'actif de la faillite.

Lorsque la majorité des créanciers présents y aura consenti, une somme pourra être accordée au failli, à titre de secours, sur l'actif de la faillite. Les syndics en proposeront la quotité, qui sera fixée par le juge-commissaire, sauf recours au tribunal de commerce, de la part des syndics seulement. [C. comm., 453, 465, 474, 585.]

531. Lorsqu'une société de commerce sera en faillite, les créanciers pourront ne consentir de concordat qu'en faveur d'un ou de plusieurs des associés.

En ce cas, tout l'actif social demeurera sous le régime de l'union. Les biens personnels de ceux avec lesquels le concordat aura été consenti en seront exclus, et le traité particulier passé avec eux ne pourra contenir l'engagement de payer un dividende que sur des valeurs étrangères à l'actif social.

L'associé qui aura obtenu un concordat particulier sera déchargé de toute solidarité. [C. comm., 438, 586, 604.]

532. Les syndics représentent la masse des créanciers et sont chargés de procéder à la liquidation.

Néanmoins les créanciers pourront leur donner mandat pour continuer l'exploitation de l'actif.

La délibération qui leur conférera ce mandat en déterminera la durée et l'étendue, et fixera les sommes qu'ils pourront garder entre leurs mains, à l'effet de pourvoir aux frais et dépenses. Elle ne pourra être prise qu'en présence du juge-commissaire, et à la majorité des trois quarts des créanciers en nombre et en somme.

La voie de l'opposition sera ouverte contre cette délibération au failli et aux créanciers dissidents.

Cette opposition ne sera pas suspensive de l'exécution. [C. comm., 443, 597.]

---

[529] — 1. Sous l'empire des anciennes dispositions du Code de commerce, le contrat d'union qui intervenait après l'expiration des délais donnés pour le concordat était valable, ainsi que la nomination des syndics qui en était la suite, bien qu'il n'eût été voté que par la minorité des créanciers présents. — 6 août 1840, Req. [S.V.41.1.65.—D.P.40.1.329.]

2. ... Et bien qu'il n'eût pas été précédé du compte ou rapport des syndics provisoires sur l'état de la faillite. — 12 juin 1812, Req. [S.13.1.398; C.N.4.—D.A.8.178.]

3. Le failli en état d'union (après tentative infructueuse de concordat) n'en conserve pas moins le droit de faire avec ses créanciers un traité valable par lequel il serait rétabli à la tête de ses affaires. — 30 août 1849, Lyon. [S.V.50.2.18.] — Sic, Lainné, p. 369; Pardessus, n° 1288, qui, sous l'ancienne loi, avait cependant adopté l'opinion contraire. — V. Locré, t. 6, p. 456.

4. Mais un tel traité n'est valable qu'après avoir été homologué par le tribunal. — Même arrêt. — Sic, Pardessus, loc. cit.

5. V. encore sur l'état d'union des créanciers, les notes 1re, 7 et s. de l'art. 512 et suivants.

6. Les procès-verbaux du juge-commissaire, lorsqu'ils contiennent des conventions passées par les créanciers, soit entre eux, soit avec le failli, doivent être revêtus des formalités substantielles exigées pour les actes authentiques. — En conséquence, est nul le procès-verbal du juge-commissaire portant contrat d'union entre les créanciers, s'il a été rédigé hors de leur présence et s'il n'a pas été signé par eux. — 12 janv. 1834, Bordeaux. [S.V.34.2.341.—D.P.34.2.105.]

7. Le contrat d'union est soumis au droit fixe d'enregistrement de 3 fr., sauf le droit proportionnel si l'acte contient quelque obligation de sommes. (L. 22 frim. an 7, art. 68, § 3, n° 4.)

8. Jugé sous l'ancienne loi, que le traité intervenu entre le failli et ses créanciers, par lequel ceux-ci, après avoir fait union, accordent la libération de leur débiteur, moyennant l'abandon qui leur est fait de l'actif de la faillite, ne constitue pas un simple contrat d'union entre les créanciers; c'est un concordat, passible comme tel du droit proportionnel d'enregistrement d'un pour cent, réglé pour tous transports ou cessions de créances à terme. — 5 juil. 1826, Cass. [C.N.8.—D.P.26.1.[illegible]]

[530] — 1. Sur le secours alimentaire qui peut être accordé au failli, voy. encore suprà, art. 474 et les notes; et sur la remise qui peut lui être faite des vêtements, meubles et effets nécessaires à lui et à sa famille, voy. l'art. 469.

2. Le failli n'a pas un droit acquis au secours, par cela seul qu'il n'existe pas de prévention de banqueroute. — 17 nov. 1818, Req. [S.19.1.260; C.N.5.—D.A.8.406.]

3. Au cas où les syndics se pourvoient contre l'ordonnance du juge-commissaire qui fixe la quotité des secours, le tribunal de commerce statue sur le recours en dernier ressort. (V. l'art. 583.)

[531] — 1. Le commerçant, membre d'une société tombée en faillite, et déclaré lui-même personnellement en faillite, ne peut obtenir de concordat valable de ses créanciers personnels, qu'autant que les créanciers sociaux lui en accordent un, aussi de leur côté; le même débiteur ne saurait être à la fois concordataire et sous le coup d'un contrat d'union. — Dans ce cas, il y a donc lieu de refuser l'homologation du concordat consenti par les seuls créanciers personnels. — 19 août 1844, Paris. [S.V.44.2.[illegible]]

2. L'art. 531 est applicable alors même que le concordat a été consenti en faveur du gérant d'une société en commandite, lequel est seul personnellement en faillite. — 2 mars 1842, Douai. [S.V.42.2.[illegible]] — Sic, Renouard, p. 130.

3. Bien que la faillite d'une société entraîne la faillite personnelle de chaque associé solidaire, il n'en résulte pas que le concordat social puisse être opposé aux créanciers personnels de chaque associé, si ceux-ci ne se sont pas présentés, n'ont pas été admis au passif de la faillite sociale, et, par suite, n'ont pas été appelés à prendre part au concordat. — 10 nov. 1845, Req. [S.V.46.1.[illegible]—D.P.46.1.[illegible]] — Sic, Renouard, t. 2, p. 138. — V. aussi Lainné, p. 360, et Renault, t. 2, nos 446 et 447.

4. V. au surplus sur la question de savoir si la faillite d'une société entraîne celle personnelle de chaque associé, suprà, art. 437, nos 59 et s.

5. Les associés d'un établissement commercial, quoique obligés sur la totalité de leur actif social et personnel, ou extra-social, ne sont cependant obligés qu'au titre de société. — Si donc la société tombe en faillite, et que, par concordat, il leur soit fait une remise en la qualité d'associés, cette remise les libère quant à leur avoir personnel, tout aussi bien que relativement à leur avoir social. — 3 juin 1816, Cass. [S.16.1.[illegible]; C.N.5.—D.A.8.[illegible]] — V. en ce sens, Renault, n° 188. — V. l'arrêt cassé de Paris, 18 fév. 1815. [S.17.2.[illegible]; C.N.5.—D.A.8.[illegible]]

6. La décharge de toute solidarité prononcée par le dernier paragraphe de l'art. 531 au profit de l'associé qui a obtenu un concordat particulier, ne s'entend que de la solidarité dont les associés sont tenus vis-à-vis des créanciers sociaux, et non de celle qui lie les associés entre eux. — Ainsi, nonobstant cette décharge de solidarité, l'associé concordataire n'en reste pas moins soumis, à l'égard de ses coassociés, au recours que ceux-ci ont contre lui pour le cas où il n'aurait pas libéré la société dans une proportion égale à sa part d'intérêt dans la société. — Renouard, t. 2, p. 147; Duvergier, Collect. des Lois, t. 1838, p. 402; Devilleneuve et Massé, vo Faillite, no 602; Renault, t. 2, no 189. — V. cependant Lainné, p. 368, et Bédarride, t. 2, nos 746 et 747, qui enseignent au contraire que le dernier paragraphe de l'art. 531 décharge l'associé concordataire de toute solidarité vis-à-vis de ses coassociés.

[532] — 1. Sur la poursuite des actions au nom des syndics, comme représentant la masse des créanciers, voy. nos annotations de l'art. 443, nos 21 et s.

2. Les syndics ont qualité pour défendre les intérêts de la masse, tant aussi bien contre l'un

---

(1) Suite de l'ancien texte.

SECTION III.

De l'Union des Créanciers.

527. S'il n'intervient point de traité, les créanciers assemblés formeront, à la majorité individuelle des créanciers présents, un contrat d'union; ils nommeront un ou plusieurs syndics définitifs; les créanciers nommeront un caissier, chargé de recevoir les sommes provenant de toute espèce de recouvrement. Les syndics définitifs recevront le compte des syndics provisoires, ainsi qu'il a été dit pour le compte des agents à l'article 481.

528. Les syndics représenteront la masse des créanciers; ils procéderont à la vérification du bilan, s'il y a lieu. — Ils poursuivront, en vertu du contrat d'union, et sans autres titres authentiques, la vente des immeubles du failli, celle de ses marchandises et effets mobiliers, et la liquidation de ses dettes actives et passives; le tout sous la surveillance du commissaire, et sans qu'il soit besoin d'appeler le failli.

529. Dans tous les cas, il sera, sous l'approbation du commissaire, remis au failli et à sa famille les vêtements, hardes et meubles nécessaires à l'usage de leurs personnes. Cette remise se fera sur la proposition des syndics, qui en dresseront l'état.

530. S'il n'existe pas de présomption de banqueroute, le failli aura droit de demander, à titre de secours, une somme sur ses biens; les syndics en proposeront la quotité, et le tribunal, sur le rapport du commissaire, la fixera, en proportion des besoins et de l'étendue de la famille du failli, de sa bonne foi, et du plus ou moins de perte qu'il fera supporter à ses créanciers.

531. Toutes les fois qu'il y aura union de créanciers, le commissaire du tribunal de commerce lui rendra compte des circonstances. Le tribunal prononcera, sur son rapport, comme il est dit à la section II du présent chapitre, si le failli est ou non excusable, et susceptible d'être réhabilité. — En cas de refus du tribunal de commerce, le failli sera en prévention de banqueroute, et renvoyé, de droit, devant le magistrat de sûreté, comme il est dit à l'article 455.

533. Lorsque les opérations des syndics entraîneront des engagements qui excéderaient l'actif de l'union, les créanciers qui auront autorisé ces opérations seront seuls tenus personnellement au delà de leur part dans l'actif, mais seulement dans les limites du mandat qu'ils auront donné; ils contribueront au prorata de leurs créances.

534. Les syndics sont chargés de poursuivre la vente des immeubles, marchandises et effets mobiliers du failli, et la liquidation de ses dettes actives et passives, le tout sous la surveillance du juge-commissaire, et sans qu'il soit besoin d'appeler le failli. [C. comm., 486, 487, 571.]

[illegible]

535. Les syndics pourront, en se conformant aux règles prescrites par l'article 487, transiger sur toute espèce de droits appartenant au failli, nonobstant toute opposition de sa part.

536. Les créanciers en état d'union seront convoqués au moins une fois dans la première année, et, s'il y a lieu, dans les années suivantes, par le juge-commissaire.

Dans ces assemblées, les syndics devront rendre compte de leur gestion.

Ils seront continués ou remplacés dans l'exercice de leurs fonctions, suivant les formes prescrites par les articles 462 et 529.

537. Lorsque la liquidation de la faillite sera terminée, les créanciers seront convoqués par le juge-commissaire.

Dans cette dernière assemblée, les syndics rendront leur compte. Le failli sera présent ou dûment appelé.

Les créanciers donneront leur avis sur l'excusabilité du failli. Il sera dressé, à cet effet, un procès-verbal dans lequel chacun des créanciers pourra consigner ses dires et observations.

Après la clôture de cette assemblée, l'union sera dissoute de plein droit. [C. comm., 443, 462, 519.]

538. Le juge-commissaire présentera au tribunal la délibération des créanciers relative à l'excusabilité du failli, et un rapport sur les caractères et les circonstances de la faillite.

Le tribunal prononcera si le failli est ou non excusable. [C. comm., 452.]

539. Si le failli n'est pas déclaré excusable, les créanciers rentreront dans l'exercice de leurs actions individuelles, tant contre sa personne que sur ses biens.

S'il est déclaré excusable, il demeurera affranchi de la contrainte par corps à l'égard des créanciers de sa faillite, et ne pourra plus être poursuivi par eux que sur ses biens, sauf les exceptions prononcées par les lois spéciales. [C. comm., 455.]

540. Ne pourront être déclarés excusables: les banqueroutiers frauduleux, les stellionataires, les personnes condamnées pour vol, escroquerie ou abus de confiance, les comptables de deniers publics. [C. comm., 591.]

541. Aucun débiteur commerçant ne sera recevable à demander son admission au bénéfice de cession de biens. [C. c., 1268; C. pr., 898.]

CHAPITRE VII (1).

Des différentes espèces de Créanciers, et de leurs droits en cas de faillite.

SECTION PREMIÈRE.

Des Coobligés et des Cautions.

542. Le créancier porteur d'engagements

---

manditaires l'action en responsabilité solidaire, à raison des actes d'immixtion de leur part dans l'administration de la société. — 26 mars 1840, Paris. (S.V.40.2.250.—D.P.40.2.188.) — V. art. 27 et 28, et les notes.

[535]. . . . .

[536] — Il n'est pas nécessaire que le failli soit présent ou dûment appelé aux assemblées prescrites par cet article; mais rien n'empêche qu'il n'y assiste, s'il le réclame.—Lainné, p. 595.

[537] — 1. L'union ne peut être dissoute que lorsque toutes les opérations de la liquidation de la faillite ont été terminées, et que le compte définitif de cette liquidation a été rendu par le syndic. En conséquence, est mal fondé le failli qui demande la dissolution de l'union et qui conclut à être remis à la tête de ses affaires, tant que le syndic n'a pas rendu le compte définitif de la liquidation. — 14 mars 1849, Trib. de comm. de Paris. (*Droit* du 16 mars.)

2. De même aussi, le failli placé sous l'influence d'un contrat d'union, ne peut être poursuivi par les créanciers individuellement, encore qu'un compte, suivi d'une répartition, ait été rendu par les syndics, si, depuis ce compte, de nouveaux recouvrements ont été opérés, de telle sorte qu'il y ait encore lieu à une distribution entre les créanciers, et que, dès lors, les opérations de l'union ne soient pas réellement terminées.—26 fév. 1829, Paris. (S.30.2.120; C.N.9.—D.P.30.2.165.)

3. Le paiement de tous les créanciers qui auraient produit ne suffit pas non plus pour faire cesser le syndicat, s'il existe d'autres créanciers non produisants. Ces créanciers peuvent donc actionner directement le syndic. Vainement on leur opposerait la forclusion prononcée contre eux à défaut de production, s'il y a eu de leur part opposition au jugement qui prononce cette forclusion.—31 août 1830, Req. (S.V.31.1.106; C.N.9.—D.P.30.1.337.)

4-5. Sous l'empire des anciennes dispositions du Code de commerce, la terminaison de la liquidation et l'admission du failli au bénéfice de cession de biens opéraient la dissolution de l'union et faisaient cesser l'état de faillite, de telle sorte que si de nouveaux biens advenaient au failli, ses créanciers non complètement encore désintéressés devaient procéder individuellement contre lui, sans pouvoir faire revivre la faillite, nommer un juge-commissaire et élire des syndics pour les représenter. — 4 août 1841, Req. (S.V.41.1.880.—D.P.41.1.324.—P.41.2.503.) — V. cependant 24 juill. 1832, Poitiers. (S.V.32.2.488.—D.P.33.2.8.), et 10 août 1838, Rouen. (S.V.39.2.48.—D.P.39.2.60.—P.38.2.555.)

6. V. au surplus, sur les effets de la liquidation et dissolution de l'union, *infrà*, art. 539, nos 1er et s.

7. S'il s'élève des contestations sur le compte des syndics, il doit être procédé comme au cas de l'art. 519: le juge-commissaire dresse procès-verbal des difficultés, et le tribunal de commerce prononce.—Renouard, t. 2, p. 184; Bédarride, t. 2, n° 807.

8. A moins que ces difficultés ne soient de nature à être aisément terminées; auquel cas le juge doit ajourner la délibération à tel jour qu'il juge convenable. Bédarride, n° 808. — Lainné, p. 526, pense que dans tous les cas, le juge-commissaire doit proroger l'assemblée, et les créanciers nommer des commissaires, soit pour vérifier le compte, soit pour faire juger les contestations par le tribunal, après quoi seulement les créanciers doivent être réunis de nouveau pour donner leur avis sur l'excusabilité du failli.

9. Le failli dont les créanciers ont été mis en état d'union, ne peut déposer une seconde fois son bilan et être déclaré en faillite.—12 août 1846, Trib. de comm. de Paris. (*Droit* du 4 sept.)

10. *Id.*: Même par les opérations postérieures à sa première faillite. — 7 mars 1844, Trib. de comm. de Paris. (*Droit* du 8 mars.)—*Sic*, Goujet et Merger, v° *Union*, n° 66.

11. Jugé de même, avant la loi du 28 mai 1838, que faillite sur faillite n'est autorisée par aucune loi. Ainsi, un commerçant placé dans les liens d'une première faillite prononcée sous l'ancienne législation, ne peut, du moins à l'égard des créanciers antérieurs à cette faillite, être déclaré une seconde fois en faillite, bien que depuis sa première faillite il se soit remis à la tête de ses affaires, et ait par suite d'opérations commerciales, acquis une nouvelle fortune.—15 août 1831, Paris. (S.V.31.2.267.—D.P.31.2.159.)—V. aussi *sup.*, art. 437, nos 45 et 46.

12. Jugé toutefois en sens contraire: le tribunal ne doit pas seulement prononcer la réouverture de l'union.—31 août 1849, Trib. de comm. de Paris. (*Droit* du 6 sept.)

[538] et **[539]** — 1. Les créanciers du failli peuvent, du moment où les opérations de la faillite après union ont été terminées, et que les syndics définitifs ont rendu leur compte de gestion, exercer des poursuites contre le failli en paiement de ce qui leur reste dû, sans être astreints à prouver que le failli a acquis de nouveaux biens.—31 janv. 1841, Paris. (S.V.41.2.186.)

2. Jugé de même sous l'ancienne loi.—31 déc. 1830, Colmar. (S.V.31.2.230; C.N.9.)—*Sic*, Pardessus, t. 4, n° 1268; Frémery, p. 421.

3. Toutefois, la doctrine contraire avait été consacrée par la Cour de Paris.—17 juill. 1825. (S.25.2.396; C.N.7.—D.P.25.2.4.)—7 déc. 1831. (S.V.32.2.184.—D.P.32.2.37.)—Et 23 fév. 1833. (D.P.34.2.45.)—*Sic*, Bédarride, t. 2, n° 851.

4. Jugé de même depuis la loi nouvelle, que la disposition de l'art. 539, qui rend à chacun des créanciers, après la dissolution de l'union, l'exercice de son action individuelle contre les biens du failli, ne s'applique qu'aux biens qu'il a pu acquérir postérieurement à cette dissolution.—12 mai 1845, Paris. (*Dr.* du 18.)

5. Les biens du failli, ignorés ou dissimulés, qui n'auraient point figuré dans l'actif réparti entre les créanciers, ne cessent pas, même par la dissolution de l'union, d'être le gage de la masse. En conséquence, le retrait d'une somme d'argent déposée à la caisse des consignations pendant la durée de l'union, ne peut être opéré ni par le failli, ni par un créancier exerçant seul son action individuelle contre le failli.—Dans le silence même des autres créanciers, la caisse des consignations doit, s'ils n'ont point été appelés, refuser la restitution du dépôt.—Même arrêt.

6. Après la dissolution de l'union, le failli peut être poursuivi tant sur sa personne que sur ses biens, sans signification préalable du jugement qui le déclare non excusable.—30 juill. 1840, Montpellier. (S.V.41.2.261.)

7. La disposition de l'art. 539 qui déclare le failli affranchi de la contrainte par corps, à l'égard des créanciers de sa faillite, lorsqu'il a été déclaré excusable, n'est pas applicable au cas où la faillite a été déclarée sous l'empire de la loi ancienne.—31 janv. 1841, Paris. (S.V.41.2.126.)

8. S'il n'a pas été statué sur l'excusabilité du failli, lors de l'union, celui-ci doit poursuivre lui-même le jugement de son excusabilité; ce n'est pas aux créanciers, pour pouvoir agir, à rapporter un jugement de non-excusabilité. Seulement un délai doit, dans ce cas, être accordé au failli.—6 mars 1845, Douai. (S.V.45.2.386.)

9. En ce qui touche le recours contre le jugement sur l'excusabilité du failli, voy. les nos 10 et s. de l'art. 582.

[540]. . . . .

[541] — L'art. 541 ne doit s'entendre que de la cession de biens judiciaire. Il ne prohibe pas le traité volontairement intervenu entre un débiteur non failli et ses créanciers, par lequel ce débiteur fait à ceux-ci, qui l'acceptent, l'abandon de ses biens.—15 juil. 1849, Req. (S.V.49.1.497.—D.P.49.1.110.)—*Sic*, Massé, t. 4, n° 277; Bédarride, t. 2, n° 849.—Cependant Renouard, t. 2, p. 173, semble n'admettre la cession de biens volontaire qu'après faillite et comme condition du concordat. — Ce serait là, selon nous, une erreur; car il est bien évident que si on permet au débiteur failli, et qui ne jouit pas de l'intégralité de ses droits, de céder ses biens à ses créanciers, en faisant avec eux un concordat, on doit, à plus forte raison, reconnaître au débiteur la faculté de faire cette cession de biens volontairement acceptée par ses créanciers, lorsque n'étant pas encore en état de faillite, il est *integri status*.

[542] — 1. Le créancier porteur d'un titre d'ob-

---

(1) *Suite de l'ancien texte*:

CHAPITRE IX.

DES DIFFÉRENTES ESPÈCES DE CRÉANCIERS, ET DE LEURS DROITS EN CAS DE FAILLITE.

SECTION 1re.

Dispositions générales.

532. S'il n'y a pas d'action en expropriation des immeubles, formée avant la nomination des syndics définitifs, eux seuls seront admis à poursuivre la vente; ils seront tenus d'y procéder dans huitaine, selon la forme qui sera indiquée ci-après.

533. Les syndics présenteront au commissaire l'état des créanciers se prétendant privilégiés sur les meubles; et le commissaire autorisera le paiement de ces créanciers sur les premiers deniers rentrés. S'il y a des créanciers contestant le privilége, le tribunal prononcera; les frais seront supportés par ceux dont la demande aura été rejetée, et ne seront pas au compte de la masse.

534. Le créancier porteur d'engagements solidaires entre le failli et d'autres coobligés qui sont en faillite, participera aux distributions dans toutes les masses, jusqu'à son parfait et entier paiement.

souscrits, endossés ou garantis solidairement par le failli et d'autres coobligés qui sont en faillite, participera aux distributions dans toutes les masses, et y figurera pour la valeur nominale de son titre jusqu'à parfait paiement. [C. comm., 444, 491, 503.]

543. Aucun recours, pour raison des dividendes payés, n'est ouvert aux faillites des coobligés les uns contre les autres, si ce n'est lorsque la réunion des dividendes que donneraient ces faillites excéderait le montant total de la créance, en principal et accessoires, auquel cas cet excédant sera dévolu, suivant l'ordre des engagements, à ceux des coobligés qui auraient les autres pour garants.

544. Si le créancier porteur d'engagements solidaires entre le failli et d'autres coobligés a reçu, avant la faillite, un à-compte sur sa créance, il ne sera compris dans la masse que sous la déduction de cet à-compte, et conservera, pour ce qui lui restera dû, ses droits contre le coobligé ou la caution.

Le coobligé ou la caution qui aura fait le paiement partiel sera compris dans la même masse pour tout ce qu'il aura payé à la décharge du failli.

545. Nonobstant le concordat, les créanciers conservent leur action pour la totalité de leur créance contre les coobligés du failli.

[illegible]

SECTION II.

Des Créanciers nantis de gages, et des Créanciers privilégiés sur les biens meubles (1).

546. Les créanciers du failli qui seront valablement nantis de gages ne seront inscrits dans la masse que pour mémoire. [Ord. 1673, tit. XI, art. 8.—C. c., 2084; C. comm., 445.]

547. Les syndics pourront, à toute époque, avec l'autorisation du juge-commissaire, retirer les gages au profit de la faillite, en remboursant la dette. [C. comm., 462.]

548. Dans le cas où le gage ne sera pas retiré par les syndics, s'il est vendu par le créancier moyennant un prix qui excède la créance, le surplus sera recouvré par les syndics; si le prix est moindre que la créance, le créancier nanti viendra à contribution pour le surplus, dans la masse, comme créancier ordinaire.

549. Le salaire acquis aux ouvriers employés directement par le failli, pendant le mois qui aura précédé la déclaration de faillite, sera admis au nombre des créances privilégiées, au même rang que le privilége établi par l'article 2101 du Code civil pour le salaire des gens de service.

Les salaires dus aux commis pour les six mois qui auront précédé la déclaration de faillite seront admis au même rang. [C. c., 2101.]

550. Le privilége et le droit de revendication établis par le n° 4 de l'article 2102 du Code civil, au profit du vendeur d'effets mobiliers, ne seront point admis en cas de faillite. [C. comm., 575 et s.]

551. Les syndics présenteront au juge-commissaire l'état des créanciers se prétendant privi-

(1) *Texte de l'ancien texte:*

535. Les créanciers du failli qui seront valablement nantis par des gages ne seront inscrits dans la masse que pour mémoire.

536. Les syndics seront autorisés à retirer les gages au profit de la faillite, en remboursant la dette.

537. Si les syndics ne retirent pas le gage, qu'il soit vendu par les créanciers, et que le prix excède la créance, le surplus sera recouvré par les syndics; si le prix est moindre que la créance, le créancier nanti viendra à contribution pour le surplus.

538. Les créanciers garantis par un cautionnement seront compris dans la masse, sous la déduction des sommes qu'ils auront reçues de la caution; la caution sera comprise dans la même masse pour tout ce qu'elle aura payé à la décharge du failli.

légiés sur les biens meubles, et le juge-commissaire autorisera, s'il y a lieu, le paiement de ces créanciers sur les premiers deniers rentrés.

Si le privilége est contesté, le tribunal prononcera.

SECTION III (1).

Des Droits des Créanciers hypothécaires et Privilégiés sur les immeubles.

552. Lorsque la distribution du prix des immeubles sera faite antérieurement à celle du prix des biens meubles, ou simultanément, les créanciers privilégiés ou hypothécaires, non remplis sur le prix des immeubles, concourront, à proportion de ce qui leur restera dû, avec les créanciers chirographaires, sur les deniers appartenant à la masse chirographaire, pourvu toutefois que leurs créances aient été vérifiées et affirmées suivant les formes ci-dessus établies. [Ord. 1673, tit. XI, art. 8. — C. comm., 497, 571.]

553. Si une ou plusieurs distributions des deniers mobiliers précèdent la distribution du prix des immeubles, les créanciers privilégiés et hypothécaires vérifiés et affirmés concourront aux répartitions dans la proportion de leurs créances totales, et sauf, le cas échéant, les distractions dont il sera parlé ci-après. [C. comm. 554, 555.]

554. Après la vente des immeubles et le règlement définitif de l'ordre entre les créanciers hypothécaires et privilégiés, ceux d'entre eux qui viendront en ordre utile sur le prix des immeubles pour la totalité de leur créance ne toucheront le montant de leur collocation hypothécaire que sous la déduction des sommes par eux perçues dans la masse chirographaire.

Les sommes ainsi déduites ne resteront point dans la masse hypothécaire, mais retourneront à la masse chirographaire, au profit de laquelle il en sera fait distraction.

555. A l'égard des créanciers hypothécaires qui ne seront colloqués que partiellement dans la distribution du prix des immeubles, il sera procédé comme il suit : leurs droits sur la masse chirographaire seront définitivement réglés d'après les sommes dont ils resteront créanciers après leur collocation immobilière, et les deniers qu'ils auront touchés au delà de cette proportion, dans la distribution antérieure, leur seront retenus sur le montant de leur collocation hypothécaire, et reversés dans la masse chirographaire.

556. Les créanciers qui ne viennent point en ordre utile seront considérés comme chirographaires, et soumis comme tels aux effets du concordat et de toutes les opérations de la masse chirographaire. [Cod. comm., 546.]

[illegible]

[552] — [illegible]

[553 à 555] — [illegible]

[556] — [illegible]

(1) [illegible]

SECTION IV (1).

Des Droits des Femmes.

557. En cas de faillite du mari, la femme dont les apports en immeubles ne se trouveraient pas mis en communauté reprendra en nature lesdits immeubles et ceux qui lui seront survenus par succession ou par donation entre-vifs ou testamentaire.

558. La femme reprendra pareillement les immeubles acquis par elle et en son nom des deniers provenant desdites successions et donations, pourvu que la déclaration d'emploi soit expressément stipulée au contrat d'acquisition, et que l'origine des deniers soit constatée par inventaire ou par tout autre acte authentique.

559. Sous quelque régime qu'ait été formé le contrat de mariage, hors le cas prévu par l'article précédent, la présomption légale est que les biens acquis par la femme du failli appartiennent à son mari, ont été payés de ses deniers, et doivent être réunis à la masse de son actif, sauf à la femme à fournir la preuve du contraire.

560. La femme pourra reprendre en nature les effets mobiliers qu'elle s'est constitués par contrat de mariage, ou qui lui sont advenus par succession, donation entre-vifs ou testamentaire, et qui ne seront pas entrés en communauté, toutes les fois que l'identité en sera prouvée par inventaire ou tout autre acte authentique.

A défaut, par la femme, de faire cette preuve, tous les effets mobiliers, tant à l'usage du mari qu'à celui de la femme, sous quelque régime qu'ait été contracté le mariage, seront acquis aux créanciers, sauf aux syndics à lui remettre, avec l'autorisation du juge-commissaire, les habits et linge nécessaires à son usage.

561. L'action en reprise résultant des dispositions des articles 557 et 558 ne sera exercée par la femme qu'à la charge des dettes et hypothèques dont les biens sont légalement grevés, soit que la femme s'y soit obligée volontairement, soit qu'elle y ait été condamnée.

562. Si la femme a payé des dettes pour son mari, la présomption légale est qu'elle l'a fait des deniers de celui-ci, et elle ne pourra, en conséquence, exercer aucune action dans la faillite, sauf la preuve contraire, comme il est dit à l'article 559.

563. Lorsque le mari sera commerçant au moment de la célébration du mariage, ou lorsque, n'ayant pas alors d'autre profession déterminée, il sera devenu commerçant dans l'année, les immeubles qui lui appartiendraient à l'époque de la célébration du mariage, ou qui lui seraient advenus depuis, soit par succession, soit par donation entre-vifs ou testamentaire, seront seuls soumis à l'hypothèque de la femme :

1° Pour les deniers et effets mobiliers qu'elle aura apportés en dot, ou qui lui seront advenus depuis le mariage par succession ou donation entre-vifs ou testamentaire, et dont elle prouvera la délivrance ou le paiement par acte ayant date certaine ; 2° pour le remploi de ses biens aliénés pendant le mariage ; 3° pour l'indemnité des dettes par elle contractées avec son mari. [C. civ., 2121.]

---

[557] — 1. La femme dont les immeubles sont tombés en communauté par l'effet de la clause d'ameublissement, ne peut les reprendre en nature dans la faillite de son mari ; et cela alors même qu'elle aurait stipulé la reprise de son apport franc et quitte. La clause d'ameublissement ne lui attribue qu'une créance pour laquelle elle peut seulement exercer son hypothèque légale. — Lainné, p. 417 ; Bédarride, n° 998 ; Massé, t. 5, n° 384. C'est ce qui fut déclaré lors de la discussion par M. Gilbert (*Monit.* du 8 avril 1838, p. 810.)

2. La femme qui a été par erreur expropriée pour cause d'utilité publique, sous le nom de son mari, a action contre la faillite de ce dernier, pour la répétition du montant intégral de l'indemnité touchée par la masse de la faillite elle-même. Dans ce cas, la femme ne peut être considérée comme créancière de son mari, et venir, comme telle, subir le sort commun des créanciers : elle doit être considérée comme créancière de la faillite même, qui lui doit restitution de tout ce qu'elle a indûment reçu. — 11 déc. 1848, Rej. (S.V.49.1.541.)

[558] — L'origine dotale des deniers employés à l'acquisition d'un immeuble par la femme d'un commerçant failli, est suffisamment et authentiquement constatée, comme l'exige la loi, lorsque l'acte de vente établit non-seulement que l'acquisition a été faite pour servir de remploi à la femme, mais encore que le prix a été payé avec la dot mobilière qui lui avait été constituée par son contrat de mariage. — Il n'est pas indispensable, en ce cas, que le paiement de la dot à la femme ou à son mari soit constaté par une quittance authentique. — Il en est ainsi surtout, si l'existence de l'emploi a été reconnue par les syndics de la faillite du mari, lors de la vérification des créances. — En un tel cas, l'immeuble acquis doit être déclaré la propriété exclusive de la femme. — 8 janv. 1844, Rej. (S.V.44.1.104.—D.P.44.1.172.—P.44.1.489.) — *Sic*, Massé, t. 5, n° 386.

[559] — 1. La présomption légale que les biens acquis par la femme d'un failli appartiennent au mari et ont été payés de ses deniers, est inapplicable à la femme mariée avant la publication du C. de comm., et sous une législation qui n'admettait pas cette présomption. — 11 mars 1828, Nîmes. (S.V.32.2.157 ; C.n.9.—D.P.31.2.[illegible].)

2. Cette présomption ne peut être détruite que par une preuve écrite contraire : la preuve testimoniale n'est pas admissible à cet égard. — 17 janv. 1846, Nancy. (S.V.47.2.129.)

3. La preuve écrite ne peut même résulter que d'un acte authentique. — Lainné, t. 3, n° 587 ; Bédarride, t. 2, n° 1006 ; Goujet et Merger, v° *Faillite*, n° 614 ; Devilleneuve, t. 47.2.129. — *Contra*, Renouard, t. 2, p. 286 ; Massé, t. 5, n° 386.

[560] — 1. Les droits de reprises de la femme doivent être exercés conformément à l'ancien art. 554, en ce qui touche les objets échus sous l'empire de l'ancienne loi, quand même le mari ne serait tombé en faillite que sous la loi nouvelle ; il en est différemment quant aux objets échus depuis cette loi nouvelle. — Duranton, t. 19, n° 382 *bis*.

2. — V. ci-après les n°s 1er et s. et n° 27 de l'art. 563.

[561 et 562] . . . .

[563] — 1. C'est la loi commerciale existante au moment de l'ouverture de la faillite d'un négociant marié, et non celle qui était en vigueur à l'époque de son mariage, qui détermine les effets ou l'étendue des droits hypothécaires de la femme du failli sur les biens de son mari à l'égard des créanciers chirographaires. — 20 juill. 1840, Amiens. (S.V.40.2.456.) — *Id.* 17 mars 1842, Grenoble. (S.V.42.2.296.) — *Id.* 3 janv. 1844, Rej. (S.V.44.1.106.—D.P.44.1.95.) — *Id.* 2 août 1847, Rej. (S.V.48.1.124.—D.P.47.1.330.) — *Sic*, Esnault, t. 2, n° 604.

2. Ainsi, la disposition de l'ancien art. 551, d'après laquelle l'hypothèque légale de la femme d'un négociant failli ne portait que sur les biens appartenant au mari lors du mariage, ne s'applique pas au cas où l'ouverture de la faillite est postérieure à la publication de la loi du 28 mars 1838 sur les faillites, laquelle a étendu l'hypothèque de la femme aux biens advenus au mari pendant le mariage par succession ou donation. — 17 mars 1842, Grenoble. (S.V.42.2.296.—D.P.42.2.146.)

3. *Id.* ... Et cette disposition ne peut être invoquée par les créanciers chirographaires, bien que leurs titres soient antérieurs à la loi du 28 mai 1838. — 3 janv. 1844, Rej. (S.V.44.1.106.—D.P.44.1.95.—P.44.1.500.) — *Id.* 2 août 1847, Rej. (S.V.48.1.124.) — *Sic*, Renouard, t. 2, p. 270 ; Massé, t. 5, n° 405. — *Con-*

---

(1) *Suite de l'ancien texte :*

SECTION III.

Des droits des femmes.

544. En cas de faillite, les droits et actions des femmes, lors de la publication de la présente loi, seront réglés ainsi qu'il suit.

545. Les femmes mariées sous le régime dotal, les femmes séparées de biens, et les femmes communes en biens qui n'auraient point mis les immeubles apportés en communauté, reprendront en nature lesdits immeubles et ceux qui leur seront survenus par succession ou par donation entre-vifs ou pour cause de mort.

546. Elles reprendront pareillement les immeubles acquis par elles et en leur nom, des deniers provenant desdites successions et donations, pourvu que la déclaration d'emploi soit expressément stipulée au contrat d'acquisition, et que l'origine des deniers soit constatée par inventaire ou par tout autre acte authentique.

547. Sous quelque régime qu'ait été formé le contrat de mariage, hors le cas prévu par l'article précédent, la présomption légale est que les biens acquis par la femme du failli appartiennent à son mari, sont payés de ses deniers, et doivent être réunis à la masse de son actif : sauf à la femme à fournir la preuve du contraire.

548. L'action en reprise, résultant des dispositions des articles 545 et 546, ne sera exercée par la femme qu'à la charge des dettes et hypothèques dont les biens seront grevés, soit que la femme s'y soit volontairement obligée, soit qu'elle y ait été judiciairement condamnée.

549. La femme ne pourra exercer, dans la faillite, aucune action à raison des avantages portés au contrat de mariage, et réciproquement, les créanciers ne pourront se prévaloir, dans aucun cas, des avantages faits par la femme au mari dans le même contrat.

550. En cas que la femme ait payé des dettes pour son mari, la présomption légale est qu'elle l'a fait des deniers de son mari ; et elle ne pourra, en conséquence, exercer aucune action dans la faillite, sauf la preuve contraire, comme il est dit à l'art. 547.

551. La femme dont le mari était commerçant à l'époque de la célébration du mariage n'aura hypothèque, pour les deniers ou effets mobiliers qu'elle justifiera par actes authentiques avoir apportés en dot, pour le remploi de ses biens aliénés pendant le mariage, et pour l'indemnité des dettes par elle contractées avec son mari, que sur les immeubles qui appartenaient à son mari à l'époque ci-dessus.

552. Sera à cet égard, assimilée à la femme dont le mari était commerçant à l'époque de la célébration du mariage, la femme qui aura épousé un fils de négociant, n'ayant, à cette époque, aucun état ou profession déterminé, et qui deviendrait lui-même négociant.

553. Sera exceptée des dispositions des articles 549 et 551, et jouira de tous les droits hypothécaires accordés aux femmes par le Code civil, la femme dont le mari avait, à l'époque de la célébration du mariage, une profession déterminée autre que celle de négociant ; néanmoins cette exception ne sera pas applicable à la femme dont le mari ferait le commerce dans l'année qui suivrait la célébration du mariage.

554. Tous les meubles meublants, effets mobiliers, diamants, tableaux, vaisselle d'or et d'argent, et autres objets, tant à l'usage du mari qu'à celui de la femme, sous quelque régime qu'ait été formé le contrat de mariage, seront acquis aux créanciers, sans que la femme puisse en recevoir autre chose que les habits et linge à son usage, qui lui seront accordés d'après les dispositions de l'article 529. — Toutefois la femme pourra reprendre les bijoux, diamants et vaisselle qu'elle pourra justifier, par états légalement dressés, annexés aux actes, ou par bons et loyaux inventaires, lui avoir été donnés par contrat de mariage, ou lui être advenus par succession seulement.

555. La femme qui aurait détourné, diverti ou recélé des effets mobiliers portés en l'article précédent, des marchandises, des effets de commerce, de l'argent comptant, sera condamnée à les rapporter à la masse, et poursuivie en outre comme complice de banqueroute frauduleuse.

556. Pourra aussi, suivant la nature des cas, être poursuivie comme complice de banqueroute frauduleuse, la femme qui aura prêté son nom ou son intervention à des actes faits par le mari en fraude de ses créanciers.

557. Les dispositions portées en la présente section ne seront point applicables aux droits et actions des femmes acquis avant la publication de la présente loi.

564. La femme dont le mari était commerçant à l'époque de la célébration du mariage, ou dont le mari, n'ayant pas alors d'autre profession déterminée, sera devenu commerçant dans l'année qui suivra cette célébration, ne pourra exercer dans la faillite aucune action à raison des avantages portés au contrat de mariage, et, dans ce cas, les créanciers ne pourront, de leur côté, se prévaloir des avantages faits par la femme au mari dans ce même contrat.

tes, Duvergier, *Collect. des lois*, t. 38, p. 409; Lainné, p. 434; Bédarride, t. 2, n° 999 et 1039.

5. Mais elle peut être invoquée par les créanciers hypothécaires inscrits sous l'empire des anciennes dispositions du Code. —17 juill. 1844, Rej. (S.V.44.1.695.–D.P.44.1.329.)—Sic, Renouard et Massé, *loc. cit.*

6. Ainsi encore, les dispositions des anciens art. 551 et 552, d'après lesquelles l'hypothèque légale de la femme qui épouse le fils d'un négociant n'ayant à cette époque aucune profession déterminée, mais qui, après avoir entrepris lui-même le commerce, venait à tomber en faillite, ne portait que sur les biens appartenant à son mari lors de leur mariage (disposition que n'a pas reproduite la loi nouvelle du 28 mai 1838), ne peuvent être invoquées au cas de faillite ouverte depuis cette loi, par des créanciers chirographaires du mari, dont les titres sont postérieurs à cette même loi. —30 juill. 1840, Limoges. (S.V.40.2.453.)—*Id.* 3 janv. 1844, Rej. (S.V.44.1.186.–D.P.44.1.96.–P.44.1.369.)

6. Décidé pareillement que l'hypothèque légale de la femme de celui dont la faillite a été déclarée depuis la loi de 1838, bien que l'ouverture en remonte à une époque antérieure, s'étend, relativement aux créanciers chirographaires, aux biens advenus à celui-ci depuis son contrat de mariage par succession ou donation, et non pas seulement aux biens qui lui appartenaient au jour de son mariage.—19 avr. 1850, Rej. (S.V.50.1.542.–D.P.50.1.88.)

7. Jugé cependant que la disposition du nouvel art. 563, ne s'applique pas aux immeubles advenus au mari même postérieurement à la loi de 1838, dans le cas où l'ouverture de la faillite remonte à une époque antérieure.—6 juin 1841, Rouen. (S.V.45.2.180.–D.P.45.2.77.)

8. Jugé encore sous l'ancien Code, par application du principe ci-dessus, n° 1er, que la femme d'un commerçant failli, bien que mariée avant le Code de commerce, et sous l'empire du Code civil, n'a pas hypothèque légale sur les biens advenus au mari pendant le mariage, pour le remploi de ses propres aliénés depuis le Code de commerce.—Qu'en ce cas, doit recevoir son application l'art. 551, qui restreint l'hypothèque légale de la femme aux immeubles que possédait le mari lors du mariage. Ce n'est pas là donner effet rétroactif à cette disposition, la femme n'ayant, avant l'aliénation, qu'une simple espérance et non un droit acquis.—17 juill. 1837, Agen. (S.V.37.2.440.–D.P.37.2.169.–P.38.1.35.)

9. Il a été jugé cependant que l'art. 551, d'après lequel la femme n'a hypothèque, pour l'indemnité des dettes par elle contractées avec son mari, que sur les immeubles qui appartenaient à ce dernier lors du mariage, est inapplicable à la femme mariée avant la promulgation du Code de commerce, encore que les obligations n'aient été contractées que depuis.—[illegible] 1834, Rej. (S.V.34.1.371.–D.P.34.1.181.)—V. l'arrêt d'appel de Paris, du 31 août 1831. (S.V.32.2.156.)—V. aussi *inf.*, art. 564, n° 3.

10. La femme n'a pas hypothèque légale sur les portions acquises par son mari, moyennant soulte, dans un immeuble qu'il possédait par indivis avant le mariage; ici est sans application la règle du droit civil qui fait remonter au jour où l'indivision a commencé le droit de propriété du copropriétaire sur les portions indivises dont il se rend acquéreur.—2 déc. 1836, Bourges. (S.V.37.2.185.–D.P.37.2.92.–P.38.1.51.)—Sic, Esnault, t. 3, n° 600.—*Contra*, 30 juin 1841, Trib. de Rouen. (D.P.42.3.56.)

11. Elle n'a pas non plus hypothèque sur les constructions et améliorations faites aux immeubles du mari depuis le mariage, ou depuis qu'ils lui sont advenus par succession ou donation.—Renouard, t. 2, p. 301; Bédarride, t. 2, n° 1031; Massé, t. 3, n° 395.—*V. cependant* Esnault, t. 3, n° 599.—V. aussi 24 janv. 1838, Req. (S.V.38.1.97.)

12. Du reste, la femme est admissible à établir contre les créanciers de son mari la consistance des immeubles de celui-ci soumis à son hypothèque légale, par les mêmes moyens qu'elle pourrait employer contre son mari lui-même, notamment par la preuve testimoniale et des présomptions graves, dans les cas où ce genre de preuve est permis.—28 août 1847, Grenoble. (S.V.48.2.168.)

13. La faillite du mari, postérieure à la collocation provisoire de la femme sur le prix des biens acquis par le mari durant le mariage, rend cette collocation sans effet, en privant la femme de tout droit d'hypothèque.—29 mai 1840, Rouen. (S.V.41.2.306.–P.40.2.261.)—V. Lainné, p. 457.

14. Mais il nous semble qu'il en devrait être autrement si la collocation était devenue définitive, la femme ayant dès lors un droit acquis au moment de sa collocation.

15. L'enfant mineur d'un commerçant failli a, pour la restitution de la dot de sa mère, une hypothèque légale sur *tous* les biens de son père devenu son tuteur, et cette hypothèque s'étend, aussi bien sur les immeubles acquis par le père depuis son mariage, que sur ceux qu'il possédait antérieurement.—A cet égard, l'hypothèque du mineur n'est pas restreinte, comme celle de sa mère, aux biens déjà acquis à l'époque du mariage.—7 juin 1834, Grenoble. (S.V.34.2.438.–D.P.35.2.40.)—Sic, Esnault, t. 3, n° 590.

16. Les restrictions apportées par la loi commerciale à l'hypothèque légale de la femme doivent recevoir leur application, bien que l'état de faillite ait cessé par l'effet d'un concordat.—4 mars 1829, Nîmes. (S.30.2.337; C.N.9.–D.P.31.2.24.)—Sic, Lainné, p. 455; Esnault, t. 3, n° 595; Bédarride, t. 2, n° 998.

17. Néanmoins, la femme mariée sous le régime dotal conserve, après le concordat obtenu par son mari, une hypothèque légale sur les biens qui adviennent ultérieurement à celui-ci, pour garantie de la restitution de la portion de sa dot excédant le dividende qu'elle a touché dans l'actif de la faillite.—6 juin 1844, Rouen. (S.V.45.2.180.–D.P.45.2.77.)

17 *bis*. Décidé aussi que le failli concordataire peut, même avant le paiement du dividende promis à ses créanciers, céder valablement à son épouse et pour compléter sa dot, des valeurs faisant partie de l'ancien actif de la faillite, si celle-ci, mariée sous le régime dotal, a été autorisée par jugement (rendu sans fraude) à répéter, nonobstant le concordat, contre son mari personnellement, l'intégralité de ses droits et reprises.—9 nov. 1848, Bordeaux. (S.V.49.2.349.)

18. La disposition de l'art. 563 n'est pas exclusivement applicable au cas où le mari a été judiciairement déclaré en état de faillite; elle s'applique également au cas où le mari a obtenu de ses créanciers un concordat amiable.—28 août 1847, Grenoble. (S.V.48.2.469.)—Sic, Lainné, p. 454; Renouard, t. 2, p. 329; Bédarride, t. 2, n° 993 et 994; Esnault, t. 3, n° 591.

19. Jugé de même sous l'ancien Code par application de l'art. 551.—7 mars 1836, Rej. (S.V.37.1.920.)—*Id.* 5 juin 1837, Rej. (S.V.37.1.920.–D.P.37.1.423.–P.37.1.80.)—V. *infrà*, art. 564, n° 1er.

20. *Id.* Cet article était applicable même au cas où le commerçant ayant été exproprié par ses créanciers, ces biens ne suffisaient pas pour payer ses dettes.—20 janv. 1831, Grenoble. (S.V.32.2.509.)

21. Cependant, cet ancien art. 551 n'était applicable que lorsque le mari ayant cessé ses paiements se trouvait en état de faillite. Lors donc que la faillite du mari n'avait pas été déclarée par jugement du tribunal de commerce, les juges civils ne pouvaient appliquer l'art. 551 qu'en constatant préalablement le fait de la cessation de paiements constitutif de l'état de faillite.—26 déc. 1840, Cass. (S.V.41.1.31.–D.P.41.1.57.–P.41.1.189.)—V. *sup.*, art. 440, n° 14 et suivants.

22. Jugé au contraire, d'une manière absolue, que l'art. 551 n'était applicable qu'au cas de faillite déclarée par jugement; il ne suffisait pas qu'il y eût, de la part du mari, cessation même absolue de paiements.—26 août 1828, Toulouse. (S.29.2.145; C.N.9.–D.P.29.2.175.)

23. La femme qui veut exercer son hypothèque légale dans la faillite de son mari, peut, en l'absence d'acte authentique, prouver la réalité de ses apports matrimoniaux par un ensemble d'écrits et de faits concordants et non suspects.—25 juill. 1830, Angers. (S.V.31.2.97; C.N.9.–D.P.31.2.34.)

24. Jugé au contraire, par application de l'ancien art. 551, que cette preuve ne peut être faite que par acte authentique.—21 fév. 1827, Cass. (S.27.1.336; C.N.8.–D.P.27.1.146.)—*Id.* 21 juin 1828, Besançon. (S.29.2.111; C.N.9.–D.P.29.2.130.)

25. Dans tous les cas, lorsqu'il a été convenu dans le contrat de mariage d'un commerçant, et à l'égard d'apports de la femme payables seulement au jour du mariage, que l'acte de célébration vaudrait quittance de ces apports, l'acte postérieur de célébration, rapproché de la convention des époux, fait preuve suffisante et authentique tant à l'égard des créanciers qu'à l'égard des époux, de la réalisation de l'apport promis.—19 janv. 1836, Rej. (S.V.36.1.198.–D.P.36.1.73.)—Sic, Esnault, t. 3, n° 586 *bis*; Bédarride, t. 2, n° 1037; Massé, t. 3, n° 394.—V. aussi, art. 554, n° 1er.

26. On peut aussi considérer comme actes ayant date certaine pour établir la créance de la femme du failli, des jugements rendus dans une instance antérieure entre les époux et des tiers, et dans lesquels il a été reconnu que le mari avait reçu pour le compte de son épouse la somme qui forme le montant de la créance réclamée par celle-ci.—29 juin 1839, Limoges. (S.V.40.2.9.–D.P.40.2.35.)

27. Du reste, la femme qui ne justifie pas sa créance, soit par des titres authentiques, soit par des actes ayant date certaine, à l'effet de reprendre en nature les effets qui lui appartiennent, ou d'obtenir une hypothèque légale sur les biens de son mari, n'en a pas moins le droit de se présenter en qualité de simple créancière chirographaire.—Même arrêt.

28. L'annulation, pour cause de fraude, d'une obligation souscrite par le mari et par la femme, comme caution, dans les dix jours qui ont précédé la faillite du mari, bien qu'elle n'ait d'effet que contre le mari et que la femme ne cesse pas d'être obligée comme caution, empêche cependant la femme de pouvoir prétendre à une hypothèque légale pour sûreté de l'indemnité qui lui est due à raison de ce cautionnement, alors du moins que la femme a participé à la fraude commise par son mari.—13 mai 1850, Rej. (S.V.50.1.609.)

[564]—1. La femme d'un négociant perd, par le seul fait de la cessation de paiements de son mari, toute action sur les biens de celui-ci, à raison des avantages portés dans son contrat de mariage, et cela encore bien qu'au moyen d'une cession de biens amiable, les créanciers aient consenti à tenir le mari pour complètement libéré, et que, par suite, il n'y ait pas eu déclaration de faillite.—13 nov. 1838, Req. (S.V.39.1.121.–D.P.38.1.400.–P.39.1.22.)—Sic, Bédarride, t. 2, n° 1043.—V. *sup.*, art. 563, n° 18 et s.

2. Jugé, sous l'ancien Code, que l'exercice d'une profession déterminée autre que celle de négociant, par exemple, des fonctions de receveur particulier des finances, de la part du mari, au moment de son mariage n'est pas un obstacle à l'application de la disposition qui, en cas de faillite du mari commerçant, enlève à la femme tous les avantages matrimoniaux qui lui ont été faits par son mari, alors qu'il est établi, en fait, qu'à l'époque de son mariage, le mari se livrait habituellement à des opérations de commerce étrangères à sa profession.—5 juill. 1837, Rej. (S.V.37.1.923.–D.P.37.1.391.–P.37.2.26.)

3. La disposition qui refuse aux créanciers d'un failli le droit de se prévaloir des avantages qui lui ont été faits par sa femme dans leur contrat de mariage, n'est pas applicable au cas où le contrat est antérieur au Code de commerce.—11 fév. 1813, Paris. (S.14.2.252; C.N.4.–D.A.8.219.)—*Id.* 12 août 1817, Riom. (S.18.2.170; C.N.5.–D.A.8.219.)—*Id.* 1er fév. 1831, Bourges. (S.V.31.2.223.–D.P.31.2.137.)—V. *suprà*, art. 557, n° 8 et 9.

4. Surtout, elle n'est pas applicable si la femme est décédée avant l'ouverture de la faillite, de telle sorte que le mari se trouvait dès lors avoir un droit acquis aux avantages stipulés.—1er fév. 1831, Bourges. (S.V.31.2.223.–D.P.31.2.137.)

5. Observons que les avantages matrimoniaux déjà exécutés, telle une donation entre-vifs insérée au contrat de mariage et suivie de délivrance, ne sont pas soumis à l'application de l'art. 564, qui ne concerne que ceux qui sont à exercer.—Lainné, p. 465.

CHAPITRE VIII (1).

De la Répartition entre les créanciers, et de la liquidation du mobilier.

565. Le montant de l'actif mobilier, distraction faite des frais et dépenses de l'administration de la faillite, des secours qui auraient été accordés au failli ou à sa famille, et des sommes payées aux créanciers privilégiés, sera réparti entre tous les créanciers au marc le franc de leurs créances vérifiées et affirmées. [C. comm., 480, 503, 521, 553.]

566. A cet effet, les syndics remettront tous les mois, au juge-commissaire, un état de situation de la faillite et des deniers déposés à la caisse des dépôts et consignations; le juge-commissaire ordonnera, s'il y a lieu, une répartition entre les créanciers, en fixera la quotité, et veillera à ce que tous les créanciers en soient avertis. [C. comm., 462, 489.]

567. Il ne sera procédé à aucune répartition entre les créanciers domiciliés en France, qu'après la mise en réserve de la part correspondante aux créances pour lesquelles les créanciers domiciliés hors du territoire continental de la France seront portés sur le bilan.

Lorsque ces créances ne paraîtront pas portées sur le bilan d'une manière exacte, le juge-commissaire pourra décider que la réserve sera augmentée, sauf aux syndics à se pourvoir contre cette décision devant le tribunal de commerce. [C. comm., 322.]

568. Cette part sera mise en réserve et demeurera à la caisse des dépôts et consignations jusqu'à l'expiration du délai déterminé par le dernier paragraphe de l'article 492; elle sera répartie entre les créanciers reconnus, si les créanciers domiciliés en pays étranger n'ont pas fait vérifier leurs créances, conformément aux dispositions de la présente loi.

Une pareille réserve sera faite pour raison de créances sur l'admission desquelles il n'aurait pas été statué définitivement. [C. comm., 492.]

---

[565] — 1. Par *frais et dépenses de l'administration*, on doit comprendre tous les déboursés, [illegible] faits par les syndics et même l'indemnité à laquelle ils ont droit aux termes de l'art. 462. — Lainné, p. 486; Renouard, t. 2, p. 207. Esnault, t. 2, n° 523, *in fine*.

2. Les frais et dépenses de l'administration d'une faillite sont privilégiés sur la généralité des meubles, et, par suite, sur les immeubles, à défaut de mobilier. — 6 nov. 1812, Rouen. [illegible] — *Id.* 4 juill. 1831, Colmar. [illegible] — *Sic*, Esnault, t. 2, n° 528; Bédarride, t. 2, n° 941. — V. Pardessus, n° 1192; Boulay-Paty, t. 2, n° 239; Troplong, *Priv. et hypoth.*, t. 1er, n° 122; Renouard, t. 2, p. 190 etc.

3. Jugé au contraire que les syndics d'une faillite n'ont pas privilège sur le prix des immeubles du failli, pour leurs frais de gestion et administration. — 27 avr. 1836, Paris. [illegible] — *Id.* 9 janv. 1841, Limoges. [illegible]

4. [illegible]

[illegible]

[566] [illegible]

[567 et 568] — 1. [illegible]

---

(1) *Suite de l'ancien texte :*

CHAPITRE X.

DE LA RÉPARTITION ENTRE LES CRÉANCIERS, ET DE LA LIQUIDATION DU MOBILIER.

558. Le montant de l'actif mobilier du failli, distraction faite des frais et dépenses de l'administration de la faillite, du secours qui aura été accordé au failli, et des sommes payées aux privilégiés, sera réparti entre tous les créanciers au marc le franc de leurs créances vérifiées et affirmées.

559. A cet effet, les syndics remettront, tous les mois, au commissaire, un état de situation de la faillite, et des deniers existant en caisse; le commissaire ordonnera, s'il y a lieu, une répartition entre les créanciers, et en fixera la quotité.

560. Les créanciers seront avertis des décisions du commissaire et de l'ouverture de la répartition.

561. Nul paiement ne sera fait que sur la représentation du titre constitutif de la créance. — Le caissier mentionnera, sur le titre, le paiement qu'il effectuera; le créancier donnera quittance en marge de l'état de répartition.

562. Lorsque la liquidation sera terminée, l'union des créanciers sera convoquée à la diligence des syndics, sous la présidence du commissaire; les syndics rendront leur compte, et son reliquat formera la dernière répartition.

563. L'union pourra, dans tout état de cause, se faire autoriser par le tribunal de commerce, le failli dûment appelé, à traiter à forfait des droits et actions dont le recouvrement n'aurait pas été opéré, et à les aliéner; en ce cas, les syndics feront tous les actes nécessaires.

569. Nul paiement ne sera fait par les syndics que sur la représentation du titre constitutif de la créance.

Les syndics mentionneront sur le titre la somme payée par eux ou ordonnancée conformément à l'article 489.

Néanmoins, en cas d'impossibilité de représenter le titre, le juge-commissaire pourra autoriser le paiement sur le vu du procès-verbal de vérification.

Dans tous les cas, le créancier donnera la quittance en marge de l'état de répartition. [C. comm., 491.]

570. L'union pourra se faire autoriser par le tribunal de commerce, le failli dûment appelé, à traiter à forfait de tout ou partie des droits et actions dont le recouvrement n'aurait pas été opéré, et à les aliéner; en ce cas, les syndics feront tous les actes nécessaires.

Tout créancier pourra s'adresser au juge-commissaire pour provoquer une délibération de l'union à cet égard. [C. comm., 501, 529.]

CHAPITRE IX (1).

De la Vente des immeubles du failli.

571. A partir du jugement qui déclarera la faillite, les créanciers ne pourront poursuivre l'expropriation des immeubles sur lesquels ils n'auront pas d'hypothèques. [C. comm., 443, 534, 539, 552.]

572. S'il n'y a pas de poursuite en expropriation des immeubles commencée avant l'époque de l'union, les syndics seuls seront admis à poursuivre la vente; ils seront tenus d'y procéder dans la huitaine, sous l'autorisation du juge-commissaire, suivant les formes prescrites pour la vente des biens des mineurs. [Cod. proc., 987 et s.; Cod. comm., 443, 534.]

[illegible]

(1) Suite de l'ancien texte.

CHAPITRE XI.

[illegible]

TITRE II.

De la Cession de biens.

[illegible]

573. La surenchère, après adjudication des immeubles du failli sur la poursuite des syndics, n'aura lieu qu'aux conditions et dans les formes suivantes :

La surenchère devra être faite dans la quinzaine.

Elle ne pourra être au-dessous du dixième du prix principal de l'adjudication. Elle sera faite au greffe du tribunal civil, suivant les formes prescrites par les articles 710 et 711 du Code de procédure civile (1); toute personne sera admise à surenchérir.

Toute personne sera également admise à concourir à l'adjudication par suite de surenchère. Cette adjudication demeurera définitive et ne pourra être suivie d'aucune autre surenchère. [C. c., 2185.]

débiteur et admise par le tribunal avant la faillite, serait obligatoire pour la masse. — Bédarride, t. 2, nº 1087.

12. Les tribunaux civils sont *seuls* compétents, à l'exclusion des tribunaux de commerce, pour connaître de la vente des immeubles des faillis, et de l'ordre et distribution du prix provenant de la vente. — 4-9 déc. 1810, Av. du Cons. d'État. [S.15.2.346; C.N.10.] — *Id.* 28 oct. 1809, Angers. [S.10.2.273; C.N.3.-D.A.5.351.] — *Id.* 8 oct. 1816, Cass. [S.16.1.258; C.N.5.-D.A.3.180.] — *Sic*, Merlin, *Quest.*, vº *Vente*, § 8; Boulay-Paty, t. 2, p. 112; Locré, t. 7, p. 191; Pardessus, nº 1265; Lainné, p. 485; Renouard, t. 2, p. 318; Bioche, vº *Faillite*, nº 509; Goujet et Merger, *cod. verb.*, nº 661.

13. Et le tribunal civil compétent pour la vente ou expropriation, est celui de la situation des biens, non celui de l'ouverture de la faillite. — 10 mars 1815, C. régl. de jug. [D.A.5.346.] — *Sic*, Renouard, t. 2, p. 319; Bioche, *loc. cit.*; Goujet et *Merger*, nº 652. — *Contrà*, Boulay-Paty, t. 2, nº 480.

14. Quant à l'ordre, il doit (ou peut) être poursuivi devant le tribunal civil du lieu de l'ouverture de la faillite. — Pardessus, nº 1265; Goujet et Merger, vº *Faillite*, nº 652. — Ainsi jugé, mais dans une espèce où il y avait eu vente, devant ce même tribunal, de biens situés dans divers arrondissements. 30 juin 1824, C. régl. de jug. [C.N.7.1.488.-D.A.5.517.] — V. aussi Renouard, t. 2, p. 319; Bioche, vº *Faillite*, nº 578, et art. 750, Cod. proc., nºs 12 et s.

15. En ce qui touche les formes de la vente sur la poursuite des syndics, voy. les art. 953 et s. du Cod. proc. et les notes.

16. Seulement, l'autorisation du juge-commissaire requise par notre article remplace l'avis de parents exigé par l'art. 953 de ce Code. — 21 nov. 1827, Cass. [S.28.1.9; C.N.8.-D.P.28.1.27.] — *Sic*, Renouard, t. 2, p. 321.

17. Cette autorisation résulte d'ailleurs suffisamment de la présence du juge-commissaire et de sa signature au procès-verbal d'adjudication. — 14 mars 1834, Angers. [S.V.34.2.250.-D.P.35.2.129.] — *Id.* 24 mars 1836, Rej. [S.V.36.1.599.-D.P.36.1.350.] — *Sic*, Renouard, t. 2, p. 321; Esnault, t. 3, nº 617; Bioche, vº *Faillite*, nº 507; Goujet et Merger, nº 667. — V. Bédarride, nº 1086.

18. Quant au choix des officiers ministériels pour la poursuite de la vente, il appartient aux syndics et non pas au juge-commissaire. — 27 fév. 1813, Paris. [S.13.2.288; C.N.4.-D.A.8.133.] — V. l'art. 486.

19. Bien que la faillite rende exigibles les créances passives non échues, il ne s'ensuit pas que les immeubles du failli doivent être vendus au comptant; les syndics peuvent au contraire, dans l'intérêt de la masse, accorder des délais convenables pour le paiement du prix, quoique par là le paiement des créanciers se trouve retardé. — 18 déc. 1816, Metz. [S.18.2.318; C.N.5.-D.A.8.193.]

20. Toutefois, la clause insérée par les syndics dans le cahier des charges, avec l'autorisation du juge-commissaire, que l'adjudicataire ne paierait son prix qu'après un délai déterminé, n'est pas obligatoire pour les créanciers inscrits sur les immeubles; en conséquence, les créanciers peuvent exercer l'action hypothécaire contre les adjudicataires, sans attendre le temps fixé. — 27 août 1851, Trib. de Sedan. [S.V.51.2.641.]

21. Les syndics peuvent se rendre personnellement adjudicataires. — V. ci-après, art. 573, nº 6.

22. Les syndics ni les créanciers qu'ils représentent ne sont personnellement tenus des obligations mises à la charge de la masse par le cahier des charges : l'acquéreur n'a de recours, pour l'acquit de ces obligations, que contre la masse, et jusqu'à concurrence seulement des forces de la faillite. — 17 mars 1840, Rej. [S.V.40.1.212.-D.P.40.1.185.-P.40.1.546.] — *Sic*, Renouard, t. 2, p. 322; Esnault, t. 3, nº 632; Bédarride, t. 2, nº 1090; Goujet et Merger, nº 669.

23. La voie de la tierce opposition n'est pas ouverte au failli contre le jugement d'expropriation de ses immeubles. — 31 août 1831, Cass. [S.V.31.1.407.-D.P.31.1.292.] — *Sic*, Esnault, t. 3, nº 621. — V. l'arrêt cassé du 2 avril 1828, Bordeaux. [S.28.2.220; C.N.9.-D.P.28.2.181.]

[573] — 1. L'art. 573 ci-dessus a modifié l'ancien art. 565 correspondant à celui-ci, sous deux rapports principaux : 1º il attribue le droit de surenchérir à *toute personne*, et non plus *seulement à tout créancier*; 2º il fixe le délai de la surenchère à *quinzaine*, au lieu de *huitaine*. — On se demandait, sous l'ancienne loi, si la surenchère du dixième, permise à tout créancier, excluait la surenchère du quart permise à toute personne dans les ventes forcées. L'affirmative avait été décidée par la Cour de Rouen, 19 nov. 1814. [S.14.2.12; C.N.4.-D.A.11.758.]; et la négative par la Cour d'Aix, 10 juin 1815. [S.14.2.64; C.N.4.-D.A.8.185.] Cette difficulté ne peut plus se présenter aujourd'hui. Mais une autre question s'élève : celle de savoir si le droit de surenchère, ouvert par notre article à toute personne, est, lui, exclusif de celui établi au profit des créanciers inscrits par l'art. 2185, Cod. civ.

2. Jugé que le droit de surenchère ouvert aux créanciers inscrits par l'art. 2185, Cod. civ., ne peut être exercé au cas d'adjudication des immeubles d'un failli sur la poursuite des syndics : cette adjudication n'est soumise qu'à la surenchère dans la quinzaine, de la part de toute personne. — Par suite, l'adjudicataire n'est pas soumis à l'obligation de notifier son contrat, pour se mettre à l'abri des poursuites hypothécaires des créanciers. — 20 mars 1850, Orléans. [S.V.50.2.323.] — *Id.* 19 mars 1851, Rej. [S.V.51.1.270.] — *Sic*, Rodière, *Compét. et proc. civ.*, t. 3, p. 453. — Telle paraît être l'opinion de Lainné, p. 488. — V. aussi Pardessus, nº 1268.

3. Jugé au contraire que la surenchère du dixième, ouverte au profit des créanciers hypothécaires par l'art. 2185, Cod. civ., peut être exercée au cas d'adjudication des biens du failli, alors surtout que la surenchère autorisée par l'art. 573 n'a pas eu lieu. — 23 janv. 1845, Trib. de Caen. [S.V.45.2.648.] — *Id.* 2 août 1842, Trib. de Nogent-sur-Seine. [*J. av.* 73, 92, note.] — *Id.* 7 oct. 1844, Trib. de Beaune. [*J. av.* 69, 598.] — *Sic*, Morin, *Journ. av.*, t. 68, p. 443; Petit, *Surenchère*, p. 269; Bodeau sur Boulay-Paty, *Faillite*, t. 2, p. 252. V. aussi Esnault, t. 3, nº 581.

4. Jugé encore qu'une telle vente n'opère pas par elle-même la purge des hypothèques inscrites. — En conséquence, l'adjudicataire qui veut purger, est tenu de faire les notifications prescrites par les art. 2183 et s., Cod. civ. — 20 janvier 1845, Trib. civ. de Caen. [S.V.45.2.648.] — *Id.* 15 mai 1851, Orléans. [S.V.51.2.722.] — *Id.* 27 août 1851, Trib. civ. de Sedan. [S.V.51.2.641.]

5. Par suite, les frais de cette notification doivent lui être alloués par privilége. *Ibid.* — V. aussi le nº 2 de l'art. 777 de notre *Cod. de proc. annoté*.

6. Les syndics peuvent surenchérir et se rendre, en leur nom personnel, adjudicataires des immeubles du failli, vendus sur leurs propres poursuites; ce ne sont pas des mandataires dans le sens de l'art. 1596, Cod. civ. — 14 mars 1834, Angers. [S.V.34.2.250.-D.P.35.2.129.] — *Id.* 23 mars 1836, Rej. [S.V.36.1.599.-D.P.36.1.350.] — *Sic*, Pardessus, nº 1265; Lainné, p. 489; Renouard, t. 2, p. 325; Bioche, *Dict. de proc.*, vº *Faillite*, nº 511; Esnault, t. 3, nºs 625 et 633; Bédarride, t. 2, nºs 1096 et 1097; Goujet et Merger, vº *Faillite*, nº 670; Devilleneuve et Massé, vº *Faillite*, nº 809.

7. Le failli lui-même peut aussi surenchérir. — Esnault, t. 3, nº 626. — *Contrà*, Dalloz, vº *Faillite*, nº 1166. — V. *suprà*, l'art. 443, nº 87.

(1) Aux art. 710 et 711, il faut substituer les art. 708 et 709 (L. 2 juin 1841, art. 8).

8. V. pour les formes de la surenchère, les nouveaux art. 708 et 709 du Cod. de proc., substitués aux anciens art. 710 et 711, par la loi du 2 juin 1841, art. 8.

9. Si l'adjudication a eu lieu sur la poursuite d'un créancier par voie d'expropriation, la surenchère doit être du *sixième* en conformité de l'art. 708, Cod. proc. — Devilleneuve et Massé, vº *Faillite*, nº 811; Goujet et Merger, nº 675. — *Contrà*, Esnault, t. 3, nº 627. — V. Bioche, nº 1256 (3e édit.). — L'opinion des premiers auteurs est justifiée par le premier paragraphe de l'art. 573 qui ne parle que de la surenchère après adjudication *sur la poursuite des syndics*.

10. Sous l'ancien Code, la surenchère du dixième sur la vente des biens d'un failli était aussi valablement faite dans les formes et selon les conditions prescrites pour la surenchère en cas d'expropriation forcée. Il n'était pas nécessaire d'observer les formes et les conditions de la surenchère sur aliénation volontaire; notamment en ce qui touche l'obligation de fournir caution; sauf le droit, pour les créanciers hypothécaires, d'exercer cette dernière surenchère s'ils le jugeaient nécessaire. — 19 mars 1836, Paris. [S.V.36.2.260.-D.P.37.2.46.]

11. La surenchère doit porter non-seulement sur le prix exprimé en argent, mais encore sur toutes les charges imposées en sus. — 19 mars 1836, Paris. [S.V.36.2.260.-D.P.37.2.46.]

12. Il n'est pas nécessaire qu'elle porte sur les frais faits pour parvenir à la vente. — Esnault, t. 3, nº 624; Bédarride, t. 2, nº 1094. — V. au surplus sur ce point, les nºs 27 et 28 de l'art. 708 de notre *Cod. de proc. annoté*.

13. L'art. 573 n'est pas applicable au cas de vente par expropriation forcée sur les poursuites d'un créancier hypothécaire commencées avant l'union. — Chambourdon, *Journ. des av.*, t. 73, p. 30; Bioche, *Dict. de proc.*, vº *Faillite*, nº 510; Goujet et Merger, *cod. verb.*, nº 676.

14. ..... Alors même qu'il y aurait eu conversion. — Goujet et Merger, *ubi suprà*.

15. Mais il s'applique au cas de licitation de biens appartenant par indivis au failli, alors même que l'adjudication aurait été prononcée au profit de l'un des cohéritiers. — 12 fév. 1841, Paris. [D.P.41.2.143.] — V. aussi, 19 déc. 1847, Trib. de Vouziers. [*J. av.* 73, 148.] — *Contrà*, Petit, *Surench.*, p. 275; Chambourdon, *Journ. des av.*, t. 73, p. 30.

16. L'acte par lequel l'adjudicataire des biens d'un failli, pour empêcher une surenchère, s'oblige envers une personne non créancière de la faillite à porter son prix à un taux plus élevé, n'a point, à l'égard des créanciers de la faillite, le caractère de transaction dont l'exécution puisse être réclamée par les syndics de cette faillite. — 6 mai 1840, Rej. [S.V.40.1.649.-D.P.40.1.200.-P.40.2.653.]

17. Mais par argument *à contrario*, la masse devrait profiter du traité dans le cas où il aurait été fait avec un créancier. — Esnault, t. 3, nº 628; Dalloz, nº 1169.

18. L'adjudicataire des biens du failli qui veut se libérer avant le règlement d'ordre doit faire aux syndics, et non à chacun des créanciers personnellement, des offres réelles, puis, sur le refus de ces mêmes syndics, consigner, en leur présence ou eux seuls dûment appelés, le prix de son adjudication. — 11 mai 1825, Rej. [S.26.1.198; C.N.8.-D.P.25.1.373.] — *Sic*, Dumesnil, *Caisse des dépôts et consig.*, nº 189; Lainné, p. 486; Esnault, nº 629; Dalloz, nº 1172.

19. Dans ce cas, il n'est pas assujetti, soit vis-à-vis du vendeur, soit vis-à-vis des créanciers inscrits, aux formalités prescrites par les art. 1258 et 1259, Cod. civ. — 5 janv. 1825, Paris. [S.25.2.10; C.N.7.-D.P.25.2.115.] — *Sic*, Lainné, *loc. cit.*; Esnault, nº 629; Dalloz, nº 1172. — V. aussi le nº 11 de l'art. 2186 de notre *Cod. civ. annoté*.

CHAPITRE X (1).

De la Revendication.

574. Pourront être revendiquées, en cas de faillite, les remises en effets de commerce ou autres titres non encore payés, et qui se trouveront en nature dans le portefeuille du failli à l'époque de sa faillite, lorsque ces remises auront été faites par le propriétaire, avec le simple mandat d'en faire le recouvrement et d'en garder la valeur à sa disposition, ou lorsqu'elles auront été, de sa part, spécialement affectées à des paiements déterminés. (C. comm., 138, 550.)

[574] — 1. Des traites envoyées à un négociant pour en recevoir le montant en autres traites à courts jours peuvent, en cas de faillite de ce négociant, être revendiquées, si elles se trouvent encore dans son portefeuille. — 9 avr. 1815, Colmar. (S.16.2.162; C.n.4.-D.A.8.383.)

2. De même, lorsque, pour retirer des effets mis en circulation, le souscripteur a créé de nouvelles traites et les a remises à un mandataire qui est tombé en faillite, après avoir toutefois opéré le versement convenu, s'il arrive que les effets retirés se trouvent dans le portefeuille du failli, ils peuvent être revendiqués par le souscripteur au porteur des nouvelles traites, dont le montant a servi à effectuer le retirement. — 3 avr. 1851, Rej. (D.p. 51.1.140.) — Sic, Esnault, t. 3, n° 652.

3. Mais celui qui a remis un billet par lui souscrit à un banquier, en recevant de lui une lettre de change, ne peut, au cas de faillite du banquier et de non-paiement de la lettre de change, revendiquer son billet, bien qu'il se trouve encore dans les mains du failli. — 15 fév. 1825, Limoges. (S.25.2.380; C.n.7.-D.A.8.[illegible])

4. Lorsqu'un particulier a confié des billets à ordre à un banquier pour lui faire de l'argent et le garder en caisse, sous un intérêt de 5 p. 0/0, à titre de compte courant, s'il arrive que le banquier vienne à faillir sans avoir disposé des billets, le souscripteur de ces billets doit pourvoir à ses intérêts ou au recouvrement de ses droits, moins par voie d'action en revendication que par voie d'action en nullité des billets pour défaut de cause. — 21 mars 1831, Rej. (S.V.31.1.139.-D.p.31.1.391.)

5. Ces expressions: *ou autres titres*, de l'art. 574 doivent s'entendre non-seulement de billets ou mandats non commerciaux, mais encore de tous autres actes et titres de créance, tels que factures, polices d'assurances, actions, ordonnances du gouvernement pour fournitures, etc. — Esnault, n° 621; Bédarride, t. 2, n° 1117; Goujet et Merger, v° *Revendication*, n° 89; Dalloz, v° *Faillite*, n° 1176; Bioche, *Dict. de proc.*, v° *Faillite*, n° 582.

6. *Les remises d'effets de commerce* faites avec le simple mandat d'en opérer le recouvrement, peuvent, en cas de faillite du mandataire, être revendiquées non-seulement entre ses mains, mais encore entre les mains du mandataire qu'il s'est substitué. — 5 févr. 1812, Rej. (S.12.1.360; C.n.4.-D.A.8.294.) — *Id.* 24 avr. 1849, Rej. (S.V.49.1.394.) — *Sic*, Pardessus, n° 1284; Vincens, *Législ. comm.*, t. 1er, p. 498; Boulay-Paty, t. 2, n° 752; Lainné, p. 490; Renouard, t. 2, p. 531; Bédarride, n° 1103.

7. ... Ou entre les mains d'un tiers auquel le failli n'a transmis les effets que par un endossement irrégulier,... encore bien que ce tiers rapporte la preuve extrinsèque d'en avoir compté la valeur. — 18 nov. 1812, Cass. (S.13.1.218; C.n.4.-D.A.2.279.) — *Sic*, Pardessus, n° 1284; Boulay-Paty, n°s 735 et 756; Lainné, p. 501; Renouard, t. 2, p. 532; Esnault, t. 3, n° 653. — V. au surplus sur les effets de l'endossement irrégulier, les notes des art. 137 et 138.

8. Lorsque des traites ont été transmises par un endossement régulier, translatif de propriété, à une maison de commerce tombée en faillite, ces traites ne peuvent plus être revendiquées dans les mains d'un tiers en faveur duquel cette maison s'en serait dessaisie, encore qu'elles n'eussent été remises à ce tiers que pour *le compte de qui de droit*. Les propriétaires originaires ou expéditeurs des traites, dessaisis, par leur endossement, de la propriété de ces traites, ne peuvent, dans ce cas, exciper des droits du failli contre le tiers détenteur, pour l'obliger à les restituer ou à leur compte de leur valeur. — 12 juill. 1853, Rej. (S.V.53.1.23.-D.p.52.1.349.) — *Sic*, Lainné, p. 504; Bioche, n° 582; Dalloz, n° 1186.

9. Cependant la plupart des auteurs enseignent que des effets de commerce transmis au failli par un endossement régulier, translatif de propriété, peuvent être revendiqués par l'endosseur, s'il prouve d'une manière positive que ces effets n'ont été transmis qu'avec mandat de recouvrer ou pour une affectation spéciale. — V. Pardessus, n° 1285; Boulay-Paty, t. 2, n°s 738 et 739; Lainné, p. 501; Esnault, n° 637; Bédarride, n° 1105; Dalloz, *loc. cit.*

10. Jugé en ce sens, que celui qui a apposé sur un effet de commerce un endossement régulier, mais qui, en réalité, n'a donné qu'un mandat de confiance, est recevable à se présenter comme propriétaire, non-seulement envers son commettant immédiat, mais encore envers tout *tiers* à qui ce mandataire aurait remis l'effet autrement que par un transport de propriété. — 18 nov. 1812, Cass. (S.13.1.218; C.n.4.-D.A.2.279.)

11. Décidé même que la preuve testimoniale, ou même de simples présomptions sont admissibles pour établir la destination des effets remis au failli pour effectuer un paiement déterminé. — 25 mai 1837, Rej. (S.V.37.1.396.-D.p.37.1.334.-P.37.2.226.) — *Sic*, Bioche, v° *Faillite*, n° 583; Lainné, p. 504; Renouard, t. 2, p. 535. — V. cependant Devilleneuve et Massé, v° *Faillite*, n° 824; Bédarride, n° 1106: ces auteurs n'admettent la solution qu'autant qu'il y aurait un commencement de preuve par écrit du fait allégué, ayant date certaine, antérieure à la faillite. — V. aussi Esnault, n° 637; Goujet et Merger, v° *Revendication*, n°s 93 et 94; Dalloz, *ubi suprà*, n° 1182. — V., au surplus, l'art. 109 et les notes, et l'art. 1353, *Cod. civ. ann.*, n°s 24 et 25.

12. Mais toute preuve devient inutile, et la revendication n'est plus possible, dès que les valeurs, endossées régulièrement ou non, ont été passées en compte courant. — Bédarride, n°s 1110 et 1111; Esnault, n° 646; Goujet et Merger, *ubi suprà*, n° 96.

13. Ainsi, celui qui a remis en compte courant, à une maison de banque, des effets de commerce qu'il a endossés au profit de cette maison, sous la condition qu'elle lui fournirait des contre-valeurs en espèces suivant ses besoins, ne peut, après la faillite de la maison de banque, réclamer la restitution ou revendiquer, par voie de contre-passement d'écritures, les effets non encore alors payés. — 12 janv. 1851, Paris. (S.V.51.2.49.)

14. Sous le Code, d'après la disposition de l'ancien art. 584 qui a été supprimé, il suffisait que l'auteur d'une remise faite au failli, et entrée dans un compte courant, fût débiteur d'une somme quelconque au moment de la remise, pour qu'il ne pût en revendiquer aucune partie, même le surplus des valeurs qui étaient restées après paiement de sa dette. — 11 fév. 1829, Bourges. (S.29.2.192; C.n.9.-D.p.29.2.244.)

15. Le propriétaire de traites envoyées à un failli pour en opérer le recouvrement, peut, si le failli, au lieu de faire ce recouvrement, négocie les traites postérieurement à la faillite, les revendiquer contre des tiers, *même de bonne foi*. — Le vice de l'endossement souscrit par le failli à une époque où il était dessaisi de l'administration de ses biens s'étend en ce cas à tous les endossements ultérieurs, tellement que les traites sont réputées n'être pas sorties du portefeuille du failli. — 22 janv. 1830, Paris. (S.30.2.178; C.n.9.-D.p.30.2.179.) — *Id.* 24 juin 1834, Rej. (S.V.34.1.639.-D.p.34.1.78.) — *Sic*, Lainné, p. 502; Bioche, n° 586; Esnault, n° 654; Bédarride, n° 1113; Goujet et Merger, *ubi suprà*, n°s 97 et 98. — V. l'art. 443 et ses annotations.

16. Également, les valeurs en argent qui arrivent à un failli postérieurement à sa faillite, et qui sont reçues par ses syndics, n'entrent point dans l'actif du failli: elles sont, au contraire, passibles de revendication, si elles ont été envoyées au failli pour faire des paiements qu'il ne doit plus avoir à faire. — 11 juin 1825, Paris. (S.25.2.391; C.n.8.-D.p.26.2.62.) — *Sic*, Renouard, t. 2, p. 534.

17. De même encore, si un banquier, après avoir retiré de la circulation un effet endossé par son correspondant, le lui renvoie à la charge de l'en créditer dans son compte courant, et que ce correspondant vienne à tomber en faillite avant d'avoir reçu cet effet, l'effet reste la propriété de l'envoyeur qui n'a pas pu en être crédité, et qui peut dès lors le revendiquer dans la faillite de celui à qui il était adressé. — 20 juill. 1846, Cass. (S.V.46.1.875.-D.p.46.1.333.-P.46.2.302.)

18. Le banquier qui a reçu, à la négociation, des effets de commerce dont il n'a pas versé la valeur, est obligé, malgré la suspension de ses paiements et sa mise en liquidation, de restituer ces effets à leur propriétaire, ou d'en payer immédiatement le montant; il ne peut renvoyer ce dernier à la liquidation et prétendre qu'il doit en suivre les chances comme un créancier ordinaire. — 24 mars 1848, Trib. de comm. de Paris. (S.V.48.2.251.)

19. Mais il en est autrement si le bordereau est entré en compte courant et n'a pas été remis simplement à l'encaissement, en sorte que le propriétaire des

(1) *Suite de l'ancien texte*:

TITRE III.

De la Revendication.

576. *Le vendeur pourra*, en cas de faillite, revendiquer les marchandises par lui vendues et livrées, et dont le prix ne lui a pas été payé, dans les cas et aux conditions ci-après exprimés.

577. La revendication ne pourra avoir lieu que pendant que les marchandises expédiées seront encore en route, soit par terre, soit par eau, et avant qu'elles soient entrées dans les magasins du failli ou dans les magasins du commissionnaire chargé de les vendre pour le compte du failli.

578. Elles ne pourront être revendiquées, si, avant leur arrivée, elles ont été vendues sans fraude, sur factures et connaissements ou lettres de voiture.

579. En cas de revendication, le revendiquant sera tenu de rendre l'actif du failli indemne de toute avance faite pour fret ou voiture, commission, assurance ou autres frais, et de payer les sommes dues pour mêmes causes, si elles n'ont pas été acquittées.

580. La revendication ne pourra être exercée que sur les marchandises qui seront reconnues être identiquement les mêmes, et que lorsqu'il sera reconnu que les balles, barriques ou enveloppes dans lesquelles elles se trouvaient lors de la vente, n'ont pas été ouvertes, que les cordes ou marques n'ont été ni enlevées ni changées, et que les marchandises n'ont subi en nature et quantité ni changement, ni altération.

581. Pourront être revendiquées, aussi longtemps qu'elles existeront en nature, en tout ou en partie, les marchandises consignées au failli, à titre de dépôt, ou pour être vendues pour le compte de l'envoyeur: dans ce dernier cas même, le prix desdites marchandises pourra être revendiqué, s'il n'a pas été payé ou passé en compte courant entre le failli et l'acheteur.

582. Dans tous les cas de revendication, excepté ceux de dépôt et de revendication de marchandises, les syndics des créanciers auront la faculté de retenir les marchandises revendiquées, en payant au réclamant le prix convenu entre lui et le failli.

583. Les remises en effets de commerce, ou en tous autres effets non encore échus, ou échus et non encore payés, et qui se trouveront en nature dans le portefeuille du failli à l'époque de sa faillite, pourront être revendiquées, si ces remises ont été faites par le propriétaire avec le simple mandat d'en faire le recouvrement et d'en garder la valeur à sa disposition, ou si elles ont reçu de sa part la destination spéciale de servir au paiement d'acceptations ou de billets tirés au domicile du failli.

584. La revendication aura pareillement lieu pour les remises faites sans acceptation ni disposition, si elles sont entrées dans un compte courant par lequel le propriétaire ne serait que créditeur; mais elle cessera d'avoir lieu, si, à l'époque des remises, il était débiteur d'une somme quelconque.

585. Dans les cas où la loi permet la revendication, les syndics examineront les demandes; ils pourront les admettre, sauf l'approbation du commissaire: s'il y a contestation, le tribunal prononcera après avoir entendu le commissaire.

575. Pourront être également revendiquées, aussi longtemps qu'elles existeront en nature, en tout ou en partie, les marchandises consignées au failli à titre de dépôt, ou pour être vendues pour le compte du propriétaire.

Pourra même être revendiqué le prix ou la partie du prix desdites marchandises qui n'aura été ni payé, ni réglé en valeur, ni compensé en compte courant entre le failli et l'acheteur. [C. comm., 93 et s.]

576. Pourront être revendiquées les marchandises expédiées au failli, tant que la tradition n'en aura point été effectuée dans ses magasins, ou dans ceux du commissionnaire chargé de les vendre pour le compte du failli.

Néanmoins, la revendication ne sera pas recevable si, avant leur arrivée, les marchandises ont été vendues sans fraude, sur factures et connaissements ou lettres de voiture signées par l'expéditeur.

Le revendiquant sera tenu de rembourser à la masse les à-compte par lui reçus, ainsi que toutes avances faites pour fret ou voiture, commission, assurances, ou autres frais, et de payer les sommes qui seraient dues pour mêmes causes. [C. comm., 91 et s., 102, 281, 286, 331; C. c., 2102, 4°, 332.]

effets a été crédité immédiatement du produit net du bordereau. — 11 avr. 1848, Trib. de comm. de Paris. (S.V.48.2.281.)

[575] — 1. Les marchandises consignées au failli peuvent être revendiquées, même entre les mains de ses préposés, mandataires, ou consignataires, si elles existent en nature dans leurs magasins, ... à la charge toutefois d'acquitter les frais et avances qu'ils auraient faits pour le compte du failli. — Pardessus, nos 1274 et 1278; Boulay-Paty, t. 2, no 730; Lainné, p. 507; Renouard, t. 2, p. 356; Bédarride, t. 2, no 1121 et s.; Goujet et Merger, vo *Revendication*, no 50.

2. Dans le cas où le failli aurait donné les marchandises en nantissement d'une dette personnelle, le propriétaire des marchandises en pourrait également en obtenir la restitution qu'en désintéressant le créancier nanti. — Pardessus, no 1277, *in fine*; Boulay-Paty, no 731; Lainné, *loc. cit.*; Delamarre et Lepoitvin, *Contr. de comm.*, t. 2, no 371; Bédarride, no 1125; Goujet et Merger, *ubi suprà*, no 51.

3. *Id.* à l'égard de marchandises mises par le consignataire en entrepôt réel à la douane; la régie peut poursuivre, sur ces marchandises, nonobstant leur revendication par le véritable propriétaire, le paiement de tout ce qui lui est dû. — 7 juin 1817, Rouen. (S.17.2.265; C.n.5. — D.a.2.711.) — *Sic*, Boulay-Paty, no 737.

4-5. La revendication des marchandises consignées n'est plus possible lorsque le failli les a vendues dans son intérêt particulier à des tiers de bonne foi. — Boulay-Paty, no 732; Pardessus, no 1278; Lainné, p. 508; Delamarre et Lepoitvin, t. 2, no 371; Bédarride, no 1123. — V. au surplus l'art. 2279, *Cod. civ. annoté*, no 34 et s.

6. Toutefois, si les marchandises n'avaient point encore été livrées au tiers acheteur, au moment de la faillite, le déposant pourrait s'opposer à leur enlèvement. — Boulay-Paty, no 735; Lainné, p. 509; Bédarride, no 1125.

7. Il en serait autrement si des marchandises avaient été consignées au failli, non à titre de dépôt, mais pour être vendues. — Bédarride, no 1124.

8. La revendication peut être faite par un commettant, lorsqu'ayant donné l'ordre à un commissionnaire d'acheter des marchandises pour son compte, celui-ci, après les avoir achetées et en avoir pris livraison, est tombé en faillite. Le commettant, devenu le propriétaire de ces marchandises, du moment de la vente et de la livraison, a droit de les revendiquer. — Pardessus, no 1277; Devilleneuve et Massé, vo *Faillite*, no 851; Delamarre et Lepoitvin, t. 2, no 562; Esnault, t. 3, no 641. — V. les art. 91 et s., et les notes.

9. Le revendiquant de marchandises consignées doit nécessairement justifier de l'identité des marchandises consignées. — Lainné, p. 506; Bédarride, no 1127. — V. l'art. 576, nos 29 et s.

10. Comme aussi, il est tenu de rendre l'actif de la faillite indemne de toutes avances; la règle n'est pas restreinte au cas de vente. — 4 juill. 1836, Req. (S.37.1.99; C.n.8. — D.p.36.1.401.) — *Sic*, Lainné, p. 507.

11. Les juges peuvent même écarter la demande en revendication de tout ou partie des marchandises consignées, lorsqu'ils reconnaissent que la totalité de ces marchandises est nécessaire pour indemniser le failli de ses avances. — 4 juill. 1836, Req. (S.37.1.99; C.n.8. — D.p.36.1.401.)

12. Au cas de vente des marchandises consignées, le prix réglé en valeurs est aujourd'hui assimilé au paiement en numéraire. Quelques difficultés s'étaient élevées sur ce point sous l'ancien Code; mais la nouvelle rédaction de l'art. 575 les a fait cesser. — V. Lainné, p. 510; Renouard, t. 2, p. 358; Bédarride, t. 2, no 1134.

13. Delamarre et Lepoitvin, t. 2, no 376, émettent cependant une opinion contraire. Selon ces auteurs, les valeurs données en règlement, échues et non payées, trouvées dans la faillite du commissionnaire, n'empêchent pas l'action du commettant contre l'acheteur, en paiement du prix des marchandises vendues à ce dernier. — Nous ne pensons pas qu'une pareille solution, en opposition manifeste avec le texte formel et l'esprit de l'art. 575, doive être suivie.

14. Ces mêmes auteurs, no 377, ainsi que Pardessus, no 1280, enseignent également que lorsque les valeurs du règlement non échues existent dans la faillite, et que nul doute ne peut s'élever ni sur leur origine, ni sur leur identité, ces valeurs sont revendicables par le commettant. — V. aussi Devilleneuve et Massé, vo *Faillite*, no 849; Esnault, t. 3, no 641; *et décision en ce sens, rendue sous l'ancien Code*, 23 août 1828, Paris. (S.29.2.81; C.n.9. — D.p.29.2.40.)

15. Selon Lainné, p. 510, et Bédarride, no 1132, la revendication ne pourrait être exercée que dans le cas où les billets donnés en règlement seraient rédigés ou endossés par l'acheteur à l'ordre du commettant. — Goujet et Merger, vo *Revendication*, no 79, se rangent à cette dernière opinion.

16. Si même le prix avait été payé en numéraire dans des sacs cachetés avec suscription, exempte de fraude, qui indiquât une destination spéciale pour le propriétaire de la marchandise vendue, le prix pourrait être revendiqué. — Boulay-Paty, no 738; Pardessus, no 1280; Lainné, *loc. cit.*; Devilleneuve et Massé, no 851; Esnault, no 641.

17. La cession, par le commissionnaire, du prix de la marchandise vendue, ne saurait pas le commettant, si la cession n'avait été faite et acceptée que verbalement; une telle cession ne s'opposerait donc aucunement à la revendication du propriétaire. — 25 nov. 1813, Cass. (S.14.1.78; C.n.4. — D.a.8.273.) — *Sic*, Pardessus, no 1280; Boulay-Paty, no 745.

18. Sous l'ancien Code, la seule insertion, sur un compte courant entre le commissionnaire et l'acheteur, du prix des marchandises vendues à ce dernier, ne constituait pas la *passation* en compte courant dont parlait l'art. 581; il fallait que, dans la réalité, ce prix eût grossi l'actif du failli (du commissionnaire), c'est-à-dire qu'il eût servi à payer, par compensation, une dette de ce dernier envers l'acheteur. — 7 fév. 1825, Toulouse. (S.25.2.334; C.n.8. — D.p.25.2.176.); — *Id.* 24 juill. 1819, Bruxelles. (C.n.6. — D.a.8.277.) — La substitution dans notre article du mot *compensé en compte courant*, au mot *passé* de l'ancien art. 581, ne permet plus d'équivoque sur ce point.

19. L'état de compte courant entre le commissionnaire et le commettant ne change rien au droit qu'a ce dernier de revendiquer le prix de ses marchandises vendues entre les mains des tiers qui le doivent encore, sauf à décharger d'autant le compte courant. — Pardessus, no 1285; Boulay-Paty, no 744. — *Contrà*, Delamarre et Lepoitvin, t. 2, no 380.

20. La stipulation d'un droit de *ducroire* ou *ducroire* au profit du commissionnaire, ne fait pas obstacle, en cas de faillite de celui-ci, à la revendication du prix des marchandises par le commettant; une telle stipulation ne conférant pas au commissionnaire la propriété des marchandises, mais le constituant seulement garant de la solvabilité des acheteurs. — 14 juin 1824, Lyon. (C.n.7.); — *Id.* 7 fév. 1825, Toulouse. (S.25.2.334; C.n.8. — D.p.25.2.176.); — *Sic*, Boulay-Paty, no 757; Vincens, *Législ. comm.*, t. 1er, p. 401; Pardessus, no 1279; Delamarre et Lepoitvin, t. 2, no 373; Lainné, p. 511. — V. sur les effets de la convention du *ducroire*, l'art. 91, nos 32 et s.

21. Jugé encore que la circonstance qu'un commissionnaire tient son mandat d'un associé en participation chargé de vendre pour la société, et qui reçoit une commission de *ducroire*, ne suffit pas pour que le commissionnaire devienne lui-même *ducroire*. Par suite, si ce commissionnaire tombe en faillite, le commettant n'en a pas moins le droit de revendiquer le prix encore dû par l'acheteur des marchandises vendues à terme par le commissionnaire. — 4 janv. 1849, Lyon. (S.V.50.2.351.)

[576] — 1. Le défaut de paiement du prix de la part de l'acheteur ne donne pas droit au vendeur de revendiquer la chose, lors même qu'il y aurait des présomptions d'un prochain dérangement dans les affaires de l'acheteur; la revendication ne peut être exercée qu'au cas de faillite. — 6 août 1819, Douai. (S.20.2.211; C.n.5. — D.a.8.256.) — *Sic*, Boulay-Paty, t. 2, nos 606 et s.

2. Cependant, il n'est pas nécessaire, pour que le vendeur ait droit d'exercer l'action en revendication, que la faillite ait été déclarée par jugement; il suffit que l'état de faillite soit constant. — 13 juin 1827, Rouen. (S.27.2.99; C.n.8. — D.p.27.2.227.) — *Sic*, Lainné, p. 513; Dalloz, t. 24, vo *Faillite*, no 1237 (nouv. édit.). — V. *sup.*, art. 437, no 1er, et art. 440, nos 14 et s.

3. Jugé au contraire que la revendication n'est pas admissible, si l'acheteur n'a point été déclaré en faillite; qu'en un tel cas, il ne peut y avoir lieu qu'à l'action en résolution. — 20 juill. 1831, Paris. (D.p.31.2.238.)

4. Le droit de revendication établi par le no 4 de l'art. 2102, Cod. civ., a été supprimé par l'art. 550 Cod. comm. (voy. cet article et les notes). — Aujourd'hui, en cas de faillite de l'acheteur, la revendication ne peut être exercée par le vendeur non payé que dans les cas et sous les conditions spécialement déterminés par le Code de commerce.

5. *Prix non payé.* — Le vendeur ou expéditeur de marchandises qui reçoit des effets de commerce en règlement du prix, n'est pas censé payé; il n'est pas réputé par cela seul faire novation à ses droits; en conséquence, il peut, en cas de faillite de l'acheteur, revendiquer les marchandises. — 9 nov. 1825, Req. (S.26.1.164; C.n.7. — D.p.26.1.251.); — *Id.* 4 janv. 1825, Rouen. (S.25.2.171; C.n.8. — D.p.25.2.182.) — *Id.* 24 avril 1827, Aix. (S.30.2.45; C.n.8.) — *Sic*, Pardessus, no 1288; Boulay-Paty, t. 2, nos 753 et s.; Lainné, sur l'art. 576, p. 534; Bédarride, t. 2, no 1145; Devilleneuve, *Dict. de proc.*, vo *Faillite*, no 848; Goujet et Merger, vo *Revendication*, no 151. — V. encore au surplus sur ce point, l'art. 1271 de notre *Cod. civ. annoté*, nos 7 et s.

6. ... Peu importe que les effets donnés en paiement soient ou non échus; dans ce cas, la seule obligation du revendiquant est de restituer à la masse les valeurs qu'il a reçues. — Bédarride, *ibid.*

7. Mais celui qui a vendu des marchandises au *comptant*, qui ensuite reçoit de l'acheteur des effets de commerce *souscrits par des tiers*, sans autre stipulation, est réputé payé, en sorte que si les effets ne sont pas payés à l'échéance, le vendeur ne peut revendiquer ses marchandises contre l'acheteur failli; il ne peut que demander le remboursement des effets. — 8 août 1818, Douai. (S.20.2.211; C.n.5. — D.a.8.236.) — *Sic*, Lainné, p. 535; Bédarride, *loc. cit.*

8. Il en est de même de l'entrée du prix des marchandises en compte courant entre le vendeur et l'acheteur. — Pardessus, no 1288. — V. art. 575, nos 18 et 19.

9-10. Le vendeur qui n'a été payé qu'en partie, peut exercer la revendication pour la totalité de la marchandise vendue, mais sous l'obligation de tenir compte et restituer à la faillite les sommes qu'il a reçues. Il y a pour ce cas, même indivisibilité que pour celui de re-

577. Pourront être retenues par le vendeur les marchandises, par lui vendues, qui ne seront pas délivrées au failli, ou qui n'auront pas encore été expédiées, soit à lui, soit à un tiers pour son compte.

578. Dans le cas prévu par les deux articles précédents, et sous l'autorisation du juge-commissaire, les syndics auront la faculté d'exiger la livraison des marchandises, en payant au vendeur le prix convenu entre lui et le failli. [Cod. civ., 1184 et 1656.]

579. Les syndics pourront, avec l'approbation du juge commissaire, admettre les demandes en revendication ; s'il y a contestation, le tribunal prononcera après avoir entendu le juge-commissaire. [C. comm., 635.]

CHAPITRE XI.

Des voies de Recours contre les jugements rendus en matière de faillite.

580. Le jugement déclaratif de la faillite, et celui qui fixera à une date antérieure l'époque de

---

commissionnaire de l'acheteur, est censé avoir approuvé la revente, quoique faite irrégulièrement. — Pardessus, nº 1290 ; Boulay-Paty, nº 714 ; Lainné, p. 527.

42. De ce que la remise de la facture et de la lettre de voiture ou du connaissement n'a pas été faite simultanément au moment même de la revente, il ne s'ensuit pas que la revendication des marchandises puisse être exercée par le premier vendeur, si, d'ailleurs, de fait, cette remise a précédé la faillite et la revendication. — 2 déc. 1828, Rouen. [S.30.2.205 ; C.N.9.-D.P.31.2.31.]

43. Pour que la revente faite par l'acheteur soit un obstacle à la revendication exercée par le premier vendeur ou expéditeur, il faut absolument que le connaissement sur lequel la vente a été faite soit revêtu de la signature de ce premier vendeur ou expéditeur : la signature de la lettre par laquelle le connaissement a été transmis à l'acheteur, ne saurait remplacer la signature du connaissement. — 14 juill. 1848, Amiens. [S.V.48.2.686.] — V. Renouard, t. 2, p. 357 ; Bédarride, nº 1134 ; de Saint-Nexent, t. 3, nº 503.

44. Jugé en sens contraire, que les marchandises revendues sur connaissement ne peuvent, au cas de faillite de l'acheteur, être revendiquées par le vendeur ou expéditeur, quoique ce connaissement ne soit pas revêtu de sa signature, si le connaissement avait été adressé par lui à l'acheteur, accompagné d'une lettre de l'expéditeur qui faisait mention spéciale de cet acte. — 11 janv. 1848, Rouen. [S.V.48.2.460.] — V. suprà, nº 39. V. aussi notre observ. sur cet arrêt.

45. On devrait assimiler à la revente les cas où l'acheteur aurait affecté les marchandises en route à quelques dettes privilégiées, au voiturier, à l'aubergiste, à un commissionnaire pour ses avances ; dans ces différents cas, le vendeur ne pourrait exercer son droit de revendication qu'après avoir acquitté les dettes privilégiées. — Pardessus, nº 1291 ; Boulay-Paty, nº 722 ; Devilleneuve et Massé, vº Faillite, nº 865.

46. Jugé en ce sens, à l'égard du commissionnaire régulièrement nanti des marchandises. — 12 juill. 1813, Gênes. [S.13.2.150 ; C.N.4.-D.A.2.763.] — Id. 15 nov. 1819, Bruxelles. [C.N.5.-D.A.2.765.] — Id. 18 juill. 1827, Rouen. [S.28.2.74 ; C.N.8.-D.P.27.2.190.] — Id. 2 avril 1828, Douai. [S.30.2.37 ; C.N.9.-D.P.29.2.152.] — Id. 8 juin 1829, Req. [S.30.1.350 et 351 ; C.N.9.-D.P.29.1.265 et 264.] — Id. 1er déc. 1840, Req. [S.V.41.1.161.-D.P.41.1.50.-P.41.1.401.] — Sic, Lainné, p. 529 et 530 ; Delamarre et Lepoitvin, Contr. de comm., t. 2, nº 412 ; Esnault, t. 3, nº 644 ; Bédarride, nº 1155 ; Goujet et Merger, vº Revendication, nº 167, et vº Commissionnaire, nº 177 ; Massé, t. 6, nº 382. — V. aussi les notes de l'art. 95.

47. De même, en cas de faillite d'un expéditeur de marchandises par lui achetées de divers vendeurs, et de revendication par l'un d'eux d'une partie des marchandises expédiées, le commissionnaire est fondé à se rembourser de l'intégralité de ses avances, sur le prix de la partie non revendiquée. — Et dans ce cas, le revendiquant ne saurait être tenu de contribuer, vis-à-vis le failli, au prorata de la valeur de sa chose, au remboursement des avances autres que celles des frais ordinaires de voiture, commission, etc. — 8 juin 1838, Amiens. [S.V.38.2.481.-D.P.39.2.48.-P.39.1.279.] — Sic, Esnault, loc. cit.

48. Au surplus, le vendeur qui revendique les marchandises par suite de la faillite de l'acheteur, auquel des avances ont été faites par un commissionnaire, est sans qualité pour arguer de l'événement de la faillite comme s'opposant à l'exercice du privilége du commissionnaire. — 29 nov. 1843, Douai. [S.V.44.2.145.-D.P.44.2.109.-P.44.2.174.]

49. Le vendeur ne peut étendre sa revendication aux sommes dues pour l'assurance des marchandises qui ont péri : l'action d'assurance appartient, non personnellement au vendeur revendiquant, mais à la masse des créanciers de l'acheteur failli. — 8 juin 1829, Req. [S.30.1.351 ; C.N.9.-D.P.29.1.264.] — Sic, Pardessus, nº 1294 ; Esnault, t. 3, nº 646.

50. Toutefois, si les marchandises avaient été volées ou malicieusement détruites, le vendeur non payé pourrait réclamer les indemnités dues par les auteurs du délit. — Pardessus, nº 1294.

51. Le commissionnaire qui, chargé d'acheter des marchandises pour le compte de son commettant, les paie de ses propres deniers, peut, comme subrogé de plein droit aux lieu et place du vendeur, revendiquer ces marchandises dans les cas prévus par le Cod. comm. — 14 nov. 1810, Caen. [S.11.2.37 ; C.N.3.-D.A.2.745.] — Id. 4 janv. 1825, Rouen. [S.25.2.179 ; C.N.8.-D.P.25.2.152.] — Sic, Merlin, Rép., vº Revendication ; Favard, vº Faillite, § 13, nº 2 ; Persil, Rég. hyp., sur l'art. 2102, nº 22, et Quest. hyp., t. 1er, ch. 3 ; Pardessus, nºs 565 et 1295 ; Lainné, p. 534 ; Goujet et Merger, ubi suprà ; Delamarre et Lepoitvin, t. 2, nºs 565 et 415 (qui se décident toutefois par d'autres motifs que la subrogation). — Contrà, Troplong, Nantissement, nºs 234 et s. — V. sup., art. 95, nºs 20 et s.

52. Mais dans ce cas il ne peut, pas plus que ne le pourrait le vendeur lui-même, réclamer une indemnité contre la faillite, soit à raison de ses avances, frais et honoraires, soit à raison de la différence qui peut exister entre le prix par lui retiré des marchandises en les revendant et le prix qu'il avait employé pour les acheter. Bien plus, il doit indemniser la faillite de tous déboursés faits pour fret, voiture, etc., à l'occasion des marchandises revendiquées. — 21 fév. 1828, Req. [S.28.1.191 ; C.N.9.-D.P.28.1.142.]

53. En matière de société en participation, si l'associé qui n'a point fait de mise de fonds tombe en faillite, les autres associés ont le droit de revendiquer les marchandises, à la charge de rendre compte aux syndics. — 30 avr. 1810, Rouen. [S.11.2.413 ; C.N.3.-D.A.3.292.] — Sic, Pardessus, nº 1274.

[577] — 1. Dans le cas où l'acheteur de marchandises les a laissées dans les magasins du vendeur, pour la garantie de celui-ci, il est considéré comme n'en ayant pas encore pris légalement livraison, quand même il aurait été mis en possession des clefs des magasins où sont déposées les marchandises, et que même il en aurait revendu une partie à des tiers. Dès lors, si cet acheteur vient à tomber en faillite, le vendeur a le droit de retenir les marchandises. — 4 févr. 1847, Rouen. [S.V.48.2.379.] — V. cependant, art. 576, nº 16.

2. De même, si la vente a été faite au poids ou à la mesure, ou avec dégustation, les marchandises qui, quoique pesées, mesurées ou dégustées, sont restées dans les magasins du vendeur, peuvent être retenues par lui. — Pardessus, nº 1287 ; Bédarride, nº 1159.

3. Décidé cependant qu'en cas de vente de coupe de bois, la livraison doit être réputée faite lorsque l'acheteur, après l'abatis des arbres par le vendeur (qui en avait été chargé), en a pris possession, bien qu'ils soient encore sur le fonds de ce dernier. Par suite, le vendeur ne peut plus exercer le droit de rétention sur ces arbres. — 5 janv. 1849, Caen. [S.V.49.2.640.] — V. à cet égard, art. 576, nºs 16 et s.

4. Du reste, le droit de rétention peut s'exercer alors même que l'acheteur est simplement en état de cessation de paiements ; il n'est pas nécessaire qu'il y ait faillite déclarée. — Bédarride, 1158 et 1161 ; Goujet et Merger, vº Revendication, nº 114. — V. suprà, art. 576, nºs 1er et s. — V. au surplus, les art. 1612 et 1613, Cod. civ.

[578] — 1. Bien que l'art. 578 exige *paiement* du prix, si la vente avait été faite à terme, les syndics pourraient néanmoins obtenir la livraison des marchandises en donnant caution, conformément à l'art. 1613, Cod. civ. — Lainné, p. 537 ; Renouard, t. 2, p. 362 ; Bédarride, t. 2, nº 1168. — V. l'art. 444.

2. Les syndics qui paient comptant le prix qui avait été stipulé à terme peuvent en déduire l'escompte d'usage dans le commerce ; mais ils doivent faire compte au vendeur de tous frais et accessoires de son prix, mis par le contrat à la charge de l'acheteur failli. — Renouard, t. 2, p. 363.

[579] — 1. Les créanciers du failli ont qualité pour contester, collectivement ou isolément, les demandes en revendication formées contre la faillite, bien que ces demandes aient été admises par les syndics et par le juge-commissaire. — 11 janv. 1851, Aix. [S.V.51.2.149 et 206.] — Sic, Lainné, p. 540 ; Esnault, t. 3, nº 654 ; Bédarride, t. 2, nºs 1173 et s.

2. Le tribunal de commerce est incompétent pour connaître de l'action en revendication d'objets mobiliers (des machines) que le revendiquant prétend avoir loués au failli : une telle action doit être portée devant la juridiction civile. — 31 mai 1843, Metz. [S.V.45.2.506.] — V. en ce sens, Pardessus, nº 1376 ; Lainné, p. 540. — V. au surplus, l'art. 635 et nos annotations.

3. Sous le Code de 1807, les syndics d'une faillite avaient seuls qualité pour admettre, avec l'autorisation du juge-commissaire, les demandes en revendication : l'adhésion des agents de la faillite à une pareille demande était sans effet. — 10 janv. 1821, Req. [S.22.1.332 ; C.N.6.-D.A.8.257.]

4. Aujourd'hui, les syndics provisoires ont, comme les syndics définitifs, le droit d'admettre les demandes en revendication qui, d'ordinaire, sont formées dès les premiers moments de la faillite. L'art. 579 ne fait à cet égard aucune distinction. — Renouard, t. 2, p. 365 ; Lainné, p. 538.

5. Dans le cas où les syndics d'une faillite ont consenti à la revendication de marchandises vendues au failli, avec la clause que ces marchandises seraient considérées comme n'ayant jamais appartenu au failli, et où le vendeur a ensuite revendu les mêmes marchandises pour un prix inférieur à celui de la première vente, si le jugement qui avait déclaré la faillite vient à être annulé, et que le failli soit par suite replacé à la tête de ses affaires, le vendeur est sans droit pour réclamer contre lui le paiement d'une somme représentative de l'excédant du prix de la première vente sur le prix de la seconde. — 6 janv. 1844, Aix. [S.V.45.2.31.-D.P.45.2.124.-P.45.2.258.]

6. Il en est ainsi, alors surtout que l'arrêt qui a annulé le jugement de déclaration de faillite a déclaré maintenir toutes les opérations tant actives que passives faites par les syndics. — Même arrêt.

[580] — 1. L'art. 580 du Cod. de comm. n'est pas applicable au jugement qui ordonne une simple instruction à l'effet d'établir s'il y a ou non lieu d'accueillir la demande en déclaration de faillite. — 12 fév. 1849, Riom. [S.V.49.2.165.]

2. On s'est demandé si le droit d'opposition appartient au failli qui a lui-même déclaré la cessation de ses paiements, et si cette déclaration ne doit pas être considérée comme un acquiescement anticipé de sa part au jugement à intervenir. — Il semble que cette circonstance ne peut faire refuser au failli le droit d'opposition que la loi lui accorde d'une manière générale ; car, s'il s'agit d'un jugement qui se borne à déclarer la faillite, le failli doit être reçu à prouver qu'il a trouvé les moyens de faire face à ses engagements, et qu'il n'y a plus lieu de déclarer la faillite ; s'il s'agit, au contraire, d'un jugement qui détermine la date de la cessation de paiements, l'intérêt du failli est le même, et, dans ce cas,

la cessation de paiements, seront susceptibles d'opposition, de la part du failli, dans la huitaine, et de la part de toute autre partie intéressée, pendant un mois. Ces délais courront à partir des jours où les formalités de l'affiche et de l'insertion énoncées dans l'article 442 auront été accomplies. [C. comm., 440, 441, 442.]

581. Aucune demande des créanciers ten-

surtout, on ne peut lui opposer comme acquiescement [illegible] la déclaration de cessation de paiements qu'il aurait faite sans en indiquer la date. — Devilleneuve et Massé, v° *Faillite*, n° 26. — Bédarride, t. 2, n° 1182, [illegible]

3. Jugé que le failli est admissible à former opposition au jugement déclaratif de sa faillite, et à en demander le rapport, dans le cas même où c'est sur sa propre déclaration que la faillite a été prononcée. — 2 mars 1843, Rouen. [illegible] — Gouget et Merger, v° *Faillite*, n° 706.

4. *Id.* … [illegible] — 23 mai 1824, Poitiers. (D.A.8.58.)

5. [illegible]

6. Mais lorsque le failli a acquiescé au jugement déclaratif de la faillite, [illegible]

7. De même, le droit de former opposition au jugement déclaratif de la faillite d'une société en commandite, [illegible]

8. Jugé [illegible]

9. Pareillement [illegible]

10. Jugé encore que la fixation de l'époque de l'ouverture d'une faillite [illegible] — 8 mai 1824, Toulouse. [illegible]

11. [illegible]

12. Le délai de l'opposition au jugement déclaratif de la faillite court contre le failli à partir de l'affiche du jugement, bien qu'une signification de ce jugement ne lui ait pas été faite préalablement. L'affiche remplace la signification ; il y a, pour ce cas, dérogation aux règles du droit commun. — 10 déc. 1836, Rej. [illegible]

13. À l'égard des tiers, par exemple, d'un acquéreur [illegible] — 19 fév. 1847, Toulouse. [illegible]

13 *bis*. L'expression *parties intéressées* de l'art. 580 comprend-elle les *créanciers*, comme tous autres? V. à cet égard les n°s 17 et s. de l'art. 581 ci-après.

14. Est-il nécessaire que l'accomplissement de ces formalités prescrites pour faire courir les délais de l'opposition soit constaté par un acte régulier d'officier ministériel ; — ou suffit-il qu'il soit attesté par tous autres documents ou preuves? — Jugé, dans le sens du premier système, [illegible]

15. Jugé encore dans le même sens, [illegible]

16. Jugé au contraire [illegible] — 25 mars 1850, Poitiers. [illegible]

17. Les formalités d'affiche et d'insertion dans les journaux ne font pas courir les délais de l'opposition à l'égard du jugement qui maintient la date de l'ouverture de la faillite, [illegible] — 6 mars 1850, Orléans. [illegible]

18. Les délais fixés par l'art. 580 sont de rigueur, [illegible]

19. La voie d'opposition accordée à tous intéressés contre le jugement déclaratif ou contre celui qui fixe la date de la cessation de paiements, est exclusive de la tierce opposition [illegible]

20. Jugé en ce sens sous l'empire des anciennes dispositions du code. — 10 nov. 1824, Cass. [illegible]

21. Décidé aussi sous l'empire de ces mêmes dispositions, [illegible]

[illegible] — 29 mars 1815, Rouen. [illegible]

22. Mais cette distinction n'est plus admissible aujourd'hui que les nouveaux art. 442 et 580 [illegible]

23. Dans tous les cas, la tierce opposition formée par requête d'avoué à avoué, [illegible] — 22 août 1812, Turin. [illegible]

24. Sur le point de savoir si le jugement par défaut qui déclare la faillite est susceptible de péremption, faute d'exécution dans les six mois de sa date, voy. art. 440, n°s 21 et 22.

25. En ce qui touche le droit d'appel, voy. art. 582, n°s 1er et s.

26. Il y a lieu à règlement de juges lorsque la faillite d'un commerçant a été déclarée par deux tribunaux différents, [illegible] — 2 mai 1841, Douai. [illegible]

27. L'annulation d'un jugement déclaratif de la faillite entraîne de plein droit la nullité des jugements et arrêts, [illegible] — 31 juill. 1849, Alger. [illegible]

28. De ce qu'un individu déclaré en faillite se trouve, plus tard, relevé de cet état par une décision qui déclare que la faillite a été irrégulièrement prononcée, [illegible] — 31 août 1831, Cass. [illegible]

29. Le tribunal de commerce saisi d'une opposition à un jugement déclaratif de faillite par lui rendu, est compétent pour décider si le débiteur a été ou non relevé de son état de faillite [illegible]

[581] — 1. L'art. 581 est-il extensif ou restrictif des délais accordés par l'art. 580? Cette question, qui n'est pas sans difficulté, est diversement résolue par les auteurs. — Suivant Devilleneuve, [illegible] l'art. 580 [illegible] les créanciers en particulier, l'art. 581 accorderait en outre à ceux-ci une prolongation de délai, jusqu'à la vérification et l'affirmation des créances. — V. aussi *Dict. du cont. comm.*, v° *Faillite*, n°s 27 et s.

dant à faire fixer la date de la cessation des paiements à une époque autre que celle qui résulterait du jugement déclaratif de faillite, ou d'un jugement postérieur, ne sera recevable après l'expiration des délais pour la vérification et l'affirmation des créances. Ces délais expirés, l'époque de la cessation de paiements demeurera irrévocablement déterminée à l'égard des créanciers. [C. comm., 497.]

582. Le délai d'appel, pour tout jugement rendu en matière de faillite, sera de quinze jours seulement à compter de la signification.

Ce délai sera augmenté à raison d'un jour par cinq myriamètres pour les parties qui seront domiciliées à une distance excédant cinq myriamètres du lieu où siége le tribunal. [C. proc., 443, 1033.]

[illegible]

583. Ne seront susceptibles ni d'opposition, ni d'appel, ni de recours en cassation :

1° Les jugements relatifs à la nomination ou au remplacement du juge-commissaire, à la nomination ou à la révocation des syndics ;

2° Les jugements qui statuent sur les demandes de sauf-conduit et sur celles de secours pour le failli et sa famille ;

3° Les jugements qui autorisent à vendre les effets ou marchandises appartenant à la faillite ;

4° Les jugements qui prononcent sursis au concordat, ou admission provisionnelle des créanciers contestés ;

5° Les jugements par lesquels le tribunal de commerce statue sur les recours formés contre les ordonnances rendues par le juge-commissaire dans les limites de ses attributions. [C. comm. 475, 486, 499, 500, 510, 530.]

TITRE II (1).

Des Banqueroutes.

CHAPITRE Ier.

De la Banqueroute simple.

584. Les cas de banqueroute simple seront punis des peines portées au Code pénal, et jugés par les tribunaux de police correctionnelle, sur la

[illegible]

(1) *Suite de l'ancien texte :*

TITRE IV.

Des Banqueroutes.

CHAPITRE Ier.

DE LA BANQUEROUTE SIMPLE.

586. Sera poursuivi comme banqueroutier simple, et pourra être déclaré tel, le commerçant failli qui se trouvera dans l'un ou plusieurs des cas suivants, savoir : 1° Si les dépenses de sa maison, qu'il est tenu d'inscrire mois par mois sur son livre-journal, sont jugées excessives ; — 2° S'il est reconnu qu'il a consommé de fortes sommes au jeu, ou à des opérations de pur hasard ; — 3° S'il résulte de son dernier inventaire que, son actif étant de cinquante pour cent au-dessous de son passif, il a fait des emprunts considérables, et s'il a revendu des marchandises à perte ou au-dessous du cours ; — 4° S'il a donné des signatures de crédit ou de circulation pour une somme triple de son actif, selon son dernier inventaire.

587. Pourra être poursuivi comme banqueroutier simple, et être déclaré tel, le failli qui n'aura pas fait, au greffe, la déclaration prescrite par l'art. 440 ; — Celui qui, s'étant absenté, ne se sera pas présenté en personne aux agents et aux syndics dans les délais fixés, et sans empêchement légitime ; — Celui qui présentera des livres irrégulièrement tenus, sans néanmoins que les irrégularités indiquent de fraude, ou qui ne les présentera pas tous ; — Celui qui, ayant une société, ne se sera pas conformé à l'article 440.

588. Les cas de banqueroute simple seront jugés par les tribunaux de police correctionnelle, sur la demande des syndics ou sur celle de tout créancier du failli, ou sur la poursuite d'office qui sera faite par le ministère public.

589. Les frais de poursuite en banqueroute simple seront supportés par la masse, dans le cas où la demande aura été introduite par les syndics de la faillite.

590. Dans le cas où la poursuite aura été intentée par un créancier, il supportera les frais, si le prévenu est déchargé ; lesdits frais seront supportés par la masse, s'il est condamné.

591. Les procureurs du roi seront tenus d'interjeter appel de tous jugements des tribunaux de police correctionnelle, lorsque, dans le cours de l'instruction, ils auront reconnu que la prévention de banqueroute simple est de nature à être convertie en prévention de banqueroute frauduleuse.

592. Le tribunal de police correctionnelle, en déclarant qu'il y a banqueroute simple, devra, suivant l'exigence des cas, prononcer l'emprisonnement pour un mois au moins, et deux ans au plus. — Les jugements seront affichés en outre, et insérés dans un journal, conformément à l'art. 683 du Code de procédure civile.

poursuite des syndics, de tout créancier, ou du ministère public. [C. comm., 89, 511, 591, 612; C. inst. cr., 179; C. pén., 402.]

585. Sera déclaré banqueroutier simple tout commerçant failli qui se trouvera dans un des cas suivants :

1° Si ses dépenses personnelles ou les dépenses de sa maison sont jugées excessives;

2° S'il a consommé de fortes sommes, soit à des opérations de pur hasard, soit à des opérations fictives de bourse ou sur marchandises;

3° Si, dans l'intention de retarder sa faillite, il a fait des achats pour revendre au-dessous du cours; si, dans la même intention, il s'est livré à des emprunts, circulation d'effets, ou autres moyens ruineux de se procurer des fonds;

4° Si, après cessation de ses paiements, il a payé un créancier au préjudice de la masse.

586. Pourra être déclaré banqueroutier simple tout commerçant failli qui se trouvera dans un des cas suivants :

1° S'il a contracté, pour le compte d'autrui, sans recevoir des valeurs en échange, des engagements jugés trop considérables eu égard à sa situation lorsqu'il les a contractés;

2° S'il est de nouveau déclaré en faillite sans avoir satisfait aux obligations d'un précédent concordat;

3° Si, étant marié sous le régime dotal, ou séparé de biens, il ne s'est pas conformé aux articles 69 et 70;

4° Si, dans les trois jours de la cessation de ses paiements, il n'a pas fait au greffe la déclaration exigée par les articles 438 et 439, ou si cette déclaration ne contient pas les noms de tous les associés solidaires;

5° Si, sans empêchement légitime, il ne s'est pas présenté en personne aux syndics dans les cas et dans les délais fixés, ou si, après avoir obtenu un sauf-conduit, il ne s'est pas représenté à justice;

6° S'il n'a pas tenu de livres et fait exactement inventaire; si ses livres ou inventaires sont incomplets ou irrégulièrement tenus, ou s'ils n'offrent pas sa véritable situation active ou passive, sans néanmoins qu'il y ait fraude. [C. comm., 8 et s., 69, 438, 439, 472 et s., 487, 503.]

587. Les frais de poursuite en banqueroute simple intentée par le ministère public ne pourront, en aucun cas, être mis à la charge de la masse.

En cas de concordat, le recours du trésor public contre le failli pour ses frais ne pourra être exercé qu'après l'expiration des termes accordés par ce traité. [C. comm., 461.]

588. Les frais de poursuite intentée par les syndics, au nom des créanciers, seront supportés, s'il y a acquittement, par la masse, et s'il y a condamnation, par le trésor public, sauf son recours contre le failli, conformément à l'article précédent.

589. Les syndics ne pourront intenter de poursuites en banqueroute simple, ni se porter partie civile au nom de la masse, qu'après y avoir été autorisés par une délibération prise à la majorité individuelle des créanciers présents. [C. comm., 592.]

590. Les frais de poursuite intentée par un créancier seront supportés, s'il y a condamnation, par le Trésor public; s'il y a acquittement, par le créancier poursuivant.

CHAPITRE II (1).

De la Banqueroute frauduleuse.

591. Sera déclaré banqueroutier frauduleux, et puni des peines portées au Code pénal, tout commerçant failli qui aura soustrait ses livres, détourné ou dissimulé une partie de son actif, ou qui, soit dans ses écritures, soit par des actes publics ou des engagements sous signature privée, soit par son bilan, se sera frauduleusement reconnu débiteur de sommes qu'il ne devait pas. [Ord. 1673, tit. XI, art. 10, 11 et 12.—C. comm., 89, 510, 584, 540; C. pén., 402.]

---

janv. 1847, Cass. [S.V.47.1.472.–P.47.1.568.] — *Sic*, Renouard, t. 2, p. 417; Esnault, t. 3, n° 702; Goujet et Merger, *ubi suprà*, n° 20; Dalloz, t. 24, v° *Faillite*, n°s 1425 et 1430.—V. *inf.*, art. 591, n° 27.

13. V. quant à la durée de la prescription, l'art. 638, Cod. d'instr. crim., applicable en cette matière.

[585 et 586] — 1. Les juges correctionnels saisis d'une poursuite en banqueroute simple, peuvent reconnaître et déclarer la qualité de commerçant dans la personne du prévenu (en ce que, par exemple, il serait membre d'une société en nom collectif), ainsi que le fait de sa faillite, alors même qu'il existerait un jugement de la juridiction civile ou commerciale décidant le contraire.—22 mai 1846, Rej. [S.V.46.1.792.–D.P.46.1.319.]—V. art. 597, n° 3.

2. V. encore sur ce point, au cas de banqueroute frauduleuse, art. 591, n°s 1er et s.

3. Le commerçant qui, après cessation de ses paiements, désintéresse plusieurs de ses créanciers au préjudice de la masse, se rend coupable du délit de banqueroute simple, alors même qu'en agissant ainsi, il n'aurait d'autre intention que d'éviter la déclaration de faillite. — 30 juill. 1841, Cass. [S.V.42.1.479.–D.P.42.1.44.–P.42.1.530.]

4. Mais le failli ne peut être déclaré banqueroutier simple, pour avoir négligé de faire assurer ses expéditions maritimes : ce n'est là ni un jeu, ni une opération de pur hasard.—10 janv. 1811, Rennes. [S.11.2.462; C.N.3.]

5. Pareillement, le fait, par le failli, de ne s'être pas présenté devant les agents de la faillite, n'est constitutif du délit de banqueroute simple qu'autant qu'il avait obtenu un sauf-conduit. — 11 août 1853, Montpellier. [D.P.53.2.33.]

6. Le troisième § de l'art. 586 n'est point applicable à la séparation de biens judiciaire, laquelle est assujettie à des formalités particulières qui en assurent par elles-même la publicité.—9 sept. 1813, Cass. [S.13.1.467; C.N.4.–D.A.8.309.] — *Sic*, Lainné, p. 586; Renouard, t. 2, p. 436.

7. Bien qu'aucun autre livre de commerce que ceux que prescrivent les art. 8 et s., Cod. comm., ne puissent, en général, les remplacer (Favard, v° *Livres de comm.*, n° 5), cependant des feuilles volantes, sur lesquelles le commerçant aurait inscrit régulièrement toutes ses opérations, peuvent suffire pour le mettre à l'abri d'une poursuite en banqueroute.—Merlin, *Rép.*, v° *Livres de comm.*

8. Jugé toutefois qu'un négociant failli peut être déclaré banqueroutier, s'il n'a pas tenu de livre d'inventaire prescrit par l'art. 9, Cod. comm., et si, au lieu d'avoir un livre-journal, conformément à l'art. 8, Cod. comm., il ne représente qu'un registre composé de feuilles détachées, connu sous le nom de brouillard. — 13 juin, 1855, Orléans. [D.P.56.2.13.]

9. Au reste, l'art. 586, déterminant les cas où un commerçant failli pourra être déclaré banqueroutier simple, n'est pas absolu et impératif : l'application en est facultative, suivant les circonstances de la cause. —14 janv. 1848, Bordeaux. (*Le Droit* du 4 mars.) — V. sur l'interprétation des art. 585 et 586, Lainné, p. 575, et Renouard, t. 2, p. 420 et s.

10. La Cour d'assises, saisie de la connaissance du délit correctionnel de banqueroute simple, à raison de la connexité avec le crime de banqueroute frauduleuse, se conforme aux dispositions de la loi, en soumettant à la délibération du jury, non-seulement les faits constitutifs du crime, mais les faits constitutifs de la banqueroute simple. — 19 nov. 1815, Rej. [S.16.1.51; C.N.4.–D.A.2.707.]

11. Par suite, et dans ce cas, l'acquittement de l'accusé sur le chef de banqueroute frauduleuse, ne lui enlève pas le droit de statuer sur le délit de banqueroute simple, si l'accusé en est déclaré convaincu. — Même arrêt.—V. *suprà*, art. 584, n°s 8 et s.

[587 à 590]. . . . .

[591] — 1. Nul ne peut être déclaré en état de banqueroute frauduleuse, s'il n'est *commerçant failli*. —19 flor. an 9, Cass. [S.1.1.–D.A.8.567.] — *Id.* 23 nov. 1827, Cass. [S.28.1.168; C.N.8.–D.P.28.1.31.] —*Sic*, Locré, sur l'ancien art. 593, Pardessus, n° 1298; Lainné, p. 579 et 605; Esnault, t. 3, n° 678; Bédarride, t. 2, n°s 1263 et s.—V. art. 437, n° 52.

2. Dès lors, les peines de la banqueroute frauduleuse sont inapplicables au particulier non commerçant qui se livre accidentellement à des actes de commerce, bien qu'il ait commis des faits de fraude constitutifs de ce crime. —21 nov. 1812, Rej. [S.16.1.51; C.N.4.–D.A.8.308.]

3. De même, le mineur qui a fait des opérations de commerce ne peut être poursuivi ni condamné comme banqueroutier, si les formalités exigées par le Code de commerce pour que le mineur soit habile à exercer le commerce, n'ont pas été observées.—2 déc. 1826, Cass. [S.27.1.208; C.N.8.–D.P.27.1.72.] — *Sic*, Lainné, p. 579; Bédarride, t. 2, n° 1264.

3 *bis.* La réponse du jury qui déclare une femme mariée (qualifiée de commerçante), *accusée* de banqueroute frauduleuse, coupable d'avoir détourné ou

---

(1) *Suite de l'ancien texte :*

CHAPITRE II.

DE LA BANQUEROUTE FRAUDULEUSE.

593. Sera déclaré banqueroutier frauduleux tout commerçant failli qui se trouvera dans un ou plusieurs des cas suivants; savoir : — 1° S'il a supposé des dépenses ou des pertes, ou ne justifie pas de l'emploi de toutes ses recettes;—2° S'il a détourné aucune somme d'argent, aucune dette active, aucunes marchandises, denrées ou effets mobiliers;—3° S'il a fait des ventes, négociations ou donations supposées;—4° S'il a supposé des dettes passives et collusoires entre lui et des créanciers fictifs, en faisant des écritures simulées, ou en se constituant débiteur, sans cause ni valeur, par des actes publics ou par des engagements sous signature privée;—5° Si, ayant été chargé d'un mandat spécial, ou constitué dépositaire d'argent, d'effets de commerce, de denrées ou marchandises, il a, au préjudice du mandat ou du dépôt, appliqué à son profit les fonds ou la valeur des objets sur lesquels portait soit le mandat, soit le dépôt;—6° S'il a acheté des immeubles ou des effets mobiliers à la faveur d'un prête-nom; — 7° S'il a caché ses livres.

594. Pourra être poursuivi comme banqueroutier frauduleux, et être déclaré tel,—Le failli qui n'a pas tenu de livres, ou dont les livres ne présenteront pas sa véritable situation active et passive;—Celui qui, ayant obtenu un sauf-conduit, ne se sera pas représenté à justice.

595. Les cas de banqueroute frauduleuse seront poursuivis d'office devant les Cours d'assises, par les procureurs du Roi et leurs substituts, sur la notoriété publique, ou sur la dénonciation soit des syndics soit d'un créancier.

596. Lorsque le prévenu aura été atteint et déclaré coupable des délits énoncés dans les articles précédents, il sera puni des peines portées au Code pénal pour la banqueroute frauduleuse.

597. Seront déclarés complices des banqueroutiers frauduleux et seront condamnés aux mêmes peines que l'accusé, les individus qui seront convaincus de s'être entendus avec le banqueroutier pour receler ou soustraire tout ou partie de ses biens meubles ou immeubles; d'avoir acquis sur lui des créances fausses; et qui, à la vérification et affirmation de leurs créances, auront persévéré à les faire valoir comme sincères et véritables.

598. Le même jugement qui aura prononcé les peines contre les complices de banqueroutes frauduleuses, les condamnera,—1° A réintégrer à la masse des créanciers, les biens, droits et actions frauduleusement soustraits;—2° A payer, envers ladite masse, des dommages-intérêts égaux à la somme dont ils ont tenté de la frauder.

599. Les arrêts des Cours d'assises contre les banqueroutiers et leurs complices seront affichés, et de plus insérés dans un journal, conformément à l'article 683 du Code de procédure civile.

592. Les frais de poursuite en banqueroute frauduleuse ne pourront, en aucun cas, être mis à la charge de la masse.

Si un ou plusieurs créanciers se sont rendus parties civiles en leur nom personnel, les frais, en cas d'acquittement, demeureront à leur charge. [C. comm., 589.]

CHAPITRE III.

Des Crimes et des Délits commis dans les faillites par d'autres que par les faillis.

593. Seront condamnés aux peines de la banqueroute frauduleuse :

1° Les individus convaincus d'avoir, dans l'intérêt du failli, soustrait, recélé ou dissimulé tout ou partie de ses biens, meubles ou immeubles; le tout sans préjudice des autres cas prévus par l'article 60 du Code pénal;

2° Les individus convaincus d'avoir frauduleusement présenté dans la faillite et affirmé, soit en leur nom, soit par interposition de personnes, des créances supposées;

3° Les individus qui, faisant le commerce sous le nom d'autrui ou sous un nom supposé, se seront rendus coupables de faits prévus en l'article 591. [Ord. 1673, tit. XI, art. 13. — C. comm., 467, 497; C. pén., 402, 403.]

---

dissimulé une partie de son actif, constate par cela même suffisamment que la femme faisait un commerce séparé de celui de son mari, et avait ainsi légalement la qualité de commerçante. — 26 mars 1846, Rej. [S.V.46.1.584.-D.P.46.1.109.135.]

4. Du reste, il n'est pas nécessaire que le commerçant ait été préalablement déclaré en état de faillite par un jugement du tribunal de commerce. — 7 nov. 1811, Rej. [S.11.1.371; C.N.3.-D.A.8.506.] — Id. 19 avr. 1811, Cass. [S.14.1.312; C.N.3.-D.A.8.507.] — Sic, Boulay-Paty, t. 2, nº 481; Pardessus, nº 1094; Lainné, p. 603; Renouard, t. 2, p. 411; Esnault, nº 680; Bédarride, nº 1200; Massé, t. 3, nº 245, p. 200. — V. supra, art. 585, nº 1er, et art. 437, nºs 1er et 2.

5. Id. Il suffit que, de fait, le commerçant ait cessé ses paiements. — 5 nov. 1814, Rej. [S.15.1.49; C.N.4.-D.A.8.508.] — Id. 13 oct. 1825, Rej. [S.26.1.93; C.N.8.-D.P.26.1.377.] — Id. 1er sept. 1827, Rej. [S.28.1.50; C.N.8.-D.P.27.1.495.]

6. ... Peu importe que son insolvabilité n'ait pas été constatée. — 5 nov. 1814, Rej. [S.15.1.49; C.N.4.-D.A.8.508.]

7. Mais, pour qu'un individu puisse être condamné comme coupable ou complice de banqueroute frauduleuse, il faut, à peine de nullité, que la qualité de commerçant ait été reconnue au failli par le jury. — 22 juin 1827, Cass. [S.28.1.50; C.N.8.-D.P.27.1.420.] — Id. 19 sept. 1828, Cass. [S.28.1.376; C.N.9.-D.P.28.1.421.] — Id. 14 sept. 1830, Cass. [S.V.31.1.183; C.N.9.-D.P.30.1.346.] — Id. 18 oct. 1843, Cass. [S.V.43.1.923.-D.P.43.1.524.-P.43.1.172.]

8. Jugé de même que pour qu'un accusé puisse être condamné comme banqueroutier frauduleux, il faut que le jury l'ait déclaré négociant ou commerçant failli; il ne suffirait pas qu'il fût reconnu coupable par le jury de faits constitutifs de fraude envers ses créanciers. — 19 sept. 1828, Cass. [S.28.1.376; C.N.9.-D.P.28.1.421.] — Id. 23 juin 1853, Cass. [S.V.53.1.853.-D.P.53.1.323.]

9. Id. ... S'il y a omission à cet égard dans la déclaration du jury, le condamné peut se prévaloir de cette omission pour faire annuler la condamnation prononcée contre lui. — 17 mars 1831, Cass. [S.V.31.1.267.-D.P.31.1.142.]

10. Néanmoins, il n'est pas nécessaire, et il ne serait même pas permis, de poser au jury une question distincte et séparée sur le point de savoir si l'accusé est commerçant failli : cette qualité étant, non pas une circonstance aggravante, mais un élément constitutif du crime, doit être comprise dans la question sur le fait principal de banqueroute. — 26 mars 1846, Rej. [S.V.46.1.585.-P.46.1.109.135.]

11. Le condamné pour crime de banqueroute frauduleuse, qui, d'ailleurs, ne s'est pas pourvu contre l'arrêt de sa mise en accusation, n'est plus recevable à prétendre, devant la Cour de cassation, qu'il n'était pas en état de faillite, pour en conclure que le fait pour lequel il a été condamné ne constituait pas le crime de banqueroute frauduleuse. — 18 mars 1826, Cass. [S.26.1.420; C.N.8.-D.P.26.1.282.]

11 bis. Un individu peut être déclaré membre d'une société commerciale, et par suite condamné comme banqueroutier frauduleux, quoique l'existence de cette société ne soit établie par aucun acte écrit; il suffit, à cet égard, que la société soit établie par une des preuves que la loi ne prohibe pas en matière ordinaire (V. sup., notes de l'art. 39). — 11 avr. 1806, Rej. [S.6.2.394; C.N.2.-D.A.8.506.]

12. Les faits de fraude commis postérieurement à la faillite constituent le crime de banqueroute frauduleuse, aussi bien que ceux qui l'ont précédée. — 5 mars 1813, Cass. [S.13.1.340; C.N.4.-D.A.8.507.] — Sic, Merlin, Rép., add., vº Faillite, § 2, art. 5; Boulay-Paty, t. 2, nº 482; Lainné, p. 603; Renouard, t. 2, p. 449; Bédarride, t. 2, nº 1259.

13. Spécialement, le détournement par le failli, après le jugement déclaratif de la faillite, d'objets dépendant de l'actif, constitue le failli en état de banqueroute frauduleuse. — 24 sept. 1819, Req. [C.N.6.]

14. L'abus de confiance ne constitue plus aujourd'hui un cas de banqueroute frauduleuse, comme il le constituait sous l'ancienne loi. — 7 juin 1845, Cass. [S.V.45.1.556.-P.45.1.502.] — Sic, Renouard, t. 2, p. 447; Bédarride, nº 1234.

15. La simple tentative de banqueroute frauduleuse constitue un crime punissable des mêmes peines que la banqueroute même. — 26 mess. an 7, Rej. [S.1.1.506; C.N.1.-D.A.8.502.] — Sic, Pardessus, nº 1304; Boulay-Paty, t. 2, nº 486; Renouard, t. 2, p. 448; Lainné, p. 610.

16. Un commerçant français, établi en pays étranger, peut être poursuivi en France pour banqueroute frauduleuse, si les faits de banqueroute ont été commis en France, au préjudice de Français. — 1er sept. 1827, Rej. [S.28.1.50; C.N.8.-D.P.28.1.495.] — Sic, Lainné, p. 581; Massé, t. 2, nº 40.

17. Id. du commerçant étranger. — Même arrêt. — Sic, Lainné, p. 579; Massé, ibid.

18. Pour qu'il y ait crime de banqueroute frauduleuse, il faut que les faits constitutifs de ce crime soient frauduleux de leur nature, et déclarés tels par le jury. — 26 janv. 1827, Cass. [S.27.1.484; C.N.8.-D.P.27.1.377.]

19. De même, la banqueroute frauduleuse étant un fait moral qui ne peut se constituer que par l'un ou plusieurs des faits déterminés par le Code de commerce, il ne suffit pas, en cette matière, que les jurés soient seulement appelés à décider si l'accusé est coupable de banqueroute frauduleuse; il faut qu'ils soient interrogés et qu'ils répondent sur les faits et les circonstances caractéristiques de ce crime. — 11 juill. 1816, Cass. [C.N.5.-D.A.8.502.]

20. Jugé encore que la réponse du jury qui déclare un individu coupable de banqueroute frauduleuse, doit s'expliquer catégoriquement sur les faits matériels constitutifs de ce crime, énoncés dans la question. — 16 sept. 1830, Cass. [S.V.31.1.183; C.N.9.-D.P.30.1.386.]

21. Pareillement, la déclaration du jury qui constate que l'accusé ne justifie pas de l'emploi de toutes ses recettes, n'équivaut pas, pour l'application de la peine, à la déclaration que l'accusé est coupable de ne pas justifier de l'emploi de ses recettes : pour qu'un tel fait soit constitutif de la banqueroute frauduleuse, il faut qu'il soit reconnu frauduleux, ou que l'accusé en soit déclaré coupable, le fait matériel en lui-même pouvant être exempt de fraude ou de criminalité. — 13 mai 1826, Cass. [S.27.1.159; C.N.8.-D.P.26.1.365.] — Id. 14 avr. 1827, Cass. [S.27.1.314; C.N.8.-D.P.27.1.403.]

22. Ainsi encore, la seule déclaration que l'accusé n'avait pas tenu de livres présentant sa véritable position active et passive, n'implique pas nécessairement l'existence de la fraude et ne peut servir de base à une condamnation. — 26 janv. 1827, Cass. [S.27.1.484; C.N.8.-D.P.27.1.377.]

23. Id. de la simple déclaration du jury portant que l'accusé n'a tenu que des livres irréguliers; — le jury doit être interrogé, en outre, sur la moralité de ce fait matériel, c'est-à-dire sur la question de savoir si l'irrégularité de la tenue des livres a été accompagnée de circonstances de fraude. La Cour d'assises ne peut elle-même résoudre cette question sans excéder ses pouvoirs. — 31 nov. 1826, Cass. [S.27.1.376; C.N.8.] — Id. 19 sept. 1828, Cass. [S.28.1.376; C.N.9.-D.P.28.1.421.]

24. Jugé cependant que la culpabilité de l'accusé, résulte du seul rapprochement du fait de la faillite et des faits ou de l'un des faits constitutifs de la banqueroute frauduleuse, déterminés par la loi ; en conséquence, il suffit que le jury déclare ces faits constants : il n'est pas nécessaire qu'il déclare en propres termes que l'accusé s'est rendu coupable du crime de banqueroute en faisant tel ou tel acte. — 3 juin 1825, Rej. [S.26.1.153; C.N.8.-D.P.25.1.393.] — Id. 12 nov. 1829, Rej. [S.30.1.356; C.N.9.-D.P.29.1.402.]

25. Lorsque le jury a déclaré qu'une dette de l'accusé était usuraire, l'accusé n'est plus recevable, en Cour de cassation, à prétendre que le contraire résulte de ses livres de commerce. — 18 mars 1826, Cass. [S.26.1.420; C.N.8.-D.P.26.1.282.]

26. Une instruction criminelle pour banqueroute frauduleuse peut être renvoyée d'un département dans un autre pour suspicion légitime, lorsque la masse des habitants de la contrée est suspecte de partialité pour le failli. — 16 août 1810, Cass. [S.10.1.310; C.N.3.]

27. La prescription du crime de banqueroute frauduleuse court à partir du jour où les faits de fraude ont été commis, et non pas seulement du jour de la faillite. — Mangin, Act. publ., t. 2, nº 325, qui cite en ce sens un arrêt de Cass. du 25 déc. 1825 (Bull., p. 223); Esnault, t. 3, nº 700. — Contrà, Bédarride, nº 1264, quant aux actes antérieurs à l'ouverture de la faillite. — V. en ce sens, au cas de banqueroute simple, suprà, art. 584, nº 12.

28. Et quant à la durée de la prescription, voy. art. 637, C. inst. crim.

[592] — 1. Les amendes prononcées en matière criminelle contre un failli postérieurement à l'ouverture de sa faillite, ne peuvent être acquittées sur l'actif de la faillite au préjudice de la masse des créanciers. — 27 déc. 1847, Rennes. [S.V.49.2.471.] — V. cependant, le nº 27 de l'art. 565.

2. De même, la condamnation à des dommages-intérêts prononcée par la juridiction criminelle contre un failli, poursuivi pour banqueroute, au profit de plusieurs de ses créanciers qui s'étaient portés parties civiles sur la poursuite, ne crée pas en faveur de ces créanciers un privilége au préjudice des autres créanciers. — 9 mai 1846, Rej. [S.V.46.1.444.-D.P.46.1.216.] — V. en ce sens Lainné, p. 625; Renouard, t. 2, p. 475; Bédarride, t. 2, nº 1204, in fine. — V. infrà, art. 601, nºs 1er et 2.

[593] — 1. Le détournement de tout ou partie de l'actif d'un failli, dans l'intérêt de celui-ci, constitue aujourd'hui (à la différence de ce qui avait lieu sous l'ancienne loi des faillites) le délit puni par le nouvel art. 593, C. comm., indépendamment de toute participation du failli au détournement, ou de concert frauduleux avec lui. — 2 mai 1849, Cass. [S.V.49.1.837.-D.P.49.1.484.] — Id. 3 juin 1845, Cass. [S.V.45.1.858.-D.P.45.1.324.-P.45.2.490.] — Sic, Lainné, p. 617; Renouard, t. 2, p. 453; Bédarride, t. 2, nºs 1270 et 1271; Esnault, t. 3, nº 741.

2. Jugé antérieurement, que le recel ou la soustraction d'objets appartenant à un failli ne constitue le crime de complicité de banqueroute frauduleuse, qu'autant que le recel ou la soustraction a été l'effet d'un concert frauduleux entre le receleur et le failli. — 17 mars 1831, Cass. [S.V.31.1.237.-D.P.31.1.128.] — Id. 22 janv. 1830, Cass. [S.V.31.1.333; C.N.9.-D.P.30.1.98.] — V. encore en ce sens, le nº 1er de l'art. 594.

3. Il y a complicité de banqueroute frauduleuse dans le fait de l'individu déclaré coupable de s'être entendu avec l'accusé principal pour soustraire à la masse des créanciers une partie de l'actif mobilier du failli, bien que ce fait frauduleux ait eu lieu avant la faillite. — 24 janv. 1828, Rej. [C.N.9.-D.P.28.1.104.]

594. Le conjoint, les descendants ou les ascendants du failli, ou ses alliés aux mêmes degrés, qui auraient détourné, diverti ou recélé des effets appartenant à la faillite, sans avoir agi de complicité avec le failli, seront punis des peines du vol. [C. comm., 437; C. pén., 380, 401.]

595. Dans les cas prévus par les articles précédents, la Cour ou le tribunal saisis statueront, lors même qu'il y aurait acquittement, 1° d'office sur la réintégration à la masse des créanciers de tous biens, droits ou actions frauduleusement soustraits; 2° sur les dommages-intérêts qui seraient demandés, et que le jugement ou l'arrêt arbitrera. [C. comm., 472.]

596. Tout syndic qui se sera rendu coupable de malversation dans sa gestion sera puni correctionnellement des peines portées en l'article 406 du Code pénal.

597. Le créancier qui aura stipulé, soit avec le failli, soit avec toutes autres personnes, des avantages particuliers à raison de son vote dans les délibérations de la faillite, ou qui aura fait un traité particulier duquel résulterait en sa faveur un avantage à la charge de l'actif du failli, sera puni correctionnellement d'un emprisonnement qui ne pourra excéder une année, et d'une amende qui ne pourra être au-dessus de deux mille francs.

L'emprisonnement pourra être porté à deux ans si le créancier est syndic de la faillite.

598. Les conventions seront, en outre, déclarées nulles à l'égard de toutes personnes, et même à l'égard du failli.

Le créancier sera tenu de rapporter à qui de droit les sommes ou valeurs qu'il aura reçues en vertu des conventions annulées.

---

4. Le commissaire-priseur qui a sciemment donné le conseil à un négociant obéré (tombé depuis en faillite) de simuler une obligation au profit d'un tiers, à l'aide de laquelle on pourrait poursuivre la vente à l'encan des marchandises de ce négociant dans le but d'en frustrer ses créanciers, et qui a procédé ensuite à la vente ainsi poursuivie, peut être réputé s'être en cela rendu complice de la banqueroute frauduleuse résultant de la simulation de créance. —21 nov. 1844, Rej. [S.V.45.1.377.–D.P.45.1.36.–P.45.2.287.]

5. Il n'y a complicité du crime de banqueroute frauduleuse qu'autant que l'accusé a agi avec connaissance lors des faits qui ont préparé, facilité ou consommé le détournement opéré par le failli d'une partie de son actif. Il est donc nécessaire, pour l'application de la peine, que cette circonstance soit déclarée par le jury. —14 oct. 1847, Cass. [S.V.48.1.[illegible].]

6. La déclaration de non-culpabilité rendue en faveur d'un accusé de banqueroute frauduleuse n'est point un obstacle à ce que des poursuites pour complicité soient ultérieurement dirigées contre un autre individu à raison des mêmes faits qui servaient de base à la première accusation; et il n'y a nulle contradiction entre le verdict du jury qui, sur cette seconde accusation, déclare constants les faits incriminés, et le premier verdict de non-culpabilité rendu en faveur de l'accusé principal. —5 févr. 1841, Rej. [S.V.41.1.[illegible].–D.P.41.1.[illegible].–P.41.1.[illegible].]

7. Décidé dans le même sens, que le complice de banqueroute frauduleuse ne peut se prévaloir du jugement d'acquittement prononcé en faveur de l'auteur principal, lorsqu'il n'a point été partie dans le jugement. —14 prairial an 13, Rej. [S.V.5.1.[illegible]; C.N.1.–D.A.3.2.[illegible].]

8. Jugé, au contraire, que le jugement qui acquitte un accusé de banqueroute frauduleuse profite nécessairement aux prévenus de complicité, et a pour eux l'autorité de la chose jugée, quoiqu'ils n'y aient point été parties. —11 frim. an 12, Cass. [C.N.1.] —Id. 17 mars 1831, Cass. [S.V.31.1.[illegible].–D.P.31.1.[illegible].] —Sic, Renouard, t. 2, p. 453.

9. L'accusé déclaré coupable « de s'être entendu avec un commerçant pour soustraire à ses créanciers légitimes les marchandises et les biens immeubles de celui-ci », ne peut, sur cette déclaration, être puni comme complice de banqueroute frauduleuse, en ce que le fait de banqueroute de l'auteur principal n'est pas constaté par cette déclaration. —14 janv. 1820, Cass. [S.20.1.178; C.N.6.–D.A.3.[illegible].]

10. Au reste, il n'est pas nécessaire que la question posée au jury sur la complicité de banqueroute frauduleuse indique en propres termes la qualité de commerçant failli de l'accusé principal, lorsque cette question se réfère à celles relatives à la culpabilité de ce dernier; en un tel cas, la circonstance dont s'agit se trouve virtuellement reproduite dans la question concernant le complice. —26 mai 1858, Rej. [S.V.38.1.562.–D.P.39.1.59.–P.38.2.[illegible].] —Sic, Renouard, t. 2, p. 454; Esnault, n° 712. —V. suprà, art. 591, n°s 1er et 2.

11. En cette matière, la Cour d'assises peut graduer la peine entre l'accusé principal et le complice; elle peut même, lorsque le jury a admis des circonstances atténuantes à l'égard de tous deux, ne descendre la peine que d'un seul degré relativement au complice, tout en la descendant de deux relativement à l'auteur principal. —26 mai 1858, Rej. [S.V.38.1.562.–D.P.39.1.59.–P.38.288.] —Sic, Renouard, p. 425; Bédarride, n° 1272; Esnault, n° 712.

[594] —1. Pour que la femme qui a détourné ou recélé les effets de commerce de son mari failli, puisse être poursuivie comme complice de banqueroute frauduleuse, il faut qu'il soit déclaré qu'elle s'est entendue avec lui pour recéler ou soustraire, à défaut de concert avec le failli, la soustraction ne constituerait qu'un vol par une femme envers son mari, et ce vol ne pourrait donner lieu qu'à des réparations civiles. —[illegible] 1827, Cass. [S.28.1.[illegible]; C.N.8.–D.P.27.1.[illegible].] —Id. 26 janv. 1827, Cass. [S.27.1.[illegible]; C.N.8.–D.P.27.[illegible].] —V. suprà, art. 597, n° 1er et s.

2. L'art. 594 n'a point eu pour objet de déroger aux dispositions du C. pén., relatives aux circonstances aggravantes du vol. En conséquence, si le détournement a été commis avec bris de scellés et effraction d'un meuble, il constitue un vol qualifié, qui rentre sous l'application des art. 253 et 384, C. pén., et qui devient par suite justiciable des Cours d'assises. —13 mai 1841, Cass. [S.V.41.1.[illegible].–D.P.41.1.[illegible].–P.42.1.[illegible].] —Sic, Esnault, t. 3, n° 713.

[595] —1. Les syndics d'une faillite qui n'ont pas été parties civiles sur les poursuites criminelles dirigées contre un individu, comme complice de la banqueroute frauduleuse du failli, peuvent encore, après la condamnation du complice [illegible], par la voie civile, des dommages-intérêts contre lui. —9 juin 1841, [illegible] [S.V.41.1.[illegible].–D.P.41.2.[illegible].] —Sic, Esnault, t. 3, n° [illegible].

2. L'arrêt qui condamne un accusé comme complice de banqueroute frauduleuse, n'est pas nul par cela seul qu'il ne contient pas la liquidation des dommages-intérêts réclamés par la masse des créanciers: les juges peuvent, usant de la faculté que leur accorde l'article 366 du Code d'instruction criminelle, ordonner que cette liquidation sera faite par un second arrêt sur le rapport de l'un d'eux. —27 juill. 1820, Rej. [S.21.1.3; C.N.6.–D.A.3.[illegible].]

[596] . . . .

[597 et 598] —1. Les art. 597 et 598 ne sont applicables que lorsque le débiteur a été déclaré en état de faillite. —Par suite, les tribunaux civils saisis d'une demande en nullité d'une convention de cette nature, consentie par un débiteur dont la faillite n'a pas été déclarée, ne peuvent annuler cette convention qu'autant qu'ils déclarent préalablement que le débiteur est en état de cessation de paiements. —8 août 1844, Cass. [S.V.45.1.609.] —V. art. 440, n°s 22 et s.

2. La disposition de ces articles n'est pas applicable au traité passé par le débiteur avec ses créanciers avant la déclaration de faillite et la cessation de paiements qui a déterminé une déclaration de faillite ultérieure. —11 janv. 1844, Paris. [S.V.44.2.379.] —Id. 20 juin 1849, Rej. [S.V.50.1.[illegible].]

3. Décidé encore que la nullité prononcée par l'art. 598 ne s'applique pas au traité par lequel un débiteur, qui a antérieurement obtenu de ses créanciers une remise sur le montant de leurs créances, s'engage envers quelques-uns d'eux seulement à leur payer un dividende plus fort, alors que ce traité est intervenu avant toute cessation de paiements constatée, et à une époque antérieure à celle où a été fixée l'ouverture de la faillite du débiteur, ultérieurement déclarée. —30 mars 1843, Paris. [S.V.43.2.420.–P.43.1.[illegible].]

4. Dans tous les cas, un tel traité ne peut être attaqué que par des créanciers dont les droits n'étaient pas encore nés au moment où il a été conclu, ni par le débiteur, ni par le syndic représentant la masse des créanciers de la faillite, mais uniquement par les créanciers auxquels il porte préjudice, et qui n'ont consenti une remise sur leurs créances que dans l'ignorance de cet arrangement. —Mêmes arrêts.

5. Au contraire, la disposition des art. 597 et 598 est applicable au traité intervenu avant que la faillite ait été déclarée par jugement, alors que la cessation de paiements existait réellement au moment de ce traité. —5 mai 1845, Aix. [S.V.46.2.[illegible].–D.P.45.2.[illegible].] —Sic, Renouard, t. 2, p. [illegible]; Bédarride, t. 2, n° [illegible].

6. Id. Surtout si le créancier qui a stipulé connaissait la cessation de paiements de son débiteur. —5 avr. 1843, Douai. [S.V.43.2.419.] —Id. 24 nov. 1847, Paris. [S.V.48.2.12.], et 21 avr. 1845. [S.V. ibid., à la note.]

7. Quant à l'application de la pénalité prononcée par l'art. 597, il faut, pour qu'elle puisse avoir lieu, qu'au moment du traité particulier, le créancier ait eu connaissance de l'état de cessation de paiements de son débiteur. —12 fév. 1846, Rej. [S.V.46.1.[illegible].–D.P.46.1.165.]

8. Mais il n'est pas nécessaire que, lors de ce traité, le débiteur fût déjà déclaré en état de faillite; il suffit que la cessation de ses paiements existât à cette époque. —23 mai 1846, Rej. [S.V.46.1.792.–D.P.46.1.[illegible].] —Id. 2 avril 1846, Rej. [S.V.46.1.[illegible].–D.P.46.1.165.]

9. Et le tribunal correctionnel appelé à prononcer contre des créanciers, qui ont reçu du failli des avantages particuliers, la peine établie par l'art. 59, est compétent pour décider qu'au moment où les paiements ont été faits, le débiteur avait cessé ses paiements, et, par suite, était en état de faillite, alors même que le jugement du tribunal de commerce qui avait déclaré cette faillite, a été rapporté par ce même tribunal. —23 avril 1841, Rej. [S.V.42.1.[illegible].–D.P.41.1.[illegible].–P.42.1.[illegible].] —V. suprà, art. 437, n° [illegible], et art. 585, n° 1er.

10. Id.... Cette nouvelle décision ne lie aucunement les juges criminels et ne fait nul obstacle à ce qu'ils reconnaissent l'existence de l'état de faillite. —2 avril 1846, Rej. [S.V.46.1.[illegible].–D.P.46.1.165.]

11. De même aussi, les juges correctionnels devant lesquels un prévenu est inculpé d'avoir passé avec un failli un traité particulier à la charge de l'actif de la faillite, peuvent, quant à cette prévention, fixer l'époque de la cessation des paiements ou de l'ouverture de la faillite, à une date autre que celle déterminée par la juridiction civile ou commerciale. —23 mai 1846, Rej. [S.V.46.1.792.–D.P.46.1.[illegible].]

12. L'art. 597 s'applique non-seulement au créancier qui a stipulé des avantages particuliers avant le concordat, mais encore à celui qui, après le concordat auquel il a formé opposition, se fait acheter la rétractation du vote défavorable qu'il avait donné. —5 fév. 1843, Rej. [S.V.43.1.[illegible].–P.43.2.[illegible].] —Sic, Renouard, t. 2, p. 463.

13. De même, la nullité de tout traité duquel résulterait, au profit d'un créancier, un avantage à la charge de la faillite, s'étend même à la garantie souscrite dans l'acte par un tiers. —5 avr. 1843, Douai. [S.V.43.2.419.] —Sic, Massé, t. 6, n° [illegible].

14. Jugé en ce sens, sous l'ancien Code, que le traité souscrit, même par un tiers, au profit d'un créancier, pour s'assurer à l'avance son adhésion au concordat, est entaché de nullité comme contraire à l'ordre public, alors surtout que l'engagement du tiers a été en réalité acquitté par le failli; et que, par suite, le failli est fondé à répéter contre son créancier la somme ainsi payée par le tiers. —[illegible] 1838, Paris. [D.P.39.2.[illegible].] —Id. 1er fév. 1839, Amiens. [D.P.39.2.[illegible].]

15. Mais la nullité prononcée par les art. 597 et 598 ne s'applique pas au cautionnement fourni par un tiers avant la faillite, en faveur du créancier qui consent à accorder terme et délai à son débiteur. —17 avr. 1849, Cass. [S.V.49.1.[illegible].]

599. Dans le cas où l'annulation des conventions serait poursuivie par la voie civile, l'action sera portée devant les tribunaux de commerce. [C. comm., 635.]

600. Tous arrêts et jugements de condamnation rendus, tant en vertu du présent chapitre que des deux chapitres précédents, seront affichés et publiés suivant les formes établies par l'article 42 du Code de commerce, aux frais des condamnés. [C. comm., 442.]

CHAPITRE IV (1).

De l'Administration des biens en cas de banqueroute.

601. Dans tous les cas de poursuite et de condamnation pour banqueroute simple ou frauduleuse, les actions civiles autres que celles dont il est parlé dans l'article 595 resteront séparées, et toutes les dispositions relatives aux biens, prescrites pour la faillite, seront exécutées sans qu'elles puissent être attribuées ni évoquées aux tribunaux de police correctionnelle, ni aux cours d'assises. [C. comm., 584, 594, 635.]

602. Seront cependant tenus, les syndics de la faillite, de remettre au ministère public les pièces, titres, papiers et renseignements qui leur seront demandés. [C. comm., 139, 482, 483.]

603. Les pièces, titres et papiers délivrés par les syndics seront, pendant le cours de l'instruction, tenus en état de communication par la voie du greffe; cette communication aura lieu sur la réquisition des syndics, qui pourront y prendre des extraits privés, ou en requérir d'authentiques, qui leur seront expédiés par le greffier.

Les pièces, titres et papiers dont le dépôt judiciaire n'aurait pas été ordonné seront, après l'arrêt ou le jugement, remis aux syndics, qui en donneront décharge. [C. comm., 491; C. proc., 189, 853.]

TITRE III (2).

De la Réhabilitation.

604. Le failli qui aura intégralement acquitté, en principal, intérêts et frais, toutes les sommes par lui dues, pourra obtenir sa réhabilitation.

Il ne pourra l'obtenir, s'il est l'associé d'une maison de commerce tombée en faillite, qu'après avoir justifié que toutes les dettes de la société ont été intégralement acquittées en principal, intérêts et frais, lors même qu'un concordat particulier lui aurait été consenti. [C. comm., 83, 438, 531; C. inst. crim., 619.]

---

16. [illegible]

17. [illegible]

18. [illegible]

19. [illegible]

20. [illegible]

21. [illegible]

22. [illegible]

[599 et 600] . . . .

[601] — 1. [illegible]

2. [illegible]

3. [illegible]

[602 et 603] . . . .

[604 à 614] — 1. [illegible]

2. [illegible]

3. [illegible]

4. [illegible]

5. [illegible]

6. [illegible]

---

(1) [illegible]

CHAPITRE III.

DE L'ADMINISTRATION DES BIENS EN CAS DE BANQUEROUTE.

600. [illegible]

601. [illegible]

602. [illegible]

603. [illegible]

(2) TITRE V.

De la Réhabilitation.

604. [illegible]

605. [illegible]

606. [illegible]

607. [illegible]

608. [illegible]

609. [illegible]

605. Toute demande en réhabilitation sera adressée à la Cour royale dans le ressort de laquelle le failli sera domicilié. Le demandeur devra joindre à sa requête les quittances et autres pièces justificatives.

606. Le procureur général près la Cour royale, sur la communication qui lui aura été faite de la requête, en adressera des expéditions certifiées de lui au procureur du Roi et au président du tribunal de commerce du domicile du demandeur, et si celui-ci a changé de domicile depuis la faillite, au procureur du Roi et au président du tribunal de commerce de l'arrondissement où elle a eu lieu, en les chargeant de recueillir tous les renseignements qu'ils pourront se procurer sur la vérité des faits exposés.

607. A cet effet, à la diligence tant du procureur du Roi que du président du tribunal de commerce, copie de ladite requête restera affichée pendant un délai de deux mois, tant dans les salles d'audience de chaque tribunal qu'à la bourse et à la maison commune, et sera insérée par extrait dans les papiers publics.

608. Tout créancier qui n'aura pas été payé intégralement de sa créance en principal, intérêts et frais, et toute autre partie intéressée, pourra, pendant la durée de l'affiche, former opposition à la réhabilitation par simple acte au greffe, appuyé des pièces justificatives. Le créancier opposant ne pourra jamais être partie dans la procédure de réhabilitation.

609. Après l'expiration de deux mois, le procureur du Roi et le président du tribunal de commerce transmettront, chacun séparément, au procureur général près la Cour royale, les renseignements qu'ils auront recueillis et les oppositions qui auront pu être formées. Ils y joindront leurs avis sur la demande.

610. Le procureur général près la Cour royale fera rendre arrêt portant admission ou rejet de la demande en réhabilitation. Si la demande est rejetée, elle ne pourra être reproduite qu'après une année d'intervalle.

611. L'arrêt portant réhabilitation sera transmis aux procureurs du Roi et aux présidents des tribunaux auxquels la demande aura été adressée. Ces tribunaux en feront faire la lecture publique et la transcription sur leurs registres.

612. Ne seront point admis à la réhabilitation, les banqueroutiers frauduleux, les personnes condamnées pour vol, escroquerie ou abus de confiance, les stellionataires, ni les tuteurs, administrateurs ou autres comptables qui n'auront pas rendu et soldé leurs comptes.

Pourra être admis à la réhabilitation, le banqueroutier simple qui aura subi la peine à laquelle il aura été condamné. [C.c., 2059; C. pr., 126, 905; C. comm., 591; C. pén., 379, 408.]

613. Nul commerçant failli ne pourra se présenter à la bourse, à moins qu'il n'ait obtenu sa réhabilitation. [C. comm., 71.]

614. Le failli pourra être réhabilité après sa mort. [C.comm., 457, 478, 481.]

LIVRE IV.

DE LA JURIDICTION COMMERCIALE (a).

(Loi décrétée le 14 septembre 1807. Promulguée le 24.)

TITRE Ier.

De l'Organisation des Tribunaux de commerce.

615. Un règlement d'administration publique déterminera le nombre des tribunaux de commerce, et les villes qui seront susceptibles d'en recevoir par l'étendue de leur commerce et de leur industrie.

616. L'arrondissement de chaque tribunal de commerce sera le même que celui du tribunal civil dans le ressort duquel il sera placé; et s'il se trouve plusieurs tribunaux de commerce dans le ressort d'un seul tribunal civil, il leur sera assigné des arrondissements particuliers.

617. Chaque tribunal de commerce sera composé d'un président, de juges et de suppléants. Le nombre des juges ne pourra pas être au-dessous de deux, ni au-dessus de quatorze, non compris le président. Le nombre des suppléants sera proportionné au besoin du service. Un règlement d'administration publique fixera, pour chaque tribunal, le nombre des juges et celui des suppléants (1).

618. Les membres des tribunaux de commerce seront élus dans une assemblée composée

---

par Boulay-P. ty, n° 658, et par Dalloz, t. 8, p. 288, n° 8, et ce dernier auteur persiste dans son opinion sous la loi nouvelle. —V. aussi Esnault, t. 3, n° 738. — Mais la négative est soutenue par Bédarride, t. 2, n° 1324.

7. Le failli réhabilité est tenu de payer l'intégralité de leurs créances aux créanciers qu'il n'avait pas complètement désintéressés avant d'obtenir sa réhabilitation; il ne serait pas fondé à prétendre qu'ils n'ont droit qu'au dividende déterminé par le concordat. —Il en est ainsi, alors même que ces créanciers n'auraient pas formé opposition à la demande en réhabilitation. — 20 mai 1846, Cass. (S.V.46.1.559.—D.P.46.1.185.—P.46.2.57.)

8. Les dispositions du titre *de la Réhabilitation* sont applicables aux commerçants dont la faillite est antérieure à la promulgation de la loi nouvelle. (L. 28 mai 1838, 3e alin.)

9. D'après une loi du 21 vend. an 3, le failli ne peut exercer aucune fonction publique, tant qu'il ne s'est pas complètement libéré envers ses créanciers. —V., au surplus, en ce qui touche les incapacités dont est frappé le failli, *suprà*, art. 443, nos 42 à 59.

10. V. art. 443, n° 2.

[615] — 1. Le règlement d'administration publique, prescrit par l'art. 615, se trouve dans un décret du 6 oct. 1809, qui renferme le tableau des villes où sont établis des tribunaux de commerce. Ce tableau a été modifié par un autre décret du 15 nov. 1810; et, depuis lors, des actes particuliers du Gouvernement ont autorisé l'établissement de nouveaux tribunaux de commerce dans des villes où la nécessité s'en faisait sentir. Voy. la nomenclature complète de tous ces tribunaux jusqu'en 1844, dans l'ouvrage de M. Nouguier, *des Trib. de comm.*, t. 1er, p. 43. Pour ceux établis postérieurement, consultez les tables des collections de lois.

2. L'établissement d'un tribunal de commerce dans un lieu où il n'en existait pas auparavant dessaisit la juridiction civile des causes commerciales qui y étaient pendantes, comme il l'empêche de connaître des causes de même genre qui s'élèveront à l'avenir. Ici, ne s'applique point la maxime, *Ubi inceptum negotium, ibi finiendum*. — 21 déc. 1812, Bruxelles. (S.13.2.214; C.N.4.) — *Sic*, Despréaux, *Compét. des trib. de comm.*, n° 121; Nouguier, *ubi sup.*, t. 1er, p. 56. — *Contrà*, Carré, *Org. jud. et compét.*, quest. 241.

3. D'après un arrêté des consuls du 5 fruct. an 8 (art. 3), conforme à une loi antérieure du 21 fruct. an 4 (art. 4), les tribunaux de commerce n'ont pas de vacances.

[616 et 617] — Par une ordonnance du 17 juill. 1840, le tribunal de commerce de Paris est composé d'un président, de dix juges et de seize suppléants.

[618] — 1. L'art. 618, ainsi que les art. 619, 620 et 621, avaient été modifiés par un décret de l'Assemblée nationale du 28 août 1848, qui appelait à l'élection des tribunaux de commerce tous les commerçants patentés. Mais ce décret a été abrogé par un décret du Président de la République du 2 mars 1852, qui a remis en vigueur les articles précités, ainsi que les art. 4 et 7 du décret du 6 oct. 1809 qui avaient été abrogés par le décret de 1848. —Inutile, dès lors, de rappeler les diverses décisions relatives à l'interprétation de la loi abrogée; on les trouvera, du reste, rapportées, S.V.51.1.319 et s., et 51.2.545 et s.

2. Bien que les commerçants retirés du commerce puissent être nommés juges (V. *inf.*, art. 620, n° 1er), ils ne peuvent concourir à l'élection des tribunaux. — Nouguier, t. 1er, p. 85; Gasse, *Man. des jug. de comm.*, 3e édit., p. 58.

3. Les étrangers, même admis à fixer leur domicile en France, ne peuvent non plus concourir à cette élection. Il faut, pour cela, être Français de naissance ou naturalisé et avoir l'exercice des droits civils et politiques. —Pardessus, n° 1359; Nouguier, t. 1er, p. 89; Gasse, p. 57, qui cite à ce sujet une Circul. minist. du 17 oct. 1817.

4. L'état de faillite suspendant l'exercice de la qualité de citoyen (Const. 22 frim. an 8, art. 5 — V. notre *Code civil annoté*, art. 7, nos 8 et 9), il s'ensuit que les faillis non réhabilités ne peuvent également participer à l'élection du tribunal. — Vincens, t. 1er, p. 114; Nouguier, t. 1er, p. 55; Carré, *Compétence*, n° 221.

---

naissances particulières qu'ils auraient sur la conduite du failli; ils y joindront leur avis sur sa demande.

610. Le procureur général près la Cour royale fera rendre, sur le tout, arrêt portant admission ou rejet de la demande en réhabilitation; si la demande est rejetée, elle ne pourra plus être reproduite.

611. L'arrêt portant réhabilitation sera adressé tant au procureur du Roi qu'aux présidents des tribunaux auxquels la demande aura été adressée. Ces tribunaux en feront faire la lecture publique et la transcription sur leurs registres.

612. Ne seront point admis à la réhabilitation, les stellionataires, les banqueroutiers frauduleux, les personnes condamnées pour faits de vol ou d'escroquerie, ni les personnes comptables, telles que les tuteurs, administrateurs ou dépositaires, qui n'auront pas rendu ou apuré leurs comptes.

613. Pourra être admis à la réhabilitation le banqueroutier simple qui aura subi le jugement par lequel il aura été condamné.

614. Nul commerçant failli ne pourra se présenter à la bourse, à moins qu'il n'ait obtenu sa réhabilitation.

(a) En ce qui touche la juridiction des conseils de prud'hommes, l'organisation et les attributions générales de ces conseils, voy. la loi du 18 mars 1806 (*Établissement à Lyon du premier conseil de prud'hommes, et autorisation au Gouvernement d'en établir dans les autres villes de fabriques; Attributions diverses*). —Décr. des 3 juill. 1806 (*mode de nomination et de procéder du conseil*), — 11 juin 1809 (*Organisation définitive des conseils de prud'hommes; Composition; Attributions*), — 20 fév. 1810. (*Nouvelle rédaction du déc. du 11 juin 1809*), —3 août 1810 (*Compétence en matière civile et de police*), —5 sept. 1810 (*Id. en matière de contrefaçon des marques de quincaillerie et de coutellerie*), —22 déc. 1812 (*Id. au cas de contrefaçon des lisières de draps*). —Ord. 21 juin 1832 (*Nouv. disp. réglem. sur le conseil des prud'hommes de Lyon*). —Décr. 27 mai 1848 (*Organisation nouvelle des conseils de prud'hommes; Élections*). —Décr. 6 juin 1848 (*Organisation particulière dans certaines localités*). — Décr. 2 mars 1852 (*Les conseils de prud'hommes de Lyon et de St.-Étienne sont replacés sous le régime antérieur aux décrets de 1848*). — Quant à l'établissement de conseils de prud'hommes dans des localités désignées, et à leurs attributions spéciales, voy. les décrets ou ordonnances indiqués dans les collections de lois.

(1) *Ancien article* 617 (rectifié en exécution de la loi du 3 mars 1840): Chaque tribunal de commerce sera composé d'un juge-président, de juges et de suppléants. Le nombre des juges ne pourra pas être au-dessous de deux, ni au-dessus de huit, non compris le président. Le nombre des suppléants sera proportionné au besoin du service. Le règlement d'administration publique fixera, pour chaque tribunal, le nombre des juges et celui des suppléants.

de commerçants notables, et principalement des chefs des maisons les plus anciennes et les plus recommandables par la probité, l'esprit d'ordre et d'économie. [C. comm., 1.]

619. La liste des notables sera dressée, sur tous les commerçants de l'arrondissement, par le préfet, et approuvée par le ministre de l'intérieur : leur nombre ne peut être au-dessous de vingt-cinq dans les villes où la population n'excède pas quinze mille âmes; dans les autres villes, il doit être augmenté à raison d'un électeur pour mille âmes de population.

620. Tout commerçant pourra être nommé juge ou suppléant, s'il est âgé de trente ans, s'il exerce le commerce avec honneur et distinction depuis cinq ans. Le président devra être âgé de quarante ans, et ne pourra être choisi que parmi les anciens juges, y compris ceux qui ont exercé dans les tribunaux actuels, et même les anciens juges-consuls des marchands.

621. L'élection sera faite au scrutin individuel, à la pluralité absolue des suffrages; et lorsqu'il s'agira d'élire le président, l'objet spécial de cette élection sera annoncé avant d'aller au scrutin.

622. A la première élection, le président et la moitié des juges et des suppléants dont le tribunal sera composé, seront nommés pour deux ans : la seconde moitié des juges et des suppléants sera nommée pour un an : aux élections postérieures, toutes les nominations seront faites pour deux ans.

Tous les membres compris dans une même élection seront soumis simultanément au renouvellement périodique, encore bien que l'institution de l'un ou de plusieurs d'entre eux ait été différée (1).

623. Le président et les juges sortant d'exercice après deux années pourront être réélus immédiatement pour deux autres années. Cette nouvelle période expirée, ils ne seront éligibles qu'après un an d'intervalle.

Tout membre élu en remplacement d'un autre, par suite de décès ou de toute autre cause, ne demeurera en exercice que pendant la durée du mandat confié à son prédécesseur (2).

624. Il y aura près de chaque tribunal un greffier et des huissiers nommés par le Roi : leurs droits, vacations et devoirs, seront fixés par un règlement d'administration publique.

625. Il sera établi, pour la ville de Paris seulement, des gardes du commerce pour l'exécution des jugements emportant la contrainte par corps : la forme de leur organisation et leurs attributions seront déterminées par un règlement particulier.

626. Les jugements, dans les tribunaux de commerce, seront rendus par trois juges au moins; aucun suppléant ne pourra être appelé que pour compléter ce nombre.

[619 et 620] — 1. Les négociants retirés du commerce, et non livrés actuellement à d'autres professions, peuvent être élus membres des tribunaux de commerce, s'ils ont exercé le commerce pendant le temps prescrit, et s'ils remplissent d'ailleurs les autres conditions imposées par la loi. —26 janv.-2 fév. 1808. Avis du conseil d'État. — Un amendement en ce sens avait été proposé dans le cours de la discussion de la loi du 3 mars 1840; mais il fut retiré, attendu l'existence de l'avis ci-dessus.

2. Il n'est pas de rigueur nécessaire, pour pouvoir être nommé membre du tribunal de commerce, que l'on soit porté sur la liste des notables. — Carré, *Org. jud. et compét.*, n° 474; Nouguier, t. 1er, p. 87.

3. Les fonctions de juges des tribunaux de commerce sont, aux termes de la loi du 24 vend. an 3, art. 1er, et de celle des 6-27 mars 1791, art. 27, incompatibles avec celles de préfets, sous-préfets, maires, adjoints, notaires, avoués, membres des administrations forestières, des douanes et des postes, receveurs de l'enregistrement, des contributions directes ou indirectes et toutes autres fonctions publiques sujettes à comptabilité.

4. Mais, suivant Gasse, *Man. des jug. de comm.*, p. [illegible], s'appuyant à cet égard sur la discussion des chambres, l'incompatibilité n'existe plus aujourd'hui quant aux fonctions de maire et d'adjoint.

5. Les agents de change et les courtiers de commerce peuvent être nommés juges des tribunaux de commerce. — Vincens, t. 1er, p. 62; Horson, quest. 193 et 194; Carré, n° 478; Nouguier, t. 1er, p. 8. — *Contrà*, Bioche, *Dict. de proc.*, v° *Trib. de comm.*, n° 16.

6. V. quant à l'incompatibilité pour cause de parenté, l'art. 63 de la loi du 20 avr. 1810.

7. Les fonctions de juges de commerce ne sont point forcées : rien ne s'oppose donc à ce que les commerçants élus refusent d'accepter ces fonctions. — Locré, t. 8, p. 89; Vincens, t. 1er, p. 67; Favard, v° *Trib. de comm.*, sect. 1re, n° 7; Carré, n° 473; Bioche et Goujet, v° *Trib. de comm.*, n° 25; Nouguier, t. 1er, p. 100. — V., aussi, quant aux fonctions d'arbitres forcés, *sup.*, art. 51, n° 11.

8. L'art. 620, Cod. comm., qui prescrit de choisir le président parmi les anciens juges, ne s'applique pas à la première formation des tribunaux de commerce dans les lieux où il n'en existait point avant le décret d'organisation générale des juges de commerce : dans ce cas, le président peut être désigné parmi tous les commerçants qui remplissent les autres conditions déterminées par la loi. — 18-21 déc. 1810, Avis du cons. d'État.

[621] — 1. L'élection du président, des juges et des suppléants doit avoir lieu par des scrutins successifs, et non par des scrutins simultanés. — 5 et 6 janv. 1831, Orléans. [S.V.31.2.[illegible]] — *Id.* 24 mars 1851, Bordeaux. [S.V., *ibid.*] — *Id.* 8 août 1851, Req. [S.V.51.1.[illegible]] — *Contrà*, 23 août 1840, Angers [S.V.[illegible]]

2. La présentation de candidats, faite individuellement et sans délibération du tribunal, par les membres en exercice, n'est point une atteinte à la liberté des électeurs qui doive entraîner la nullité de l'élection. — [illegible] déc. 1849, Paris. [S.V.51.2.[illegible]]

[622 et 623] — 1. Les procès-verbaux d'élection des membres des tribunaux de commerce doivent être transmis au ministre de la justice, qui propose l'institution des élus, lesquels ne sont admis à prêter serment qu'après avoir été institués par le Gouvernement. [Décret 6 oct. 1809, art. 7.]

2. Il suit évidemment de cette disposition que l'institution peut être refusée aux membres élus, si l'élection est irrégulière. — Carré, n° 482; Favard, v° *Trib. de comm.*, sect. 1re, n° 6.

3. Mais pourrait-elle l'être également pour cause d'indignité prétendue de l'élu? — Oui, suivant Pardessus, n° 1338, et Favard, *ubi sup.* — Non, d'après Carré, *loc. cit.*; Desclozeaux et Massé, v° *Trib. de comm.*, n° 15. — V. ce que dit à cet égard, Nouguier, t. 1er, p. 103.

4. La disposition d'après laquelle les juges des tribunaux de commerce ne peuvent rester plus de deux ans en place n'est pas tellement de rigueur, qu'on ne puisse y déroger par des motifs graves, et, par exemple, afin que le cours de la justice ne soit pas interrompu en attendant l'élection tardive des nouveaux magistrats. — 31 déc. 1830, Colmar. [S.V.31.2.230; C.N.9.] — *Id.* 27 nov. 1825, Rodez. [C.N.7.2.272.]

5. Jugé encore qu'ils peuvent, après l'expiration des deux ans, continuer leurs fonctions, tant qu'ils n'ont pas été remplacés. Par suite, est valable le jugement auquel ils ont concouru après l'expiration de leurs deux années d'exercice. — 13 juin 1838, Req. [S.V.38.1.619.-P.38.1.[illegible]] — *Id.* 3 août 1841, Req. [S.V.41.1.864.-D.P.41.1.350.-P.41.2.871.] — *Sic*, Nouguier, t. 1er, p. 93. — Lors de la discussion de l'art. 6 de la loi du 3 mai 1840, la doctrine ci-dessus a été regardée comme incontestable; par suite, un amendement proposé à ce sujet a été retiré. — *Contrà*, Carré, n° 480; Desclozeaux et Massé, v° *Trib. de comm.*, n° 12.

6. Décidé même que les juges des tribunaux de commerce conservent leurs pouvoirs, non-seulement jusqu'à la nomination et à la prestation de serment de leurs successeurs, mais encore jusqu'au moment où ils acquièrent la connaissance officielle de leur remplacement. — Ainsi, est valable le jugement d'un tribunal de commerce auquel a pris part un juge qui avait été remplacé, et dont le successeur avait même prêté serment, s'il n'est pas constaté que ce juge ait eu connaissance de son remplacement. — 12 juill. 1822, Limoges. [C.N.7.2.245.]

[624] — 1. Le serment des greffiers des tribunaux de commerce doit être prêté devant le tribunal de commerce et non devant la cour d'appel. — 20 mars 1843, Cass. [S.V.43.1.333.]

2. Les greffiers des tribunaux de commerce, comme ceux des tribunaux civils, doivent porter sur la feuille d'audience tous les jugements tels qu'ils sont rendus. — 31 oct. 1809. Décision du grand-juge. [S.10.2.12.]

3. Ils sont aussi astreints à tenir un répertoire, et à y inscrire tous les actes et jugements susceptibles d'être enregistrés sur minute. — 14 déc. 1813, Lettre du ministre des finances. [S.15.2.249.]

4. Les droits et remises accordés aux greffiers sont réglés par la loi du 21 vent. an 7, le décr. du 12 juill. 1808 et l'ordonn. du 9 oct. 1825.

5. Et ceux accordés aux huissiers, le sont par le tarif du 16 fév. 1807, art. 29. — Quant aux huissiers audienciers, l'indemnité à laquelle ils ont droit est celle fixée par les art. 93, 94, 95, 96 et 105 du décret du 14 juin 1813.

[625] — Le règlement prescrit par cet article est contenu dans un décret du 14 mars 1808. — En ce qui touche les formalités de l'emprisonnement, voy. les art. 780 et suiv., Cod. proc., ainsi que nos annotations de ces articles. V. aussi les notes 18 et s. de l'art. 636, même Code.

[626] — 1. Est nul le jugement d'un tribunal de commerce auquel a concouru un juge suppléant dont la présence n'était pas nécessaire pour compléter le nombre de juges voulu par la loi. — 5 janv. 1828, Cass. [S.28.1.125; C.N.9.]

2. Cette décision n'est que l'application textuelle de l'art. 626. — A plus forte raison, en est-il ainsi du jugement à la délibération duquel le tribunal a appelé des négociants dont il a cru devoir prendre préalablement l'avis. — 6 sept. 1815, Rennes. [C.N.5.2.60.]

3. Mais le jugement d'un tribunal de commerce qui constate avoir été rendu par deux juges et un suppléant, n'est pas nul par cela seul qu'il énonce qu'un second suppléant était présent à la délibération : la présence de ce magistrat ne prouve pas qu'il ait concouru au jugement sans nécessité. — 17 avr. 1821, Orléans. [C.N.7.2.401.]

4. *Id.* Au cas où le jugement porte que l'audience était tenue par trois juges titulaires et un juge suppléant : la présomption est que le suppléant n'a pas participé au jugement. — 9 déc. 1852, Req. [S.V.53.1.[illegible]-D.P.53.1.[illegible]] — *Id.* 18 nov. 1854, Req. [S.V.55.1.767.-D.P.55.1.50.] — V. encore 5 nov. 1838, Req. [S.V.35.1.[illegible]-D.P.35.1.259.]

5. *Id.* Au cas où le jugement porte la mention qu'il a été rendu à une audience où étaient en séance trois juges titulaires et deux suppléants, surtout quand il est dit que le tribunal a opéré conformément à la loi. — 31 mai 1827, Req. [S.27.1.470; C.N.8.-D.P.27.1.260.]

6. De même, un jugement rendu par le tribunal de commerce n'est pas nul, par cela seul qu'un suppléant appelé pour compléter le tribunal ne l'a pas été dans l'ordre du tableau. La règle établie par l'art. 49 du décret du 30 mars 1808, qui veut que les suppléants soient appelés dans l'ordre du tableau, n'est pas applicable aux tribunaux de commerce. — 18 août 1825, Req. [S.26.1.125; C.N.8.-D.P.25.1.412.] — Même pour les suppléants des tribunaux de première instance, on décide qu'il n'est pas indispensable de constater que l'ordre du tableau a été suivi; sauf, il en est différemment au cas de partage d'opinions. V. les notes des art. 116 et 118, Cod. proc.

7. D'après l'art. 4 du décret du 6 oct. 1809, lorsque, par des récusations ou des empêchements, il ne

---

(1) Le second paragraphe de l'article 622 a été ajouté à l'ancien texte du Code, en exécution de l'article 6 de la loi du 3 mars 1840.

(2) Ancien article 623 (rectifié en exécution de la loi du 3 mars 1840) : Le président et les juges ne pourront rester plus de deux ans en place, ni être réélus qu'après un an d'intervalle.

627. Le ministère des avoués est interdit dans les tribunaux de commerce, conformément à l'article 414 du Code de procédure civile; nul ne pourra plaider pour une partie devant ces tribunaux, si la partie présente à l'audience ne l'autorise, ou s'il n'est muni d'un pouvoir spécial. Ce pouvoir, qui pourra être donné au bas de l'original ou de la copie de l'assignation, sera exhibé au greffier avant l'appel de la cause, et par lui visé sans frais.

Dans les causes portées devant les tribunaux de commerce, aucun huissier ne pourra, ni assister comme conseil, ni représenter les parties en qualité de procureur fondé, à peine d'une amende de vingt-cinq à cinquante francs, qui sera prononcée, sans appel, par le tribunal, sans préjudice des peines disciplinaires contre les huissiers contrevenants.

Cette disposition n'est pas applicable aux huissiers qui se trouveront dans l'un des cas prévus par l'article 86 du Code de procédure civile (1). [Ord. 1673, tit. 12, art. XI. — C. pr., 86, 414.]

(1) Les deux derniers paragraphes de cet article ont été ajoutés à l'ancien texte du Code, en exécution de l'article 4 de la loi du 3 mars 1840.

628. Les fonctions des juges de commerce sont seulement honorifiques. [Ord. 1667, tit. 16, art. XI.]

629. Ils prêtent serment avant d'entrer en fonctions, à l'audience de la Cour royale, lorsqu'elle siége dans l'arrondissement communal où le tribunal de commerce est établi: dans le cas contraire, la Cour royale commet, si les juges de commerce le demandent, le tribunal civil de l'arrondissement pour recevoir leur serment; et, dans ce cas, le tribunal en dresse procès-verbal, et l'envoie à la Cour royale, qui en ordonne l'insertion dans ses registres. Ces formalités sont remplies sur les conclusions du ministère public et sans frais.

630. Les tribunaux de commerce sont dans les attributions et sous la surveillance du ministre de la justice.

TITRE II.

De la compétence des Tribunaux de commerce.

631. Les tribunaux de commerce connaîtront,

1° De toutes contestations relatives aux engagements et transactions entre négociants, marchands et banquiers;

2° Entre toutes personnes, des contestations relatives aux actes de commerce. [Ord. 1673, tit. 7, art. 1er, et tit. 12, art. 2 et s.—C. comm., L., 110 et s.]

632. La loi répute actes de commerce,

Tout achat de denrées et marchandises pour les revendre, soit en nature, soit après les avoir travaillées et mises en œuvre, ou même pour en louer simplement l'usage;

Toute entreprise de manufactures, de commission, de transport par terre ou par eau;

Toute entreprise de fournitures, d'agences, bureaux d'affaires, établissements de ventes à l'encan, de spectacles publics;

Toute opération de change, banque et courtage;

Toutes les opérations des banques publiques;

Toutes obligations entre négociants, marchands et banquiers;

Entre toutes personnes, les lettres de change, ou remises d'argent faites de place en place. [Ord. 1673, tit. 12, art. 2, 4, 8 et 19.]

[illegible]

24. La partie qui succombe ne peut être condamnée à payer les honoraires dus au défenseur de l'autre partie.—Réquisit. de M. Dupin. [S.V.47.1.341.–D.P.47.1.244.]

25. Mais les frais d'enregistrement du pouvoir sont, comme tous autres frais légaux, à la charge de la partie qui succombe.—8 nov. 1835, Rej. [S.V.36.1.485.–D.P.36.1.328.]

[628 à 630] . . . .

[631 et 632] Indication alphabétique.

[illegible]

§ 1er.—*Principes et règles générales de compétence en matière commerciale.*

§ 2.—*Compétence relativement aux obligations contractées par des commerçants.*

§ 3.—*Espèces diverses.—Actes de commerce ou obligations commerciales.*

§ 1er. — *Principes et règles générales de compétence en matière commerciale.*

1. La compétence des tribunaux de commerce est basée bien plutôt sur la nature des actes qui ont donné lieu à la contestation, que sur la qualité des personnes; en d'autres termes, elle est plutôt matérielle (*ratione materiæ*) que personnelle (*ratione personæ*), en ce sens que si certaines personnes (les commerçants ou négociants) sont en général soumises à la juridiction commerciale, c'est parce que les actes à raison desquels elles sont appelées sont présumés être des actes de commerce ou de négoce. De là il suit que si l'acte porte en lui-même la preuve qu'il n'est pas commercial, il ne peut, malgré la qualité de commerçant de celui dont il émane, rendre ce dernier justiciable du tribunal de commerce.

2. Mais, d'un autre côté, pour qu'un acte soit commercial il n'est pas nécessaire qu'il soit fait par un commerçant [illegible]

[illegible]

633. La loi répute pareillement actes de commerce,

Toute entreprise de construction, et tous achats, ventes et reventes de bâtiments pour la navigation intérieure et extérieure ;

Toutes expéditions maritimes ;

Tout achat ou vente d'agrès, apparaux et avitaillements ;

Tout affrètement ou nolissement, emprunt ou prêt à la grosse, toutes assurances et autres contrats concernant le commerce de mer ;

Tous accords et conventions pour salaires et loyers d'équipages ;

Tous engagements de gens de mer, pour le service de bâtiments de commerce. [Ord. 1673, tit. 12, art. 7.—C. comm., 195, 221, 250, 273, 286, 311, 332.]

---

exécuté une matière, et s'obligent à la rendre après l'avoir façonnée, ne fait pas un acte qui les soumette à la juridiction des tribunaux de commerce. — 3 sept. 1811, Rouen. [S.12.2.165 ; C.N.3.-D.A.2.723.] — V. aussi, 13 déc. 1836, Req. [S.V.37.1.412.]

242. (*Marché administratif.*) Le conseil d'État connaît seul de toutes les contestations relatives aux marchés passés avec les ministres, ou en leur nom, soit aux travaux ou fournitures faits pour le service de leurs départements respectifs. — Décr. du 11 juin 1806, art. 14.

243. (*Médecin.*) Ne sont pas justiciables du tribunal de commerce, le médecin et l'officier de santé établis dans des lieux où il n'y a pas de pharmacien, à raison des achats des médicaments nécessaires aux malades [illegible] 1827, Limoges. [S.28.2.37 ; C.N.8.-D.P.28.2.25.] — Id. 9 août 1829, Bourges. [S.29.2.283 ; C.N.9.-D.P.29.2.292.]

244. (*Mine.*) Le tribunal de commerce est incompétent pour connaître des difficultés élevées entre associés pour la recherche d'une mine. — 11 janv. 1841, Paris. [D.P.41.2.114.] — V. art. 19, nos 7 et s., et suprà, n° 147.

245. (*Monnaie* (*Échange de.*) Le tribunal de commerce est incompétent pour connaître des difficultés relatives au simple échange, par une personne non commerçante, de monnaies étrangères contre d'autres valeurs. — 11 mars 1835, Paris. [S.V.35.2.227.-D.P.35.2.140.]

246. (*Œuvres littéraires ou scientifiques.*) Le tribunal de commerce est incompétent pour connaître des difficultés relatives à la vente ou publication d'un ouvrage littéraire ou scientifique, par l'auteur lui-même. — 4 nov. 1809, Paris. [S.7.2.1152 ; C.N.3.-D.A.2.728.] — *Sic*, Merlin, *Quest.*, v° *Acte de comm.*, § 4 ; Carré, *Compét.*, t. 7, p. 143 ; Vincens, t. 1er, p. 130 ; Locré sur l'art. 633, C. comm. ; Pardessus, n° 11.

247. *Id.*... Quand même l'auteur se serait associé avec une autre personne pour cet objet. — 23 déc. 1840, Paris. [S.V.41.2.355.-D.P.41.2.175.-P.41.1.253.]

248. *Id.*... Même relativement à l'achat fait par l'auteur, du papier et autres objets nécessaires pour l'impression de son ouvrage. — 3 nov. 1809, Paris. [S.7.2.1152 ; C.N.3.-D.A.2.728.] — *Id.* 1er déc. 1809, Paris. [S.7.2.1152 ; C.N.3.-D.A.2.728.] — *Id.* 3 fév. 1835, Paris. [S.V.35.2.125.-D.P.35.1.146.]

249. *Id.* de l'action formée contre l'auteur d'un ouvrage par un imprimeur, à raison du traité intervenu entre eux pour l'impression de l'ouvrage, encore bien que l'auteur soit l'éditeur et le vendeur de son propre ouvrage. — 25 oct. 1834, Paris. [S.V.34.2.641.-D.P.35.2.23.]

250. *Id.*... Encore bien qu'ils aient stipulé le partage entre eux des bénéfices et des pertes qui résulteraient de la publication de l'ouvrage. — 14 juin 1843, Paris. [S.V.43.2.612.-D.P.44.2.180.-P.42.1.755.] — V. *suprà*, n° 135.

251. *Id.* des difficultés relatives à la publication d'un journal scientifique, même par plusieurs copropriétaires ou corédacteurs du journal. — 2 oct. 1844, Trib. de la Seine. [S.V.44.2.584, note.]

252. *Id.* des difficultés relatives à l'achat par un journaliste, du papier nécessaire à l'impression de son journal, alors même qu'il y aurait, entre le journaliste et le marchand de papier, une association d'après laquelle celui-ci serait chargé de fournir le papier. — 24 déc. 1818, Bruxelles. [C.N.5.2.214.] — V. *suprà*, nos 140 et s.

253. (*Officier ministériel.*) Les tribunaux de commerce sont incompétents pour statuer sur des demandes formées par des officiers ministériels en remboursement des frais par eux faits dans des affaires qui ont été portées devant ces tribunaux. — 21 août 1843, Bourges. [S.V.43.2.523.-P.43.1.348.] — *Id.* 10 mai 1843, Caen. [S.V.44.2.179.-D.P.45.2.194.-P.43.1.284.] — *Sic*, Lepage, p. 10 ; Thomine, n° 65 ; Boncenne, p. 425 ; Carré et Chauveau, n° 177 ; Rodière, p. 124. — *Contrà*, Orillard, n° 240. — V. le n° 10 de l'art. 60, Cod. proc.

254. Jugé de même et d'une manière plus générale à l'égard des demandes en paiement de frais et honoraires, de la part des officiers ministériels, agréés ou hommes d'affaires, bien que ces frais et honoraires soient dus à l'occasion d'affaires commerciales. — 5 août 1826, Colmar. [S.28.2.37 ; C.N.8.-D.P.27.2.129.]

255. (*Outils.*) L'artisan ou manufacturier n'est pas soumis à la juridiction commerciale, à raison des achats d'outils ou choses accessoires nécessaires à l'exercice de son industrie. — Merlin, *Quest.*, v° *Comm.* (*acte de*), § 2, t. 7, p. 632 ; Pardessus, n° 19 ; Carré, *Compét.*, n° 491 ; Locré, t. 8, p. 279. — V. *suprà*, n° 53, et art. 1er, n° 34.

256. Il en est ainsi spécialement d'un serrurier, quant à ses achats de houille. — 28 oct. 1815, Bruxelles. [C.N.5.] — V. art. 1er, n° 36.

257. Et d'un commerçant pour l'achat d'appareils nécessaires à l'éclairage de son établissement. — 9 déc. 1838, Rouen. [S.V.39.2.300.-D.P.39.2.264.] — *Id.* 1er mars 1844, Rouen. [S.V.44.2.325.-D.P.44.5.8.-P.44.2.127.]

258. (*Pépiniériste.*) N'est pas justiciable du tribunal de commerce, un jardinier pépiniériste à raison d'une vente d'arbres provenant de sa pépinière. — 17 juin 1809, Colmar. [S.V.14.2.370 ; C.N.3.-D.A.2.708.] — V. encore art. 1er, n° 73.

259. (*Prêt sur gages.*) L'action formée contre un commerçant par un prêteur sur gages, même patenté, à raison d'un prêt fait par celui-ci au premier, n'est pas de la compétence du tribunal de commerce. — 4 juin 1807, Bruxelles. [S.7.2.312 ; C.N.2.-D.A.2.691.]

260. (*Propriétaire ou fermier.*) N'est pas justiciable du tribunal de commerce, le propriétaire d'une usine louée à un tiers, tombé en faillite, à raison d'achats de fournitures qu'il a faits, pour alimenter momentanément l'usine et en empêcher le chômage pendant l'état de faillite du locataire. — 30 juin 1840, Rouen. [S.V.40.2.358.-D.P.40.2.232.-P.40.2.596.]

261. ...Ni le propriétaire d'une exploitation rurale, à raison d'engagements par lui contractés pour une fabrique de sucre de betteraves qu'il a ajoutée à son exploitation. — 21 juill. 1830, Douai. [S.V.31.2.172 ; C.N.9.]

262. ...Ni l'agriculteur qui achète des bestiaux pour les engraisser avec les produits de ses propriétés, et les revendre ensuite. — 15 fév. 1847, Dijon. [S.V.49.1.469.] — *Sic*, Pardessus, n° 14 ; Despréaux, n° 351 ; Devilleneuve et Massé, v° *Acte de comm.*, n° 14.

263. ...Ni le fermier qui achète des bestiaux pour les engraisser avec les produits de sa ferme, ou même avec ceux de prés affermés séparément, et les revendre ensuite. — 14 fév. 1840, Bourges. [S.V.41.2.97.-D.P.41.2.77.-P.42.1.48.] — V. art. 1er, n° 43.

264. ...Ni le propriétaire qui achète des vins ou denrées pour les vendre avec ceux de sa récolte, lorsqu'il n'a eu en vue que d'améliorer celle-ci et d'en faciliter l'écoulement. — 12 juill. 1848, Bordeaux. [S.V.49.2.18.]

265. ...Ni le propriétaire qui vend des vins de son cru et qui en achète d'autres pour sa consommation. — 14 janv. 1829, Req. [S.29.1.120 ; C.N.9.-D.A.2.727.]

266. (*Remise de place en place.*) Il n'y a pas remise d'argent de place en place constituant un acte de commerce, par cela seul qu'un billet est payable dans un lieu autre que celui où il a été souscrit, si ce dernier lieu est un simple village dépourvu de tout commerce. — 21 juin 1826, Lyon. [S.27.2.376 ; C.N.8.-D.P.26.2.245.] — *Id.* 12 mars 1832, Lyon. [S.V.33.2.279.-D.P.33.2.236.] — *Id.* 24 juin 1847, Grenoble. [S.V.47.2.306.] — V. *suprà*, n° 138, et les notes de l'art. 110.

267. (*Remplacement militaire.*) Les tribunaux de commerce sont incompétents pour connaître des demandes formées contre les associations pour le remplacement militaire, non autorisées. — 27 mai 1830, Montpellier. [S.30.2.257 ; C.N.9.-D.P.30.2.232.] — V. *suprà*, n° 138.

268. (*Réparations.*) Le propriétaire d'une usine n'est pas justiciable des tribunaux de commerce à raison des réparations qu'il fait faire à son usine par un ouvrier. — 9 mars 1827, Aix. [S.28.2.12 ; C.N.8.-D.P.28.2.34.] — V. *suprà*, n° 139.

269. (*Société.*) Le non-commerçant qui souscrit des actions dans une société de commerce, n'est pas justiciable de la juridiction commerciale, pour l'exécution de son engagement. — 6 août 1841, Douai. [S.V.41.2.636.] — *Id.* 28 fév. 1842. [S.V.44.1.591, notes.] — *Id.* 26 janv. 1845, Douai. [S.V.45.2.181.-D.P.45.2.7.-P.45.2.79.] — *Id.* 20 mars 1851, Dijon. [S.V.51.2.762.] — *Sic*, Orillard, n° 354, p. 485 ; Nouguier, t. 1er, p. 574 ; Delangle, *Société comm.*, t. 1er, n° 315 ; Goujet et Merger, v° *Acte de comm.*, n° 84.

270. Il en est de même de celui qui a cédé de telles actions, relativement à l'exécution de la cession. — 7 févr. 1836, Lyon. [S.V.36.2.369.]

271. Ne sont pas de la compétence des tribunaux de commerce les difficultés relatives à une association formée entre des particuliers pour entreprise de paiement des contributions de guerre imposées à un État, au moyen d'abandon et vente de certains immeubles à réméré, encore que ces opérations nécessitent habituellement des actes de commerce. — 14 déc. 1819, Req. [S.20.1.120 ; C.N.6.-D.A.2.782.] — V. *suprà*, nos 182 et s.

272. ...Ni les difficultés élevées entre associés pour la perception des droits de péage sur un pont déjà construit. — 23 août 1820, Req. [S.21.1.372 ; C.N.6.-D.A.12.88.]

273. (*Vente.*) — Le commerçant qui vend un objet de son commerce à un non-commerçant pour l'usage personnel de celui-ci, n'est pas justiciable du tribunal de commerce à raison de cette vente. — 19 avr. 1823, Metz. [S.23.2.312 ; C.N.7.-D.A.2.743.] — *Sic*, Coin-Delisle, *Contr. par corps*, p. 73, n° 7 ; Carré, *Compét.*, t. 6, p. 329 ; Dalloz, t. 5, p. 172. — V. *sup.*, n° 175.

274. *Id.*... Encore que la vente ait lieu en foire. — 12 août 1809, Nîmes. [S.10.2.548 ; C.N.3.-D.A.2.722.]

275. Décidé aussi qu'une vente n'est pas commerciale par cela seul qu'elle a été faite en foire à un marchand. Dès lors, si le vendeur n'est pas marchand, il ne peut, à raison de cette vente, être justiciable du tribunal de commerce. — 9 fév. 1838, Poitiers. [S.V.38.2.256.-D.P.38.2.97.-P.38.2.131.]

276. (*Voitures et entreprises de transport.*) — Les tribunaux de commerce sont incompétents pour statuer sur le fait de la restitution, même par un commerçant, d'une somme qu'il aurait reconnu lui avoir été remise par erreur par une entreprise de messageries. — 11 nov. 1835, Req. [S.V.36.1.197.-D.P.36.1.26.]

277. *Id.* sur les demandes formées contre l'État relativement à l'exploitation d'un chemin de fer dont il s'est chargé. — 14 nov. 1844, Cass. Belgique. [S.V.45.2.564.]

278. *Id.* sur les actions formées contre les fermiers des bacs. — 13 av. 1812, Nîmes. [S.14.2.193 ; C.N.4.-D.A.2.734.] — V. *suprà*, nos 176 et s.

[633] — 1. Le mot *construction* employé dans l'art. 633 ne doit s'entendre que de constructions pour la *navigation* ; en sorte que l'entreprise de tous autres travaux de construction n'a point le caractère d'acte de commerce. — Carré, *Compét.*, n° 516 ; Orillard, *Compét. des trib. de comm.*, n° 308 ; Molinier, *Dr. comm.*, n° 59.

2. Jugé en conséquence de ce principe, qu'il n'y a pas actes de commerce soumis à la juridiction commerciale, dans les entreprises suivantes : — ... Construction d'une maison ou autre édifice. — Colmar, 6 juin 1822. [C.N.7.2.82.] — *Id.* 24 août 1823, Rennes. [P.17.833.] — *Id.* 14 août 1839, Colmar. [S.V.41.2.635, note.-D.P.40.2.114.] — *Id.* (alors que le propriétaire fournit les matériaux), 12 sept. 1825, Bruxelles. [J. Belge 1825.2.73.]

634. Les tribunaux de commerce connaîtront également,

1° Des actions contre les facteurs, commis des marchands ou leurs serviteurs, pour le fait seulement du trafic du marchand auquel ils sont attachés;

2° Des billets faits par les receveurs, payeurs, percepteurs ou autres comptables des deniers publics. [Ord. 1673, tit. 12, art. 5.]

[illegible]

635. Les tribunaux de commerce connaîtront de tout ce qui concerne les faillites, conformément à ce qui est prescrit au livre III du présent Code (1).

636. Lorsque les lettres de change ne seront réputées que simples promesses, aux termes de l'article 112, ou lorsque les billets à ordre ne porteront que des signatures d'individus non négociants, et n'auront pas pour occasion des opérations de commerce, trafic, change, banque ou courtage, le tribunal de commerce sera tenu de renvoyer au tribunal civil, s'il en est requis par le défendeur. [Ord. 1673, tit. 12, art. 3 et 14.—C. comm., 110, 112, 187; C. proc., 168 et s.]

637. Lorsque ces lettres de change et ces billets à ordre porteront en même temps des signatures d'individus négociants et d'individus non négociants, le tribunal de commerce en connaîtra; mais il ne pourra prononcer la contrainte par corps contre les individus non négociants, à moins qu'il ne se soient engagés à l'occasion d'opérations de commerce, trafic, change, banque ou courtage. [C. c., 2063.]

---

matière, mais relatives à la compétence territoriale. — V. aussi le n° 8 de l'art. 420, même Code.

[636] — 1. De ce qu'un billet à ordre est causé *valeur en marchandises*, il ne s'ensuit pas que le souscripteur (non commerçant) soit par cela seul justiciable du tribunal de commerce; il faut de plus établir que les marchandises ont été achetées pour être revendues ou que le billet a tout autre cause commerciale. — 3 mars 1813, Rouen. [C.n.4.]—*Id.* 11 juin 1824, Angers. [S.24.2.207; C.n.7.-D.a.2.720.] — *Id.* 17 sept. 1828, Paris. [S.29.2.28; C.n.9.-D.p.29.2.35.] —*Id.* 26 fév. 1829, Lyon. [S.29.2.119; C.n.9.]—*Id.* 10 déc. 1829, Paris. [S.30.2.100; C.n.9.-D.p.30.2.72.]—*Id.* 15 mars 1831, Paris. [S.V.31.2.306.-D.p.31.2.142.]—*Id.* 23 nov. 1834, Paris. [S.V.35.2.104.-D.p.35.2.32.]—*Id.* 2 avr. 1838, Cass. [S.V.38.1.698.-D.p.38.1.280.] — *Id.* 19 déc. 1848, Rouen. [S.V.48.2.700.]

2. Il en est de même du billet à ordre souscrit, *valeur en espèces*, par un ancien négociant après sa retraite du commerce, au profit de l'un de ses créanciers, pour solder intégralement une dette antérieure. —4 juill. 1846, Lyon. [S.V.47.2.121.-P.47.1.410.] —V. au surplus les notes de l'art. 188.

3. Et pour que des billets à ordre revêtus seulement de signatures de non-négociants soumettent les signataires à la juridiction commerciale, il ne suffit pas que les billets énoncent que les fonds prêtés étaient destinés à une opération de commerce; il faut encore que ces fonds y aient été réellement appliqués. — 29 janv. 1833, Bastia. [S.V.33.2.246.-D.p.33.2.146.] — *Sic*, Nouguier, t. 2, p. 189.

4. Également, un billet à ordre dans lequel le souscripteur ne s'oblige que sous condition, ne peut être réputé effet de commerce, attributif de juridiction aux tribunaux de commerce...., surtout si la condition suspensive est telle, que les contestations auxquelles elle pourrait donner lieu seraient de la compétence des tribunaux civils. — 19 juin 1824, Grenoble. [S.25.2.188; C.n.7.]

5. La qualification de *marchand* ou *négociant* prise par le débiteur n'a pas l'effet, du reste, de soumettre ce dernier à la juridiction commerciale, alors que, dans la réalité, il n'est pas commerçant. — V. à cet égard, *suprà*, art. 1er, nos 22 et s. —V. *aussi* Cass., 26 janv. 1814. [S.14.1.250; C.n.5.-D.a.2.711.] et Orillard, nos 134 et s.

6. Et même, les signataires non commerçants traduits devant le tribunal de commerce peuvent demander leur renvoi devant le tribunal civil en prouvant, contre la cause commerciale exprimée, que leur engagement n'a pas été occasionné par des opérations de commerce, trafic, banque ou courtage.—Devilleneuve et Massé, v° *Billet à ordre*, n° 19.

7. Bien que la signature des femmes non commerçantes sur des lettres de change ou billets à ordre, ne vaille que comme une simple promesse, ces femmes n'en sont pas moins justiciables du tribunal de commerce; à cet égard, on ne peut étendre au cas de l'art. 113, Cod. comm., l'affranchissement de la juridiction commerciale, prononcé par l'art. 636 pour le cas de l'art. 112 relatif aux suppositions de lieu ou de personnes.—19 mai 1813, Limoges. [S.16.2.69; C.n.4.-D.a.3.356.]—*Id.* 15 mai 1820, Toulouse. [C.n.6.2.261.] — *Id.* 23 fév. 1822, Aix. [S.23.2.74; C.n.7.-D.a.3.358.] — *Id.* 20 janv. 1833, Montpellier. [S.V.33.2.330.-D.p.33.2.116.] — *Id.* 20 juin 1839, Cass. [S.V.39.1.878.-D.p.39.1.249.-P.39.2.12.] — *Id.* 6 nov. 1843, Cass. [S.V.44.1.33.-D.p.44.1.474.-P.44.1.184.]—*Id.* 30 janv. 1849, Rej. [S.V.49.1.225.]—*Sic*, Merlin, *Rép.*, v° *Lettre de change*, § 3, n° 5; Carré, *Compét. civ.*, art. 365, t. 7, p. 227; Dalloz, *Rec. alph.*, vol. 3, p. 524; Devilleneuve et Massé, v° *Lettre de change*, n° 435; Massé, t. 3, n° 103; Carou, *Jurid. des juges de paix*, t. 1er, n° 92.

8. Jugé en sens contraire. — 11 août 1826, Bordeaux. [S.27.2.121; C.n.8.-D.p.27.2.196.]—*Id.* 16 fév. 1833, Limoges. [S.V.33.2.277.-D.p.33.2.207.] —*Id.* 28 avr. 1840, Riom. [S.V.40.2.268.-D.p.40.2.204.] — *Sic*, Delvincourt, t. 2, p. 99; Pardessus, n° 1349; Nouguier, *Lettres de change*, t. 1er, p. 457; Despréaux, n° 467; Orillard, n° 586.

9. L'incompétence du tribunal de commerce pour connaître des lettres de change ou des billets à ordre, dont parle l'art. 636, est une incompétence *ratione personæ*, et non une incompétence *ratione materiæ*; par suite, elle se couvre par le silence des parties, et ne peut notamment être proposée pour la première fois en Cour d'appel. — 21 avr. 1809, Paris. [C.n.3.2.58.]—*Id.* 31 juill. 1809, Bruxelles. [S.7.2.973; C.n.3.-D.a.3.348.] — *Id.* 16 août 1811, Paris. [S.11.2.453; C.n.3.-D.a.3.348.] — *Id.* 17 mars 1812, Bruxelles. [D.a.3.349.] — *Id.* 4 juill. 1812, Trèves. [C.n.4.2.151.]—*Id.* 12 avr. 1820, Metz. [S.21.2.240; C.n.6.-D.a.3.348.] — *Id.* 20 sept. 1822, Bruxelles. [D.a.3.348.] — *Id.* 27 janv. 1841, Caen. [D.p.41.2.115.]—*Sic*, Carré et Chauveau, *Proc.*, n° 1518; Nouguier, *Trib. de comm.*, t. 1er, p. 159. —V. *suprà*, art. 112, n° 18.

10. Jugé cependant en sens contraire, que le tribunal de commerce doit renvoyer d'office, même quand l'incompétence ne serait pas proposée. — 15 juin 1813, Colmar. [S.16.2.110; C.n.4.-D.a.6.372.]

11. ...Que le vice d'incompétence n'est pas couvert par la défense au fond; il peut être proposé en tout état de cause. —12 déc. 1809, Agen. [S.10.2.308; C.n.3.] — V. *sup.*, art. 631, nos 48 et s.

12. ...Que lorsque le souscripteur de billets à ordre oppose devant le tribunal de commerce, où il est assigné en paiement, la nullité des billets, comme ayant pour cause une dette de jeu, et que le porteur des billets reconnaît que telle est en effet la cause de ces billets, mais les soutient cependant valables, le tribunal est incompétent et doit, même d'office, renvoyer la cause devant les tribunaux civils. —4 juill. 1828, Montpellier. [S.29.2.106.-D.p.28.2.184.]

13. ...Et que l'incompétence peut être proposée en appel, encore qu'elle ne l'ait pas été devant le tribunal. —31 janv. 1826, Caen. [S.26.2.315; C.n.8.-D.p.26.2.159.]

14. *Id.*... Alors surtout que le jugement attaqué a été rendu par défaut. — 11 juin 1824, Angers. [S.24.2.207; C.n.7.-D.a.2.720.]—*Sic*, Orillard, n° 432.

15. Il est, du reste sans difficulté, que l'exception d'incompétence dont il s'agit dans l'art. 636 peut être proposée devant le tribunal de première instance sur l'opposition à un jugement par défaut que le défendeur avait laissé prendre contre lui. — 23 déc. 1809, Bruxelles. [S.10.2.281; C.n.3.-D.a.7.591.]

16. V. au surplus sur les exceptions d'incompétence les règles rappelées dans notre *Cod. de proc. annoté*, sous les art. 170 et 424.

[637] — 1. Il n'en est pas du billet à ordre comme de la lettre de change pour la juridiction, au cas où le défaut d'indication de l'espèce des valeurs reçues ne permet d'y voir qu'une simple promesse. — Ainsi, bien qu'une lettre de change réputée simple promesse, pour les causes énoncées en l'art. 112, puisse être attributive de la juridiction commerciale, aux termes de l'art. 637, l'action en paiement d'un billet à ordre réputé simple promesse pour défaut d'indication de l'espèce des valeurs reçues, doit être portée devant les juges civils, encore qu'il soit revêtu de signatures de négociants. — 6 mai 1817, Riom. [S.18.2.127; C.n.5.-D.a.3.346.] — *Id.* 18 juill. 1810, Bruxelles. [S.11.2.62.] — *Id.* 6 août 1811, Rej. [S.11.1.341; C.n.3.-D.a.3.346.] — *Id.* 7 nov. 1828, Toulouse. [S.29.2.117; C.n.9.-D.p.29.2.148.]—*Id.* 26 juin 1822, Rouen. [C.n.7.2.87.] — *Id.* 18 janv. 1833, Metz. [S.V.34.2.360.] — *Sic*, Merlin, *Rép.*, v° *Billet à ordre*, § 1er, n° 6; Favard, *eod. verbo*, n° 3; Vincens, t. 2, p. 371; Devilleneuve et Massé, v° *Billet à ordre*, nos 4 et 19; Nouguier, t. 2, p. 209.

2. Jugé en sens contraire. — 19 nov. 1825, Paris. [C.n.8.2.150.]

3. La femme non marchande publique qui s'engage conjointement avec un commerçant par lettre de change ou billet à ordre, est justiciable du tribunal de commerce, bien que son engagement ne vaille à son égard que comme simple promesse. — 9 frim. an 13, Paris. [S.5.2.106; C.n.2.-D.a.3.342.]—*Id.* 12 frim. an 13, Rej. [S.5.2.335; C.n.3.-D.a.3.342.] — *Id.* 1er oct. 1806, Paris. [S.7.2.815; C.n.2.-D.a.10.696.]—*Id.* 27 juin 1809, Bruxelles. [S.9.2.487; C.n.3.-D.a.10.695.] — *Id.* 22 nov. 1809, Riom. [S.7.2.1208; C.n.3.-D.a.6.577.] — *Id.* 16 mai 1812, Paris. [S.12.2.318; C.n.4.-D.a.10.696.] —*Id.* 4 fév. 1812, Bruxelles. [S.13.2.240; C.n.4.-D.a.3.357.] — *Id.* 12 mai 1815, Limoges. [S.16.2.69; C.n.4.-D.a.3.358.] — V. aussi les nos 7 et 8 de l'art. 636.

3. *bis.* Faut-il, en ce cas, pour que la femme soit obligée, qu'elle ait revêtu son engagement d'un bon ou approuvé, lorsque cet engagement n'est pas écrit de sa main? — V. à cet égard, les notes 23 et s. de l'art. 1326, C. civ.; voy. en outre Paris, 21 fév. 1815. [S.16.2.103; C.n.5.-D.a.10.699.]

4. Le souscripteur ou les endosseurs non marchands d'un billet à ordre sont justiciables du tribunal de commerce bien que la signature du négociant soit postérieure à celle de l'individu non marchand assigné. — 6 août 1825, Bourges. [S.26.2.301; C.n.8.-D.p.26.2.190.] — *Id.* 6 janv. 1840, Bordeaux. [D.p.40.2.135.] — *Id.* 11 déc. 1840, Douai. [S.V.45.2.703, à la note.] — *Id.* 18 fév. 1810, Grenoble. [C.n.3.2.388.]

5. Jugé de même que l'art. 637 ne fait pas de distinction entre le cas où le négociant a simplement endossé le billet et celui où il l'a souscrit. —23 fév. 1831, Montpellier. [S.V.31.2.213.] — *Id.* 5 janv. 1848, Lyon. [S.V.48.2.703.]

6. Mais, pour que les signatures d'individus commerçants sur un billet à ordre aient l'effet d'attribuer juridiction au tribunal de commerce à l'égard des signataires non commerçants, il faut que les commerçants, soient réellement obligés, en telle sorte que le porteur de l'effet puisse en demander le paiement aussi bien contre eux que contre les non-commerçants. Si donc, les commerçants ont seulement signé des endossements en blanc lesquels ne sont pas translatifs de la propriété du billet, le porteur, qui n'est lui-même détenteur du billet qu'en vertu d'un pareil endossement, ne peut assigner les signataires non commerçants que devant les tribunaux civils. — 19 nov. 1827, Bordeaux. [S.28.2.72; C.n.8.-D.p.28.2.33.] — *Id.* 23 sept. 1812, Paris. [C.n.4.2.183.]—*Id.* 11 déc. 1840, Orléans. [S.V.40.2.489.] — V. cependant les observations de Devilleneuve sur ce dernier arrêt.

7. Jugé encore que l'art. 637 suppose que les signataires négociants peuvent être recherchés pour le paiement; il n'est donc pas applicable au cas où les endossements par eux souscrits sont irréguliers et ne valent que comme procuration. — 4 janv. 1853, Bastia. [S.V.52.2.655.-D.p.52.2.115.]

8. L'exception, en ce cas, est d'ailleurs proposable par le tireur ou souscripteur. — Arrêt de Bordeaux ci-dessus, n° 6.

9. L'art. 637 est applicable même au cas où l'on attaque la lettre de change comme engagement ordinaire, et qu'on lui refuse même la qualité de simple promesse. —28 avril 1819, Rej. [S.20.1.38; C.n.6.-D.a.3.358.]

10. Mais il ne s'applique pas aux billets au porteur. — 20 janv. 1836, Rej. [S.V.36.1.491.-D.p.36.1.127.]

11. Lorsqu'un billet à ordre porte en même temps des signatures d'individus négociants et d'individus non négociants, le tribunal de commerce est compétent pour en connaître, encore bien que les poursuites ne soient dirigées que contre le souscripteur non négociant. La disposition de l'art. 637, est générale et absolue, et ne souffre point d'exception dans ce cas. — 10 août 1815, Caen. [S.16.2.362; C.n.5.-D.a.3.345.] — *Id.* 6 août 1825, Bourges. [S.26.2.301; C.

638. Ne seront point de la compétence des tribunaux de commerce les actions intentées contre un propriétaire, cultivateur ou vigneron, pour vente de denrées provenant de son cru, les actions intentées contre un commerçant, pour paiement de denrées et marchandises achetées pour son usage particulier.

Néanmoins, les billets souscrits par un commerçant seront censés faits pour son commerce, et ceux des receveurs, payeurs, percepteurs ou autres comptables de deniers publics, seront censés faits pour leur gestion, lorsqu'une autre cause n'y sera point énoncée. [Ord. 1673, tit. 12, art. 6 et 10.]

639. Les tribunaux de commerce jugeront en dernier ressort,

1° Toutes les demandes dans lesquelles les parties justiciables de ces tribunaux, et usant de leurs droits, auront déclaré vouloir être jugées définitivement et sans appel;

2° Toutes les demandes dont le principal n'excédera pas la valeur de quinze cents francs;

3° Les demandes reconventionnelles ou en compensation, lors même que, réunies à la demande principale, elles excéderaient quinze cents francs.

Si l'une des demandes principale ou reconventionnelle s'élève au-dessus des limites ci-dessus indiquées, le tribunal ne prononcera sur toutes qu'en premier ressort.

Néanmoins il sera statué en dernier ressort sur les demandes en dommages-intérêts, lorsqu'elles seront fondées exclusivement sur la demande principale elle-même (1). [C. comm., 646; C. proc., 7, 453.]

---

n.4.–D.P.56.2.190.] — *Id.* 25 fév. 1851, Montpellier. [S.V.51.2.215.] — *Id.* 17 janv. 1852, Bordeaux. [S.V.52.2.70.–D.P.52.2.142.] — *Id.* 7 fév. 1852, Grenoble. [S.V.52.2.491.–D.P.53.2.78.] — *Id.* 22 nov. 1852, Paris. [S.V.55.2.104.–D.P.55.2.53.] — *Id.* 7 mars 1857, Amiens. [S.V.57.2.509.–D.P.57.2.156.–P.58.1.487.] — *Id.* 7 avril 1838, Rennes. [S.V.43.2.657.–D.P.39.2.35.–P.43.1.716.] — *Id.* 25 juin 1839, Cass. [S.V.39.1.878.–D.P.39.1.249.–P.39.2.12.] — *Id.* 23 nov. 1843, Bordeaux. [S.V.44.2.157.–D.P.44.2.82.–P.44.2.453.] — *Id.* 26 mai 1843, Bordeaux. [S.V.48.2.705, à la note.] — *Id.* 26 déc. 1847, Cass. [S.V.48.1.241.–D.P.48.1.25.–P.48.1.128.] — *Id.* 13 mars 1850, Paris. [Le *Droit* du 28 mars.] — *Sic*, Vincens, t. 1er, p. 138; Nouguier, *Lettres de change*, t. 1er, p. 316, et *Trib. de comm.*, t. 2, p. 260.

12. Jugé en sens contraire. — 25 mars 1814, Colmar. [S.16.2.92; C.N.4.] — *Id.* 30 déc. 1825, Limoges. [S.27.2.55; C.N.8.–D.P.27.2.116.] — *Id.* 17 sept. 1828, Paris. [S.29.2.26; C.N.9.–D.P.29.2.25.] — *Id.* 19 mars 1834, Paris. [S.V.34.2.300.–D.P.34.2.182.] — *Id.* 17 fév. 1844, Paris. [S.V.48.2.705, à la note, et le *Droit* du 25 fév.] — *Id.* 3 avril 1845, Nancy. [S.V.45.2.657.–D.P.45.2.34.–P.45.1.746.] — *Sic*, Horson, quest. 201; Despréaux, n° 429; Orillard, n° 433.

13. En ce qui touche la compétence au cas d'action en garantie exercée contre un tiré qui n'a pas accepté, voy. les notes 14 et s. de l'art. 181, C. proc.

14. Le non-commerçant justiciable du tribunal de commerce, ou qui néglige de décliner la compétence, n'est point néanmoins contraignable par corps, s'il n'a pas d'ailleurs fait acte de commerce. Sur ce point, qui résulte d'ailleurs de la disposition finale de l'article 637, voy. notamment, Cass. 30 flor. an 11. [S.3.1.319; C.N.1.–D.A.3.758.] — 15 fév. 1807. [S.7.1.166; C.N.2.–D.A.3.752.] — 5 mars 1811. [S.11.1.235; C.N.3.–D.A.3.752.] — 22 janv. 1814. [S.14.1.223; C.N.4.–D.A.2.711.] — Rouen, 19 déc. 1846. [S.V.48.2.708.] — Lyon, 5 janv. 1848. [S.V.48.2.705], etc.

[638] — 1. Les négociants sont justiciables des tribunaux de commerce, pour raison des billets à ordre par eux souscrits, encore que ces billets soient en faveur de particuliers non commerçants, et qu'il n'aient pas été négociés. — 10 mai 1813, Rouen. [S.14.2.176; C.N.4.–D.A.8.36.] — *Sic*, Nouguier, t. 1er, p. 335; Molinier, *Droit comm.*, n° 92. — *Contra*, Carré, *Compét.*, t. 7, p. 221.

2. Les billets souscrits par un commerçant, et causés *valeur reçue comptant*, sont présumés faits pour raison de son négoce. — 9 vend. an 13, Rej. [S.5.2.246; C.N.2.–D.A.2.718.] — *Id.* 7 avril 1813, Rej. [S.13.1.374; C.N.4.] — *Id.* 24 juin 1809, Bruxelles. [C.N.3.2.93.] — *Id.* 1er oct. 1806, Paris. [S.7.2.815; C.N.2.–D.A.10.153.] — *Id.* 10 mars 1814, Paris. [S.14.2.128; C.N.4.–D.A.2.722.] — V. *infra*, n° 19.]

3 *bis.* Les billets émanés de la femme marchande publique, ou du mineur autorisé à faire le commerce, sont censés faits pour leur commerce, comme ceux des autres commerçants. — Toullier, t. 12, n° 249; Duranton, t. 3, n° 445; Pardessus, n° 62; Molinier, n° 179. — V. Cass. 28 juillet 1815. [S.15.1.320; C.N.5.–D.A.3.757.] — *Quid*, au cas où l'obligation de la femme ou du mineur serait contractée par acte notarié? V. à cet égard, les autorités citées, *suprà*, art. 5, n° 10, et ci-après, n° 15 et s. *Junge*, Molinier, *loc. cit.*

4. Le défaut d'énonciation de la valeur fournie ne suffit pas pour faire perdre à un billet à ordre souscrit par un négociant sa nature commerciale. — 18 fév. 1830, Paris. [S.30.2.170; C.N.9.–D.P.30.2.220.] — *Secùs*, quant aux billets souscrits par des non-commerçants. V. *sup.*, art. 188, n° 4.

5. La présomption que les billets souscrits par un commerçant sont faits pour son commerce peut être détruite par la preuve contraire. — 3 mai 1825, Bruxelles. [S.25.2.274; C.N.7.] — *Id.* 22 mars 1839, Metz. [S.V.41.2.272.–D.P.41.2.59.–P.40.2.371.] — *Sic*, Merlin, v° *Billet et lettre de change*, § 11, n° 11 *bis*; Pardessus, n°s 53 et 1363; Despréaux, n° 527; Massé, *Droit comm.*, t. 3, n° 19; Nouguier, t. 1er, p. 335 et 336; Molinier, n° 91.

6. Ou même par des présomptions contraires. — 19 avril 1856, Bordeaux. [S.V.56.2.421.–D.P.57.2.45.] — *Sic*, Nouguier, t. 1er, p. 337; Molinier, n° 91.

6 *bis.* Ou encore par l'aveu de la partie, ou son serment. — Molinier, *loc. cit.*

7. Et la règle est opposable aussi bien au tiers porteur qu'à celui au profit duquel les billets ont été souscrits. — Arrêt de Metz ci-dessus, n° 5.

8. Ainsi, un billet souscrit par un commerçant peut être réputé fait pour une cause étrangère à son commerce, quoique le billet ne l'énonce pas formellement, si les termes dans lesquels il est conçu pouvaient faire découvrir qu'il n'avait pas réellement une cause commerciale. — 20 janv. 1856, Rej. [S.V.56.1.494.–D.P.56.1.127.]

9. Un billet à ordre souscrit par un commerçant, cesse d'être de plein droit présumé fait pour son commerce, s'il est causé *valeur reçue en objets mobiliers.* Dans ce cas, il ne suffit pas, pour condamner le souscripteur par corps, de déclarer qu'il est commerçant: les juges doivent vérifier la véritable cause du billet. — 3 juin 1835, Cass. [S.V.35.1.636.–D.P.35.1.218.]

10. *Id.* du billet causé pour *valeur en frais de poursuites d'une affaire de prises.* — 8 janv. 1812, Cass. [S.12.1.224; C.N.4.]

11. *Id.* du billet souscrit pour *droits de douanes* dus par des marchandises. — 6 juin 1827, Rouen. [S.28.2.18; C.N.8.] — V. en outre sur les billets à ordre, les notes de l'art. 188.

12. Les simples reconnaissances sous seing privé souscrites par un commerçant, sont, comme les billets à ordre, censées faites pour son commerce, quand une autre cause n'y est pas énoncée. — 4 avril 1826, Amiens. [S.27.2.169; C.N.8.–D.P.27.2.103.] — *Sic*, Horson, quest. 243; Nouguier, t. 1er, p. 334.

13. Il en est de même des obligations notariées consenties au profit même d'un non-négociant: l'expression *billets* n'est point limitative. — 6 août 1849, Paris. [S.49.2.516; C.N.9.–D.P.49.2.262.] — *Id.* 28 août 1835, Bordeaux. [S.V.36.2.190.] — *Id.* 6 juill. 1836, Rej. [S.V.36.1.691.–D.P.36.1.407.] — *Sic*, Pardessus, n° 50; Despréaux, n° 525; Nouguier, t. 1er, p. 334 et 340; Dalloz, t. 3, p. 325; Molinier, n° 96; Orillard, n° 217.

14. *Id.*... Encore qu'il y ait eu stipulation d'intérêts *au taux légal de cinq pour cent.* — 27 fév. 1825, Douai. [S.26.2.150; C.N.8.]

15. *Id.* Le prêt fait par une maison de banque à un individu non commerçant, par une obligation notariée contenant constitution d'hypothèque sur les biens de l'emprunteur, peut être considéré comme une opération commerciale. Et un tel acte a pour effet de rendre justiciable du tribunal de commerce, non-seulement le prêteur, mais encore son cessionnaire, non commerçant.... lorsque surtout il est établi que l'acte de cession se lie à l'acte de prêt, par suite d'une connivence frauduleuse qui aurait existé entre le prêteur et son cessionnaire. — 11 fév. 1834, Rej. [S.V.35.1.145.]

16. Et le tribunal de commerce est compétent pour statuer sur l'effet d'un acte notarié, lorsque les conventions que cet acte renferme sont de nature commerciale et passées entre négociants. — 23 mars 1824, Rej. [C.N.7.–D.A.10.672.]

17. Même solution quant au prêt verbal: il est, jusqu'à preuve contraire, présumé fait pour le commerce de l'emprunteur. — 11 juill. 1821, Douai. [S.22.2.130; C.N.6.–D.A.5.236.] — *Id.* 25 mai 1824, Bourges. [S.25.2.147; C.N.7.–D.A.3.337.] — *Id.* 2 juill. 1838, Rennes. [S.V.39.2.540.] — *Id.* 12 déc. 1838, Rej. [S.V.39.1.328.–D.P.39.1.121.–P.39.1.198.] — *Sic*, Pardessus, n° 50; Dalloz, t. 3, p. 325; Orillard, n° 218; Molinier, n° 94; Nouguier, t. 1er, p. 334 et 340.

18. Jugé au contraire que le prêt verbal fait à un commerçant, n'est point présumé fait pour son commerce. — 22 mai 1829, Poitiers. [S.29.2.194; C.N.9.–D.P.29.2.247.] — *Sic*, Carré, t. 7, p. 316.

19. (*Comptables publics.*) — Les billets souscrits par des comptables publics, et portant *valeur reçue comptant*, sont censés faits pour leur gestion, et les soumettent, dès lors, à la juridiction commerciale. — 29 nov. 1814, Rouen. [S.15.2.20; C.N.4.–D.A.3.325.] — V. *suprà*, n° 2.

20. Il en est de même de billets dits causés *pour amiable prêt*: cette énonciation n'indique nullement que la cause des billets soit étrangère à la gestion du comptable. — 21 janv. 1812, Bourges. [C.N.4.2.19.] — *Id.* 30 mai 1829, Aix. [S.30.2.63; C.N.9.–D.P.30.2.1.]

21. Le receveur d'un bureau de loterie qui souscrit un billet à ordre *valeur reçue comptant*, sans énonciation de cause étrangère à sa gestion, est présumé l'avoir souscrit pour sa gestion. — 17 juin 1824, Paris. [S.25.2.173; C.N.7.–D.A.3.757.] — V. *suprà*, art. 1er, n° 63.

22. Jugé cependant que le billet souscrit par un comptable et causé *valeur pour argent prêté*, renferme une énonciation étrangère à la gestion du souscripteur. — 15 juill. 1817, Rej. [S.18.1.325; C.N.5.] — V. Nouguier, t. 1er, p. 332.

23. Les comptables ne sont pas du reste justiciables des tribunaux de commerce à raison de leurs engagements verbaux: il n'en est pas comme des commerçants. (V. *suprà*, n° 17.) — Pardessus, n° 53; Dalloz, t. 2, p. 712; Despréaux, n° 561; Nouguier, t. 1, p. 339; Molinier, n° 100, (qui étend son opinion même aux obligations écrites contractées sous une forme autre que celle de billets susceptibles d'être cédés dans le commerce.) — *Contra*, Orillard, n° 434.

[639] — 1. La faculté laissée aux parties d'autoriser leurs arbitres à statuer comme amiables compositeurs (Cod. proc., 1019), ne leur est pas également laissée relativement aux juges d'un tribunal. Lorsqu'en contravention à cette règle, un tribunal de commerce juge comme amiable compositeur, et par forme de transaction, l'appel est admissible, encore même que les parties aient déclaré vouloir être jugées en dernier ressort. Ici ne s'applique pas l'art. 639, Cod. comm. — 3 janv. 1813, Paris. [S.13.2.207.], et 30 août 1813, Rej. [S.15.1.130; C.N.4.–D.A.1.692.]

---

(1) *Ancien article 639*: Les tribunaux de commerce jugeront en dernier ressort, — 1° Toutes les demandes dont le principal n'excédera pas la valeur de mille francs; — 2° Toutes celles où les parties justiciables de ces tribunaux, et usant de leurs droits, auront déclaré vouloir être jugées définitivement et sans appel.

Cet ancien texte a été modifié en exécution de la loi du 3 mars 1840, dont l'article 1er contient le texte nouveau, suivi d'un paragraphe conçu en ces termes: — « Ces dispositions ne s'appliquent pas aux demandes introduites avant la promulgation de la présente loi. »

640. Dans les arrondissements où il n'y aura pas de tribunaux de commerce, les juges du tribunal civil exerceront les fonctions et connaîtront des matières attribuées aux juges de commerce par la présente loi. [Décl., 7 avril 1759, art. 2.]

641. L'instruction, dans ce cas, aura lieu dans la même forme que devant les tribunaux de commerce, et les jugements produiront les mêmes effets.

TITRE III.

De la forme de procéder devant les Tribunaux de commerce.

642. La forme de procéder devant les tribunaux de commerce sera suivie telle qu'elle a été réglée par le titre XXV du livre II de la 1re partie du Code de procédure civile. [C. pr., 414 et s.]

643. Néanmoins les articles 156, 158 et 159 du même Code, relatifs aux jugements par défaut rendus par les tribunaux inférieurs, seront applicables aux jugements par défaut rendus par les tribunaux de commerce.

644. Les appels des jugements des tribunaux de commerce seront portés par devant les cours dans le ressort desquelles ces tribunaux sont situés.

TITRE IV.

De la forme de procéder devant les Cours royales.

645. Le délai pour interjeter appel des jugements des tribunaux de commerce sera de trois mois, à compter du jour de la signification du jugement, pour ceux qui auront été rendus contradictoirement, et du jour de l'expiration du délai de l'opposition, pour ceux qui auront été rendus par défaut : l'appel pourra être interjeté le jour même du jugement. [C. pr., 443, 449.]

646. Dans les limites de la compétence fixée par l'article 639 pour le dernier ressort, l'appel ne sera pas reçu, encore que le jugement n'énonce pas qu'il est rendu en dernier ressort, et même quand il énoncerait qu'il est rendu à la charge d'appel (1). [C. pr., 453. C. comm., 639.]

647. Les Cours royales ne pourront, en aucun cas, à peine de nullité, et même des dommages et intérêts des parties, s'il y a lieu, accorder des défenses ni surseoir à l'exécution des jugements des tribunaux de commerce, quand même ils seraient attaqués d'incompétence ; mais elles pourront, suivant l'exigence des cas, accorder la permission de citer extraordinairement à jour et heure fixes, pour plaider sur l'appel. [Ord. 1673, tit. 12, art. 13. — C. pr., 459, 460.]

648. Les appels des jugements des tribunaux de commerce seront instruits et jugés dans les Cours, comme appels de jugements rendus en matière sommaire. La procédure, jusques et y compris l'arrêt définitif, sera conforme à celle qui est prescrite, pour les causes d'appel en matière civile, au livre III de la 1re partie du Code de procédure civile. [C. pr., 404 et s., 443 et s.]

---

2. Les règles sur le *dernier ressort* que nous avons exposées sous l'art. 453 de notre *Code de proc. annoté*, régissent les jugements des tribunaux de commerce, aussi bien que ceux des tribunaux civils ; le lecteur est prié d'y recourir.

[640 et 641] — 1. Lorsque la ville où le défendeur est domicilié n'a point de tribunal de commerce, mais qu'il en existe un dans une ville du même arrondissement, c'est à ce tribunal qu'il appartient de connaître du litige, et non au tribunal civil. — Vincens, t. 1er, p. 114 ; Nouguier, t. 1er, p. 35 ; Carré et Chauveau, *Proc. civ.*, no 1520.

2. Un tribunal saisi, comme tribunal civil, d'une contestation dont il ne pouvait connaître à raison du domicile du défendeur, a pu néanmoins se déclarer compétent sur ce fondement qu'il pouvait en connaître comme juge en matière de commerce. — 17 janv. 1807, Turin. [S.8.2.82 ; C.n.2.—D.a.3.376.]

3. En cas d'abstention de tous les membres d'un tribunal de commerce pour le jugement d'une affaire portée devant lui, c'est devant le tribunal civil de l'arrondissement que la cause doit être portée, et non devant le tribunal de commerce le plus voisin. — 4 mai 1838, Rouen. [S.V.41.2.550.] — *Sic*, Nouguier, t. 2, p. 125. — *Contra*, Despréaux, no 186.

4. Un jugement rendu en matière commerciale par le tribunal civil est régulier, quoiqu'il ne mentionne pas qu'il ait été rendu commercialement. — 21 janv. 1812, Metz. [C.n.4.2.18.] — *Sic*, Nouguier, t. 1er, p. 90.

5. Le ministère public doit être entendu dans les affaires commerciales portées devant les tribunaux civils jugeant commercialement, dans tous les cas où il le serait devant ces tribunaux jugeant en matière civile. — 24 avril 1840, Caen. [S.V.40.1.299.—D.P.46.1.121.—P.46.2.664.] — *Id.* 12 juill. 1847, Caen. [S.V.47.1.842.—D.P.47.1.233.] — *Id.* 24 nov. 1847, Caen. [S.V.48.1.48.—D.P.47.4.484.—P.48.1.218.] — *Id.* 16 déc. 1847, Poitiers. [S.V.48.2.661.—D.P.48.2.108.—P.48.1.364.] — *Sic*, Coffinières, *Journ. av.*, t. 13, p. 779 ; Merlin, *ibid.*, t. 55, p. 345.

6. Jugé en sens contraire. — 23 déc. 1816, Rennes. [C.n.5.2.217.] — *Id.* 19 mai 1846, Limoges. [S.V.46.2.453.] — *Sic*, Lepage, p. 272 ; Favard, vo *Trib. de comm.*, § 1er, no 10 ; Orillard et Ledru, t. 1er, p. 549 ; Carré et Chauveau, n. 119 ; Nouguier, t. 1er, p. 89 ; Boitard, sur l'art. 427 ; Boitard, t. 3, p. 288 ; Devilleneuve et Massé, vo *Trib. de comm.*, no 37 ; Bourbeau, *Dessert.*, S.V.46.2.453.

7. V. art. 627, no 1er. (Dispense d'avoué.)

[642] — V. nos annotations des art. 414 et suiv. du Code de procédure, relatifs aux règles de la procédure à suivre devant les tribunaux de commerce, quant à l'introduction des demandes ou aux assignations, à la compétence, au jugement et à l'exécution des sentences de ces tribunaux. — Plusieurs solutions en outre, ont été placées sous d'autres articles du Code de procédure ou même du Code civil, auxquels elles se rattachaient plus directement.

[643] — 1. V. les notes des art. 156, 158 et 159 de notre *Code de proc. annoté.* — V. aussi art. 155, même Code, nos 15 et s. ; 435, no 3 ; 436, no 1er.

2. L'art. 643, Cod. comm., qui déclare applicable aux jugements par défaut rendus en matière de commerce l'art. 156, Cod. proc., lequel déclare non avenus les jugements par défaut non exécutés dans les six mois de leur obtention, n'a eu d'effet que pour l'avenir. — Ainsi, les jugements par défaut rendus par les tribunaux de commerce sous l'empire du Code de procédure, mais avant la promulgation du Code de comm., ont conservé tout leur effet, encore qu'ils n'aient point été exécutés dans les six mois de leur obtention. — 26 janv. 1811, Bordeaux. [S.11.2.263 ; C.n.3.—D.a.9.742.] — *Id.* 15 déc. 1824, Caen. [S.26.1.519 ; C.n.9.1.]

[644] — V. art. 627, no 6.

[645] — 1. V., en ce qui touche les délais de l'appel et la signification nécessaire pour faire courir ces délais, les notes 6 et suiv. de l'art. 422, Cod. proc., 53 et suiv. de l'art. 443, et celles des art. 444 et suiv., même Code.

2. L'appel des jugements par défaut en matière commerciale peut être interjeté avant l'expiration du délai de l'opposition ; l'art. 645, Cod. comm., déroge en cela à l'art. 455, Cod. pr. — 20 juill. 1809, Liége. [C.n.3.] — *Id.* 14 déc. 1809, Besançon. [C.n.3.] — *Id.* 8 janv. 1812, Paris. [S.12.2.448 ; C.n.4.—D.a.1.482.] — *Id.* 24 juin 1816, Caen. [S.16.1.462 ; C.n.5.] — *Id.* 14 fév. 1817, Bordeaux. [S.17.2.372 ; C.n.5.—D.a.1.504.] — *Id.* 8 déc. 1819, Metz. [C.n.6.] — *Id.* 12 janv. 1830, Caen. [S.30.2.215 ; C.n.9.] — *Id.* 22 mai 1820, Rennes. [C.n.6.] — *Id.* 5 janv. 1832, Bordeaux. [S.32.2.281 ; C.n.9.—D.P.32.2.14.] — *Id.* 10 mars 1831, Bourges. [S.V.32.2.54.—D.P.32.2.185.] — *Id.* 24 nov. 1832, Poitiers. [S.V.32.2.662.—D.P.32.2.185.] — *Id.* 15 nov. 1834, Montpellier. [S.V.35.2.259.—D.P.35.2.133.] — *Id.* 10 fév. 1856, Pau. [S.V.56.2.503.—D.P.57.2.67.—P.57.1.471.] — *Id.* 22 mars 1856, Paris. [S.V.56.2.168.—D.P.56.2.85.] — *Id.* 27 déc. 1856, Nîmes. [S.V.57.2.95.—D.P.57.2.128.] — *Id.* 8 mars 1842, Paris. [S.V.42.2.319.—P.42.1.734.] — *Sic*, Merlin, *Quest.*, vo *Appel*, § 8, art. 3, no 1 ; Favard, t. 1er, p. 177, no 22 ; Pardessus, no 1384 ; Devilleneuve et Massé, vo *Trib. de comm.*, nos 147 et 156 ; Vincens, t. 1er, p. 160 ; Despréaux, no 165 ; Nouguier, t. 3, p. 134 ; Dalloz, t. 1er, p. 586 ; Thomine, no 507 ; Boitard, t. 3, p. 104 ; Carré et Chauveau, no 1637 ; Talandier, *Appel*, p. 72, no 83 ; de Fréminville, *Cours d'appel*, no 747.

3. Il existe cependant quelques arrêts contraires. — 21 déc. 1808, Colmar. [S.14.2.387 ; C.n.2.—D.a.1.502.] — *Id.* 18 mai 1809, Paris. [S.14.2.388 ; C.n.3.—D.a.1.503.] — *Id.* 15 nov. 1812, Limoges. [S.14.2.388 ; C.n.5.—D.a.1.503.]

[646] — 1. Les jugements des tribunaux de commerce sur la compétence sont toujours en premier ressort et susceptibles d'appel ; l'art. 454 du Code de procédure civile leur est applicable. — 22 avril 1809, Liége. [S.12.2.350 ; C.n.3.—D.a.1.485.] — *Id.* 20 fév. 1813, Paris. [S.14.2.385 ; C.n.4.—D.a.1.475.] — *Sic*, Carré, no 1630. — V. au reste, les art. 453 et 454, Cod. proc., ainsi que les annotations dont ils sont accompagnés.

2. L'appel est d'ailleurs recevable pour cause d'incompétence *ratione materiæ*, encore que l'incompétence n'ait pas été proposée au tribunal. — 11 juin 1824, Angers. [S.24.2.307 ; C.n.7.—D.a.2.790.] — *Id.* 21 juill. 1830, Bord. [S.V.31.2.173 ; C.n.9.] — *Sic*, Chauveau, no 1635. — V. *sup.*, art. 631, nos 42 et s.

3. Jugé au contraire que l'art. 454 suppose que l'exception d'incompétence a été soumise au tribunal. — En conséquence, n'est pas recevable, même pour cause d'incompétence *ratione materiæ*, l'appel d'un jugement qui a prononcé sur une demande rentrant dans le taux du dernier ressort, si cette exception d'incompétence n'a pas été proposée devant les premiers juges. — 15 déc. 1825, Grenoble. [S.26.2.304 ; C.n.7.—D.a.4.651.] — *Id.* 12 avril 1826, Grenoble. [S.26.2.304 ; C.n.8.—D.P.26.2.223.]

[647] — 1. Les Cours d'appel ne peuvent, en aucun cas, accorder des défenses, ni surseoir à l'exécution des jugements rendus par les tribunaux de commerce ; la prohibition portée à cet égard par l'art. 647, C. comm., n'est pas seulement relative au cas où l'exécution provisoire a été ordonnée conformément à l'art. 439, Cod. proc. — 6 fév. 1814, Paris. [S.14.2.78 ; C.n.4.—D.a.1.524.] — *Id.* 28 sept. 1824, Montpellier. [S.25.2.383 ; C.n.7.] — *Id.* 28 déc. 1853, Gand. [S.V.54.2.537.—D.P.54.2.71.] — *Id.* 19 juill. 1854, Rennes. [S.V.56.2.480.—D.P.57.2.65.] — *Sic*, Rivoire, *Appel*, no 319.

2. Jugé en sens contraire. — 5 mars 1810, Bruxelles. [S.11.2.103 ; C.n.3.—D.a.1.525.]

3. L'art. 647 n'est pas applicable au jugement rendu au fond par le tribunal, après avoir rejeté le déclinatoire ; ce jugement ne peut recevoir son exécution provisoire au préjudice de l'appel. — Pardessus, no 1383.

4. Le juge des référés ne peut suspendre jusqu'à l'arrêt à intervenir en Cour d'appel l'exécution des jugements en premier ressort des tribunaux de commerce. — 19 germ. an 11, Paris. [S.3.2.1165 ; C.n.1.—D.a.11.346.]

5. V. au reste sur l'exécution provisoire des jugements commerciaux, les notes de l'art. 439, Cod. proc., et la note 2 de l'art. 461, même Code.

[648] — 1. L'art. 648, portant que les appels des jugements des tribunaux de commerce doivent être instruits et jugés comme appels de jugements rendus en matière sommaire, range par cela même ces sortes d'appels dans la classe des affaires sommaires. — 10 déc. 1828, Req. [S.29.1.71 ; C.n.9.—D.P.29.1.140.] —

---

(1) Ancien article 646 (rectifié en exécution de la loi du 3 mars 1840) : L'appel ne sera pas reçu lorsque le principal n'excédera pas la somme ou la valeur de mille francs, encore que le jugement n'énonce pas qu'il est rendu en dernier ressort, et même quand il énoncerait qu'il est rendu à la charge de l'appel.

Id. 14 mars 1825, Rej. (S 20.1.433; C.n.8.-D.p.20.1.185.)

2. Id..., Et cela, bien que l'affaire ait été instruite et jugée comme affaire civile en première instance. —24 juin 1829, Rej. (S 29.1.226; C.n.9.-D.p.29.1.276.)

3. La règle est applicable même alors qu'il s'agit d'un appel pour cause d'incompétence. —9 fév. 1843, Cass. (S.43.1.187; C.n.4.-D.p.43.1.134.)

4. Il en est de même des appels des jugements d'arbitres que les juges ou le choix des parties substituent aux tribunaux de commerce. —25 août 1827, Bordeaux. (S.27.2.255; C.n.8.-D.p.28.2.145.) — Id. 15 nov. 1843, Rej. (S.V.44.1.250.-D.p.44.1.20.-P.44.1.318.)

5. Il résulte des décisions qui précèdent que les appels dont il s'agit pouvaient, avant l'ordonnance du 24 sept. 1828, être jugés par la chambre correctionnelle, et que les dépens faits sur ces appels doivent être liquidés comme en matière sommaire. — V. les arrêts ci-dessus. V. aussi Merlin, *Rép.*, vº *Trib. de comm.*, nº 2; Favard, vº *Matières sommaires*; Nouguier, t. 3, p. 119; Chauveau, *Comm. du tarif*, t. 2, p. 400, nº 32; Rivoire, *Dict. du tarif*, p. 366, nº 28; Boucher d'Argis, *Dict. de la taxe*, p. 70, nº 12.

6. Lorsque dans un arrêt rendu sur appel en matière de commerce, la taxe des dépens a été laissée en blanc, s'il arrive que dans un exécutoire délivré à l'une des parties, ces dépens se trouvent liquidés comme en matière ordinaire, au lieu de l'être comme en matière sommaire, il ne s'ensuit pas que l'arrêt doive être cassé pour violation de la loi sur la taxe des dépens : la partie contre laquelle l'exécutoire a été délivré ne peut que se pourvoir, par voie d'opposition à la taxe devant la Cour d'appel, sauf à se pourvoir ensuite en cassation, s'il y a lieu, contre l'arrêt rendu sur cette opposition. —27 août 1828, Rej. (S.29.1.39; C.n.9.-D.p.28.1.395.) — V. encore les nos 2 et 3 de l'art. 544 de notre *Cod. proc. annoté.*

FIN DU CODE DE COMMERCE.

TABLE DES LIVRES, TITRES, CHAPITRES, ETC., DU CODE DE COMMERCE.

TABLE ALPHABÉTIQUE DES MATIÈRES.

AGENTS DE CHANGE — AVARIES. — BRIS.

FIN DE LA TABLE DES MATIÈRES DU CODE DE COMMERCE.

www.ingramcontent.com/pod-product-compliance
Ingram Content Group UK Ltd.
Pitfield, Milton Keynes, MK11 3LW, UK
UKHW022107260726
13993UKWH00001B/359

9 782329 246789